DICCIONARIO FRASEOLÓGICO
DEL ESPAÑOL MODERNO

BIBLIOTECA ROMÁNICA HISPÁNICA

Fundada por DÁMASO ALONSO

V. DICCIONARIOS, 15

FERNANDO VARELA   HUGO KUBARTH

DICCIONARIO FRASEOLÓGICO
DEL ESPAÑOL MODERNO

© FERNANDO VARELA y HUGO KUBARTH.

© **EDITORIAL GREDOS, S. A.**
Sánchez Pacheco, 81, Madrid, 1994.

Diseño de cubierta: Manuel Janeiro.

Depósito Legal: M. 24619-1994.
ISBN 84-249-1659-X.
Impreso en España. Printed in Spain.
Gráficas Cóndor, S. A., Sánchez Pacheco, 81, Madrid, 1994. — 6665.

INTRODUCCIÓN

1. Lengua escrita y lengua hablada

Toda comunidad hablante es consciente de una norma lingüística que prescribe el uso correcto de la lengua. Los escritores imponen un modelo, las academias lo fijan y conservan, y los colegios lo difunden y controlan. Tal norma lingüística debe cumplir ciertos requisitos básicos: por una parte debe ser precisa y culta, pero por otra debe resistir al paso del tiempo sin por ello perder flexibilidad ni fosilizarse. Sólo a cambio de estas condiciones puede la lengua funcionar como vehículo de comunicación entre todos los miembros de la comunidad lingüística.

Despacito y buena letra es un lema que preside no solamente el surgimiento de la norma lingüística, sino también su correcta aplicación. Saber elegir la expresión adecuada, la construcción gramatical correcta o la formulación de un texto coherente, son operaciones que exigen reflexión. No es de admirar que se suela respetar la norma justamente cuando se escribe y no cuando se habla, pues lo que se escribe tiene, de alguna manera, un carácter oficial que generalmente está ausente del habla.

Así pues, sólo en contadas ocasiones se habla oficialmente. El habla es más bien algo que ocurre «entre nosotros» o mejor «de mí para ti». En el habla se recurre a un idioma fragmentado por los imperativos del momento, de la prisa, de la necesidad de actuar o consumir con rapidez... En una palabra: se recurre, justamente, a la lengua coloquial, que se conforma con simples alusiones o expresiones vagas incomprensibles sin un contexto conocido, y que permite innumerables repeticiones, incorrecciones sintácticas y hasta verdaderas interrupciones del discurso.

Pero no siempre debe salir mal parada la lengua coloquial al confrontarla con la lengua culta, con la norma. Valgan como ejemplo las «muletillas», que sólo desde la perspectiva de la lengua escrita pueden resultar superfluas, y que en el habla pueden desempeñar funciones muy importantes. Al decir algo tan sencillo como *¿verdad?* le comunicamos a nuestro interlocutor que estamos muy interesados en conocer su opinión; si le decimos *¡oye!* le manifestamos nuestra intención de comunicarle algo; con la lacónica expresión *qué digo* se anuncia toda una reformulación de lo dicho; *entonces* sustituye, aparentemente sin lógica alguna, una coma o un punto, y con menos lógica aún resume un enigmático *pues nada* toda una conversación y autoriza a quien lo dice a despedirse.

Pero ocurre además que hablar implica muchas veces abandonar el aspecto de la comunicación objetiva para refugiarse en el de la expresión emocional. La facultad de expresarse a través de imágenes sensibles directamente intuibles y a veces a través de lo contrario, es decir, a través de las más absurdas imágenes, la fuerza y emotividad de las expresiones, la presencia no poco frecuente de rima y ritmo y, digámoslo también sin empacho, los ataques contra los tabúes sociales, hacen que este mensaje emocional llegue a su destinatario con toda claridad.

Naturalmente, para todas estas expresiones coloquiales no es necesario que el hablante posea talento creativo alguno, pues el registro de la lengua hablada dispone de gran cantidad de combinaciones fijas que corresponden exactamente a las necesidades que tiene el hablante en cada situación concreta. Expresiones como *de pe a pa, a troche y moche, tía cañón, confundir el tocino con la velocidad, tenerlos más grandes que el caballo de Espartero, ¡naranjas de la China!, ¡borrón y cuenta nueva!*, etc., constituyen un verdadero repertorio de combinaciones fijas a las que el hablante puede recurrir una vez llegada la situación que las justifique.

Los ejemplos arriba mencionados constituyen solamente un modesto capítulo del abundante catálogo *fraseológico* de que disponemos al hablar. Ya el hecho de que existan tantas etiquetas diversas para clasificar estas combinaciones (*giros, decires, dichos, locuciones, fórmulas, modos de decir, modismos, refranes, proverbios*) da idea de la complejidad del problema.

¿Cómo se justifica la existencia de un diccionario de fraseología? Los diccionarios manuales al uso suelen descuidar la fraseología, y ello tiene sus razones. Primero, porque suelen concentrar su atención en aquello que puede ser expresado de manera oficial, en aquello que pertenece a la norma. La propensión tradicional a la lengua escrita hace que una frase como *hola, ¿qué es de tu vida?* sea considerada superflua o no digna de atención. En segundo lugar, suelen respetar tan escrupulosamente las (digámoslo así) «reglas de la decencia», que hacen muy difícil el registro de expresiones como *echar un polvo*. En tercer lugar, porque hay toda una serie de problemas objetivos de difícil solución, como por ejemplo el de la pregunta sobre si expresiones de reciente creación como *por un tubo* pueden sobrevivir por lo menos hasta la fecha de la impresión de un diccionario. Además, es evidente que en un diccionario manual apenas queda espacio para la frase ejemplo y otras explicaciones pertinentes al contexto fraseológico que resultan especialmente imprescindibles cuando el diccionario está destinado a ser usado por estudiantes extranjeros.

Con el presente diccionario de fraseología se pretende hacer un poco más pequeño este vacío y ofrecer tanto al español curioso como al estudiante extranjero una pequeña obra de consulta; si al hojear por curiosidad este libro se ofreciera ocasión para sonreír o para reflexionar sobre la psicología humana o la idiosincrasia de los españoles y sus peculiaridades culturales, esto no resultaría totalmente ajeno a la intención de los autores.

2. Unidad fraseológica

El hablante nativo reconoce sin dificultad las unidades fraseológicas en la praxis del habla, pero el lingüista experimenta dificultades a la hora de establecer una teoría explicativa, porque existen dos criterios de desigual rigor científico, el criterio de la *estabilidad* y el de la *idiomaticidad*.

CRITERIO DE ESTABILIDAD

Para muchos autores hay unidad fraseológica allí donde se produce una secuencia de palabras que permanece fija o estable a través de un determinado período de tiempo. *Estabilidad* o *fijación* (Zuloaga) son conceptos que pueden ser explicados recurriendo al comportamiento *gramatical* de estas unidades. A diferencia de las secuencias libres, las unidades fraseológicas ofrecen apenas la posibilidad de experimentar transformaciones gramaticales, como podemos fácilmente observar recurriendo a algunos ejemplos. Mientras que en una secuencia libre como la que constituyen los adverbios *cuidadosa y ordenadamente* se puede alterar el orden y decir *ordenada y curiosamente*, las secuencias *lisa y llanamente* o *común y corriente* no permiten esta alteración. Pero además del orden de los elementos, hay estabilidad en el número mismo de los elementos, por lo que apenas puede añadirse o sustraerse alguno de ellos sin que la unidad fraseológica deje de ser reconocible. Sabemos lo que quiere decir *casarse por detrás de la iglesia* o *con mil amores*, pero nos quedaríamos perplejos ante frases como **casarse por detrás de la pequeña iglesia* o **con amores haré lo que Vd. me pide*. Podríamos añadir otros ejemplos de transformaciones gramaticales, como por ejemplo el que consiste en convertir en pasiva una oración activa, y de esta manera tendríamos que, una unidad fraseológica inmediatamente identificable, como la de *donde Cristo dio las tres voces*, se convertiría en un enigma: **donde fueron dadas las tres voces por Cristo*.

Estabilidad significa además una cierta resistencia a experimentar derivaciones u otros procesos conocidos en la formación de palabras. Derivar *tomadura de pelo* de la unidad fraseológica *tomar el pelo* o *metedura de pata* de la unidad *meter la pata* constituye la excepción que confirma la regla. Resultarían ininteligibles o chocantes unidades como *corte de bacalao o **lluvia sobre mojado*, provenientes de *cortar el bacalao* o *llover sobre mojado*.

Téngase en cuenta, por otra parte, que la estabilidad desempeña también un gran papel en el dominio *léxico-semántico*. En una secuencia libre los sinónimos intercambiables no pierden su equivalencia, y así la expresión *acabaste el trabajo* puede muy bien ser sustituida por *terminaste el trabajo* sin alteración semántica alguna. Pero en la secuencia fraseológica *¡se acabó lo que se daba!* no se puede emplear el sinónimo *terminar*. Lo mismo cabe decir de los grados de comparación del adjetivo, que suelen alterar la significación: *ser una buena alhaja* (unidad fraseológica fija) no admite equivalencia semántica alguna en **ser una buenísima alhaja*.

Sólo en contadas ocasiones puede admitir la comparación un grado superlativo (por ejemplo, en *ser echado para adelante*, que admite *ser muy echado para adelante*) sin por ello alterar la estabilidad léxico-semántica, por lo que es preciso reconocer en algunos casos una componente accidental variable y hasta desechable. De la misma manera puede ocurrir que una unidad fraseológica admita una pluralidad de términos perfectamente intercambiables sin por ello alterar en lo más mínimo la componente semántica, como por ejemplo *descoyuntarse/mondarse/partirse/tirarse/de risa*.

CRITERIO DE IDIOMATICIDAD

Para algunos autores toda secuencia de palabras debe ser no sólo *estable* o *fija*, sino también *idiomática* para poder constituir una unidad fraseológica. Esto significa que en una tal secuencia el contenido semántico total o bien no puede ser derivado de la significación de sus partes, o bien puede ser derivado sólo indirecta o parcialmente. *Dar la lata* o *meter la pata* no pueden explicar a través de sus componentes el contenido semántico global de *molestar* o *equivocarse*, y sólo la estabilidad estructural de tales componentes puede constituir una significación nueva. En otras palabras: de la suma de los elementos de la frase no se sigue necesariamente la significación total. En algunos casos puede hablarse de unidades parcialmente idiomáticas, pues uno de sus elementos conserva su significación primitiva; en la frase *fumarse las clases*, resulta evidente que la palabra *clases* no altera para nada su significación, mientras que la palabra *fumarse* se convierte en *no acudir a*. En otros casos puede hablarse de unidades indirectamente idiomáticas, y ello ocurre cuando la significación puede derivarse de una comparación o imagen en sí mismas comprensibles, como en el caso de *caer como una bomba* o *ponerse de mil colores*.

3. Criterios para nuestra selección

Las unidades fraseológicas aquí recogidas proceden de la moderna lengua hablada del español de España, y no incluyen ni la terminología técnica, ni el lenguaje profesional, ni las variedades sociolectales o dialectales. Se han eliminado asimismo las unidades fraseológicas que constituyen un texto independiente (refranes y proverbios). El conjunto de estas unidades fraseológicas puede ser clasificado en uno de los tres grupos siguientes.

LOCUCIONES

Las locuciones son, según Casares, conexiones de palabras que, aunque teniendo las características antes mencionadas de la *estabilidad* y la *idiomaticidad,* deben ser completadas por otras palabras para poder formar una oración gramatical. La unidad fraseológica *de uvas a peras* corresponde a un simple adverbio de tiempo, como por ejemplo «raramente», o a un complemento circunstancial de tiempo, como «muy de vez en cuando». La unidad fraseológica *todo dios* puede aparecer como sujeto de la oración, dada su equivalencia con el pronombre indefinido *cualquiera.* Y una frase como *tocarse las narices* es una locución que funciona como predicado verbal más complemento directo. Así pues, estas unidades son solamente partes de la oración y no una oración completa.

COMPLEJOS FRASEOLÓGICOS CON CASILLAS VACÍAS

Se trata de construcciones que contienen una estructura *idiomática estable,* pero que ofrecen una o más casillas vacías que pueden ser rellenadas solamente por palabras pertenecientes a una determinada categoría semántica o gramatical. En la frase *a tiro limpio* podemos advertir una estructura idiomática invariable *(a ... limpio),* y una casilla vacía que puede ser rellenada por palabras como *golpazo, puñetazo, tiro...* El complejo VERBO + *que (te/le)* + VERBO puede ser rellenado por *habla que te habla, dale que dale,* etc. Tenemos que constatar una limitación: en el estrecho marco que ofrece un simple diccionario es preciso renunciar a complicados esquemas fraseológicos del tipo *sea lo que/como/donde sea, venga quien/como/cuando viniere,* etc.

EXPRESIONES

Se trata de secuencias que, en muchos casos, constituyen residuos de oraciones gramaticalmente completas y que aquí se encuentran reducidas a muy pocos elementos. Pero lo que realmente caracteriza estas expresiones es que contribuyen al buen funcionamiento de la comunicación o facilitan la interacción social y sólo dentro de éstas se comprende su estabilidad e idiomaticidad. La expresión *¡tu suegra!* representa toda una oración cuyo sentido en nada se parece al que normalmente tiene cuando funciona como parte de una oración *(ya sé que te llevas muy bien con tu suegra).*

Como ejemplos de unidades fraseológicas especialmente acuñadas para satisfacer las exigencias de la comunicación citaremos primero las expresiones con que el hablante estructura, organiza o precisa lo que dice *(dicho sea de paso, y listo, es decir, o sea).* Otras sirven para enfatizar lo dicho *(donde lo haya, lo que oyes),* o caracterizarlo afectivamente *(¡pero si ...!, ¡a mí plin!)*. No hay que olvidar tampoco las unidades que sirven para orientar al oyente en la correcta interpretación del mensaje, señalándole que lo dicho ha de tomarse como amable consejo *(yo que tú)*, como mera conjetura subjetiva *(vamos, digo yo)*, como revelación confidencial *(de mí para ti)*, etc., etc.

En el dominio de las expresiones que actúan como ingredientes de trato social se encuentran, sobre todo, saludos y fórmulas de cortesía: *¡hasta más ver!, es Vd. muy dueño...* Otras fórmulas llegan a adoptar la función de rituales del habla para conjurar un mal, como *que en paz descanse*.

4. Indicaciones para consultar el diccionario

PALABRAS CLAVE

El registro de unidades fraseológicas que aquí ofrecemos está catalogado por palabras claves ordenadas alfabéticamente. Con objeto de facilitar la búsqueda de las mismas, se ha seguido un criterio estrictamente formal. Cada registro se encuentra bajo la palabra que ocupa el rango más alto en la *jerarquía de palabras* que ofrecemos a continuación:

Nombres propios:

Rodríguez: estar u. p. de Rodríguez
Ceca: [ir u. p.] de la Ceca a la Meca

Sustantivos:

acíbar: [ser u. c.] amarga como el acíbar
abuela: no necesitar/tener u.p. abuela

Adjetivos:

bizco: dejar u. p. bizco a alguien
claro: cantar u. p. claro

Participios (concertados):

aviado: estar/ir u. p. aviada
echado: [ser u. p.] (muy) echada para adelante

Adverbios (excepto *no, sí,* e interrogativos *dónde, cuándo, cómo,* etc.):

atrás: mirar atrás
bien: ponerse u. p. a bien con alguien

Verbos principales (excepto *ser, estar* y verbos modales):

arder: estar u. c. que arde
meter: no saber u. p. dónde meterse

PRONOMBRES (no interrogativos):
> *todo: de todas todas*
> *ése: ¡ésa es la [mía/tuya]!*

NUMERALES:
> *cien: a cien*
> *mil: a las mil y quinientas*

EL VERBO *ser*
> *ser: a no ser (que)*; *o sea.*

Unidades fraseológicas como *¡qué... ni qué!, a qué, porque sí/no,* etc., que no contienen ninguna palabra de las pertenecientes a esta jerarquía, se registran bajo la primera palabra.

REFERENCIAS

Para no multiplicar innecesariamente el número de registros de unidades fraseológicas sinónimas, se emplean referencias: primero se indica, como es el caso de las entradas normales, el modelo y luego se indica, mediante el término *ver*, la construcción que sirve de modelo de referencia, añadiendo el símbolo * para indicar la clave bajo la que se encuentra la unidad fraseológica buscada. Por ejemplo: **de ahí que.** *Ver* «de *aquí que».

EL ARTÍCULO SIMPLE

Pongamos el ejemplo siguiente, en el que la palabra clave introduce un solo registro:

Carracuca

[ser u. p.] más + ADJETIVO + que (el) **Carracuca** (inf.). [*Que posee en grado superlativo la cualidad expresada por el adj.*]: «No comprendo cómo este chico tiene tanto éxito con las mujeres, porque es más feo que el Carracuca».

Después de la palabra clave viene, en negrita, el *modelo*. El sujeto de persona se indica con las iniciales *u. p.,* el sujeto de cosa con *u. c.* Para el complemento se reservan las expresiones *alguien* o *algo,* según se trate de personas o cosas. Las palabras que van entre corchetes son los representantes más frecuentes de un paradigma de opciones. Así, no es imposible que alguien *parezca más feo que el Carracuca.* Otro ejemplo lo constituye la unidad [*estar u. p.*] *hecha migas*, donde el verbo *estar* parece indicado como término más frecuente, pero no como el único posible; *quedarse* o *encontrarse hecha migas* serían igualmente posibles. Por el contrario, los términos que van entre paréntesis son elementos facultativos: en *tener u. p. (buen) cartel* la presencia del adjetivo es prescindible. Las letras mayúsculas se reservan para casillas vacías.

Las abreviaturas (f.), (inf.) y (rest.) indican el *ámbito de aplicación* de la unidad fraseológica: (f.) *(formal)* se refiere a situaciones donde se debe o puede hablar oficialmente; (inf.) *(informal)* se refiere a un ámbito más limitado, como, por ejemplo, la familia o una amistad sin demasiadas confianzas donde la despreocupación se conjuga con un cierto respeto; (rest.) *(restringido)* se refiere a todas aquellas situaciones en las que se pueden o quieren romper todas las barreras y contenciones que imponen las conveniencias sociales.

A continuación viene la *definición* en letra cursiva y formulada de tal manera que puede sustituir directamente el modelo, salvo si está entre corchetes por no existir ninguna perífrasis sinónima. Al final del registro se encuentra el *ejemplo* explicativo.

ESTRUCTURACIÓN DEL ARTÍCULO COMPLEJO

Cuando se encuentran registradas varias entradas bajo una misma clave, se observa, en lo posible, el mismo esquema clasificatorio que hemos expuesto: primero se encuentran las locuciones y a continuación las expresiones. Los complejos fraseológicos con casillas vacías serán registrados como locuciones o como expresiones, según la función que desempeñan en cada caso. En cuanto a las locuciones mismas, están ordenadas de acuerdo con la jerarquía clasificatoria que ya hemos expuesto, de manera que primero aparecen las locuciones que equivalen a un substantivo, después las equivalentes a un adjetivo, a un adverbio, etc. Las locuciones conjuntivas, debido a su doble naturaleza, que oscila entre la de una auténtica conjunción y la de un enlace oracional, están registradas entre las locuciones y las expresiones.

A

a

a qué (f.). *Por qué:* «¿A qué decírselo otra vez? Lo ha comprendido muy bien ya».

¡¿a [mí/ti] qué?! (inf.). *¡¿A [mí/ti] qué [me/te] importa?!:* «Ya sé que no conceden más becas, pero ¿a ti qué? ¿No decías que no pensabas solicitar ninguna?».

¡¿a que no [sabes/-e] ....?! (inf.). [*Expresión que introduce la invitación a una apuesta o un desafío*]: «¿A que no sabes quién vino ayer? Seguro que no lo aciertas».

abajo

de + NUMERAL (SUSTANTIVO) + para abajo (inf.). *Menos de:* «Todavía es muy joven; tendrá de treinta años para abajo».

echar u. p. abajo algo (f.). *Derribar, demoler (edificios):* «El Ayuntamiento decidió echar abajo la casa para construir una carretera».

irse/venirse u. c. abajo (f.). *Arruinarse, destruirse, fracasar, frustrarse:* «Nuestro proyecto de pasar las vacaciones en América se ha ido abajo por falta de dinero».

abasto

no dar u. p./u. c. abasto (f.). *No producir o rendir lo necesario:* «Es tan grande la demanda de este producto, que la fábrica no da abasto ni siquiera funcionando día y noche».

abecé

[conocer/saber u. p.] algo como el abecé (inf.). [*Saber*] *algo de memoria, muy bien:* «No te dejo salir mientras no te aprendas la lección como el abecé».

no [conocer/saber u. p.] (ni) el abecé (inf.). *No [saber] absolutamente nada:* «Jamás he visto persona más ignorante. No sabe ni el abecé».

abeja

estar u. p. como abeja en flor (inf.). *Estar contento y de buen humor:* «Desde que está contigo tu novia parece que estás como abeja en flor».

abrigo

[ser u. p./u. c.] de abrigo (inf.). [*Adj. superlativo*]; [*ser*] *muy bien, muy bueno, muy grave, muy peligroso, etc.:* «Se ha comprado un coche de abrigo. Por lo menos habrá costado tres millones de pesetas».

absoluto

en absoluto (f.). [*Negación enfática*]: «No estoy dispuesto en absoluto a tolerar que se rían de mí».

abuela

contarle/decirle u. p. algo a su abuela (inf.). [*Generalmente en oración imperativa u optativa; se emplea para manifestar incredulidad ante lo dicho por alguien*]: «Eso de que no puedes venir mañana al trabajo cuéntaselo a tu abuela; lo que ocurre es que no quieres trabajar».

no necesitar/tener u. p. abuela (inf.). [*Locución que se aplica a quien se alaba a sí mismo*]: «Este no necesita abuela; se pasa el día hablando de sus propias virtudes».

¡éramos pocos y parió la abuela! (inf.). [*Exclamación que indica que a un mal ya existente se añade otro aún mayor; frecuentemente se aplica al aumento inoportuno del* *número de gente*]: «El autobús iba lleno cuando subieron dos docenas de niños de un colegio, así que éramos pocos y parió la abuela».

¡me cago en tu/su abuela! (rest.). *Ver* «¡tu/su *madre!».

¡tu/su abuela!; *Ver* «¡tu/su *madre!».

abundamiento
a mayor abundamiento (f.). *Además, por si fuera poco:* «Tuve que hacer dos exámenes escritos y, a mayor abundamiento, un examen oral».

abundancia
nadar u. p. en la abundancia (inf.). *Tener mucho dinero:* «Este nada en la abundancia: incluso tiene avión propio».

acá
acá ... y allá. *Ver* «*aquí ... y allá/allí».

[ir u. p.] de acá para allá. *Ver* «[ir u. p.] de *aquí para allí».

de algunos/unos [días] acá (inf.). *Desde hace algunos [días]:* «De algunos días acá vengo observando que Carlitos come muy poco. ¿No sería que está enfermo?».

estar u. p. hasta acá de alguien/algo. *Ver* «estar u. p. hasta *aquí de alguien/algo».

acá para entre los dos/nosotros. *Ver* «*aquí para entre los dos/nosotros».

acá para inter nos. *Ver* «*aquí para entre los dos/nosotros».

¿de cuándo acá ...? (inf.). [*Expresión de extrañeza que indica que algo está o sucede fuera de lo regular y acostumbrado*]: «¿De cuándo acá puede un niño decirle a su padre lo que está bien y lo que está mal?».

acabar
se acabó lo que se daba (inf.).
A: [*Expresión que indica el final de alguna acción o estado*]: «Antes mi mujer me ayudaba con su sueldo y vivíamos muy bien, pero ahora no puede trabajar por los niños y se acabó lo que se daba».
B: [*Expresión que indica rechazo violento o categórico de algo*]: «Ya estoy harto de gastar dinero en juguetes para los niños. ¡Se acabó lo que se daba!».

... y se acabó (inf.). [*Expresión con que se da por acabado un asunto o discusión*] «... y no hablemos más del asunto». «Si tienes problemas con el coche, te compras uno nuevo y se acabó».

acaso
si acaso (f.). [*Adv.*] *como máximo:* «Está prácticamente solo en la vida; si acaso tiene un pariente lejano que viene a verle un par de veces al año».

(por) si acaso (...) (f.).
A: [*Adv.*] *como medida preventiva:* «No creo que llueva, pero de todas maneras llevaré el paraguas por si acaso».
B: [*Locución condicional*] *en previsión de que eventualmente:* «No sé cuántos seremos hoy para comer; por si acaso vienen tus primos, pon la mesa para ocho personas».

acera
[ser u. p.] de la acera de enfrente/de la otra acera (inf.). [*Ser*] *homosexual:* «Al principio me extrañó su conducta con las mujeres, pero luego lo comprendí todo cuando supe que era de la otra acera».

acíbar
[ser u. c.] amarga como el acíbar (inf.). [*Ser u. c.*] *muy amarga o que produce gran disgusto:* «La noticia de la muerte de su protector le resultó amarga como el acíbar, pero tuvo que sobreponerse».

tragar u. p. acíbar (inf.). *Sufrir* [*algo adverso o desagradable*]: «De nada te va a servir protestar; tienes que tragar acíbar y aguantar».

acordar
que [yo me] acuerd[e]. *Ver* «que [yo] *recuerd[e]».

acto
acto continuo/seguido (f.). *A continuación:* «Se detuvo sólo un par de minutos para tomar un refresco y, acto continuo, reemprendió la marcha».

en el acto (f.). *En seguida:* «Aquí no hay que esperar; la foto te la dan en el acto».

hacer u. p. acto de presencia (f.). *Asistir breve y formulariamente a alguna reunión o ceremonia:* «No tengo tiempo ni ganas de ir a la recepción que organiza la embajada, pero haré acto de presencia, aunque sólo sea durante unos minutos».

quedarse u. p. en el acto (inf.). *Morirse re-*

pentinamente: «No se te ocurra tocar ese cable de alta tensión, porque puedes quedarte en el acto».

acuerdo
[estar u. p.] de acuerdo a/con algo (f.). [*Estar*] *en conformidad a/con algo*: «Lo mejor es actuar de acuerdo con lo que prescribe la ley y no hacer ningún género de trampas».
de acuerdo (inf.). [*Expresión de asentimiento*]: «¡No te olvides que mañana tienes que venir a la fiesta de cumpleaños! –De acuerdo, no faltaré».

adelantado
llevar/tener u. p. adelantado algo/éso (f.). [*Locución que indica que una acción o suceso es, en cualquier caso, una ventaja ya conseguida*]: «No sé si me van a admitir o no en el primer curso de Medicina, pero yo voy a empezar a estudiar la Anatomía en casa. Es algo que llevaré adelantado, ¿no te parece?».

adelante
en adelante (f.). *En el tiempo que sigue* [*al momento indicado*]: «Hasta ahora la chica no se ha portado bien, pero ha prometido mejorarse en adelante».
echar/tirar u. p. para adelante (inf.). *Emprender o reemprender la marcha hacia adelante*: «¡Vamos, niño, echa para adelante, que no vamos a llegar nunca a casa!».
ir/marchar u. c. adelante (f.). *Prosperar, hacer progresos*: «Viendo que el negocio no iba adelante, decidió venderlo».
llevar/sacar u. p. adelante a alguien/algo (f.).
A: *Criar, mantener o ayudar a alguien hasta que pueda valerse por sí mismo*: «Con este sueldo de miseria apenas puedo sacar adelante a mi familia».
B: *Hacer funcionar un negocio o asunto o salvarlo de una crisis*: «Si no fuese por el talento comercial de mi tío, que ha sabido sacar adelante la fábrica, ahora estaríamos todos en la miseria».
salir u. p./u. c. adelante (f.). *Superar determinadas dificultades o situaciones adversas*: «Si no ayudas al chico a repasar las asignaturas, nunca va a salir adelante en sus estudios».

DICCIONARIO FRASEOLÓGICO. — 2

adentro
[decir/pensar u. p.] en/para sus adentros (f.). [*Decir/pensar*] *en lo interior de su ánimo*: «Todos los presentes elogiaban el arte culinaria del huésped, pero para sus adentros maldecían haber aceptado la invitación».
barrer u. p. para/hacia adentro (inf.). *Procurar en toda ocasión el provecho propio*: «Los dos socios son igualmente egoístas y procuran cada uno por separado barrer hacia adentro, por lo que el negocio no tardará en fracasar».
salirle u. c. de adentro a alguien (f.). *Decir, expresar algo con espontaneidad y sin medir las consecuencias*: «No pude contenerme y llamé idiota a mi jefe; fue algo que me salió de adentro».

adiós
decirle u. p. adiós a algo (inf.). *Despedirse de algo, no tener esperanzas de recobrarlo o conseguirlo*: «He tenido que decirle adiós a mis estudios de piano; no tengo tiempo para ir al conservatorio».

adivinar
... y adivina quién te dio (inf.). [*Expresión con que se da por terminado algún tema de discusión; frecuentemente enfatiza algún consejo*]; *... y no hablemos más del asunto*: «Si el profesor te pregunta quién fue el que rompió el mapa, tú le dices que no sabes nada ... y adivina quién te dio».

[adjetivo]
(como) ADJETIVO, (sí) [es] + ADJETIVO (inf.). [*Expresión utilizada en respuestas para reforzar lo que dice el adjetivo*]: «¿Te parece tonto Antonio? –¡Como tonto, sí es tonto! Esta es ya la quinta vez que se presenta para el examen final».
(tanto como) ADJETIVO, no [es] + ADJETIVO (inf.). [*Expresión utilizada en respuestas para atenuar lo que dice el adjetivo*]: «Es un excelente novelista. –Hombre, tanto como excelente no es, pero no escribe mal».

advenimiento
esperar u. p. a alguien/algo como al santo advenimiento (inf.). *Esperar con mucha impaciencia a alguien o algo*: «¡No hay derecho! Hace ya tres meses que estoy esperando

la paga extraordinaria como al santo advenimiento y aún no ha llegado».
esperar u. p. el santo advenimiento (inf.). *Quedarse u. p. distraída, inactiva o parada, sin hacer lo que se espera de ella:* «¡Vamos, hombre, no te quedes ahí esperando el santo advenimiento y ayúdanos, que tenemos mucho trabajo!».

agallas
[ser u. p.] **de/tener agallas** (inf.). [*Ser*] *valiente/tener valor:* «Debe de ser un tipo de agallas, porque se ha atrevido él solo a criticar la política social del dictador desde su periódico».

agarrada
tener u. p. una agarrada con alguien (inf.). *Disputarse con alguien:* «Tuve una agarrada con el profesor de mi hijo porque no quería admitirlo en el examen».

agarraderas
tener u. p. buenas agarraderas (inf.).
A: *Tener influencias, gozar de la protección de alguien:* «Hace tiempo que se dedica al contrabando sin miedo a ser descubierto; seguramente tiene buenas agarraderas en la Dirección de Aduanas».
B: [*Referido a mujeres*] *poseer un cuerpo de formas exuberantes:* «Antes gustaban más las chicas que tenían buenas agarraderas, de ésas que pesaban media tonelada».

agarrado
estar u. p. bien agarrada (inf.). *Tener buenas influencias:* «Aunque Luisa apenas se ha preparado para el examen, obtendrá buenas notas, porque está muy bien agarrada».

agarrar
agarrarla u. p. (inf.). *Emborracharse:* «Si sigues bebiendo así la vas a agarrar».
tener u. p. donde agarrarse (inf.). [*Referido a mujeres*] *tener un cuerpo exuberante:* «Es una chica con mucho sex-appeal, de ésas que tienen donde agarrarse».

agenciar
agenciárselas u. p. *Ver* «*componérselas u. p.».

agosto
hacer u. p. el/su agosto (inf.). *Hacer un gran negocio:* «Cuando están agotadas las entradas es cuando hacen su agosto los revendedores».

agua
[ser u. c.] **agua pasada** (f.). *Acontecimiento perteneciente al pasado:* «Olvidemos nuestras rencillas; todo aquello es ya agua pasada».
[estar/ser u. c.] **clara como el agua** (f.). [*Ser*] *muy evidente:* «La cosa está clara como el agua: si la chica te dice siempre que está muy ocupada, es porque no quiere salir contigo».
aguas abajo (f.). *En dirección de la corriente del río:* «Aunque el barco iba muy cargado, podía avanzar rápidamente porque navegaba aguas abajo».
aguas arriba (f.). *En sentido contrario a la corriente del río:* «El barco avanza con mucha lentitud, no sólo porque va muy cargado, sino porque navega aguas arriba».
como (el) agua (inf.). *En grandes cantidades:* «Ya lo creo que tiene dinero; gana millones como el agua».
[esperar u. p. algo] **como agua de mayo** (inf.). [*Esperar algo*] *con ansia, como si fuera un regalo del cielo:* «Ya te podrás imaginar que después de estar preso tanto tiempo, el pobre esperaba el día de su liberación como agua de mayo».
[estar u. p.] **entre dos aguas** (f.). [*Estar*] *perplejo y confuso; sin saber qué decisión tomar:* «Estoy entre dos aguas: si le invito a comer va a pensar que es porque quiero pedirle un favor; y si no le invito, se va a ofender».
bailarle u. p. el agua a alguien (inf.). *Adelantarse u. p. a los deseos de alguien por halago o adulación:* «Yo soy demasiado orgulloso e independiente para trabajar bajo las órdenes de un tirano y tener que bailarle el agua todos los días».
cambiarle/mudarle u. p. el agua a las aceitunas (inf.). [*Referido a hombres*] *orinar:* «Haz el favor de parar el coche un momento, que falta mucho para llegar y tengo que cambiarle el agua a las aceitunas».
convertirse/quedarse u. c. en agua de borrajas/cerrajas (inf.).
A: *Resultar cosa de poca o ninguna impor-*

tancia o interés: «Pensé que la discusión iba a terminar mal, pero al final todos se dieron la mano y la cosa se convirtió en agua de borrajas».
B: *Frustrarse un plan o proyecto:* «Se había propuesto dejar de fumar, pero no pudo aguantar mucho tiempo y sus intenciones se convirtieron en agua de cerrajas».
no (poder) decir u. p. de este agua no beberé (inf.). [*Locución generalmente imperativa; indica que nadie puede asegurar que no hará cierta cosa o no incurrirá en cierto error en que otros ya han incurrido*]: «Ya veo que piensas seguir soltero toda la vida. Pero nunca digas de este agua no beberé; otros más listos que tú acabaron casándose».
estar u. p. con el agua al/hasta el cuello (f.). *Encontrarse en situación muy apurada:* «Ahora no me es posible pagarle; estoy con el agua al cuello».
haber corrido mucha agua (inf.). *Haber pasado mucho tiempo:* «De mis amigos de juventud ya apenas me acuerdo; ha corrido mucha agua desde entonces».
hacer u. c. agua (inf.). *Decaer, amenazar ruina:* «Como vi que el negocio empezaba a hacer agua, decidí cerrarlo antes de que se produjera la total bancarrota».
hacer u. p. aguas (f.). *Orinar o defecar:* «Si alguien quiere hacer aguas deberá aprovechar la próxima parada del autobús, dentro de diez minutos».
hacer u. p. aguas mayores (f.). *Defecar:* «Aquí el autobús se detiene media hora, para que los excursionistas puedan hacer incluso aguas mayores».
hacer u. p. aguas menores (f.). *Orinar:* «Pare Vd. el coche solamente un minuto; para que el niño haga aguas menores ya es suficiente».
llevar u. p. el agua a su molino (f.). *Obrar en provecho propio:* «Si cada uno de los partidos políticos pretende llevar el agua a su molino, será imposible hacer una política con sentido».
mear u. p. agua bendita (inf.). *Ser muy beato:* «Esta es una de esas viejecitas que mean agua bendita y se pasan todo el día en la iglesia».
nadar u. p. entre dos aguas (inf.). *Mantener una actitud equívoca* [*tratando de satisfacer simultáneamente a dos partidos opuestos*]: «Es un político muy diplomático, de ésos que siempre nadan entre dos aguas y lo mismo se entienden con las izquierdas que con las derechas».
volver las aguas a su cauce (f.). *Volver u. p./u. c. a su costumbre, uso o estado:* «Parece que ya las aguas han vuelto a su cauce y no se van a producir más huelgas salvajes».
¡al agua, patos! (inf.). [*Expresión con la que se invita a meterse en el agua*]: «Hace un calor insoportable, así que ¡al agua, patos!».
más claro, agua (inf.). [*Expresión con que se enfatiza que u. c. no puede estar más clara*]: «¿Cómo que no me entiendes? Pues más claro, agua».

agüero
[**ser u. c. de**] **buen/mal agüero** (f.). *Presagio favorable/desfavorable:* «Oír un trueno nada más empezar la fiesta no me parece un buen agüero».

aguja
[**ser u. c.**] **(como) buscar/encontrar una aguja entre la paja/en un pajar** (f.). [*Ser*] *sumamente difícil de encontrar:* «Buscar un empleo bien pagado en estos tiempos es buscar una aguja en un pajar».
[**conocer u. p.**] **la aguja de marear** (inf.). *Tener destreza para manejar los negocios:* «Supongo que a Pepe le irá todo bien en su comercio; además de ser muy trabajador, conoce la aguja de marear».
tumbar u. p. la aguja (inf.). *Conducir a velocidad muy elevada:* «Tuve que pagar una multa por tumbar la aguja: iba a 180 por hora».

agujero
tapar u. p. agujeros (inf.). *Cubrir las necesidades más perentorias:* «Gana un sueldo tan miserable, que apenas puede ir tapando agujeros en su economía doméstica».

ahí
por ahí (inf.). *Aproximadamente eso, aproximadamente así, más o menos:* «No estoy seguro, pero creo que tiene 70 años o por ahí».
darle a alguien por ahí (inf.). *Encapricharse* [*referido siempre a un contexto ya conocido*]: «No sé por qué no quiere salir hoy.

–Es que simplemente le ha dado por ahí y no es posible convencerle».

de ahí que. Ver «de *aquí que».

¡ahí es/era nada! (inf.). [*Exclamación ponderativa, generalmente admirativa*]: «¡Ahí es nada! ¡Un sueldo de medio millón de pesetas!».

¡ahí está! Ver «¡*ahí [te] duele!».

¡ahí me las den todas! Ver «¡ahí/allí/aquí me las *den todas!».

¡ahí queda/va eso! (inf.). [*Exclamación de asombro, sorpresa o admiración; generalmente se emplea para juzgar lo dicho por alguien*]: «El ministro de Hacienda acaba de anunciar una subida del impuesto de lujo del 20%. –¡Ahí queda eso!».

¡ahí [te] duele! (inf.). [*Exclamación con que se alude a lo que constituye el punto delicado de una cuestión o a lo que es motivo de disgusto o enfado de alguien*]: «No ha querido decir nada del dinero que sobró. ¡Ahí le duele! Seguro que se lo ha gastado todo en bebidas».

¡ahí tienes/tiene Vd.! (inf.). [*Exclamación con que se indica una confirmación o consecuencia de algo consabido*]: «¡Ahí tienes! ¡Un mes de hospital por conducir demasiado rápido y despreciar mis consejos de prudencia!».

¡ahí/allá va! (inf.). [*Exclamación que indica asombro o sorpresa*]: «¡Ahí va! ¡Tres accidentes aéreos en sólo una semana!».

¡hasta ahí podíamos llegar! (inf.). [*Exclamación que indica indignación o rechazo de un presunto abuso*]: «Antes se contentaba Vd. con que le subiera el sueldo, pero ahora quiere que le aumente también las vacaciones. ¡Hasta ahí podíamos llegar, hombre!».

he ahí. Ver «he *aquí».

¡quit[a/-e] (de) ahí! Ver «¡quit[a/-e] (de) *allá!».

ahora

ahora mismo (inf.). *Ahora, inmediatamente*: «Quisiera hablar con Fernando Ochoa. –Un momento, ahora mismo se lo pongo».

ahora bien (f.). [*Locución adversativa*] *pero, sin embargo*: «Tienes razón, la vida en este país es muy cara. Ahora bien, los sueldos son también más elevados, así que una cosa compensa la otra».

ahora que (f.). [*Locución adversativa*] *pero, sin embargo*: «Efectivamente, el trabajo es bastante duro. Ahora que está bien pagado y uno no tiene que preocuparse por el futuro».

¡ahora es la [mía/tuya]! Ver «¡*ésa es la [mía/tuya]!».

¡hasta ahora! Ver «¡hasta *luego!».

aire

a [mi/tu] aire (inf.). *A [mi/tu] gusto*: «¿Por qué estás siempre criticando a los vecinos? Deja que vivan a su aire y no te metas en sus vidas».

al aire (f.). *Sin prenda alguna que cubra o tape la carne*: «¿Para qué quieres usar pantalones? Con este calor es mejor llevar las piernas al aire».

al aire libre (f.). *A la intemperie, sin techo*: «No pudimos ver la película hasta el final porque estábamos en un cine al aire libre y se echó a llover».

[estar u. p./u. c.] en el aire (f.).
A: [*Estar u. p./u. c.*] *expuesta a cualquier eventualidad*: «El futuro laboral de Antonio está en el aire; su jefe no quiere renovarle el contrato de trabajo y buscar otro empleo en estos tiempos es cosa difícil».
B: [*Estar u. c.*] *pendiente de decisión ajena o de un suceso eventual*: «Me parece que la nueva ley está todavía en el aire: caso de que sea aprobada en el Consejo de Ministros, debe ser ratificada por el Parlamento».

cambiar/mudar u. p. de aires (f.). *Cambiar de lugar (por motivos de salud o prudencia)*: «Este niño tiene que cambiar de aires e irse a la montaña; en la ciudad la polución le daña los bronquios».

coger u. p. aires de alguien (f.). *Presumir de ser alguien/algo*: «Desde que Manolo ha heredado, está cogiendo aires de gran señor».

darse u. p. aire(s) de (ser) alguien. Ver «coger u. p. *aires de alguien».

darse u. p. mucho aire (inf.). *Adoptar una postura de mayor relieve del que se posee*: «Te das mucho aire, pero todos sabemos que no tienes un céntimo».

mantenerse/sustentarse/vivir u. p. del aire (f.).
A: *Comer muy poco*: «Esta mujer no desayuna ni come ni cena; da la impresión de que puede vivir del aire».

B: *vivir sin trabajar:* «En esta ciudad sólo se ve a la gente paseando y frecuentando bares; parece que todo el mundo se sustenta del aire».
tener u. p. aire(s) de (ser) alguien/algo (f.). *Tener la apariencia de ser alguien o algo:* «Este que habla más alto tiene aires de ser el jefe del grupo».
(salir u. p. a) tomar el aire (f.). *Pasear o respirar aire fresco:* «Por las noches, después de cenar, solemos salir a tomar el aire a la alameda, porque con este calor no se puede dormir».

ajo
[andar/estar u. p.] (metida) en el ajo (inf.). *Figurar entre los que intervienen o conocen un asunto, intriga o secreto:* «Me lo puedes contar todo; yo también ando metido en el ajo».
decir/echar/soltar u. p. un ajo/ajos (y cebollas) (inf.). [*Eufemismo*] *decir tacos:* «Don Vicente tiene la mala costumbre de decir ajos por cualquier contratiempo».
oler u. p. a ajos y cebollas (inf.). *Oler mal:* «Voy a darme una buena ducha, porque después de jugar el partido de baloncesto debo de estar oliendo a ajos y cebollas».
¡ajo y agua! (inf.). [*Expresión con la que se recomienda resignación*]: «Prometieron terminar el cuarto de baño en cinco días, pero llevan ya ocho y todavía no está listo. Y lo peor es que de nada sirve protestar. ¡Ajo y agua!».

ala
del ala (inf.). *De dinero:* «La cena no me salió cara. Sólo me cobraron 500 del ala».
[estar/ser u. p.] tocada del ala (inf.). [*Estar/ser*] *algo loco:* «No debes prestarle atención a lo que te dice, porque es una persona un poco tocada del ala».
ahuecar u. p. el ala/las alas (inf.). *Marcharse con rapidez:* «No encontré muy simpática la concurrencia, así que a la primera ocasión ahuequé el ala».
darle/ponerle u. p./u. c. alas a alguien (f.). *Incitar, animar, alentar a alguien* [*generalmente a hacer algo malo*]: «Con esas leyes tan liberales, el gobierno no hace otra cosa que darles alas a los terroristas».
quebrarle/(re)cortarle u. p. las alas a alguien (f.). *Desanimar o estorbar a alguien en su pretensiones:* «Exigía que le aumentasen el sueldo al doble, por lo que tuvieron que cortarle las alas y desatender su petición».
tomar u. p. alas (f.). *Cobrar ánimo:* «Al principio de su estancia en el hospital estaba muy deprimido, pero con las visitas de los amigos fue tomando alas».

albis
estar/quedarse u. p. in albis. *Ver* «estar/quedarse u. p. en *blanco*».

alcance
[ser u. p.] de/tener cortos/pocos alcances (f.). [*Ser*] *de poca/no tener ninguna inteligencia:* «Yo no le confiaría esa tarea tan delicada; es hombre de pocos alcances y no creo que pueda realizarla sin tropiezos».
no [ser u. p.] de/no tener muchos alcances (f.). [*Ser*] *de/tener poca inteligencia:* «No parece ser persona de muchos alcances para los negocios; ya se ha arruinado dos o tres veces».
[estar u. c.] al alcance de la mano (inf.). [*Ser*] *muy accesible o fácil de conseguir:* «Tener coche hoy en día está al alcance de la mano para cualquiera».

alcanzado
andar/estar u. p. alcanzada (inf.). *Estar mal de dinero:* «Parece que anda de nuevo alcanzado, porque ha vuelto a pedir dinero prestado».

Alcoyano
tener u. p. más moral que el (portero del) Alcoyano (inf.). *Ser excesivamente optimista:* «Tú tienes más moral que el Alcoyano si crees que con un solo sueldo vas a poder mantener una familia en España y en estos tiempos».

alfiler
[andar/estar u. p.] (puesta) de veinticinco alfileres (inf.). [*Andar/estar*] *muy peripuesto y acicalado:* «Acudió a una simple reunión de amigos puesto de veinticinco alfileres, como si se tratase de una recepción en el Palacio Real».
estar u. c. prendida/tener u. p. algo prendido con alfileres (inf.). *Ofrecer u. c. poca re-*

sistencia o firmeza; hacer, conocer u. p. algo sólo de forma superficial: «Estos jóvenes abogados tienen las leyes prendidas con alfileres; cuando tienen que defender un caso difícil pierden la seguridad en sí mismos».
no caber (ni) un alfiler (inf.). *No haber lugar, puesto o plaza libre:* «Había tanta gente y el local era tan pequeño, que cuando llegamos ya no cabía ni un alfiler».

algodón
criar u. p. a alguien entre algodón/algodones (inf.). *Criar con mimo y regalo:* «A estos chicos criados entre algodones, no merece la pena invitarlos a una fiesta campestre; echarían de menos la limpieza y comodidades de su casa».

alguno
algún(o) que otro (f.). *Muy pocos:* «En general, a este tipo de conferencias no asiste casi nadie; solamente algún que otro estudiante que no sabe adónde ir».

alhaja
[ser u. p. una] buena alhaja (inf.). *[Irónico] pícaro, pillo, sinvergüenza:* «La pobre chica no sabe que se va a casar con una buena alhaja: el novio debe dinero en todas partes y es jugador empedernido».

aliento
[estar/quedar u. p.] sin aliento (f.).
A: *[Estar/quedar] exhausto, muy cansado:* «Como estamos sin ascensor, al subir hasta el séptimo piso nos quedamos sin aliento».
B: *[Estar/quedar] asombrado, asustado, conmovido:* «Cuando me contó que se acababa de morir de repente mi mejor amigo, me quedé sin aliento».
sin tomar aliento (f.). *Sin hacer pausa o descanso alguno:* «No sé cómo puede aguantar trabajando tantas horas diarias sin tomar aliento ni fumar siquiera un cigarrillo».

alivio
[ser u. c.] de alivio (inf.). *[Adj. superlativo]; [ser] muy malo, muy grave, etc.:* «Ha bajado mucho la temperatura; si no te abrigas, vas a coger un catarro de alivio».

alma
[ser u. p. un] alma de cántaro (inf.). *Persona falta de discreción y sensibilidad:* «Si le cuentas nuestro problema a Pedro, que es un alma de cántaro, en pocos días va a estar enterado todo el pueblo».
[desaparecer/irse] como alma que (se) lleva el diablo (inf.). *[Desaparecer/irse] con rapidez, precipitadamente:* «Cuando le comunicaron que su padre había sufrido un accidente, salió como alma que se lleva el diablo».
[estar u. p.] con el alma en un hilo (f.). *[Estar] con gran temor:* «Después de las primeras sacudidas del terremoto, todos los habitantes de la ciudad estaban con el alma en un hilo creyendo que se iba a repetir».
agradecerle u. p. en el alma algo a alguien (f.). *Agradecerle muy encarecidamente algo a alguien:* «Le agradezco en el alma lo que ha hecho por nosotros; sin su ayuda no sé cómo habría podido llegar a casa con esta tormenta».
andar/estar/padecer/sufrir u. p. como alma en pena (inf.). *Sufrir mucho:* «Desde que la chica se le fue con otro, el pobre está como alma en pena».
arrancarle/partirle/romperle u. p. el alma a alguien (inf.). *Pegar, golpear a alguien:* «¡Si vuelves a insultar a mi familia te arranco el alma!».
caérsele/venírsele a alguien el alma a los pies (f.). *Sentir gran decepción, desilusión o desengaño:* «Cuando le dijeron que tenía que quedarse un mes más en el hospital, se le cayó el alma a los pies».
dar/entregar u. p. su/el alma (a Dios) (f.). *Morirse:* «Cuando el médico llegó, ya el enfermo había entregado el alma, así que todo auxilio fue en vano».
llegarle u. p./u. c. al alma a alguien (f.). *Darle lástima o inspirarle compasión:* «No puede uno pasar por delante de esos mendigos sin que la imagen de la miseria le llegue al alma».
llevar/tener u. p. algo clavado en el alma (inf.). *Experimentar algún dolor, ofensa o desdén difícil de olvidar:* «Está muy triste y no habla con nadie; parece que el fracaso amoroso lo lleva clavado en el alma».
partirle/romperle u. p./u. c. el alma a alguien (inf.).
A: *Causar u. p./u. c. gran pena o conmiseración:* «¿Cómo puedes quedarte indiferente

ante el problema? Tanta miseria le parte el alma a cualquiera».
B: *Pegar, golpear u. p. a alguien:* «¿Cómo se te ha ocurrido coger dinero de la caja? ¡Si te cojo, te parto el alma, desgraciado!».
partírsele/rompérsele el alma a alguien (inf.). *Sentir gran pena o conmiseración:* «Ver llorar a un niño es una cosa que me parte el alma».
pesarle u. c. a alguien/sentir u. p. en el alma algo (f.). *Causarle/sentir gran pesar o dolor:* «Lo siento en el alma, pero no puedo prestarte el dinero; lo necesito yo mismo».
no poder u. p. (ni) con el alma (inf.). *Estar muy fatigado:* «Después de hacer gimnasia está que no puede ni con el alma».
poner u. p. (toda) su alma en algo (f.). *Hacer algo con gran interés y afán:* «No parecía un chico muy dotado para los idiomas, porque aunque ponía toda su alma en la traducción, nunca le salía bien».
salirle u. c. del alma a alguien (f.). *Sentir la necesidad de decir algo con toda sinceridad:* «No me arrepiento de haberle insultado; lo hice porque me salió del alma».
no tener u. p. alma (f.). *No tener compasión, ser indiferente al sufrimiento de los demás:* «¡No tiene alma; ha abandonado a sus cuatro hijos para marcharse con otro hombre!».
volverle el alma al cuerpo a alguien (f.). *Librarse de algún temor o peligro:* «No nos volvió el alma al cuerpo hasta que se alejó el lobo».

almohada
consultar u. p. algo con la almohada (inf.). *Meditar o reflexionar algún asunto con el tiempo necesario:* «No sé si emprender el viaje o quedarme en casa; lo consultaré con la almohada».

alta
dar u. p. de/el alta a alguien (f.).
A: [*Sólo con 'de alta'*] *registrar o inscribir a alguien en algún organismo, corporación o sociedad:* «El director de la empresa se había olvidado de dar de alta a sus trabajadores en el Seguro de Enfermedad; según algunos, lo había hecho para ahorrarse el dinero».
B: *Declarar el médico restablecido a alguien enfermo:* «Una semana después de la operación me dieron de alta y pude abandonar el sanatorio».

altar
conducir/llevar u. p. al altar a alguien (inf.). *Contraer matrimonio con alguien:* «Después de vivir más de veinte años con ella y de tener tres hijos, por fin le convencieron para que la llevase al altar para legalizar la situación».

alto
darle u. p. el alto a alguien (f.). *Darle a alguien la orden de que se detenga en su marcha:* «No sabía que estaba atravesando la frontera, hasta que me encontré con un policía que me dió el alto y me invitó a volver atrás».
hacer u. p. un alto (f.). *Hacer una pausa durante el trabajo o durante una marcha o viaje:* «Vamos a hacer un pequeño alto en el camino para descansar».
¡alto ahí! (inf.). [*Expresión con la que se ordena a alguien interrumpir lo que está diciendo por resultar falso, inconveniente, etc.*]: «¡Alto ahí! No diga Vd. más barbaridades porque de este asunto no entiende Vd. nada».

alto
por todo lo alto (f.). *Con todo el lujo:* «Hicieron una fiesta por todo lo alto; una fiesta que ni muchos viejos aristócratas se permitirían».
apuntar/picar u. p. (muy) alto (inf.). *Pretender algo elevado, tener elevadas aspiraciones:* «Este no se contenta con el puesto de secretario general; pica alto y quiere ser ministro, por lo menos».
pasar u. p. por alto a alguien/algo (f.). *No mencionar, no tener en cuenta a alguien/algo:* «Es incomprensible que, en su conferencia sobre el Siglo de Oro, haya pasado por alto la obra de Miguel de Cervantes».
pasársele u. c. por alto a alguien (f.). *No advertir algo:* «Perdona que ayer no te haya felicitado por tu cumpleaños, pero se me había pasado por alto la fecha».

altura
[estar/ponerse u. p./u. c.] a la altura de alguien/algo (f.). [*Estar/llegar*] *al mismo gra-*

do de perfección que alguien/algo (que sirve de comparación): «Nuestro equipo jugó tan bien en el Campeonato Mundial, que quedó a la altura de los mejores equipos internacionales».
poner u. p. a alguien/quedar u. p. a la altura del betún (inf.). *Criticar/ser criticado muy ásperamente*: «El médico había puesto a la enfermera a la altura del betún por haberse olvidado de administrar a tiempo los medicamentos».

aludido
darse u. p. por aludida (f.). *Sentir algo como una alusión y reaccionar de forma correspondiente*: «Como yo había dicho que en verano la gente debería bañarse y asearse con más frecuencia, mi compañero de trabajo se dio por aludido y se enfadó conmigo».

allá
el más allá (f.). *La vida después de la muerte o el sitio donde tiene lugar*: «Para los que no creen en el más allá, no hay más vida que la terrena».
allá en/por [algún tiempo/lugar] (f.). [*Locución que indica tiempo o lugar remoto e impreciso*] *aproximadamente entonces/allí*: «Allá en tiempos de los visigodos se construyó esta ermita».
sin ir más allá (inf.). *Por ejemplo, sin necesidad de buscar más ejemplos*: «A partir de cierta hora es imposible encontrar aparcamiento; ayer, sin ir más allá, estuve intentándolo dos horas».
no andar/estar u. p. muy allá de/en algo (inf.). *No encontrarse muy bien de/en algo*: «Me parece que este señor no anda muy allá de dinero: le he visto empeñar sus cuadros por muy poco dinero».
estar u. p. hasta allá de alguien/algo (inf.). *Estar harto de alguien/algo*: «¡A ver cuándo cambias el menú; estoy hasta allá de comer siempre lo mismo!».
no estar u. p. muy allá con alguien (inf.). *No entenderse bien con alguien*: «No parece estar muy allá con su colega; hay días que ni se hablan».
no ser u. p./u. c. muy allá (inf.). *No ser nada fuera de lo corriente*: «He escuchado con atención la nueva grabación de las sonatas de Beethoven y, si tengo que decir la verdad, no me pareció ser muy allá. Conozco mejores versiones».
¡allá se las arregle/componga u. p. (con alguien/algo)! (f.). [*Exclamación con que se indica indiferencia con respecto a lo que haga otra persona*]: «Yo no me meto en tu vida privada. ¡Allá te las arregles con tu familia!».
¡allá se las entienda/gobierne/haya u. p. (con alguien/algo)! *Ver registro anterior*.
¡allá [tú/él]! (inf.). [*Expresión que indica indiferencia ante el apuro de quien ha sido prevenido a tiempo*]: «Siempre te he dicho que debías practicar un poco de deporte. Si ahora te lamentas de estar tan gordo, ¡allá tú!».
¡quit[a/-e] (de) allá! (inf.). [*Expresión enfática para rechazar a alguien/algo o reprobar algo*]: «¡Quita allá, hombre! ¿Cómo vas a estudiar una carrera tan difícil trabajando al mismo tiempo ocho horas diarias?».

allí
estar u. p. hasta allí de alguien/algo. *Ver* «estar u. p. hasta *allá de alguien/algo».
¡allí me las den todas! *Ver* «¡ahí/allí/aquí me las *den todas!».
¡quit[a/-e] (de) allí! *Ver* «¡quit[a/-e] (de) *allá!».

amable
muy amable (f.). [*Fórmula de agradecimiento*]: «¿Puedo ayudarle a llevar las maletas? —Muchas gracias, muy amable, pero no es necesario».

amapola
[estar/ponerse u. p.] (colorada/encarnada/encendida/roja) como una amapola (inf.). [*Estar/ponerse*] *rojo de vergüenza*: «Cuando la chica advirtió que se había introducido por error en las duchas de caballeros, se puso como una amapola».

Ambrosio
[ser u. c.] (como) la carabina de Ambrosio (inf.). [*Ser*] *cosa inútil*: «Esto de tener vacaciones en el mes de febrero es la carabina de Ambrosio, porque no sé a dónde ir ni qué hacer con tanto frío».

amén
amén de alguien/algo (f.). *Además de alguien/algo*: «Todas precauciones eran pocas,

de modo que, amén de su fusil, llevaba un buen garrote».
en un decir amén (inf.). *Rápidamente, en muy poco tiempo:* «Me sacaron el diente en un decir amén; ni siquiera tuve tiempo para darme cuenta».
decir u. p. amén a algo (inf.). *Asentir, mostrarse conforme con algo:* «Tu amigo es una de esas personas que siempre están de acuerdo y a todo dicen amén».

América
hacer u. p. las américas (inf.). *Ganar mucho dinero (con alguna ocupación o trabajo):* «Si te dedicas a la especulación inmobiliaria puedes hacer las américas en poco tiempo y volverte millonario».

amigo
[ser u. p. un] amigo de las entrañas/entretelas (inf.). *Amigo entrañable:* «Pedro es un amigo de las entrañas del que nunca me separo».
... y (todos) tan amigos; inf.; [*Expresión con la que se da por acabado un asunto o discusión*]: «Hubo incluso bofetadas en la reunión, pero al día siguiente ya habían olvidado el incidente y todos tan amigos».

amo
[ser u. p.] el amo del cotarro (inf.). *El que más puede u ocupa un puesto preeminente:* «Cuando se estableció por vez primera en América, su firma apenas era conocida; diez años más tarde se convirtió en el amo del cotarro, con un volumen de negocios superior al billón de dólares».

amor
al amor de la lumbre/del fuego (f.). *Cerca del fuego (de manera que caliente y no queme):* «En las largas noches de invierno, la abuela solía contarnos historias de su tiempo al amor del fuego».
en amor y (buena) compaña/compañía (inf.). *En paz y armonía:* «Pensé que después de tal discusión no volverían a ser amigos, pero se despidieron en amor y buena compañía».
con/de mil amores (f.). [*Expresión con que se asiente amablemente a una petición*]: «Con mil amores haré lo que Vd. desee. Estoy a su entera disposición».

ampolla
levantar u. p./u. c. ampollas (inf.). *Herir el amor propio o la sensibilidad de alguien, irritar a alguien:* «El Primer Ministro pronunció un discurso que levantó ampollas entre los diputados de la oposición».

ancho
[estar/quedarse/sentirse/vivir u. p.] a sus anchas (f.). *Estar muy a gusto, tener entera libertad de movimientos:* «Naturalmente cuando los papás se marcharon de casa y dejaron a los niños solos, éstos se quedaron muy a sus anchas, porque por fin podían hacer lo que querían».
[quedarle/venirle u. c.] ancha a alguien (inf.). *Resultar (un cargo o una labor) demasiado difícil para la capacidad de alguien:* «El nombramiento de ministro le viene un poco ancho y temo que no pueda desempeñar su cargo con éxito».
camp(e)ar u. p. a sus anchas (inf.). *Obrar por propia cuenta, actuar con entera libertad:* «Siempre ha sido muy liberal con sus hijos y los ha dejado campear a sus anchas».
estar/ponerse u. p. (muy) ancha (inf.). *Ufanarse, enorgullecerse, sentir gran satisfacción:* «Se puso muy ancho cuando le dijeron que su hijo era el primero de la clase».
quedarse u. p. tan ancha (inf.). *Mostrarse despreocupado y tranquilo:* «Hoy han vuelto a reprender a mi hijo en el colegio, pero está ya tan acostumbrado, que se quedó tan ancho, como si nada hubiera pasado».

andada
volver u. p. a las andadas (inf.). *Reincidir en un mal hábito:* «Ha estado dos años sin fumar, pero después de su última fiesta de cumpleaños ha vuelto a las andadas y ya consume una cajetilla diaria».

andanada
largar/soltar u. p. una andanada/andanadas a/contra alguien/algo (inf.). *Reprender o criticar a alguien/algo de forma descomedida:* «Casi todos los políticos de la oposición han vuelto a soltar andanadas contra las medidas de ahorro del gobierno».

andar
no saber u. p. por dónde (se) anda (inf.). *No saber u. p. bien lo que hace* [generalmen-

te por ser muy despistada o por carecer de talento práctico]: «Es absurdo encargarle a Enrique una labor tan delicada, porque es un hombre que no sabe por dónde se anda y va a confundir y revolverlo todo».
¡and[a] y + IMPERATIVO! (inf.). [*Expresión irónica de disgusto ante lo que aparentemente se aconseja]*: «¿Quiere otro juguete más? Pues ¡anda y cómpraselo! ¡Ya verás cómo mañana lo va a destrozar!».
¡anda (y) que no ... (ni nada)! (inf.). [*Expresión irónica de disgusto o admiración que afirma lo que aparentemente se niega a continuación]*: «¡Anda que no eres presumido ni nada! ¡Todos los días un traje distinto!».
¡anda (y) que tampoco ...! *Ver registro anterior.*
¿cómo andamos? (inf.). [*Fórmula de saludo]; ¿cómo est[ás/-a]?* «¿Cómo andamos, don Manuel? Hace ya tiempo que no nos vemos...».
¡(conque) en ésas andamos! *Ver «¡(conque) ésas *tenemos!».*

ángel
como los ángeles (f.). *Muy bien, a la perfección:* «Al principio le tenía un poco de miedo al volante, pero ahora conduce como los ángeles».
(dejar u. p.) pasar un ángel (inf.). *Callarse o interrumpir el discurso durante un momento:* «Dejó pasar un ángel como para recordar algo, y luego continuó hablando en el mismo tono».
tener u. p. ángel (f.). *Tener gracia, simpatía, atractivo especial:* «Aunque no es una chica muy guapa, tiene mucho ángel, que es más importante para conquistarse la admiración de los demás».

anillo
[estar/quedar/venir u. c. a alguien] como anillo al dedo (inf.). [*Estar ...] a la medida, muy bien, muy oportuno:* «Tu chaqueta es justamente mi talla; me viene como anillo al dedo».
caérsele a alguien los anillos (inf.). *Humillarse:* «Hoy puedes fregar tú los platos; no creo que por eso se te vayan a caer los anillos».

animal
[ser u. p. un] animal de bellota (inf.). [*Generalmente usado como invectiva] persona torpe y tosca:* «¡No sea Vd. animal de bellota y conduzca por la derecha, como hace todo el mundo!».

ánimo
levantar u. p. el/cobrar ánimo (f.). *Animarse, consolarse:* «¡Tome Vd. una copa para levantar el ánimo y olvidar tristezas, hombre!».

antecedente
estar u. p./poner u. p. a alguien en antecedentes (f.). *Conocer/informar sobre los antecedentes de algo:* «No puedo darte mi opinión sobre tu problema porque no estoy en antecedentes. Primero tendrás que contármelo todo».

antes
antes que nada (f.).
A: *Inmediatamente:* «Cuando llegues a casa, antes que nada debes llamarnos para decirnos que has llegado bien».
B: *Mayormente, principalmente, esencialmente:* «Tu deber es preocuparte antes que nada de la salud de tu madre, que ya está muy mayor y necesita cuidados».
cuanto antes (f.). *Con diligencia, lo más pronto posible:* «¡Ven cuanto antes! Te necesito urgentemente».
antes bien (f.). [*Locución adversativa*] *al revés, de modo contrario:* «La muerte de su abuelo no le dejó triste; antes bien, le puso muy contento, porque heredó un buen capital».

antesala
hacer u. p. antesala (f.). *Esperar en algún sitio antes de ser recibido (por la persona a quien se quiere ver):* «El consultorio del doctor está siempre lleno de gente y es normal hacer antesala durante más de dos horas».

antología
[ser u. c.] de antología (inf.). [*Ser*] *muy bueno, sensacional:* «Acabo de pintar un cuadro de antología; por lo menos me darán un millón».

antro
antro de perdición (f.). *Lugar donde la gente se entrega a algún vicio:* «En lugar de estudiar, el chico se pasa las horas en un antro de perdición jugando a las cartas».

anzuelo
caer u. p. en/morder/picar/tragar el anzuelo (inf.). *Dejarse engañar:* «Hoy se venden las cosas más inútiles como si sirviesen para algo. La técnica del 'marketing' hace que la mayoría de la gente caiga en el anzuelo».
echarle u. p. el anzuelo a alguien (inf.). *Tratar de atraer con artificios o engaños:* «Hoy la chica se ha puesto guapísima; parece que quiere echarle el anzuelo a algún hombre».

año
[estar/ser u. p.] entrada en años (f.). *[Ser] viejo:* «Un hombre ya entrado en años no debería casarse con una chica tan joven».
[estar u. c.] a años luz de algo (inf.). *[Ser] muy distante en el tiempo:* «Ya casi no me acuerdo de aquel verano que pasamos en Grecia; está a años luz del presente».
el año catapún (inf.). *Hace muchos años:* «Mi padre se asentó en esta ciudad en el año catapún, mucho antes de nacer yo».
el año de la nana/pera/polca (inf.). *Hace muchos años:* «Tengo algunos discos del año de la pera que suenan bastante mal, pero que tienen gran valor artístico».
quitarse/sacarse u. p. años (de encima) (f.).
A: *Declarar menos años de los que se tiene:* «Tiene unos 50 años, porque dijo que tenía 45 y las personas a esa edad suelen quitarse unos años».
B: *Aparentar menos años de los que se tiene, parecer más joven:* «Ese vestido tan alegre te hace muy joven; con él te quitas diez años de encima, como mínimo».
¡(que sea) por muchos años! (f.). *[Fórmula con que se felicita a alguien, deseándole felicidad por mucho tiempo]:* «¡Felicidades en el aniversario de su boda! ¡Que sea por muchos años!».

apagar
apaga y vámonos (inf.). *[Expresión que indica resignación al quedar agotadas todas las posibilidades de realizar o conseguir algo]:* «Si no está Vd. dispuesto a pagar más por mi coche, entonces apaga y vámonos, porque no pienso regalárselo».

apalear
apalear u. p. [billetes/oro] (inf.). *Ser muy rico, manejar grandes sumas de dinero:* «Es dueño de tres bancos y apalea millones».

apañado
estar/ir u. p. apañada (inf.). *Estar equivocado o expuesto a sufrir alguna decepción:* «Vas apañado si crees que puedes comer en ese restaurante por mil pesetas; por lo menos necesitas llevar el doble en la cartera».

apañar
apañárselas u. p. (f.). *Buscar la manera de salir de un apuro o lograr algún fin:* «Esta vez no tengo ganas de ayudarte a preparar la comida; apáñatelas como puedas».

aparejado
llevar/traer u. c. aparejado algo (f.). *Ser causa inevitable de algo:* «Es un cargo muy bien pagado, pero lleva aparejadas muchas responsabilidades».

apariencia
cubrir/guardar/salvar u. p. las apariencias (f.). *Disimular o encubrir cierta situación para no escandalizar o dar que hablar:* «Aunque no tiene un céntimo, siempre ha sabido guardar las apariencias y hacerse pasar por persona acomodada».

ápice
ni (en) un ápice (inf.). *Ni en mínima parte, nada en absoluto:* «Ya sabes que es un hombre inflexible y que no está dispuesto a ceder ni un ápice en sus pretensiones».

aprovechar
gracias, que aproveche (f.). *[fórmula de cortesía para rechazar la invitación a probar lo que otro come]:* «¿Vd. gusta? –Gracias, que aproveche. Ya he comido hace una hora».
¡que aproveche! (f.). *[fórmula de cortesía utilizada al empezar a comer]*. «Aquí tenéis la comida. ¡Que aproveche!».

apuntar
apuntarse u. p. un tanto. *Ver* «apuntarse u. p. un tanto a su *favor».

aquél

sentir/tener u. p. un aquél por alguien (inf.). *Sentir una simpatía o afecto especial por alguien:* «Aunque la niña no es muy bonita, tengo por ella un aquél difícil de explicar».

tener u. p./u. c. un/su aquél (inf.). *Tener un atractivo especial o difícil de definir:* «No será un gran poeta, pero su poesía tiene su aquél…».

aquí

[ser u. c.] (de los/las) de aquí te espero (inf.). *[Ser] muy bueno, óptimo, muy grande:* «Ya no tengo hambre, porque me he comido un bocadillo de aquí te espero».

aquí … y allá/allí (inf.). *En lugares indeterminados o sin orden determinado:* «Hemos sembrado sin orden ni plan alguno, aquí patatas y allí guisantes».

de aquí en adelante. *Ver* «en *adelante».

[ir u. p.] de aquí para allí (inf.). *[Ir] de una parte para otra, sin permanecer en ninguna:* «Por causa de los documentos de la herencia he tenido que pasarme el día andando de aquí para allí».

estar u. p. hasta aquí de alguien/algo (inf.). *Estar harto de alguien/algo:* «Estoy hasta aquí de trabajo; hoy he tenido que quedarme en la oficina hasta las diez de la noche».

de aquí que (f.). *[Locución consecutiva] y por esta razón:* «Se pasa la vida viajando por el mundo entero; de aquí que nunca tenga dinero en el banco».

¡aquí me las den todas! *Ver* «¡ahí/allí/aquí me las *den todas!».

¿de cuándo aquí …? *Ver* «¿de cuándo *acá …?».

aquí donde [me/le] [ves/ve] (inf.). *[Expresión que enfatiza la veracidad de una afirmación que parece inverosímil]:* «Aquí donde me ves, soy capaz de recorrer nadando más de cinco kilómetros sin descansar».

aquí para entre los dos/nosotros (inf.). *Confidencialmente [dicho]:* «Ayer no quise decirte nada porque había mucha gente, pero, aquí para entre nosotros, puedo decirte mi opinión con entera libertad».

aquí para inter nos. *Ver registro anterior.*

he aquí (f.). *[Expresión utilizada para presentar algo] aquí está, esto es:* «He aquí los catálogos nuevos. Mírelos tranquilamente y después me dirá qué modelo le conviene».

… y aquí no ha pasado nada (inf.). *[Expresión con que se da por acabado un asunto o discusión]:* «Pues cuando venga tu padre le vas a decir toda la verdad ¡y aquí no ha pasado nada!».

arado

[ser u. p.] bruta como/más bruta que un arado (inf.). *[Ser] muy bruto:* «Es más bruto que un arado y apenas ha podido aprender a leer y escribir».

arco

pasar(se) u. p. a alguien/algo por el arco de triunfo (rest.). *Despreciar o rechazar a alguien/algo:* «Es una familia tan antipática, que si me invitan un día a cenar soy capaz de pasarme su invitación por el arco de triunfo».

arder

estar u. c. que arde (inf.). *Haber una situación de gran tensión, agitación o peligro:* «Después de las primeras manifestaciones llegó la policía y hubo heridos. La cosa está que arde».

ir u. p./u. c. que arde (inf.). *Tener más que suficiente, bastar:* «No gana mucho dinero, pero teniendo en cuenta lo poco que tiene que gastar, con 100.000 pesetas mensuales va que arde».

ardilla

[ser u. p.] ligera/lista como una ardilla (inf.). *[Ser] muy listo o muy ligero:* «Este niño es listo como una ardilla; apenas tiene seis años y ya sabe tocar el piano».

ardite

dársele/importarle u. p./u. c. un ardite a alguien (inf.). *Resultarle indiferente:* «Antonio siempre ha hecho lo que quiere, y le importa un ardite que lo critiquen los demás».

no valer u. c. un ardite (inf.). *No tener valor o calidad alguna:* «No comprendo por qué le han dado el primer premio de poesía; lo que escribe no vale un ardite».

arma

[ser u. p.] de armas tomar (inf.). *[Ser] decidido, resuelto, (demasiado) atrevido, peligroso:* «Deberías evitar pleitos con él. Es un

hombre de armas tomar y puede hacerte mucho daño».
hacer u. p. sus primeras armas (f.). *Estrenar sus habilidades:* «En este modestísimo despacho hizo sus primeras armas de hombre de leyes el que más tarde llegaría a ser Presidente de la República».
llegar u. p. a las armas (f.). *Ponerse a reñir o a pelear:* «La discusión se hizo tan violenta, que poco faltó para que llegasen a las armas».
medir u. p. sus armas con alguien (f.). *Reñir, pelear, contender o rivalizar con alguien:* «Se va a presentar a un concurso de canto. Allí medirá sus armas con las mejores voces jóvenes del momento».
pasar u. p. por las armas a alguien (inf.). *[Referido al hombre] realizar el acto sexual:* «Lo único que Luis pretende es pasarse por las armas a su amiga, sin ninguna intención de casarse con ella».

armar
armarla u. p. (inf.). *Hacer un alboroto, promover una gran disputa o pelea:* «Todo estaba muy tranquilo hasta que llegaron unos gamberros con intenciones de armarla».
armar(se) una. *Ver* «armar(se)/haber una *buena».

aro
entrar/pasar u. p. por el aro (inf.). *Rendirse a la voluntad ajena:* «Se negó varias veces a obedecer, pero al final le amenacé seriamente y tuvo que entrar por el aro».

arrastre
[estar/quedar u. p./u. c.] para el arrastre (inf.).
A: *[Estar/quedar u. p.] agotada o vencida:* «En la excursión a la sierra hicimos a pie más de 14 kilómetros. Puedes imaginarte que al regreso quedamos todos para el arrastre».
B: *[Estar/quedar u. c.] rota o averiada:* «Este coche está para el arrastre; ya no hay manera de arreglarlo».

arreglado
estar/ir u. p. arreglada (inf.). *Estar equivocado o expuesto a sufrir alguna decepción:* «Si crees que vas a educar a tu hijo dándole bofetadas, vas arreglado».

arreglar
arreglárselas u. p. (f.). *Buscar la manera de salir de un apuro o lograr algún fin:* «Tú te has buscado los problemas, así que arréglatelas como puedas, que yo no pienso ayudarte».
para acabar de arreglarlo (inf.). *[Expresión de contrariedad o enojo utilizada al evocar una desgracia superior a la que se acaba de mencionar]; además de (todo) eso:* «Tuvimos que esperar más de dos horas delante del Museo del Prado y, para acabar de arreglarlo, empezó a llover».

arreglo
con arreglo a (f.). *Según:* «Con arreglo a la nueva ley, estoy obligado a pagar impuestos sólo en el país donde resido».

arriba
de + NUMERAL (SUSTANTIVO) + para arriba (inf.). *Más de + NUMERAL (SUSTANTIVO):* «Seguro que tiene de 65 años para arriba, porque ya está cobrando la pensión».
mirar u. p. de arriba abajo a alguien (f.). *Mirarle a alguien con desdén o desprecio (por considerarlo de inferior categoría):* «Estos señoritos orgullosos miran de arriba abajo a los pobres campesinos que bajan a la ciudad».
volver u. p. lo de arriba abajo (inf.). *Revolverlo todo, dejar todo en desorden:* «Esta señora es temida en los comercios, porque después de volver lo de arriba abajo, se marcha sin comprar nada».

arrimo
al arrimo de alguien (f.). *Con el apoyo, la ayuda o la protección de alguien:* «Tu tío es un abogado famoso y a ti no te resultará difícil hacer carrera a su arrimo».

arroba
por arrobas (inf.). *En grandes cantidades:* «Hoy llegó correspondencia por arrobas; tendré que pasarme el día leyendo y contestando cartas».

arte
malas artes (f.). *Medios ilícitos:* «Es un hombre sin escrúpulos que ha hecho una fortuna valiéndose de malas artes».
**(como) por arte de encanto/encantamien-

to/magia (inf.). *De una manera inexplicable*: «Mi cartera desapareció como por arte de encantamiento. Seguramente había un ladrón cerca».
no tener u. p. arte ni parte en algo (inf.). *No tener relación con algo*: «Ricos se volverán otros; yo no tengo ni arte ni parte en el negocio».

artesanía
[ser u. c.] de artesanía (inf.). *[Adj. superlativo]; [ser] muy bueno, muy bien, muy mal, muy grave, etc.*: «Se ha comprado un equipo estereofónico de artesanía; le habrá costado una fortuna».

artículo
artículo de fe (f.). *Afirmación aceptada como verdad indiscutible*: «Era el mejor crítico literario del país y sus juicios eran para la mayoría de los lectores artículos de fe».

asco
[estar u. p./u. c.] hecha un asco (inf.).
A: *[Estar u. p./u. c.] muy sucia*: «El niño se ha caído en un charco y se ha puesto hecho un asco; hay que cambiarle el traje».
B: *[Estar u. p.] enferma, agotada*: «El pobre don Anselmo está hecho un asco y no hace más que tomar medicinas y visitar al médico».
C: *[Estar u. c.] estropeada, en muy mal estado*: «Después de hacer más de trescientos mil kilómetros, el motor debe estar hecho un asco».
irle u. p. con/hacerle ascos a alguien (inf.). *Despreciarle algo a alguien [generalmente de forma afectada]*: «Aunque estoy enfadada con don Andrés, no pienso irle con ascos si me ofrece aumento de sueldo, porque estoy muy necesitada».

ascua
como un ascua de oro/unas ascuas (inf.). *Muy limpio, brillante*: «Es una chica muy limpia y hacendosa, que tiene su casa como un ascua de oro».
arrimar/llevar u. p. el ascua a su sardina (inf.). *Dirigir las cosas en provecho propio*: «Al hacer reparto de bienes no se pusieron de acuerdo, porque cada uno quería arrimar el ascua a su sardina».
estar/tener u. p. a alguien en/sobre ascuas (f.). *Estar u. p./poner a alguien impaciente, nervioso, inquieto*: «Estamos sobre ascuas, porque dentro de unos minutos nos van a dar los resultados de los exámenes».

así
así, así (inf.). *Medianamente, algo mal o no del todo bien*: «Estoy así, así; la fiebre ha bajado, pero continúan los dolores de cabeza».
así como así (f.). *De manera superficial, sin reflexionar*: «Una decisión tan importante no puedes tomarla así como así, sin meditarla bien ni consultarla con alguien».
ni (un) tanto así (inf.). *[Negación enfática; generalmente acompañada del gesto de juntar la uña del dedo pulgar con la yema o uña del índice] nada absolutamente*: «Sus explicaciones son tan complicadas, que no hemos entendido ni un tanto así».
ponerse u. p. así (con alguien) (inf.). *Enojarse, encolerizarse (con alguien)*: «¡No te pongas así con el niño, porque él no tiene la culpa!».
así que (f.). *[Locución temporal] en cuanto, tan pronto como*: «Así que lleguen las vacaciones iremos todos a la playa».
así (es) que + INDICATIVO (f.). *[Locución consecutiva] por lo tanto*: «No estoy de buen humor, así que déjame tranquilo».
(pero) así y todo (inf.). *[Locución adversativa enfática; sin tener en cuenta circunstancias mencionadas o implícitas] sin embargo, independientemente de todo eso*: «El enfermo se encuentra mejor, pero así y todo los médicos continúan vigilándolo estrechamente».
así como suena (inf.). *[Expresión enfática con que se ratifica lo dicho, aunque parezca extraño]*. «Vendiendo helados se ha hecho multimillonario. Así como suena».
así [me/te] aspen. Ver «aunque [me/te] *aspen».
digámoslo así. Ver «como quien *dice».
¿no [es/era] así? (inf.). *[Expresión con que se asume o pide consenso con lo que se acaba de afirmar]*: «Entonces Vd. me dijo que con este nuevo modelo de ordenador se podía trabajar dos veces más rápido, ¿no es así? –Sí, por supuesto».
por así decirlo o **por decirlo así.** Ver «como quien *dice».

asiento
pegársele el asiento a alguien (inf.). *Permanecer mucho o demasiado tiempo sentado, demorarse excesivamente en una visita:* «Si ves que se les pega el asiento a los invitados y a las doce de la noche aún no se han marchado, échalos con cualquier pretexto».

asomo
ni por asomo (inf.). [*Negación enfática*]: «Eres muy vago, Carlitos; si sigues así no vas a aprobar el curso ni por asomo».
no [haber] ni asomos de alguien/algo (inf.). *No [haber] ni la más pequeña huella de alguien/algo:* «Hace ya más de un año que ha desaparecido y no hay ni asomos de su paradero».

aspar
aunque [me/te] aspen (inf.). [*Refuerzo de una negación*] *de ningún modo, bajo ninguna condición:* «Yo no subo a ese viejo avión aunque me aspen. No debe de tener un solo tornillo en su sitio».

astilla
hacer u. p. astillas algo (f.). *Destrozar o romper algo:* «Estos niños son muy destrozones; el otro día hicieron astillas el sillón del abuelo».

atajo
echar u. p. por el atajo (inf.). *Abreviar, acortar:* «Tendrás que abandonar esas interminables explicaciones y echar por el atajo, resumiendo en pocas palabras lo que tienes que decir».

atención
llamar(le) u. p./u. c. la atención a/de alguien (f.). *Provocar o atraer la atención de alguien:* «Si te empeñas en ponerte esa corbata roja con rayas amarillas, vas a llamar la atención de todo el mundo».
llamarle u. p. la atención a alguien (f.). *Reprender o amonestar a alguien:* «No pises el césped; el guardia te va a llamar la atención».

atracón
darse/pegarse u. p. un atracón de algo (inf.).
A: *Comer algo hasta hartarse:* «Me he indigestado porque ayer me di un atracón de mariscos».
B: *Ver o leer algo hasta hartarse:* «El fin de semana me he pegado un buen atracón de lectura y pude terminar el libro».

atrás
[ser u. p./u. c.] como para/de caerse atrás. *Ver* «[ser u. p./u. c.] como para/de caerse de *espaldas».
dejar u. p. atrás a alguien/algo (f.).
A: *Adelantar o superar u. p. a alguien:* «Nuestra firma ha dejado atrás a toda la competencia y se ha convertido en número uno de ventas».
B: *Superar u. p. un determinado lugar [en un trayecto o viaje]:* «El tren iba tan rápido, que en menos de una hora habíamos dejado atrás Avila».
echar/tirar u. p. para atrás (inf.). *Retroceder, emprender o reemprender la marcha hacia atrás:* «¡Cuidado, echa para atrás, que te va a pillar el tranvía!».
echarse/volverse u. p. (para) atrás (f.). *Desdecirse, arrepentirse de una decisión, retractarse:* «Primero dijo que acudiría a la reunión, pero luego se echó atrás y no fue».
mirar u. p. atrás (f.). *Pensar en cosas pasadas, echar una mirada retrospectiva:* «Es necesario sobreponerse al dolor y no mirar atrás. Tenemos que pensar en el futuro».
quedar u. c. atrás (f.). *Quedar pasada, rebasada o superada u. c:* «Después de los exámenes hay que pensar sólo en divertirse; quedaron atrás todas la preocupaciones».

atravesado
tener u. p. atravesado a alguien (inf.). *Tenerle antipatía a alguien:* «Al profesor de geografía le tengo atravesado; ya es la tercera vez que me suspende en el examen».

aun
aun (y) así (f.). [*Locución adversativa*] *a pesar de ello:* «Me prometieron el doble de sueldo, pero aun así no acepté».
aun cuando (f.). [*Locución concesiva*] *aunque:* «Aun cuando llegues tarde, serás bien recibido. Ya sabes que todos te queremos».

aúpa
de aúpa (inf.).
A: [*Adj. superlativo*] *muy grande, de superior calidad, muy grave, etc.:* «He tenido

una discusión de aúpa con mi jefe y creo que tendré que buscarme otro empleo».
B: [*Adv.*] *mucho, muy:* «Este muchacho come de aúpa. Con medio kilo de carne diaria no tiene bastante».

ausencia
brillar u. p./u. c. por su ausencia (inf.). [*Irónico*] *no estar presente en el lugar que era de esperar:* «Los miembros de tu familia, aunque estaban todos invitados a la fiesta, brillaron por su ausencia. No acudió ninguno».
guardarle u. p. ausencias a alguien (f.). [*Generalmente en el lenguaje amoroso*] *ser fiel a alguien durante su ausencia:* «La chica sabe guardarle ausencias a su novio y mientras éste no regrese del extranjero, no saldrá con ningún chico».

auto
estar u. p./poner u. p. a alguien en autos (f.). *Estar u. p. enterada/enterar a alguien de algo:* «Como vi que ella no sabía nada de lo sucedido, tuve que ponerla en autos y explicárselo todo con detalle».

autor
[**ser u. p.**] **el autor de los días de alguien** (f.). *El padre de alguien:* «Hace ya algunos años que murió el autor de sus días y que el chico se quedó huérfano».

ave
[**ser u. p. un**] **ave de mal agüero** (inf.). *Persona que presagia siempre cosas desfavorables, pesimista:* «Ha dicho que en la fiesta iba a llover y no nos podríamos divertir. ¡Será ave de mal agüero …!».
[**ser u. p. un**] **ave de paso** (inf.). *Persona que no tiene residencia fija:* «Desde que represento a esta empresa estoy convertido en un ave de paso: hoy duermo en Londres, mañana en Nueva York…»

avemaría
en un avemaría (inf.). *Rápidamente, en muy poco tiempo:* «El dentista le sacó la muela en un avemaría; ni siquiera tuvo tiempo para darse cuenta».

aviado
estar/ir u. p. aviada (inf.). *Estar equivocado o expuesto a sufrir alguna decepción:* «Vas aviada si crees que con tu sueldo de profesora vas a poder pagar un piso en el centro de la ciudad».
¡estamos/vamos aviados! (inf.). [*Exclamación de contrariedad ante algún hecho o resultado imprevisto*]: «¡Estamos aviados! Apenas tiene 16 años y ya piensa en casarse».

aviar
aviárselas u. p. (inf.). *Buscar la manera de salir de un apuro o lograr algún fin:* «Tú mismo te complicas la vida sin necesidad; avíatelas como puedas, yo no pienso hacer nada para ayudarte».

aviso
estar u. p./poner u. p. a alguien sobre aviso (de algo) (f.). *Estar advertido y preparado/advertir a alguien (de algo):* «Un amigo que trabaja en el Ministerio me puso sobre aviso de la subida de la gasolina, así que pude llenar el depósito al precio antiguo».

ay
¡ay de + PRONOMBRE! (inf.). [*Exclamación de lamento o de amenaza, a veces irónica, referida a la persona representada por el pronombre*]: «¡Ay de los que no respeten mis órdenes! ¡Se van a arrepentir!».

ayunas
[**estar/quedarse u. p.**] **en ayunas** (inf.). [*Estar/quedarse*] *sin comprender, sin enterarse de nada:* «Leí atentamente las instrucciones para manejar el vídeo, pero eran tan complicadas, que me quedé en ayunas».

azogado
temblar u. p. como un azogado (inf.). *Temblar mucho (de miedo):* «Cuando le dijeron que tenía que encargarse él solo de encerrar el toro, se puso a temblar como un azogado».

azotea
[**andar/estar u. p.**] **mal de la azotea** (inf.). [*Estar/ser*] *loco:* «Está muy mal de la azotea; dice que él es más viejo que su madre».

B

baba
caérsele la baba a alguien (inf.). *Extasiarse u. p. de placer contemplando algo:* «Naturalmente que se le cae la baba al ver a sus nietos. ¿Podría ser de otro modo?».

Babia
[estar/vivir u. p.] en Babia (inf.). *[Estar] distraído, ignorando lo que pasa:* «¡Pero mujer, tú estás en Babia! ¡Hace dos semanas que ha cambiado el gobierno y tú sin enterarte!».

bacalao
cortar/partir u. p. el bacalao (inf.). *Ejercer autoridad ordenando o tomando decisiones:* «Aunque él es el director de la empresa, tiene tan poco carácter, que es su secretario el que corta el bacalao».

badana
zurrarle u. p. la badana a alguien (inf.). *Pegar, golpear a alguien:* «Mis chicos son tan traviesos, que de vez en cuando no me queda más remedio que zurrarles la badana para imponerles un poco de respeto».

bailado
quitarle u. p. a alguien lo bailado (inf.). *[Locución que indica que no se le puede quitar a alguien lo vivido o lo gozado]:* «Le critican porque se pasa la vida divirtiéndose sin pensar en ahorrar para la vejez. Pero, ¿quién le quita lo bailado?».

bailar
[ser u. p.] otra que tal baila. Ver «[ser u. p.] *otra que tal*».

baja
causar u. p. baja (f.). *Producir vacante por muerte, cesantía, retiro, etc.:* «González causó baja el año pasado en la empresa al cumplir los 65 años».

dar u. p. de baja a alguien (f.).
A: *Excluir a alguien de algún organismo, corporación o sociedad:* «La única manera de alejar el peligro de una revuelta militar es dar de baja a los generales levantiscos».
B: *Certificar el médico la mala salud de alguien (para eximirlo del trabajo, internarlo en un sanatorio, etc.):* «Esta semana no voy a trabajar; el médico me ha dado de baja porque tengo un poco de bronquitis».

darse u. p. de baja (f.). *Dejar de pertenecer voluntariamente a un organismo, corporación o sociedad:* «Me he dado de baja en el club porque me parecía abusivo el recibo que tenía que pagar todos los meses».

bajada
[ser u. c. una] bajada de pantalones (inf.). *Cesión en condiciones deshonrosas:* «El general tuvo miedo al enemigo y prefirió entregar la ciudad sin negociaciones de ningún tipo. Aquello fue una auténtica bajada de pantalones».

bajines
por lo bajines/bajinis (inf.). *En voz baja:* «El público aplaudió por cortesía, pero por lo bajines todo el mundo expresaba su descontento».

bala
[ser u. p. un] bala perdida (inf.). *Persona alocada, de vida desordenada, tarambana:*

«Parece que el muchacho resultó un bala perdida y no pudo estudiar carrera alguna ni aprender oficio de provecho».
[ir u. p.] como una bala/las balas (f.). [*Ir*] *con gran presteza, a toda velocidad:* «Cuando me enteré de que había sufrido un accidente de tráfico, acudí como una bala al hospital donde le atendieron, e incluso llegué antes que algunos de sus familiares».
disparar/tirar u. p. con bala (rasa) (inf.). *Criticar o hablar con mala intención:* «No voy nunca a esa tertulia porque allí tiran con bala y critican a todo el mundo».

balanza
inclinar u. p./inclinarse la balanza (a favor de alguien/algo) (f.). *Inclinar(se) un asunto a favor de alguien/algo:* «Parece ser que sobornaron al juez para que inclinase la balanza a favor del acusado».

balde
de balde (f.). *Gratis:* «Se ha olvidado Vd. de pagar la consumición. ¿O es que cree que aquí se despacha el vino de balde?».
en balde (f.). *Inútilmente:* «Hoy te he llamado en balde por teléfono. ¿Dónde has estado?».

balsa
[estar/ir/ser u. c.] como una balsa de aceite (inf.). [*Estar* ...] *muy tranquilo:* «La vida en este pueblo es como una balsa de aceite. Nunca pasa nada».

banco
calentar u. p. el banco (inf.). [*Generalmente referido a alumnos*] *estar presente físicamente, pero sin prestar atención:* «Estos niños vienen a la escuela a calentar los bancos, porque no se interesan por nada de lo que se les explica».

banda
cerrarse u. p. de/en banda a algo (inf.). *Negarse rotundamente a algo:* «Como no quiere saber nada de política, se ha negado en banda a todas las invitaciones que le han hecho de presidir el partido».
coger/pillar u. p. por banda a alguien (inf.).
A: *Tener la ocasión de encontrar a alguien (para reprenderle o imponerle un castigo):* «Si te cojo por banda vas a saber qué son bofetadas».
B: *Convertir a alguien en víctima paciente de un discurso o conversación:* «Cuando el abuelo me pilla por banda, me cuenta alguna de esas batallas interminables en las que él tomó parte de joven».

bandeja
servirle u. p. algo en bandeja (de plata) a alguien (inf.). *Ofrecer algo con todo género de facilidades:* «Yo no aceptaría en esa Universidad una cátedra ni aunque me la sirviesen en bandeja de plata».

baño
darle u. p. un baño a alguien en algo (inf.). *Hacerle comprender a alguien alguna falta* [*generalmente con la intención de ridiculizarle o de afear su conducta*]: «Era una estudiante tan brillante, que podía darle un baño a cualquiera en matemáticas».

baquetazo
tratar u. p. a baquetazos a alguien (inf.). *Tratar despóticamente a alguien, maltratar a alguien:* «Jamás he visto un padre más severo; trata a sus hijos a baquetazos».

baraja
jugar u. p. con dos barajas (inf.). *Actuar con doblez o falsedad:* «Es un tipo que juega con dos barajas, adoptando una postura u otra según la ocasión lo requiera».

barato
dar u. p. de barato que (inf.). *Reconocer, conceder que:* «Doy de barato que un padre conserve el principio de autoridad; pero eso no le da derecho a disponer del futuro de sus hijos».
echar u. p. a barato algo (inf.). *No darle importancia, no tomar muy en serio algo:* «Aunque al principio estaba muy ofendido, lo echó a barato y terminó por invitarme a unas copas».

barba
[ser u. p.] con toda la barba (inf.). [*Adjetivo superlativo*] *muy bueno, sensacional:* «Era un criminalista con toda la barba y con frecuencia le consultaban los casos más difíciles a él solo».
[burlarse u. p.] en las (propias) barbas de

alguien (inf.). [*burlarse u. p. de alguien*] *en su presencia y sin tenerle respeto:* «El profesor tenía tan poca autoridad, que los estudiantes se reían de él en sus propias barbas».

por barba (inf.). *Por persona:* «El banquete resultó bien de precio: 10.000 pesetas entre cuatro personas, que salen a 2.500 por barba».

subirse u. p. a las barbas a/de alguien (inf.). *Faltarle al respeto a alguien, insubordinarse:* «Yo no permito que mis subordinados me den órdenes y se me suban a las barbas».

Bárbara

acordarse u. p. de Santa Bárbara cuando truena (inf.). *Querer poner remedio a algo cuando ya es muy tarde:* «Te pasas todo el curso sin mirar un libro y ahora que llegan los exámenes quieres recuperar el tiempo perdido. Tú sólo te acuerdas de Santa Bárbara cuando truena».

barbaridad

una barbaridad (de) (inf.). *Muchísimo(s):* «No creo que haya aprobado el examen, porque había una barbaridad de preguntas dificilísimas».

¡qué barbaridad! (inf.). [*Exclamación que indica sorpresa, admiración o indignación*]: «¡Qué barbaridad! Pero, ¿cómo se te ocurre bajar la cuesta en una bicicleta que no tiene frenos?».

bárbaro

¡qué bárbaro! *Ver* «¡qué *barbaridad!».

barra

no/sin pararse u. p. en barras (inf.). *Actuar/actuando con resolución y sin considerar demasiado los inconvenientes:* «Nadie se atreve a meterse con él porque todos saben que es hombre de carácter enérgico y de ésos que no se paran en barras».

Barrabás

[**ser u. p. (de)**] **la piel de Barrabás.** *Ver* «[ser u. p. (de)] la *piel del demonio/diablo».

barriga

echar/sacar u. p. barriga (inf.). *Empezar a engordar:* «Tendrás que hacer dieta, porque estás echando barriga».

hacerle u. p. una barriga a alguien (inf.). *Embarazar* [*especialmente a una mujer soltera*]: «Le hizo una barriga a la hija del boticario y, para no tener que casarse con ella, desapareció del pueblo».

rascarse/tocarse u. p. la barriga (inf.). *Gandulear, no hacer nada:* «Tu primo se pasa la vida tocándose la barriga y luego se queja de no tener un céntimo. ¿Se creerá que a los demás nos regalan el dinero?».

barrio

barrio chino (inf.). *Barrio de maleantes y prostitutas:* «En los últimos tiempos se están produciendo muchos robos por esta zona: da la impresión de que vivimos en el barrio chino».

el otro barrio (inf.). *La vida después de la muerte o el sitio donde tiene lugar:* «¿Pregunta Vd. dónde está don Antonio? ¡En el otro barrio, hombre, se ha muerto hace ya dos años!».

irse/marcharse u. p. al otro barrio (inf.). *Morir:* «El abuelo ya se fue al otro barrio; lo enterramos hace una semana».

mandar u. p. al otro barrio a alguien (inf.). *Matar a alguien:* «Le dispararon un tiro que le acertó en el pecho y lo mandó al otro barrio».

bartola

echarse/tenderse/tumbarse u. p. a la bartola (inf.). *No hacer nada, no trabajar:* «¿Pero cómo quieres que prospere tu negocio si te pasas los días tumbado a la bartola?».

bártulos

liar u. p. los bártulos (f.). *Mudarse de vivienda o de trabajo:* «Si no le convienen a Vd. las condiciones de trabajo o el sueldo que le pagamos, puede liar los bártulos cuando quiera».

barullo

a barullo (inf.). *En gran cantidad:* «Este año vinieron turistas a barullo. En los hoteles no quedaban plazas libres».

base

a base de (f.). *Tomando como base o fundamento, recurriendo a:* «Este pastel se hace a base de harina y huevos; de los demás ingredientes se puede prescindir perfectamente».

a base de bien (inf.). *Muy bien:* «Entonces no se notaba que estábamos en guerra, y en los restaurantes se comía a base de bien».
caer u. c. por su base (f.). *Carecer [un argumento] de fundamento:* «Si no puedes demostrar la veracidad de los hechos, toda tu argumentación cae por su base».

basilisco
[estar] hecha/ponerse u. p. como un basilisco (f.). *[estar] muy enfurecido/enfurecerse:* «El chico está hecho un basilisco porque no le compran la bicicleta, pero ya se le pasará».

bastar
... y basta. *Ver* «... y se *acabó».

bastidores
entre bastidores (f.). *En secreto, reservadamente:* «En esta oficina todos hablan bien de la directora, pero entre bastidores se dicen cosas terribles de ella».

bastón
empuñar u. p. el bastón (f.). *Tomar o ejercer el mando:* «Cuando fallaron los mecanismos políticos de la nación, un general empuñó el bastón para instaurar una dictadura».

batalla
[ser u. c.] de batalla (inf.). *[Ser] de poco valor y destinado al uso cotidiano:* «No esperarás que salga así a la calle, en pantalones de batalla y sin pintarme».
contar u. p. batallas. *Ver* «contar u. p. *batallitas».
dar u. p. la batalla (f.). *Arrostrar las dificultades de un asunto:* «Mis hijos ya no quieren continuar en el negocio familiar, así que tendré que dar la batalla yo solo para sobrevivir».

batallitas
contar u. p. batallitas (inf.). *Presentarse u. p. como héroe en una narración:* «No nos cuentes más batallitas sobre tu vida de boxeador, porque todos sabemos que fuiste incapaz de ganar un solo combate».

Batuecas
estar/pensar u. p. en las Batuecas (inf.). *Estar distraído, ignorar lo que pasa:* «¡Tú nunca te enteras de nada porque siempre estás en las Batuecas!».

batuta
llevar u. p. la batuta (inf.). *Ejercer autoridad (ordenando o tomando decisiones):* «Aquí el que lleva la batuta soy yo y ustedes se callan y se aguantan».

baza
arriesgarlo/jugar(se)lo u. p. todo a una (sola) baza (inf.). *Arriesgarlo todo al mismo tiempo:* «Prefirió jugárselo todo a una baza, invirtió todo su dinero en las acciones de la Compañía de Petróleo y se hizo multimillonario».
meter u. p. baza en algo (inf.). *Intervenir (en la conversación de otros):* «Estuvo toda la tarde callado, metido en su rincón y sin meter baza en la discusión».

belén
meterse u. p. en belenes (inf.). *Complicarse la vida:* «¿Por qué has de empeñarte en arreglar la situación matrimonial de tu hija? Vive tranquila y no te metas en belenes».

bemol
[ser u. p.] de/tener bemoles (inf.). *[Ser] valiente/tener valor:* «¡Hay que tener bemoles para hacer frente a toda una banda de atracadores sin llevar ni una pistola!».
tener u. c. (sus) bemoles (inf.). *Ser cosa difícil o complicada:* «Desde luego, construir una persona sola la casa entera es cosa que tiene sus bemoles».

bendito
dormir/roncar u. p. como un bendito (inf.). *Dormir profundamente:* «Fue una suerte que mientras los padres se peleaban, los niños durmiesen como benditos y no pudiesen enterarse de nada».

Benito
[ser u. c.] (como) la purga de Benito (inf.). *[Irónico] medicina que cura inmediata y radicalmente:* «¿Pero tú crees que estas inyecciones son como la purga de Benito? Tendrás que guardar cama por lo menos una semana».

berenjenal
meter u. p. en un berenjenal/en berenjenales a alguien (inf.). *Meter a alguien en apuros, líos o dificultades:* «Acaban de invi-

tar a Martínez, que es un grandísimo ignorante, a dar una conferencia sobre la teoría de la relatividad. ¡En buen berenjenal han metido al pobre!».

berlina
poner u. p. a alguien/quedar u. p. en berlina (inf.). *Poner/quedar en ridículo:* «No sé por qué me han elegido a mí para recitar poesías; acaso quieran ponerme en berlina, porque todos saben que yo no valgo para recitar».

Bernarda
tomar u. p. a alguien por el coño de la Bernarda *(rest.). Tener a alguien en poca o ninguna consideración, no hacer caso a alguien:* «De nada va a servirte protestar y exigir justicia, porque van a tomarte por el coño de la Bernarda».

berza
andar/estar u. p. con la berza (inf.). *Estar como atontado o atolondrado:* «Hoy no logro concentrarme en nada; parece que estoy con la berza».

beso
beso de tornillo (inf.). *Beso en el que se enlazan, retorciéndose, las cabezas:* «En casi todas las películas de amor hay al final una escena con beso de tornillo».
comer(se) u. p. a besos a alguien (inf.). *Besar efusivamente a alguien:* «Cuando reapareció el niño que ya todos consideraban perdido, la madre se lo comía a besos».

bestia
[ser u. p.] la bestia negra (inf.). *Ser objeto del odio general:* «Mi padre, que era liberal y republicano, pasaba por ser la bestia negra en un pueblo donde sólo había conservadores y tradicionalistas».
[ser u. p. una] mala bestia (inf.). *[Despectivo] mala persona:* «No me sorprende nada que Gutiérrez haya pegado a su mujer, porque es una mala bestia».

betún
darle u. p. betún a alguien (inf.). *Adular a alguien:* «Si te han hecho ese regalo no es porque te estimen, sino porque tienes un puesto muy importante en la empresa y quieren darte betún».

darse betún u. p. (inf.). *Darse importancia, presumir, aparentar:* «Claro que no le hace ninguna falta una casa de 400 metros cuadrados, pero la ha comprado para darse betún».

biblia
la biblia en verso (inf.). *Cantidad grande o excesiva de personas o cosas:* «No sólo acudieron a la fiesta mis padres y mis hermanos, sino también mis primos, los hijos de mis primos …; en fin, la biblia en verso».

bicho
[ser u. p. un] bicho raro (inf.). *Persona rara o estrafalaria:* «Este es un bicho raro capaz de pasarse un año entero aislado sin hablar con nadie».
[ser u. p. un] mal bicho (inf.). *[Despectivo] mala persona:* «Mi jefe es un mal bicho al que todos odian en la oficina».
[no haber] bicho viviente (inf.). *[no haber] absolutamente nadie:* «Todo el pueblo parecía estar abandonado; allí no quedaba bicho viviente».
todo bicho viviente (inf.). *Cada uno, todo el mundo, todos:* «Nos quedamos sin gasolina a mitad de camino, así que todo bicho viviente tuvo que seguir el viaje a pie».
¿qué bicho [te] ha picado? (inf.). *[Exclamación que denota sorpresa ante el malhumor de alguien]:* «Hoy ni siquiera me ha saludado Vd. ¿Puedo saber qué bicho le ha picado?».

bien
[ser u. p.] otra que bien baila. Ver «[ser u. p.] *otra que tal*».
bien mirado/pensado (f.). *Si se piensa o considera con detenimiento:* «Al principio resulta un poco incómodo esto de prescindir del coche, pero, bien mirado, es una gran ventaja para la salud, porque hay que hacer más ejercicio».
mirándolo/pensándolo bien. Ver registro anterior.
si bien se mira/piensa. Ver registro anterior.
caerle u. p./u. c. bien/mal a alguien (f.). A: *Agradar/desagradar u. p., resultarle simpático/antipático a alguien:* «Este tipo me cae muy mal; siempre procuro evitar su presencia».

B: *Quedarle u. c. bien/mal a alguien:* «El pantalón me cae muy bien; es justamente la talla que necesito».
darse u. c. bien/mal (f.). *Tener/no tener u. c. éxito, prosperar/no prosperar, salir bien/mal:* «Es un terreno muy bien abonado, donde se dan muy bien todo tipo de hortalizas».
dársele u. c. bien/mal a alguien (inf.). *Pertenecer/no pertenecer a las habilidades de alguien:* «Es un buen contable; los números se le dan muy bien».
hablar u. p. bien (inf.). *No jurar ni emplear palabras vulgares o soeces:* «¿Qué trabajo te cuesta hablar bien? ¡Te pasas el día jurando!».
irle/quedarle/venirle u. c. bien a alguien (f.). *Convenirle, resultarle provechoso:* «Creo que me vendrían bien unas pequeñas vacaciones; estoy agotada de tanto trabajar».
poner u. p. a bien a alguien con alguien (f.). *Reconciliar a alguien con alguien:* «Convendría poner a bien al jefe de personal con sus subordinados, de lo contrario en esta empresa nunca va a funcionar nada».
ponerse a bien con alguien (f.). *Reconciliarse con alguien, captar su simpatía o benevolencia:* «Siempre es mejor estar a bien con todo el mundo. Nunca se sabe cuándo se puede necesitar algo del prójimo».
quedar u. p. bien/mal con alguien (f.). *Hacerse u. p. merecedora de un juicio favorable/desfavorable por su conducta:* «Puesto que te han invitado a cenar, tendrás que llevarles algún regalo para quedar bien con tus huéspedes».
tener u. p. a bien [hacer] algo (f.).
A: *Dignarse hacer algo:* «Dígale al señor Director que tenga a bien recibirme; tengo que hablar con él sobre un asunto muy importante».
B: [*Fórmula de cortesía entre desconocidos, equivalente a 'por favor'*]: «Le ruego que tenga Vd. a bien mandarme una copia del contrato de venta».
tomar u. p. a bien algo (f.). *No enfadarse u ofenderse por algo [por interpretarlo en buen sentido]:* «Aunque le gasté una broma un poquito pesada, la tomó a bien por saber que venía de su mejor amigo».

venirle u. p./u. c. bien/mal a alguien (f.). *Resultarle conveniente o adecuado/inconveniente o inadecuado:* «¿Te viene bien salir a las siete de la mañana? Ya sé que es un poco temprano, pero a esa hora se viaja mejor».
bien que (f.). [*Locución concesiva*] *aunque:* «Todos pudimos salir con vida del avión, bien que algunos estaban seriamente heridos».
no bien (f.). [*Locución temporal*] *apenas, en seguida que:* «Prometió llamarme por teléfono cuando llegara y, efectivamente, no bien llegó, me llamó desde la misma estación».
o bien (f.). [*Locución disyuntiva*] *o:* «Puedes preguntárselo a mi padre o bien a mi hermano. Los dos podrán informarte».
si bien. *Ver* «si bien es *verdad que».
bien (gracias), ¿y [tú/Vd.]? (f.). [*Fórmula para contestar saludos del tipo 'Buenos días. ¿Cómo estás?'*]: «¡Cuánto tiempo sin verte! ¿Cómo te va? –Bien, gracias, ¿y a ti?».
¡estamos bien!; *VER: ¡esta(ría)mos *buenos!*
¡IMPERATIVO + bien + PARTICIPIO! (inf.). [*expresión imperativa enfática*]: «Aquí tienes el libro de texto. ¡Estúdiatelo bien estudiado, que el profesor es muy exigente!».
¡no sab[es/-e] bien (...)! *Ver* «¡no quier[as/-a] *saber (...)!».
¡Vd. lo pase bien! (f.). [*Fórmula de saludo generalmente empleada al cruzarse con alguien o al despedir a alguien*]: «¡Vd. lo pase bien, don Fernando! Salude a su mujer de mi parte».
VERBO + ... ¡[y] bien que + VERBO! (inf.). [*Expresión con que se enfatiza la acción verbal*]: «Claro que me gustan los helados. ¡Y bien que me gustan!».
y bien ... (f.). [*Expresión que introduce una pregunta en la que se pide aclaración con respecto a algo que no se puede deducir de lo que precede*]: «De acuerdo, yo me ocuparé de las bebidas, y Ana preparará la comida. –Y bien, ¿qué es lo que tengo que hacer yo?».

bigote

[ser u. p.] de/tener bigote(s) (inf.). [*Ser*] *valiente, emprendedor; tener carácter:* «Hay

que tener bigotes para emprender un viaje así, tan lleno de peligros».
[ser u. c.] de bigote(s) (inf.).
A: *[Adj. superlativo]; [ser] muy bueno, muy grande, muy grave, etc.:* «Nos ofrecieron un banquete de bigotes: dos especialidades de entrante, tres platos fuertes y abundante repostería».
B: *Ver* «tener u. c. sus *bigotes».
menear u. p. el bigote (inf.). *Comer:* «¿Cómo quieres adelgazar si te pasas el día meneando el bigote?».
tener u. c. sus bigotes (inf.). *Ser cosa difícil o complicada:* «Llegar hasta la cima del Everest tiene sus bigotes, y no lo puede hacer cualquiera».

bilis
revolverle u. p./u. c. la bilis a alguien (inf.). *Causar intenso aborrecimiento a alguien:* «A mí estos políticos oportunistas me revuelven la bilis».
tragar u. p. bilis (inf.). *Aguantar la rabia, el coraje o la irritación:* «De buena gana le hubiera pegado una bofetada al jefe, pero he tenido que tragar bilis por temor a las represalias».

birria
[estar u. p.] hecha una birria (inf.). *Muy mal vestido:* «Aguarda un momento a que me ponga un vestido decente. No esperarás que vaya a la ópera hecha una birria».

bisagra
doblar u. p. la bisagra (inf.).
A: *Trabajar, trabajar en firme:* «El que quiera ganar dinero, que doble la bisagra».
B: *Morir:* «Ingirió una tal cantidad de veneno que a los pocos instantes dobló la bisagra».

bizco
dejar u. p. bizco a alguien (inf.). *Maravillar o asombrar a alguien:* «Se ha comprado un coche de lujo para dejar bizcos a todos los vecinos».
ponerse/quedarse u. p. bizca (inf.).
A: *Asombrarse de algo:* «Se quedó bizco al ver que todo funcionaba automáticamente».
B: *Entusiasmarse por algo:* «Siempre que paso por delante de la pastelería me quedo bizco».

blanca
[estar u. p./quedarse u. p.] sin blanca. *Ver* «[estar u. p./quedarse u. p.] sin un *real».

blanco
[estar/quedarse u. p.] en blanco (f.). *Sin comprender lo que se oye o lee:* «Estuve intentando descifrar el modo de empleo de la lavadora, pero estaba tan mal traducido, que me quedé en blanco».
[estar u. c.] en blanco (f.). *Sin tener nada escrito:* «He tenido que devolver el libro que compré ayer porque la mitad de las páginas estaban en blanco».
acertar u. p. el/dar en el/hacer u. p. blanco (inf.). *Acertar:* «Los pronósticos económicos que realiza este Instituto dan siempre en el blanco: todo sucede como ellos dicen».

bledo
importarle u. p./u. c. un bledo a alguien (inf.). *[Enfático] no importarle absolutamente nada a alguien:* «A mí me importa un bledo lo que opinan los demás. Yo hago siempre mi voluntad».

bloque
en bloque (f.). *En general, en conjunto o prescindiendo de detalles o cosas accesorias:* «El proyecto en bloque me parece muy interesante, aunque, naturalmente, no estoy de acuerdo con todo».

bóbilis
de bóbilis (bóbilis) (inf.). *Sin esfuerzo, sin trabajo alguno:* «Le advierto que en mi taller se trabaja ocho horas, porque de bóbilis bóbilis no vive nadie».

boca
[tener u. p. una] boca de piñón (inf.). *Boca pequeña:* «La chica tiene una boca de piñón que parece la de una niña».
[estar u. p.] colgada/colgarse de la boca de alguien (inf.). *[Estar u. p.] pendiente de lo que alguien dice/escuchar a alguien con mucho gusto o admiración:* «La abuela tiene tal arte para contar historias, que todos permanecemos largo rato colgados de su boca».
[estar/ser u. c.] como boca de lobo (f.). *[Ser un lugar, noche] muy oscuro:* «A estas horas el parque está como boca de lobo; deberían poner un par de faroles».

[ser u. c.] de boca (inf.). [*Ser un dicho o promesa*] *que no se cumple:* «Todas tus promesas son de boca; hace ya dos meses que te has ofrecido para ayudarme a pintar la casa y todavía no lo has hecho».

[ser u. p.] de buena/mala boca (inf.). [*Ser persona*] *que come de todo sin despreciar nada/delicado o escogido para comer:* «Déle Vd. al niño cualquier cosa de comer; tiene buena boca y no pondrá reparos».

a boca de jarro (f.).
A: [*Disparar o herir*] *a muy corta distancia:* «No podía fallar el tiro porque le disparó a boca de jarro».
B: [*Decir algo*] *bruscamente, sin previo aviso:* «Nada más llegar a la oficina, le dijeron a boca de jarro que podía buscarse otra colocación».

a pedir de boca (f.). *A medida del deseo:* «Todo salió a pedir de boca: el viaje, muy cómodo, el hotel, muy confortable…».

[estar u. p./u. c.] boca abajo (f.).
A: [*Estar u. p.*] *tendida con la cara hacia al suelo:* «El médico le ordenó que se pusiera boca abajo para poder auscultarle por la espalda».
B: [*Estar u. c.*] *en posición invertida:* «La vasija estaba boca abajo y se había derramado todo su contenido por el suelo».

[estar u. p.] boca arriba (f.). [*Estar*] *tendido de espaldas:* «El médico le dijo que se echara en la cama boca arriba, porque quería auscultarle el pecho».

[estar/quedarse u. p./dejar u. p. a alguien] con la boca abierta (f.). [*Estar …*] *admirado, asombrado, atónito:* «Cuando le vi al volante de un coche de lujo, me quedé con la boca abierta y pensé que le había tocado la lotería, porque era el más pobre del barrio».

de boca para afuera (inf.). *Sólo de palabra, aparente:* «Si le oyes hablar, parece un hombre muy optimista. Pero todo su optimismo es de boca para afuera; en su interior sufre grandes depresiones».

[decir/hablar u. p.] por boca de alguien (f.). [*Decir/hablar*] *por intermedio de alguien:* «El Primer Ministro anunció por boca del portavoz del gobierno la próxima subida de impuestos».

sin/no decir 'esta boca es mía' (inf.). *Sin/no decir absolutamente nada:* «Es un hombre tan tímido que es capaz de permanecer en una fiesta todo el tiempo sin decir 'esta boca es mía'».

no abrir/despegar u. p. la boca (inf.). *Mantenerse callado* [*especialmente cuando se puede o debe hablar*]: «Parece que no le gustan mucho las fiestas, porque se metió en una esquina y no abrió la boca en toda la tarde».

abrir/hacer u. p. boca (con algo) (f.). *Tomar algo para abrir el apetito:* «Mientras esperamos por las chicas para comer, podemos abrir boca con estas gambas al ajillo».

alimentar/mantener u. p. (muchas) bocas (f.). *Sostener una familia (numerosa):* «Gana bastante dinero, pero todo le hace falta, porque tiene muchas bocas que mantener».

andar u. c. de boca en boca (f.). *Ser de dominio público, propagarse:* «El escándalo fue tan grande, que el nombre del principal responsable anduvo de boca en boca durante mucho tiempo».

andar/estar u. p./u. c. en boca(s) de alguien (inf.). *Ser objeto de la murmuración de alguien:* «Los amores de esta chica son tan escandalosos, que andan en boca de todos los de este pueblo».

no caérsele u. p./u. c. de la boca a alguien (inf.). *Hablar siempre de lo mismo:* «Al abuelo no se le cae de la boca la historia esa de la batallita en que tomó parte de joven».

coser(se) u. p. la boca (inf.). *Callarse:* «Se cosió la boca y se metió en un rincón dispuesto a no tratar con nadie».

darse u. p. de boca con alguien (inf.). *Tropezarse con alguien:* «Cuando yo salía, me di de boca con el camarero, que en ese momento entraba».

estar/meterse u. p. en la boca del lobo (inf.). *Exponerse sin necesidad a un peligro cierto:* «No veo qué necesidad tienes de pasar por cerca de donde vive tu sastre, a quien le debes todavía dos trajes. ¿No comprendes que eso es meterse en la boca del lobo?».

hacerle a alguien la boca un fraile (inf.). [*locución referida a quien es muy pedigüeño o amigo de solicitar dinero*]: «Ya te hice dos préstamos y ahora estás solicitando el tercero; parece que te ha hecho la boca un fraile».

hacérsele la boca agua a alguien (inf.). *De-*

leitarse con el recuerdo de una cosa agradable, o con la esperanza de conseguirla: «Se me hace la boca agua sólo de pensar cómo vamos a divertirnos en las vacaciones».
llenarse u. p. la boca con algo (inf.). *Hablar sin cesar de algo*: «Es el mayor aficionado a la música que conozco; se llena la boca con temas musicales y no se le puede interrumpir ni un momento».
romperle/saltarle u. p. la boca a alguien. *Ver* «romperle/saltarle u. p. los *dientes a alguien».
quitarle u. p. de la boca algo a alguien (inf.). *Anticiparse u. p. a decir lo que iba a decir otra persona*: «Cuando dijo que ya era hora de comer, parece que me quitó de la boca esta frase, porque yo tenía un hambre terrible y no deseaba otra cosa».
taparle u. p. la boca a alguien (inf.). **A:** *Sobornar con dinero*: «Ya sé que está prohibido construir en estos terrenos, pero tapándole la boca al alcalde, no creo que haya problemas».
B: *Dar a alguien una razón tan concluyente que no tenga qué responder*: «Era uno de los mejores oradores parlamentarios que recuerdo y sus discursos eran los únicos que lograban taparles la boca a los diputados de la oposición».
tener u. p. buena/mala boca. *Ver* «[ser u. p.] de buena/mala *boca».
tener/traer u. p. siempre en la boca a alguien/algo (inf.). *Hablar siempre de la misma persona/del mismo tema*: «Se ve que después de perder a sus dos hijos en el accidente ha quedado traumatizado, porque siempre tiene en la boca el dichoso accidente».
torcer la boca (f.). *Poner expresión de enfado o disgusto*: «Es muy tacaño; siempre que le pido algún dinero, tuerce la boca».
venírsele u. c. a la boca a alguien (inf.). *Ocurrírsele algo sin reflexionar*: «Ten cuidado con lo que le respondes en el interrogatorio; no digas nunca lo primero que se te viene a la boca».
pid[e/-a Vd.] por esa boca (inf.). [*Fórmula con que se muestra a alguien que se está dispuesto a complacerle*]: «Hoy estoy dispuesto a hacer todo tipo de concesiones; pidan Vds. por esa boca y sabré complacerles».

bocado
[ser u. c. un] buen bocado (inf.). *Ganancia, cantidad considerable de dinero*: «Se habla de que van a aumentarnos el sueldo en un 30%. Sería un buen bocado, ¿no te parece?».
no probar u. p. bocado (f.). *No comer nada*: «Tengo un hambre terrible; hace ocho horas que no pruebo bocado».

bocajarro
a bocajarro. *Ver* «a *boca de jarro».

bofe
echar u. p. el bofe/los bofes (inf.). *Sofocarse de cansancio, respirar agitadamente*: «La cuesta era muy empinada, y tuvimos que subirla echando el bofe».

bofetada
darse u. c. de bofetadas con algo (inf.). *Desentonar, no ir bien una cosa con algo*: «Yo en tu lugar me vestiría de otra forma; una falda amarilla se da de bofetadas con una chaqueta roja».

boga
estar u. p./u. c. en boga (f.). *Estar muy de moda*: «Esta canción está tan en boga, que se oye en todas partes y a todas horas».

bola
[estar/quedarse u. p.] en bolas (inf.). [*Estar/quedarse*] *desnudo*: «Me robaron todo justo cuando estaba en la ducha, así que me quedé en bolas».
contar/decir u. p. una bola/bolas a alguien (inf.). *Mentir*: «No le creas nada de lo que dice; se pasa el día contando bolas».
estar u. p. hasta las bolas de alguien/algo (rest.). *Estar harto de alguien/algo*: «Estoy hasta las bolas del tocadiscos de los vecinos: ayer estuvieron escuchando música toda la noche y no me dejaron dormir».

bolsa
aflojar u. p. la bolsa (inf.). *Dar dinero, pagar*: «Si quieres comer, tendrás que aflojar la bolsa, porque aquí no están dispuestos a invitarnos».

bolsillo
de [mi/tu] bolsillo (f.). *Con [mi/tu] propio dinero*: «Como los demás vecinos no querían contribuir con los gastos del ascensor,

tuvimos que pagarlo todo nosotros de nuestro bolsillo».
meterse/tener u. p. en el bolsillo a alguien (inf.). *Ganar/haber ganado las simpatías y el apoyo de alguien:* «La niña es tan graciosa y simpática, que se ha metido en el bolsillo a toda la vecindad».
rascarse u. p. el bolsillo (inf.). *Soltar dinero, pagar:* «Nos divertimos mucho en las vacaciones; lo único desagradable fue cuando nos pasaron la factura del hotel y tuvimos que rascarnos el bolsillo».

bolso
rascarse u. p. el bolso. *Ver* «rascarse u. p. el *bolsillo».

bomba
caer u. c. como una bomba (inf.). *Producir [una noticia] gran asombro, conmoción o escándalo:* «Carlos era un solterón empedernido, así que la noticia de su boda cayó como una bomba».
pasar(se)lo u. p. bomba (inf.). *Divertirse mucho:* «Ayer fuimos todos juntos al parque de atracciones y lo pasamos bomba».

bombilla
encendérsele la bombilla a alguien (inf.). *Tener una feliz ocurrencia, una brillante idea:* «Pasamos mucho tiempo preguntándonos dónde estaría el dinero robado, hasta que a mí se me encendió la bombilla: el dinero tenía que estar debajo de la butaca. Y así fue».

bombo
a/con bombo y platillo(s) (inf.). *Con excesiva solemnidad, con gran aparato propagandístico, con grandes alabanzas:* «Hicieron la presentación del candidato conservador a bombo y platillos, como si fuese el presidente del gobierno».
darle u. p. bombo a alguien (inf.). *Elogiar exageradamente a alguien:* «La prensa le ha dado mucho bombo a esta artista, pero todavía no comprendo qué han encontrado de valioso en sus cuadros».
darse u. p. bombo (inf.). *Presumir, jactarse:* «Yo creo que se ha comprado coche solamente para darse un poco de bombo con él».

boqueada
dar u. c./u. p. la (última) boqueada/las (últimas) boqueadas (inf.).
A: *Morirse u.p:* «Quiso hacer el testamento cuando estaba ya dando la última boqueada».
B: *Estar u. c. casi terminada:* «Ya es la una de la mañana y la fiesta debe de estar dando las últimas boqueadas».

boquilla
[ser u. c.] de boquilla. *Ver* «[ser u. c.] de *boca».

borbotones
hablar u. p. a borbotones (f.). *Hablar atropelladamente (por querer decirlo todo de una vez):* «María, que estaba aún bajo el shock nervioso, hablaba a borbotones para explicar a los policías cómo se había producido el asalto al banco».

borda
arrojar/echar/tirar u. p. a alguien/algo por la borda (inf.). *Deshacerse desconsideradamente de alguien/algo, rechazar a alguien/algo:* «Me parece absurdo que ahora que estás a punto de terminar la carrera se te ocurra abandonar y echar por la borda todos los estudios realizados hasta la fecha».

bordado
quedar/salir u. c. (que ni) bordada (inf.). *Quedar/salir muy bien:* «Este artículo creo que gustará; me salió que ni bordado».

borde
[estar u. p.] al borde de algo (f.). *[Estar] muy cerca de algo y con riesgo inminente de caer o incurrir en ello:* «El pobre hombre está al borde de la locura: su hijo se ha muerto en accidente y su mujer acaba de abandonarle».

borracho
ni borracho (inf.). *[Refuerzo de una negación] de ningún modo, bajo ninguna condición:* «La casa resulta demasiado incómoda; yo no viviría en ella ni borracho».

borrón
borrón y cuenta nueva (inf.). *[Expresión que indica que se da al olvido o se perdona alguna falta, deuda, etc.]:* «De ahora en ade-

lante, borrón y cuenta nueva. Pensemos en el futuro y olvidemos viejas rencillas».

bota
morir u. p. con las botas puestas (inf.). *Morir en acto de servicio:* «Los soldados cumplieron con su deber hasta el último minuto y murieron todos con las botas puestas».
ponerse u. p. las botas (inf.).
A: *Disfrutar hasta la saciedad (de la comida, del sexo, etc.):* «Nos sirvieron una cena espléndida y, además, completamente gratuita, de manera que nos pusimos las botas».
B: *Enriquecerse, hacer un gran negocio:* «Con este calor los vendedores de helados deben de ponerse las botas».

botar
estar u. p. que bota (inf.). *Estar furioso, no poder reprimir la cólera:* «Le han dicho que tiene que rehacer toda su tesis doctoral y el pobre está que bota».

bote
[ser u. p.] tonta del bote (inf.). *[Especialmente referido a la inteligencia práctica]; [ser] muy tonto:* «¡Hay que ser tonto del bote para dejar un empleo bien pagado en tiempos como éstos!».
[estar u. c.] de bote en bote (inf.). *[Estar] completamente lleno:* «Es una de las cantantes más famosas; siempre que actúa, los teatros se ponen de bote en bote».
chupar u. p. del bote (inf.). *Aprovecharse de un cargo o situación ventajosa para ganar dinero sin trabajar:* «Estos burócratas son una nueva aristocracia que se dedica a chupar del bote a costa de los trabajadores».
darse/pegarse u. p. el bote (inf.). *Marcharse:* «Cuando vi que en la tertulia no se decían más que necedades, me di el bote y me fui a dar un paseo».
tener u. p. en el bote a alguien/algo (inf.).
A: *Haber ganado la voluntad de alguien:* «Seguro que tienes a esa chica en el bote; no hay más que ver la sonrisa que pone cuando tú estás delante».
B: *Haber conseguido algo o tener la certeza absoluta de conseguirlo:* «No es necesario que estudies más; te lo sabes todo de memoria y tienes el examen en el bote».

botica
[haber] de todo, como en botica (inf.). *No faltar nada, haber un gran surtido:* «Seguro que en ese comercio encontrarás lo que buscas, porque tienen de todo, como en botica».

botijo
[estar] como un botijo (inf.). *[Estar] muy gordo:* «Si sigues comiendo tanto, te vas a poner como un botijo».

botón
botón de muestra (f.). *Muestra, ejemplo:* «Para que compruebe Vd. la calidad de nuestras frutas, le dejo un kilogramo de manzanas como botón de muestra».

braga
[estar u. p.] hecha una braga (rest.). *[Estar] agotado, rendido de cansancio:* «Después de una jornada laboral de nueve horas queda uno hecho una braga y sólo piensa en irse a la cama».

bragueta
entender u. p. por la bragueta (inf.). *Entender o comprender mal lo que se le dice:* «Siempre hace lo contrario de lo que le ordenan. Parece que entiende por la bragueta».

brasa
[estar u. p.] como una(s) brasa(s) (inf.). *[Estar] rojo de vergüenza:* «Cuando comprobó que habían descubierto su engaño, se puso como unas brasas y no supo qué contestar».

bravo
por las bravas (inf.). *Con malas intenciones, aviesamente:* «¡Tú siempre enfrentándote por las bravas con todos los inquilinos! Algún día te van a echar del piso».

brazo
[ser u. p.] el brazo derecho de alguien (f.). *Persona de mayor confianza de alguien:* «Antonio se siente seguro en su nuevo puesto de trabajo, porque sabe que es el brazo derecho del jefe».
a brazo partido (inf.). *A viva fuerza, con gran empeño:* «He tenido que luchar a brazo partido con todo género de dificultades para sacar adelante mi pequeño negocio».
[estar/quedar u. p.] con los brazos cruza-

dos/cruzada de brazos (inf.). [*Estar ...*] *sin hacer nada:* «Si te dicen que te van a echar del trabajo sin indemnización, tendrás que quejarte en el sindicato y no quedarte tan tranquilo con los brazos cruzados».
[estar/poner(se) u. p.] con los brazos en jarras (f.). *En postura que se toma encorvando los brazos y poniendo las manos en la cintura* [*se usa generalmente para mostrar enojo o disgusto*]: «Su mujer le recibió con los brazos en jarras y dispuesta a averiguar por qué y con quién su marido se había entretenido hasta tan tarde».
(no) dar u. p. el/su brazo a torcer (inf.). *(No) ceder, mantener con entereza u obstinación la propia opinión:* «No podrás convencerle, porque es una persona que nunca da su brazo a torcer».
recibir u. p. con los brazos abiertos a alguien (f.). *Recibir a alguien con agrado o con cariño:* «Ya sabes que en esta casa todos te queremos y te recibiremos siempre con los brazos abiertos».

brecha
[estar u. p.] siempre en la brecha (inf.). [*Estar*] *siempre dispuesto para defender un negocio o asunto de interés:* «Un restaurante suele dar mucho dinero, pero es un trabajo muy esclavo y hay que estar siempre en la brecha, incluso los domingos».
abrir u. p. brecha (inf.). *Persuadir, impresionar:* «Es un hombre tan terco, que ni con los mejores argumentos se puede abrir brecha en su ánimo».

brete
[estar u. p./poner u. p. a alguien] en un brete (inf.). [*Estar/poner*] *en una situación difícil:* «Estoy en un brete; me deben dos mensualidades y todavía tengo que pagar dos plazos del crédito».

breva
caerle la breva a alguien (inf.). *Tener buena suerte, sucederle a alguien algo favorable:* «Me prometieron aumento de sueldo; pero todavía no sé cuándo caerá esa breva».
no caer esa breva (inf.). [*Expresión usada frecuentemente en futuro; indica que probablemente no se tendrá tanta suerte como alguien supone*]: «Todos creen que me van a dar a mí el primer premio, pero yo no creo que caiga esa breva. Otros lo merecen más que yo».

breve
muy en breve (f.). *Dentro de muy poco tiempo:* «Pasen a la sala, por favor. El espectáculo va a empezar muy en breve».

broche
[clausurar/finalizar u. p.] con broche de oro algo (f.). *Terminar solemnemente (una reunión, conferencia, etc.):* «Y para clausurar con broche de oro el ciclo de conferencias sobre la seguridad europea, invitaron a participar al ministro del ejército».

broma
entre bromas y veras (f.). *Mitad en broma, mitad en serio:* «Entre bromas y veras y con su diplomacia característica, nos estuvo criticando hasta que no dejó un defecto sin mencionar».
ni de broma (inf.). [*Refuerzo de una negación*] *de ningún modo, bajo ninguna condición:* «Los patrones han decidido congelar los salarios, así que nadie va a recibir aumentos de sueldo ni de broma».
¡hasta ahí/aquí podía(n) llegar la(s) broma(s)! (inf.). [*Expresión con que se impone un límite a algo que se considera inconveniente o abusivo*]: «Niño, deja de jugar con el sombrero de papá, que se lo vas a estropear. ¡Hasta ahí podía llegar la broma!».

bruces
caerse u. p. de bruces (inf.). *Caerse con la cara contra el suelo:* «El niño se ha caído de bruces y tiene la cara llena de sangre»..
darse u. p. de bruces con alguien (inf.). *Encontrarse con alguien inesperadamente:* «El ladrón, creyendo escapar de la policía, se dio de bruces con un agente al doblar la esquina».

bueno
[estar/ponerse u. p.] de buenas (inf.). [*Estar/ponerse*] *de buen humor:* «Aprovecha que hoy está de buenas el director para pedirle el día libre».
por las buenas (f.).
A: *Voluntariamente:* «Es mejor que obedezcas por las buenas, sin ofrecer resistencia».

B: *Sin motivo:* «De repente y sin que nadie lo esperase, decidió por las buenas abandonar el proyecto».
armar(se)/haber una buena (inf.). *Promover/haber alboroto, escándalo o pelea:* «Empezaron a discutir con toda calma, pero de repente se insultaron y se armó una buena».
caerse u. p. de buena (inf.). *Ser demasiado indulgente o benévolo:* «Este profesor se cae de bueno en los exámenes, y hasta los más tontos pueden aprobar la asignatura».
hacerla u. p. buena (inf.). [*Exclamación de enojo, generalmente usada en el pasado, con la que se comenta una cosa contraria o perjudical a determinado fin*]: «¡La has hecho buena! ¡Le has echado sal al café pensando que era azúcar!».
hacérsela/jugársela u. p. buena a alguien (inf.). *Realizar con malicia y engaño una acción perjudicial para alguien:* «Me la han jugado buena: el cheque con que me pagaron la cuenta era falso».
librarse u. p. de (una) buena (inf.). *Librarse de algún mal:* «¡De buena te has librado! ¡El tren en que pensabas viajar ha descarrilado y ha habido gran cantidad de heridos!».
meterse u. p. en una buena (inf.). *Meterse en una situación embarazosa:* «¡En buena se ha metido! Acaba de comprarse un piso justamente cuando se ha quedado sin trabajo».
ponerse u. p. buena (inf.). [*Irónico*]
A: *Enfadarse mucho:* «¡Bueno se va a poner tu padre cuando se entere de que has vuelto a suspender el examen!».
B: *Mancharse, ensuciarse mucho:* «¡Te vas a poner bueno como se te caiga el vaso de leche en el pantalón!».
¡adiós, muy buenas! (inf.). [*Expresión que se utiliza para indicar contrariedad al despedirse*]: «¡Me marcho porque estoy harto de escuchar tantas tonterías! ¡Adiós, muy buenas!».
¡bueno está (ya)! (inf.). [*Ser*] [*expresión con que se invita a dejar un tema o abandonar una acción*]: «¡Bueno está ya! ¡Deja de discutir con tu hermano!».
¡cuánto bueno por aquí! (f.). [*Fórmula de saludo*]: «¡Cuánto bueno por aquí, don Fernando! Hacía ya mucho tiempo que no teníamos el placer de verle».
¡esa/ésta sí que es buena! (inf.). [*Exclamación que indica sorpresa o admiración*]:

«¡Esta sí que es buena! ¡Ahora resulta que no puedo fumar ni en mi propia casa porque a mi marido le molesta el humo!».
¡estaría bueno! (inf.). [*Expresión enfática de rechazo o negación*]; *de ningún modo, bajo ninguna condición:* «¡Naturalmente que no estoy dispuesto a comprarte un juguete tan caro! ¡Estaría bueno!».
¡esta(ría)mos buenos! (inf.). [*exclamación que indica indignación o rechazo*]: «El chico quiere que le compre una motocicleta, pero yo me he negado porque es muy peligroso. ¡Estaríamos buenos!».
¡(hola,) muy buenas! (inf.). [*fórmula de saludo utilizada por la tarde*]: «¡Muy buenas, señores! ¡Cuánto me alegro de encontrarme de nuevo con ustedes!».
¡(ya) está bueno! Ver «¡*bueno está (ya)!».

bufar
estar u. p. que bufa (inf.). *Estar muy enfadado o indignado:* «Mi padres están que bufan; acaban de enterarse de que en el colegio mis notas son muy malas».

bula
tener u. p. bula (inf.). *Disfrutar de ciertas ventajas o libertades por condescendencia o favoritismo:* «¿Pero tú crees que tienes bula para dejar el trabajo cuando quieres?».

bulto
[calcular u. p.] a bulto (inf.). [*Calcular*] *por aproximación, sin medir ni contar:* «Aunque no tengamos con nosotros una cinta métrica, podemos calcular a bulto cuántos metros tiene la pared».
buscarle u. p. el bulto a alguien (inf.). *Perseguir a alguien con intenciones hostiles:* «Desde que sabe que soy su rival en amores, me está buscando el bulto».
escurrir/esquivar/huir u. p. el bulto (f.). *Eludir o evitar un riesgo o compromiso:* «Tú nunca quieres trabajar. Siempre que te pido que me ayudes, escurres el bulto con algún pretexto».
hacer u. p. bulto (f.). *Estar presente solamente para cubrir las apariencias:* «Como los organizadores de la conferencia temían que la sala iba a estar medio vacía, nos pidieron que asisistiéramos al acto para hacer bulto».

burla
burla burlando (f.).
A: *Sin advertirlo, sin hacerse consciente de algo:* «Burla burlando, hemos caminado ya más de cinco kilómetros y nadie ha protestado».
B: *Disimuladamente:* «Burla burlando, ha conseguido introducir gran cantidad de tabaco de contrabando en el país».
[decir u. p. algo] entre burlas y veras. Ver registro siguiente.
mezclar burlas con veras (f.). *Decir algo desagradable en tono festivo:* «Ya conoces su costumbre de mezclar burlas con veras. Cuando ha dicho que está enamorada de un médico es porque va a ser internada una buena temporada en un hospital».

burra
caer u. p. de su burra. Ver «caer u. p. del/de su *burro».

burrada
una burrada (de) (inf.). *Muchísimo(s):* «No me gusta ir a casa de mis tíos, porque siempre hacen una burrada de pasteles malísimos y se enfadan si no los comemos todos».

burro
[ser u. p. un] burro de carga (inf.). *Persona de mucho aguante (a quien se le encargan los trabajos inferiores):* «En esta oficina sólo me necesitan para traer y llevar paquetes. ¿Me habrán tomado por un burro de carga?».
apear u. p. a alguien del burro (inf.). *Sacar a alguien de un error tercamente mantenido, convencerle para que cambie de actitud:* «Está empeñado en emigrar a América y nadie en la familia ha logrado hasta ahora apearlo del burro».
apearse u. p. del burro (inf.). *Comprender o aceptar u. p. algo contra lo cual antes se oponía tercamente:* «Mi madre siempre desconfiaba de las medicinas contra al reuma, pero cuando tomó este producto y se sintió tan bien, tuvo que apearse del burro».
caer u. p. del/de su burro (inf.). *Reconocer u. p. su(s) error(es), retractarse:* «Ahora caigo de mi burro; tiene Vd. razón: esa poesía no era de Santa Teresa, sino de Lope de Vega».
hacer u. p. el burro (inf.). *Hacer alguna tontería o disparate:* «Has hecho el burro pagándole por anticipado al fontanero. ¿Cómo sabes que va a hacer pronto y bien el trabajo?».
poner u. p. a caer de un burro a alguien (inf.). *Reprender o criticar a alguien con gran acritud:* «Si te sorprende la encargada del personal haciendo crucigramas en horas de oficina, te va a poner a caer de un burro».
ponerse u. p. burra (inf.). *Ponerse terco, obstinarse:* «Cuando se pone burro, no hay manera de hacerle comer».
trabajar u. p. como un burro (inf.). *Trabajar mucho:* «Durante el día trabaja como un burro; no es extraño que a la noche esté agotado y sólo piense en acostarse».
no ver u. p. dos/tres en un burro (inf.). *Ser muy miope:* «La pobre mujer no ve dos en un burro; ayer pasó por mi lado y no me reconoció».
no ver u. p. un burro a tres pasos (inf.). *Ser muy miope:* «Perdona que no te haya saludado, pero es que cuando no llevo gafas no veo un burro a tres pasos».

busilis
¡ahí está el busilis! Ver «¡*ahí [te] duele!».

buten
de buten (inf.).
A: *[Adj. superlativo] [ser u. p./u. c.] muy buena, excelente, etc.:* «No te pierdas este programa de la tele; aparecen unas chicas de buten».
B: *[Adv.] muy bien:* «Este restaurante es un poco caro, pero se come de buten».

C

cabal

(no) [estar u. p.] en sus cabales (f.). *(No) tener sano juicio:* «El pobre no parece estar en sus cabales: a cada chica que ve por la calle le pregunta si quiere casarse con él».

sacar u. p. de sus cabales a alguien (f.). *Enojar, enfurecer a alguien:* «Esto de que me llamen por teléfono siempre a la hora en que duermo la siesta, es algo que me saca de mis cabales».

caballo

[ser u. p. un] caballo blanco (inf.). *Persona que aporta dinero para algún negocio o actividad de resultado dudoso:* «Como el Ayuntamiento no tiene dinero para sostener los gastos del Complejo Polideportivo, está buscando un caballo blanco que suelte unos millones».

[ser u. c.] el caballo de batalla de alguien/algo (f.).

A: *Aquello en que sobresale una persona:* «El caballo de batalla de este abogado es el Derecho Internacional; en todo lo demás es un perfecto ignorante».

B: *Punto principal de una controversia o dificultad persistente de un asunto:* «El caballo de batalla de todos los gobernantes es controlar la inflación sin aumentar el paro obrero».

[estar u. p./u. c.] a caballo de/entre algo (f.). *[Estar] entre dos cosas contiguas o participando de ambas:* «Las novelas de este escritor están a caballo entre el siglo XIX y el siglo XX y acusan la influencia de ambas épocas».

a mata caballo/matacaballo (inf.). *A toda prisa, sin un momento de pausa o de respiro:* «Como me quedaba poco tiempo, tuve que hacer la comida a mata caballo y habrá quedado bastante mal».

como caballo desbocado (f.). *De prisa, precipitadamente:* «He tenido que correr como caballo desbocado para coger el tren».

apearse u. p. del caballo por las orejas. Ver «apearse u. p. por las *orejas».

cabello

agarrarse/asirse u. p. de un cabello para [lograr] algo. Ver «agarrarse/asirse u. p. de un *pelo para [lograr] algo».

ahogarse u. p. con un cabello (inf.). *Estar inquieto, nervioso, conmovido:* «Estoy que me ahogo con un cabello: dentro de dos días me dan el resultado del examen».

cortar u. p. un cabello en el aire (inf.). *Tener gran perspicacia para comprender algo:* «Si quieres que Manolo no se entere de nada, lo mejor es que no digas nada en su presencia, porque es capaz de cortar un cabello en el aire».

erizársele el cabello/los cabellos a alguien (inf.). *Sentir miedo repentino:* «Era la primera vez que veía a un lobo auténtico y se me erizaron los cabellos».

(no) tocarle u. p. un cabello a alguien. Ver «(no) tocarle u. p. un *pelo de la ropa a alguien».

traer u. p. algo por los cabellos (f.). *Decir o citar algo que no guarda relación con lo tratado:* «Tengo la impresión de que las conclusiones a que llega el autor están traídas por los cabellos y no se desprenden del conjunto de enseñanzas de que consta el libro».

caber

si cabe (f.). *Si es posible, suponiendo que sea posible:* «Es una gran escritora, no lo dudo, pero su hermana escribe todavía mejor, si cabe».

no caber u. p. en sí (de algo) (f.). *Rebosar, desbordar, estar lleno de alegría, orgullo, satisfacción ...:* «Cuando le dieron el premio, no cabía en sí de orgullo».

cabeza

[ser u. p. un/tener la] cabeza cuadrada (inf.). [*Ser*] *persona tozuda o de escasa agilidad mental:* «No es posible convencerle de que está en un error; es un cabeza cuadrada».

[ser u. p. un] cabeza de alcornoque (inf.). *Persona muy tonta o torpe:* «Por mucho que te molestes en explicarle la lección, no la entenderá; es un cabeza de alcornoque».

[ser u. p. un] cabeza de chorlito (inf.). *Persona ligera y alocada:* «Su hijo es un cabeza de chorlito, de ésos que empiezan todas las carreras y no terminan ninguna».

[ser u. p. un] cabeza de puente (f.). *Informador, confidente, persona que sirve de enlace a una organización:* «Los narcotraficantes tenían un cabeza de puente en nuestro país; cuando este fue detenido por la policía, se produjo un paro en el mercado de la droga».

[ser u. p.] cabeza de turco (f.). *Persona a la que se le imputa algo sin motivo real:* «Estoy cansada de que me tomen siempre por cabeza de turco y de que tenga que cargar yo con la responsabilidad de lo sucedido».

[ser u. p. un/tener la] cabeza dura (inf.). [*Ser*] *persona torpe o terca:* «Eres un cabeza dura; ¿Por qué insistes en salir con esa chica si sabes que ella no siente nada por ti?».

[ser u. p. un/una] cabeza hueca (inf.). *Persona sin seso o poco inteligente:* «Ni quiere estudiar ni quiere trabajar. Es una cabeza hueca».

[ser u. p. un] mala cabeza (inf.). *Persona que procede sin juicio:* «Este Juanito es un mala cabeza; ni quiere seguir estudiando, ni quiere trabajar en ningún oficio».

[estar u. p.] tocada de la cabeza (inf.). [*Estar*] *ligeramente loco, trastornado:* «El pobre está tocado de la cabeza; dice que alimentarse de hierba es lo más sano que hay».

[estar u. p.] a la/en cabeza de alguien/algo (f.). [*Estar*] *delante de alguien/algo:* «Es un gran ciclista; no me extraña que se ponga en cabeza del pelotón y llegue el primero a la meta».

de la cabeza a los pies (inf.). *Por completo, totalmente:* «Es la persona más tonta que he conocido; es que es tonta de la cabeza a los pies».

por cabeza (inf.). *Por persona:* «El billete de avión de los cuatro no salió muy caro; sólo 200.000 pesetas, o sea, 50.000 por cabeza».

agachar/bajar u. p. la cabeza (inf.). *Hacer u. p. sin réplica lo que se le pide, conformarse:* «Aquí tienes que agachar la cabeza y hacer todo lo que te manden».

(no) alzar/levantar u. p. cabeza (f.). *(No) mejorar económicamente, de salud o de ánimos:* «Desde que le comunicaron el cese en la dirección del periódico, está que no levanta cabeza».

[andar u. p. con/llevar] la cabeza (muy) alta (f.). *Mostrar orgullo o satisfacción, no tener que avergonzarse:* «Tú puedes ir con la cabeza alta; todos sabemos que tu comportamiento fue ejemplar y que ninguna culpa has tenido en el escándalo financiero».

andar u. p. de cabeza (inf.). *Estar muy ocupado y no disponer de un momento de sosiego:* «Entre los niños, el arreglo de la casa y el trabajo fuera de ella, ando de cabeza todo el día».

(a)sentar u. p. (la) cabeza (f.). *Volverse u. p. formal o juiciosa:* «Espero que la niña haya asentado la cabeza este año y pueda aprobar todas las asignaturas».

no caberle u. c. en la cabeza a alguien (f.). *No poder comprender algo:* «Todavía no me cabe en la cabeza cómo has podido cometer tan grande disparate».

calentarle u. p. la cabeza a alguien (inf.). **A:** *Hacer concebir demasiadas ilusiones a alguien:* «Tanto le calentaron la cabeza al muchacho con las excelencias de la vida en el mar, que ha decidido hacerse marinero». **B:** *Hacer pensar demasiado:* «No me calientes más la cabeza con tus problemas».

calentarse/romperse u. p. la cabeza (inf.). *Pensar demasiado:* «No merece la pena que te calientes la cabeza con un problema que quizás se resuelva por sí solo».

darle a alguien vueltas la cabeza (f.). *Marearse:* «Me da vueltas la cabeza. Debe de ser por culpa del alcohol».

escarmentar u. p. en cabeza ajena (f.). *Aprender de la experiencia ajena para evitar daños:* «Parece que el chico ha escarmentado en cabeza ajena, porque después del accidente que sufrió su amigo ya no quiere saber nada de la motocicleta».

ir u. p./u. c. de cabeza (inf.). *Ir mal, decaer:* «Apenas tienen clientes; el negocio va de cabeza».

írsele la cabeza a alguien (f.). *Marearse u.p:* «Creo que he bebido demasiado alcohol; se me va la cabeza».

levantar u. p. la cabeza (f.). *Resucitar:* «¡Si mi padre levantase la cabeza y viese el estado ruinoso en que ha quedado este negocio!».

meterle u. p. algo en la cabeza a alguien (inf.). *Persuadir, convencer a alguien de algo.* «La gente compra hoy en día cosas que no sirven para nada; la propaganda se encarga de meterle en la cabeza la conveniencia de tales productos».

metérsele/ponérsele u. c. en la cabeza a alguien (inf.).
A: *Figurarse algo con poco fundamento y obstinarse en considerarlo cierto:* «No sé por qué se me había metido en la cabeza que Antonio se había separado de su mujer; ahora ya veo que me había equivocado por completo».
B: *Perseverar en un capricho:* «Se le ha metido en la cabeza emigrar a América justo cuando empezaba a tener un buen sueldo, y nadie va a convencerlo de que se quede».

partirse/quebrarse u. p. la cabeza (f.). *Reflexionar sin descanso en busca de una solución:* «Estuve todo el día rompiéndome la cabeza para saber cómo ayudarte».

pasársele u. c. por la cabeza a alguien (inf.). *Ocurrírsele:* «Recibe siempre malas notas en el colegio, porque nunca se le ha pasado por la cabeza abrir un libro».

perder u. p. la cabeza (por alguien/algo) (inf.). *Ofuscársele la razón a alguien, estar ciegamente enamorado:* «No haces más que pensar en esa chica; parece que has perdido la cabeza por ella».

quitarle/sacarle u. p. de la cabeza algo a alguien (f.). *Disuadir a alguien de hacer o pensar algo:* «Me parece absurdo que Paco se empeñe en emigrar a América; intentaré quitárselo de la cabeza con los mejores argumentos que encuentre».

subírsele u. c. a la cabeza a alguien (inf.).
A: *Envanecerse por algo:* «Parece que se le ha subido a la cabeza el título universitario, porque desde que es doctor ya no habla con cualquiera».
B: *Emborracharse con algo:* «No sabe lo que dice, Parece que la cerveza se le ha subido a la cabeza».

tener u. p. poca/no tener cabeza (f.). *Tener poco o ningún juicio:* «Este chico tiene poca cabeza; aún no ha terminado sus estudios y ya quiere casarse».

tener u. p. la cabeza a/llena de pájaros (inf.).
A: *Tener poco juicio:* «Como tienes la cabeza a pájaros, en lugar de buscarte una colocación, te pasas la vida soñando cosas imposibles».
B: *Estar distraído:* «El camarero se equivocó tres veces seguidas al servir la comida; seguro que tenía la cabeza a pájaros».

tener u. p. la cabeza como/hecha un bombo (inf.). *Estar aturdido, atolondrado:* «He trabajado en la oficina ocho horas sin parar; tengo la cabeza hecha un bombo».

traer u. p./u. c. de cabeza a alguien (f.). *Causarle grandes preocupaciones o molestias:* «Estos niños me traen todo el día de cabeza con sus gritos».

cabezada

dar u. p. una cabezada (inf.). *Quedarse dormido por unos momentos:* «Tenía tanto sueño, que aproveché una pequeña pausa en el trabajo para dar una cabezada».

cable

cruzársele a alguien un cable/los cables (en la cabeza) (inf.). *Sufrir un lapsus o confusión momentánea:* «El camarero nos presentó una cuenta muy extraña en la que había que pagar menos de la mitad de lo que consumimos; seguramente se le cruzó un cable».

echarle u. p. un cable a alguien (inf.). *Prestar ayuda a quien está en apuros:* «Apenas me queda dinero para llegar a fin de mes;

voy a llamar a Manolo a ver si me echa un cable y me deja algún dinero».

cabo

al cabo de (f.). *Después de:* «La cama es tan dura, que sólo al cabo de cierto tiempo te acostumbras a ella».

de cabo a cabo/rabo (inf.). *De un extremo al otro, del principio al fin:* «Aunque leí el libro de cabo a rabo, no pude encontrar el párrafo que me citaste».

atar/juntar/recoger/unir u. p. (todos los) cabos (sueltos) (f.). *Reunir datos o antecedentes (para sacar una consecuencia):* «Aunque no disponía de muchos datos, me puse a atar cabos y en seguida pude averiguar quién había cometido el robo».

dejar u. p. un cabo/cabos suelto(s) (f.). *Olvidar un detalle/detalles:* «Es una persona muy meticulosa que jamás deja un cabo suelto».

echarle u. p. un cabo a alguien (inf.). *Ayudar a alguien:* «Hoy tengo mucho que hacer; si quisieras echarme un cabo, acabaría antes el trabajo».

estar u. p. al cabo de la calle (inf.). *Estar u. p. ya bien enterada de algo:* «No me cuentes más: estoy al cabo de la calle. Tu hermano me lo ha contado todo ya».

llevar u. p. a cabo algo (f.). *Realizar, ejecutar algo:* «Recibió una medalla por haber llevado a cabo una estupenda labor investigadora sobre las enfermedades contagiosas».

cabra

estar/ponerse u. p. (como una) cabra (inf.). *Estar/ponerse loco:* «Ríe y habla en solitario; el pobre hombre está cabra».

cacao

cacao mental (inf.). *Confusión, desorden en las ideas:* «El conferenciante debía de sufrir un cacao mental, porque fue incapaz de explicarse con claridad».

cacha

hasta las cachas (inf.). *En grado máximo:* «Este es español hasta las cachas y su chauvinismo es tan grande, que todo lo español es para él lo mejor del mundo».

estar u. p. hasta las cachas de alguien/algo (inf.). *Estar harto de alguien/algo:* «Estoy hasta las cachas de comer siempre en el mismo restaurante. ¿Por qué no vamos a otro?».

estar u. p. (hecha un) cachas (inf.). [*Referido a hombres*] *tener un aspecto muy musculoso:* «Vaya cachas que estás hecho. Claro, te pasas la vida metido en el gimnasio».

cacho

[ser u. p. un] cacho de pan (inf.). *Persona muy bondadosa:* «No comprendo cómo puedes enfadarte con él; es un cacho de pan».

cachondo

[ser u. p. un] cachondo mental (inf.). *Persona muy divertida:* «Hoy he invitado a Manolo, que es un cachondo mental y con el que es imposible aburrirse».

cada

cada dos por tres (inf.). *Con mucha frecuencia:* «No me extraña que el matrimonio se haya disuelto, porque tenían peleas cada dos por tres».

cada tres por cuatro. *Ver registro anterior.*

cadera

anchear u. p. de/echar caderas (inf.). [*Referido especialmente a la mujer adolescente*] *engordar:* «Lolita está ya echando caderas como si fuera una mujer adulta».

cadete

enamorarse u. p. como un cadete (inf.). *Enamorarse apasionadamente:* «Se ha enamorado como un cadete y no hace más que pasarse las horas pensando en Carmen».

hacer u. p. el cadete (inf.). *Actuar irreflexivamente, cometer alguna travesura:* «Deja ya de hacer el cadete y ponte a estudiar en serio, que falta muy poco para los exámenes».

caer

caerse u. c. de suyo (f.). *Ser lógico y comprensible, ser de evidencia immediata:* «Se cae de suyo que la gente proteste y organice huelgas; con un gobierno así no se puede seguir».

dejar u. p. caer algo (inf.). *Insinuar algo con disimulo (en una conversación):* «Yo creo que no está muy ilusionado con casarse; en la conversación dejó caer lo de su boda como si se tratase de un asunto banal».

dejarse caer u. p. (por [algún lugar]) (inf.). *Hacer una breve visita, presentarse ocasio-*

nalmente: «¡A ver cuándo te dejas caer por casa y charlamos un rato».
estar u. p./u. c. al caer (inf.). *Estar a punto de llegar o aparecer:* «Llevamos ya tres horas de viaje; París debe de estar al caer».
estar/andar u. p. a lo que caiga (f.). *No disponer de un trabajo fijo o de ingresos regulares:* «En verano vende helados, en invierno castañas …; está a lo que caiga».

café
[estar/poner(se) de] buen/mal café (inf.). *[Estar/poner(se) de] buen/mal humor o carácter:* «Después de la discusión inútil estuvimos todo el día de mal café».

cafetera
estar u. p. como una cafetera (inf.). *Estar loco, trastornado:* «Este profesor está como una cafetera: exige que sus estudiantes le hagan la reverencia al entrar y salir de la clase».

cagar
cagarse u. p. en diez (inf.).
A: *Blasfemar:* «Enrique es muy irritable y por cualquier tontería es capaz de cagarse en diez y decir palabrotas».
B: *[Exclamación que indica fuerte disgusto]:* «¡Me cago en diez! Ya es la quinta vez que llegas tarde».
¡la hemos cagado! (inf.). *[Exclamación de contrariedad ante algún resultado imprevisto]:* «¡La hemos cagado! Nos hemos quedado sin gasolina y el barco está a más de cien millas de la costa».

caída
a la caída del sol/de la tarde (f.). *A la hora del crepúsculo:* «Los pescadores suelen terminar sus faenas a la caída del sol, cuando ya no queda más luz».

Caín
pasar u. p. las de Caín (inf.). *Sufrir estrecheces, experimentar dificultades:* «Entre los exámenes, el trabajo en casa y los disgustos familiares, está pasando las de Caín».

caja
con cajas destempladas (inf.). *De muy malos modos, de muy mal humor:* «Esta es ya la segunda vez que vienen a pedirme dinero para no sé qué niños pobres; la próxima vez los arrojo de casa con cajas destempladas».

cajón
[ser u. c. un] cajón de sastre (f.). *Conjunto de cosas diversas y desordenadas:* «Mi oficina parece cajón de sastre; no hay cosa que esté en su sitio».
ser u. c./caer de cajón (inf.). *Ser algo lógico y comprensible, de evidencia inmediata:* «Si se trabaja el doble, es de cajón que haya que ganar también el doble».

cal
[cerrar u. p. algo] a cal y canto (f.). *[Cerrar] herméticamente:* «Por temor a lo que pudiera pasar, se mantenía la puerta cerrada a cal y canto a partir de las diez de la noche».
dar u. p. una de cal y otra de arena (f.). *Alternar juicios diversos o contrarios para contemporizar:* «En general, los críticos alabaron su técnica pianística, pero pusieron reparos a su estilo. En total, una de cal y otra de arena».

calabaza
darle u. p. calabazas a alguien/recibir calabazas de alguien (inf.).
A: *Suspender a alguien/ser suspendido por alguien en un examen:* «Le dieron calabazas en matemáticas porque no supo extraer la raíz cuadrada».
B: *Rechazar a alguien/ser rechazado por alguien en sus pretensiones amorosas:* «Parece que Lolita le ha dado calabazas a su amigo, porque ya no salen juntos».

calcetín
calcetín de viaje (inf.). *Condón:* «Para evitar el contagio de enfermedades venéreas, lo único que hay que hacer es emplear el calcetín de viaje».

caldo
caldo de cultivo (f.). *Ambiente propicio:* «La Universidad de aquel tiempo era el mejor caldo de cultivo para la formación de los intelectuales».
amargarle u. p. el caldo a alguien (inf.). *Amargarle la vida a alguien:* «A veces es preferible no escuchar la radio ni leer los periódicos, para que no le amarguen a uno el caldo con noticias tristes».
estar u. p. a caldo (inf.). *Estar sin dinero, en situación apurada:* «Durante las vacaciones hemos gastado más de lo conveniente, y

ahora estamos a caldo y tenemos que economizar en todo».
hacerle u. p. el caldo gordo a alguien (inf.). *Obrar u. p. de tal modo que beneficia o favorece a alguien:* «Si los diputados de la oposición votan a favor de esta ley, le hacen el caldo gordo al gobierno».
poner u. p. a caldo a alguien (inf.). *Regañar duramente, insultar a alguien:* «El jefe lo puso a caldo por haber llegado tan tarde al trabajo».
revolver u. p. el caldo (inf.). *Recordar viejas historias que son motivo de rencillas:* «No comprendo qué pretendes revolviendo el caldo; es mejor olvidar lo pasado».

calentón
coger/darse/pegarse u. p. un calentón (inf.). *Excitarse sexualmente [mediante el contacto físico, pero sin llegar a realizar la cópula]:* «En esta clase de baile las parejas van tan apretadas, que muchos jóvenes lo practican sólo por darse el calentón».

cáliz
apurar/beber u. p. el cáliz (de la amargura) (hasta las heces) (f.). *Padecer amargamente:* «Tuvo que apurar el cáliz de la amargura en silencio; de nada le hubiera valido protestar o rebelarse contra el destino».

calor
entrar u. p. en calor (f.). *Empezar a sentir calor (después de pasar mucho frío):* «Hoy hace un frío tremendo; será mejor que tomes una copita para entrar en calor».
[hacer un] calor de justicia (f.). *Hacer mucho calor:* «¡Qué contrariedad! Precisamente hoy que hace un calor de justicia tenemos el aire acondicionado estropeado».

calvo
no [será] ni tanto ni tan calvo. Ver «no [habrá/será] para *tanto».

calzador
(no) entrar u. c./u. p. (ni) con calzador (inf.). *(No poder) introducirse (ni) con dificultades (por ser demasiado estrecho o pequeño el espacio o cavidad previstos):* «Habrá que desmontar el piano, porque por esa puerta no entra ni con calzador».

calzón
llevar/ponerse/tener u. p. (bien puestos) los calzones (inf.). *Imponer u. p. su autoridad [especialmente en el hogar]:* «Esta pobre mujer no se atreve nunca a contradecir a su marido porque éste lleva bien puestos los calzones».

calzoncillo
dejar u. p./u. c. en calzoncillos a alguien (inf.). *[Referido a hombres] arruinar a alguien, dejarle sin dinero:* «Las últimas facturas de ropa y calzados para los niños me han dejado en calzoncillos; no me queda dinero ni para un café».

callada
dar u. p. la callada por respuesta (f.). *Omitir intencionadamente la respuesta:* «Le hicieron preguntas bastante impertinentes, por lo que él dio la callada por respuesta».

callado
a las calladas (f.). *Secretamente:* «Siempre dice que está de acuerdo con los demás, pero luego, a las calladas, hace lo que quiere».

calle
[estar/quedar u. p.] en la calle (inf.). *[Estar/quedar] sin empleo:* «Le echaron de la firma en que trabajaba y ahora está en la calle».
abrir u. p./u. c. calle (f.). *Quitar o eliminar los obstáculos para pasar por un sitio:* «Con tanta gente era difícil abrirse calle para ver de cerca al cantante de rock».
dejar/echar/plantar/poner u. p. en/a la calle a alguien (inf.). *Despedir a alguien de su puesto de trabajo o de su vivienda:* «Le pusieron en la calle porque siempre estaba borracho en horas de oficina».
doblar u. p. la calle (f.). *Dar la vuelta a la esquina:* «Donde se ve el semáforo hay que doblar la calle y continuar por la calle perpendicular.
echar/tirar u. p. por la calle de en medio (inf.). *Actuar rápida y resueltamente:* «En casos como éste lo mejor es tirar por la calle de en medio y no meditarlo tanto».
echarse u. p. a la calle (f.). *Amotinarse, sublevarse:* «El gobierno teme una nueva subida de los precios, porque sabe que el pueblo se puede echar a la calle».
hacer u. p. la calle (inf.).
A: *Ver* «echarse u. p. a la *vida».

B: *Dedicarse (una mujer) a la prostitución:* «No me parece este barrio el lugar más adecuado para pasear con los niños. Está lleno de mujeres que hacen la calle».
hacerle u. p. calle a alguien (f.). *Dejar paso libre a alguien:* «A medida que avanzaba, la gente le iba haciendo calle, apartándose con mucho respeto».
llevarse u. p. de calle a alguien (inf.). *Dominar o superar a alguien, conquistar (afectivamente) a alguien:* «Tiene fama de gran conquistador y de llevarse de calle a todas las chicas del barrio».
pasearle/rondarle u. p. la calle a alguien (inf.). *Cortejar (a una mujer):* «Como Merceditas era la más guapa de las hermanas, siempre encontraba algún galán dispuesto a pasearle la calle».
no pisar u. p. la calle (f.). *Permanecer recluido en casa:* «Hace ya casi dos meses que una grave enfermedad le impide pisar la calle».
traer u. p. a alguien por la calle de la amargura (inf.). *Poner a alguien en situación difícil o angustiosa, hacerle sufrir mucho:* «Esta chica me trae por la calle de la amargura. ¡Ya es la tercera vez que se niega a salir conmigo!».

Calleja
tener u. p. más cuento que Calleja (inf.). *Ser embustero o muy exagerado:* «Dice que es capaz de hablar correctamente diez idiomas, pero yo no se lo creo, porque tiene más cuento que Calleja».
contarle u. p. algo a Calleja (inf.). *[Expresión generalmente empleada en oración imperativa; indica incredulidad]:* «Eso de que no has podido ir a clase porque estabas enfermo, cuéntaselo a Calleja; te han visto en el cine».

callejón
callejón sin salida (f.). *Situación de muy difícil o imposible solución:* «Económicamente estamos en un verdadero callejón sin salida, pues los gastos superan las ganancias».

callo
criar/hacer u. p. callos (inf.). *Trabajar duramente:* «Si quieres que el negocio marche, tienes que hacer callos y no permitirte tantos días libres».
dar u. p. el callo. *Ver registro anterior.*

cama
caer u. p. en cama (f.). *Enfermar:* «Con esto de la epidemia de gripe nos han dado vacaciones en el colegio, porque la mitad de los estudiantes habían caído en cama».
extrañar u. p. la cama (f.). *Dormir mal (por no estar acostumbrado a la cama):* «Ayer extrañé la cama y tardé mucho en dormirme. Estoy acostumbrado a otro tipo de camas».
guardar cama (f.). *Estar en cama (por enfermedad):* «Tendrás que guardar cama hasta que le baje la fiebre».
hacer cama redonda (inf.). *Practicar la promiscuidad sexual:* «Compartieron la misma habitación tres parejas; se supone que hicieron cama redonda».

cámara
a/en cámara lenta (inf.). *Muy despacio:* «Estas mujeres tardan muchísimo; parece que están haciendo la toilette a cámara lenta».

camarón
[ponerse u. p.] como un camarón (inf.). *[ponerse] muy rojo, muy colorado o muy moreno:* «Estuvimos tanto tiempo tomando el sol, que nos pusimos como camarones».

cambiazo
darle u. p. el cambiazo a alguien (inf.). *Sustraerle a alguien un objeto valioso dejándole en su lugar uno de poco o ningún valor:* «Cuando llegué a casa y abrí el paquete, me encontré que no contenía cámara alguna, sino un par de piedras. Alguien me había dado el cambiazo».

cambio
a las primeras de cambio (f.). *Sin preámbulos, sin preparación, a primera vista, en el principio:* «Se presentó un policía en su casa y le dijo a las primeras de cambio que estaba detenido».
en cambio (f.). *[Locución adversativa] por el contrario:* «Aquí hace un calor inaguantable; en cambio en la sierra se está muy fresquito».

camello
disfrutar u. p. como un camello (inf.). *Dis-*

frutar mucho: «En vacaciones, con dinero y en compañía de mis amigotes, he disfrutado como un camello».

camino

buen/mal camino (f.). *Conducta o método bueno/malo:* «A él seguro que no se le puede echar ninguna culpa, porque no se ha apartado nunca del buen camino».

camino recto. *Ver* «buen *camino».

[estar u. c.] a medio camino. *Ver* «[estar a *mitad de camino]».

[estar/encontrarse u. p.] de camino (f.). *[Estar/encontrarse] en algún lugar por haber hecho una interrupción en un viaje:* «Te vería con mucho gusto, pero tendría que ser hoy mismo, porque estoy de camino y mañana continúo viaje».

abrirse/hacerse u. p./u. c. camino (f.).
A: *Encontrar u. p. un medio de vida conveniente, situarse socialmente:* «Si quieres abrirte camino en una sociedad tan competitiva, tendrás que trabajar sin descanso».
B: *Avanzar, propagarse u. c.:* «El río, encajonado entre montañas, apenas puede abrirse camino en dirección al mar».

allanarle u. p. el camino a alguien (f.). *Facilitarle la tarea a alguien (realizando alguna labor previa):* «Yo ya te he allanado el camino poniéndote en contacto con las autoridades competentes; el resto lo tienes que hacer tú con tu propio esfuerzo».

atravesarse/cruzarse u. p. en el camino de alguien (f.). *Estorbar, voluntaria o involuntariamente, los propósitos de alguien:* «Si este señor vuelve a cruzarse en mi camino haciéndome la competencia y robándome clientes, soy capaz de golpearle».

[echar/ir] cada uno/cada cual por su camino (f.). *Seguir dos o más personas opciones diferentes o defender intereses distintos, cuando antes lo hacían todo en común:* «Hay que cerrar el negocio, porque los socios ya no se entienden y cada uno va por su camino».

ir u. p./u. c. fuera de camino (f.).
A: *[Referido a personas] obrar sin método, orden ni razón y/o cometiendo errores:* «Vas fuera de camino si crees que todos te engañan y son malos contigo».
B: *[Referido a cosas] ser contrario a la razón, ser absurdo:* «No va fuera de camino éso de construir casas para trabajadores, porque hay una gran escasez de viviendas».

ir/llevar u. p./u. c. camino de + INFINITIVO (f.). *[Permitir prever como resultado lo que expresa el infinitivo]:* «Las obras del metro van tan lentas, que llevan camino de terminarse dentro de un siglo».

ponerse u. p. en camino (f.). *Emprender un viaje, partir:* «Ya es hora de ponernos en camino; si esperamos más, llegaremos muy tarde».

salirle al camino a alguien. *Ver* «salirle al *encuentro a alguien; acepciones A y B».

seguir u. p. su camino (f.). *Seguir u. p. sus ocupaciones habituales (sin preocuparse o entrometerse en la vida de los demás):* «Haz el favor de seguir tu camino y de no meterte en asuntos que no te conciernen».

traer u. p. a alguien por el camino de la amargura. *Ver* «traer u. p. a alguien por la *calle de la amargura».

camión

[estar u. p.] como un camión (inf.). *[Generalmente referido a mujeres]; [ser] de mucho atractivo sexual:* «El profesor de latín, que era un Don Juan, llamaba a dar la lección solamente a las chicas que estaban como un camión».

camisa

[estar u. p.] en camisa (inf.).
A: *[Estar] en ropa interior:* «Justo cuando me estaba cambiando de ropa entraron ellos, así que me sorprendieron en camisa».
B: *[Estar] sin dinero:* «Ayer tuve que pagar la contribución y me quedé en camisa. No sé cómo voy a poder sobrevivir hasta fin de mes».

cambiar u. p. de camisa (inf.). *Cambiar interesadamente de ideas o de partido:* «Antes era de izquierdas, ahora de derechas... No sé cuántas veces ha cambiado de camisa este oportunista».

dejar u. p. a alguien/quedarse u. p. sin camisa (inf.). *Arruinar a alguien/arruinarse u.p:* «Acabo de pagar una suma enorme para los impuestos; me han dejado sin camisa».

no llegarle a alguien la camisa al cuerpo (inf.). *Estar lleno de inquietud o temor:* «Mañana empiezan los exámenes de fin de

curso y estoy que no me llega la camisa al cuerpo».
meterse u. p. en camisa de once varas (inf.).
A: *Entrometerse u. p. en lo que no le importa:* «No me interesa la vida privada de mi vecino; yo no me meto en camisa de once varas».
B: *Abordar u. p. una tarea superior a sus fuerzas:* «¡No te metas en camisa de once varas; la instalación eléctrica es muy difícil para ti!».

campana
echar u. p. las campanas al vuelo (f.). *Dar publicidad a alguna cosa (que produce alegría o gran satisfacción):* «No eches las campanas al vuelo antes de saber si de verdad has aprobado el examen».
oír u. p. campanas y no saber dónde (inf.). *Entender mal una cosa, tener nociones incompletas de algo:* «Se rumorea que van a cambiar algunos ministros, pero nadie sabe cuántos van a ser ni cuándo. La gente oye campanas y no sabe dónde».

campanada
dar u. p. la campanada (inf.). *Hacer algo que produzca sensación o escándalo:* «Ya ha vuelto a dar la campanada y se ha divorciado por séptima vez».

campanilla
[ser u. p./u. c.] de (muchas) campanillas (inf.). *[Ser] de gran renombre, de mucho lujo, de gran posición o influencia social:* «Les gusta mucho alternar con la alta sociedad y solamente invitan a gente de campanillas».

campante
quedarse u. p. tan campante (inf.). *Quedarse tan contento o satisfecho (como si no hubiera pasado nada):* «Es un fresco. Le afeé su conducta y él se quedó tan campante».

campeonato
de campeonato (inf.).
A: *[Ser] óptimo, pésimo, muy grande, muy grave, etc.:* «Era un boxeador de campeonato: en viente años fue vencido solamente dos veces».
B: *[Adv.] muy bien:* «Juega al ajedrez de campeonato; es casi imposible vencerle».

campo
campo abonado (inf.). *Asunto o circunstancia en que se dan condiciones óptimas para producirse algo:* «Una sociedad en que se da el paro obrero es campo abonado para la delincuencia».
dejarle u. p. el campo libre a alguien (inf.). *Retirarse de algún empeño en que hay competidores:* «No debes cerrar el negocio porque las cosas no marchen muy bien; lo único que lograrás es dejarle el campo libre a otros para que se enriquezcan».
levantar u. p. el campo (inf.). *Retirarse, abandonar una empresa:* «Parece que todos los admiradores de Lolita han levantado el campo, porque ya no se ve a nadie cortejándola».

cana
echar u. p. una cana al aire (inf.). *Permitirse una expansión (como excepción a la regla habitual):* «A veces don Antonio, después de salir del trabajo, se va a echar una cana al aire a la cervecería».
peinar u. p. canas (f.). *Ser de cierta edad:* «Hace ya tiempo que peina canas; está muy viejo para policía».

canal
abrir u. p. en canal a alguien/algo (f.). *Abrir de arriba abajo y en dos mitades:* «Era un espectáculo horrendo: el carnicero acababa de abrir el cerdo en canal y se le veían los intestinos».

canción
[ser] la canción de siempre. *Ver registro siguiente.*
[contar (siempre)] la eterna/misma/vieja canción (inf.). *Dicho o hecho repetido con insistencia y pesadez:* «Este hombre es insoportable; para lograr que le aumente el sueldo me cuenta siempre la vieja canción: que tiene familia numerosa, que la vida está muy cara...».
ser u. c. otra canción. *Ver* «ser u. c. otro *cantar».

candado
echar/poner u. p. candado en/a la boca/los labios (inf.). *Callar, guardar un secreto:* «Todos esperábamos grandes novedades del ministro de Información, pero éste puso can-

dado a la boca y nos quedamos sin saber nada».

candelero
[estar u. p.] en candelero (f.). *En situación preeminente, ser el centro de la atención, ser famoso:* «Por aquel tiempo estaban en candelero toreros de los que hoy ya nadie se acuerda. ¡Han pasado tantos años!».

canela
[ser u. p./u. c.] canela fina/en rama (inf.). *Lo mejor de lo mejor:* «Fue un gran orador, y sus discursos parlamentarios eran canela en rama».

canelo
hacer u. p. el canelo (inf.). *Hacer el ridículo:* «Si te pones un vestido tan cursi como este, vas a hacer el canelo».

cangrejo
[estar u. p.] como un cangrejo (inf.). [*Estar*] *muy moreno:* «Hoy en la playa nos pusimos como unos cangrejos de tanto sol».

cantar
ser u. c. otro cantar (inf.). *Ser cosa totalmente diferente:* «Ayer el pianista estuvo bastante flojo, pero hoy fue otro cantar y el público le aplaudió con entusiasmo».
cantarle u. p. las cuarenta a alguien (inf.). *Decirle a alguien con resolución y descaro lo que se piensa de él:* «Se cree que no conozco sus turbios manejos, pero el día que lo coja le voy a cantar las cuarenta».

cántaro
llover a cántaros (f.). *Llover muy fuerte:* «Está lloviendo a cántaros. ¡Esto parece el diluvio universal!».

cantidad
¡con la cantidad de + SUSTANTIVO + que ...! *Ver* «¡*con la de + SUSTANTIVO + que ...!».

canto
[estar u. p.] como el canto de un duro/de una moneda (inf.). [*Estar/ser*] *muy delgado:* «Este chico está como el canto de un duro. Habrá que darle alguna vitamina para que engorde».
por el/faltar el canto de un duro (inf.).

Faltar poco (para que se produzca algo): «Nos cruzamos con otro coche que venía en dirección contraria y sólo faltó el canto de un duro para que chocáramos».
SUSTANTIVO + al canto (inf.). [*Expresión que indica que lo que menciona el sustantivo es inevitable y va a suceder inmediatamente*]: «Cuando un matrimonio discute por cualquier detalle insignificante, ya se sabe: divorcio al canto».
darse u. p. con un canto en los dientes/pechos (inf.). *Darse por contento (cuando lo que ocurre es más favorable o menos adverso de lo que podía esperarse):* «No pretendo llevar una vida de príncipe; con un trabajo agradable y un sueldo decente me doy con un canto en los dientes».

canto
(como) canto de chicharra (f.). *(Con) voz monótona y aburrida:* «No lo soporto; es capaz de repetir mil veces lo mismo en un tono como canto de chicharra».

canutas
pasarlas u. p. canutas (inf.). *Verse en situación muy difícil, apurada o arriesgada:* «Con un sueldo tan miserable, las vas a pasar canutas para poder sobrevivir».

canuto
no saber u. p. hacer la 'o' con un canuto (inf.). *Ser muy ignorante:* «¡Pero cómo va a dar una conferencia el tonto de Pedro, si no sabe hacer la 'o' con un canuto! ¡Tú te has equivocado de persona!».

caña
darle/meterle u. p. caña a alguien/a algo (inf.).
A: *Pegar u. p. a alguien:* «Si Vd. ve que mi chico se porta mal en el colegio, métale caña sin contemplaciones».
B: *Acelerar (un vehículo):* «Dale caña al coche, porque si seguimos tan lentos no vamos a llegar nunca a nuestro destino».

capa
bajo capa de [hacer] algo (f.). *Bajo pretexto o apariencia de hacer algo:* «Bajo capa de socorrer a los pobres, se ha hecho millonario con las donaciones de los incautos».
[andar/estar/ir u. p./u. c.] de capa caída

(inf.). [*Estar*] *cada vez peor* [*física o moralmente*]: «El pobre hombre va de capa caída: han tenido que operarle ya por tercera vez».
[decir/pensar u. p.] en/para su capa (inf.). [*Decir/pensar*] *en lo interior de su ánimo:* «Me felicitó en presencia de todos por mi éxito, pero seguro que para su capa pensó que mi trabajo carecía de valor».
defender u. p. algo/a alguien a capa y espada (inf.). *Defender con mucho empeño:* «Se ve que trata muy bien a sus empleados, porque éstos le defienden a capa y espada de cualquier inculpación».
hacer u. p. de su capa un sayo (inf.). *Hacer u. p. lo que quiere y en cosas que sólo a ella le atañen:* «Puedes hacer de tu capa un sayo. No pienso meterme en tus cosas».

capaz
capaz que + SUBJUNTIVO (inf.). *Posiblemente, probablemente:* «Hace ya tres horas que el teléfono de Paco está comunicando. Capaz que esté averiado su aparato».

capilla
estar u. p. en capilla (inf.). *Estar muy nervioso o preocupado (ante un acontecimiento inminente y, generalmente, de éxito incierto):* «Estos días estoy en capilla; tengo que actuar en un concierto y no he ensayado suficiente».

capirote
[ser u. p.] boba/tonta de capirote (inf.). [*Ser*] *muy tonto, necio:* «¡Hay que ser tonto de capirote para rechazar un trabajo como éste, cómodo y bien pagado!».

capítulo
llamar/traer u. p. a capítulo a alguien (f.). *Exigirle cuentas o responsabilidades a alguien:* «Procura que la contabilidad esté en orden, no sea que te llamen a capítulo».
ser u. p./u. c. capítulo aparte (f.). *Ser persona o cosa totalmente diferente (de las demás mencionadas o conocidas):* «Todos sus hermanos son muy buenos y tranquilos, pero Carlitos es capítulo aparte, un verdadero demonio».

capote
[decir u. p. algo] para [su] capote (inf.). *Hablar o pensar consigo mismo:* «Cuando le vi venir derecho a mí, me dije para mi capote: este viene a pedirme dinero».
echarle u. p. un capote a alguien (inf.). *Ayudar a alguien:* «En el examen procuré sentarme cerca de Carlos para echarle un capote de vez en cuando, porque el pobre estaba muy mal preparado y no sabía casi nada».

capullo
salirle u. c. del capullo a alguien (rest.). [*Muy enfático*] *querer algo, encapricharse en algo, darle la gana a alguien:* «Ya veo que eres un dictador y que terminas haciendo lo que te sale del capullo sin pedir consejo a nadie».

cara
[poner/tener u. p.] cara de circunstancias (inf.). *Cara de tristeza o aflicción* [*generalmente fingida*]: «Me dio la triste noticia poniendo cara de circunstancias, como si él estuviese tan afectado como yo».
[poner/tener u. p.] cara de cuaresma (inf.). *Cara de tristeza:* «¡No ponga Vd. esa cara de cuaresma, hombre! Vengo a pedirle solamente un pequeño favor, no dinero».
[poner/tener u. p.] cara de palo (inf.). *Cara muy seria o adusta:* «Nadie le ha visto sonreír. Siempre va con su cara de palo a todas partes».
[poner/tener u. p.] cara de pascua(s) (inf.). *Cara de gran alegría:* «Cuando se supo en la oficina que iban a pagar el aguinaldo, todo el mundo andaba con cara de pascuas».
[poner/tener u. p.] cara de pocos amigos (inf.). *Cara de mal humor:* «No creo que sea éste el momento más oportuno para pedirle un favor, porque hoy tiene cara de pocos amigos».
[poner/tener u. p.] cara de póker (inf.). *Cara seria o cara de enfado:* «Quise pedirle un anticipo de sueldo a la directora, pero vi que ponía cara de póker y desistí del empeño».
[poner/tener u. p.] cara de viernes (santo) (inf.). *Cara de tristeza:* «Cuando le dijeron que no le admitían en la Universidad sin examen previo, puso cara de viernes».
[poner/tener u. p.] cara de vinagre (inf.). *Cara de amargura, enojo o desabrimiento:* «El capataz nos recibía todos los días con cara de vinagre, como si fuese su obligación

estar siempre de mal humor con los obreros».
[ser u. p. un hombre] de dos caras (inf.). [*ser hombre*] *falso, que actúa con doblez:* «No te fíes de él porque es un tipo de dos caras: en tu presencia dice una cosa y luego en tu ausencia dice otra completamente distinta».
a cara descubierta (f.). *Abiertamente, sin disimulos:* «Yo siempre actúo a cara descubierta; no tengo nada que ocultar a los demás».
cara a algo. *Ver* «de *cara (a algo)».
cara a cara (f.). *En presencia de alguien, delante de alguien, sin rodeos:* «Es un cobarde. Si tiene algo contra mí, ¿por qué no me lo dice cara a cara?».
con/por la cara (inf.). *Con atrevimiento o descaro:* «Yo creo que a este tipo nadie lo ha invitado a la fiesta; simplemente, se ha presentado por la cara».
con toda la cara (inf.). *Con desvergüenza, descaro, cinismo:* «Le dije, con toda la cara, que si no me aumentaba el sueldo dejaba el negocio».
de cara (a algo) (f.).
A: *De frente (a algo):* «Con el sol de cara no se puede conducir; no se ven más que sombras».
B: *Con la intención puesta en algo, con la intención de hacer algo:* «El partido quiere renovar su imagen de cara a las próximas elecciones».
por la bonita/linda cara de alguien (inf.). [*Irónico*] *sin méritos suficientes, sin merecerlo:* «¿Pero tú crees que vas a aprobar el examen por tu linda cara, sin haber estudiado ni un solo tema?».
[andar u. p. con/llevar] la cara (muy) alta. *Ver* «[andar u. p. con/llevar] la *cabeza (muy) alta».
aplaudirle u. p. en la cara a alguien (inf.). *Golpearle en la cara a alguien:* «¡Si vuelve Vd. a decir palabras ofensivas contra mi familia le aplaudo en la cara!».
caérsele a alguien la cara (de vergüenza); *pasar mucha vergüenza* (inf.). «Se me caería la cara si tuviera que pedir dinero».
cruzarle u. p. la cara a alguien (inf.). *Dar bofetadas o golpear a alguien:* «¡Si vuelves a tirar los platos al suelo te cruzo la cara, niño tonto».

dar/sacar u. p. la cara por alguien/algo (inf.). *Salir en defensa de alguien/algo, responder por alguien/algo:* «Antonio es tan cobarde, que sus amigos siempre tienen que dar la cara por él».
decirle u. p. en la cara algo a alguien (f.). *Decirle algo directamente y sin rodeos:* «Siempre está criticando a sus superiores, pero nunca se atreve a decirles nada en la cara».
echarle u. p. cara a algo (inf.). *Mostrar desvergüenza, descaro o cinismo en relación a algo:* «Le sorprendieron robando en un supermercado, pero él le echó cara al asunto y salió sonriendo y saludando a todo el mundo».
echarle u. p. en cara algo a alguien (f.). *Reprochar algo a alguien:* «De hoy en adelante llegaré a la oficina antes de la hora, para que no vuelvan a echarme en cara falta de puntualidad».
echarse u. p. a alguien a la cara (inf.). *Ver a alguien, encontrarse con alguien:* «No me importa dónde se haya escondido este sinvergüenza; el día que me lo eche a la cara le voy a dar una buena paliza».
echarse u. p. [un arma] a la cara (f.). *Colocar [un arma] en posición de apuntar:* «Cuando descubrió el jabalí, se echó la escopeta a la cara y de un disparo certero lo mató».
hacerle u. p. la cara nueva a alguien (inf.). *Golpearle la cara a alguien:* «¡Niño! ¡Si vuelves a coger dinero de mi monedero te hago la cara nueva!».
llenarle u. p. la cara de aplausos/dedos a alguien (inf.). *Golpearle la cara a alguien:* «¡Si vuelves a hacer trampas jugando al póker soy capaz de llenarte la cara de aplausos!».
no mirarle u. p. a la cara a alguien (inf.). *Mostrarse muy ofendido con alguien rehuyendo su trato:* «Desde que se portó tan mal con mi padre, no le miro a la cara».
partirle/romperle u. p. la cara a alguien (inf.). *Golpear a alguien en el rostro:* «Si vuelves a decir éso de que soy un cobarde, te parto la cara».
plantarle u. p. cara a alguien/a algo (inf.). *Enfrentarse con alguien/algo:* «Es una mujer de mucho carácter; la he visto plantándoles cara a cuatro hombres armados».

poner u. p. cara de cordero degollado. *Ver* «mirar u. p. como *cordero degollado».
poner u. p. (la) cara larga (inf.). *Mostrarse triste o condolido:* «Como es lógico, todos los empleados acogieron sus planes laborales poniendo las caras largas. Se trataba de reducir el número de días de vacaciones».
ponerle u. p. buena/mala cara a alguien/a algo (f.). *Mostrar satisfacción/descontento ante alguien/algo:* «Como vi que todos ponían mala cara a mi proyecto de viaje, no volví a insistir en ello».
ponerle u. p. la cara como un mapa a alguien (inf.). *Golpearle la cara a alguien:* «¡Niño, estáte quieto! ¡Si vuelves a jugar con mis discos, te pongo la cara como un mapa!».
tener u. p. buena/mala cara (f.). *Tener aspecto saludable/enfermo:* «Yo creo que la enfermedad del niño es fingida para no ir al colegio, porque no tiene mala cara ni fiebre, ni ningún otro síntoma».
tener u. p. cara de cemento (armado) (inf.). *Ser un desvergonzado, descarado:* «Todos le vimos meter la mano en la hucha para robar el dinero pero, como tiene cara de cemento, se puso a negar la evidencia de los hechos».
tener u. p. (la) cara (dura) (de/para algo) (inf.). *Tener desvergüenza, descaro o frescura:* «Yo no tengo la cara dura de acudir a una fiesta si no estoy invitado».
tener u. p. más cara que culo/espalda (inf.). *Ser muy desvergonzado:* «Este tipo tiene más cara que espalda; hace casi diez años que le presté una buena suma de dinero y todavía no me la ha devuelto».
tener u. p. más cara que un elefante con flemones/paperas (inf.). *Ser muy desvergonzado:* «Todavía no ha empezado a trabajar y ya me está pidiendo un anticipo del sueldo. ¡Tiene más cara que un elefante con paperas!».
no verle u. p. la cara a alguien. *Ver* «no verle u. p. el *pelo a alguien».
verse las caras (inf.).
A: *Verse, encontrarse:* «No entiendo cómo es posible que, siendo vecinos de la misma casa, no nos hayamos visto las caras hasta hoy».
B: *Encontrarse para manifestar enojo o para reñir:* «Si no me paga usted lo que me debe, tendremos que vernos las caras ante el juez».

caraba
[ser u. p./u. c.] la caraba en bicicleta (inf.). [*Generalmente referido a cualidades negativas*] *el colmo, el summum:* «¡Tú eres la caraba en bicicleta! No sólo engañas a tu mujer, sino que además le consumes el capital para vivir sin trabajar».

carajo
[ser u. c.] (como) el carajo (rest.). *Ver* «[ser u. c.] (como) la carabina de *Ambrosio».
[estar u. c./u. p. en] el quinto carajo (rest.). [*Estar en*] *lugar muy distante o apartado:* «No creo que nos cobren mucho de alquiler, porque el piso está en el quinto carajo, prácticamente en las afueras de la ciudad».
de carajo (rest.).
A: [*Adj. superlativo*] *muy bueno, muy malo, muy grande, etc.:* «En los países nórdicos hace un frío de carajo».
B: [*Adv.*] *muy bien, mucho:* «Debieras preparar un poco más de carne, porque nuestros invitados comen de carajo».
no entender/saber u. p. un carajo de algo (rest.). *Ver* «no entender/saber un *pito de algo».
importarle u. p./u. c. un carajo a alguien (rest.). *Resultarle indiferente a alguien:* «Me importa un carajo que suba el precio de la gasolina, porque no tengo coche».
ir(se) u. p./u. c. al carajo (rest.).
A: *Fracasar, quebrar:* «Si las pérdidas siguen superando las ganancias, la firma se va a ir pronto al carajo».
B: [*En oraciones imperativas u optativas indica rechazo violento o categórico de alguien/algo*]: «¡Que se vaya al carajo Arturo y sus fiestas de alta sociedad! En las vacaciones lo único que quiero es descansar».
mandar u. p. al carajo a alguien/algo (rest.).*rechazar de forma categórica o violenta:* «Yo creo que está ya cansado de la vida superficial y ha mandado al carajo todas las fiestas y saraos».
¡qué ... ni qué carajo! (rest.). [*Expresión enfática de incredulidad o de rechazo violento*]: «¡Qué enfermedad del corazón ni qué carajo! Usted lo que tiene es horror al trabajo y toda disculpa le parece buena».

caramba
¡caramba con ...! (inf.). [*Exclamación que indica sorpresa, disgusto o enojo*]: «¡Caramba con este coche! ¡Siempre que llueve no arranca!».

carámbano
[estar/quedarse u. p.] hecha un carámbano (inf.). *Helada o paralizada de frío:* «Enciende la calefacción si no quieres quedarte hecho un carámbano».

carambola
de/por carambola (inf.). *Por casualidad:* «El viaje salió maravillosamente bien de carambola, porque no planeamos nada».

caramelo
hacerse u. p./ponerse hecha un caramelo (inf.). *Ponerse muy cariñoso, enternecerse:* «Es muy severo con todos sus subordinados, pero cuando llegan a visitarlo sus hijos, se pone hecho un caramelo».

caray
¡caray con ...! *Ver* «¡*caramba con ...!».

carcajada
reírse u. p. a carcajada limpia (inf.). *Reírse mucho:* «Dijo tantas tonterías y en tan poco tiempo, que todos nos reímos a carcajada limpia».

cardo
[ser u. p.] (arisca/áspera) como un cardo (inf.). [*Ser*] *muy arisco en el trato:* «Este niño es arisco como un cardo; no es posible conseguir que dé un beso».

careta
arrancarle/quitarle u. p. la careta a alguien (inf.). *Descubrirle sus verdaderas intenciones:* «¡Habrá que quitarle la careta a ese sinvergüenza para que no continúe engañando a la gente ingenua!».
arrojar/arrancarse/quitarse u. p. la careta (inf.). *Descubrir u. p. sus verdaderas intenciones:* «Ya es hora de que los políticos se quiten la careta y nos digan claramente que nos están explotando».

carga
volver u. p. a/sobre la carga (inf.). *Insistir obstinadamente en algo:* «Pensé que mi padre se calmaría un poco después de haberme reñido por la mañana, pero a la tarde volvió a la carga afeándome de nuevo mi conducta».

cargar
cargársela u. p. (inf.). *Recibir un gran castigo:* «Si te descubre la policía conduciendo sin carnet, te la cargas».

cargo
[correr/estar u. p./u. c.] a cargo de alguien (f.). [*Estar*] *bajo la responsabilidad de alguien:* «Se supone que estos niños están a cargo de alguna persona mayor; no pueden ir solos por la calle expuestos a cualquier riesgo».
hacerse u. p. cargo de alguien/algo (f.).
A: *Encargarse de alguien/algo, tener u. p. bajo su responsabilidad a alguien/algo:* «Mi trabajo en la guardería infantil consistía en hacerme cargo de los niños desde que llegaban hasta que venían a recogerlos sus padres».
B: *Formar concepto, darse cuenta, ser consciente de algo:* «No es necesario que me cuente Vd. sus problemas con tanto detalle. Me hago cargo perfectamente de su situación».
tener/tomar u. p. a su cargo a alguien/algo. *Ver* «[correr/estar u. p./u. c.] a *cargo de alguien; acepción A*».

carne
carne de cañón (inf.).
A: *Militar inconsideradamente expuesto a peligro de muerte:* «Antiguamente solían poner en primera fila a los soldados procedentes de familias pobres; se les consideraba carne de cañón».
B: *Persona tratada sin miramientos:* «A los trabajadores extranjeros los tratan como a carne de cañón: mucho trabajo y sueldo miserable».
[ser u. p.] de carne y hueso (inf.).
A: [*Ser*] *real, auténtico:* «Los personajes de las novelas de este escritor no son de carne y hueso; se ve que son invenciones artificales del autor».
B: *Poseer la misma débil naturaleza propia de todos los humanos:* «Deja los negocios para después y vámonos al restaurante; hace

más de diez horas que no he comido nada y somos de carne y hueso».
[ser u. p.] de/tener buenas carnes (inf.). [*Generalmente referido a mujeres*] [*ser*] *de/tener figura sexualmente atractiva:* «Tiene mucha vitalidad; aunque tiene ya más de setenta años, todavía se entusiasma viendo chicas de buenas carnes».
[estar u. c.] en carne viva (f.). *Con la carne accidentalmente despojada de la piel:* «Se le veía la herida en carne viva, todavía sin cicatrizar».
[estar u. p.] en carne y hueso (inf.). [*estar*] *realmente presente, físicamente presente:* «Nunca había tenido ocasión de ver a este gran artista de cine en carne y hueso».
[estar/ser u. p.] entrada/metida en carnes (inf.). [*Estar/ser*] *algo grueso:* «Mi padre no está gordo, pero sí un poco entrado en carnes desde que no hace dieta».
[no ser u. p./u. c.] ni carne ni pescado (inf.). [*No ser*] *ni una cosa ni la otra:* «Es un poco raro este chico: no le gustan las mujeres, pero tampoco parece homosexual. Ni carne ni pescado».
abrírsele las carnes a alguien (inf.). *Experimentar miedo o emoción muy fuertes:* «Cuando vemos esos reportajes en la televisión sobre los niños africanos que se mueren de hambre, se nos abren las carnes».
criar/echar u. p. carnes (inf.). *Engordar:* «De muchacho era muy esbelto, pero con los años fue echando carnes y ahora está gordísimo».
[dolerle/herirle u. c. a alguien] en carne viva (f.). *Experimentar gran dolor o sentimiento profundo:* «Le hirió en carne viva tener que separarse de su familia, pero no pudo hacer otra cosa».
echar/poner u. p. toda la carne en el asador (f.). *Arriesgarlo todo de una vez:* «Los jugadores de nuestro equipo, viéndose en una situación muy apurada, decidieron poner toda la carne en el asador y al final ganaron el partido».
estar u. p. con/tener u. p./ponérsele a alguien la carne de gallina (inf.).
A: *Estremecerse de miedo o emoción:* «Creo que mirando esta película de horror, a más de uno se le puso la carne de gallina».
B: *Experimentar mucho frío:* «El termómetro marcaba 15 grados bajo cero y todos teníamos la piel de gallina».
herir u. p. en carne viva a alguien (f.). *Ofender profundamente a alguien:* «Pronunció contra mi padre unas palabras injuriosas que me hirieron en carne viva».
temblarle las carnes a alguien (inf.). *Experimentar miedo o emoción muy fuertes:* «Cuando vimos al león paseándose fuera de la jaula, nos temblaban las carnes».

caro
costarle/resultarle/salirle u. c. cara a alguien (f.). *Resultar consecuencias desagradables para alguien:* «Un día te va a salir cara esa costumbre de dejar el coche abierto, porque en esta ciudad hay muchos ladrones».

carpetazo
dar u. p. carpetazo a algo (f.).
A: *Dar por terminado un asunto o desistir de proseguirlo:* «Parece que el ministro de Industria, con su nuevo proyecto de reactivación económica, quiere darle carpetazo definitivo al atraso industrial».
B: *Suspender la tramitación de algún documento:* «Hace un par de años presenté una solicitud para ser admitido ciudadano americano, pero parece ser que le han dado carpetazo al asunto, porque aún no me han contestado».

Carracuca
[ser u. p.] más + ADJETIVO + que (el) Carracuca (inf.). [*Que posee en grado superlativo la cualidad expresada por el adj.*]: «No comprendo cómo este chico tiene tanto éxito con las mujeres, porque es más feo que el Carracuca».

Carrasco
¡toma del frasco Carrasco! (inf.). [*Exclamación que indica asombro o sorpresa*]: «¡Toma del frasco Carrasco! ¡Apenas tiene 16 años y ya habla cuatro idiomas!».

carrera
a la carrera (f.). *Corriendo, con mucha rapidez:* «Hoy he despachado correspondencia a la carrera: veinte cartas en menos de una hora».
hacer carrera u. p. (f.). *Tener u. p. éxito en la vida profesional:* «¡Vaya carrera que ha

hecho! Empezó como portero y ha llegado a ser el director general de la empresa».
hacer u. p. carrera (inf.). *Ver* «echarse u. p. a la *vida».

carrerilla
[aprender/decir/saber u. p. algo] de carrerilla (inf.). [*Aprender* ...] *de memoria:* «El método de la maestra de escuela era de los más primitivos y consistía en que los chicos se aprendiesen de carrerilla la lista de las provincias por orden alfabético».

carrete
darle u. p. carrete a alguien (inf.). *Darle conversación a alguien, invitarle a seguir hablando:* «Es una persona tan pesada, que es capaz de hablar todo el día sin parar; lo mejor es no darle carrete».
tener carrete u. p. (inf.). *Ser propenso a hablar continuamente:* «Habría que cortarle la conversación, porque tiene carrete para toda la noche».

carretero
hablar/jurar u. p. como un carretero (inf.). *Hablar/jurar de modo obsceno:* «No dice más que palabrotas; habla como un carretero».
fumar u. p. como un carretero (inf.). *Fumar en exceso:* «Fumas como un carretero; dos cajetillas diarias es perjudicial para la salud».

carretilla
[aprender/decir/saber u. p. algo] de carretilla. *Ver* «[aprender ... u. p. algo] de *carrerilla».

carrillo
comer/masticar u. p. a dos carrillos (inf.). *Comer vorazmente, con fruición:* «El pobre hombre se puso a comer a dos carrillos como si hiciese más de una semana que no probaba un bocado».

carro
[haber u. c./tener u. p. algo] para parar un carro (inf.). [*Haber/tener*] *mucho, en abundancia:* «Hoy podemos gastar en diversiones lo que queramos; tenemos dinero para parar un carro».
aguantar u. p. carros y carretas (inf.). *Aguantar cualquier adversidad:* «No creas que se va a inmutar por tan poca cosa. Es de los que han aguantado carros y carretas».
apearse/bajarse u. p. del carro (inf.). *Convencerse de algo y desistir de la opinión contraria:* «El siempre creía que el negocio iba muy bien, hasta que un día vio los números rojos de los libros de contabilidad y se apeó del carro».
parar u. p. el carro (inf.). *Moderar el enojo:* «Pare usted el carro, amigo; aquí no se viene a discutir, sino a conversar como buenos amigos».
poner u. p. el carro delante de los bueyes/las mulas (inf.). *Empezar por una acción que, en buena lógica, debería seguir a otra que todavía no se ha realizado:* «Antes de buscar un local para tu futuro negocio, deberás conseguir dinero; lo contrario es poner el carro delante de las mulas».

carta
[dar u. p. a alguien/tener u. p.] carta blanca (f.). *Autorización de obrar con plena libertad:* «La única razón por la que me conviene este oficio es porque me dan carta blanca para hacer lo que yo quiera».
a carta cabal (f.). [*Generalmente empleado con cualidades positivas*] *totalmente, en grado máximo:* «Puedes confiar en él, porque es un hombre honrado a carta cabal».
adquirir/tomar u. c. carta de naturaleza (f.). *Enraizarse, naturalizarse, hacerse usual:* «En los últimos años parece que ha adquirido carta de naturaleza entre nosotros la costumbre de hacer una sola comida al día».
adivinar(le)/conocer(le)/descubrir(le) u. p. el las cartas (a alguien). *Ver* «adivinar(le) ... u. p. el *juego (a alguien)».
arriesgarlo/jugárlo u. p. todo a una (sola) carta (inf.). *Arriesgarlo todo de una vez:* «Meter todo el dinero en el mismo banco me parece lo mismo que jugárselo todo a una carta. ¿Y qué hacemos si el banco quiebra?».
poner u. p. las cartas boca arriba (inf.). *Hablar con toda franqueza, exponer sus intenciones sin ocultar nada:* «Pongamos las cartas boca arriba, porque no tiene sentido que entre nosotros haya secretos».
poner u. p. las cartas sobre la mesa/el tapete (inf.). *Hablar con toda franqueza, exponer u. p. sus intenciones sin ocultar nada:* «Tenemos que ser sinceros y poner las cartas

sobre la mesa, de lo contrario nos pasaremos la vida sospechando los unos de los otros».
no saber u. p. a/con qué carta quedarse (f.). *Permanecer indeciso:* «Tenía tantas cosas en la cabeza, que no sabía a qué carta quedarme».
tomar u. p. cartas en el asunto (f.). *Intervenir con autoridad:* «Viendo que cada vez se producían más robos en aquel distrito, el gobernador se decidió a tomar cartas en el asunto y envió una patrulla de policías».

cartel
hacerse u. p. un cartel (inf.). *Hacerse notorio, hacerse famoso:* «Como escritor se hizo un cartel publicando unos artículos en los periódicos que eran leídos por todo el mundo».
tener u. p. (buen) cartel/mal cartel (inf.). *Gozar de gran/poca popularidad o de buena/mala reputación:* «No es un pianista muy bueno, pero tiene cartel y siempre que da un concierto se llena la sala».

cartilla
cantarle/enseñarle/leerle u. p. la cartilla a alguien (inf.). *Reprender a alguien:* «Dejé mi trabajo porque estaba ya harto de que me cantasen la cartilla por cualquier motivo».
no saber u. p. ni la cartilla (inf.). *Ser muy ignorante:* «Tenemos un gobierno formado por analfabetos; alguno de los ministros no sabe ni la cartilla».

cartucho
quemar u. p. el/los último(s) cartucho(s) (inf.). *Hacer uso de los últimos recursos disponibles:* «El tenor es ya un poco viejo y tiene la voz cascada; me parece que está quemando los últimos cartuchos para impresionar al público».

casa
casa de citas (f.). *Casa o apartamento donde se alquilan habitaciones para relaciones sexuales:* «Todavía vive con sus padres, de manera que para dormir con su amiga tiene que ir a una casa de citas».
[ser u. c. una] casa de locos. *Ver* «[ser u. c. una] casa de *putas».
casa de muñecas (f.). *Casa o piso pequeño pero bonito:* «El piso es precioso, pero con sólo dos pequeñas habitaciones parece una casa de muñecas».
[ser u. c. una] casa de putas (rest.). *Lugar donde reina un gran desorden:* «Todo el mundo gritaba al mismo tiempo y nadie se entendía. Aquello parecía una casa de putas.
[ser u. c.] la casa de tócame roque (inf.). *Lugar sin orden ni disciplina, donde uno hace lo que quiere:* «Aquí no hay manera de encontrar nada en su sitio; esto parece la casa de tócame roque».
[ser u. p.] (muy) conocida en su casa (y a la hora de comer) (inf.). [*Irónico*]; [*ser*] *poco conocido, poco o nada famoso:* «Esta pintora no ha logrado tener éxito; después de veinte años de actividad artística, es conocida en su casa y a la hora de comer».
[ser u. c.] como una casa (inf.). [*Ser*] *muy grande, enorme:* «No le creas, porque te ha contado una mentira como una casa».
[ser u. c.] de/para andar por casa (inf.). [*Generalmente referido a prendas de vestir*]; [*ser*] *de poco valor y destinado al uso cotidiano:* «No digas que es elegante esta chaqueta. Parece más bien una prenda de andar por casa.
arrojar/echar/tirar u. p. la casa por la ventana (f.). *Derrochar o malgastar el dinero:* «No me extraña que a la vejez se encuentre sin un céntimo, pues se ha pasado la vida tirando la casa por la ventana».
caérsele la casa encima a alguien (inf.). *Encontrarse muy a disgusto en casa y estar siempre deseando salir:* «Se pasa el día en la tertulia del café o en otros lugares; como no tiene familia y vive solo, la casa se le cae encima».

casar
no casarse u. p. con nadie (inf.). *No dejarse influenciar por nadie:* «Cada uno presentó una sugerencia distinta, pero el presidente, que no solía casarse con nadie, las desestimó a todas por igual».
casarse u. p. en diez (inf.). *Ver* «cagarse u. p. en *diez; acepción A».

cascabel
echarle/ponerle u. p. el cascabel al gato (inf.). *Atreverse a hacer algo arriesgado o difícil:* «En la fábrica todos dicen que hay que hablar con la directiva y amenazarla con la huelga si no aumenta los sueldos, pero

¿quién le echa el cascabel al gato si todos tienen miedo?».

cascar

cascarla u. p. (inf.). *Morir:* «El autobús se despeñó por una gran pendiente y casi todos los ocupantes la cascaron».

cascár(se)la u. p. (rest.). *Masturbarse:* «Estos que son tan tímidos con las chicas luego se la cascan en solitario».

cáscara

[ser u. p.] de la cáscara amarga (inf.). [*Ser partidario*] *de ideas progresistas o izquierdistas:* «Ese no entra jamás en una iglesia porque es de los de la cáscara amarga».

no haber más cáscaras (que ...) (inf.). *No quedar otra solución (que ...):* «Aquí todo el mundo tiene que trabajar; no hay más cáscaras».

cascarón

[estar u. p.] recién salida del cascarón (inf.). [*Ser*] *joven e inexperto:* «Tengo casi el doble de años que tienes tú. ¿Cómo vas a enseñarme a mí lo que es la vida si estás recién salido del cascarón?».

salirse u. p. del cascarón (inf.). *Excederse, propasarse, ser muy atrevido (en relación a la poca edad y experiencia que se tiene):* «Este muchacho se está saliendo del cascarón. ¿No se le ocurre ahora regresar a casa después de medianoche?».

casco

[ser u. p.] ligera/alegre de cascos (inf.). [*Ser*] *persona informal, irreflexiva o superficial:* «Parece una chica muy ligera de cascos; en un año ha tenido tres novios».

calentarle u. p. los cascos a alguien. *Ver* «calentarle u. p. la *cabeza a alguien».

calentarse/romperse u. p. los cascos. *Ver* «calentarse/romperse u. p. la *cabeza».

casilla

sacar u. p./u. c. de sus casillas a alguien (inf.). *Irritar a alguien:* «Estos niños tan revoltosos sacan a cualquiera de sus casillas».

salir(se) u. p. de sus casillas (inf.). *Excederse llevado de la ira:* «Estaba tan furioso, que se salió de sus casillas y le pegó una bofetada a su mejor amigo».

caso

en caso de (f.). *Si ocurre, si se produce, si hay:* «Prohibido pasar por esta puerta, salvo en caso de emergencia»..

en casos contados (f.). *Muy pocas veces:* «Ya casi no me acuerdo de tu padre; lo he visto sólo en casos contados al salir del trabajo».

en todo caso (f.). *Como máximo, a lo sumo:* «No creo que en el precio esté incluida la pensión completa; en todo caso será sólo media pensión, de lo contrario el hotel sería muy barato».

en último caso (f.). *Si no queda otro medio o remedio:* «No te preocupes tanto porque no haya venido el médico; en último caso, si el niño continúa con fiebre, lo llevamos al hospital».

llegado el caso (f.). *En caso de que sea necesario:* «No tengas miedo a invertir tus ahorros en estas acciones; llegado el caso, podrías retirarlos sin sufrir pérdidas».

pongo/pongamos por caso (f.). *Supongamos, por ejemplo:* «Si necesitas un coche para utilizarlo intensivamente, pongamos por caso 5.000 km. mensuales, tienes que comprarlo nuevo y de muy buena calidad».

estar u. p. en el caso (inf.). *Estar bien enterado de algún asunto:* «Eso pregúntaselo a mi hermano, que está en el caso; yo nada podría decirte, porque nada sé».

hacer u. p. caso a/de alguien/algo (f.).
A: *Obedecer, acatar:* «Aquí todo el mundo fuma y nadie hace caso del cartelito ese donde dice que está prohibido fumar».
B: *Prestar atención:* «Los estudiantes charlaban, reían, alborotaban y ninguno hacía caso del profesor ni se preocupaba de tomar apuntes».
C: *Creer, tener fe:* «No hagas caso a lo que dice Jaime, porque es muy mentiroso».

no hacer ni caso de alguien/algo (inf.).
A: *No obedecer ni en lo más mínimo:* «Aquí la gente no hace ni caso de la prohibición de aparcar y todos dejan el coche donde quieren».
B: *No prestar ni la más mínima atención:* «Estos estudiantes son tan malos, que no hacen ni caso de las explicaciones del profesor».

hacer u. p. caso omiso de alguien/algo (f.).

No obedecer, no acatar: «Aquí está prohibido cazar, pero la gente hace caso omiso de la prohibición porque sabe que apenas está vigilada la zona».
no hacerle u. c. al caso (f.). *No importar u.c:* «Tengo mucho interés en comprar esta casa y el precio no le hace al caso».
ir u. p. al caso. *Ver* «ir u. p. al *grano».
ponerse u. p. en el caso de que (f.). *Imaginarse que:* «Tu perro está hecho un salvaje; ponte en el caso de que muerda a alguien. ¿Qué pasaría?».
ser u. c. igual/lo mismo para el caso (f.). *No haber diferencia alguna (en determinada situación):* «Ya sé que usted no me ha herido intencionadamente, pero para el caso es lo mismo: tiene que pagarme la estancia en el hospital y demás gastos».
ser u. c. para el caso lo mismo. *Ver registro anterior.*
venir u. c. al caso (f.). *Ser oportuno, pertenecer al contexto de lo que se dice, escribe o lee:* «Lo que Vd. dice no viene al caso; no tiene absolutamente ninguna relación con lo que estamos discutiendo en este momento».
caso de + INFINITIVO. *Ver registro siguiente.*
(dado el/en el) caso (de) que + SUBJUNTIVO (f.). [*Locución condicional*] *si eventualmente:* «Caso que se te acabe el dinero, no dudes en pedirme más».
en este/ese/tal caso (f.). [*Locución conjuntiva que remite a una condición implícita o explícita*] *entonces:* «Voy a salir un momento a comprar la leche. –En tal caso podrías traerme el periódico».
o en su caso (f.). [*Locución disyuntiva*] *o, o bien:* «Puedes dejarle las entradas a mi padre o, en su caso, a mi hermano. Cualquiera de los dos me las entregará en seguida».
el caso es que ... *Ver* «*es que ...».

casta
venirle u. c. de casta a alguien (inf.). *Serle innato o hereditario:* «La elegancia le viene de casta, porque ya sus padres e incluso sus abuelos, se vestían muy bien».
de casta le viene al galgo (inf.). [*Expresión con que se indica que una determinada cualidad le es innata o hereditaria a alguien*]: «Sabe montar muy bien a caballo. De casta le viene al galgo, porque su padre fue un espléndido jinete».

castaña
sacarle u. p. las castañas del fuego a alguien (inf.). *Sacar a alguien de un apuro haciendo algo que le correspondería hacer a esa persona:* «Como Julia no sabía resolver la ecuación, he tenido que sacarle yo las castañas del fuego y trabajar por ella».
¡toma castaña! (inf.). [*Exclamación que indica asombro o sorpresa*]: «¡Toma castaña! ¡El niño se ha bebido él solo la botella de cerveza!».

castaño
pasar u. c. de castaño oscuro (inf.). *Resultar excesivo, sobrepasar el límite de lo tolerable:* «Que tenga Vd. un papagayo me parece muy bien. Pero que le enseñe a decir palabrotas, éso ya pasa de castaño oscuro».

castañuela
[estar u. p.] (alegre) como unas castañuelas (inf.). [*Estar*] *muy alegre y regocijado:* «Con tantos juguetes nuevos el niño está como unas castañuelas».

castillo
[ser u. c.] como un castillo. *Ver* «[ser u. c.] como una *casa».
[fabricar/hacer u. p.] castillos en el aire (inf.). [*Hacerse*] *ilusiones con poco o ningún fundamento:* «En lugar de ponerte a trabajar seriamente, te pasas el día haciendo castillos en el aire y proyectando mil cosas imposibles de realizar».
[fabricar/hacer u. p.] castillos de naipes. *Ver registro anterior.*

casualidad
ni por casualidad (inf.). [*Refuerzo de una negación*] *de ningún modo, bajo ninguna condición:* «Ni por casualidad te voy a prestar mi coche. Seguro que tendrías un accidente».

Catalina
(pero) ¡que si quieres arroz, Catalina! (inf.). [*Exclamación que indica frustración ante algún fracaso o contrariedad*]: «Intenté hacerle tomar la medicina al niño, pero ¡que si quieres arroz, Catalina!, me la tiró al suelo de un manotazo».

cátedra

poner/sentar u. p. cátedra de algo (inf.). *Hablar en tono magistral de algo*. «En nuestra tertulia había un militar retirado que quería poner cátedra de política y no permitía que le contradijera nadie».

catedral

[ser u. c.] como una catedral (inf.). *[Ser] muy grande, enorme*: «Te aseguro que no miento. Lo que digo es una verdad como una catedral».

católico

no [estar/sentirse u. p.] muy católica (inf.). *No [encontrarse/sentirse] bien de salud*: «Hoy no os acompaño a la cervecería porque no estoy muy católico. Me duele la cabeza».

causa

hacer/formar u. p. causa común con alguien (f.). *Unirse a alguien para conseguir el mismo fin*: «Los estudiantes decidieron hacer causa común con los obreros y participaron con éstos en la huelga».

caza

caza de brujas (inf.). *Persecución ideológica*: «Por aquel tiempo se produjo una verdadera caza de brujas contra la gente de izquierdas, por lo que muchos intelectuales disconformes tuvieron que abandonar el país».

espantar u. p. la caza (inf.). *Precipitar o perder algún asunto que se pretendía conseguir*: «Tendrás que llevar las negociaciones con un poco más de diplomacia si no quieres espantar la caza».

levantar u. p. la caza (inf.). *Llamar la atención sobre un asunto que, por alguna razón, convenía mantener secreto*: «Parece ser que el mismo gobierno estaba interesado en mantener el secreto en torno al negocio ilícito de armas, pero un periodista levantó la caza y la cosa se convirtió en un escándalo».

ce

[saber/explicar u. p. algo] ce por be (inf.). *[Saber/explicar] con todo detalle*: «Estoy muy bien enterado. Acaban de comunicarme ce por be todo lo que habéis dicho de mí».

cebollino

ir(se) u. p. a escardar cebollinos (inf.). *[Generalmente en oraciones imperativas u optativas; indica rechazo violento o categórico de alguien/algo]*: «¡Vete a escardar cebollinos y déjame tranquilo!».

mandar u. p. a escardar cebollinos a alguien (inf.). *Rechazar a alguien de forma categórica o violenta*: «Si tu marido es tan orgulloso y exigente, mándalo a escardar cebollinos, que hay más hombres en el mundo».

Ceca

[andar/ir u. p.] de la Ceca a la Meca (inf.). *[Andar/ir] de una parte a la otra, de aquí para allá*: «Me pasé todo el día yendo de la Ceca a la Meca, hasta que finalmente encontré el modelo que buscaba».

ceja

apostar/jugar u. p. (hasta) las cejas (inf.). *Apostar o jugar mucho dinero*: «Está completamente arruinado; apostó hasta las cejas en el casino y lo ha perdido todo».

arquear u. p. las cejas (f.). *Levantar las cejas en forma de arco en señal de admiración*: «Se quedó muy extrañado al verme allí, pero se limitó a arquear las cejas y no dijo nada».

atravesársele/metérsele u. c. a alguien entre ceja y ceja (inf.). *Empeñarse, obstinarse en un pensamiento o propósito*: «Se le metió entre ceja y ceja emprender un viaje a Extremo Oriente y no descansará hasta realizar su deseo».

estar u. p. hasta las cejas de alguien/algo. *Ver «estar hasta la *nariz/las narices de alguien/algo».*

quemarse u. p. las cejas (inf.). *Estudiar mucho*: «No parece tonto el muchacho, porque sin necesidad de quemarse las cejas obtiene siempre buenas notas a final de curso».

tener u. p. a alguien entre ceja y ceja (f.). *Mirar a alguien con recelo o aborrecimiento*: «Tengo a la profesora de matemáticas entre ceja y ceja; ya es la tercera vez que me suspende».

tener/traer u. p. algo entre ceja y ceja. *Ver «atravesársele/metérsele u. c. entre *ceja y ceja».*

Celestina
los polvos de la madre Celestina (inf.). *Fórmula secreta y maravillosa:* «Bueno, con fiebre y dolores reumáticos vas a necesitar los polvos de la madre Celestina para poder ir mañana al trabajo».

cencerro
[estar u. p.] como un cencerro (inf.). *[Estar] loco:* «Está como un cencerro: ahora se le ha ocurrido recorrer las calles vestido con una túnica para predicar la paz universal».

centella
(rápido) como una centella (inf.).
A: *[Adj.] muy rápido:* «El coche es rápido como una centella; por lo menos tiene 150 caballos de potencia».
B: *[Adv.] muy rápidamente:* «Hizo el recado como una centella; en menos de diez minutos ya estaba otra vez de vuelta en casa».
echar u. p. centellas. *Ver* «echar u. p. *chispas».
¡mala centella [le] parta! (inf.). *[Fórmula con que se maldice a alguien]:* «¡Bandidos! ¡Ladrones! ¡Que mala centella os parta!».

ceño
arrugar/fruncir u. p. el ceño (f.). *Poner gesto de enfado, disgusto o preocupación:* «Cuando le dije que era él el que tenía que pagar la cuenta, frunció el ceño».
desarrugar u. p. el ceño (f.). *Quitarse el gesto de enfado, disgusto o preocupación:* «¡Desarruga el ceño, hombre! ¡Aquí traigo unas botellas de vino para olvidar penas!».

cepa
[estar u. p.] como una cepa (inf.). *[Estar] borracho:* «Está como una cepa; se ha bebido una botella entera de coñac».
[ser u. p./u. c.] de buena/pura cepa (f.). *[Ser] genuino, auténtico:* «A pesar de su acento cubano, es una española de pura cepa».

ceporro
dormir u. p. como un ceporro (inf.). *Dormir profundamente:* «Después de una jornada tan agotadora, dormimos como ceporros hasta mediodía».

cera
[estar u. p.] amarilla/blanca/pálida como la cera (inf.). *[Estar] muy pálido:* «Salió ileso del accidente, pero blanco como la cera».

cerato
[ser u. p. un] cerato simple (inf.). *Persona simple, tonta:* «Pero hombre, ¿cómo va a obtener Pascual el grado de doctor si es un cerato simple?».

cerebro
estrujarse/exprimirse u. p. el cerebro (inf.). *Pensar, discurrir:* «He pasado el día entero estrujándome el cerebro para encontrar una solución a mi problema económico».
secársele el cerebro a alguien (inf.). *Quedarse incapaz para discurrir:* «Después de discutir tantas horas, se le seca el cerebro a cualquiera y ya a nadie se le ocurren nuevas ideas».

cereza
[estar/ponerse u. p.] (colorada/encarnada/encendida/roja) como una cereza. *Ver* «[estar/ponerse u. p.] (colorada/...) como una *amapola».

cerilla
[ir/marcharse/venir u. p.] cagando/echando cerillas (inf.). *[Ir ...] a toda velocidad:* «Cuando vimos que andaba rondando el lobo, escapamos todos cagando cerillas».

cero
[ser u. p. un] cero a la izquierda (inf.). *Una nulidad, persona que desempeña un papel irrelevante:* «Sin un fuerte sindicato que lo respalde, el obrero es un cero a la izquierda en la sociedad moderna».

cerviz
bajar/doblar u. p. la cerviz (f.). *Humillarse:* «En una situación así en la que no hay manera de defenderse ni protestar, no queda más solución que bajar la cerviz y aguantarse».

ciego
a ciegas (f.). *Sin conocimiento o reflexión:* «Un asunto tan importante no se puede resolver a ciegas; es preciso consultar la opinión de los expertos».
ponerse u. p. ciega (inf.). *Comer u. p. hasta hartarse:* «En este restaurante sirven unos

platos tan exquisitos y abundantes, que la gente se pone ciega».

cielo

cielo (de color) de panza de burro/burra (inf.). *Cielo cubierto y de color gris oscuro:* «¡Otro día sin sol y con el cielo de color de panza de burro! Este clima es para suicidarse».

a cielo abierto/descubierto (f.). *Sin techo ni cobertura alguna:* «Por miedo al terremoto, la gente dormía a cielo descubierto en medio de la calle o incluso en el campo».

[llegarle u. p./u. c. a alguien] como/que ni bajada/caída/llovida del cielo (inf.). *Llegar u. p./ocurrir u. c. donde o cuando más falta hace:* «Esta paga extraordinaria me viene que ni llovida del cielo, porque precisamente ahora quería tomar unas vacaciones y no tenía un céntimo».

[estar u. p.] en el séptimo cielo (inf.). *[Estar] muy feliz:* «Lo que más le gusta es el cine; estar en el cine para él es estar en el séptimo cielo».

clamar u. c. al cielo (f.). *Ser u. c. tan evidentemente injusta que produce indignación:* «La cosa ciertamente clama al cielo: lo echaron del trabajo por formar parte del comité de huelga del sindicato».

(re)mover u. p. cielo(s) y tierra (f.). *Hacer todas las gestiones imaginables para lograr algo:* «He tenido que mover cielo y tierra para que me reconociesen como heredero legal de un tío mío que murió en América sin hijos».

ver u. p. el cielo abierto (f.). *Presentarse a alguien una ocasión favorable para conseguir lo que deseaba:* «No sabía cómo acercarme a la chica. Pero ayer vi el cielo abierto: su coche tenía una rueda pinchada y me acerqué para ayudarla».

¡el cielo me valga! o **¡válgame el cielo!** (inf.). *[Exclamación de admiración, sorpresa o indignación]:* «¡El cielo me valga! Una avería en el motor justamente ahora que se acerca una tormenta de nieve».

cien

a cien (inf.). *Con gran celeridad:* «La visita del director general estaba anunciada para el día siguiente, así que tuvimos que trabajar a cien para ordenar y limpiarlo todo».

ciencia

[saber u. p. algo] a ciencia cierta (f.). *[Saber] con toda seguridad:* «No sé a ciencia cierta cuándo llegaré porque no conozco todavía el estado de las carreteras».

a ciencia y paciencia (inf.). *Conscientemente, premeditadamente o contando con el conocimiento y premeditación de alguien:* «El criminal común lo es por arrebato o por ofuscación, pero el gángster mata a ciencia y paciencia».

tener u. c. mucha/poca/ninguna ciencia (inf.). *Ser difícil/fácil de ejecutar:* «Manejar este aparato no tiene ninguna ciencia; lo puede hacer un niño».

cierne

[estar u. p./u. c.] en cierne(s) (f.). *[Estar] en los comienzos:* «La policía descubrió una conspiración en ciernes y pudo desarticularla sin problemas».

cierto

por cierto (f.).
A: *Ciertamente, verdaderamente:* «¿Había mucha gente en el concierto? –Sí, por cierto. La sala estaba llena».
B: *[Expresión con la que se introduce una observación relacionada con el tema de la conversación]:* «Hoy hace un calor inaguantable. Por cierto: ¿dónde está el ventilador?».

si bien es cierto que (f.). *[Locución concesiva] aunque:* «Si bien es cierto que en este oficio se gana bastante dinero, hay que gastar también mucho en viajes y hoteles, así que, en definitiva, el sueldo no es gran cosa».

cima

dar u. p. cima a algo (f.). *Terminar, concluir felizmente algo:* «Finalmente, después de muchos años de trabajo, dio cima a tan difícil empresa».

cimiento

echar/poner/sentar u. p. los cimientos de/para algo (f.). *Hacer algo que sirve de base o principio necesario para otra cosa:* «Con esta conferencia internacional sobre el desarme se han puesto los cimientos de la paz en el mundo».

cine
[ser u. p./u. c.] de cine (inf.). *[Ser] hermoso, lujoso, fastuoso:* «Tiene una casa de cine: más de veinte habitaciones, piscina y campo de tenis».

cinto
echarse u. p. al cinto algo (inf.). *Beber:* «¡Qué manera de beber! Se echó al cinto media botella de coñac».

cintura
entrar u. p./meter u. p. a alguien en cintura (inf.). *Entrar/hacer entrar en razón, domar:* «Cuesta mucho trabajo meter en cintura a estos niños tan traviesos».

cinturón
apretar(se) u. p. el cinturón (inf.). *Pasar estrecheces económicas, someterse a una disciplina de ahorro:* «Si este año no cobro horas extraordinarias, tendré que apretar el cinturón para poder sobrevivir».

cirio
[estar u. p.] amarilla como un cirio (inf.). *[Estar] muy amarillo (por enfermedad):* «Muy enfermo debe de encontrarse Paco, porque está amarillo como un cirio».

cisco
[estar u. p.] hecha cisco (inf.). *[Estar] muy enfermo o agotado:* «Estoy hecho cisco: solamente he podido dormir un par de horas».
armarse/armar u. p. un cisco (inf.). *Producirse/hacer un alboroto, contienda o reyerta:* «Llegaron cuatro matones y se armó en seguida un cisco».
hacer u. p. cisco algo (inf.). *Romper algo en pequeños trozos, destruir algo:* «¡Si sigues a esta velocidad, vas a hacer cisco el motor del coche!».

ciudadano
[ser u. p. un] ciudadano de a pie (inf.). *Persona de condición modesta:* «La mayoría de estos cruceros por el Mediterráneo son tan caros, que resultan inaccesibles para el ciudadano de a pie».

cizaña
meter/sembrar u. p. cizaña (f.). *Sembrar discordia:* «Espero que no vengas a la fiesta para meter cizaña y discutir con todo el mundo».

claro
a las claras (f.). *Manifiesta, públicamente:* «Se ve a las claras que no quiere prestarme dinero, porque siempre que le explico mis apuros económicos, él desvía la conversación hacia otro tema».
cantar u. p. claro (inf.). *Decir o confesar la verdad:* «La policía todavía emplea métodos de tortura para lograr que los delincuentes canten claro».
cantárselas u. p. claras a alguien (inf.). *Decirle abiertamente a alguien la opinión o las quejas que se tienen de él:* «Esta es ya la tercera vez que el vecino me destroza la pared por hacer obras en su piso. Tendré que cantárselas claras».
poner u. p. en claro algo (f.). *Aclarar, explicar algo:* «La póliza del seguro era tan complicada y tenía tantas claúsulas, que ni siquiera un buen experto podía poner en claro todas las condiciones».
sacar u. p. en claro algo (f.). *Enterarse de algo, obtener una idea clara de algo:* «Es un asesinato verdaderamente misterioso. La policía no ha podido sacar absolutamente nada en claro».

clase
fumarse u. p. la(s) clase(s) (inf.). *No acudir a la(s) clase(s) sin motivo justificado:* «Parece que el niño ya ha vuelto a fumarse las clases; hoy le han visto jugando al billar en horas lectivas».

clavija
apretarle u. p. las clavijas a alguien (inf.). *Tratar con severidad a alguien para que cumpla con su deber o para obtener algo de él:* «Está visto que estos estudiantes sólo se aplican al estudio cuando hay un profesor que les aprieta las clavijas».

clavo
como un clavo (inf.). *Puntual:* «Espero que estés como un clavo a las cinco en el lugar convenido y que no tenga que esperar por ti».
agarrarse u. p. a/de un clavo ardiendo (inf.). *Valerse de cualquier medio para salir de una dificultad o peligro:* «Viéndose totalmente arruinado, decidió agarrarse a un clavo ardiendo y le pidió dinero a su mayor enemigo».

dar u. p. en el clavo (inf.). *Averiguar el punto de la dificultad, acertar en algo difícil de hacer:* «En el examen hubo un par de preguntas tan difíciles, que nadie pudo dar en el clavo».
no dar u. p. ni clavo (inf.).
A: *Ver registro siguiente.*
B: *No hacer nada en absoluto:* «Se ha pasado el curso sin dar ni clavo en la Universidad. No aprobará ningún examen».
no dar u. p. (ni) una en el clavo (inf.). *No acertar ni una sola vez, salirle u. c. siempre mal a alguien:* «Tu recomendado es un desastre en la oficina: se equivoca al escribir a máquina, toma mal los recados, no sabe atender al teléfono. Total, que no da una en el clavo».
remachar u. p. el clavo (inf.).
A: *Añadir a un desacierto otro mayor:* «Primero tuve la torpeza de preguntarle a la dama por su edad y luego remaché el clavo recomendándole un método para adelgazar».
B: *Confirmar con nuevos argumentos lo que ya parecía probado:* «Por si no estaba suficientemente claro, el abogado defensor remachó el clavo aduciendo nuevas pruebas sobre la inocencia del acusado».

coba
darle u. p. coba a alguien (f.). *Ver* «hacerle u. p. la *pelotilla a alguien».

cobre
batir/machacar u. p. el cobre (inf.). *Trabajar con gran esfuerzo:* «Si quieres ganar dinero, tendrás que batir el cobre y dejar de gandulear».

cobro
poner u. p. algo/ponerse u. p. en cobro (f.). *Ocultar algo/esconderse en sitio seguro:* «No hay forma de encontrar el dinero robado; los ladrones han sabido ponerlo en cobro».

cocinero
haber sido u. p. antes cocinero que fraile (inf.). *Tener experiencia propia:* «Tú eres muy joven y la gente te puede engañar fácilmente; déjame a mí este asunto, que yo he sido antes cocinero que fraile».

coco
comerle u. p. el coco a alguien (inf.). *Convencer a alguien aprovechándose de su ingenuidad o buena fe:* «Ahora se dedica a comerle el coco a la gente para ganar adeptos a la nueva secta».
comerse u. p. el coco (inf.). *Preocuparse:* «Hace ya tiempo que no llamas a tu madre; la pobre debe estar comiéndose el coco pensando que te ha pasado algo malo».
estar u. p. hasta el coco de alguien/algo (inf.). *Estar harto de alguien/algo:* «Ayer el tren volvió a llegar casi media hora más tarde de lo debido. ¡Estoy hasta el coco de los ferrocarriles de este país!».

cocorota
estar u. p. hasta la cocorota de alguien/algo. *Ver* «estar u. p. hasta el *coco de alguien/algo».

coche
coche de punto (f.). *Coche de alquiler, taxi:* «A estas horas ya no hay autobuses para la estación de ferrocarril; habrá que coger un coche de punto».

codo
[ser u. c. un] codo a codo (inf.). *Competición muy reñida:* «El campeón de ciclismo tuvo que mantener un codo a codo de más de dos horas con su rival antes de vencer en la etapa de hoy».
[ir u. p./llevar a alguien] codo con codo (f.). *[Ir/llevar] detenido y atado:* «No querrá Vd. creérmelo, pero ayer vino la policía y se llevó a nuestros vecinos codo con codo; al parecer, se dedicaban al contrabando».
alzar/empinar u. p. el codo (inf.). *Tomar bebidas alcohólicas:* «Es un borracho tremendo. Se pasa el día en el bar empinando el codo».
charlar/hablar u. p. por los codos (inf.). *Hablar mucho, sin interrupción:* «Las visitas de esta señora son inaguantables, porque es capaz de pasarse el día hablando por los codos».
desgastarse/gastar/romperse los codos (inf.). *Estudiar con gran empeño:* «Parece mentira que haya pasado su juventud rompiéndose los codos en la Universidad para ser ahora un simple portero».

coger
cogerla u. p. con alguien/algo (inf.). [*Frecuentemente en pasado*];

A: *Insistir, empeñarse en algo:* «Hoy la has cogido con el fútbol. ¡Ya llevas tres horas hablando de ese deporte!».
B: *Ensañarse con alguien/algo (aparentemente sin causa justificada):* «Hoy la han cogido conmigo y no hacen más que criticarme por cualquier detalle insignificante».
dejar/poner u. p. a alguien que no hay por dónde cogerlo (inf.). *Reprender a alguien muy ásperamente:* «Le sorprendieron haciendo trampas en el juego y lo pusieron que no había por dónde cogerlo».
no haber por dónde coger a alguien/algo (inf.). *Tener u. p. pésimas cualidades o quedar en pésimo estado:* «Le dieron una paliza tan grande, que al pobre hombre no había por dónde cogerlo».
coger y [marcharse] (inf.). [*Expresión que indica la repentina y enérgica decisión de hacer algo*]: «Como me cansé de esperar por la chica, cogí y me fui».

cogido
tenerla u. p. cogida con alguien/algo. Ver «*cogerla u. p. con alguien/algo».

cohete
como un cohete (inf.). *Muy rápidamente:* «Cuando el perro vio que tenía en la mano un trozo de carne, se vino hacia mí como un cohete».
echarle u. p. un cohete a alguien (rest.). [*Referido al hombre*] *realizar el acto sexual:* «Se le nota en esa manera que tiene de mirar a la chica con ojos libidinosos que solamente piensa en echarle un cohete».

cojón
de cojones (rest.).
A: [*Adj. superlativo*] *muy bueno, muy grande, tremendo, etc.:* «Acabo de adquirir un diccionario de cojones, con más de 15.000 términos».
B: [*Adv.*] *muy bien, mucho:* «Me merezco un buen descanso, porque esta semana he trabajado de cojones».
de los cojones (rest.). [*Locución despectiva referida a personas o cosas*]: «¡Siempre el fútbol de los cojones! ¿Pero es que no tenéis otro tema de conversación más interesante?».
[ser u. p.] de/tener cojones (rest.). [*Ser*] *va-liente/tener valor:* «Este es un tío de cojones, capaz de enfrentarse con cualquiera».
por cojones (rest.). *A la fuerza, obligatoriamente, sin dar o pedir explicaciones:* «En el servicio militar tienes que obedecer por cojones, tengan o no tengan sentido las órdenes».
por los cojones (rest.). [*Locución enfática de negación o rechazo*]: «Estoy ya cansado de hacer recados. ¡Por los cojones voy a salir otra vez de casa!».
echarle u. p. cojones a algo/al asunto (rest.).
A: *Mostrar decisión, valentía:* «Nadie quería entrar en la casa deshabitada, pero al final tuvimos que echarle cojones al asunto y meternos en su interior».
B: [*En oraciones de tipo imperativo indica admiración o disgusto*]: «Después de haber vivido cinco años con nosotros, se ha marchado sin despedirse. ¡Hay que echarle cojones al asunto!».
estar u. p. hasta los (mismísimos) cojones de alguien/algo (rest.). *Estar harto de alguien o algo:* «En este país estamos todos hasta los cojones de oír siempre las mismas promesas de los políticos».
estar u. p. metida/meterse u. p. hasta los cojones en algo (rest.). *Encontrarse u. p. comprometida o implicada en asunto dificultoso:* «Estoy metido hasta los cojones en este trabajo y hasta que lo termine no podré disfrutar de un día de descanso».
no haber/tener más cojones que (rest.). *No quedar otro remedio que:* «Como a aquella hora ya no había autobuses, no hubo más cojones que recorrer a pie los 20 kilómetros».
hinchársele los cojones a alguien (rest.). *Agotársele la paciencia:* «Este oficio es inaguantable; un día se me van a hinchar los cojones y lo voy a dejar».
importarle u. p./u. c. un cojón/tres cojones a alguien (rest.). *No importarle absolutamente nada:* «Me importa tres cojones si vienes a ayudarme o no; puedo arreglarme perfectamente sin ti».
metérsele/ponérsele u. c. en los cojones a alguien (rest.). *Obstinarse/empeñarse, encapricharse en algo:* «Se le ha metido en los cojones marcharse a América y no hay quien lo convenza de lo absurdo que es la idea».

partirse/romperse u. p. los cojones (rest.). *Esforzarse mucho, trabajar duramente:* «Este es un trabajo para cuatro personas, por lo menos; si quieres hacerlo tú solo, tienes que partirte los cojones».
partirse u. p. los cojones de risa (rest.). *Reírse a carcajadas:* «Fuimos a ver una película tan divertida, que nos partíamos los cojones de risa».
ponérsele los cojones en la garganta a alguien (rest.). *Sentir mucho miedo:* «Cuando vi tan cerca el lobo, se me pusieron los cojones en la garganta».
ponérsele los cojones por/de corbata a alguien (rest.). *Sentir mucho miedo:* «Antonio toma las curvas a tanta velocidad, que se le ponen los cojones de corbata a cualquiera».
salirle u. c. de los cojones a alguien (rest.). [*Muy enfático*] *querer algo, encapricharse en algo:* «Hoy me quedo en casa porque me sale de los cojones y no tengo por qué darle explicaciones a nadie».
tener u. p./u. c. cojones. Ver «tener u. p./u. c. *huevos».
tener u. p. los cojones cuadrados/bien puestos/en su sitio (rest.). *Ser muy valiente:* «La selva está llena de peligros. Hay que tener los cojones cuadrados para dedicarse a explorador».
tocarle u. p. los cojones a alguien (rest.). *Fastidiar, importunar:* «Tu familia me está ya tocando los cojones con tanta llamada telefónica y tantas preguntas».
tocarse u. p. los cojones (rest.).
A: *Holgazanear:* «Mientras yo trajabo como un esclavo, tú no haces más que tocarte los cojones».
B: [*En oraciones de tipo imperativo expresa admiración, sorpresa, disgusto*]: «Según este periodista, los que trabajamos en las minas somos obreros privilegiados. ¡Hay que tocarse los cojones!».
no valer u. p./u. c. un cojón (rest.). *No tener ningún valor o mérito:* «Te has comprado un coche que no vale un cojón; está todo oxidado, y el motor necesita una buena reparación».
¡qué ... ni qué cojones! (rest.). [*Expresión enfática de incredulidad o rechazo*]: «Quisiera marcharme porque me siento muy cansado –¡Qué cansancio ni qué cojones! ¡Aquí no abandona nadie el trabajo hasta que esté todo listo!».

cola
con la cola entre (las) piernas. Ver «con el *rabo entre (las) piernas».
llevar/tener/traer u. c. cola (f.). *Tener graves consecuencias:* «Este escándalo financiero va a traer cola en el mundo de la política».

cola
no pegar u. c. ni con cola (inf.). *No tener sentido, ser absurdo, no armonizar bien:* «Esa corbata de colores en un entierro no pega ni con cola».

colación
sacar u. p. a colación a alguien/algo (f.). *Hacer mención de alguien/algo:* «No sé por qué se te ocurre siempre en una fiesta sacar a colación temas tristes o historias de muertos».
traer u. p. a colación algo (inf.).
A: *Aducir pruebas o razones en abono de una causa:* «Creo que no es necesario que traiga usted a colación más ejemplos para demostrar su teoría; con lo que ha dicho es suficiente».
B: *Mencionar algo de manera inesperada o inoportuna en un discurso o conversación:* «Estábamos hablando de cosas intranscendentes y, de repente, Mario trajo a colación lo de la muerte de papá».

colador
dejar u. p. como un colador a alguien (inf.). *Acribillar a balazos a alguien:* «Esta es la típica película en que se hace honor a la violencia, porque al final el héroe coge una ametralladora y deja como un colador a su adversario».

cólera
montar u. p. en cólera (f.). *Encolerizarse:* «Es un hombre muy irritable, y cualquier insignificancia le hace montar en cólera y proferir maldiciones».

coleta
cortarse u. p. la coleta (inf.). *Retirarse de una profesión* [*referido especialmente a los toreros*]: «Viendo que sus libros no tenían ningún éxito, decidió cortarse la coleta y no volvió a escribir en su vida».

coleto
decir/pensar u. p. algo para su coleto (inf.). *Decir o pensar para sí, en su interior:* «No me atreví a decirle nada, pero dije para mi coleto que estaba rematadamente loco».
echarse u. p. al coleto algo (inf.).
A: *Comer o beber algo:* «Tenía tanta hambre, que me eché al coleto un conejo asado entero».
B: *Leer desde el principio al fin un libro o escrito:* «Es una novela tan apasionante, que te la puedes echar al coleto en dos o tres días».

colmillo
escupir u. p. por el colmillo (inf.). *Fanfarronear:* «Se pasa el día escupiendo por el colmillo y asegurando que ha conquistado a todas las chicas del pueblo».

colmo
(y) para colmo (de males/desgracias) (f.). [*Expresión de contrariedad o enojo utilizada al mencionar una desgracia superior a la que se acaba de mencionar]; además de (todo) eso:* «Nunca he visto llover tanto como hoy; y para colmo me he dejado el paraguas en casa».

Colón
[ser u. c.] como el huevo de Colón (inf.). [*Ser*] *sencillo, evidente, fácil:* «¡Qué va a ser complicado el problema, hombre! ¡Si es como el huevo de Colón, ya lo verá Vd.».

color
[tener u. p.] buen/mal color (f.). *Aspecto saludable/de enfermo:* «No sé qué le pasa: a pesar de seguir el tratamiento médico, sigue con el mal color de siempre».
[estar/ser u. c.] subida de color (inf.). [*Ser*] *picante, obsceno:* «Ya sabes que Manolo es un tanto atrevidillo y cuenta chistes subidos de color en presencia de las mujeres».
de color (de) rosa (f.).
A: [*Ver u. p. algo*] *con optimismo:* «Jamás he visto persona más alegre y despreocupada; todo lo contempla de color rosa».
B: [*Ser u. c.*] *agradable, halagüeño:* «A tu edad, todo en la vida es de color rosa; con los años verás la realidad de otra manera».
írsele a alguien un color y venir(se)le otro (color) (inf.). *Turbarse de vergüenza:* «Le sorprendieron cuando intentaba guardar en el bolsillo unas latas de conserva y al pobre hombre se le iba un color y le venía otro».
írsele y venírsele los colores a alguien. *Ver registro anterior.*
pintar u. p. algo con negros colores (inf.). *Hablar de algo desfavorablemente:* «Tú siempre pintas tu trabajo con negros colores. Da la impresión de que quieres disuadirme de que escoja ese oficio».
poner u. p. de todos los colores a alguien (inf.). *Avergonzarle la conducta a alguien:* «Como nos descubran charlando en horas de trabajo, nos van a poner de todos los colores».
ponerse u. p. de mil colores (inf.). *Cambiar el color del semblante por vergüenza o por cólera reprimida:* «Le sorprendí mintiendo y se puso de mil colores».
sacarle u. p. a alguien los colores (a la cara) (inf.). *Avergonzar a alguien:* «No quisiera tener que afearle a Vd. su conducta en presencia de todo el mundo, porque no me gusta sacarle los colores a la cara».
salir(se)le/subírsele los colores a alguien (inf.). *Ponerse u. p. colorada de vergüenza:* «Al niño se le subieron los colores cuando fue sorprendido por su padre en el cine a una hora en que tenía que estar en el colegio».

columna
quinta columna (f.). *Grupo de personas que, desde las propias filas, apoya al enemigo:* «Nuestro ejército no era superior al del enemigo, pero alcanzamos la victoria gracias a la existencia de una quinta columna entre nuestros adversarios».

coma
sin faltar una coma (f.). *Sin faltar/olvidar detalle:* «Tiene una memoria fabulosa; pudo resumir una conferencia de prensa de noventa minutos sin faltar una coma».

combate
[estar/quedar/poner u. p./u. c.] fuera de combate (inf.). [*Quedar*] *vencido/vencer en lucha o en algún género de competencia:* «Esta empresa quería adueñarse del mercado, pero sus competidores fueron más fuertes que ella y en poco tiempo quedó fuera de combate».

comedia
hacer u. p. la comedia (inf.). *Aparentar lo que no es (para lograr algún fin)*: «El chico sabía hacer la comedia muy bien: decía que sus padres estaban en el hospital, que él no tenía dónde dormir ni qué comer. En fin, todos le compadecían y le daban algún dinero».

comer
sin comerlo ni beberlo (inf.). *Sin haber tomado parte o intervenido en algo*: «Puedo asegurar que yo no hice nada malo. Me encontré en la lista de sospechosos de la policía sin comerlo ni beberlo».
comer u. p. por siete (inf.). *Comer mucho*: «Este muchacho come por siete; se pasa el día comiendo bocadillos y dulces».
estar u. p. (como) para comérsela (inf.). *Ser persona muy deseable [especialmente en sentido sexual]*: «Te aconsejo que veas esa película. La rubia que hace de protagonista está como para comérsela».
ser u. p. de buen comer (f.). *Soler comer de todo y sin demasiadas exigencias*: «Ya sabes que yo soy de buen comer; no tienes por qué esforzarte demasiado en la cocina».
¿con qué se come [eso/esto]? (inf.). *¿Cómo se entiende?*: «¿Con qué se come esta frase? Yo de latín no tengo ni la más pequeña idea».

comino
importarle u. c. un comino a alguien. *Ver* «importarle u. c. un *bledo a alguien».

como
como que;
A: (f.). *[Locución comparativa] como si*: «¿Me has escuchado bien? Porque me da la impresión como que piensas en otra cosa».
B: (inf.). *[Locución consecutiva]*: «Estoy que no puedo más. Como que no tardaré en acostarme».
C: (inf.). *[Locución causal; a veces se utiliza para introducir un comentario irónico] (tampoco sorprende) porque, como*: «Ya sabes que Paco ha vuelto a suspender –¡Claro! Como que no ha estudiado nada».
¡como si + INDICATIVO …! *Ver* «¡*igual que si + INDICATIVO …!».

cómo
¡¿cómo no?! (f.). *[Fórmula de cortesía con que se acepta hacer un favor] ¡Encantado de ayudar[te/-le]!* «¿Puedes subirme un par de maletas, que yo no puedo con todas? –¡Cómo no! Dámelas, que en seguida te las subo».
¡¿cómo que no/sí (…)?! (f.). *[Expresión de incredulidad ante una negación o afirmación]*: «Gracias por los cigarrillos, pero no fumo. –¿Cómo que no? ¿Acaso no te he visto fumando otras veces?».
¡¿cómo que (si) …?! (inf.). *[Expresión enfática de asentimiento; se antepone a la repetición parcial de la pregunta]*: «¿Te gusta la música clásica? –¿Cómo que si me gusta? ¡Me entusiasma! ¡Tengo unos tres mil discos en casa!».

compañero
compañero de fatigas (f.). *Compañero de trabajo*: «Pedro es mi compañero de fatigas. Trabajamos en la misma oficina desde hace ya muchos años».

componer
componérselas u. p. (f.). *Buscar la manera de salir de un apuro o lograr algún fin*: «¿Por qué pides siempre ayuda a los demás? Debes aprender a componértelas tú solo».

composición
formar(se)/hacer(se) u. p. una composición de lugar (f.). *Formar un plan en vista de las circunstancias del asunto de que se trata*: «Antes de adoptar una decisión, habrá que hacerse una composición de lugar y estudiar todas las ventajas e inconvenientes que traerá consigo».

común
por lo común (f.). *Comúnmente, generalmente*: «Por lo común, la gente que viene a este hotel suele quedarse toda la temporada de verano».

con
con que + SUBJUNTIVO (f.). *[Locución condicional] si*: «Con que nos levantemos a las ocho de la mañana ya es suficiente. ¿Para qué levantarse más temprano?».
¡con [el/los] + SUSTANTIVO + que …! *Ver registro siguiente.*
¡con la de + SUSTANTIVO + que …! (inf.). *[exclamación con función adversativa o concesiva]*: «¡No lo comprendo! ¡Con la de me-

dios que tienen en el hospital y no han podido curarlo!».
¡con lo + ADJETIVO/ADVERBIO + que ...! (inf.). [*Exclamación con función adversativa o concesiva*]: «Me arrimé demasiado al reparar el motor y me manché la camisa. –¡Ay, hijo! ¡Con lo limpia que iba la camisa!».
¡con lo que + VERBO! (inf.). [*Exclamación con función adversativa o concesiva*]: «¡Esta sí que es una injusticia! ¡Con todo lo que ha trabajado en su vida y no le queda más que una miserable pensión!».

conciencia
[tener u. p. la] conciencia ancha/estrecha (f.). *Pocos/demasiados escrúpulos:* «Se ve que tiene la conciencia ancha; no le parece mal quedarse con el dinero de los demás».
[tener u. p. la] conciencia limpia (f.). *Conciencia libre de remordimientos:* «Puedes presentarte ante el tribunal con la conciencia bien limpia: tú no has hecho nada malo».
a conciencia (f.). *Con solidez, sin fraude ni engaño:* «Trabaja un poco caro, pero trabaja a conciencia, que es lo importante».
descargar u. p. la conciencia (f.). *Confesar(se):* «El antiguo responsable del campo de concentración acaba de escribir sus memorias en la cárcel, supongo que para descargar su conciencia».

conclusión
en conclusión. Ver «en *fin; acepción B*».

concha
[vivir u. p.] metida en su concha (como el caracol) (f.). *Retraído y apartado del trato con la gente:* «Tiene una casa en la montaña y apenas baja a la ciudad. Le gusta vivir metido en su concha, como el caracol».
meterse u. p. en su concha (inf.). *Retraerse, negarse a tratar con la gente:* «Desde que ha sufrido ese desengaño amoroso ha optado por meterse en su concha y no hablar con nadie».
tener más conchas que un galápago (inf.). *Ser muy astuto:* «Estos comerciantes tienen más conchas que un galápago y siempre se las ingenian para sacarle el dinero a la gente».
tener u. p. muchas conchas. *Ver registro anterior.*

condenado
como un condenado (inf.). *Muy fuertemente, en gran manera, excesivamente:* «El pobre tosía como un condenado, así que tuvimos que llamar al médico».

condición
[estar u. p./u. c.] en condiciones (f.).
A: [*Referido a personas*]. Ver «[estar u. p.] en *forma*».
B: [*Referido a cosas*]. Ver «[estar u. c.] a *punto*».

condolencia
(reciba Vd.) mi más sincera condolencia (f.). [*Fórmula de condolencia*]: «Mi más sincera condolencia por la muerte de su marido».

conejo
reírse u. p. como los conejos (inf.). *Reírse con risa forzada o fingida:* «Sus chistes no tienen gracia, pero para lisonjearlo tuvimos que reírnos como los conejos!».

conforme
según y conforme. Ver «*según y cómo*».

conocer
se conoce que (inf.). *Seguramente, probablemente:* «¡Confundir 'litera' con 'coche cama'! Usted se conoce que no ha viajado mucho».

conocimiento
perder u. p. el conocimiento (f.). *Desmayarse:* «El aire era irrespirable porque había mucha gente y las ventanas estaban cerradas; no es extraño que hayas perdido el conocimiento».
recobrar/recuperar u. p. el conocimiento (f.). *Recuperar la consciencia después de un desmayo:* «Después de la operación tardó bastante en recuperar el conocimiento, porque estaba muy débil».

consideración
tomar u. p. en consideración algo (f.). *Considerar algo:* «Me dijeron que tomarían en consideración mis propuestas, pero no me han vuelto a hablar de ello».

consiguiente
por consiguiente (f.). [*Locución consecuti-*

va] pues: «Sabías lo que te esperaba. Por consiguiente, no te quejes ahora».

constar

(... y) conste que (f.). [*Locución concesiva con que se refuerza la veracidad o importancia de lo que se afirma, aunque parezca inverosímil*]: «Su primer libro fue un éxito tremendo. Y conste que se ha puesto a escribir cuando ya tenía los cincuenta años cumplidos».

contado

[dinero] al contado. *Ver registro siguiente.*
NUMERAL + SUSTANTIVO + mal contados (f.). *Apenas* + NUMERAL + SUSTANTIVO: «La conferencia no tuvo ningún éxito: había ocho o diez personas mal contadas en la sala».
por de contado (f.). *Por supuesto, de seguro:* «Descuide Vd.; por de contado que haré lo que usted me pida y a su plena satisfacción».

contar

[dinero] contante y sonante (f.). [*Dinero*] *efectivo, real, palpable:* «Yo no soy de los que se conforman con promesas; yo quiero el dinero contante y sonante».
contar u. p./u. c. con alguien/algo (f.).
A: *Pensar en alguien o prever algo:* «La verdad, no contaba con este tiempo tan frío y no metí en la maleta ni abrigo ni gabardina».
B: *Tener o disponer de alguien/algo:* «Esta empresa cuenta con más de cien sucursales en todo el mundo».
(no poder) ni contarla/lo u. p. (inf.). *Morir en el instante:* «El accidente fue tan grave, que los ocupantes del vehículo no pudieron ni contarlo».
¡hola! ¿qué (me) cuent[as/-a]? (inf.). [*Fórmula de saludo*]: «¡Hola! ¿Qué cuentas? ¿Cómo te ha ido en las vacaciones?».
... y par[a/-e Vd.] de contar (inf.). [*Expresión con que se finaliza una enumeración generalmente muy corta*]: «No es tan rico como tú crees; tiene un piso en el centro, una casita en la sierra y para de contar».

contrapelo

a contrapelo (inf.). *A la fuerza o con desgana:* «A este chico no le gustan nada los libros; siempre que tiene que estudiar lo hace a contrapelo».

contraria

llevarle u. p. la contraria a alguien (f.). *Oponerse a lo que dice o intenta alguien:* «Hoy parece que está usted de mal humor, porque no hace más que llevarme la contraria en todo lo que propongo».

contrario

(antes) al/por el contrario (f.). [*Locución adversativa*] *al revés, de modo contrario:* «Las dificultades no deben ser motivo para que nos desanimemos; antes al contrario, deben ser un estímulo para que nos perfeccionemos».
de lo contrario (f.). [*Locución condicional*] *si no:* «Debes conducir con más precaución; de lo contrario, seguro que vas a tener un accidente».
todo lo contrario. *Ver* «(antes) al/por el **contrario*».

coña

ni de coña (inf.). [*Refuerzo de una negación*] *de ningún modo, bajo ninguna condición:* «¡Con este clima tan malo no salgo a pasear ni de coña!».

coñazo

dar u. p./u. c. el coñazo (rest.). *Molestar:* «Esta máquina de escribir no hace más que dar el coñazo; se estropea cada dos días».

coño

[estar u. c. en] el quinto coño (rest.). [*Estar en*] *lugar muy distante o apartado:* «Ha tenido que cerrar el restaurante por falta de clientes. Está en el quinto coño y nadie tiene ganas de ir tan lejos para comer».
no entender/saber u. p. un coño de algo (rest.). *Ver* «no entender/saber u. p. un **pito* de algo».
estar u. p. de alguien/algo hasta el (mismísimo) coño (rest.). [*Muy enfático*] *estar (una mujer) harta de alguien/algo:* «Hoy día las mujeres estamos hasta el coño de vivir en una sociedad machista».
salirle u. c. del coño a alguien (rest.). [*Muy enfático*] *querer [una mujer] algo, encapricharse en algo:* «Hoy ya no es como antes y las mujeres podemos ir a donde queramos y hacer lo que nos salga del coño».
¡qué ... ni qué coño! (rest.). [*Expresión enfática de incredulidad o de rechazo violen-*

to]: «Lo siento, amigo, pero no puedo salir de la oficina –¡Qué oficina ni qué coño! Hoy es día de fiesta y hay que divertirse. ¡Coge la chaqueta y vámonos!».

copa
[**ser u. c.**] **como la copa de un pino** (inf.). [*Ser*] *muy grande, enorme:* «Eso de que juegues en el casino el poco dinero que has conseguido ahorrar, me parece una tontería como la copa de un pino».
apurar/beber u. p. la copa. *Ver* «apurar/beber u. p. el *cáliz».

copa
tener/haber tomado u. p. una copa de más (f.). *Haberse excedido en la bebida, estar ligeramente bebido:* «No le hagas mucho caso a lo que dice porque tiene una copa de más».

copete
[**ser u. p.**] **de (alto) copete** (inf.). [*Ser*] *de elevado linaje o de elevada posición social:* «Mañana estoy invitado a un cocktail donde sólo hay gente de alto copete; tendré que ponerme un traje decente».

copla
andar u. c. en coplas (inf.). *Ser u. c. pública y notoria* [*referido generalmente a algo que perjudica la estimación y fama de alguien*]: «A pesar de que don Francisco ponía mucho cuidado en ocultarlo, sus amores adulterinos andaban ya en coplas».
salir/venir u. p. con coplas (inf.). *Urdir mentiras* [*generalmente para buscar un pretexto*]: «No me venga Vd. con coplas y respóndame exactamente a lo que le pregunto».

corazón
[**tener u. p.**] **buen/mal corazón** (f.). *Bondad/maldad o crueldad:* «Es un hombre de muy mal corazón, capaz de dejar que su madre pida limosna por las calles».
[**tener u. p. un**] **corazón de oro** (f.). *Muy buenos sentimientos:* «Todo el mundo le quiere porque tiene un corazón de oro».
[**ser u. p.**] **dura de/no tener corazón** (f.). [*Ser*] *desprovisto de/no tener buenos sentimientos:* «Se portó como lo que es: un hombre duro de corazón, e insensible al sufrimiento ajeno».
con el corazón (en la mano) (f.). *Con toda sinceridad y franqueza:* «¿Cómo no le vas a creer? Siempre nos ha hablado con el corazón en la mano».
de (todo) corazón (f.). *Con sinceridad o verdadero sentimiento:* «Puedes creerle; te ha hablado de todo corazón».
atravesarle/desgarrarle/destrozarle/partirle/traspasarle u. c. el corazón a alguien (inf.). *Causar lástima o compasión en alguien:* «Contemplar esos niños famélicos y enfermos de Africa es una cosa que le parte el corazón a cualquiera».
no caberle a alguien el corazón en el pecho (f.).
A: *Ser generoso, magnánimo:* «Seguramente te perdonará, porque es un hombre al que no le cabe el corazón en el pecho».
B: *Sentirse muy contento, orgulloso:* «Viendo los trofeos que había recibido su hijo, al padre no le cabía el corazón en el pecho de orgullo».
clavársele u. c. en el corazón a alguien (inf.). *Causarle grande sentimiento:* «No puedo olvidar las palabras de Julia cuando rompió sus relaciones conmigo; es algo que se me ha clavado en el corazón».
darle/decirle el corazón algo a alguien (inf.). *Presentir algo:* «Hoy voy a ganar algún premio en la lotería; me lo da el corazón».
encogérsele el corazón a alguien (f.).
A: *Experimentar lástima o compasión por alguien/algo:* «Se nos encogía el corazón al ver el reportaje sobre las víctimas de la droga».
B: *Sentir miedo:* «Se le encoge a uno el corazón al ver de tan cerca el precipicio».
estar u. p. con/llevar/tener el corazón en un puño (inf.). *Experimentar miedo o angustia:* «Cuando me metieron en el quirófano, tenía el corazón en un puño: pensaba que me iba a morir en la operación».
llevar/tener u. p. algo clavado en el corazón. *Ver* «llevar/tener u. p. algo clavado en el *alma».
meterle u. p./u. c. el corazón en un puño a alguien (inf.). *Atemorizar a alguien:* «No me gustan las tormentas, pero tampoco me meten el corazón en un puño».
partírsele el corazón a alguien (inf.). *Experimentar lástima o compasión por algo:*

«Se le partía el corazón de pena al contemplar su ciudad natal destruida por el bombardeo».
salirle u. c. del corazón a alguien. *Ver* «salirle u. c. del *alma a alguien».

corbata
tenerlos por/de corbata (rest.). *Sentir mucho miedo:* «Siempre que tenía que volar en aquel viejísimo avión los tenía de corbata hasta aterrizar».

cordero
[ser u. p.] dócil/mansa como un cordero (inf.). *[Ser] muy dócil o manso:* «Puedes ordenarle lo que quieras y lo hará; es un chico dócil como un cordero»».
mirar u. p. como cordero degollado (inf.). *Fingirse víctima inocente:* «No mires como cordero degollado, porque sabemos que fuiste tú el que rompiste el televisor».

coro
a coro (f.). *Unánimemente:* «Me he quedado unos días más porque toda la familia me pidió a coro que me quedara».
hacerle u. p. coro a alguien (inf.). *Unirse u. p. a alguien en sus opiniones [generalmente con intención de adularle]:* «Es imposible discutir con mi padre, porque todos en la familia le defienden y le hacen coro».

corona
ceñirse u. p. la corona (f.). *Empezar a reinar:* «Alfonso XIII ciñó la corona en 1902, cuando fue declarado mayor de edad».

coronilla
andar/ir u. p. de coronilla (inf.). *Procurar algo con todo esfuerzo y diligencia:* «Hoy he tenido que andar todo el día de coronilla para arreglar los papeles de la herencia».
estar u. p. hasta la coronilla de alguien/ algo (inf.). *Estar harto de alguien/algo:* «¡Estoy hasta la coronilla de los niños! Toda la tarde se la han pasado corriendo y gritando como locos».
traer u. p. de coronilla a alguien (inf.). *Mantener a alguien continuamente ocupado y/o preocupado:* «Estos niños me traen de coronilla; unas veces porque se pelean, otras veces porque se hacen daño jugando. No me dejan un momento libre».

correa
tener u. p. correa (inf.). *Tener paciencia [especialmente para aguantar bromas]:* «Nunca se enfada cuando le gastan bromas; se ve que tiene mucha correa».

correr
a todo correr (f.). *Lo más deprisa posible:* «Apenas dispongo de tiempo; tendré que hacer las compras a todo correr».
correr u. p. con algo (f.). *Encargarse de algo:* «No se preocupen. Yo corro con los gastos de las bebidas».
correr u. p. por algo (inf.). *Tener gran interés o afición por algo:* «Yo no corro por la caza; me parece un deporte muy cruel».
correrla u. p. (inf.). *Hacer vida de desenfreno, entregarse a las diversiones [especialmente a altas horas de la noche]:* «¡Vamos, Don Antonio, no se queje Vd. de su edad y de sus achaques, que bastante la ha corrido cuando era joven».

corrida
[decir u. p. algo] de corrida. *Ver registro siguiente.*

corrido
[decir u. p. algo] de corrido (f.). *[Decir/recitar] de memoria y/o con presteza y sin entorpecimientos:* «No sé si el chico comprende todo lo que sabe, pero es capaz de decir la lista de los reyes visigodos de corrido y sin equivocarse una sola vez».

corriente
dejarse u. p. llevar de/por la corriente (f.). *Seguir la opinión de los demás sin examinarla, no oponerse al curso de los acontecimientos:* «Tu amigo parece no tener personalidad alguna. Siempre se deja llevar por la corriente y hace lo que ve hacer a los demás».
ir/navegar u. p. contra (la) corriente (inf.). *Pugnar contra el común sentir o contra la costumbre:* «No me explico por qué os empeñáis en hacer todo al revés; parece que os gusta ir contra la corriente».
llevarle/seguirle u. p. la corriente a alguien (f.). *Acomodarse o ceder a la opinión de alguien [generalmente por motivos de simple táctica]:* «Yo siempre le llevo la corriente a mi jefe para evitar enojosas discusiones».

corriente
[ser u. p./u. c.] corriente y moliente (f.). [*Ser*] *regular, ordinario o habitual:* «No era una chica guapa ni fea, ni alta ni baja ... No llamaba especialmente la atención. Era corriente y moliente».
estar u. p./poner u. p. a alguien al corriente de algo (f.). *Estar u. p. enterada/informar u. p. a alguien:* «Todas las mañanas suelo leer la prensa para estar al corriente de lo que pasa en el mundo».

corro
formar/hacer u. p. corro aparte (inf.). *Formar o seguir otro grupo o partido, seguir otra opinión o tendencia:* «Como la fiesta resultaba un poco aburrida, algunos que se conocían ya desde hacía tiempo decidieron hacer corro aparte en torno al pianista».

corte
hacerle u. p. la corte a alguien (f.). *Cortejar, galantear a alguien:* «Pepe es muy enamoradizo y ya le ha hecho la corte a más de la mitad de las chicas del pueblo».

corte
[hacerle u. p. a alguien un] corte de mangas (inf.). [*Hacer un*] *gesto obsceno doblando el brazo derecho sobre la palma de la mano izquierda:* «Cuando le preguntamos si quería ayudarnos, nos hizo a todos un corte de mangas y se fue dando un portazo».
darle u. c. corte a alguien (inf.). *Inhibir, avergonzar a alguien:* «Me ha invitado a pasar un fin de semana en su casa de campo y me da corte presentarme sin llevarle algún regalo».

corto
a la corta o a la larga (f.). *Más tarde o más temprano:* «Estas canciones no son gran cosa y, a la corta o a la larga terminan por aburrir a todo el mundo».
ni cort[o] ni perezos[o] (inf.). *Sin timidez ni vacilación alguna:* «La chica es bastante atrevidilla. Ella misma me preguntó, ni corta ni perezosa, si la invitaba a bailar».
quedarse u. p. corta (f.). *Equivocarse calculando de menos:* «Pensé que ganaría un millón y me quedé corto: su sueldo ascendía a casi dos millones».

cosa
[no ser u. p./u. c. una] cosa del otro mundo (inf.). [*No ser*] *nada extraordinario:* «No comprendo el éxito de este cantante; a mí no me parece una cosa del otro mundo; incluso los conozco bastante mejores y con menos fama».
[ser u. p. (un/una)] poca/poquita cosa (inf.).
A: *Persona físicamente débil, pequeña o muy delgada:* «Su mujer, que es muy poquita cosa, está continuamente resfriada».
B: *Persona de poco ánimo:* «No había ocurrido nada grave; ya sabes que Manolo es un poquita cosa que se asusta por todo y exagera con el miedo».
como el que no quiere la cosa (inf.). *Con disimulo:* «Se acercó a mí como quien no quiere la cosa e intentó sacarme la cartera, pero yo se lo impedí a tiempo».
como si tal cosa (inf.).
A: *Como si nada hubiera pasado:* «Este muchacho es tan desvergonzado, que después de una reprimenda se queda como si tal cosa».
B: *Como si no hubiera dificultad alguna:* «Era un ladrón tan experto, que les sacaba la cartera a sus víctimas como si tal cosa».
cosa de (inf.). *Aproximadamente:* «No me acuerdo muy bien, pero hará cosa de cinco años que murió su padre».
entre una cosa y otra (f.). *Considerando el conjunto de circunstancias o aspectos:* «Parece un hotel muy barato, pero tienes que pagar muchos extras, el taxi, las propinas ...; total que, entre una cosa y otra, resulta más caro que un hotel de lujo».
maldita la cosa (inf.). [*Refuerzo de una negación*] *nada absolutamente:* «No le preocupa maldita la cosa que le suban el alquiler, porque es muy rico».
no decir/hacer u. p. cosa con cosa (f.). *No decir/hacer nada razonable, nada correcto:* «No parece que sea un obrero muy hábil; si el capataz le deja solo, no hace cosa con cosa».
decirle u. p. dos cosas a alguien. Ver registro siguiente.
decirle u. p. cuatro cosas (bien dichas) a alguien (inf.). *Reprender a alguien:* «He tenido que decirle cuatro cosas bien dichas al sinvergüenza de tu hermano».
decir u. p. una cosa por otra (inf.). *Mentir:* «Todo esto que le cuento es la pura verdad.

¿Cree usted que soy capaz de decirle una cosa por otra?».

dejarse u. p. de cosas (inf.). [*Generalmente en oración imperativa*] *no recurrir a excusas, pretextos o argumentos sin valor:* «¿Dices que no puedes pagarte un piso mejor que el que tienes? ¡Vamos, déjate de cosas, hombre! ¡Con el dinero que ganas y lo que tienes ahorrado en el banco!».

no dejar u. p./no haber/quedar cosa con cosa (f.). *Dejar u. p./estar todo en desorden y confusión:* «Los niños entraron en mi biblioteca en un momento de descuido y no dejaron cosa con cosa».

[estar] cada cosa por su lado (inf.). *Haber gran desorden:* «No me extraña que no encuentres los documentos, porque en tu oficina cada cosa está por su lado».

ir la cosa para largo (inf.). *Tardar mucho, hacerse esperar:* «Se está construyendo una nueva línea de metro, pero la cosa va para largo y durará por lo menos seis años».

llamarle u. p. a las cosas por su nombre (f.). *Hablar sin subterfugios ni rodeos:* «No temas emplear palabras demasiado fuertes y llámale a las cosas por su nombre; nadie puede oírnos».

llegar/pasar la cosa/u. p. a mayores. *Ver* «llegar/pasar u. p. a *mayores».

poner u. p. las cosas en su punto (f.). *Aclarar o precisar algo:* «Aquí reinará el mayor desconcierto mientras no haya nadie capaz de poner las cosas en su punto».

no ser cosa de [hacer] algo (f.). *No ser conveniente, oportuno hacer algo:* «Pensé que, si estaba invitado a cenar, no era cosa de presentarme sin regalos y compré una caja de bombones».

no ser la cosa para menos (f.). *Haber suficiente razón o motivo:* «El hombre estaba furioso, y la cosa no era para menos, porque le habían echado del trabajo sin indemnización».

no ser la cosa para tanto (inf.). *Ver* «no [haber/ser] para *tanto».

no ser u. c. de broma/risa (inf.). *Ser importante o grave:* «El accidente qye tuvo Manolo no fue cosa de broma: tuvo que pasar casi un mes en la clínica».

ser u. c. cosa de ver (inf.). *Ser digno de admiración [frecuentemente esta locución va teñida de cierta incredulidad]:* «Será cosa de ver éso de que el empleado más sumiso se atreva a amenazar a la junta directiva de la empresa».

ser u. c. cosa hecha (inf.). *Ser u. c. muy fácil de hacer o conseguir:* «No te preocupes; el crédito es cosa hecha. Tengo amigos en el banco que no pondrán dificultad alguna».

no ser/valer u. p./u. c. gran cosa (inf.). *No valer mucho, no ser muy importante:* «El pianista no valía gran cosa y decepcionó al público, que esperaba un gran artista».

tomarse u. p. las cosas a/por la tremenda (inf.). *Darle demasiada importancia a algo:* «No le digas a tu padre que te han suspendido; ya sabes que se toma las cosas por la tremenda y suele disgustarse mucho».

no sea cosa que (f.). [*Locución condicional*] *en caso de que, en previsión de que eventualmente:* «Debes llevar paraguas, no sea que llueva».

¡ahí está la cosa! (inf.). [*Expresión enfática con la que señala la presencia de algún problema*] *¡ahí está el problema!* «¡Pues ahí está la cosa, que mi familia quiere pasar las vacaciones en el mar y yo en la montaña y así no podemos entendernos!».

¡a otra cosa, mariposa! (inf.). [*Expresión con que se da por acabado un asunto o discusión*]: «Estoy ya cansado de discutir siempre de lo mismo, así que, a otra cosa, mariposa».

¡esa/ésta es la cosa! *Ver* «¡ahí está la *cosa!».

¡habráse visto cosa igual! (inf.). [*Exclamación que indica asombro, sorpresa o indignación*]: «¡Habráse visto cosa igual! ¡Veinte años dando clase de gramática y todavía comete faltas de ortografía!».

las cosas como son (inf.). [*Expresión con la que se enfatiza la necesidad de contar la verdad, a pesar de los inconvenientes que esto pueda reportar*]: «Siento mucho tener que decírselo, pero, las cosas como son, su hijo no tiene madurez intelectual para estudiar».

¡lo que son las cosas! (inf.). [*Exclamación que indica asombro, admiración o sorpresa*]: «La niña en casa nunca tiene apetito, pero ¡lo que son las cosas!, en casa de los vecinos come de todo».

no hay/había tal cosa. *Ver* «no (hay/había) tal».

o una cosa o la otra (f.). [*Expresión con que se urge al interlocutor a que se decida*]: «Bueno, o una cosa o la otra: o vienes conmigo al cine, o te quedas sólo todo el día en casa. Decídete».

... y cosas así (inf.). [*Expresión utilizada para abreviar una enumeración o para indicar que no se dispone de más detalles*]: «Creo que tiene un negocio en el centro donde vende tarjetas, recuerdos y cosas así».

cosaco
beber u. p. como un cosaco (inf.). *Beber mucho, emborracharse:* «En poco más de dos horas, dos botellas de coñac. ¡Usted bebe como un cosaco, amigo!».

cosecha
[ser u. c.] de la (propia) cosecha de alguien (inf.). [*Ser*] *cosa inventada (por la persona de quien se trata):* «Dime lo que pasó sin poner nada de tu cosecha; quiero saber la verdad».

coser
[ser u. c.] coser y cantar (inf.). [*Ser*] *muy fácil:* «Parece un trabajo complicado, pero con el tiempo es coser y cantar».

cosquillas
[ser u. p.] de/tener malas cosquillas (inf.). [*Ser*] *irritable/tener mal carácter:* «Mi jefe tiene malas cosquillas y se enfada por cualquier pequeñez».

buscarle u. p. las cosquillas a alguien (inf.). *Buscar el modo de irritar a alguien:* «Tú no sabes más que insultar y buscarle las cosquillas a la gente; el día menos pensado vas a tener un disgusto serio».

hacerle u. c. cosquillas a alguien (inf.). *Excitarle el deseo o la curiosidad a alguien:* «A mí el cine no me hace cosquillas; prefiero quedarme en casa leyendo o viendo la tele».

costa
a costa de algo/alguien (f.).
A: *Mediante, a fuerza de algo/alguien:* «Sólo a costa de grandes esfuerzos económicos pudo pagarse los estudios».
B: *A expensas de algo/alguien:* «¡Qué vergüenza! Tiene ya casi treinta años y todavía vive a costa de sus padres, que le pasan todos los meses una cierta suma».

a toda costa (f.). *Sin reparar en gastos, trabajos o incomodidades:* «Mi hijo quiere estudiar la carrera de ingeniero a toda costa; no le importa ni le asusta el esfuerzo que ha de hacer».

costado
por los cuatro costados (inf.).
A: *Por todas partes:* «No pudimos extinguir el fuego porque la casa ardía por los cuatro costados al mismo tiempo».
B: *Por parte de los abuelos paternos y maternos:* «Es español por los cuatro costados, pues todos sus ascendientes son españoles».

costilla
medirle/molerle/sobarle u. p. las costillas a alguien (inf.). *Pegar a alguien:* «Devuélvele inmediatamente a tu hermano el juguete, si no quieres que te sobe las costillas».

cotarro
alterar(se)/alborotar(se) el cotarro (inf.). *Turbar u. p./turbarse la tranquilidad de un grupo de personas reunidas:* «Estábamos cenando tranquilamente hasta que llegaron los niños del vecino a alterar el cotarro con sus gritos».

dirigir u. p. el cotarro. *Ver* «llevar u. p. la *voz cantante».

coto
poner u. p./u. c. coto a algo (f.). *Acabar con algo* [*generalmente referido a abusos, desafueros, etc.*]: «Ya es hora de que el gobierno promulgue leyes que pongan coto a tantos desmanes».

cotorra
[hablar u. p./repetir u. p. algo] como una cotorra (inf.).
A: *Hablar mucho y sin sustancia:* «Esta señora es capaz de pasarse horas y horas hablando como una cotorra sobre los chismes de la vecindad».
B: *Repetir lo dicho por otros sin entenderlo:* «No me gusta que digas la lección como una cotorra. Tienes que procurar comprender el sentido de las palabras».

cotufa
buscar/pedir u. p. cotufas en el golfo (inf.). *Pedir o exigir mucho dinero, cosas imposi-*

bles de conseguir: «¡Hombre, claro que me gustaría una casa de campo! Pero ya sabes que con mi sueldo esto es pedir cotufas en el golfo».

coturno
[ser u. p./u. c.] de alto coturno (f.). *[Ser] de elevada categoría (social):* «Con esta chaqueta tan usada no puedes tomar parte en una cena de alto coturno».

coz
dar/soltar/tirar u. p. una coz/coces (inf.). *Responder de malos modos:* «Está tan mal educado que a todo responde soltando coces y diciendo palabrotas».

cráneo
ir u. p. de cráneo (inf.).
A: *Empeorar, haber empeorado:* «El pobre hombre va de cráneo; en sólo una semana ya han tenido que operarlo dos veces».
B: *Tener muchas cosas urgentes que hacer:* «En el mes de agosto hay muchos empleados de vacaciones, y los pocos que quedamos vamos de cráneo con tanto trabajo».

creces
con creces (f.). *Con exceso, más de lo necesario u obligado:* «Es muy buen estudiante; supera con creces el promedio habitual en este colegio».

credo
en un credo (inf.). *En un momento, en seguida:* «En este restaurante apenas hay que esperar; los platos más complicados los preparan en un credo».

creer
¡no cre[as/-a]! (inf.).
A: *[Expresión exlamativa utilizada para subrayar la veracidad de lo dicho, aunque parezca extraño]:* «Vamos a mudar de casa dentro de poco. Estaremos más lejos del centro, pero la solución tiene sus ventajas, no creas».
B: *[Expresión enfática de incredulidad, rechazo o negación]* «Me debe usted el alquiler de este mes, si no me equivoco. –¡No crea Vd.! Le he pagado ya hace quince días!».
¡que [te] cree[s tú] (eso)! *Ver registro anterior; acepción B.*

¡qué [te has/habrás] creído! *Ver registro anterior; acepción B.*

cremallera
echar u. p. la cremallera (inf.). *Callar:* «No sé cómo hacer para que estos niños echen la cremallera y dejen de gritar como locos».

cresta
darle u. p. en la cresta a alguien (inf.). *Chafar, humillar, vencer a alguien:* «Hoy nuestro equipo le dará en la cresta a su rival. Por lo menos le vencerá por cuatro a cero».
romperle u. p. la cresta a alguien (inf.). *Pegar, golpear:* «Si vuelves a insultar a mis padres, te rompo la cresta».

criada
salirle la criada respondona a alguien (inf.). *[Expresión utilizada cuando alguien se ve increpado y confundido por la misma persona a quien creía supeditada]:* «¡Niña, ten cuidado con las contestaciones que me das! ¡Parece que la criada me ha salido respondona!».

crisma
partirle/romperle u. p. la crisma a alguien (inf.). *[Generalmente usado como amenaza] pegar, golpear a alguien:* «Si vuelves a coger dinero de mi cartera, te parto la crisma».
partirse/romperse u. p. la crisma (inf.). *Herirse en la cabeza, hacerse mucho daño:* «Como sigas haciendo tonterías con la moto, un día te vas a romper la crisma».

cristal
pagar u. p. los cristales rotos. *Ver «pagar u. p. los *vidrios rotos».*

cristiano
[estar u. c. escrita/hablar u. p.] en cristiano (inf.). *[Estar escrito/hablar] con claridad o en castellano:* «No entendí lo que me dijo porque no hablaba en cristiano. Seguramente era un turista extranjero».
no haber cristiano que ... (inf.). *No haber absolutamente nadie que ...:* «Aquí hace tanto calor, que no hay cristiano que lo aguante».

Cristo
ni cristo (inf.). *[Enfático] nadie:* «Con este tiempo tan malo, ni cristo se va a animar a salir de excursión».

... ni Cristo que lo fundó (inf.). [*Negación enfática*]; *... ni nada/nadie semejante, en absoluto, de ninguna manera:* «Con las nuevas medidas de ahorro del gobierno no hay dinero ni subvenciones ni Cristo que lo fundó».
todo cristo (inf.). *Todo el mundo, cualquiera:* «En España y en verano, todo cristo duerme su buena siesta».
[estarle/sentarle/venirle u. c. a alguien] como un par de pistolas a un Santo Cristo. *Ver* «[estarle ... u. c. a alguien] como un *par de pistolas a un santo».
donde Cristo dio/pegó las tres voces (inf.). *En lugar distante y, generalmente, solitario:* «Ya sé que hay pisos baratos, pero la mayoría están donde Cristo dio las tres voces».
armar u. p. un cristo (inf.). *Alborotar, armar jaleo, armar follón:* «Los partidarios del equipo de fútbol local coincidieron en un café con los partidarios del equipo visitante y ya te puedes imaginar el cristo que armaron».
dejar/poner u. p. a alguien hecho/como un cristo (inf.). *Maltratar a alguien en el semblante:* «Le pegó una paliza tan grande, que lo dejó hecho un cristo».
ponerse u. p. hecha/como un cristo (inf.). *Ensuciarse, mancharse mucho:* «He tenido que ayudar a pintar puertas y ventanas y me he puesto como un cristo con la pintura».
¡por los clavos de Cristo! (f.). [*Exclamación que indica enojo, indignación, asombro o sorpresa*]: «¡Por los clavos de Cristo! No vuelvas a dejar al niño solo en una ciudad de tanto tráfico».

crucificado
traer u. p. crucificado a alguien (inf.). *Hacer sufrir mucho a alguien:* «Este chico trae crucificados a sus padres. ¿No se le ha ocurrido hacerse torero, con lo peligroso que es?».

crudo
comer(se) u. p. crudo a alguien (inf.). *Recibir a alguien muy mal:* «No tengas miedo a que te presente a mis padres. No te van a comer cruda».

cruz
cargar u. p. con la cruz (inf.). *Llevar con resignación algún trabajo o sufrimiento:* «Bueno, si nadie está dispuesto a adoptar al niño huérfano, tendremos que cargar nosotros con la cruz. ¡No vamos a permitir que se quede en la calle!».
hacerse u. p. cruces (f.). *Mostrar admiración, asombro o escándalo de manera exagerada:* «Todos se hacían cruces al ver a un niño tan pequeño bebiendo vino en cantidad».
cruz y raya (inf.). [*Expresión que subraya la determinación de no volver a hacer algo nunca más; generalmente acompañada por un gesto que consiste en cruzar los dedos*]: «Le pregunté si de nuevo iba a regresar a casa tan tarde y me dijo que cruz y raya, que ya no lo volvería a hacer más».

cuadrado
tenerlos u. p. cuadrados (rest.). *Ser muy valiente:* «Para ponerle una inyección al tigre del zoológico hay que tenerlos cuadrados».

cuajo
arrancar/sacar u. p. algo de cuajo (f.). *Sacar enteramente algo del lugar donde estaba arraigado, suprimir algo radicalmente:* «Cuando me contaron en qué iba a consistir mi futuro trabajo, me arrancaron de cuajo la poca ilusión que me quedaba».

cuando
de cuando en cuando (f.). *Algunas veces (dejando pasar algún tiempo entre unas veces y otras):* «No creo que el novio de Paquita esté muy interesado en ella; solamente viene a visitarla de cuando en cuando».

cuanto
en cuanto a (f.). *Con relación a:* «No estoy de acuerdo en cuanto a que pagues tú la consumición de los dos».
en cuanto (que) (f.). [*Locución temporal*] *tan pronto como:* «En cuanto llegues, llámame por teléfono; tenemos que hablar urgentemente».
por cuanto (que) (f.). [*Locución causal*] *porque:* «Debe de ser muy inteligente, por cuanto domina doce idiomas».

cuarentena
poner u. p. en cuarentena a alguien/algo (inf.). *Dudar de alguien, poner algo en*

duda: «Yo nunca he puesto en cuarentena la inteligencia de Pérez, pero siempre he pensado que no es la persona más indicada para presidir nuestro club».

cuarta
[ser u. c.] tres cuartas de lo mismo/propio. *Ver* «[ser u. c.] tres *cuartos de lo mismo/propio».
no levantar u. p. una/tres cuarta(s) del suelo (inf.). *Ser muy bajo:* «Este chico tiene ya diez años y todavía no levanta una cuarta del suelo. Va a ser un enano».

cuartel
[lucha] sin cuartel (f.). *[Lucha] sin tregua, sin pacificación alguna:* «El ejército libró una batalla sin cuartel, hasta que el enemigo se declaró vencido».
no dar u. p. cuartel (f.). *No conceder tregua (en una lucha, competición, etc.):* «Parece que el enemigo no está dispuesto a dar cuartel, porque incluso durante la noche se sucedieron los ataques».

cuarto
cuatro cuartos (inf.). *Muy poco dinero:* «Este cuadro fue una ganga increíble; pagué por él cuatro cuartos».
[ser u. p./u. c.] de tres al cuarto (inf.). *[Ser] de poco mérito o valor:* «Este es un cirujano de tres al cuarto, de ésos que convierten la sala de operaciones en un cementerio».
[ser u. c.] tres cuartos de lo mismo/propio (inf.). *[Ser] muy semejante, lo mismo:* «Vivir en Madrid es muy caro, pero en otra ciudad grande, tres cuartos de lo mismo».
[estar u. p.] sin/no tener u. p. un cuarto (inf.). *[Estar] sin/no tener ningún dinero:* «Este verano no podemos salir de vacaciones, porque estamos sin un cuarto».
darle u. p. un cuarto/tres cuartos al pregonero (inf.). *Hacer público algo que se debiera mantener secreto:* «Esto debe permanecer secreto; si se lo decís a Eugenio, que es muy chismoso, sería como darle tres cuartos al pregonero».
echar u. p. su cuarto a espadas (inf.). *Intervenir en un debate o conversación:* «Todo el mundo tenía que dar su opinión, echando cada uno su cuarto a espadas por riguroso orden».

¡qué ... ni qué ocho cuartos! (inf.). *[Expresión enfática de incredulidad o de rechazo violento]:* «No cuentes conmigo, porque mi suegra está enferma –¡Qué suegra ni que ocho cuartos! ¡Lo que ocurre es que tú quieres quedarte en casa!».

Cuba
más se perdió en Cuba (inf.). *[Expresión de consuelo con que se pretende restarle importancia a algún problema o situación delicada]:* «No te preocupes por el resultado del examen. Más se perdió en Cuba».

cuba
[estar u. p.] como una cuba (inf.). *[Estar] borracho:* «A mí el alcohol me hace en seguida efecto; con un par de vasos de vino ya estoy como una cuba».
beber u. p. como una cuba (inf.). *Beber mucho alcohol:* «No le hagas mucho caso a lo que dice; bebe como una cuba y a estas horas debe de estar ya totalmente borracho».

cuchara
[militar] de cuchara (inf.). *[Militar] de graduación, pero sin estudios en la Academia Militar:* «Entró en el ejército como simple soldado, le fueron ascendiendo por antigüedad y hoy es capitán de cuchara».
meter u. p. la/su cuchara (inf.). *Entremeterse u. p. en la conversación de otros o en asuntos ajenos:* «Siempre me ha resultado antipático por su manía de meter su cuchara cuando nadie le pregunta su opinión».

cucharada
meter u. p. la/su cucharada. *Ver registro anterior.*

cuchareta
meter u. p. la/su cuchareta. *Ver* «meter u. p. la/su *cuchara».

cuchillo
pasar u. p. a cuchillo a alguien (f.). *Dar muerte a un grupo de enemigos o prisioneros:* «No se contentó el enemigo con conquistar la ciudad, sino que al día siguiente pasó a cuchillo a todos sus habitantes».

cuello
meterse u. p. hasta el cuello en algo (inf.).

Comprometerse, involucrarse por completo en algo: «Está metido hasta el cuello en un negocio muy arriesgado. Si le sale mal, puede quedar arruinado».

cuenta
[hacer u. p. las] cuentas de la lechera (inf.). [*Hacer*] *predicciones económicas demasiado optimistas:* «No hagas las cuentas de la lechera, mujer. No vendas los pisos antes de construir la casa».
[hacer u. p. las] cuentas del Gran Capitán (inf.). [*Hacer*] *cuentas excesivas o arbitrarias:* «Acabo de presentar una reclamación en el hotel porque me han hecho las cuentas del Gran Capitán y me han cobrado de más».
a cuenta de alguien (f.). *A expensas de alguien:* «Como no quiere trabajar y además no tiene vergüenza, prefiere vivir a cuenta de su familia».
en resumidas cuentas (f.). *Considerándolo bien:* «El Primer Ministro pronunció un largo discurso en el que, en resumidas cuentas, no dijo nada nuevo o de interés».
habida cuenta de algo (f.). *Considerando algo:* «Habida cuenta de su aportación financiera, no me parece injustificado nombrarle presidente de la sociedad».
más de la cuenta (f.). *Más de lo normal, conveniente o permitido:* «Tiene el hígado enfermo porque bebe más de la cuenta».
por cuenta propia (f.). *Por sí mismo, bajo su responsabilidad:* «No quiere hacer nada por cuenta propia; todo se lo debemos indicar nosotros».
por cuenta y riesgo de alguien (f.). *Bajo la responsabilidad de alguien:* «La excursión a la montaña es un poco peligrosa; el que quiera tomar parte en ella lo hará por su cuenta y riesgo».
por la cuenta que le tiene/trae a alguien (inf.). *Por la propia conveniencia de alguien:* «Hoy llegarán los niños temprano al colegio, por la cuenta que les trae: a primera hora van a repartirse los juguetes de Navidad».
ajustarle u. p. las cuentas a alguien (inf.). *Reprender a alguien amenazándole:* «El director-gerente de la empresa tuvo que llamar a su despacho a los responsables del incidente para ajustarles las cuentas».

caer/dar u. p. en la cuenta de algo (f.). *Notar algo:* «Me estuvo engañando todo el tiempo, y cuando caí en la cuenta ya era demasiado tarde».
coger/tomar u. p. a alguien por cuenta propia/por su cuenta (inf.). *Abordar a alguien para reprenderle o inferirle un castigo corporal:* «Ese sinvergüenza de González pretende reírse de mí, pero el día que lo coja por mi cuenta va a arrepentirse de lo que hace».
correr u. p./u. c. de/por cuenta de alguien (f.). *Estar u. p./u. c. a cargo de alguien, depender de alguien:* «No te preocupes por el dinero; corre de mi cuenta pagar».
dar u. p. cuenta de algo (f.). *Dar relación de algo:* «El emisario dio cuenta a sus superiores de todo lo que había visto».
dar u. p. (buena) cuenta de alguien/algo (inf.).
A: *Matar a alguien:* «Era odiado de todos y si no anduviera siempre bien armado, hace tiempo que habrían dado buena cuenta de él».
B: [*Referido a la acción de comer o beber*] *acabar o finalizar algo:* «El mendigo dio buena cuenta del plato de lentejas en poco tiempo».
darse u. p. cuenta de algo (f.). *Apercibirse, percatarse de algo:* «Siga Vd. a ese individuo sin que se dé cuenta; tenemos que averiguar dónde y con quién vive».
echar/sacar u. p. la cuenta/cuentas (de algo) (f.). *Calcular:* «Ayer estuvimos echando la cuenta de lo que gastamos en nuestro último viaje al extranjero y quedamos horrorizados al ver la suma que resultó».
hacer(se) u. p. (la) cuenta de algo (f.). *Suponer que ocurre algo:* «Ganó algún dinero en la lotería, se hizo la cuenta de que ya era millonario y gastó todo en un par de días».
llevar u. p. la cuenta (de algo) (f.). *Contar o anotar algo regularmente (para saber el total al final):* «Si no quieres llevar la cuenta de tus gastos, ¿cómo puedes hacer un presupuesto para todo el año?».
pasarle u. p. la cuenta (de algo) a alguien (inf.). *Reclamar u. p. recompensa (por algo que había hecho fingiendo favor desinteresado):* «Los vecinos me han pasado la cuenta de sus pequeños favores: tengo que llevarlos al aeropuerto».

pedirle cuenta(s) a alguien de algo (f.). *Exigirle a alguien explicaciones o responsabilidades por lo que dice o hace:* «Un simple empleado no puede pedirle cuentas a su jefe de lo que hace o deja de hacer».

perder u. p. la cuenta de algo (f.). *No acordarse del número o cantidad de algo (por tratarse de un asunto complejo o por haber pasado mucho tiempo):* «He perdido la cuenta de los años que hace que murió mi abuelo. Yo era todavía muy niño».

rendir(le) u. p. cuenta(s) (de algo) (a alguien) (f.). *Responsabilizarse (de su actuación o gestión ante alguien):* «Habría que exigir mayores responsabilidades a los políticos y obligarles a que rindiesen cuentas de todo lo que hacen».

salirle mal la(s) cuenta(s) a alguien (inf.). *Fallar en sus cálculos (volviéndose daño lo que se consideraba provecho):* «Quiso engañar a todo el mundo vendiendo un vino que estaba adulterado, pero le salieron mal las cuentas, porque se descubrió el engaño y lo metieron en la cárcel».

(no) tenerle u. c. cuenta a alguien (f.). *(No) serle útil o provechosa:* «No te tiene cuenta ir al centro en coche; el tiempo que ahorras de esta manera lo pierdes buscando lugar de aparcamiento».

tener u. p. en cuenta algo (f.). *Tener presente, considerar algo:* «No sé para qué me pides consejos, si no piensas tenerlos en cuenta cuando llegue el momento de actuar».

tomar u. p. en cuenta algo (f.). *Apreciar o recordar algún favor o circunstancia notable o recomendable:* «Si me ha ayudado en mis apuros económicos es porque ha tomado en cuenta los muchos favores que le hice yo».

traerle u. c. (buena) cuenta a alguien (f.). *Convenirle a alguien:* «No te trae cuenta cambiar de piso; el que tienes es mejor y más barato».

no querer u. p. (tener) cuentas con alguien (inf.). *No querer trato o colaboración con alguien:* «Con ese sinvergüenza no quiero tener cuentas; es poco de fiar».

cuentagotas

a/con cuentagotas (inf.). *Poco a poco:* «La puerta de salida era tan estrecha, que la gente tenía que salir del estadio a cuentagotas».

cuento

[ser u. c. el] cuento de nunca acabar. *Ver registro siguiente.*

[ser u. c. el] cuento de la buena pipa (inf.). *Situación que amenaza repetirse hasta el infinito:* «Primero me exigieron el pasaporte, luego la partida de nacimiento, después un certificado de buena conducta. Total, que aquello parecía el cuento de la buena pipa».

[ser u. c. un] cuento chino (inf.). *Mentira grande:* «Eso de que no tiene dinero ni para alimentar a sus hijos debe de ser un cuento chino para ablandar el corazón de la gente, porque ayer le vi con un abrigo de pieles».

[ser u. c. un] cuento de viejas (f.). *Mentira, embuste, embrollo:* «Dicen que en este castillo aparece todas las noches un fantasma a la misma hora. ¡No me explico cómo hay gente que todavía cree en esos cuentos de viejas!».

cuento verde. *Ver* «*chiste verde».

a cuento de qué o **a qué cuento** (inf.). *Por qué razón o motivo:* «No sé a cuento de qué cierran este parque los domingos».

[andar/entrar/estar u. p.] (metida) en el cuento (inf.). *Figurar entre los que intervienen o conocen un asunto, intriga o secreto:* «Para mí no es ningún secreto: ya estoy en el cuento».

sin cuento (f.). *Incontable:* «Fue uno de los viajes más fatigosos que recuerdo; nos sucedieron contratiempos sin cuento, casi uno detrás del otro».

aplicar(se) u. p. el cuento (inf.). *[Generalmente en oración imperativa] poner en práctica algún consejo o advertencia:* «Ya lo sabes: todos los médicos están de acuerdo en que fumar es dañino; así que aplícate el cuento».

dejarse u. p. de cuentos (inf.). *[Generalmente empleado en oración imperativa] renunciar a disculpas fáciles:* «Siempre dices que en el colegio los profesores son demasiado exigentes, pero lo que tienes que hacer es dejarte de cuentos y ponerte a estudiar».

hacer u. p. el cuento (inf.). *Simular una actividad que no se realiza de hecho:* «Si quieres llegar a ser algo, deja de hacer el cuento y ponte a trabajar».

ir el cuento con alguien/algo (inf.). *Referirse u. c. a alguien o algo:* «Todavía no sé de qué se trata, ni con quién va el cuento».
irle/venirle u. p. con cuentos a alguien (inf.). *Recurrir a disculpas fáciles:* «Siempre me viene Vd. con cuentos: que no ha podido venir al trabajo porque está enfermo su niño, o porque tiene obreros en la casa, o por alguna otra tontería».
irle/venirle u. p. con el cuento a alguien (inf.). *Contarle un chisme:* «No sabía absolutamente nada del asunto hasta que me vino ese viejo chismoso con el cuento».
meterle u. p. un cuento a alguien (f.). *Engañar, embaucar a alguien (inventando historias):* «Para sacarme algún dinero, me metió un cuento: que no tiene trabajo, que está enfermo, que tiene familia numerosa…».
sacar/traer u. p. algo a cuento (f.). *Decir o revelar algo de manera inesperada o inoportuna en una conversación:* «No sé por qué sacas a cuento lo de la muerte de nuestro padre. ¿Es que quieres entristecernos?».
salir u. c. a cuento (f.). *Presentarse u. c. inesperadamente en una conversación:* «Estábamos hablando de cosas de estudios y, de repente, salió a cuento el tema del accidente de Manolo».
tener u. p. (mucho) cuento (inf.). *Ser embustero o muy exagerado:* «No le creas todas esas aventuras que dice que ha tenido con las chicas, porque tiene mucho cuento».
venir u. c. a cuento (inf.). *Ser oportuno:* «Eso que dices no viene a cuento; yo estoy hablando de música seria y no de cancioncitas de moda».
vivir u. p. del cuento (f.). *Vivir sin trabajar:* «Antes había muchos funcionarios públicos que cobraban por no hacer nada; vivían del cuento».
colorín colorado, este cuento se ha acabado.
A: (f.). [*Fórmula para terminar los cuentos infantiles*]: «Y Caperucita Roja y su abuela regresaron muy contentas a su casa. Y colorín colorado, este cuento se ha acabado».
B: (inf.). [*Expresión con que se indica que se da por terminado un asunto o cuestión*]: «Como ya estaba harta de ser la secretaria para todo, le dije que se buscase a alguien que me sustituyese. Y colorín colorado, este cuento se ha acabado».

cuerda
bajo/por debajo de cuerda (inf.). *Ocultamente, burlando las leyes o normas establecidas:* «No es posible conseguir entradas para este concierto, a no ser que, por debajo de cuerda, se consiga un favor del portero».
[ser u. p.] de la cuerda de alguien (inf.). [*Ser*] *de la misma opinión, carácter o condición de alguien:* «Invitaron a Ricardo y a dos o tres personas de su cuerda, igualmente antipáticas».
[andar/bailar u. p./u. c.] en la cuerda floja (inf.). *Encontrarse en dificultades:* «Esta empresa ha tenido que despedir a la mitad de sus empleados. Parece que, económicamente, anda en la cuerda floja».
aflojar/apretar u. p. la cuerda (inf.). *Disminuir/aumentar el rigor de una ley o disciplina:* «Espero que el nuevo gobierno esté dispuesto a aflojar la cuerda e indultar a todos los presos políticos».
coger u. p./u. c. cuerda (inf.). *Tomar o adquirir impulso:* «Cuando coge cuerda hablando, ya no es posible hacerle callar».
darle u. p. cuerda a alguien (inf.). *Hacerle hablar a alguien, animarle a seguir hablando:* «Si tan antipático te parece el vecino del segundo piso, ¿por qué te pasas las horas hablando con él y dándole cuerda?».
estar u. p./poner u. p. a alguien contra las cuerdas (inf.). *Ser acosado por alguien/acosar a alguien:* «La oposición está poniendo contra las cuerdas al Gobierno: los diputados no hacen más que criticar todo lo que hacen los ministros».
herirle/tocarle u. p. la cuerda sensible a/de alguien (f.). *Aprovecharse de la debilidad de alguien para conseguir algún fin:* «Va contando sus desgracias por todas partes para tocarle la cuerda sensible a la gente ingenua y recibir algún dinero de limosna».
tener u. p./quedarle a alguien cuerda para rato (inf.).
A: *Hablar sin parar:* «Su conversación me resultaba muy aburrida y viendo que tenía aún cuerda para rato, decidí marcharme».
B: *Tener aún grandes expectativas de vida:*

«De esta enfermedad no va a morirse. Todavía tiene Vd. cuerda para rato».
tener u. p. mucha cuerda (inf.).
A: *Sufrir pacientemente bromas o burlas sin enfadarse:* «Tus bromas son muy pesadas y hay que tener mucha cuerda para aguantarlas».
B: *Tener aún grandes expectativas de vida:* «A pesar de sus años, goza de una salud espléndida. Tiene todavía mucha cuerda».

cuerno
importarle u. p./u. c. un cuerno a alguien (inf.). *Resultarle absolutamente indiferente:* «El concierto fue muy bueno y me importa un cuerno lo que diga la crítica».
irse u. p./u. c. al cuerno (inf.).
A: *Fracasar, quebrar, resultar mal:* «La sociedad inmobiliaria se fue al cuerno por falta de capitales».
B: [*En oraciones imperativas u optativas indica rechazo violento o categórico de alguien/algo*]: «¡Que se vaya al cuerno tu amigo con su maldita manía de meterse en lo que no le importa!».
mandar u. p. a alguien/algo al cuerno (inf.). *Rechazar o despreciar a alguien/algo:* «Querían invitarme a comer con la intención de venderme sus productos, de manera que los mandé al cuerno».
olerle/saberle u. c. a cuerno quemado a alguien (inf.). *Resultar sospechoso o desagradable:* «Hace quince minutos que nos sigue el mismo coche; la cosa empieza a olerme a cuerno quemado».
poner u. p. a alguien en/hasta los cuernos de la luna (inf.). *Alabar a alguien de forma exagerada:* «Es un gran artista a quien tanto la prensa como el público ponen en los cuernos de la luna».
ponerle u. p. (los) cuernos a alguien (inf.). *Ser infiel a la pareja:* «Se separó de su marido tan pronto como se enteró de que él le ponía los cuernos con su secretaria».
romperse u. p. los cuernos (inf.). *Obstinarse, empeñarse en hacer algo difícil:* «Yo no me he pasado mi juventud rompiéndome los cuernos estudiando para que ahora me den un trabajo mal remunerado».
no valer u. p./u. c. un cuerno (inf.). *No tener ningún valor:* «Te han estafado en la compra del coche, porque francamente no vale un cuerno».
¡qué ... ni qué cuerno(s)! Ver «¡qué ... ni qué *niño muerto!*».

cuero
[estar u. p.] en cueros (vivos) (inf.). [*Estar*] *desnudo:* «Llegaron mucho antes de lo convenido, cuando me estaba duchando, y casi me sorprenden en cueros».

cuerpo
[estar u. p.] de cuerpo presente (f.). [*Estar*] *amortajado para ser enterrado:* «No me parece de buen gusto hacer chistes a costa del difunto encontrándose éste de cuerpo presente».
a cuerpo (gentil) (f.). *Sin abrigo:* «Es una imprudencia salir a la calle a cuerpo gentil con el frío que hace».
a cuerpo limpio (inf.).
A: *Solo, desarmado:* «Es muy valiente y capaz de enfrentarse a un lobo a cuerpo limpio».
B: *Sin abrigo:* «En el sur es frecuente ver a la gente paseando a cuerpo limpio en pleno mes de diciembre».
[dedicarse u. p.] en cuerpo y alma a algo (inf.). [*Dedicarse*] *totalmente a algo:* «Se ha entregado en cuerpo y alma al estudio, y resulta casi imposible hacerle salir de casa para divertirse».
echarse u. p. algo al cuerpo (inf.). *Beber o comer algo en exceso:* «No entiendo cómo puede mantenerse en pie después de echarse al cuerpo una botella entera de güisqui».
pedirle el cuerpo algo a alguien (f.). *Apetecerle algo a alguien, desear vivamente algo:* «Con este calor, lo que me pide el cuerpo es una bebida bien fresquita».
no poder u. p. con el/su cuerpo (inf.). *Estar muy fatigado:* «Hoy no puedo con el cuerpo; me he pasado la mañana subiendo y bajando escaleras».
ponerse u. p. a cuerpo de rey (f.). *Regalarse en los placeres de la mesa:* «Con estas empanadas voy a ponerme a cuerpo de rey».
no pudrírsele u. c. en el cuerpo a alguien (inf.). *No ser capaz de mantener algo secreto:* «Antonia, que es la más indiscreta, lo contó todo. A la pobre no se le pudre en el cuerpo una historia de amor tan estupenda».

tomar u. c. cuerpo (f.). *Concretarse, realizarse, adquirir consistencia o importancia [generalmente de forma paulatina]*: «Cuando vi que los proyectos para sanear la empresa empezaban a tomar cuerpo, me sentí más tranquilo».
tratar u. p. a alguien a cuerpo de rey (f.). *Tratar con esplendor*: «Es muy generoso con sus invitados, a los que siempre trata a cuerpo de rey».

cuesta
cuesta de enero (inf.). *Días de dificultades en el mes de enero como consecuencia de los gastos extraordinarios de las Navidades*: «Este año vamos a tener grandes dificultades para superar la cuesta de enero, porque hemos gastado muchísimo en Navidades».
a cuestas (de alguien) (f.). A: *Sobre los hombros o las espaldas de alguien*: «Como no había coches ni siquiera animales de carga, teníamos que transportarlo todo a cuestas». B: [*Sentido figurado*] *encima de alguien*: «No te extrañe que esté tan débil y achacoso; tiene ochenta años a cuestas».
hacérsele u. c. cuesta arriba a alguien (inf.). *Costarle mucho esfuerzo*: «En las mañanas de invierno se me hace cuesta arriba levantarme temprano».

cuestión
hacer u. p. cuestión de gabinete de/por algo (f.). *Discutir o pelearse por algo (por considerarlo de importancia trascendental)*: «Ya sé que a ti te gusta salir al campo y a tu mujer le gusta quedarse en casa, pero por algo así no merece la pena hacer cuestión de gabinete».

cueva
[ser u. c. una] cueva de ladrones (inf.). *Establecimiento o lugar donde se roba, defrauda o estafa*: «Esta tienda es una cueva de ladrones; me han cobrado por un kilo de patatas el doble que en el mercado».

cuezo
meter u. p. el cuezo (inf.). *Entrometerse en una conversación o en algún asunto*: «Hablábamos de política y, de pronto, Antón metió el cuezo para dar su propia opinión».

cuidadito
¡cuidadito con ...! *Ver* «¡(mucho) *cuidado con ...!».

cuidado
[ser u. p./u. c.] de (mucho) cuidado (f.). A: [*Ser u. p.*] *peligrosa*: «Este es un tipo de cuidado; no me extrañaría nada que estuviese su nombre en los ficheros de la policía». B: [*Ser u. c.*] *peligrosa, muy grave*: «Acaba de sufrir un accidente de cuidado; tendrá que pasar por lo menos un mes en el hospital».
tenerle/traerle u. p./u. c. sin cuidado a alguien (f.). *Resultarle indiferente*: «Yo acostumbro a hacer lo que considero justo y me trae sin cuidado lo que los demás piensen de mí».
¡cuidado que ...! (inf.). [*Exclamación que enfatiza lo que se ha dicho o lo que se dice a continuación*]: «¡Cuidado que eres tonto! ¿Cómo puedes creer que es verdad todo lo que dice la propaganda?».
¡(mucho) cuidado con ...! (inf.). [*Expresión de prohibición*]: «¡Mucho cuidado con gastar el dinero en tonterías! Tenemos que ahorrar para el piso!».

cuidarse
cuidarse u. p. mucho/muy bien de [hacer] algo (f.). *Evitar o abstenerse de [hacer] algo imprudente*: «Cuídate mucho de hacerle una crítica negativa; es un hombre muy rencoroso y tomará represalias».

culo
[ser u. p.] boba/tonta del culo (rest.). *Ver* «[ser u. p.] boba/tonta de *capirote».
[ser u. p. un] culo de mal asiento (inf.). *Persona inquieta que no se encuentra a gusto en ninguna parte*: «No es posible lograr que permanezca sentado más de cinco minutos. Es un culo de mal asiento».
[estar u. c. en] el culo del mundo (inf.). [*Estar en*] *lugar remoto o alejado de la civilización*: «No es extraño que sea una persona carente de educación y sensibilidad; ha nacido en el culo del mundo, a más de 1.000 km. de distancia de la capital».
[estar u. p.] con el culo al aire (inf.). [*Encontrarse*] *en situación apurada o comprometida*: «Hemos tenido que hacer reparacio-

nes muy costosas en la casa y nos hemos quedado con el culo al aire».
de culo (inf.). *Hacia atrás, marcha atrás, de espaldas:* «Es difícil aparcar el coche de culo si no se tiene un espejo retrovisor».
caerse u. p. de culo (inf.). *Asombrarse mucho:* «Si supieras cuánto ganan estos altos burócratas por echar un par de firmas al día, te caerías de culo».
darle u. p. por (el) culo a alguien (rest.).
A: *Sodomizar a alguien:* «En una pareja de homosexuales se considera hombre el que da por el culo a su pareja».
B: *Fastidiar, molestar, perjudicar a alguien:* «El ministerio acaba de darnos por culo a los funcionarios: de ahora en adelante tenemos que trabajar también por la tarde».
C: [*En oraciones imperativas u optativas indica rechazo violento o categórico de alguien/algo*]: «Si el banco no quiere concederme este crédito, ¡que le den por culo!».
enseñar u. p. el culo (inf.). *Huir cobardemente:* «Nuestros soldados parecían muy valientes, pero cuando vieron que se acercaban los enemigos, enseñaron el culo».
ir u. p./u. c. de culo (rest.). *Ir mal o cada vez peor:* «Cada vez hay menos dinero en caja; el negocio va de culo».
irse u. p./u. c. a tomar por (el) culo (rest.).
A: *Fracasar o quebrar:* «La compañía teatral se fue a tomar por el culo por falta de subvenciones estatales».
B: [*En oraciones imperativas u optativas indica rechazo violento o categórico de alguien/algo*]: «¡Vete a tomar por culo y no vuelvas a aparecer por mi casa!».
lamerle u. p. el culo a alguien (inf.). *Adular a alguien:* «Si le haces un regalo tan bueno a la jefa, va a pensar que le quieres lamer el culo».
limpiarse u. p. el culo con algo (rest.). [*Muy despectivo*] *despreciar algo:* «No me interesa esa chica por muy rica que sea; yo me limpio el culo con sus millones».
mandar u. p. a tomar por (el) culo a alguien/algo (rest.). *Rechazar de forma categórica o violenta a alguien/algo:* «Tuve que mandarlo a tomar por el culo porque estaba siempre borracho en el trabajo».

meter(se) u. p. en el culo algo (rest.). [*En oraciones imperativas u optativas indica rechazo violento o categórico de alguien/algo*]: «A mí no me compra Vd. con dinero. ¡Métase sus millones en el culo!».
pasar(se) u. p. a alguien/algo por el culo (rest.). *Despreciar o rechazar a alguien/algo:* «Todos acuden muy elegantes a la fiesta, pero yo la etiqueta me la paso por el culo y no pienso ni llevar corbata».
perder u. p. el culo (inf.).
A: *Ir muy deprisa:* «Tienes que prometerle alguna recompensa para que llegue más temprano y ya verás cómo pierde el culo».
B: *Afanarse o desvivirse por algo [generalmente de forma deshonesta o servil]:* «Cuando llegó el jefe de gobierno, todo el mundo perdía el culo por agasajarle y tenerle contento, incluso sus enemigos políticos».
poner u. p. el culo (rest.).
A: *Practicar la sodomía como sujeto pasivo:* «Era un homosexual tan pobre, que se dedicaba a poner el culo en las tabernas del puerto para ganar algún dinero».
B: *Ceder o transigir en condiciones deshonrosas:* «Al principio no queríamos aceptar el contrato porque lo considerábamos muy desventajoso, pero al final terminamos por poner el culo y firmamos».
ponerle u. p. el culo como un tomate a alguien (inf.). *Darle azotes en el trasero:* «Niño, si vuelvo a verte jugando con mis discos, te pongo el culo como un tomate».
tomar u. p. por el culo. *Ver* «poner u. p. el *culo; acepción A».

cuna

[ser u. p.] de alta/elevada/baja/humilde cuna (f.). [*Ser*] *de elevado/humilde origen, nacimiento o familia:* «El señorito vanidoso rechazó a su novia pretextando que ella era de humilde cuna».

curva

curva de la felicidad (inf.). *Barriga incipiente [se refiere siempre a personas en edad madura]:* «Yo no diría que tu padre es realmente gordo; simplemente, se le nota ya la curva de la felicidad».

CH

chacota
 echar/tomar u. p. a chacota a alguien/algo (inf.). *Burlarse de alguien/algo:* «No te lamentes ahora por haber suspendido el examen. Te has pasado todo el curso tomando a chacota las advertencias del profesor».
 hacer chacota de alguien/algo. *Ver registro anterior.*

chaleco
 decir/murmurar u. p. para su chaleco (inf.). *Hablar para sí mismo, en voz muy baja:* «No se atrevió a decir nada en su presencia, pero murmuró para su chaleco que aquella era la última vez que volvía a verle».

chamusquina
 olerle u. c. a chamusquina a alguien (inf.). *Resultar u. c. sospechosa:* «Primero me dijiste que me devolverías el dinero a principios de mes; después, a mediados y ahora, a finales de mes; la cosa empieza a olerme a chamusquina».

chapado
 [ser/estar u. p.] chapada a la antigua (inf.). *Tener ideas conservadoras o tradicionales:* «Si aceptas la invitación de esta señora, tienes que ir bien trajeado, porque pertenece a una familia chapada a la antigua».

chaparrón
 aguantar/soportar u. p. el chaparrón (inf.). *Aguantar reproches o reprimendas con paciencia:* «Si llegas tarde al trabajo, tendrás que aguantar el chaparrón del jefe».

chaqueta
 [ser u. p]. más vaga que la chaqueta de un guardia (inf.). [*Ser*] *muy vago:* «Os pasáis el día sin hacer nada; sois más vagos que la chaqueta de un guardia».
 cambiar u. p. de chaqueta (inf.). *Cambiar de ideas o credo político por conveniencia personal:* «Antes era fascista y después de la guerra se hizo demócrata y liberal. ¡Qué manera de cambiar de chaqueta!».

charco
 [cruzar/saltar u. p.] el charco (inf.). *Atravesar un mar [generalmente el Océano Atlántico]:* «La miseria era entonces tan grande en España, que muchos decidieron pasar el charco y probar fortuna en América».

charol
 darse u. p. charol (inf.). *Alabarse, jactarse:* «Desde que le han dado el primer premio en el concurso de tiro, no hace más que darse charol con sus habilidades con la escopeta».

chasis
 quedarse u. p. en el chasis (inf.). *Volverse muy delgado:* «Con tanta dieta y tanto régimen de adelgazamiento te estás quedando en el chasis».

chaveta
 estar u. p. (mal) (de la) chaveta (inf.). *Estar loco:* «No comprendo cómo le han dado ese puesto de tanta responsabilidad a un hombre que está chaveta».
 perder u. p. la chaveta (inf.). *Volverse loco:* «Ha perdido la chaveta por esa chica y no hace más que pensar en ella».

chepa
subírsele u. p. a la chepa a alguien (inf.).
Ejercer una fuerte influencia sobre la voluntad de alguien: «Estos niños mimados se le han subido a la chepa a su papá y consiguen siempre lo que quieren».

chicha
no ser u. p./u. c. ni chicha ni limonada/limoná (inf.).
A: *No ser ni una cosa ni otra:* «Primero estudió unos años de piano y luego se pasó al violín, así que, como músico, no es ni chicha ni limonada».
B: *Ser de poca importancia o escaso provecho:* «La conferencia no fue ni chicha ni limoná; el conferenciante no dijo nada nuevo».

chicharra
hablar u. p. como una chicharra (inf.).
Hablar mucho o demasiado: «Es una persona inaguantable que se pasa el día hablando; habla como una chicharra».

chimenea
[andar/estar u. p.] mal de la chimenea.
Ver «[andar/estar u. p.] mal de la *azotea».

china
caerle/tocarle la china a alguien (inf.). *Tener mala suerte:* «No sé por qué ha de tocarme siempre a mí la china de pagar por todos».

China
¡naranjas de la China! (inf.). [*Negación enfática*]: «Me preguntó si podía prestarle el coche para el fin de semana y yo le dije que naranjas de la China».

chino
engañar u. p. a alguien como a un chino (inf.). *Engañarle como si fuese tonto:* «Me vendieron estas nueces como buenas y resulta que por dentro estaban podridas. Me parece que me engañaron como a un chino».

chinche
caer/morir u. p. como (las) chinches (inf.). *Morir en grandes cantidades:* «En nuestro ejército, sin duda inferior y peor preparado que el de los enemigos, los soldados caían como chinches».

chiquillo
[estar u. p.] (tan contenta) como/más contenta que un chiquillo con zapatos nuevos (inf.). [*Estar*] *muy contento con/por algo:* «Desde que le han regalado el coche, está como un chiquillo con zapatos nuevos».

chiquito
andarse u. p. con/en chiquitas (inf.). *Usar de contemplaciones, pretextos, subterfugios o rodeos para hacer o decir algo* [*generalmente usado en oraciones negativas*]: «Te advierto que yo no me ando con chiquitas y como te vuelva a sorprender robando libros de la biblioteca se lo digo a la directora».
dejar u. p./u. c. chiquito a alguien/algo.
Ver «dejar u. p./u. c. *tamañito a alguien/algo».
hacerse u. p. el chiquito (inf.). *Disimular u. p. lo que sabe o puede:* «Anda hombre, léenos tus poesías. No te hagas el chiquito, que sabemos todos que escribes muy bien».

chirigota
estar u. p. de chirigota (inf.). *Estar de broma, bromear:* «¡Tú estás de chirigota! ¿Cómo puedes decir que eres pobre con el sueldo magnífico que ganas».

chiripa
de/por chiripa (inf.). *Por casualidad:* «Aunque no sabía exactamente dónde vivíais, me metí en el primer portal que encontré y acerté por chiripa».

chispa
[no tener u. p./u. c.] (ni) chispa de algo (inf.). [*no tener*] *ni la más ligera huella de algo:* «No tiene ni chispa de vergüenza; le han afeado su conducta públicamente y sigue tan tranquilo».
echar u. p. chispas (inf.).
A: *Dar muestras de enojo o furor:* «Andrés estaba que echaba chispas. ¡No le habían dejado en herencia ni cinco céntimos!».
B: *Correr o hacer algo a toda velocidad:* «Si quieres llegar a tiempo, será mejor que salgas echando chispas y no esperes ni un minuto más».
estar u. p. chispa (inf.). *Estar (un poco) borracho:* «El alcohol le hace en seguida efecto; con dos copas de licor ya está chispa».

chiste
chiste verde (f.). *Chiste obsceno:* «Este es un reprimido sexual. Se pasa la vida contando chistes verdes».

chita
a la chita callando (inf.). *En secreto o sin llamar la atención:* «No pude advertir su partida, porque se marchó a la chita callando».

chiva
estar u. p. como una chiva (inf.). *Estar loco:* «Está como una chiva; se pasa las horas hablando con su perro».

chivo
[ser u. p. un] chivo expiatorio (f.). *Persona a la que se hace pagar las culpas de todos:* «Como yo soy el más joven en la empresa, tengo que hacer de chivo expiatorio cuando una cosa sale mal».

chocar
chocarla u. p. (a alguien) (inf.). *[Generalmente en oración imperativa] darle la mano a alguien:* «¡Chóquela Vd., amigo! ¡Vd. y yo podemos hacer el negocio del siglo!».
chocar u. p. ésos/los cinco. *Ver registro anterior.*

chocolate
las cosas claras y el chocolate espeso (inf.). *[expresión con que se enfatiza la necesidad de conceptos claros, informaciones precisas, etc.]:* «Prefiero que me digas la verdad, aunque sea dolorosa. Ya sabes que a mí me gustan las cosas claras y el chocolate espeso».

chorra
hacer u. p. el chorra (inf.). *Comportarse como un estúpido:* «¿Por qué tienes que hacer el chorra y pagar en la cafetería las consumiciones de gente que apenas conoces?».

chorro
[estar u. c.] (limpia) como los chorros del oro (inf.). *[Estar] muy limpio:* «Desde que tenemos esta criada tan trabajadora, la casa está como los chorros del oro».
llover a chorros (inf.). *Llover intensamente:* «Hoy no hemos podido salir de casa en todo el día porque estuvo lloviendo a chorros».
soltar u. p. el chorro (inf.). *Echarse a reír a carcajadas:* «Siempre cuenta unos chistes tan buenos, que la gente no puede contenerse y suelta el chorro».

chota
[estar u. p.] como una chota (inf.). *[Estar] loco:* «Está como una chota; ahora se dedica a recorrer las calles disfrazado de Napoleón Bonaparte».

chulo
ponerse u. p. chula (inf.). *Volverse orgulloso o insolente:* «Quise reprenderle, pero se puso chulo y me respondió de malas maneras».

chupa
poner u. p. como chupa de dómine a alguien (inf.). *Insultar, reprender a alguien con dureza:* «Un día me voy a cansar de ese sinvergüenza y lo voy a poner como chupa de dómine».

chupar
chupársela u. p. a alguien (rest.).
A: *Realizar el acto de la felación:* «La película fue prohibida por la censura porque se veía una escena de cama en que la protagonista se la chupaba a su novio».
B: *[En oración imperativa u optativa expresa desprecio, indiferencia o superioridad respecto de alguien]:* «Yo en domingo no voy al trabajo ni en caso de emergencia. Y en cuanto al jefe, ¡que me la chupe, si quiere!».
¡chúpate ésa! *Ver registro siguiente.*
¡para que te chupes! (inf.). *[exclamación que indica satisfacción ante alguna adversidad ajena o ante una réplica aguda y oportuna dirigida a alguien]:* «¡Para que te chupes! A mí me han concedido permiso para salir el jueves y a ti te obligan a quedarte en la oficina».

churro
de churro (inf.). *Por casualidad:* «No creas que ha aprobado por haber estudiado. Fue de churro porque le tocaron las preguntas más fáciles».

ir(se) u. p./u. c. a freír churros (inf.).
A: *Fracasar, quebrar, malograrse:* «Al principio el negocio nos iba muy bien, pero con la competencia extranjera se fue a freír churros y tuvimos que venderlo».
B: [*En oraciones imperativas u optativas indica rechazo violento o categórico de alguien/algo*]: «¡Váyase Vd. a freír churros y no me moleste más con sus llamadas telefónicas!».
mandar u. p. a freír churros a alguien/algo (inf.). *Rechazar categórica o violentamente:* «Las condiciones de trabajo eran inaceptables, así que mandé todo a freír churros y me busqué otro empleo».
mojar u. p. el churro (rest.). [*referido al hombre*] *realizar el acto sexual:* «¿Pero qué clase de pruebas de adulterio necesita el tribunal? ¿Acaso quieren una foto en que se vea al cónyuge en la cama con su amante y mojando el churro?».

chutar
ir u. p./u. c. que chuta (inf.).
A: *Quedar u. p. muy satisfecha, recibir más de lo que esperaba:* «Dale al camarero cien pesetas de propina; con eso va que chuta».
B: *Funcionar u. c. muy bien:* «El negocio va que chuta desde que se hizo cargo de él un economista».

chuzo
aunque caigan chuzos de punta (inf.). *Pase lo que pase:* «Estamos decididos a hacer esa excursión y la vamos a hacer aunque caigan chuzos de punta».
caer/llover chuzos (de punta) (inf.). *Caer granizo, llover o nevar con mucha fuerza:* «¡Jamás he visto tormenta parecida! Caían chuzos de punta y el cielo estaba negro como si fuera de noche».

D

dado

ir u. p. dada (inf.). *Hacerse u. p. vanas ilusiones:* «Vas dado si crees que te van a dar a ti ese puesto; hay miles de personas mejor preparadas que tú».

danza

[andar/entrar/estar u. p.] en (la) danza (inf.). *Figurar, intervenir, tomar parte en algo:* «Quisieron que yo también pronunciase un discurso, pero yo lo rechacé porque estaba ya cansado y no tenía ganas de andar en danza».

meter u. p. en (la) danza a alguien (inf.). *Comprometer o enredar a alguien en algo:* «Creo que el problema lo puedo solucionar yo solo; no es necesario meter en danza a nadie para que venga a ayudarme».

dar

para dar y tomar (inf.). *Ver:* «a *punta (de) pala».

dar u. p. con alguien/algo (f.). *Encontrar a alguien/algo:* «¿Dónde estarán mis llaves? Hace tiempo que estoy buscándolas y no doy con ellas».

dar u. c. con/contra/en algo (f.). *Chocar, golpear contra algo:* «La pelota dio contra la ventana y rompió todos los cristales».

dar u. p. consigo en [algún lugar] (f.). *Ir a parar a algún lugar:* «Si continúa haciendo esa vida de delincuente, no tardará en dar consigo en la cárcel».

dar u. p./u. c. de sí (f.).

A: *Rendir, producir:* «Si cada uno de los obreros de la fábrica da tan poco de sí, no es extraño que la producción sea tan baja».

B: [*Referido sólo a cosas*] *estirarse, extenderse:* «Esta tela es muy mala; da mucho de sí después de lavarla».

dar u. p. en [hacer] algo (f.). *Obstinarse, contra toda razón, en hacer algo:* «No sabemos por qué causa, el enfermo ha dado en pasarse la noche gritando. Debe de estar loco».

dar u. p. ésos/los cinco. *Ver* «*chocarla u. p. (a alguien)».

no dar u. p./u. c. más (de sí) (inf.). *No producir o rendir más:* «Lo siento, no puedo ir más rápido. El motor es poco potente y no da más».

no dar u. p. (ni) una. *Ver* «no dar u. p. (ni) una en el *clavo».

dar u. p. por + PARTICIPIO + a alguien/algo (f.). *Creer, considerar + PARTICIPIO:* «Le estuvieron buscando más de una semana y, al ver que no aparecía, le dieron por muerto».

darle a alguien por [hacer] algo (inf.). *Encapricharse en hacer algo:* «Cuando a estos niños les da por gritar, lo mejor es encerrarlos en una habitación hasta que se tranquilicen».

darle algo a alguien (inf.). [*Generalmente usado con futuro perifrástico*] *padecer un ataque (cardíaco, de nervios, etc.):* «¡Todos mis ahorros perdidos en la quiebra del banco! ¡A mí me va a dar algo!».

darle u. p. a algo (f.). *Mover o hacer funcionar algo:* «Si quieres que funcione el tren eléctrico, tendrás que darle a la palanca».

darle u. p. una a alguien. *Ver* «*meterle u. p. una a alguien».

darse u. p. a [hacer] algo (f.). *Obstinarse, contra toda razón, en hacer algo:* «Nadie sabe por qué, el hombre se ha dado a beber, y se pasa el día en los bares».
dársela(s) u. p. a alguien. *Ver* «dársela(s) u. p. a alguien con *queso».
dárselas u. p. (inf.). *Marcharse, huir:* «Los ladrones pudieron dárselas antes de que llegara la policía, así que nadie sabe dónde pueden estar los cuadros robados».
dárselas u. p. de algo (inf.). *Presumir, jactarse de algo:* «Se las da de valiente, pero en el fondo es muy cobarde; todos le han visto correr delante de un novillo inofensivo».
tanto darle a alguien algo (inf.). *No importarle algo:* «Hoy el niño está muy apático; le pregunté si quería salir y me dijo que tanto le daba».
¡ahí/allí/aquí me las den todas! (inf.). [*Expresión de indiferencia o desinterés*]: «Ya sé que han subido el precio de la gasolina, pero como yo no tengo coche, ¡ahí me las den todas!».
[estar u. p.] dale que/y dale con algo (inf.). [*Expresión que denota idea de insistencia o machaconería excesivas*] *porfiadamente, tercamente:* «Pedro estuvo todo el día dale que dale con sus chistes de mal gusto».
[estar u. p.] dale que le das/que te pego con algo. *Ver registro anterior.*
¡(y) dale (con alguien/algo)! (inf.). [*Expresión de reproche dirigida a alguien que se dedica a alguien/algo con excesiva insistencia*]: «¡Y dale con los discos de música pop! ¿Es que no puedes escuchar alguna vez música decente?».
¡qué más ([me/te]) da! (f.). [*Expresión que indica indiferencia o con que se quita importancia a una alteración de lo previsto o esperado*]: «Esperaba que me aprobaran en el examen de conducir, pero, pensándolo bien, ¡qué más me da! ¿Para qué quiero saber conducir?».

de

de [mío/tuyo/suyo] (f.). *Por [mi ...] propia naturaleza:* «¿Pará qué quieres complicar más un problema que ya es de suyo difícil?».
de ... a/en ... (f.). [*Con adverbios temporales o equivalentes*].
A: [*Dentro del plazo indicado*]: «Tengo muchísimo trabajo; de aquí al domingo tengo que terminar de pintar las puertas».
B: [*Al terminar el plazo indicado*]: «De mañana en siete días tengo el examen; me queda sólo una semana para prepararme bien».

debajo

estar u. p./u. c. por debajo de algo/alguien (f.). *Ser inferior a algo/alguien:* «Este producto está muy por debajo de cualquier otro de su precio; parece que en la fábrica no controlan la calidad».

debilidad

sentir/tener u. p. debilidad por alguien/algo (f.). *Sentir cariño o prefencia exagerada por alguien/algo:* «Siente verdadera debilidad por el chocolate y aunque le hace daño, no puede evitarlo».

decir

[andar u. p. con] dimes y diretes (inf.). [*Pasar el tiempo en*] *porfías y disputas:* «Pasaron toda la tarde en dimes y diretes y al final no lograron llegar a un acuerdo».
el qué dirán (inf.). *La opinión pública:* «Después de vivir juntos muchos años, decidieron casarse para no tener que enfrentarse con el qué dirán».
como quien dice (f.). *Aproximadamente, más o menos, casi:* «Ya estamos como quien dice en España: apenas faltan unos veinte kilómetros para llegar a la frontera».
como si dijéramos (f.). *Aproximadamente, más o menos:* «Pedro es, como si dijéramos, el padre del niño, porque lo ha criado y educado».
dicho y hecho (f.). *En seguida, al momento:* «Prometió comprarle un juguete al niño y, dicho y hecho, se lo compró en la primera tienda que encontró abierta».
es un decir (inf.). *Más o menos, aproximadamente:* «Nuestra capital tiene, es un decir, cuatro millones de habitantes. ¿Cuántos crees que puede tener dentro de diez años?».
dar u. p./u. c. que decir. *Ver* «dar u. p./u. c. que *hablar».
decirle u. p. a alguien cuántas son cinco (y cinco) (inf.). *Reprender, regañar, dar una*

lección de conducta a alguien: «Como vuelvas a estropearme el coche te voy a decir cuántas son cinco».
decirle u. p. a alguien cuántas son dos y dos. *Ver registro anterior.*
decir u. p. por decir. *Ver* «*hablar u. p. por hablar».
no decirle u. c. mucho/nada a alguien (inf.). *No gustarle u. c. mucho/nada a alguien:* «A mí los libros de este escritor no me dicen nada; me parece que contienen sólo retórica y frases vacías».
ser u. c. mucho decir (f.). *Ser una exageración:* «Su casa es muy bonita y espaciosa, pero es mucho decir eso de que es un palacio».
¡a cualquiera que se le diga! (inf.). [*Exclamación que indica asombro, admiración o indignación*]: «¡No me explico cómo puedes hablar tan mal de tu propia familia. ¡A cualquiera que se le diga!».
¡a + INFINITIVO + se ha dicho! (inf.). [*Expresión imperativa enfática*]: «¡A trabajar se ha dicho! No quiero veros holgazanear por más tiempo».
¿a mí me lo va[s] a decir? o **¡me lo va[s] a decir a mí!** *Ver* «¡*dímelo/dígamelo a mí!».
como/que dice/decía/dijo el otro... (inf.). [*Expresión usada para autorizar una frase de autor anónimo, desconocido o que no se quiere nombrar*]: «No debes preocuparte porque el niño esté un poco gordo. Como dijo el otro, más vale que sobre que no que falte».
como quien no dice nada (inf.). [*Expresión irónica ponderativa*]: «La casa era fabulosa, desde luego, y pagó por ella, como quien no dice nada, quinientos millones».
con decir[te/le] que... (ya está dicho todo) (inf.). [*Expresión enfática con que se introduce una prueba de lo lo antes afirmado*]: «Este coche es malísimo. Con decirte que hay que llevarlo al taller cada 15 días...»
¡di/diga que sí! (inf.). [*Expresión enfática con la que se aprueba lo dicho o hecho por alguien*]: «¡Diga Vd. que sí! Después de pasarse toda la vida trabajando, tiene Vd. todo derecho a un merecido descanso».
¡dímelo/dígamelo a mí! (inf.). [*Expresión enfática con la que u. p. indica que un determinado asunto o problema lo conoce mejor que su interlocutor*]: «¿Que la vida está muy cara, dices? Bueno, dímelo a mí, que tengo cinco hijos!».
es decir (f.). [*Expresión con la que se introduce una aclaración o una precisión*] *equivale a decir:* «El regalo viene de su cuñado, es decir, del hermano de su marido».
¡eso digo yo! (inf.). [*Expresión, generalmente irónica, con que se refuerza una afirmación del interlocutor*]: «En este país nadie quiere trabajar. –¡Eso digo yo! Nadie quiere trabajar, y tú no eres ninguna excepción».
lo dicho (dicho) (f.). [*Fórmula con la que se recuerda o repite algo anteriormente afirmado y se da por terminado un asunto*]: «Bueno señores, lo dicho, dicho; no quiero que nadie deje de cumplir las condiciones que hemos establecido».
lo que se dice (f.). [*Expresión que enfatiza la autenticidad de lo afirmado*]: «El muchacho está muy crecido y hecho lo que se dice un hombre».
ni que decir tiene (que) (f.). *Obviamente, evidentemente:* «Ni que decir tiene que éste es el mejor equipo de fútbol. Ganará el campeonato con toda seguridad».
(... y/ya) no digamos (inf.). [*Expresión con que se alude a algo que resulta obvio por el argumento que precede*] *y más aún:* «Paco es tan cínico, que hasta sus amigos tratan de evitarlo, ya no digamos sus enemigos».
¡no me digas/diga Vd.! (f.). [*Exclamación que indica asombro o sorpresa*]: «¡Pero no me digas! ¡Enrique entre nosotros! Yo pensaba que estaba aún en América».
¡no [te/le] digo (nada)! (inf.). [*Exclamación que indica asombro, sorpresa o indignación*]: «¡No te digo! ¡Apenas acaba de entrar en la oficina y ya quiere ganar tanto como el jefe!».
o digamos. *Ver* «es *decir».
por no decir (f.). [*Expresión utilizada en comparaciones para enfatizar algún juicio de calidad o cantidad*]: «María es una chica pequeña, por no decir enana».
no... que digamos/dijéramos (f.). [*Expresión con que se señala una afirmación subjetiva*] *no... exactamente, no... precisamente:* «No es un hotel de primera categoría, que digamos, pero es muy limpio y tranquilo».

qué digo... (f.). [*Expresión enfática de aclaración o precisión; se antepone a la repetición de una palabra imprecisa o falta de claridad que se corrige o aclara después*]: «Tiene algún dinero, qué digo alguno, bastante dinero en el banco».

... te/se lo digo yo (inf.). [*Expresión enfática para subrayar la veracidad o importancia de lo dicho, aunque parezca extraño*]: «Puedes presentarte al concurso de canto. Tu voz es excepcional, te lo digo yo».

tú dirás/Vd. dirá (f.). [*Expresión con que se invita a hablar a quien ha solicitado permiso o anunciado la intención de hacerlo*]: «Quisiera hacerle una pregunta, don Antonio. –Usted dirá, doña Bárbara».

¡y que lo digas/-a! o **¡Vd. lo diga!** (inf.). [*Expresión enfática de asentimiento*]: «¡Qué mal pagan a los profesores en este país! –¡Y que lo digas! ¡Más que sueldos parecen limosnas!».

¡y que no... que digamos! (inf.). [*Negación irónica para enfatizar algo que se afirma*]: «¡Y que no tiene admiradores esa chica, que digamos! Ayer vi cómo se peleaban unos cuantos por acompañarla».

decreto

por (real) decreto (inf.). *Por la fuerza, de modo obligado*: «Aquí empieza todo el mundo a trabajar a las ocho de la mañana por real decreto, y el que no esté de acuerdo queda despedido».

dedillo

al dedillo (inf.). *De memoria*: «Para ser guía de turismo hay que conocer al dedillo cada uno de los monumentos y su historia».

dedo

[ser u. c.] (como) para/de chuparse los dedos (inf.). [*Ser*] *muy refinado, excelente*: «Mejor vamos al restaurante que te decía, porque allí sirven un pescado de chuparse los dedos».

[elegir/nombrar u. p. a alguien] a dedo (f.). [*Elegir/nombrar*] *sin criterios objetivos de selección*: «El dictador nombraba a todos sus ministros a dedo, sin que nadie pudiera oponerse a sus caprichos».

[estar u. p./u. c.] a dos dedos de algo (inf.). [*Estar*] *muy próximo o cercano, a punto de hacer/ocurrir algo*: «Fue un safari tan peligroso, que en varias ocasiones estuvieron los participantes a dos dedos de la muerte».

antojársele/hacérsele a alguien los dedos huéspedes (inf.). *Ser u. p. excesivamente recelosa y suspicaz*: «Se le hacen los dedos huéspedes, y no hace otra cosa que pensar mal de todo el mundo».

(poder) contarse u. p./u. c. con/por los dedos (f.). *Ser muy escaso en número*: «Este tipo de conciertos tiene muy poco éxito; pueden contarse con los dedos las personas que acuden al Palacio de la Música».

(no) chupar(se)/mamar(se) u. p. el dedo (inf.). *(No) ser tonto, (no) dejarse engañar*: «Quiso venderme su coche como nuevo, pero yo no me chupo el dedo».

chuparse u. p. los dedos (f.). *Relamerse, comer con mucho placer*: «Mi tía hace unos dulces riquísimos, como para chuparse los dedos».

hacer u. p. dedo (inf.). *Practicar el autostop*: «Lo malo que tiene esto de viajar haciendo dedo es que a veces hay que esperar mucho tiempo por un alma caritativa que quiera llevarte».

meterle el dedo en la boca a alguien (inf.) [*Indica que una persona no es tonta como se suponía; generalmente empleado en oración imperativa*]: «¿Y Vd. creía que Pérez era un tonto? ¡Pues métale un dedo en la boca! ¡Ha obtenido el número uno en las oposiciones a notarías!».

no mover u. p. un dedo por alguien/algo (inf.). *No esforzarse o tomarse molestias por alguien/algo*: «Me ha pedido que le ayude, pero es persona tan antipática, que no pienso mover un dedo por él».

pillarse u. p. los dedos (inf.). *Ser sorprendido cometiendo un delito*: «El ministro de Defensa se ha pillado los dedos en la compra de aviones de combate: acaba de descubrirse que el fabricante le había sobornado con 30 millones».

poner u. p. el dedo en la herida/llaga (f.). *Acertar con el verdadero origen de un mal o de un problema*: «El diputado puso el dedo en la llaga cuando analizó los auténticos males del país».

señalar u. p. a alguien con el dedo (inf.).

Indicar o mencionar a alguien para censurarle algún defecto: «En el pueblo todos le señalaban con el dedo por haber abandonado a su familia».
no tener u. p. dos dedos de frente (f.). *Tener poco entendimiento [especialmente juicio práctico]:* «No le podemos confiar ese cargo tan importante porque no tiene dos dedos de frente».

definitivo
en definitiva. Ver «en *fin; acepción B».

delante
llevarse u. p./u. c. por delante a alguien/algo (inf.). *[Generalmente referido a la circulación automovilística] atropellar a alguien, chocar contra algo:* «Si no doy un brusco giro a la izquierda, el coche se hubiera llevado por delante a la pobre viejecita».
ponerse u. p./u. c. (por) delante (inf.). *Interponerse una persona o una cosa impidiendo la realización de algo:* «Hubiera comprado la casa de buena gana, si no se hubieran puesto por delante dificultades económicas imprevistas».
tener u. p. mucho [tiempo] por delante (f.). *Disponer de mucho [tiempo] (para lograr algún fin):* «No te aflijas por haber perdido un año de estudios; tienes mucho tiempo por delante para terminar la carrera».

delantera
cogerle/llevarle/tomarle u. p. la delantera a alguien (f.).
A: *Adelantar a alguien en una carrera:* «Aunque ellos habían salido antes, nuestro barco era más potente y pronto les cogimos la delantera».
B: *Anticiparse a alguien en algo:* «Si ves algún sitio libre donde aparcar, ocúpalo inmediatamente, no sea que venga otro y te tome la delantera».

delgado
hilar u. p. (muy) delgado. Ver «hilar u. p. (muy) *fino».

delicia
que es una delicia. Ver «que es un/que da *gusto».

demás
por demás (f.).
A: *En vano, inútil:* «Es por demás tratar de instruir a gente tan bruta e ignorante».
B: *Muy, demasiado:* «Tiene un padre severo por demás; cuando el chico no hace los deberes, lo deja castigado toda la semana sin salir».
por lo demás (f.). *Aparte de eso, por lo que hace relación a otras consideraciones:* «Estoy un poco cansado, pero, por lo demás, me encuentro perfectamente».

demonio
[haber/producirse] una de mil/todos los demonios (inf.). *Gran alboroto o pendencia difícil de apaciguar:* «María Antonia sorprendió a su marido con una amiga en un café y se produjo una de todos los demonios».
[ser u. p./u. c.] de mil/todos los demonios (inf.). *[Ser] muy malo, desagradable, terrible, etc.:* «Prefiero retirarme a leer a otra habitación, porque aquí los niños hacen un ruido de mil demonios».
andar el demonio suelto. Ver «andar el *diablo suelto».
darse u. p. al demonio/a todos los demonios (inf.). *Encolerizarse:* «Era un hombre tan impaciente, que en seguida se daba a todos los demonios cuando veía que le hacían esperar».
llevar(se) el demonio/(todos) los demonios a alguien (inf.). *Encolerizarse:* «Cuando descubrió que le habían robado la cartera con los documentos, al buen hombre se lo llevaban los demonios».
oler/saber u. c. a demonios (inf.). *Tener muy mal olor/sabor:* «No sé qué ha pasado hoy en la cocina, que la comida sabe a demonios y no hay quien se la coma».
tener u. p. el/los demonio(s) en el cuerpo (inf.). *Ser excesivamente inquieto o travieso:* «Estos niños no pueden permanecer ni un momento tranquilos. Tienen el demonio en el cuerpo».
¡el demonio que lo entienda! (inf.). *[Exclamación de enojo que indica que algo resulta imposible de entender]:* «Cuantas más páginas leo de este libro, menos comprendo. ¡El demonio que lo entienda!».
¡qué... ni qué demonio(s)! Ver «¡qué... ni qué *niño muerto!».

dentro

dentro de nada (inf.). *Dentro de muy poco tiempo:* «Dentro de nada tendrán lugar los exámenes y tú todavía no has abierto un libro. ¡Qué calma la tuya!».
barrer u. p. para/hacia dentro. *Ver* «barrer u. p. para/hacia *adentro».
caer u. c. dentro/fuera de algo (inf.). *Estar comprendido en/excluido de algo:* «Controlar tu vida íntima es algo que cae fuera de mis atribuciones de padre».
reírse u. p. por dentro (inf.). *Reírse en lo interior de su ánimo:* «Yo me reía por dentro, pero el respeto que le debía a este buen hombre me obligaba a mantenerme serio».
salirle u. c. de dentro a alguien. *Ver* «salirle u. c. de *adentro a alguien».

derecho

coger/tirar u. p. a la derecha (inf.). *Coger un camino o dirección a la derecha:* «Al llegar al cruce de caminos tienes que tirar a la derecha, porque a la izquierda el camino es impraticable».
no dar/hacer u. p. una a derechas (inf.). *No hacer nada con acierto o correctamente:* «Hoy no doy una a derechas; me he equivocado por lo menos diez veces redactando una carta».
hacer u. p. algo a derechas (inf.). *Hacer algo bien, correctamente:* «Este hombre ni trabaja ni deja trabajar a los demás; no hace nada a derechas».
¡no hay derecho! (f.). [*Exclamación de protesta enérgica*]: «De nuevo el tren llega con retraso. ¡No hay derecho!».

deriva

[ir u. p.] a la deriva (f.). [*ir*] *sin dirección o propósito fijo, a merced de las circunstancias:* «Le veíamos pasear siempre un poco a la deriva, sin saber muy bien adónde y con aire preocupado».

desbandada

[huir u. p.] a la desbandada (f.). *Sin orden y precipitadamente:* «Los enemigos, viendo que era inútil resistir, huyeron a la desbandada y cada uno en una dirección distinta».

descontado

dar u. p. por descontado algo (f.). *Creer firmemente en algo o estar convencido de algo:* «Tenía una gran confianza en sí mismo y daba por descontado que en sólo dos semanas podía prepararse para el examen».
por descontado (inf.). *Por supuesto, desde luego:* «Por descontado que no pienso pagar un alquiler tan elevado por una vivienda tan pequeña».

descosido

[hablar u. p.] como un descosido (inf.). [*Hablar*] *mucho:* «El niño de mi hermana, que apenas tiene cuatro años, habla ya como un descosido».

descubierto

al descubierto. *Ver* «a *cielo abierto/descubierto».

descuido

como al/por descuido (f.). *Afectando negligencia o descuido:* «Ella dejó caer al suelo su pañuelo como al descuido, para que el chico se lo recogiera».

deseo

arder u. p. en deseos de algo (f.). *Desear algo vivamente:* «Ardo en deseos de conocer a tu hermano. ¡Me han hablado tan bien de él!».

desesperado

a la desesperada (inf.). *Con gran intensidad, empeño o esfuerzo:* «Tuve que nadar a la desesperada para impedir que la resaca me llevase lejos de la costa».
como un desesperado. *Ver registro anterior.*

desgracia

por desgracia (f.). *Desafortunadamente:* «Iré otro día. Hoy, por desgracia, estoy demasiado ocupado».
caer u. p. en desgracia (f.). *Perder el favor o la consideración de alguien:* «Antes González era el empleado favorito de la empresa, pero ahora parece que ha caído en desgracia y le han rebajado el sueldo y la categoría».

deshora

a deshora(s) (f.). *Fuera de (su) hora o fuera de (su) tiempo:* «Hace una vida muy irregular, comiendo y durmiendo siempre a deshoras, por lo que es imposible saber cuándo se le puede visitar».

desierto
predicar u. p. en (el) desierto (f.). *Intentar persuadir a alguien en vano:* «Hablarle de los peligros del tabajo para la salud es predicar en el desierto, porque él es un fumador empedernido».

desliz
tener u. p. un desliz (inf.). [*Referido a mujeres*] *tener relaciones sexuales fuera o antes del matrimonio:* «Parece que la obligaron a casarse con su novio inmediatamente, porque había tenido un desliz y había quedado embarazada».

desmayo
sin desmayo (f.). *Infatigablemente:* «Para escribir él sólo esa Historia Unversal tendría que trabajar sin desmayo más de cuarenta años seguidos».

despachaderas
tener u. p. buenas despachaderas (inf.). *Responder brusca y ásperamente:* «Pusieron en la Oficina de Reclamaciones una chica que tiene buenas despachaderas. ¡Me pregunto quién va a atreverse a formular una reclamación!».

despecho
a despecho de (f.). *A pesar de, contra la voluntad de:* «No importa que su padre, su madre y sus hermanos estén en contra de la boda; me casaré con ella a despecho de toda la familia».

desperdicio
no tener u. c. desperdicio (f.).
A: *Ser de mucho provecho o utilidad.* «Este libro no tiene desperdicio; raro es el capítulo que no contenga datos interesantes».
B: [*Irónico*] *ser de ningún provecho o utilidad:* «Esta máquina de escribir no tiene desperdicio: la mitad de las letras resultan ilegibles».

despierto
soñar u. p. despierta (f.). *Hacer proyectos fantásticos y considerarlos realizables:* «Este hombre sueña despierto: piensa hacerse millonario en un par de años vendiendo cordones para los zapatos».

después
¡hasta después! *Ver* «¡hasta *luego!».

destajo
trabajar u. p. a destajo (f.). *Trabajar sin descanso y con gran empeño:* «Si queremos terminar la casa en este año, tendremos que trabajar a destajo para conseguirlo».

detalle
entrar en detalles (f.). *Detallar, dar detalles:* «Te cuento lo que pasó sin entrar en detalles; de otro modo, no acabaría nunca la relación».
no perder u. p. detalle de alguien/algo (f.). *Observar a alguien/algo detalladamente:* «Parece que el niño ya está perdiendo la inocencia, porque cuando la criada se desnuda él no pierde detalle».
vérsele un detalle a alguien (f.). *Comprobar en alguien su intención de agasajar, invitar o mostrarse servicial con los demás:* «Tu primo es un tacaño; ha estado viviendo con nosotros dos semanas y no se le ha visto un detalle, ni siquiera le ha comprado caramelos a los niños».

detrás
andar/ir u. p. detrás de alguien/algo (inf.).
A: *Perseguir, buscar o solicitar a alguien/algo:* «Hacía ya algunos años que andaba detrás de ese cargo; imagínate qué desilusión sufrió cuando vio que se lo dieron a otro».
B: *Procurar ganarse el corazón de alguien para tener amores con él:* «Anda detrás de esa chica, pero ella parece que ni siquiera se digna mirarle».

día
[ser u. c.] más larga/triste que un día sin pan (inf.). [*Ser*] *muy largo/triste:* «No hay quien lea el libro hasta el final, porque es más largo que un día sin pan».
a días (f.). *De vez en cuando:* «No voy al restaurante con mucha regularidad, sólo a días».
al caer el día (f.). *Al atardecer, durante el crepúsculo vespertino:* «Al caer el día conviene abrigarse, porque sopla el viento de la sierra».

al otro día (f.). *Al día siguiente:* «No debes tomar muy en serio sus enfados; un día parece estar furioso y al otro día ya ni se acuerda de lo ocurrido».
de día en día (f.). *A medida que pasa el tiempo:* «Viendo que las dificultades económicas aumentaban de día en día, decidí dejar el negocio antes de que hiciese bancarrota».
día a/por día (f.). *Todos los días o con constancia y regularidad:* «Si quieres prepararte bien para el examen, estudia día a día y no lo dejes todo para el final».
día por medio. *Ver* «un *día sí y otro no».
el día del juicio (por la tarde) (inf.). *Muy tarde o nunca:* «Este me pagará lo que me debe el día del juicio por la tarde; está completamente arruinado».
el día de mañana (f.). *En el futuro:* «Si no estudias una carrera, el día de mañana no serás nada».
el día menos pensado/en que menos se piense (inf.). *Cuando menos se espera:* «Conduces demasiado rápido; el día menos pensado vas a tener un accidente».
el mejor/peor día (inf.). *Cuando menos se espera:* «Siempre deja la puerta de su casa abierta; el peor día le van a robar».
el otro día (f.). *Hace unos días:* «Este chico no sabe tener cuenta del dinero; el otro día le di mil pesetas y hoy ya no tiene nada».
en su día (f.). *A su debido tiempo:* «No comprendo por qué se ha caído el puente. En su día fueron efectuadas las revisiones pertinentes».
hoy (en) día (f.) *En la actualidad:* «Antes, viajar a América era casi una aventura; hoy en día, en siete u ocho horas de vuelo se puede hacer el viaje».
(todo) el santo día (inf.). [*Locución que indica contrariedad*] *todo el día sin parar:* «Tuve que pasarme todo el santo día con el niño para ayudarle a hacer sus deberes escolares. ¡Esto no es vida!».
un día sí y otro no (inf.). *En días alternos:* «Esta medicina es un poco fuerte para tomarla todos los días; será mejor tomarla un día sí y otro no».
unos días con otros (f.). *De promedio semanal:* «Le pagan jornal diario y unos días con otros viene ganando unas 5.000 pesetas».

abrir/despuntar/rayar/romper el día (f.).
A: *Amanecer:* «En verano y en estas latitudes el día abre a las cinco de la mañana».
B: [*Sólo con 'abrir'*] *despejarse el cielo:* «La niebla es muy cerrada; mientras no abra el día no podemos navegar».
no dar u. p. ni los buenos días (inf.). *Ser muy avaro o tacaño:* «Pero hombre, ¿cómo se te ocurre pedirle dinero a Manolo, si sabes que no es capaz de dar ni los buenos días?».
darle u. p. el día a alguien (inf.). *Fastidiarle continuamente alguien:* «Hoy el niño nos ha dado el día: no ha hecho más que llorar».
estar u. p./u. c. al día (f.).
A: [*Referido a personas*] *estar informado:* «Procuro leer los periódicos todos los días para estar al día en asuntos de política internacional».
B: [*Referido a cosas*] *estar modernizado o actualizado:* «La biblioteca de nuestro Instituto no está al día; falta una buena parte de los libros publicados recientemente».
poner u. p. al día a alguien/algo (f.).
A: [*Referido a personas*] *informar a alguien sobre el estado actual de un asunto o materia:* «El jefe del departamento estuvo de vacaciones dos meses y he tenido que ponerlo al día de todas las novedades que han ocurrido en ese tiempo».
B: [*Referido a cosas*] *modernizar o actualizar algo:* «Convendría poner al día el catálogo bibliográfico, que está ya un poco anticuado».
tener u. p. sus días (inf.). *Ser desigual y mudable en el humor y carácter:* «No hay que tomar demasiado en serio los ataques de cólera de mi padre; tiene sus días, como sabes, y se le pasa pronto el mal humor».
tener u. p. los/sus días contados (f.). *Estar destinado a una muerte pronta:* «Tiene sus días contados; el médico ha asegurado que le quedan sólo unos meses de vida».
vivir u. p. al día (f.). *Gastar todo lo que se gana sin ahorrar nada:* «Con estos sueldos miserables hay que vivir al día y renunciar a tener una buena cuenta en el banco».
¡buenos días! (f.). [*fórmula de saludo que se usa por la mañana*]: «¡Buenos días, doña Rosa! ¿Cómo ha descansado esta noche?».
¡hasta otro día! *Ver* «¡hasta *luego!».

¡un día es un día! (inf.). [*Expresión usada para excusar un comportamiento indebido o no usual*]: «Hoy te doy permiso para beber hasta emborracharte. ¡Un día es un día!».

diablo

[ser u. p. un] pobre diablo (f.).
A: *Persona infeliz, con poca malicia o poco carácter*: «Te atreves a insultar a Ricardo porque sabes que es un pobre diablo incapaz de pelearse con nadie».
B: *Persona de baja categoría social y/o sin fortuna*: «El es un hombre sin un céntimo, un pobre diablo sin fortuna alguna. ¿Cómo va a atreverse a solicitar la mano de una chica rica?».

[haber/producirse] una de mil/todos los diablos. *Ver* «[haber/producirse] una de mil/todos los *demonios».

[ser u. p./u. c.] del diablo/de (mil/todos) los diablos (inf.). [*Adj. superlativo que indica generalmente una cualidad negativa*]; [*ser*] *muy malo, desagradable, terrible, etc.*: «Hoy le ha ocurrido algo malo, porque viene con un humor de todos los diablos».

andar el diablo suelto (inf.). *Haber grandes disturbios, altercados o enfrentamientos entre la gente*: «Esta es ya la tercera huelga general en dos meses en la que se producen graves alteraciones del orden público; parece que el diablo anda suelto».

darse u. p. al diablo/a todos los diablos (inf.). *Desesperarse, encolerizarse*: «Mi padre es muy ordenado y cuando vio el desorden que hicimos en su despacho, se daba a todos los diablos y quería echarnos de allí a patadas».

irse u. p./u. c. al diablo (inf.).
A: *Fracasar, quebrar*: «Nadie ponía interés en el negocio, así que en poco tiempo se fue al diablo y todos se quedaron sin trabajo».
B: [*En oraciones imperativas u optativas indica rechazo violento o categórico de alguien/algo*]: «¡Vete al diablo! ¡No te aguanto ni un minuto más!».

llevarse el diablo algo (inf.). *Desaparecer, consumirse o malograrse u. c. sin provecho*: «Todo mi trabajo y todos mis esfuerzos en esta empresa se los ha llevado el diablo, porque acaba de declararse en quiebra el negocio y no se pueden repartir ganancias».

mandar al diablo a alguien/algo (inf.). *Rechazar de forma categórica o violenta a alguien/algo*: «Ya es ésta la tercera vez que intenta venderme la enciclopedia a plazos y he tenido que mandarlo al diablo».

oler/saber u. c. a diablos. *Ver* «oler/saber u. c. a *demonios».

tener u. p. el/los diablo(s) en el cuerpo. *Ver* «tener u. p. el/los *demonio(s) en el cuerpo».

¡el diablo que lo entienda! *Ver* «¡el *demonio que lo entienda!».

¡qué... ni qué diablo(s)! *Ver* «¡qué... ni qué *niño muerto!».

Diana

dar u. p. en la/hacer diana. *Ver* «acertar u. p. el/dar en el/hacer u. p. *blanco».

diantre

¡qué... ni qué diantre(s)! *Ver* «¡qué... ni qué *niño muerto!».

diapasón

bajar/subir u. p. el diapasón (inf.). *Bajar o alzar la voz en una discusión o razonamiento*: «Baje Vd. el diapasón, amigo, que lo que nosotros discutimos no tiene por qué oírlo nadie».

diarrea

[tener u. p.] diarrea mental (inf.). [*Sufrir*] *gran confusión*: «Angel tiene diarrea mental y es capaz de pasarse el día hablando de mil temas diferentes sin relación entre sí».

dibujo

meterse u. p. en dibujos (inf.). *Buscarse dificultades innecesariamente*: «Cuando haga Vd. el examen, responda solamente con el menor número de palabras para no meterse en dibujos».

diente

[decir/hablar u. p.] entre dientes (inf.). *Refunfuñar, gruñir, replicar con enojo de manera poco comprensible*: «A mí me gusta que me critiquen abiertamente y no que la gente se ponga a hablar entre dientes cuando yo me doy media vuelta».

alargársele los dientes a alguien (inf.). *Desear algo vehementemente*: «Es una persona tan glotona, que no puede pasar por delante de una pastelería sin que se le alarguen los dientes».

armarse hasta los dientes (inf.). *Armarse muy bien:* «Nuestro ejército no pudo hacer hada para evitar la derrota, porque el enemigo estaba armado hasta los dientes».

dar u. p. diente con diente (inf.). *Tiritar de frío o de miedo:* «El termómetro marcaba 18 grados bajo cero, y todos estábamos dando diente con diente».

darle u. p. al diente (inf.). *Comer (con avidez):* «Cuando sirvieron la comida todos dejaron de hablar y se pusieron a darle al diente».

haber echado u. p./haberle nacido/salido los dientes a alguien [haciendo] algo (inf.). *Haberse dedicado a algo desde muy temprana edad:* «Naturalmente que mi hijo sabe inglés; ha echado los dientes hablando esta lengua, pues nació en Londres».

enseñarle/mostrarle u. p. los dientes a alguien (inf.). *Amenazar a alguien:* «Aquí cada uno hace lo que quiere; tendré que enseñarle los dientes a esta gente para imponer un poco de disciplina».

hincarle el diente a alguien/a algo (inf.).
A: *Comer algo difícil de masticar:* «No sé cómo hincarle el diente a esta chuleta. Está más dura que una piedra».
B: *Apropiarse de algo que pertenece a otra persona:* «No dejes el tabaco encima de la mesa, porque cualquiera que lo vea le hinca el diente».
C: *Acometer alguna dificultad:* «El problema es muy difícil y no sé cómo hincarle el diente».
D: *Criticar a alguien, desacreditarle:* «Ya sé que vais a aprovechar mi ausencia para hincarme el diente y decir de mí cosas terribles».

ponérsele los dientes largos a alguien (inf.). *Desear vehementemente algo:* «A éste se le ponen los dientes largos viendo tanta niña bonita en traje de baño».

romperle/saltarle u. p. los dientes a alguien (inf.). *[Generalmente usado como amenaza] pegar, golpear a alguien:* «¡Si vuelves a hablar mal de mí, te rompo los dientes!».

tener u. p. buen diente (inf.). *Comer de todo:* «Yo nunca suelo preguntar en qué consiste el plato del día, porque tengo buen diente y todo me gusta».

tener u. p. mal diente (inf.). *Poner reparos a la comida:* «Estos niños tienen tan mal diente, que ya no sé qué ponerles para que coman».

diestro

a diestra y siniestra (inf.). *Ver registro siguiente.*

a diestro y siniestro (inf.). *Sin tino, sin orden, sin discreción ni miramientos:* «Estaba tan furioso, que se puso a repartir bofetadas a diestro y siniestro, incluso entre sus amigos».

diferencia

partir u. p. la diferencia (inf.). *Ceder cada uno en una discusión o trato de manera que se llegue a un compromiso:* «Él exigía 200, y yo sólo quería pagarle 100, pero al final partimos la diferencia y cerramos el trato en 150».

dinero

dinero negro/sucio (inf.). *Dinero procedente de actividades ilegales:* «Casi todo su capital es dinero sucio, ganado por medio del contrabando de droga».

dinero suelto (f.). *Moneda fraccionaria:* «¿Tienes dinero suelto para comprar tabaco en el automático?».

blanquear u. p. dinero (inf.). *Reincorporar el dinero al circuito legal invirtiéndolo en negocios honorables:* «Ha tenido que blanquear el dinero que ha ganado con el contrabando comprando apartamentos para los turistas».

nadar u. p. en dinero (inf.). *Tener muchísimo dinero:* «Este hombre debe de nadar en dinero; acaba de comprarse un palacio del siglo XVI».

diñar

diñarla u. p. (inf.). *Morir:* «Como sigas bebiendo tanto, el día menos pensado vas a diñarla».

Dios

[ser u. p. un] alma de Dios (inf.). *Persona muy bondadosa:* «No tiene malicia alguna; es un alma de Dios».

[armar(se)/haber] la de Dios (es Cristo) (inf.). *[Provocar/haber] alboroto, escándalo, pelea:* «El día que me canse de esta situación voy a armar la de Dios».

ni dios (inf.). *Nadie:* «Este tipo de fiestas resulta tan aburrido, que no suele ir ni dios».
todo dios (inf.). *Todo el mundo, cualquiera:* «No me extraña que se formen tantos embotellamientos de tráfico, porque en esta ciudad todo dios quiere ir en coche».
[andar/estar u. p.] como Dios la echó/trajo al mundo (f.). *[Andar/estar] completamente desnudo:* «Supongo que aquella era una playa para nudistas, porque todo el mundo iba como Dios le trajo al mundo».
[estar u. p./u. c.] dejada de la mano de Dios (f.).
A: *[Ser u. p.] de conducta reprobable:* «Nunca hará nada bueno en la vida; es un hombre dejado de la mano de Dios».
B: *[Estar u. c.] descuidada o abandonada:* «La casa parecía dejada de la mano de Dios: las ventanas estaban rotas, el tejado quebrado y sin tejas».
a la buena de Dios (inf.). *De cualquier forma, sin reflexiones:* «Es un libro que está escrito sin documentación ni método, a la buena de Dios».
como Dios (inf.). *Muy bien, mucho:* «Fue una fiesta inolvidable; me divertí como Dios».
como Dios le da a entender a alguien (f.). *Como buenamente puede, venciendo de cualquier modo las dificultades que se presentan:* «Esta puerta hay que pintarla por segunda vez, porque los pintores la han pintado como Dios les ha dado a entender y ha quedado muy mal».
como Dios manda (f.). *Bien, como es debido:* «Tienes que aprender a conducir como Dios manda, de lo contrario vas a tener muchos accidentes».
más... que Dios (inf.). *Muchísimo:* «Este tiene más dinero que Dios. Acaba de comprarse una cadena de supermercados».
[andar/ir u. p.] por esos mundos de Dios (inf.). *[Andar/ir] por diversos y/o múltiples lugares:* «Va cantando y tocando el acordeón por esos mundos de Dios sin asentarse en ningún sitio».
sin/no encomendarse u. p. (ni) a Dios ni al diablo (inf.). *Sin/no pensarlo más:* «Aunque no sabía nadar muy bien, cuando vi que mi cartera se había caído al agua, me arrojé desde la borda sin encomendarme a Dios ni al diablo».

cagarse u. p. en Dios (rest.). *Blasfemar:* «No conozco a nadie de peor carácter; por cualquier contratiempo empieza a cagarse en Dios».
clamar u. c. a Dios (f.). *Reclamar justicia o reparación de los males:* «En aquel pueblo la mitad de los habitantes estaban sin trabajo, las viviendas carecían de la más elemental higiene, faltaban escuelas...; la situación clamaba a Dios».
costarle u. c. Dios y ayuda a alguien (f.). *Costarle mucho trabajo, gran esfuerzo:* «Es un alumno tan poco inteligente, que me cuesta Dios y ayuda explicarle las cosas más sencillas».
estar u. c. de Dios (f.). *Ser inevitable (por ser designio divino):* «Murió porque estaba de Dios que muriera; ningún médico podría salvarle».
no haber Dios que... Ver «no haber *cristiano que...»
llamar Dios a alguien (f.). *Llegarle a alguien la hora de la muerte:* «En esta casa vivo muy contento y no pienso dejarla hasta que Dios me llame».
llevarse Dios a alguien (f.). *Morir u. p:* «Estaba tan enfermo, que era preferible que Dios se lo llevase».
tener Dios de su mano a alguien (f.). *[Generalmente en oraciones optativas] guiar y proteger Dios a alguien:* «¡Tan pequeño y solo por el mundo! ¡Que Dios le tenga de su mano!».
¡bendito sea Dios! (f.). *[exclamación de asombro, sorpresa o alivio]:* «¡Bendito sea Dios! Después de pasar toda la semana con fiebre altísima, se ha curado por completo».
¡como hay Dios! (inf.). *[expresión enfática que refuerza una amenaza o prohibición]:* «Si te vuelvo a sorprender robando nuestra fruta te pego una buena paliza. ¡Como hay Dios!».
Dios dirá (inf.). *[Expresión que indica que se debe confiar el futuro al destino o a la voluntad de Dios]:* «Tú procura prepararte bien para el examen; luego, Dios dirá».
¡Dios [me/te] libre (de algo)! (f.).
A: *[Expresión con que se pondera lo absurdo o insensato que resulta hacer algo]:* «¿Y tú pretendes que yo compre un coche en tan mal estado? ¡Dios me libre!».

B: [*Expresión enfática de prohibición*]: «¡Dios te libre de volver a tocar al televisor! La última reparación nos costó muy cara».
¡Dios me valga! o **¡válgame Dios!** (f.). [*Exclamación de admiración, asombro, sorpresa, espanto o indignación*]: «¡Válgame Dios! ¡Otra vez tenemos que comer con los Pérez, con esa gente tan pesada!».
Dios mediante. *Ver* «si *Dios quiere».
¡Dios mío (de mi alma/vida)! *Ver registro anterior*.
¡Dios nos asista! (f.). [*Exclamación de angustia o miedo*]: «¡Dios nos asista! ¡El volcán ha entrado de nuevo en erupción y esta vez con más intensidad!».
¡(que) Dios nos coja confesados! *Ver registro anterior*.
¡(que) Dios nos tenga de su mano! *Ver* «¡*Dios nos asista!».
¡Dios sabe! o **¡sabe Dios!** (inf.). [*Expresión que indica la dificultad o imposibilidad de averiguar algo*]: «¡Dios sabe a qué hora llegará hoy tu padre a casa! El pobre tiene cada día más trabajo».
¡(que) Dios [te/le] maldiga! (inf.). [*Fórmula imprecatoria*]: «Este es el casero, que Dios maldiga, hombre entregado a la avaricia y que sólo piensa en subirnos los alquileres».
¡(que) Dios [te/se] lo pague! (f.). [*Fórmula de agradecimiento*]: «Muchas gracias por su ayuda. ¡Que Dios se lo pague!».
gracias a Dios o **a Dios gracias** (f.). [*Expresión o exclamación de alivio*] *afortunadamente:* «Ha salido muy bien de la operación, gracias a Dios».
¡líbreme Dios! *Ver* «¡*Dios [me/te] libre (de algo)!; acepción A».
¡no lo permita/quiera Dios! *Ver* «¡*Dios nos asista!».
¡me cago en Dios! (rest.). [*Exclamación que indica fuerte disgusto*]: «¡Me cago en Dios! ¡Aquí hace un frío que no se aguanta!».
¡(vaya) por Dios! (f.). [*Exclamación que indica disgusto, compasión o lástima ante algún contratiempo*]: «¡Vaya por Dios! Ya ha vuelto a estropearse la lavadora».
¡por (el) amor de Dios! (f.).
A: [*Fórmula empleada para pedir un favor o para excusarse con humildad*]: «¡Por el amor de Dios, señorito, déme Vd. una limosna!».

B: [*Exclamación que indica enérgica protesta*]: «¡Por el amor de Dios, déjame dormir tranquilo la siesta, que estoy muy cansado!».
que Dios lo/la tenga en su gloria. *Ver* «que en (santa) *gloria esté».
¡... que venga Dios y lo vea! (inf.). [*Expresión con que se pondera la falsedad o injusticia de una afirmación; suele completar el sentido de una oración condicional*]: «Dicen que aquí no llueve nunca... Bueno, si esto no es lluvia, que venga Dios y lo vea».
¡Santo Dios! *Ver* «¡*Dios me valga!».
si Dios quiere (f.). *Si no surgen problemas o inconvenientes:* «Dentro de una semana podrá abandonar el hospital, si Dios quiere».
¡todo sea por Dios! (f.). [*Expresión que indica conformidad o resig-nación ante algún contratiempo*]: «Hace un año perdió a sus padres y ahora se le ha muerto el marido. ¡Todo sea por Dios!».
¡[vete/vaya Vd.] con Dios! (f.). [*Expresión con que se despide a alguien cortándole la conversación o el razonamiento*]: «Bueno, está bien, no necesitas seguir disculpándote, te lo creo todo. Y ahora, vete con Dios».
¡vive Dios (que)...! (inf.). [*Exclamación de enojo o indignación*].«¡Vive Dios, que me voy a vengar de todo el daño que me ha hecho!».

dique
ponerle u. p. dique a algo (f.). *Frenar, obstaculizar algo:* «Si no ponemos dique a sus ambiciones, va a quedarse con el negocio él solo».

disco
[ser u. p. un] disco rayado (inf.). *Persona reiterativa y pesada:* «Esta mujer no hace más que hablar sin interrupción repitiendo siempre lo mismo. Es verdaderamente un disco rayado».
cambiar u. p. el/de disco (inf.). *Cambiar de tema en una conversación:* «Bueno, ya habéis hablado bastante de fútbol, a ver si cambiáis el disco de una vez».
poner u. p. otro disco. *Ver registro anterior*.

discreción
a discreción (de alguien) (f.). *Al arbitrio o voluntad (de alguien):* «Lo mejor de estas

fiestas es que el vino no está tasado, sino que se bebe a discreción».

disgusto
disgusto de muerte. *Ver* «disgusto/susto de *muerte».
no ganar u. p. para disgustos (inf.). *Sufrir continuamente a causa de disgustos:* «Hace un año se separó de su mujer, hace seis meses se peleó con su hijo y ahora le acaban de echar del trabajo. Total, que el pobre no gana para disgustos».

distancia
guardar/mantener u. p. las distancias (f.). *No condescender en trato familiar con personas de categoría social inferior:* «¡Qué ridículo! Desde que le han nombrado jefe de personal le gusta guardar las distancias y no habla con los simples empleados».

doblar
doblarlas u. p. (inf.). *Morir:* «Si las doblo, no te olvides de pagar mi funeral, porque no tengo un céntimo».

docena
entrar pocos en docena (inf.). *Ser u. p./u. c. rara o escasa:* «Fue un concierto espléndido, de los que entran pocos en docena».
no entrar u. p. en docena con [otras personas] (inf.). *No ser igual o parecido a [otros]:* «Este chico es muy estudioso; no entra en docena con sus hermanos, que son muy vagos y no se interesan por los libros».

dogal
[estar u. p.] con el dogal al cuello/a la garganta (f.). *[Encontrarse] en situación muy apurada, amenazado de un grave riesgo:* «Estoy con el dogal al cuello; mañana vence el plazo para amortizar el crédito y no tengo un céntimo».

dolor
[causarle u. p./u. c. a alguien] dolor(es) de cabeza (f.). *[Causar] preocupaciones:* «Este muchacho, con su conducta alocada, no hace más que causar dolores de cabeza a sus padres».
con (gran) dolor de corazón (f.). *Con mucha pena:* «Sé que tiene Vd. mujer e hijos, pero, con gran dolor de corazón me veo obligado a despedirlo de esta empresa».

dominio
ser u. c. de/del dominio público (f.). *Ser u. c. sabida de todos:* «Quisieron mantenerlo todo muy secreto, pero poco a poco fue enterándose la gente y hoy es ya cosa de dominio público».

don
[tener u. p.] don de gentes (f.). *Habilidad para tratar con otras personas, atraer su simpatía o convencerlas:* «Tiene un gran don de gentes; en sólo unos días se ha hecho amigo de todo el pueblo».
[tener u. p.] don de la palabra (f.). *Facilidad para expresarse o para convencer a los oyentes:* «No se puede negar que tiene un gran don de la palabra; sus discursos despiertan siempre enorme expectación».

dormir
dormirla u. p. (inf.). *Dormir después de una borrachera:* «¿Cómo quieres que se levante temprano? Ayer estuvo bebiendo con sus amigotes y ahora tiene que dormirla hasta mediodía».

dos
en un dos por tres (f.). *En un momento:* «Si te lees atentamente las instrucciones, puedes montar el mueble en un dos por tres».
como dos y dos son cuatro (inf.). *[Expresión que indica que lo que se afirma es cierto o indiscutible]:* «Si no mejora el servicio, me marcho del hotel, como dos y dos son cuatro».
SUSTANTIVO + **como no hay dos** (inf.). *[Locución que indica en grado superlativo alguna cualidad implícita]:* «Es una criada como no hay dos; en sólo dos horas te deja la casa en perfecto estado».

ducha
[ser u. c. una] ducha (de agua) fría (inf.). *Afirmación, noticia, etc., que apaga el entusiasmo, la alegría o ilusión de alguien:* «Me dijo que mi artículo era mediocre y, como comprenderás, estas palabras fueron para mí una ducha de agua fría».

duda
sin duda (alguna) (f.). *Indudable o innegablemente:* «Esta es la mejor combinación de trenes, sin duda alguna. Se llega en seguida al punto de destino».

sacar u. p./u. c. de dudas a alguien (f.). *Mostrarle la verdad, esclarecer a alguien:* «Este libro es muy confuso y no te va a sacar de dudas».

no cabe duda (f.). [*Expresión con que se subraya la veracidad de una afirmación*]: «Ir en bicicleta es más sano que ir en coche, no cabe duda. Pero todos somos muy cómodos y preferimos el coche».

¿qué duda cabe? *Ver registro anterior.*

duelo

despedirse el duelo (inf.). *Disolverse una reunión o un corrillo:* «Bueno, señores, aquí se despide el duelo, que es ya muy tarde y hay que ir a dormir».

dueño

[hacerse/quedar u. p.] dueña del campo (f.). [*Salir/quedar*] *vencedor:* «Al principio esta empresa tenía muchos competidores, pero poco a poco fueron arruinándose todos hasta quedar ella dueña del campo».

[ser u. p.] el dueño del cotarro. *Ver* «[ser u. p.] el *amo del cotarro».

mantenerse/permanecer/ser u. p. dueña de sí misma (f.). *Dominar sus impulsos, obrar con serenidad y reflexión:* «Afortunadamente mi amigo supo mantenerse dueño de sí mismo y callarse, de lo contrario hubiéramos tenido una gran pelea».

ser u. p. muy dueña de [hacer] algo (f.). *Tener libertad para hacer algo:* «Es Vd. muy dueño de hacer lo que quiera en la oficina, pero a finales de mes tiene Vd. que rendir cuentas de su actividad».

es Vd. muy dueño (f.). [*Fórmula cortés con la que se permite al interlocutor tomar la palabra*]: «¿Me permite hacerle una pregunta, Don Antonio? –Es Vd. muy dueño».

duro

¡lo que faltaba para el duro! (inf.). [*Exclamación de enojo utilizada cuando a un problema o dificultad ya existente se añade inesperadamente otro*]: «No solamente llega Vd. tarde al trabajo, sino que se pasa el tiempo charlando con sus compañeros. ¡Vamos, lo que faltaba para el duro!».

duro

[ser u. p./u. c.] dura de pelar (inf.).
A: [*Ser u. p.*] *difícil de vencer, convencer, enternecer:* «No creo que gane el próximo combate de boxeo, porque su rival es bastante duro de pelar».
B: [*Ser u. c.*] *difícil de hacer o resolver:* «Parece que el examen te fue duro de pelar. Estuviste tres horas para resolver el problema».

estar u. p. a las duras y a las maduras (inf.). *Tener que sufrir las incomodidades de un empleo, cargo, negocio, etc., aquel que recibe también sus ventajas:* «Sí señor, ya sé que van a venir malos tiempos para el negocio, pero yo soy de los que están a las duras y a las maduras, y no les abandonaré».

E

eco
encontrar/hallar/tener u. c. eco (f.). *Encontrar repercusión, resonancia o buena acogida:* «La propuesta del ministro de Hacienda de elevar el impuesto de lujo no encontró eco en la mayoría de los parlamentarios».
hacerse u. p. eco de algo (f.). *Aceptar alguna noticia como verdadera y difundirla o tomar las medidas pertinentes:* «Los ecologistas siguen insistiendo en los peligros de la contaminación atmosférica, pero los gobiernos no quieren hacerse eco del problema».

echado
[ser u. p.] (muy) echada para adelante (inf.). *[Ser] valiente, atrevido:* «Ya sabes que mi primo es muy tirado para adelante y aunque no sepa nada de la materia se presenta a todos los concursos-oposiciones».

echar
echar u. p. de menos a alguien/algo (f.). *Lamentar la ausencia de alguien o algo:* «Aquí los medios de transporte son tan eficientes que no echo de menos mi coche».
echárselas u. p. de algo (inf.). *Presumir de algo, creerse importante:* «No te las eches de valiente, porque cuando hay peligro corres como los demás».

efecto
en efecto (f.).
A: *Realmente, verdaderamente:* «Mi hermano es, en efecto, muy aficionado a los deportes y no sabe hablar de otra cosa».
B: *[Expresión de asentimiento o refuerzo de una afirmación]:* «¿Es éste el coche del que tanto me hablas? –Sí, en efecto, éste es».

[ser u. c.] para los efectos [lo mismo] (f.). *[Ser] casi, prácticamente [lo mismo]:* «El viaje en avión cuesta, para los efectos, lo mismo que en tren y es mucho más cómodo».

eje
partir/dividir u. p./u. c. a alguien por el eje (inf.). *Causarle a alguien gran perjuicio o contrariedad:* «La huelga del transporte aéreo me ha partido por el eje. Tenía ya todo preparado para salir mañana mismo de vacaciones».

elemento
estar/encontrarse/hallarse u. p. en su elemento (inf.). *Estar u. p. a gusto en la situación que mejor se aviene con sus inclinaciones:* «Tú eres un borracho y sólo te encuentras en tu elemento en las tabernas».

embargo
sin embargo (f.). *[Locución adversativa] no obstante, a pesar de ello:* «Gana poco dinero; sin embargo, como es ahorrador, ha logrado comprarse una casita de campo».

embrague
patinarle el embrague a alguien (inf.). *Estar loco, tener poco juicio:* «No debes hacerle caso porque a veces le patina el embrague y dice muchas tonterías».

eme
ir(se) u. p./u. c. a la eme (inf.).
A: *Fracasar, quebrar, resultar mal:* «Nuestro plan de salir de excursión se ha ido a la eme, porque Carlos se ha enfermado en el último momento».

B: [*En oraciones imperativas u optativas indica rechazo categórico o violento de alguien/algo*]: «Váyase Vd. a la eme y déjeme dormir tranquilo, que tengo mucho sueño».

mandar u. p. a la eme a alguien/algo (inf.). *Rechazar a alguien/algo de forma categórica o violenta:* «Ya es la tercera vez que vienen a pedirme dinero para la Campaña de Navidad; como vuelvan a insistir, los mando a la eme».

eminencia

eminencia gris (f.). *Persona de gran inteligencia, sabio:* «No me atrevo a tomar la palabra en una reunión donde hay tanta eminencia gris».

empacho

no tener u. p. empacho en [hacer] algo (f.). *No sentir cohibición alguna en [hacer] algo:* «Ya sabes que soy muy sincero y que no tengo empacho en decir lo que siento, sea lo que sea».

empanada

empanada mental (inf.). *Gran confusión, caos mental:* «Las explicaciones del profesor eran tan complicadas y la materia tan difícil, que todos salíamos de clases con una empanada mental».

estar u. p. con la empanada (inf.). *Padecer gran confusión, experimentar un caos mental:* «Te lo he explicado todo muy bien, pero no te has enterado de nada porque estabas con la empanada».

empleado

[estarle u. c.] bien empleada a alguien (f.). [*Irónico; merecer el castigo o los inconvenientes que se derivan de una mala acción*]: «Ya veo que has vuelto a quedarte sin dinero. En realidad, te está bien empleado por no saber gastarlo con juicio».

emprender

emprenderla u. p. con/contra alguien/algo ([a golpes/a bofetadas, etc.]) (inf.). *Acometer a alguien de palabra o con hechos, descargar la ira contra algún objeto:* «Estaba furioso, pero como no se atrevía a emprenderla con nosotros, empezó a destrozar mesas y sillas».

empujón

a empujones (inf.). *En veces, con interrupciones* [*debido a dificultades o tropiezos*]: «Por falta de dinero hemos tenido que construir la casa a empujones y hemos tardado casi quince años en terminarla».

enano

divertirse/pasarlo u. p. como un enano (inf.). *Divertirse mucho, pasarlo muy bien:* «Fui a ver una película de risa y me lo pasé como un enano».

encantamiento

(como) por encantamiento. *Ver* «(como) por *arte de encanto/encantamiento».

encanto

(como) por encanto. *Ver* «(como) por *arte de encanto/encantamiento».

encargo

(ser u. p.) más boba/tonta que hecha de encargo. *Ver:* «(ser u. p.) boba/tonta de *capirote».

como/que ni (hecho) de encargo (inf.). *A la medida (del deseo):* «Le hicieron secretario de la Sociedad Filarmónica, cosa que le viene que ni hecha de encargo para un hombre tan aficionado a la música».

encima

[leer/mirar/ver u. p. algo] por encima (f.). [*Leer...*] *superficialmente, ligeramente, sin entrar en detalles:* «He leído el libro por encima, porque no tenía tiempo para hacerlo más detenidamente».

por encima de algo/todo (f.). *Sobre todo, especialísimamente:* «Lo que a mi suegra le gusta por encima de cualquier otra cosa, es criticar a todo el mundo».

apartar/quitar/sacar u. p. de encima a alguien/algo (f.).
A: *Apartar a alguien/algo de un lugar, asunto o negocio:* «A la niña la voy a quitar de en medio para que no me rompa la computadora».
B: *Matar a alguien:* «La mafia decidió quitar de en medio al periodista que conocía tantos detalles de la organización y a los dos días fue encontrado muerto».

echársele/venírsele u. c. encima a alguien (inf.).

A: *Acercársele muy rápidamente alguna fecha o evento a alguien:* «Se me echó encima el examen de Historia y apenas he tenido tiempo para prepararlo».
B: *Producirse u. c. inesperadamente o cogerle desprevenido a alguien:* «Se nos echó encima el frío y no teníamos abrigo ni calzado adecuado».
estar u. p. encima de alguien/algo (f.).
A: *Controlar u. p. muy de cerca la actividad de alguien:* «Estos niños son tan revoltosos, que hay que estar todo el tiempo encima de ellos para evitar que cometan alguna barbaridad».
B: *Cuidar o atender algo asiduamente:* «Si quieres hacer dinero, tienes que estar encima del negocio».
estar u. p./u. c. por encima de alguien/algo (f.). *Ser superior a alguien/algo:* «Este escritor está muy por encima de todos los de su generación; escribe mucho mejor y con mayor claridad».
quitarse/sacarse/sacudirse u. p. de encima a alguien/algo (f.). *Librarse de alguien/algo molesto o perjudicial:* «No sé qué excusa voy a emplear para sacarme de encima la visita de este señor tan pesado».
pasar u. p. por encima de alguien/algo (inf.). *Obrar u. p. según la conveniencia propia, atropellando, si es necesario, la cosa o persona que se oponga a sus intenciones:* «Sé que es un hombre sin escrúpulos y capaz de pasar por encima de las leyes y hasta de las personas que le impidan alcanzar sus fines».

encuentro
salirle al encuentro a alguien (f.).
A: *Salir a recibir a alguien:* «Mañana regresa mi hermano y tenemos que ir al aeropuerto para salirle al encuentro».
B: *Hacer frente, oponerse a alguien:* «Me salieron al encuentro dos tipos que querían pelea y tuve que retroceder».
C: *Adelantarse a alguien en lo que quiere decir o hacer:* «Él quería darme el despido, pero yo le salí al encuentro presentando la dimisión».

enchufar
enchufársela u. p. a alguien (rest.). *Ver* «echarle u. p. un *polvo a alguien».

ene
ene pe i (rest.). *Ver* «ni *idea».

enfermo
caer u. p. enferma (f.). *Enfermar:* «Hay una epidemia de gripe y casi todos mis compañeros de trabajo han caído enfermos».

engaño
llamarse u. p. a engaño (f.). *Retraerse de lo convenido alegando engaño:* «Antes de firmar el contrato de seguro, asegúrate de que todo está en orden, para que luego no te llames a engaño».

ensalada
ensalada de hostias/tortas (rest.). *Conjunto de bofetadas o puñetazos:* «Como vuelvas a decir que tengo yo la culpa de todo, te doy una ensalada de hostias que te vas a acordar de quién soy yo».

ensalmo
(como) por ensalmo (inf.). *De manera milagrosa o sorprendente:* «A mi marido le gusta derrochar el dinero; en sus manos los billetes de mil desaparecen como por ensalmo».

ensoñación
ni por ensoñación (inf.). [*Refuerzo de una negación*] *de ningún modo, bajo ninguna condición:* «El mercado laboral está muy mal en nuestro país; no se encuentra trabajo ni por ensoñación».

ensueño
[ser u. c.] de ensueño (f.). [*Ser*] *maravilloso:* «Tiene un palacio de ensueño, de esos que se imagina uno en los cuentos de hadas».
ni por ensueño. *Ver* «ni por *ensoñación».

entendederas
[ser u. p.] corta/dura de entendederas (inf.). [*Ser*] *torpe, tonto:* «No te molestes en explicarle el problema, porque es bastante duro de entendederas y nunca lo comprenderá».

entender
darle u. p. a entender algo a alguien (f.). *Decir algo encubierta o indirectamente:* «No le pude decir nada concreto en presencia de su madre, pero le di a entender con la mirada que estaba de acuerdo con ella».

entenderse u. p. con alguien (f.). *Tener relaciones amorosas con alguien:* «Todos saben en el pueblo que el señor cura se entiende con la mujer del barbero».
entendérselas u. p. con alguien (inf.). *Disputar o contender con alguien:* «Si el vecino se niega a pagarnos los desperfectos que ha causado la rotura de la cañería, tendremos que entendérnoslas con él».

entendido
(no) darse u. p. por entendida (f.). *Aparentar u. p. (no) haber entendido o (no) haber oído algo que le atañe:* «Siempre que le recuerdo su obligación de devolverme el dinero, no se da por entendido».

enterado
(no) darse u. p. por enterada. *Ver* «(no) darse u. p. por *entendida*».

enterar
¡para que [te/se] enter[es/-e]! (inf.). [*Refuerzo expresivo de una afirmación, advertencia o crítica destinada al interlocutor*]: «¿Dónde has aprendido modales? A una dama no se le pregunta por su edad, ¡para que te enteres!».

entonces
en/por aquel entonces (f.). *En aquel tiempo:* «Por aquel entonces, cuando mi padre era joven, resultaba más fácil encontrar trabajo».

entrada
de entrada (inf.). *Sin preámbulos o preparación alguna:* «Cuando llegó a su casa borracho y a altas horas de la noche, su mujer no quiso pedirle explicaciones y, de entrada, le dio dos bofetadas».

entraña
arrancarle/sacarle u. p. las entrañas a alguien (inf.). [*Generalmente usado como amenaza*] *matar o hacerle mucho daño a alguien:* «¡Si vuelves a insultar a mi familia, te saco las entrañas!».
echar u. p. las entrañas (inf.). *Vomitar muy violentamente:* «Como bebimos tanto vino, a la noche teníamos todos el estómago muy malo y tuvimos que echar las entrañas».
salirle u. c. de las entrañas a alguien (f.). *Sentir la necesidad de hacer o decir algo con toda sinceridad:* «Realmente no vales para este oficio. Perdona que te hable con franqueza, pero lo que te digo me sale de las entrañas».
no tener u. p. entrañas (f.). *Ser cruel, desalmado:* «No me extraña que haya abandonado a sus hijos; es un hombre que no tiene entrañas».

entrar
no entrar ni salir u. p. en algo (inf.). *No inmiscuirse, no entrometerse:* «En tu vida privada ni entro ni salgo».

entrecejo
arrugar/fruncir u. p. el entrecejo (f.). *Poner gesto de enfado, disgusto o preocupación:* «No arrugues más el entrecejo y haz lo que te digo. Baja a la tienda y trae las botellas de cerveza».
desarrugar u. p. el entrecejo (f.). *Quitarse el gesto de enfado, disgusto o preocupación:* «Bueno, ya es hora de que vayas desarrugando el entrecejo. Lo que ha hecho el niño no es tan grave, y además ha prometido enmendarse».

entredicho
estar u. c./poner u. p./u. c. a alguien/algo en entredicho (f.). *Parecer/hacer parecer dudoso* [*el honor, crédito o veracidad de alguien o algo*]: «Mi honradez está en entredicho mientras todas las sospechas recaigan sobre mí y no pueda demostrar mi inocencia».

entrepierna
pasar(se) u. p. algo por la entrepierna (rest.). *Despreciar o rechazar violentamente algo:* «Los regalos de esa gente antipática me los paso por la entrepierna».

entresijo
tener u. p./u. c. muchos entresijos (inf.).
A: *Tener u. p. mucha reserva o proceder con cautela y disimulo:* «Es imposible saber cómo va a reaccionar Jaime, porque es un hombre que tiene muchos entresijos».
B: *Tener u. c. muchas dificultades o enredos:* «Es difícil saber quién es el culpable en este proceso, porque la ley tiene muchos entresijos».

época
hacer u. c. época (f.). *Ser un suceso de mucha trascendencia:* «El estilo de este pintor

hizo época en los años veinte, aunque hoy está ya un poco olvidado».

equilibrio
hacer u. p. equilibrios (inf.). *Hacer un gran esfuerzo para salvar una situación (económica) difícil:* «Con un sueldo tan mezquino tengo que hacer equilibrios para llegar a fin de mes».

equipo
caerse u. p. con todo el equipo (inf.). *Fracasar rotundamente, equivocarse por completo:* «Creía que iba a hacer un gran negocio con los estupefacientes, pero fue descubierto por la policía y se cayó con todo el equipo».

erizo
[ser u. p.] (arisca/áspera) como un erizo (inf.). *[Ser] muy arisco en el trato:* «Mi compañera de trabajo es como un erizo; cuando habla lo hace con monosílabos».

erre
erre que erre (inf.). *[Expresión que indica reiteración o intensidad de una acción verbal considerada importuna] porfiadamente, tercamente:* «Ya le dije que ese proyectado viaje es absurdo, pero él sigue pensando erre que erre en llevarlo a cabo».

error
error de bulto (inf.). *Error muy evidente o manifiesto:* «Escribiendo a máquina comete errores de bulto; a veces ni se entienden sus cartas».

escala
a/en gran/pequeña escala (f.). *En grandes/pequeñas cantidades:* «Es dueño de una cadena de supermercados y hace dinero a gran escala».

escama
ser u. p. de/tener muchas escamas/más escamas que un besugo (inf.). *Ser muy desconfiado:* «No hay manera de hacer negocios con él porque tiene más escamas que un besugo y siempre está pensando que le engañan».

escape
a (todo) escape (inf.). *A toda prisa, a toda velocidad:* «Por las mañanas tengo que tomar el desayuno a escape si quiero llegar a tiempo a la oficina».

escena
dar/hacer u. p. una escena (inf.). *Actuar de forma patética o exagerada para impresionar:* «Se puso tan furioso conmigo, que hizo una escena delante de todo el mundo».
desaparecer u. p. de escena (inf.).
A: *Marcharse, huir:* «Cuando apareció la policía, ya era demasiado tarde y los ladrones habían desaparecido de escena».
B: *Morirse:* «Excepto mi abuelo, que acaba de cumplir 95 años, todos los que están en esta foto ya han desparecido de escena».

Escila
[estar/encontrarse u. p.] entre Escila y Caribdis (f.). *No poder evitar un peligro o problema sin caer en otro:* «Estamos entre Escila y Caribdis, porque si aumentamos los precios ganamos más por unidad, pero vendemos pocas unidades y si bajamos los precios vendemos mucho, pero no ganamos nada».

escoba
haber tragado u. p. una escoba (inf.).
A: *Andar muy erguido:* «Antes iba por la calle encorvado como un viejo, pero desde que ha hecho el servicio militar camina como si hubiera tragado una escoba».
B: *Mostrar trato distante, altanero o envarado:* «Nuestro jefe de personal es tan antipático que ni siquiera se digna charlar con los empleados; parece que ha tragado una escoba».
no vender u. p. (ni) una escoba (inf.). *Irle a alguien mal un negocio, no vender nada:* «Le van muy mal las cosas en su nueva 'boutique'; hace tiempo que no vende ni una escoba».

escuela
hacer u. p./u. c. escuela (f.). *Imponerse como ejemplo a imitar:* «La costumbre de pasar el fin de semana en el campo ha hecho escuela en este país y rara es la familia que permanece durante este tiempo en la ciudad».

ese
hacer u. p. eses (inf.). *Caminar o conducir*

hacia uno y otro lado [*generalmente por estar bebido*]: «Francamente, no creo que tu amigo venga directamente de la oficina, porque viene haciendo eses como si se hubiera bebido una botella de coñac».

ése

a eso de (inf.). [*Temporal*] *aproximadamente a:* «No estoy seguro, pero creo que el tren llega a eso de las siete de la tarde».

en una de ésas (f.). *Alguna vez, una vez:* «Siempre solía tomar las curvas a gran velocidad, hasta que, en una de ésas, perdió el control de la motocicleta y se estrelló contra un árbol».

con eso de que (f.). [*Locución causal*] *como, puesto que:* «Con eso de que es amigo del portero, consigue entrar gratis en el cine».

con eso y con todo. *Ver* «con *todo (y con eso)».

eso sí, [pero] o **[pero], eso sí** (inf.). [*Expresión que refuerza una adversativa*]: «El clima es muy frío, pero, eso sí, es muy sano».

por eso (f.). [*Locución causal*] *por esa razón, por ese motivo:* «Por eso no quiere venir: porque es ya muy tarde, y no porque no tenga ganas de vernos».

y eso que (inf.). [*Locución concesiva*] *y sin embargo:* «Siempre se levanta tarde y eso que tiene muchísimo que hacer».

¡de eso nada! *Ver* «¡de eso/algo *nada!».

¡ésa es la [mía/tuya]! (inf.). [*Expresión con la que se exhorta a alguien a aprovecharse de una ocasión propicia*]: «¿No querías entablar conversación con esa chica? Pues ¡ésa es la tuya! La chica está sola y necesita compañía».

¡eso es! (f.). [*Expresión de asentimiento o exclamación de satisfacción*]: «¡Eso es! ¡Perfecto! ¡No te podía haber quedado mejor el cuadro!».

¡eso sí que no! (inf.). [*Expresión enfática de negación o prohibición que generalmente refuerza una oración imperativa*]: «¡No puede permitirte que vengas todos los días a dormir a las dos de la mañana! ¡Eso sí que no!

ni por ésas (inf.). [*Expresión enfática que indica la imposibilidad absoluta de hacer o conseguir algo*]: «Intentaron sobornarle, primero ofreciéndole dinero y después un buen cargo en la Administración, pero ni por ésas».

¿no [es/era] eso? *Ver* «¿no [es/era] *así?».

que si eso, que si lo otro... *Ver* «que si *esto, que si lo otro...»

¿y eso? (inf.). [*Expresión con que se pide más detalles*] *¿cómo se explica eso?* «Me han dicho que tienen que operarme inmediatamente. –¿Y eso? –El apéndice está muy inflamado y puede perforarse en cualquier momento».

¿y eso, qué? (inf.). [*Expresión con que se quita importancia a algún asunto o se niega estar implicado en él*]: «Eres un profesor demasiado severo: de veinte estudiantes no ha aprobado ni uno el examen –¿Y eso, qué? Son todos unos vagos».

espada

[estar u. p./poner u. p. a alguien] entre la espada y la pared (f.). *En una alternativa de difícil solución:* «Estamos entre la espada y la pared, porque si continuamos con el negocio perdemos dinero, y si lo vendemos en este momento no nos pagan prácticamente nada por él».

espalda

a espaldas de alguien (f.). *En ausencia de alguien o sin que se entere u. p:* «En la escuela solíamos fumar algún cigarrillo a espaldas del profesor, porque si nos descubría nos dejaba castigados».

a la(s) espalda(s) de alguien (f.).
A: *Detrás de alguien:* «Afortunadamente caminábamos con el sol a nuestras espaldas, por lo que no nos molestaba apenas su luz».
B: [*Figurado*] *encima de alguien:* «Es un poco viejo para seguir trabajando; tiene más de ochenta años a las espaldas».

[ser u. p./u. c.] como para/de caerse de espaldas (inf.). [*Ser*] *asombroso, sorprendente, impresionante:* «He visto un chalet como para caerse de espaldas. ¡Dos piscinas y cancha de tenis!».

[estar u. p.] de espaldas a alguien/algo (f.). [*Estar*] *con las espaldas vueltas hacia alguien/algo:* «Es seguro que no nos ha visto, porque estaba de espaldas a nosotros».

caerse u. p. de espaldas (inf.). *Asombrarse o sorprenderse mucho:* «Si tú supieras

cuánto le pagan al presentador de televisión por hacer este programa tan malo, te caerías de espaldas».
cubrirse u. p. las espaldas (inf.). *Asegurarse contra todo riesgo o eventualidad:* «En el contrabando de drogas sólo se logra detener a los intermediarios; los verdaderos delincuentes siempre saben cómo cubrirse las espaldas».
dar u. p. de espaldas (con/contra algo) (f.). *Caer de espaldas (golpeándose contra algo):* «Resbaló, dio de espaldas contra el borde de la acera y se rompió la nuca».
darle/volverle u. p. las espaldas a alguien (f.).
A: *Retirarse de la presencia de alguien con desprecio:* «Se enfadó mucho con él y le volvió las espaldas sin decirle ni siquiera adiós».
B: *Negarle a alguien el favor, la protección o la amistad:* «Sois todos unos ingratos; cuando más necesito de vuestra ayuda, me volvéis las espaldas y me dejáis solo».
guardar(se) u. p./guardarle u. p. a alguien las espaldas (f.). *Protegerse/proteger a alguien:* «El rey solía pasearse de incógnito entre la gente del pueblo sin llevar consigo a ningún policía que le guardase las espaldas».
medirle/molerle u. p. a alguien las espaldas (inf.). *Golpear, dar una paliza a alguien:* «No creo que los ladrones se atrevan a volver, de miedo a que les midan las espaldas».
tener u. p. buenas espaldas/las espaldas (muy) anchas (inf.). *Tener mucho aguante para sufrir vejaciones, abusos o burlas de otros:* «Con este jefe de personal tan antipático, hay que tener las espaldas muy anchas para seguir en la empresa».
tener u. p. (bien) cubiertas/guardadas las espaldas (inf.). *Estar u. p. segura o gozar de alguna protección:* «Le han sorprendido haciendo contrabando, pero no irá a la cárcel porque tiene muy bien cubiertas las espaldas».
tirar/tumbar u. p./u. c. de espaldas (inf.). *Asombrar, deslumbrar:* «Tiene una novia que tira de espaldas; jamás vi mujer más hermosa».
volver u. p. las espaldas (f.). *Huir o marcharse:* «Creo que sintió miedo, volvió las espaldas y no apareció más por allí».

espanto
de espanto (inf.).
A: *[Adj. superlativo] muy bueno, muy malo, muy hermoso, muy feo, etc.:* «En las playas de Brasil se ven unas chicas de espanto; aquello parece un desfile de modelos».
B: *[Adv.] muy mal:* «Mi abuelo conduce de espanto; cualquier día va a sufrir un accidente de tráfico».
estar u. p. curada de espanto (f.). *Estar endurecido o curtido (en las adversidades):* «Ande, hombre, anímese y cuéntenos cómo se produjo el crimen con todo detalle; aquí estamos todos ya curados de espanto».

espárrago
ir(se) u. p./u. c. a freír espárragos (inf.).
A: *Fracasar, quebrar, resultar mal:* «El proyecto de construir una nueva biblioteca pública se fue a freír espárragos por falta de presupuestos».
B: *[En oraciones imperativas u optativas indica rechazo categórico o violento de alguien/algo]:* «¡Váyase Vd. a freír espárragos y no vuelva a molestarme con sus impertinencias!».
mandar u. p. a freír espárragos a alguien/algo (inf.). *Rechazar a alguien/algo de forma categórica o violenta:* «Cuando me cansé de tanta conversación inútil, los mandé a todos a freír espárragos y me fui a dormir».

Espartero
tener u. p. los huevos/cojones más grandes que el caballo de Espartero (rest.). *Tener gran valor, valentía:* «Estos aviones están tan viejos y estropeados que para pilotarlos hay que tener los huevos más grandes que el caballo de Espartero».
tenerlos/tener u. p. los huevos/cojones u. p. como el caballo de Espartero. *Ver registro anterior.*

espátula
[estar u. p.] (delgada) como una espátula (inf.). *[Estar/ser] muy delgado:* «De tanto estudiar y poco alimentarse el pobre estudiante se está quedando como una espátula».

espectáculo
dar u. p. el espectáculo (inf.). *Causar escándalo, llamar la atención hasta el punto*

de hacer el ridículo: «No sé por qué te pones a reñirme en voz alta delante de todo el mundo. ¿Es que te gusta dar el espectáculo?».

esperar
hacerse u. p./u. c. esperar (f.). *Tardar mucho, demorarse mucho:* «Hace más de media hora que el alcalde debería haber llegado; se ve que a los políticos les gusta hacerse esperar».

espina
[ser u. c. una] espina clavada en el corazón (inf.). *Ofensa, humillación difícil de olvidar:* «Está muy triste. Su fracaso en los estudios es una espina clavada en el corazón».
darle u. p./u. c. buena/mala espina a alguien (inf.). *Hacer esperar algo bueno/malo:* «Esa reunión a puerta cerrada y llevada con tanto secreto me da mala espina».
darle u. c. en la espina a alguien (inf.). *Presentir, barruntar algo:* «Me da en la espina que este año nuestro equipo hará un buen papel en el campeonato».
estar/quedarse u. p. en la espina. *Ver* «estar/quedarse u. p. en la espina de Santa *Lucía».
quitarse/sacarse u. p. la/una espina (inf.). *Desquitarse de una pérdida, tomar la revancha:* «Ayer perdió en el casino más de 10 millones y hoy quiere volver a jugar para sacarse la espina».

espinazo
doblar u. p. el espinazo (inf.).
A: *Humillarse servilmente:* «A Pérez le tratan muy mal sus superiores, pero el pobre es padre de familia numerosa y no le queda más remedio que doblar el espinazo y seguir aguantando».
B: *Trabajar duramente:* «Si quieres comer tienes que doblar el espinazo; aquí no damos limosna a los que no hacen nada».

espíritu
[ser u. p.] el espíritu de algo (f.). *Muy propenso a algo [generalmente referido a lo que se considera vicio o defecto]:* «No te aconsejo discutir con él; no llegarás a ningún acuerdo porque es el espíritu de la contradicción».

levantar u. p./levantarle u. p. a alguien el espíritu (f.). *Animarse/animar a alguien:* «Nunca he encontrado tan triste y abatido a Manolo, así que tuve que invitarle a tomar unos vasos de vino para que levantase el espíritu».

espita
abrir u. p. la espita (de las lágrimas) (inf.). *Empezar a llorar:* «Cuando supo que su hijo tenía que ausentarse por cierto tiempo, no pudo contenerse y abrió la espita de las lágrimas».

espolón
tener u. p. espolones (inf.). *Ser viejo o de edad madura:* «No creo que se entiendan muy bien: ella es una jovencita de apenas 16 años y él tiene ya espolones y podía ser su padre».
tener u. p. más espolones que un gallo (inf.). [*Despectivo*] *ser muy viejo o demasiado viejo:* «Como Matildita se ha casado con un señor que tiene más espolones que un gallo, la gente cree que vive con su abuelo».

esponja
beber u. p. como una esponja (inf.). *Beber mucho [generalmente alcohol]:* «No creo que con una botella de vino haya suficiente; ya sabes que nuestro huésped bebe como una esponja».

espuela
meterle/ponerle u. p. las espuelas a alguien (inf.). *Estimular o incitar a alguien:* «Es un chico listo, pero poco disciplinado para estudiar; hay que ponerle las espuelas para lograr que termine el curso con éxito».

espuerta
a espuertas (f.). *En abundancia:* «Es propietario de dos o tres bancos y en su casa hay dinero a espuertas».

espuma
[aumentar/crecer/subir u. c.] como la espuma (f.). [*Aumentar...*] *con gran rapidez:* «El capital de esta empresa aumentó en poco tiempo como la espuma y hoy es uno de los más sólidos del país».
echar u. p. espuma por la boca. *Ver* «echar u. p. *espumarajos por la boca».

espumarajo
echar u. p. espumarajos por la boca (inf.). *Estar muy encolerizado:* «Se vino hacia mí echando espumarajos por la boca y con la intención de golpearme».

esqueleto
[estar u. p.] hecha un esqueleto (inf.). [*Estar*] *sumamente delgado:* «Volvió de la expedición al Africa hecho un esqueleto. Es un milagro que no se haya muerto».
menear/mover u. p. el esqueleto (inf.). *Bailar:* «No me extraña que estés agotado si ayer estuviste en un baile meneando el esqueleto hasta las seis de la mañana».
tumbar u. p. el esqueleto (inf.). *Acostarse:* «Estoy muy cansado; lo mejor será que me vaya a la cama, a tumbar el esqueleto».

esquina
doblar u. p. la esquina. *Ver* «doblar u. p. la *calle*».

esquinazo
darle u. p. esquinazo a alguien (inf.).
A: *Lograr huir de alguien mediante burla o estratagema:* «Venía siguiéndome uno de la policía, pero le dí esquinazo en el laberinto de las calles del barrio antiguo».
B: *No acudir a una cita y dejar plantado a alguien:* «Llevo una hora esperando a Paquita ¿Será posible que me haya dado esquinazo?».

estacada
dejar u. p. en la estacada a alguien (inf.). *Abandonar a alguien en un peligro o negocio difícil:* «Aunque todos habían prometido ayudarme, me dejaron en la estacada cuando se presentó el peligro».
quedarse u. p. en la estacada (inf.).
A: *Morir en el campo de batalla, en un desafío, etc.:* «Fue una victoria bastante discutible, porque más de la mitad de los soldados quedaron en la estacada».
B: *Salir mal de una empresa o negocio, ser vencido:* «En este negocio influye mucho la suerte, porque algunos se hacen ricos en poco tiempo y otros se quedan para siempre en la estacada sin posibilidades de triunfar».

estado
[estar u. p.] en estado (de buena esperanza) (f.). [*Estar*] *embarazada:* «Su mujer está en estado; esperan un niño para dentro de tres meses».
[estar u. p.] en estado de merecer (f.). [*Referido a mujeres*] *ser soltera y aspirar al estado de matrimonio:* «Las dos hermanas son más feas que unas monas, pero como están en estado de merecer, sus papás organizan todos los meses alguna fiesta para atraer a los novios».

estampa
ser u. p. la (viva) estampa de alguien (f.). *Parecerse mucho a alguien:* «Este chico es la viva estampa de su padre; hasta la expresión de los ojos es la misma».
romperle u. p. la estampa a alguien (inf.). *Pegar, golpear a alguien:* «Si vuelve Vd. a insultarme, le rompo la estampa».
¡maldita sea [tu/su] estampa! (inf.). [*Fórmula imprecatoria*]: «¡Maldita sea su estampa! Se escapó con mi dinero y no logré darle alcance».
¡me cago en [tu/su] estampa! *Ver registro anterior.*

estampida
[salir u. p.] de estampida (f.). [*Salir*] *rápidamente, corriendo, huyendo:* «Cuando oímos el disparo, salimos todos de estampida, pensando que se iba a producir un tiroteo».

estar
estar u. p./u. c. de más (f.). *Ser superfluo, no ser necesario:* «Como nadie me dirigía la palabra, comprendí que yo estaba de más en aquella reunión y me marché en seguida».
estar u. p. en todo (f.). *Estar atento y/u ocupado en muchas cosas simultáneamente:* «Tienes que disculpar que la comida esté hoy un poco sosa, pero ya sabes que un ama de casa tiene muchas cosas que hacer y no puede estar en todo».
estar u. p./u. c. que + VERBO (inf.). [*Expresión que enfatiza lo que indica el verbo*] *realmente, verdaderamente:* «Mira cómo tiemblan. Están que se mueren de miedo».
¡est[oy/-amos] como para [hacer] algo! o **¡para [hacer] algo estamos!** (inf.). [*Expresión irónica con que se rechaza la propuesta de hacer algo por considerarlo absurdo*]:

«¿Por qué me invitas a la fiesta si sabes que me he roto una pierna? ¡Estoy como para bailar!».

estilo
por el estilo (f.).
A: [*Adj.*] *semejante:* «Tengo otro pantalón por el estilo, pero un poco más grande que este».
B: [*Adv.*] *aproximadamente igual:* «Antonio conduce mal, y su hermano conduce por el estilo, porque ya ha tenido cuatro accidentes en un año».

estirón
dar/pegar u. p. un estirón (inf.). *Crecer mucho en poco tiempo:* «El niño ha pegado un buen estirón: ya no le sirve la ropa que le compré hace cuatro meses».

éste
en éstas/esto (f.). *En este/ese momento, de repente:* «Estábamos todos sentados a la mesa y dispuestos a empezar a comer cuando en éstas oímos un grito formidable».
en una de éstas. *Ver* «en una de* ésas».
no [decir/entender/faltar/saber/tener] ni esto (inf.). [*Negación enfática; generalmente acompañada del gesto de juntar la uña del dedo pulgar con la yema o uña del índice*]: «Su padre es un avaro y el pobre chico no recibió ni esto para su viaje de fin de carrera».
por esto (f.). *Por esta razón, por este motivo:* «El abuelo está muy viejo ya, y por esto lo verás pocas veces por la calle».
¡ésta es la [mía/tuya!]. *Ver* «¡*ésa es la [mía/tuya]!*
¡esto sí que no! *Ver* «¡*eso sí que no!».
¡por éstas! (inf.). [*Expresión que refuerza un juramento o venganza*]: «¡Por éstas te juro que me voy a vengar de todo lo que me has hecho!».
que si esto, que si lo otro... (inf.). [*Expresión con la que se resume una enumeración de críticas o reproches considerados infundados*]: «Nuestro jefe se pasa el día poniéndole defectos a todo lo que hacemos. Que si esto, que si lo otro... Todo le parece mal».

estofa
[ser u. p.] de baja estofa (inf.). [*Ser] de ínfima clase, cualidad o categoría:* «No me extraña que todo se te estropee en seguida, porque siempre compras productos de baja estofa».

estómago
revolverle u. p./u. c./revolvérsele el estómago a alguien (inf.). *Causar/experimentar intenso aborrecimiento:* «Cuando pienso que tengo que compartir la misma habitación del hotel con una persona tan odiosa, se me revuelve el estómago».
tener u. p. (buen/mucho) estómago (inf.).
A: *Tener gran capacidad de aguante, especialmente para sufrir desaires e injurias:* «¡Ya hay que tener buen estómago para trabajar en una taberna y oír los insultos y barbaridades que dicen los borrachos!».
B: *No tener escrúpulos en punto a moralidad:* «Yo no valgo para hacer negocios sucios, amigo. Para esas cosas hay que tener mucho estómago».
tener u. p. el estómago en los pies/talones (inf.). *Tener mucha hambre:* «Hace ya ocho horas que no como; tengo el estómago en los pies».

estopa
darle/repartirle/sacudirle u. p. estopa a alguien (inf.). *Golpear a alguien:* «¡O me devuelves lo que me has cogido o te sacudo estopa!».

estrella
[tener u. p./haber nacido con] buena estrella (f.). *Tener mucha suerte en la vida:* «Juan nunca ha estado enfermo ni sabe lo que es tener un dolor. Ha nacido con buena estrella».
[tener u. p./haber nacido con] mala estrella (inf.). *Tener mala suerte en la vida:* «Ya es la quinta vez que lo tienen que operar. Parece que nació con mala estrella el pobre hombre».
poner u. p. a alguien/algo sobre las estrellas (inf.). *Ponderar a alguien o algo en exceso:* «El éxito del cantante fue tan grande, que al día siguiente del concierto los periódicos le dedicaban páginas enteras poniéndolo sobre las estrellas».
ver u. p. las estrellas (inf.). *Sentir un dolor físico muy fuerte:* «Le dio una bofetada tan fuerte, que le hizo ver las estrellas».

estrellado
haber nacido u. p. estrellada. *Ver* «[tener u. p./haber nacido con] mala *estrella».

estribo
perder u. p. los estribos (f.). *Hablar y obrar fuera de razón, perder el autodominio:* «Es una persona muy razonable, pero cuando le hablan de política en seguida pierde los estribos e insulta a todo el mundo».

estropajo
poner u. p. como un estropajo a alguien (inf.). *Criticar, censurar o reprender severamente a alguien:* «No resulta muy agradable trabajar a sus órdenes; el otro día puso a un empleado como un estropajo porque había cometido una pequeña falta en la redacción de una carta».

estufa
criar u. p. en estufa a alguien/algo (inf.). *Cuidar a alguien/algo con demasiados mimos o de manera excesiva:* «No me extraña que vuestros niños sean tan delicados y se enfermen con frecuencia, porque los habéis criado en estufa».

etapa
quemar u. p. etapas (f.).
A: *Avanzar rápidamente sin detenerse en los lugares previstos:* «Hicimos el largo viaje quemando etapas, sin bajarnos ni una sola vez del coche».
B: *Realizar algo en menos tiempo del habitual, evitando pausas:* «Hice la traducción quemando etapas; ni siquiera interrumpí el trabajo para comer».

evidencia
dejar/poner u. p. a alguien en evidencia (f.). *Poner al descubierto las faltas o defectos de alguien:* «El mismo se ha puesto en evidencia ante la justicia al no saber encubrir su delito».
quedar u. p. en evidencia (f.). *Quedar en ridículo o en situación difícil o comprometida:* «Hemos quedado en evidencia delante de nuestras amistades; al niño se le ha ocurrido soltar palabrotas de la peor especie».

excusado
pensar u. p. en lo excusado (f.). *[Generalmente usado en infinitivo] pensar en algo muy dificultoso o imposible de conseguir:* «No sé cómo voy a poder alimentar a mi familia con este sueldo miserable y, desde luego, pedirle dinero a mi suegro es pensar en lo excusado. Seguro que se negará».

exhalación
como una exhalación (f.). *Muy rápidamente:* «Esta vez el autobús no se detuvo, sino que pasó por delante de nosotros como una exhalación».

expediente
cubrir u. p. el expediente (f.). *Aparentar que se cumple una función:* «En los ministerios los oficinistas se dejan ver un par de horas al día, para cubrir el expediente y el resto se lo dedican a la cafetería».

expensa
a expensas de alguien/algo (f.). *A costa de, por cuenta de alguien/algo:* «Prefiere trabajar a tener que estudiar a expensas de los escasos dineros de su madre».

extranjis
de extranjis (inf.). *Ocultamente, sin que los demás se enteren:* «No me atrevo a pasar de extranjis el televisor; si los aduaneros lo descubren, me hacen pagar el 50% de su valor».

extremo
con/en/por extremo (f.). *Muy, mucho, en gran manera:* «Amaba en extremo a sus hijos, y no podía separarse de ellos ni un solo día».
en último extremo (f.). *Si no hay otra solución:* «Sólo en último extremo me decidiría a sacar dinero del banco. El dinero ahorrado es para mí sagrado».

F

fábula
de fábula (inf.).
A: [*Adj. superlativo*] *muy bueno, excelente:* «Se ha comprado un yate de fábula; por lo menos le habrá costado 30 millones».
B: [*Adv.*] *muy bien:* «Esta mujer cocina de fábula. Nunca he comido mejor que en su casa».

facha
[estar u. p.] hecha una facha. *Ver* «[estar u. p.] hecha una *birria».

faena
hacerle u. p. una faena a alguien (inf.). *Perjudicar a alguien solapadamente:* «No me hagas la faena de dejarme solo todo el día».
meterse u. p. en faena (inf.). *Empezar a trabajar:* «La pausa para tomar café ha sido muy larga. Ya va siendo hora de que nos metamos en faena».

falta
falta de bulto. *Ver* «*error de bulto».
echar u. p. en falta a alguien/algo (f.).
A: *Notar que falta alguien o algo:* «Al hacer el recuento del dinero recaudado, echamos en falta un cheque de bastante valor y llamamos a la policía».
B: *Sentir la necesidad de alguien o algo que falta:* «Este año tuve que pasar las Navidades solo y, como es natural, eché en falta a mi familia».
hacer(le) falta u. p./u. c. (a alguien) (f.). *Ser(le) preciso o necesario:* «No hace falta que te levantes tan temprano, porque hoy no tienes colegio».
ni falta que ([me/te]) hace (inf.). [*Expresión que enfatiza la inutilidad de algo o alguien*]: «No tengo coche, ni falta que me hace: sólo sirve para gastar dinero y complicar la vida».
sin falta (f.). [*Expresión con que se promete el cumplimiento de algo en un plazo determinado*]: «No se preocupe Vd., porque mañana sin falta vengo a reparar la cañería».

faltar
no faltar más sino que (inf.). [*Expresión que manifiesta que lo que se expresa a continuación sería ya el colmo de lo intolerable*]: «¡Ya estamos trabajando de noche! ¡No falta más sino que nos obliguen a trabajar los domingos y días festivos!».
¡éso faltaba! (inf.). [*exclamación que indica disgusto ante el hecho de que a una dificultad dada se añada otra*]: «¡Eso faltaba! Justamente hoy que tenía que darme mucha prisa para llegar a tiempo a la oficina, se estropea el coche».
¡lo que faltaba! *Ver registro anterior.*
¡no faltaba/faltaría más! (inf.).
A: [*Expresión enfática para rechazar categóricamente una pretensión inadmisible*]: «Pretende que le pague un mes por adelantado. ¡No faltaba más!».
B: [*Fórmula con que se declina cortesmente un favor o atención*]: «Haga el favor de pasar Vd. primero. –¡No faltaría más! Usted primero».
C: [*Fórmula con que se contesta a la manifestación de agradecimiento por una atención prestada*]: «Le agradezco mucho que me haya acompañado hasta mi casa. –¡No faltaría más! Lo hice con sumo placer».

D: [*Fórmula con que se asiente amablemente a una petición*]: «¿Puede dejarme el periódico un momento? –¡No faltaba más! Téngalo Vd. el tiempo que quiera».

faltriquera
rascarse u. p. la faltriquera (inf.). *Gastar dinero [generalmente de mala gana]*: «Todos estábamos muy contentos mientras comíamos, pero cuando llegó el camarero con la cuenta y tuvimos que rascarnos la faltriquera, cesó la alegría de repente».

familia
acordarse u. p. de la familia de alguien (inf.). *Imprecar o maldecir a la familia de alguien*: «Estuvo trabajando en mi casa toda la semana y no le he dado ni un céntimo de propina; seguro que se va a acordar de mi familia, pero no me importa, porque no merece nada».
cargarse u. p. de familia (inf.). *Tener muchos hijos*: «Se ha cargado de familia y tiene que hacer horas extraordinarias para alimentar a su numerosa prole».

fango
cubrir/llenar u. p. de fango a alguien (inf.). *Ultrajar, denigrar, desacreditar a alguien*: «Las preguntas del periodista eran muy mal intencionadas; se veía claramente que quería llenar de fango al entrevistado».
revolcarse u. p. en el fango (inf.). *Llevar una vida viciosa, depravada o inmoral*: «A una persona que le gusta revolcarse en el fango no puedes hablarle de principios morales, porque no te entiende».

farol
tirarse/marcarse u. p. un farol (inf.). *Jactarse, presumir de algo que no se corresponde con la verdad*: «Me ha dicho que se va a comprar un chalet en la sierra, pero yo creo que se ha tirado un farol, porque apenas tiene dinero».
¡adelante con los faroles! (inf.). [*Expresión usada para animar o animarse a proseguir algo ya comenzado*]: «No debes abandonar tus estudios porque hayas tenido un par de problemas en esta asignatura. ¡Adelante con los faroles, hombre, que ya falta poco!».

fas
(cuando) por fas o (cuando) por nefas (inf.).
A: *Justa o injustamente*: «Por fas o por nefas, yo siempre tengo que cargar con la culpa de todo».
B: *Con o sin justificación*: «Cuando por fas o cuando por nefas, usted siempre llega tarde al trabajo. Tendremos que tomar medidas disciplinarias contra usted».

fastidiar
¡hay que fastidiarse! Ver registro siguiente.
¡no te fastidia! (inf.). [*Exclamación que indica asombro, sorpresa o indignación ante algo considerado negativo*]: «¡No te fastidia! ¡Doce canales de televisión y ni un solo programa decente!».

favor
a/en favor de alguien/algo (f.).
A: *En beneficio o provecho de alguien/algo*: «Seguro que ganas tú la partida. Tienes ya más de veinte puntos a tu favor».
B: *En defensa o apoyo de alguien/algo*: «Es ridículo ponerse a escribir en los periódicos a favor de esas ideas tan atrasadas».
apuntarse u. p. un tanto a su favor (inf.). *Registrar o experimentar algún mérito, acierto o ventaja*: «Ha sabido responder tan inteligentemente en la entrevista que le hicieron en televisión, que se apuntó un tanto a su favor».
estar u. p. (como) para hacerle un favor (inf.). [*Referido sólo a mujeres*] *Poseer gran atractivo sexual*: «¡Qué mujer más guapa! Está como para hacerle un favor…».
hacerle u. p. un favor a alguien (inf.). *Poseer sexualmente a una mujer*: «Es una chica que está muy bien; de buena gana le haría un favor si ella consintiese».
por favor (f.). [*Fórmula de cortesía que acompaña ruegos o preguntas*]: «Por favor, ¿podría decirme dónde se encuentra la estación de ferrocarriles?».

fe
la fe del carbonero (f.). *Fe sin pruebas ni discurso racional*: «La mayoría de los creyentes tienen la fe del carbonero: no leen, no discuten los dogmas, no exigen pruebas».

de/con buena fe (f.). *Con rectitud, honradez, buena(s) intención(es):* «No debe Vd. sentirse ofendido por mis palabras, porque se lo he dicho con buena fe».
de/con mala fe (f.). *Con doblez, alevosía, mala(s) intención(es):* «Debe usted perdonarle si le ha hecho daño, porque estoy seguro de que no lo ha hecho de mala fe».
dar u. p. fe de algo (f.). *Atestiguar, certificar algo:* «Es inútil que niegues los hechos; tenemos testigos que pueden dar fe de lo que ha ocurrido».

fecha
hasta la fecha (f.). *Hasta ahora, hasta el momento presente:* «Siempre dice que va a escribir, pero hasta la fecha no ha escrito ninguna carta».

feliz
prometérselas felices u. p. (f.). *Tener, sin gran fundamento, halagüeñas esperanzas de conseguir algo:* «Como la chica le sonrió al pasar, él se las prometía felices y pensaba que ya había hecho una conquista».

feo
bailar u. p. (siempre) con la más fea (inf.). *Tocarle a alguien (siempre) el trabajo más duro o desagradable:* «No sé por qué tengo yo que bailar siempre con la más fea y hacer el trabajo que los demás rechazan».
hacerle u. p. un feo a alguien (f.). *Desairar o menospreciar a alguien:* «Comprenderá Vd. que no está bien que un profesor reciba regalos del padre de un alumno, pero, por no hacerle a Vd. un feo, los aceptaré».

Fernando
[ir u. p.] en el caballo/coche de San Fernando (inf.). *[Ir] a pie:* «Siento haber llegado tarde, pero perdí el autobús y tuve que venir en el coche de San Fernando».

férula
[estar u. p.] bajo la férula de alguien (f.). *[Estar] sujeto a la voluntad de alguien, bajo la dominación de alguien:* «Nuestro pueblo estuvo bajo la férula del dictador más de treinta años; no es extraño que esté sediento de libertad».

fideo
[estar u. p.] como/hecha un fideo (inf.). *[Estar/ser] muy delgado:* «Si sigues trabajando mucho y comiendo poco, te vas a poner como un fideo».

fiesta
[querer u. p.] fiesta (inf.). *[Irónico] buscar pelea:* «Parece que tienes ganas de fiesta, porque no haces más que criticar y burlarte de todo lo que yo digo».
aguar(le)/amargar(le) u. p. la fiesta (a alguien) (inf.). *Estropear u. p. una fiesta o diversión:* «Llegó un policía a medianoche para aguarnos la fiesta y decirnos que no podíamos cantar a esa hora».
no estar u. p. para fiestas (inf.). *No estar de buen humor:* «Dejadme tranquilo, que hoy no estoy para fiestas. He perdido la cartera con todos los documentos».
hacerle u. p. fiestas a alguien (inf.). *Darle muestras de cariño a alguien [como caricias, carantoñas, etc.]:* «Le hizo fiestas al perro y éste, agradecido, le lamió las manos».
... y tengamos la fiesta en paz (inf.). *[Expresión con que se da por acabado un asunto o discusión]... y no hablemos más del asunto:* «¡Cállense todos y tengamos la fiesta en paz; porque este tipo de discusiones terminan siempre mal!».

figura
[ser u. p. una] figura decorativa (f.). *Persona que ocupa un puesto sin ejercer las funciones esenciales del mismo, o asiste a algún acto sin tomar parte activa en él:* «La mayoría de los funcionarios de este Ministerio son figuras decorativas que no tienen absolutamente nada que hacer».

fila
[ser u. p.] de primera fila (inf.). *[Ser] excelente:* «Mi padre era un cantante de primera fila; cuando él cantaba, toda la vecindad le escuchaba maravillada».
[ser u. p.] de segunda/tercera/cuarta fila (inf.). *[Ser] de poca categoría:* «Es un orador de segunda fila; la gente se duerme durante sus discursos».
[estar u. p.] en filas (f.). *[Estar] en el servicio militar activo:* «Mi hijo acaba de entrar en filas y, en este momento, se encuentra en un campamento militar».

[estar u. p.] en primera fila (inf.). [*Estar*] *en lugar destacado y con intención de ser visto:* «Es gente muy presumida y les gusta exhibirse y estar siempre en primera fila».
cerrar u. p. filas (f.). *Estrechar los lazos de unión (ante un determinado peligro o amenaza):* «Antes los partidos de oposición estaban desunidos, pero ahora han cerrado filas en torno a un solo candidato y su éxito es seguro».
llamar a filas a alguien (f.). *Convocarle para el servicio militar:* «Como no se encontraba en el país cuando le llamaron a filas, le declararon prófugo».

filete
darse/pegarse u. p. el filete con alguien (inf.). *Magrear u. p. a alguien:* «Yo creo que, en el coche y a oscuras, lo que están haciendo Pepe y su amiga es pegarse el filete».

filo
al filo de (f.). *Exactamente a [la hora indicada]:* «Llega siempre puntual, al filo de las doce».
[ser u. c.] (un arma) de doble filo/de dos filos (f.). *Cosa o acción que obra en favor o en contra de lo que se pretende:* «La técnica moderna puede, a veces, ser un arma de doble filo y causar más daños que aportar ventajas a la humanidad».

filosofía
[ser u. p.] de/tener filosofía parda (inf.). [*Ser*] *de/tener conducta astuta e interesada:* «Desconfía de los artículos que quiere venderte este comerciante, porque es hombre de mucha filosofía parda».

fin
(un) sin fin de (f.). *Innumerables:* «Por la noche había un sin fin de mosquitos que le impedían a uno dormir».
al/por fin (f.). *Finalmente:* «Estuvimos esperando el tranvía más de una hora, hasta que por fin llegó».
en fin (f.).
A: *Finalmente:* «En fin, después de muchas dudas, decidió comprarse un piso nuevo».
B: *Concluyendo (después de haber considerado el asunto en detalle):* «En fin, yo creo que es mejor pagar la multa que discutir con la policía».

a fin/con el fin de (que) (f.). [*Locución final*] *para (que):* «Llevamos a los niños a Madrid a fin de que conocieran a sus tíos y primos».
a/en fin de cuentas (f.). [*Expresión utilizada para subrayar la veracidad o legitimidad de algún hecho o dicho*] *si se considera bien:* «No me reproches que haya pagado tanto por este traje; en fin de cuentas es el primero que me compro en cinco años».
al fin (y al cabo/a la postre) (f.). [*Expresión utilizada para subrayar la veracidad o legitimidad de algún hecho o dicho*] *si se considera bien:* «Se gasta mucho en estos viajes, pero al fin y al cabo sólo se hacen una vez al año».

fino
hilar u. p. (muy) fino (f.). *Discurrir con sutileza, exactitud y rigor:* «En cuestiones de moral esta pobre mujer hila fino, y hasta parece demasiado escrupulosa».

firma
echar u. p. una firma (inf.). *Orinar:* «En estos locales donde sólo se bebe cerveza, la gente suele levantarse cada veinte minutos para ir al WC a echar una firma».

firme
de firme (f.). *Mucho, con gran intensidad:* «Hoy llueve de firme; no se puede salir a la calle ni con paraguas».
pisar u. p. firme (inf.). *Actuar con decisión y seguridad en sí mismo:* «Necesitamos una persona con carácter, alguien que pise firme e inspire confianza en los demás».

flamenco
ponerse/ser/volverse u. p. flamenca (inf.). *Hacerse el valentón, provocar a alguien:* «No te pongas flamenco con el policía, porque te puede dar un disgusto».

Flandes
poner u. p. una pica en Flandes (f.). *Conseguir algo difícil, coronar una empresa llena de obstáculos:* «El que logre que esta empresa vuelva a obtener beneficios… ¡ése pone una pica en Flandes!».

flauta
sonarle la flauta (por casualidad) a alguien (inf.). *Salirle bien algo a alguien por*

casualidad: «Aunque no tenía mucha idea de matemáticas, pudo responder a todas las preguntas del examen con cierto éxito. Le sonó la flauta».

flecha
[rápido] como una flecha (f.). *Muy [rápido], muy [rápidamente]:* «Fue rápido como una flecha a comunicarle a sus padres el resultado positivo de sus exámenes».

flojo
traérsela u. p./u. c. floja a alguien (rest.). *Serle indiferente algo a alguien:* «Puedes cambiar de canal y poner otra cosa, si quieres; a mí el fútbol me la trae floja».

flor
[ser u. c.] flor(es) de cantueso (inf.). *Cosa fútil, insignificante:* «No comprendo cómo podéis discutir tan acaloradamente por unas flores de cantueso»
[ser u. p. una] flor de estufa (inf.). *Persona delicada que sufre continuos achaques:* «Mi abuelo parece una flor de estufa: en invierno se acatarra continuamente y en verano le hace daño el sol».
[ser u. p./u. c.] la flor (y la nata) de alguien/algo (f.). *Lo mejor o más distinguido:* «Es la flor y la nata de los jugadores de ajedrez; a los veinte años era ya campeón nacional».
[ser u. p./u. c.] la flor de la canela (inf.). *Ver registro anterior.*
ser u. c. flor de un día (f.). *Ser poco duradero:* «El perfume que has comprado es flor de un día. El frasco es tan pequeño que se te va a acabar en seguida».
[estar u. c.] en flor (f.). *[Estar] sin madurar aún; en el estadio anterior a la madurez, complemento o perfección de una cosa:* «A don Antonio le gustan solamente las muchachitas en flor, cuanto más jóvenes mejor».
[estar u. p.] en la flor de la edad/vida (f.). *[Estar] en plena juventud:* «Se murió en la flor de la edad, cuando apenas contaba 15 años».
a flor de algo (f.). *Casi en la superficie de algo:* «Era fácil contemplar la fauna marina, porque los peces nadaban a flor de agua».
echarle u. p. una(s) flor(es) a alguien (f.).

Requebrar, decir galanterías, lisonjear a alguien: «Me parece que es usted ya un poco mayor para ir detrás de todas las chicas guapas echándole flores».
ir u. p. de flor en flor (inf.). *Ser de carácter superficial, voluble o caprichoso:* «No es una chica seria; le gusta ir de flor en flor, haciendo siempre nuevas amistades».
segar u. p./u. c. en flor algo (f.). *Aniquilar o destruir algo cuando está en su apogeo:* «Los terroristas segaron en flor su vida, justamente cuando tenía un futuro político tan prometedor».

florido
[ser u. p./u. c.] lo más florido de alguien/algo (f.). *[Ser] lo más selecto o distinguido de alguien/algo:* «El gobierno, temeroso de la sublevación, envió a lo más florido de sus tropas para sofocarla».

flote
[estar u. p.] a flote (inf.). *Disponer de medios o recursos económicos suficientes:* «Con lo poco que gana, no sé cómo puede mantenerse a flote».
poner/sacar u. p. a flote a alguien/algo (inf.). *Salvar a alguien/algo:* «El negocio iba tan mal, que ya no había manera de sacarlo a flote».
ponerse/salir u. p./u. c. a flote (inf.). *Vencer u. p./superar u. c. determinadas dificultades:* «Al principio tuvimos bastantes problemas financieros con el negocio, pero después de grandes esfuerzos logramos salir a flote y hoy estamos bien situados».

folio
[ser u. c.] de a folio (inf.). *[Ser] muy grande:* «No sólo no dice nunca la verdad, sino que cuenta mentiras de a folio».

fondo
[ser u. p.] de/tener buen fondo (inf.). *[Ser u. p.] de/tener buen carácter:* «Se ve que este chico tiene buen fondo y que no es rencoroso: ya ha olvidado las ofensas que le habéis inferido ayer».
a fondo (f.).
A: *[Adj.] completo, profundo, serio:* «Antes de emprender un viaje tan largo deberías hacerle al coche una revisión a fondo».
B: *[Adv.] del todo, por completo, sin limitar-*

se a los detalles o apariencias: «Si queremos solucionar el problema, tenemos que estudiar a fondo la situación».
en el fondo (f.). *En lo fundamental (y no en las apariencias o los detalles):* «No sé por qué estamos discutiendo; en el fondo creo que todos estamos de acuerdo».

forma
[estar u. p.] en forma (f.). *[Estar] en buenas condiciones físicas o de ánimo para hacer algo:* «Hoy no me encuentro en forma para ir a nadar. Estoy muy cansado».
en forma (f.).
A: *Correctamente, como es debido:* «Si hubieras estudiado en forma, no habrías suspendido el examen».
B: *Mucho, en gran manera:* «Todos en la fiesta bebieron en forma y terminaron borrachos».
de cualquier forma. *Ver* «de cualquier *manera».
de ninguna forma. *Ver* «de ninguna *manera».
de todas formas. *Ver* «de todas *maneras».
de una forma o de otra (f.). *[Sin que lo que se expresa a continuación constituya obstáculo o impedimento para la cosa de que se trata]:* «Es inútil discutir con él, porque de una forma o de otra impondrá su voluntad y hará lo que quiera».
cubrir/guardar u. p. las formas (f.). *Dominarse para poder comportarse correctamente o con buenos modales:* «Aunque me dirigió palabras injuriosas, procuré guardar las formas para evitar un escándalo».
de (tal) forma que (f.).
A: *[Con indicativo: locución consecutiva]:* «Hizo muy bien el examen de ingreso, de forma que el próximo curso estará en la Universidad».
B: *[Con subjuntivo: locución final]:* «Hazlo en secreto, de forma que nadie se entere».
no haber forma de [hacer] algo. *Ver* «no haber *manera de [hacer] algo».
¿de forma que...? *Ver* «¿de *modo que...?».

foro
irse/desaparecer/marcharse u. p. por el foro (inf.). *Marcharse disimuladamente:* «A mí este tipo de reuniones no me gusta nada, así que, cuando vi una ocasión favorable, me fui por el foro».

forro
pasar(se) u. p. a alguien/algo por el forro de los cojones (rest.). *Despreciar o rechazar a alguien/algo:* «De ese cerdo no quiero aceptar nada, así que su dinero me lo paso por el forro de los cojones».
no [saber u. p. algo] ni por el forro (f.). *No [saber] ni aproximadamente:* «Está muy mal educado; no conoce las reglas de comportamiento ni por el forro».

fosa
cavar u. p. su propia fosa. *Ver* «cavar u. p. su propia *sepultura».

fosfatina
estar/quedar hecha u. p. fosfatina (inf.). *Estar muy cansado o abatido:* «He quedado hecho fosfatina después de transportar más de veinte sacos de cemento».
hacer u. p. fosfatina a alguien (inf.). *Causar a alguien grave daño físico, pegar o vapulear a alguien:* «Ten cuidado; es más fuerte que tú y de un solo puñetazo puede hacerte fosfatina».

foto
hacer u. p. una foto(grafía) (inf.). *[Referido a mujeres] enseñar la zona del sexo por habérsele levantado la falda:* «Carmen tropezó en una piedra del camino, cayó al suelo e hizo una foto. Luego se puso roja de vergüenza, como si hubiera tenido ella la culpa».

fraile
fraile de misa y olla (f.). *Religioso de escasos estudios:* «Pronunció la homilía un fraile de misa y olla, de ésos que no dicen más que vulgaridades y la gente bostezaba de aburrimiento».

francés
despedirse/irse/marcharse u. p. a la francesa (inf.). *Marcharse sin despedirse:* «Nadie se dio cuenta de la ausencia de Jaime hasta mucho tiempo después; el muy pícaro se había marchado a la francesa».

frasco
[ser u. p. una] rubia de frasco (inf.). *[Mu-*

jer] rubia teñida: «Seguro que esta chica es una rubia de frasco; cuando la conocí en la playa era morena».
¡toma del frasco! *Ver* «¡toma del frasco *Carrasco!».

frase
hacer u. p. una frase (f.). *Pretender impresionar con algún dicho o agudeza:* «En una tertulia de literatos como aquella, era frecuente que alguien hiciera una frase que luego era celebrada con aplausos por todos los concurrentes».

freno
echar/meter u. p. el freno (inf.). [*Generalmente en oración imperativa*] *detener el razonamiento o el discurso:* «¡Echa el freno, hombre, y no nos aburras más contándonos siempre lo mismo!».
morder/tascar u. p. el freno (inf.). *Reprimir su enojo, aguantarse sin protesta:* «De buena gana le hubiera dado unas bofetadas al jefe de personal, pero tuve que tascar el freno y callarme, por miedo a las represalias».
poner u. p. freno a algo (f.). *Moderar, contener, refrenar algo:* «Sin unas leyes que pongan freno a la corrupción pública, este país camina hacia el desastre».

frente
frente por frente de (f.). *Exactamente enfrente de:* «El restaurante está frente por frente de mi casa; sólo hay que atravesar la calle para ir allí».
acometer/atacar/embestir u. p. de frente a alguien (inf.). *Atacar o criticar sin rodeos ni consideraciones:* «Prefiero que mis enemigos me embistan de frente. Los que emplean el disimulo son más peligrosos».
adornarle u. p. la frente a alguien (inf.). *Engañar o ser infiel a la pareja:* «Esta señora lleva una vida muy alegre, y no me extrañaría que le adornase la frente a su marido».
arrugar/fruncir u. p. la frente. *Ver* «arrugar/fruncir u. p. el *ceño».
desarrugar u. p. la frente. *Ver* «desarrugar u. p. el *ceño».
hacer u. p. frente a alguien/a algo (f.).
A: *Oponerse, resistir, luchar con alguien/algo:* «Hay días en que me quedo yo solo haciendo frente a las dificultades del negocio».
B: *Soportar con fortaleza de ánimo alguna adversidad:* «Hay que hacerle frente a las desgracias y no desesperarse».
[ir u. p. con/llevar] la frente (muy/bien) alta/erguida/levantada (inf.). *Tener la conciencia tranquila, no tener de qué avergonzarse:* «No importa lo que diga la gente; tú no has hecho nada malo y puedes ir con la frente bien alta».

frente
[estar u. p.] al frente de alguien/algo (f.). [*Estar*] *al mando de una colectividad o ejército, en la dirección de algún asunto o negocio:* «Es un hombre muy dinámico y, desde que está al frente del comercio, la cifra de ventas ha aumentado notablemente».

fresco
decirle/plantarle/soltarle u. p. dos/cuatro frescas a alguien (inf.). *Decirle algo con descaro o desvergüenza a alguien:* «El tendero quiso engañarme con la mercancía y no tuve más remedio que soltarle cuatro frescas».
quedarse u. p. tan fresca (inf.). *Quedarse tan tranquilo como si nada hubiera pasado:* «No se inmuta por nada; le dijeron que la policía le iba a intervenir su negocio y él se quedó tan fresco».
tomar u. p. el fresco (f.). *Salir para gozar del aire fresco:* «Voy a tomar un poco el fresco; con este calor no aguanto en casa».
¡(pues) estamos/estaríamos frescos! (inf.). [*Exclamación que expresa indignación*]: «¡Otra vez malas notas en matemáticas! ¡Pues estamos frescos!».

frío
en frío (inf.). *Sin preparación, inesperadamente:* «Me gustaría conocer al gran violinista, pero ¿cómo hablarle así, en frío, sin que alguien me lo presente?».
no causarle/darle/producirle u. p./u. c. ni frío ni calor a alguien (inf.). *Resultarle u. p./u. c. indiferente a alguien:* «Yo nunca fui muy aficionado al fútbol y el campeonato mundial es algo que no me da ni frío ni calor».
coger u. p. frío o **cogerle el frío a alguien** (f.). *Resfriarse:* «Hace un tiempo horrible.

Ten cuidado, que no te coja el frío y abrígate bien».
dejar u. p./u. c. frío a alguien (f.). *Asustar, horrorizar a alguien:* «Cuando le comunicaron a Ana que tenían que operarla por tercera vez, la dejaron fría».
hacer un frío que corta/pela (inf.). *Hacer mucho frío:* «Hace un frío que pela; debemos de estar por lo menos a diez grados bajo cero».
quedarse u. p. fría (inf.). *Asustarse o sufrir una fuerte conmoción anímica:* «Cuando me dijeron que acababa de perder la mitad de mi capital en la cotización de la Bolsa, me quedé frío y apenas pude decir nada».

frito
poner/tener/traer u. p. frito a alguien (inf.). *Agotar la paciencia, exasperar a alguien:* «¡Estos niños me tienen frito con sus gritos!».
quedarse u. p. frita (inf.). *Quedarse dormido:* «Los niños estaban hoy tan fatigados que, nada más meterse en cama, se quedaron fritos».

frotar
frotar(se)la (rest.). *[Referido al hombre] masturbarse:* «Tiene todo el aspecto de un reprimido sexual, de ésos que se la frotan todos los días contemplando fotos de chicas desnudas».

fu
[no ser u. p./u. c.] ni fu ni fa (inf.). *[No ser] ni bueno ni malo, ni una cosa ni otra:* «No comprendo tu entusiasmo por esa película; a mi no me pareció ni fu ni fa».
no hacer u. p./u. c. ni fu ni fa a alguien (inf.). *Dejar u. p./u. c. indiferente a alguien:* «No creas que tengo mucho interés en conocer a esa chica; en realidad no me hace ni fu ni fa».

fuego
[estar u. p.] entre dos fuegos (f.). *Situado entre dos peligros:* «Nos encontrábamos entre dos fuegos, pues el enemigo nos había rodeado y nos impedía avanzar y retroceder».
abrir/hacer/romper u. p. (el) fuego (f.). A: *Comenzar a disparar:* «Cuando vimos que el enemigo avanzaba, no tuvimos más remedio que coger nuestros fusiles y abrir fuego».
B: *Iniciar una pelea o disputa:* «Me pareció que todos deseaban pelea y que sólo estaban esperando encontrar un pretexto para abrir fuego».
atizar/avivar u. p. el fuego (f.). *Avivar una contienda, fomentar una discordia:* «Cuando los niños lloran, es mejor dejarlos llorar; intentar calmarlos es avivar el fuego».
[echar u. p.] fuego por los ojos (inf.). *Estar enfurecido:* «Debió de ser una discusión muy violenta, pues aún una hora después parecían los dos cónyuges echar fuego por los ojos».
jugar u. p. con fuego (f.). *Entretenerse por diversión en algo que puede ocasionar sinsabores o perjuicios:* «Conducir tan rápido es jugar con fuego; un día vas a sufrir un accidente grave».

fuente
de buena(s) fuente(s) (f.). *Fidedigno, digno de todo crédito:* «Puedes creerme; la noticia es de buena fuente».
beber u. p. en buenas fuentes (f.). *Saber las noticias de fuentes fidedignas:* «La dirección del periódico envió un periodista al lugar de los acontecimientos para que bebiese en buenas fuentes».

fuera
[estar u. p.] fuera de sí (f.). *[Estar] muy encolerizado:* «Está fuera de sí; le han echado del trabajo sin darle explicaciones y sin ofrecerle indemnización».
fuera de (f.). *Excepto, salvo:* «Apenas he cometido errores en el examen, fuera de una pequeña equivocación sin importancia».
caer u. c. fuera de algo. *Ver* «caer u. c. *dentro/fuera de algo».
fuera de que (f.). *[Locución conjuntiva] además de que, aparte de que:* «Fuera de que no me gusta salir por la noche, encuentro muy aburridas estas veladas musicales, así es que me quedo en casa».
¡y fuera! (inf.). *[Expresión que indica que algo está terminado]:* «Me quedan solamente dos ventanas por pintar... ¡y fuera! El trabajo está ya terminado».

fuero
en el fuero interno de alguien (f.). *En la intimidad de alguien:* «En mi fuero interno

le odiaba, pero él era mi jefe y tenía que mostrarme amable con él».
sacar u. p./u. c. de sus fueros a alguien (inf.). *Impacientar o enfurecer a alguien:* «Perder tanto tiempo arreglando papeles es una cosa que me saca de mis fueros».
volver u. p. por sus fueros (f.). *Defenderse de atropellos o ataques injustos:* «Todos pensamos que iba a conformarse con su destino, pero el hombre ha vuelto por sus fueros y ha contratado un abogado para entablar proceso».

fuerte

darle fuerte a alguien por algo (inf.). *Sufrir u. p. una pasión seria por algo:* «Le ha dado fuerte por el ciclismo; se pasa el día entero pedaleando».
pisar u. p. fuerte. *Ver* «pisar u. p. *firme».

fuerza

fuerza mayor (f.). *Circunstancias imprevisibles o inevitables (que impiden el cumplimiento de una obligación):* «Todo el mundo está obligado a llegar en punto, excepto en caso de fuerza mayor, como por ejemplo enfermedad».
fuerzas vivas (f.). *Grupos representativos (por su autoridad en un país, región, etc.):* «El día de la fiesta tienen que desfilar las fuerzas vivas del pueblo: el alcalde, el secretario del ayuntamiento, el jefe de la policía local, etc».
a fuerza de (f.). *Empleando con insistencia un mismo recurso o reiterando una acción:* «No es un chico muy inteligente, pero a fuerza de estudiar logrará pasar los exámenes».
írsele a alguien la fuerza por la boca (inf.). *Ser fanfarrón, decir fanfarronadas:* «No tengas miedo a las amenazas de Enrique, porque se le va la fuerza por la boca y es incapaz de hacer lo que dice».
medir u. p. sus fuerzas con(tra) alguien (f.). *Competir con alguien:* «Fundó un negocio en tierras lejanas, dispuesto a medir sus fuerzas contra todos».
sacar u. p. fuerzas de flaqueza (f.). *Hacer u. p. un esfuerzo extraordinario (a fin de lograr aquello para lo que se considera débil o impotente):* «A pesar de que me encontraba agotado, saqué fuerzas de flaqueza y pude terminar el trabajo a tiempo».

fulano

fulano de tal (inf.). [*Locución con que se alude al nombre y apellido de una persona desconocida o que no se quiere determinar*]: «En la primera casilla estaba escrito su nombre: fulano de tal, y en la segunda, el oficio y la dirección».

furia

[estar u. p.] hecha una furia (inf.). [*Estar*] *furioso:* «Se puso hecho una furia conmigo porque pensaba que yo había hecho trampas en el juego».

furor

hacer u. p./u. c. furor (inf.). *Estar muy de moda:* «El año pasado hizo furor la falda larga, y este año hará furor la falda corta. ¿Quién entiende los caprichos de la moda?».

G

gachas
hacerse u. p. unas gachas (inf.). *Enternecerse, expresar cariño con demasiada melosidad:* «El jefe será un tipo malhumorado y antipático, pero cuando se encierra a solas con la secretaria en su despacho, se hace unas gachas».

gaita
con la gaita (rest.). *Con gran facilidad o maestría:* «Figúrate si tendrá cualidades de pintor, que hace dos años no entendía nada de pintura y hoy puede pintar un cuadro con la punta de la gaita».
templar u. p. gaitas (inf.). *Usar de contemplaciones para aplacar o satisfacer a unos y a otros:* «Lo que hace falta es un gobernante decidido, y no uno que anda siempre templando gaitas y pactando con la burguesía».

gaje
[ser u. c.] gajes del oficio (f.). *[Irónico] molestias o perjuicios que se experimentan por causa del oficio:* «Si eres policía, ya sabes que algún día vas a tener que exponer tu vida; son gajes del oficio».

gala
hacer u. p. gala de algo (f.). *Preciarse o jactarse de algo:* «Como quiere hacer gala de puntualidad, llega siempre a las citas media hora antes del tiempo convenido».
tener u. p. a gala algo (f.). *Preciarse o jactarse de algo:* «Me extraña que se retrase en una cita, porque siempre tiene a gala ser puntual».

galgo
que no se [lo] salta un galgo (inf.). *Muy grande, muy abundante:* «Me sirvieron un desayuno que no se lo saltaba un galgo, y no volví a tener hambre hasta la hora de cenar».
¡echarle/échele/que le echen un galgo! (inf.). *[Exclamación que pondera la imposibilidad de alcanzar algo o alguien]:* «Conduce tan rápido, que no puedo seguirle. ¡Que le echen un galgo!».

gallina
acostarse u. p. con las gallinas (inf.). *Acostarse muy temprano:* «Todavía no son las ocho de la noche y ya quieres retirarte a casa. ¿Es que tú te acuestas con las gallinas?».
matar u. p. la gallina de los huevos de oro (inf.). *Agotar una fuente de riqueza al obligarla a rendir excesivamente:* «Si el gobierno no prohíbe la pesca en esta zona, los pescadores van a matar la gallina de los huevos de oro y dejar el mar sin peces».

gallinero
alborotar u. p. el gallinero (inf.). *Armar escándalo, bronca o jaleo:* «Estábamos muy tranquilos en nuestro apartamento hasta que llegaron los niños a alborotar el gallinero».

gallito
ponerse u. p. gallito (inf.). *Adoptar una postura de superioridad o arrogancia:* «Después de la discusión quise hacer las paces con él, pero se puso gallito y se dio media vuelta».

gallo

en menos que canta un gallo (inf.). *Con gran rapidez, en un momento:* «Tuvimos una avería en la autopista, pero por fortuna Manolo entiende algo de mecánica y la pudo reparar en menos que canta un gallo».

otro gallo le cantaría (a alguien si…) (inf.). *Le iría mejor, le saldría mejor si…* «Si hubieras estudiado, otro gallo te cantaría en el examen».

gamo

correr u. p. como un gamo (f.). *Correr muy velozmente:* «Le tiene tanto miedo a los perros, que cuando ve uno sale corriendo como un gamo».

gana

con ganas (inf.). *Mucho, muy, intensamente:* «La carretera estaba llena de baches, y el coche botaba con ganas».

(no) darle la (real/realísima) gana a alguien (de [hacer] algo) (inf.). [*Expresión enfática de voluntad que indica mal humor o enfado*]: «No voy a la fiesta porque no me da la real gana y no tengo que dar más explicaciones».

quedarse u. p. con las ganas (de [hacer] algo) (inf.). *No lograr o no alcanzar lo que se pretendía:* «Queríamos pasar un par de semanas en el extranjero, pero los precios eran un poco elevados y nos quedamos con las ganas».

tenerle u. p. ganas a alguien (inf.). *Desear reñir o pelearse con alguien:* «Le tengo unas ganas a ese entrometido… Cualquier día le parto la cabeza».

(no) venirle u. c. en gana a alguien (inf.). [*Expresión enfática de voluntad que indica mal humor o enfado*]: «No salgo contigo porque no me viene en gana, y no tengo por qué darte más explicaciones».

ganancia

no arrendarle u. p. la(s) ganancia(s) a alguien (inf.). [*Expresión que indica que alguien se encuentra en algún peligro o situación desfavorable*]: «No te arriendo las ganancias si aceptas un trabajo de futuro tan incierto. Mejor sería que continuaras donde estás».

ganar

no ganar u. p. para algo (inf.). *No ganar suficiente para poder comprar algo:* «Estos niños destrozan de tal manera el calzado, que yo no gano para zapatos».

ganársela u. p. (inf.). [*Generalmente empleado en amenazas*] *hacerse merecedor de algún castigo corporal:* «Niño, si sigues jugando con los discos de papá, te la ganas».

gancho

echarle u. p. el gancho a alguien (inf.). *Seducir a alguien:* «María ha sabido echarle el gancho a Manolo; hace días que salen siempre juntos».

tener u. p. gancho (inf.). *Poseer algún encanto o atractivo:* «A primera vista parece una chica poco atractiva, pero luego se ve que tiene gancho».

ganso

hacer el ganso (inf.).
A: *Decir o hacer cosas para hacer reír a alguien:* «Tan serio como es normalmente, me asombra que sea capaz de pasarse el día haciendo el ganso para divertir al niño».
B: *Hacer tonterías, comportarse de forma ridícula:* «Has hecho el ganso vendiendo la casa por tan poco dinero. En un par de años habrías podido venderla por el doble».

garabatillo

[ser u. c.] de garabatillo (inf.).
A: [*Ser*] *grave, peligroso, que exige precaución:* «Tengo miedo a esquiar, porque la última vez que lo hice sufrí una caída de garabatillo».
B: [*Ser*] *grande, importante, considerable:* «Se ha comprado un coche de garabatillo; por lo menos le habrá costado tres millones».

garaje

el garaje de la estrella (inf.). *La vía pública utilizada como garaje:* «Mi coche tiene ya un poco de óxido porque lo guardo todos los días en el garaje de la estrella».

garbanzo

garbanzos viudos (inf.). *Garbanzos servidos sin ningún otro acompañamiento:* «¡Garbanzos viudos otra vez! ¿Pero es que no puedes mezclarlos al menos con patatas?».

defender/ganarse u. p. el/los garbanzo(s) (inf.). *Asegurarse el sustento:* «No me gusta nada mi trabajo en la oficina, pero tengo que hacerlo para defender el garbanzo».

garbeo
dar u. p. un garbeo (inf.). *Dar un paseo:* «Yo aprovecho siempre la pausa de mediodía para salir a la calle y dar un garbeo».

garete
irse u. c. al garete (inf.). *Fracasar, frustrarse una pretensión o un proyecto:* «Me parece que nuestros planes de hacer un libro se van a ir al garete, porque el editor no está de acuerdo con las condiciones».

gárgara
ir(se) u. p./u. c. a freír/hacer gárgaras (inf.).
A: *Fracasar, quebrar, resultar mal, malograrse:* «Nuestro proyecto de salir el domingo de excursión se fue a freír gárgaras porque cayó una tormenta terrible».
B: [*Generalmente en oración imperativa para indicar rechazo categórico o violento*]: «¡Vete a freír gárgaras y déjame dormir tranquilo, que estoy muy cansado!».
mandar u. p. a freir gárgaras a alguien/ algo (inf.). *Rechazar a alguien/algo de forma categórica o violenta:* «Querían vendernos las entradas por el triple de su valor, así que los mandamos a freír gárgaras».

garlito
caer u. p. en el garlito (inf.). *Dejarse engañar:* «La película es bastante mala, pero han hecho tanta propaganda, que la gente ha caído en el garlito y los cines están llenos».
coger u. p. en el garlito a alguien (inf.). *Sorprender a alguien en algo que quería realizar ocultamente:* «Parece que los ladrones no tomaron muchas precauciones, porque los policías los cogieron en el garlito cuando estaban haciendo los preparativos para el golpe».

garra
caer u. p. en las garras de alguien (inf.). *Caer en poder de quien se teme grave daño:* «Los industriales de esta región están atemorizados pensando que cualquier día pueden caer en las garras de la mafia».
echarle u. p. la(s) garra(s) a alguien (inf.). *Atrapar o prender a alguien:* «¡No sé a qué espera la policía para echarle las garras a esta banda de gángsters y meterlos a todos en la cárcel!».

gas
a todo gas (inf.). *A toda velocidad, a toda potencia, a todo volumen:* «No es posible dormir con el televisor de los vecinos a todo gas».

gastar
gastarlas u. p. (inf.). *Hacerse temer por su conducta:* «Yo con la policía no quiero bromas, porque ya sé cómo las gasta».

gata
[ser u. c.] más antigua/vieja que andar a gatas (inf.). [*Ser*] *muy viejo:* «No te pongas esta corbata, por favor. Es más vieja que andar a gatas».
[andar u. p.] a gatas (f.). [*Andar u. p.*] *con pies y manos:* «La puerta de entrada era tan baja, que casi había que entrar a gatas»

gatillazo
dar/pegar u. p. gatillazo (rest.). [*Referido al hombre*] *sufrir impotencia inesperada ante la cópula sexual:* «Antonio es muy tímido y seguro que da gatillazo la primera vez que se acueste con su amiga».

gato
cuatro gatos (inf.). *Muy poca gente:* «La conferencia de ayer no tuvo éxito: acudieron apenas cuatro gatos».
[huir u. p.] como gato escaldado (inf.). [*Huir*] *a toda velocidad:* «Cuando vio venir a su acreedor, salió como gato escaldado».
[dar u. p.] gato por liebre (inf.). *Engañar en una transacción comercial:* «Me han dado gato por liebre: pagué 20.000 pesetas por una pluma que no escribe».
defenderse u. p. como gato panza arriba (inf.). *Defenderse desesperadamente (en una lucha o discusión):* «Se defendía como gato panza arriba y empleaba todo tipo de argumentos para no darle la razón a nadie».
haber gato encerrado (inf.). *Haber algo oculto o por algún motivo sospechoso:* «Siempre que yo entraba en escena, las dos

mujeres cambiaban de conversación, por lo que pensé que allí había gato encerrado».
llevar(se) u. p. el gato al agua (inf.). *Vencer a alguien en una contienda o discusión:* «Cada uno quería hacer una cosa distinta y al final fue mi padre el que se llevó el gato al agua e impuso su opinión a los demás».

general
por lo general (f.). *Generalmente:* «Aquí, por lo general, suele hacer mucho frío, con excepción de un par de días de verano».

género
[ser u. p./u. c.] del género tonto (inf.). *[Ser] muy tonto:* «Lo que ha dicho es del género tonto; no es extraño que se hayan reído de él».

genio
[ser u. p.] de/tener genio vivo/pronto (f.). *[Ser persona] de/tener carácter irritable:* «No le tomes muy en serio sus enfados; es un chico un poco vivo de genio, pero a parte de eso muy simpático».
[ser u. p.] de/tener mal/mucho genio (f.). *[Ser persona] de/tener mal carácter:* «No es agradable discutir con él; tiene muy mal genio y se enfada por cualquier cosa».
buscarle u. p. el genio a alguien (f.). *Buscar el modo de irritar a alguien:* «Ya te he dicho mil veces que no me llames por teléfono a la hora de la siesta. ¿Es que quieres buscarme el genio?».
dejarse u. p. llevar del genio (f.). *Encolerizarse:* «Si me dejo llevar del genio le doy unas bofetadas».
llevarle u. p. el genio a alguien (f.). *Acomodarse o ceder a la opinión de alguien:* «Aunque él no tenga razón, tú debes llevarle el genio y no contradecirle nunca».

gente
gente(s) de mal vivir (f.). *Delincuentes:* «Me parece un barrio peligroso, habitado por gente de mal vivir: ladrones, criminales, narcotraficantes, etc.».
gente menuda (f.).
A: *Niños:* «En este restaurante hay también pequeños menús para la gente menuda».
B: *[Despectivo] gente de baja extracción social:* «Como tiene mentalidad de nuevo rico, para él somos gente menuda todos los que no tenemos un coche grande o un chalet en la sierra».

gesto
[poner/tener u. p.] gesto de circunstancias. *Ver* «[poner/tener u. p.] *cara de circunstancias».
torcer u. p. el gesto (f.). *Expresar con el rostro descontento o desprecio:* «Cuando alguien le hablaba de disciplina, Manuel torcía el gesto. A él lo que le gustaba era la vida libre y sin obligaciones».

gibar
¡no te giba (con alguien/algo)! (inf.). *[Exclamación que indica asombro, sorpresa o indignación ante algo considerado negativo]:* «¡No te giba con la Compañía del gas! Ya es la segunda vez en este año que quiere subir las tarifas».

gimnasia
confundir u. p. la gimnasia con la magnesia (inf.). *Tener gran confusión de conceptos:* «Es tan tonto, que aunque le expliques mil veces las cosas, seguirá siempre confundiendo la gimnasia con la magnesia».

gloria
[estar u. p.] en la gloria/en sus glorias (f.). *[Estar] muy contento:* «A pesar del trabajo que le causan, la abuelita está en la gloria con sus nietos».
saber(le) u. c. a gloria (a alguien) (inf.). *Tener muy buen sabor, gustar(le) mucho:* «Lo mejor de este convento es que las monjas de clausura hacen unos pasteles que me saben a gloria».
que en (santa) gloria esté (f.). *[Fórmula piadosa utilizada al mencionar un pariente muerto]:* «El pobre Manolo, que en gloria esté, murió hace ya diez años».
que (santa) gloria haya. *Ver registro anterior.*

gobierno
[decir u. p. algo] para gobierno de alguien (inf.). *[Decir algo] para que u. p. pueda ajustar su conducta, sus planes, etc. a aquello que se le hace saber:* «Te digo para tu gobierno que mañana es día festivo y está todo cerrado; si quieres comprar, deberás hacerlo hoy».

gol

meterle u. p. un gol a alguien (inf.). *Vencer a alguien en una discusión o en el mundo de los negocios:* «Tengo que reconocer que me has metido un gol cuando me demostraste que mi teoría estaba equivocada».

golpe

[darle u. p. a alguien/a algo] el golpe de gracia (f.). *[Hacer] lo que acaba de matar, rematar o arruinar a alguien/algo:* «Los nuevos impuestos van a darle el golpe de gracia a una industria textil que está ya agonizando».

golpe bajo (inf.). *Acción que completa la de matar o arruinar a alguien/algo:* «Aquello fue un verdadero golpe bajo, porque fueron los mismos compañeros de trabajo los que apoyaron mi expulsión de la empresa».

al primer golpe de vista (inf.). *A la primera impresión:* «Al primer golpe de vista el hotel parece bueno, pero luego se da uno cuenta de las incomodidades».

de un golpe (inf.). *De una sola vez, al mismo tiempo:* «En lugar de examinar a los estudiantes durante toda la semana, el profesor se decidió a hacerlo todo de un golpe convocando a todos los candidatos para el sábado».

de golpe (y porrazo) (inf.). *De repente, bruscamente:* «Al bajar del avión sentimos de golpe y porrazo la diversidad del clima»

andar u. p. [siempre] a golpes con alguien (inf.). *Pelearse continua o muy frecuentemente con alguien:* «No lo entiendo. Si dices que quieres mucho a tu hermano, ¿por qué andas siempre a golpes con él?».

dar u. p. el golpe (inf.).
A: *Causar gran impresión:* «Carmencita va a dar el golpe con este vestido tan elegante».
B: *Cometer un grave delito contra la propiedad:* «Los ladrones se fueron apostando en las inmediaciones del banco para dar el golpe».

no dar/pegar u. p. (ni) golpe (inf.). *No trabajar, no hacer nada:* «Hoy he recibido tantas visitas, que no he podido dar golpe».

darse u. p. golpes de pecho (inf.). *Arrepentirse, mostrar signos de dolor o contrición:* «Hubieras pensado mejor lo que hacías. Ahora de nada te sirve darte golpes de pecho».

parar u. p. el golpe (inf.). *Evitar el peligro que amenazaba:* «Informado a tiempo de que uno de mis rivales quería hacer fracasar mi negocio, pude tomar las debidas precauciones y parar el golpe».

tener u. p. golpe de vista (inf.). *Poseer sagacidad y rapidez en la apreciación de algo:* «En el mundo de los negocios nada hay seguro ni estable y hay que tener golpe de vista para aprovechar la ocasión propicia».

gollería

pedir u. p. gollerías (f.). *Pedir demasiado:* «Querer comer cordero asado en un modesto restaurante de la estación del ferrocarril es pedir gollerías».

gordo

[estar u. p.] sin gorda. *Ver* «[estar u. p. sin/no tener u. p.] una *perra gorda».

[no tener u. p.] una gorda. *Ver* «[estar u. p. sin/no tener u. p.] una *perra gorda».

armar u. p./armarse la gorda (inf.). *Promover/sobrevenir una riña, perturbación o trastorno importante:* «Coincidieron en el mismo hotel los partidarios del Real Madrid y los del Barcelona y, como era de esperar, se armó en seguida la gorda».

caerle u. p. gorda a alguien (inf.). *Resultarle antipático a alguien:* «Es un tío que me cae gordo porque sólo piensa en su ascenso personal».

tocarle a alguien el gordo (inf.).
A: *Ganar el premio máximo en la lotería:* «¡Este sí que tiene suerte! Es la primera vez que juega a la lotería y le toca el gordo con más de 30 millones!».
B: *[Irónico] caerle a alguien en suerte lo peor:* «¿Y por qué tengo que acompañar a Merceditas, la niña cursi del tercero? ¿Por qué me ha tocar a mí siempre el gordo?».

verlas u. p. gordas (inf.). *Verse en una situación muy difícil:* «El barco hacía agua por los dos costados y, por si fuera poco, la bomba de achicar estaba estropeada. ¡Nunca en mi vida las he visto más gordas!».

gorra

de gorra (inf.).
A: *Gratuitamente:* «Tiene un amigo que es portero en un cine, y que le deja entrar todos los días de gorra».
B: *A costa de los demás:* «Nunca ha querido

trabajar. No sé quién lo mantiene, pero sí sé que vive de gorra».

gorro
estar u. p. hasta el gorro de alguien/algo (inf.). *estar harto de alguien/algo:* «Estoy hasta el gorro de aguantar todo el día la gritería de estos niños».

gota
[ser u. c.] la gota que colma el vaso (inf.). *Lo que agota la paciencia de alguien:* «Hoy los niños estuvieron todo el día muy revoltosos, pero cuando el más pequeño rompió el televisor, aquello fue la gota que colmó el vaso».
gota a gota. *Ver* «a/con *cuentagotas».
caer/llover cuatro gotas (inf.). *Caer lluvia breve y escasa:* «No ha hecho falta el paraguas; han caído sólo cuatro gotas».
parecerse u. p. a alguien como una gota de agua a otra (gota) (inf.). *Parecerse mucho a alguien, ser idéntico a alguien:* «Es muy difícil distinguir a Paquito de su hermano gemelo, porque se parece a él como una gota de agua a otra gota».
parecerse como dos gotas de agua. *Ver registro anterior.*
sudar u. p. la gota gorda (inf.). *Pasar grandes trabajos o dificultades para alcanzar algo:* «El armario es bastante pesado, y tuvimos que sudar la gota gorda para cambiarlo de sitio».

gozar
gozarla u. p. (inf.). *Divertirse, disfrutar:* «Hoy los niños la han gozado: han estado todo el día jugando en el jardín con juguetes nuevos».

gozo
¡[mi/tu] gozo en un pozo! (inf.). *[Exclamación que indica profunda decepción]:* «Pensaba pasar mis vacaciones en Francia, pero no me han concedido la beca. ¡Mi gozo en un pozo!».

gracia
caerle u. p. en gracia a alguien (f.). *Agradarle, gustarle a alguien:* «Como cantante es bastante malo, pero parece que le ha caído en gracia al director de la Opera y actúa con mucha frecuencia»

dar u. p. en la gracia de [hacer] algo (f.). *Ocurrírsele hacer repetidamente algo molesto:* «El niño ha dado en la gracia de ponerse a cantar por la noche y no es posible dormir».
reírle u. p. la(s) gracia(s) a alguien (f.). *Adular a alguien mostrándole que se le encuentra gracioso o simpático:* «Siempre que el profesor cuenta alguna anécdota o chiste tonto, los estudiantes le ríen las gracias».

gracias
gracias a algo (f.). *Por (el efecto positivo de) algo:* «Gracias a su colaboración, nuestra casa ha vuelto a prosperar».
... y gracias (inf.). *... y nada más, y ya es bastante:* «Eran años de gran escasez en que comíamos unas pocas patatas y un poco de pan, y gracias».

grado
de (buen) grado (f.). *Voluntariamente, gustosamente:* «Es muy generoso y supongo que accederá de buen grado a prestarte ese dinero».
en grado (tal) que (f.). *[Locución consecutiva-modal] de tal forma que:* «Estuvo lloviendo en grado tal, que la calle parecía un río».

gramática
[ser u. p.] de/tener u. p. gramática parda. *Ver* «[ser u. p.] de/tener u. p. *filosofía parda».

grana
[estar u. p.] (colorada/encarnada/roja) como la grana (inf.). *[Estar] rojo de vergüenza:* «A veces se contaban chistes indecentes y las damas se ponían como la grana».

grande
[vivir u. p.] a/en lo grande (inf.). *[Vivir] con mucho lujo, gastando mucho dinero:* «Tiene dos sueldos y una buena cuenta bancaria. ¡Así ya se puede vivir a lo grande!».
[estarle/quedarle/venirle] grande u. c. a alguien (inf.). *Resultarle demasiado difícil o complicado:* «Desde que se dedica a la política no hace más que cometer errores. Se ve que el cargo de ministro le queda muy grande».
pasar(se)lo u. p. en grande (inf.). *Divertir-*

se mucho: «Nos lo pasamos en grande; estuvimos de juerga hasta las cuatro de la mañana».

granel
a granel (inf.). *En grandes cantidades:* «Es una actriz muy conocida y no me sorprende que reciba de sus admiradores cartas a granel».

granito
[aportar cada uno] su granito de arena (f.). [*Contribuir cada uno con*] *una modesta aportación personal a una determinada obra:* «Cuando se fundó el club benéfico, todos los socios tuvieron que aportar su granito de arena: uno trajo libros, otro sillas, otro alguna lámpara vieja».

grano
[aportar cada uno] su grano de arena. Ver «[aportar cada uno] su *granito de arena».
ir u. p. al grano (f.). [*Generalmente en imperativo*] *tratar el aspecto fundamental y evitar lo accesorio:* «El presidente de la sociedad tuvo que rogar a los asistentes que acortasen sus discursos y fuesen al grano».
(no) ser u. c. grano de anís (f.). *(No) ser cosa despreciable:* «Le aumentaron bastante el sueldo: unas veinte mil, que no es grano de anís».

gremio
[ser u. p.] del gremio (inf.). [*Referido al hombre*], [*ser*] *homosexual:* «Claro está que a Vicente no le gustan las chicas. ¿No sabías que es del gremio?».

greña
andar u. p. a la greña (f.). *Reñir dos o más personas* [*generalmente tirándose de los cabellos*]: «Es un niño bastante tranquilo y pacífico, pero cuando se junta con otros anda siempre a la greña».

gresca
armarse (la) gresca. Ver «armarse la *marimorena».

grito
[ser u. c.] el último grito (inf.). *La última moda:* «Es una chica muy presumida y siempre le gusta comprar vestidos que son el último grito de la moda».

a grito pelado (inf.). *Gritando mucho:* «El niño, viendo que su padre se alejaba en el tren, se puso a llorar a grito pelado».
a gritos (f.). *En voz muy alta, gritando:* «Como estábamos ya un poco lejos, tuve que decírselo a gritos, y todos se enteraron».
estar u. p. en un grito (inf.). *Quejarse incesantemente por efecto de un dolor muy fuerte y continuo:* «Sus dolores de muelas deben de ser terribles; hace ya diez días que el pobre hombre está en un grito y no encuentra alivio con nada».
pedir u. c. a gritos algo (inf.). *Necesitar algo con urgencia:* «Este coche pide a gritos una reparación; en este estado es arriesgado viajar en él».
poner u. p. el grito en el cielo (f.). *Indignarse, quejarse vehementemente:* «Cuando vio que le habían engañado, puso el grito en el cielo y exigió que le devolviesen el dinero».

guagua
de guagua (inf.). *Gratis, sin esfuerzo o sin merecerlo:* «Entré en el cine de guagua, porque me conoce el portero».

guante
[estar u. p.] más suave que/(suave) como un guante (inf.). [*Ser*] *dócil o sumiso:* «Después de la reprimenda y de la amenaza de castigo, el chico quedó suave como un guante y ya no se atrevió a protestar».
[ser u. p./u. c.] de guante blanco (inf.). [*Ser*] *muy elegante, correcto, discreto:* «Pronunció un discurso de guante blanco, sin agresiones personales ni palabras malsonantes».
[estarle/quedarle/sentarle u. c. a alguien] como un guante (inf.). *Quedarle u. c. a alguien muy bien, como a medida:* «Llévate esta chaqueta, porque te está como un guante».
arrojar u. p. el guante (a alguien) (f.). *Desafiar a alguien:* «Se sintió tan ofendido, que vino a casa a arrojarnos el guante y exigir satisfacción de lo que él consideraba un atropello».
echarle u. p. el guante a alguien/a algo (inf.).
A: *Prender o apresar a alguien:* «La policía acaba de echarle el guante a un peligroso delincuente y le ha metido en la cárcel».

B: *Robar algo:* «Mi reloj ha desaparecido de los vestuarios; seguramente entró alguien y le echó el guante».
recoger u. p. el guante (a alguien) (f.). *Aceptar un desafío:* «La situación me pareció un tanto grotesca, pero la opinión pública tiene mucho peso y no tuve más remedio que recoger el guante y acudir al día siguiente al desafío».

guapo
ponerse u. p. guapa (con alguien) (inf.). *Volverse orgulloso o insolente:* «¿Cómo se te ocurre ponerte guapo con un policía y protestar de esa manera porque te haya puesto una multa?».

guardar
guardársela(s) u. p. a alguien (inf.). *Diferir la venganza para momento más oportuno:* «Ten cuidado con él, porque aunque parezca que ya ha olvidado el asunto, es de esas personas que te las guardan para cuando estés más confiado».

guardia
guardia de la porra (inf.). *Agente de la Policía Municipal o de la Policía Armada:* «Quisimos entrar con el coche en el casco viejo de la ciudad, pero un guardia de la porra nos lo prohibió».
[estar u. p.] de guardia (f.). *[Estar] en servicio especial extraordinario (fuera del horario habitual):* «El próximo domingo no podremos vernos; estaré de guardia en la farmacia donde trabajo».
[estar u. p.] en guardia (f.). *[Estar] en actitud de defensa o de desconfianza:* «Oímos tantas veces rumores sobre próximos recortes salariales, que ya todos estábamos en guardia y preparados para lo peor».
contárselo u. p. a un guardia (inf.). *[Generalmente en oración imperativa; indica incredulidad]:* «Eso de que no has podido venir a clases porque estabas enfermo, cuéntaselo a un guardia: te han visto en la piscina».

guarrazo
darse/pegarse u. p. un guarrazo (inf.). *Sufrir un golpe o accidente aparatoso:* «Iba corriendo, tropecé en una piedra y me di un guarrazo impresionante. Tuvieron que enyesarme la pierna».

guerra
guerra sucia (inf.). *[Se refiere a la que realiza el gobierno contra organizaciones terroristas o criminales sin respetar las leyes del estado de derecho]:* «Como el gobierno no encuentra medios legales para detener o neutralizar a los terroristas, emplea la guerra sucia para matarlos impunemente».
[ser u. c.] de antes de la guerra (inf.).
A: *[Ser] muy antiguo:* «Tiene un coche de ésos de antes de la guerra y para ir a cualquier sitio tarda una eternidad».
B: *De muy buena calidad:* «Estos zapatos son de los de antes de la guerra, que no se gastan nunca».
darle u. p./u. c. guerra a alguien (inf.). *Causar trabajos, molestias o inconvenientes:* «Cambiar pañales, lavarlos, preparar la comida... Qué quieres, todos los niños pequeños dan mucha guerra».

guinda
[estar u. p.] como una guinda (inf.). *[Estar] rojo de vergüenza:* «Todos sabíamos que estaba mintiendo, porque se puso como una guinda».
¡échale guindas al pavo! (inf.). *[Exclamación usada ante la dificultad o imposibilidad de realizar algo]:* «Yo estaba dispuesto a cocinar para quince invitados, que ya es bastante, y el tonto de mi marido invitó a veintidós. ¡Echale guindas al pavo!».

guindilla
[estar/ponerse u. p.] como una guindilla. Ver «[estar/ponerse u. p.] como una *guinda».

guindo
caerse u. p. de un/del guindo (inf.). *Recuperar la atención después de un momento de distracción:* «Estuvo un buen rato absorto, y de repente me preguntó, como si hubiera caído de un guindo, dónde estábamos».

guiñapo
[estar/quedar u. p.] hecha un guiñapo (inf.). *Muy mal herido (en una pelea):* «Después de un combate tan desigual, el pobre boxeador novato quedó hecho un guiñapo».
poner u. p. como un guiñapo a alguien (inf.).

A: *Dejar a alguien mal herido en una pelea:* «Era mucho más fuerte que su contrincante, y con sólo un par de puñetazos lo puso como un guiñapo».
B: *Insultar a alguien, hablar mal de alguien:* «Cuando me enteré de que la culpa de todo la tenía González, le ordené que pasara a mi despacho y le puse como un guiñapo».

guisar
guisárselo y comérselo u. p. (inf.). [*Locución utilizada para criticar a quien pretende hacerlo todo sin ayuda de nadie y para advertirle que, en conscuencia, debe cargar con la responsabilidad de todo*]: «Desde que yo ya no estoy en la dirección de la empresa, tú te lo guisas y te lo comes, pero a mí que nadie me haga responsable si algo sale mal».

gusanillo
el gusanillo de la conciencia (inf.). *Remordimientos de conciencia:* «Parece que después de haber cometido el robo no le dejaba dormir tranquilo el gusanillo de la conciencia y devolvió el dinero».
matar u. p. el gusanillo (inf.).
A: *Beber aguardiente en ayunas:* «Antiguamente los campesinos españoles solían matar el gusanillo antes de comenzar sus faenas con un aguardiente de altísima graduación».
B: *Satisfacer el hambre provisionalmente, tomando algo ligero:* «¿Qué te parece si antes de comer vamos a un bar a matar el gusanillo con una tapa de jamón?».

gusano
el gusano de la conciencia. *Ver* «el *gusanillo de la conciencia».
criar u. p. gusanos (inf). *Ver* «criar u. p. *malvas».
matar u. p. el gusano. *Ver* «matar u. p. el *gusanillo».

gusto
que es un/que da gusto (inf.). [*Enfático*] *muy bien, mucho:* «Ahora el chico tiene siempre apetito y come que da gusto».
cogerle u. p. el gusto a algo (inf.). *Aficionarse a algo:* «No debes dejar que el niño beba vino, no sea que luego le coja el gusto y se nos vuelva un borracho empedernido».
correrse/mearse u. p. de gusto (rest.). *Sentir gran placer o satisfacción:* «Mi hermano se corre de gusto viendo películas del oeste».
darle u. p. gusto al dedo/gatillo (inf.). *Disparar a placer algún arma de fuego:* «Aunque no había apenas nada que cazar, fuimos con nuestras escopetas al monte sólo por darle gusto al dedo».
despacharse u. p. a su gusto (contra alguien/algo) (inf.). *Hacer o decir u. p. sin reparo o contención lo que le acomoda:* «La oposición parlamentaria se despachó a su gusto contra el gobierno, criticando la política económica y rechazando todos los proyectos de ley».
relamerse u. p. de gusto (inf.). *Sentir gran placer o satisfacción:* «Te he preparado un helado de chocolate que te vas a relamer de gusto».
con mucho gusto (f.). [*Fórmula con que se asiente amablemente a una petición*]: «¿Puede usted ayudarme a subir la maleta? –Con mucho gusto, señora; ahora mismo se la subo».
el gusto es mío (f.). [*Réplica cortés a la fórmula 'mucho/tanto gusto', utilizada al ser presentado*]: «¡Mucho gusto en conocerle, señor! –El gusto es mío. ¡Me habían hablado tanto de usted!».
(tengo) mucho/tanto gusto (en conocer[te/-le]) (f.). [*Fórmula de cortesía utilizada al ser presentado a alguien*]: «Te presento a don Andrés, el padre de mi novia. –¡Mucho gusto en conocerle, don Pablo!».

H

haba
[ser u. c.] **habas contadas** (inf.). *Cantidad fija y muy escasa:* «Es difícil vivir bien con el sueldo de un funcionario del Estado; lo que pagan son siempre habas contadas».

haber
ADJETIVO + **como hay pocos**. *Ver* «ADJETIVO + como *pocos*».
no haber quien + SUBJUNTIVO (inf.). [*Locución enfática*] *no haber absolutamente nadie quien...:* «Si quieres que te lo traduzcan bien, dáselo a Fernando. No hay quien sepa el alemán como él».
haber una. *Ver* «armar(se)/haber una *buena*».
habérselas u. p. con alguien (inf.). *Disputar o contender con alguien:* «Si el vecino piensa continuar haciendo ruido después de las doce de la noche, va a tener que habérselas conmigo».
ser u. p. de lo que no hay (inf.). *Ser un caso excepcional* [*de maldad, rareza u originalidad*]: «Este chico es de lo que no hay: en poco tiempo ha destrozado la radio, el tocadiscos y el televisor».
... donde lo/la haya (f.). [*Expresión que realza la veracidad de lo que se afirma*]: «Por la mañana había mucha niebla, pero al mediodía se despejó y quedó un día espléndido, donde los haya».
no hay de qué (f.). [*Fórmula con que se contesta a la manifestación de agradecimiento por una atención prestada*]: «¡Muchas gracias por haberte quedado con el niño en mi ausencia! –No hay de qué, hombre. Eso no me cuesta nada».
no hay tal. *Ver* «no (hay/había) *tal*».
[**hola,**] **¿qué hay?** (inf.). [*Fórmula de saludo*]: «Hola, chicos, ¿qué hay? ¿Cómo habeis pasado esas vacaciones?».
... si los/las *hay/hubo. *Ver* «donde lo/la haya».

hábito
ahorcar/colgar u. p. los hábitos (f.). *Abandonar una profesión* [*especialmente la eclesiástica*]: «El señor cura colgó los hábitos para poder casarse».

hablado
[ser u. p.] **bien hablada** (f.). *Que nunca jura ni emplea palabras vulgares o soeces:* «Aunque es un hombre muy bien hablado, estaba tan enojado que hasta soltó un par de blasfemias».
[ser u. p.] **mal hablada** (f.). *Que acostumbra jurar o emplear palabras vulgares o soeces:* «Es un hombre tan mal hablado, que cuando empieza a jurar la gente educada se retira por no oírle».

hablar
dar u. p./u. c. que hablar (f.). *Ofrecer ocasión o motivo para hablar, criticar o censurar:* «El escándalo fue tan grande, que dio mucho que hablar en el pueblo y durante mucho tiempo».
hablar u. p. por hablar (inf.). *Hablar sin fundamento:* «Prometerle al pueblo que no habrá problemas económicos ni aumento de impuestos es hablar por hablar».
¡mira quien hable! *Ver registro siguiente.*
¡mira quien va/fue a hablar! (inf.). [*Expresión utilizada como reproche contra al-*

guien que critica a otro por un defecto que él mismo tiene]: «Manuel no debería estudiar ninguna carrera porque es de lo más tonto que hay –¡Mira quien fue a hablar! Tú tampoco has aprobado ningún examen hasta ahora».

¡ni hablar! (inf.). [*Negación enfática*]: «No estoy de acuerdo con su proposición. ¡Ni hablar! Me parece algo absurdo y hasta peligroso».

hacer

hace mucho (f.). *En tiempo pasado o remoto:* «Leí el libro hace mucho y ya no me acuerdo de su contenido».

hac[e/-ía] mucho que (f.). *Hac[e/-ía] mucho tiempo que:* «Hace mucho que no veo a tu hermano. ¿Qué es de él?».

hace poco (f.). *Recientemente:* «¡Qué desastre de coche! Lo compré hace poco y ya se ha estropeado».

hac[e/-ía] poco que (f.). *Hac[e/-ía] poco tiempo que:* «Hace poco que metí el vino en la nevera; todavía no estará suficientemente frío».

hacer u. p. alguna/una de las suyas (inf.). *Hacer una gracia, extravagancia o travesura (típica en determinada persona):* «No dejes a los niños solos, no sea que hagan alguna de las suyas».

hacer u. p. lo que otro no puede hacer por ella (inf.). *Orinar y/o defecar:* «Lo siento, pero don Anselmo no puede ponerse en este momento al teléfono, porque está haciendo lo que otro no puede hacer por él».

hacer u. p. por [hacer] algo (f.). *Hacer todo lo posible por realizar determinada acción:* «Ya sé que tienes muy poco tiempo libre, pero, de todas maneras, haz por venir a visitarnos».

hacer u. p. que hace (inf.). *Fingir o simular que se trabaja:* «En esta oficina del Ministerio apenas hay trabajo y los burócratas suelen hacer que hacen para justificar sus sueldos».

hacer u. p. (como) que [hace] algo (f.). *Fingir o simular alguna actividad:* «Hace como que lee, pero en realidad está escuchando atentamente todo lo que decimos».

hacer u. p. suyo algo (f.). *Adherirse a algo, adoptar algo como propio:* «Estoy de acuerdo con usted y hago mías todas sus declaraciones».

hacer(se) u. p. un siete. *Ver* «tener/hacer (se) u. p. un *siete».

hacer y deshacer u. p. (inf.). *Mandar de un modo despótico o absoluto:* «Yo soy aquí el jefe y puedo hacer y deshacer sin tener que consultar con nadie».

hacerla u. p. *Ver* «hacerla u. p. *buena».

hacerle u. c. a alguien (f.). *Convenirle u. c. a alguien:* «Me preguntó si me hacía encontrarnos a las nueve o prefería otra hora más conveniente».

hacerse u. p. a alguien/a algo (f.). *Acostumbrarse a alguien/algo:* «Mi nuevo trabajo me gusta mucho, pero todavía no me he hecho al nuevo horario y a los nuevos colegas de oficina».

hacerse u. p. con alguien/algo (f.).
A: *Dominar a alguien/algo:* «Es la primera vez que manejo este coche, así que pasará algún tiempo hasta que pueda hacerme con los mandos y pueda conducir bien».
B: *Obtener, lograr algo:* «Los ladrones entraron sin dificultad en el museo y se hicieron con buen número de cuadros valiosos».

hacérsela u. p. a alguien. *Ver* «hacérsela/jugársela *buena a alguien».

¡qué le [voy/vamos] a hacer! (inf.). [*Exclamación de resignación*]: «Bueno, ¡qué le vamos a hacer! Si el chico no quiere seguir estudiando, que se busque una colocación. No podemos obligarlo a estudiar».

hache

por hache o por be (inf.). *Por un motivo o por otro:* «Por hache o por be, no hay día en que no llegue tarde a su trabajo. ¡Estoy cansado de oír sus pretextos!».

llámalo/llámelo hache (inf.). [*Expresión para indicar que el nombre no importa en absoluto*]: «No sería carne de vaca ni carne de cerdo. Llámala hache, si quieres. Pero lo importante es que estaba muy rica».

hambre

[ser u. p.] más lista que el hambre (inf.). [*Ser*] *muy listo:* «Los niños de familias pobres suelen ser más listos que el hambre, y siempre encuentran la forma de superar las adversidades de la fortuna».

engañar u. p. el hambre (f.). *Calmar el*

hambre provisionalmente: «¡Un huevo frito y un mendrugo de pan! ¡Esto no es comer, esto es engañar el hambre!».

matar u. p. de hambre a alguien (inf.). *Darle muy poco de comer:* «He sacado al chico del internado del colegio porque me lo estaban matando de hambre; en sólo dos meses perdió cinco kilos».

morirse u. p. de hambre (inf.).
A: *Tener mucha hambre:* «Prepárame rápido cualquier cosa de comer, porque me muero de hambre».
B: *Tener o padecer gran penuria:* «No me extraña que la gente de esta región piense en emigrar, porque los sueldos que perciben son para morirse de hambre».

tener u. p. un hambre canina/que no ve (inf.). *Tener muchas ganas de comer:* «Tengo un hambre que no veo; no soy capaz de dar un paso más sin entrar en un restaurante».

harina

[ser u. c.] harina de otro costal (inf.). *[Ser] otra cosa totalmente diferente:* «Yo no acepto un contrato de trabajo por tiempo limitado, pero si me pagan el doble de lo usual, entonces ya es harina de otro costal».

hacer u. p. harina a alguien (f.). *Agotar a alguien, causarle un grave daño a alguien; destruir algo:* «Tuve que hacer todo el camino a pie; estoy hecho harina».

hacerse u. c. harina (inf.). *Destruirse, romperse, estropearse:* «Tiene un motor poco robusto este coche, y transportando tanto peso va a hacerse harina en poco tiempo».

meterse u. p. en harina (inf.). *Meterse u. p. de lleno en alguna tarea absorbente, profundizar en la complejidad de algo:* «Al principio pensé que sería fácil traducir el libro, pero cuando que me fui metiendo en harina, empecé a cambiar de opinión».

hato

andar con/traer u. p. el hato a cuestas (inf.). *Mudar frecuentemente de habitación o andar errante de un lugar a otro sin fijar en ninguno su domicilio:* «La única desventaja que tiene el oficio de los diplomáticos es tener que traer siempre el hato a cuestas por todos los países del globo».

liar u. p. el hato (inf.). *Ver* «hacer/preparar u. p. la(s) *maleta(s)».

hebra

pegar u. p. la hebra con alguien (inf.). *Trabar conversación con alguien:* «Era tan tímido, que no se atrevía a pegar la hebra con nadie».

hecho

[ser u. p.] hecha y derecha (f.). [*Referido solamente a jóvenes con apariencia de adultos*]; [*ser*] *mayor de edad, adulto, plenamente desarrollado:* «Tu hijo es ya un hombre hecho y derecho. Puedes dejarle salir solo al extranjero».

de hecho (f.). [*Expresión que subraya la veracidad de lo dicho*] *en realidad, en efecto:* «No creo que nadie se atreva a protestar y, de hecho, hasta ahora nadie ha protestado».

helado

dejar u. p./u. c. helado a alguien (inf.). *Asustar o provocar una conmoción en el ánimo de alguien:* «Me dejó helada la noticia de la muerte repentina de tu padre».

quedarse u. p. helada (inf.). *Asustarse, horrorizarse:* «Cuando nos dijeron que el barco hacía agua y que debíamos ponernos los salvavidas, nos quedamos helados».

herida

darle/tocarle u. p. en la herida a alguien (inf.). *Mencionarle a alguien algo que produce dolor, disgusto o enojo:* «Sin quererlo, le he dado a Alfredo en la herida: se me ocurrió preguntarle por su mujer, que justamente hacía poco que lo había abandonado».

resollar/respirar u. p. por la herida (inf.). *Dar a conocer un sentimiento o resentimiento que se tenía oculto o reservado:* «También los estudiantes respiraban por la herida cuando decidieron manifestarse contra el gobierno: eran ya muchos los años de frustraciones».

Herodes

¡te jodes, Herodes! (rest.). [*Exclamación que indica la satisfacción del hablante para con la desgracia ajena*]: «¡Te jodes, Herodes! ¡Yo me voy de vacaciones y tú te quedas todo el mes en la oficina!».

hez
hasta las heces (f.). *Enteramente, por completo, sin residuos:* «Decidió vengarse hasta las heces y le plantó fuego a la casa de su enemigo».

hiel
tragar u. p. hiel (inf.). *Sufrir pacientemente y reprimiendo la cólera:* «Aunque aquello fue una ofensa, preferí tragar hiel y no contestarle con otra ofensa».

hielo
dejar u. p./u. c. de hielo a alguien. *Ver* «dejar u. p./u. c. *helado a alguien».
quedarse u. p. de hielo. *Ver* «quedarse u. p. *helada».
romper u. p. el hielo (f.). *Vencer la timidez o reserva propia de quienes no se conocen para iniciar un diálogo:* «Lo habitual en estos casos en que se quiere romper el hielo es hablar del tiempo».

hierba
oír/sentir/ver u. p. crecer la hierba (inf.). *Tener gran perspicacia:* «Nosotros los viejos somos muy expertos en la vida y vemos crecer la hierba. Los jóvenes no podéis engañarnos».
... y otras hierbas (inf.). [*Expresión irónica que se añade a una enumeración para dar a entender que se podría continuarla*]: «Me presentaron a un señor que era Duque de Plasencia, Marqués de Béjar, Conde de los Andes y otras hierbas, y que parecía muy orgulloso de tantos títulos».

hierro
agarrarse u. p. a/de un hierro ardiendo (inf.). *Ver* «agarrarse a/de un *clavo ardiendo».
(no) ser u. p. de hierro (inf.). *(No) ser u. p. capaz de resistirlo todo:* «Todo el día estoy lavando, limpiando y planchando, y ahora me pides que te ayude hasta en tu trabajo. ¿Te has creído que soy de hierro?».

higa
dársele/importarle u. p./u. c. una higa a alguien (inf.). *Resultarle indiferente:* «Ya veo que se te da una higa que venga a visitarte o que no venga. ¡Muy despreciativo te has vuelto!».

hígado
[ser u. p.] de/tener (muchos) hígados (inf.). [*Ser*] *valiente/tener valor:* «Hay que tener muchos hígados para enfrentarse sin armas a esos malhechores».
dejar/echar u. p. los hígados (inf.).
A: *Esforzarse o trabajar hasta el agotamiento:* «Nos hicieron trabajar hasta echar los hígados, y al final nos pagaron una cantidad ridícula. ¡Qué explotación!».
B: *Vomitar:* «Había comido mucho más de lo que podía admitir mi estómago, y al llegar a casa tuve que echar los hígados».
revolverle u. p./u. c./revolvérsele el hígado a alguien. *Ver* «revolverle u. p./u. c./revolvérsele el *estómago a alguien».

higo
[ser u. p. un] tonto del higo (inf.). *Persona muy tonta:* «Sólo a un tonto del higo se le puede ocurrir rechazar una oportunidad tan buena».
de higos a brevas (inf.). *Muy de vez en cuando:* «Desde aquel incidente nos vemos solamente de higos a brevas».

higuera
caer u. p. de la higuera (inf.). *Darse cuenta de algo [generalmente de algo evidente]:* «¡Ya es hora de que caigas de la higuera! ¡Llevas veinte años casada con un borracho y un mujeriego y tú sin saberlo!».
estar u. p. en la higuera (inf.). *Estar distraído y como ajeno a lo que se trata:* «Tú nunca te enteras de lo que se dice en las reuniones porque siempre estás en la higuera».

hijo
[ser u. p. un] hijo de la Gran Bretaña (rest.). [*Despectivo*] *persona mal intencionada:* «¡Ya han vuelto a engañarme estos hijos de la Gran Bretaña!».
[ser u. p. un] hijo de la grandísima (puta) (rest.). *Ver registro anterior.*
[ser u. p. un] hijo de papá (inf.). *Individuo ocioso perteneciente a una familia de posición elevada:* «Se ve que Ricardo es hijo de papá: nunca le falta dinero para invitar a las chicas a cenar».
[ser u. p. un] hijo de perra (inf.). *Ver registro siguiente.*

[ser u. p. un] **hijo de puta** (rest.). [*Muy despectivo*] *mala persona:* «El muy hijo de puta pudo ayudarme cuando se lo pedí, y no quiso hacerlo».
[ser u. p. un] **hijo de su madre** (rest.). [*Muy despectivo*] *mala persona:* «¡Tengo curiosidad por saber cuál va a ser la próxima jugada que nos va a gastar este hijo de su madre!».
[ser u. p. un] **hijo de tal** (inf.). [*Despectivo*] *mala persona:* «Estaba tan enfadado con él que le llamó hijo de tal, y aún añadió algunos insultos más».
cada/cualquier/todo hijo de vecino (inf.). *Todos y cada uno:* «Aquí no hay privilegios de ningún tipo; aquí tiene usted que pagar impuestos como cualquier hijo de vecino».

hilo

hilo de voz (f.). *Voz muy tenue:* «Le pregunté si se había hecho daño en el accidente y me respondió, con un hilo de voz, que solamente había sido el susto».
coger/(re)tomar el hilo (inf.). *Continuar el discurso o conversación que se había interrumpido:* «Después de una breve pausa para encender el cigarrillo, volvió a coger el hilo de la conversación».
colgar/pender u. c. de un hilo (inf.). *Encontrarse en grave riesgo:* «Justamente cuando la vida del protagonista pendía de un hilo y podía morirse en cualquier momento, se interrumpió el programa de televisión».
cortar u. p. el hilo (inf.). *Interrumpir un discurso o conversación, pasando a tratar de otro tema sin conexión con el anterior:* «Parece que a mi hijo no le gustó que hablásemos de lo mal que iban sus estudios, porque en seguida cortó el hilo de la conversación para referise a otra cosa».
manejar/mover u. p. los hilos de algo (f.). *Dirigir algún asunto o negocio sin figurar expresamente en él:* «En teoría es un simple contable, pero en la práctica es él el que maneja los hilos de la empresa».
pegar u. p. el hilo con alguien. *Ver* «pegar u. p. la *hebra con alguien».
perder u. p. el hilo (inf.). *Olvidarse, en una conversación o discurso, de lo que se estaba diciendo:* «No es extraño que el conferenciante haya perdido el hilo con tantas interrupciones que le han hecho los oyentes».
seguir u. p. el hilo (de algo) (inf.). *Seguir el curso de un relato, conversación, discurso, etc.:* «Veo que hoy no te concentras y que te cuesta mucho trabajo seguir el hilo de mis explicaciones».
no tocarle (ni) un hilo de la ropa a alguien (inf.). *No intentar ni el menor daño contra alguien:* «Espero que después de las amenazas que le hice no le tocará ni un hilo de la ropa a mi hermano pequeño».

hincha

cogerle/tenerle u. p. hincha a alguien/a algo (inf.). *Experimentar odio o antipatía hacia alguien/algo:* «Como es un profesor demasiado exigente, los estudiantes le han cogido hincha y nadie quiere frecuentar sus clases».

hipo

quitarle u. p. el hipo a alguien (inf.). [*Generalmente referido al ámbito erótico*] *asombrar o asustar a alguien:* «Acabo de ver una chica guapísima, capaz de quitarle el hipo a cualquiera».

historia

dejarse u. p. de historias. *Ver* «dejarse u. p. de *cuentos».
irle/venirle u. p. con historias a alguien. *Ver* «irle/venirle con *cuentos a alguien».
pasar u. c. a la historia (inf.).
A: [*Generalmente empleado en el futuro*] *hacerse famoso:* «Va a pasar a la historia. ¡Acaba de hacer un descubrimiento sensacional!».
B: [*Generalmente empleado en el pasado*] *no existir ya más:* «Nuestros antepasados comían productos naturales y respiraban aire puro; en nuestros tiempos todo eso ha pasado a la historia».

hito

mirar u. p. de hito en hito (f.). *Fijar la vista en algún objeto sin apartarla de él:* «No sé por qué se quedó mirándome de hito en hito; yo estoy seguro de que no nos hemos visto nunca».

hocico

arrugar/torcer u. p. el hocico (inf.). *Exte-*

riorizar desagrado o contrariedad: «Parece una chica muy escogida, porque cuando le propuse ir a comer a un restaurante barato en seguida torció el hocico».
asomar u. p. el hocico/los hocicos (inf.). *Aparecer, hacer acto de presencia:* «Se armó una pelea tal que todos asomaron el hocico para ver qué pasaba».
caer(se) u. p. de hocicos (inf.). *Caerse de bruces:* «Hay que ponerle al niño un esparadrapo en la nariz, porque se ha caído de hocicos y tiene un poco de sangre».
dar(se) u. p. de hocicos con/contra alguien/algo (inf.).
A: *Encontrarse a alguien de forma inesperada:* «Aunque no me resulta simpático, tuve que saludarlo, porque me di de hocicos con él cuando salía de casa».
B: *Caerse con la cara contra el suelo o tropezar con algo recibiendo el golpe en la cara:* «Como iba a oscuras, me di de hocicos contra la puerta y me hice daño».
estar/ponerse u. p. de hocicos (inf.). *Estar con/poner gesto de enojo o desagrado:* «Este chico es muy caprichoso y se enfada por cualquier cosa. Ayer estuvo todo el día de hocicos y no quiso hablar con nadie».
meter u. p. el hocico/los hocicos en algo (inf.). *Curiosear:* «Esta mujer todo lo quiere saber y en todo quiere meter el hocico».
meterle/pasarle/restregarle u. p. por los hocicos algo a alguien (inf.).
A: *Hacerle ver algo a alguien con enojo:* «Tuve que restregarle por los hocicos el contrato de compraventa para que se diese cuenta de que todavía me debía algún dinero».
B: *Mostrarle algo a alguien con ánimo de despertar envidia:* «No conozco a nadie más presumido; siempre está restregándome por los hocicos sus últimas adquisiciones».
ponerle u. p. (el) hocico/(los) hocicos a alguien (inf.). *Manifestar enojo a alguien:* «Esta chica es muy quisquillosa, y ayer me puso hocicos porque llegué un poco tarde a la cita».

hoja
poner u. p. como hoja de perejil a alguien (inf.). *Criticar, censurar o reprender severamente a alguien:* «Si vuelvo a saber algo de malos tratos a mis niños en el colegio, soy capaz de poner al director como hoja de perejil».
volver u. p. la hoja (inf.). [*Generalmente en oración imperativa*] *cambiar de conversación:* «Bueno, volvamos la hoja; ya hemos hablado bastante de cosas tristes».

hombre
el hombre del saco (inf.). [*Personaje imaginario con que se asusta a los niños para imponerles buen comportamiento*]: «Si el niño no quiere irse a la cama, le dices que vas a llamar al hombre del saco y verás qué pronto obedece».
[ser u. p. un] hombre al agua (inf.). *Persona que no da esperanza de remedio en su salud, su conducta, situación económica, etc.:* «Era un buen especialista en Historia, pero si le preguntaban algo fuera de esto, era hombre al agua, incapaz de responder nada».
[ser u. p. un] hombre de la calle (f.). *Persona representativa de los gustos u opiniones de la mayoría:* «El hombre de la calle cada vez entiende menos el lenguaje que emplean los políticos».
[ser u. p. un] hombre de mundo (f.). *Hombre de experiencia en el trato con personas de elevada posición:* «No me parece propio de un hombre de mundo eso de comer con los dedos».
[ser u. p. un] hombre de paja (f.). *El que actúa según los dictados y conveniencias de otro al que no le interesa figurar en un primer plano:* «El dictador solía colocar siempre a algún hombre de paja al frente del gobierno para poder alejar de sí toda responsabilidad».
[ser un] hombre de pro (f.). *Persona honrada:* «Un hombre de pro no engaña ni roba a su propio socio y amigo».
[ser u. p.] hombre de una pieza. *Ver* «[ser u. p.] hombre/mujer de una *pieza».
[ser u. p.] muy hombre. *Ver registro siguiente.*
[ser u. p.] todo un hombre (f.). *Hombre o muchacho que se porta con valentía:* «A pesar de su juventud, es ya todo un hombre y ha sabido defender a su hermano menor de unos maleantes».
como un solo hombre (f.). [*Proceder un*

grupo numeroso de personas] espontáneamente y con total unanimidad: «Cuando entró el rey se pusieron todos de pie como un solo hombre».
hacer u. p. a alguien/hacerse u. p. un hombre (inf.). *Ayudar a alguien a situarse/situarse u. p. en la vida:* «La pobre viuda ha tenido que trabajar y sufrir lo indecible para poder hacer a su hijo un hombre».

hombro
arrimar u. p. el hombro (inf.).
A: *Trabajar firme:* «Aunque era un hombre más bien holgazán, tenía que arrimar el hombro para alimentar a su numerosa familia».
B: *Ayudar, colaborar en algún trabajo:* «En el negocio estamos solos mi mujer y yo, porque ninguno de nuestros hijos está dispuesto a arrimar el hombro».
echar(se) u. p. algo al hombro (inf.). *Hacerse responsable de algo:* «No quisiera yo echarme al hombro el trabajo ese de llevar nota de lo que trabaja cada uno. Es desagradable controlar a los compañeros de trabajo».
encoger u. p. los hombros/encogerse u. p. de hombros (f.).
A: *Dar muestras de no saber o no querer responder a una pregunta:* «Le pregunté si sabía cuándo llegaría su padre, y él, por toda respuesta, encogió los hombros».
B: *Mostrarse o permanecer indiferente:* «Veo que no tienes sensibilidad para los problemas sociales; ante el grave problema del paro, tú te encoges de hombros».
mirar u. p. por encima del hombro a alguien (inf.). *Despreciar, desdeñar a alguien:* «Hoy día a todo el que no tiene coche se le mira por encima del hombro, como si fuese un ser de categoría inferior».

hondo
herir u. p. en lo más hondo a alguien (f.). *Ofender profundamente a alguien:* «Su crítica no tenía absolutamente ningún fundamento y me hirió en lo más hondo».

hongo
[estar u. p.] sola como/más sola que un hongo (inf.). *[Estar] muy solo:* «Mi familia en la playa y mis amigos todos de vacaciones. ¡Estoy más solo que un hongo!».

[crecer/multiplicarse] como los hongos (inf.). *[Crecer/multiplicarse] con gran rapidez:* «Este tipo de negocios está creciendo como los hongos; dentro de poco tiempo, habrá uno en cada esquina».
darse u. c. como los hongos (inf.). *Ser muy fácil de conseguir:* «Este es uno de los países más ricos del mundo; el dinero se da aquí como los hongos».

honor
hacerle u. p. los honores a alguien/a algo (f.).
A: *Atender o agasajar a alguien [generalmente a los invitados a una fiesta, recepción, etc.]:* «El embajador permaneció buen rato a la puerta, recibiendo y haciéndole los honores a sus huéspedes».
B: *Hacer aprecio de lo que se ofrece en un banquete, comiendo y bebiendo en abundancia:* «Todo estaba tan delicioso y bien presentado, que los invitados le hicieron los honores a los manjares comiéndoselos en seguida».

honra
¡a mucha honra! (inf.). *[Fórmula con que u. p. se defiende de algún comentario despreciativo]:* «En tu familia todos pasan hambre. −¡A mucha honra! Vale más ser pobre pero honrado que rico y sinvergüenza».

hora
horas muertas (f.). *Tiempo no aprovechado:* «No sabíamos qué hacer en las horas muertas. Ni siquiera teníamos una baraja para jugar a las cartas».
la hora de la verdad (f.). *El momento decisivo o el momento de tomar decisiones:* «Los políticos hacen mil promesas antes de las elecciones, pero a la hora de la verdad no hacen nada por el pueblo».
a altas horas (de la noche) (f.). *Muy tarde en la noche:* «Suele llegar a casa a altas horas de la noche, cuando ya todos están durmiendo».
a buenas horas (inf.). *[Irónico] muy tarde:* «¡A buenas horas llegas a casa! Estuvieron tus primos esperándote toda la tarde y acaban de marcharse».
a cada hora. Ver «a todas *horas».
a [mi/tu] hora (f.). *A la hora que [me/te] conviene o es propia:* «Tienes que llevar

ahora mismo a los niños a la cama; ya sabes que tienen que dormir a su hora, de lo contrario se ponen muy pesados».

a todas horas (f.). *Continua, incesante o repetidamente:* «El chico está tan impaciente por salir de viaje, que no hace más que preguntar a todas horas cuándo empiezan las vacaciones».

en buena hora (f.).
A: *Oportunamente o con buena suerte:* «En buena hora se me ocurrió aplazar el viaje; la niebla era tan densa, que apenas se podía avanzar por la carretera».
B: [*Irónico*] *inoportunamente o con mala suerte:* «¡En buena hora se te ocurrió regalarle al niño un tambor militar! Se pasa el día entero atronando la casa».

en mala hora (f.). *Con mala suerte:* «En mala hora se te ocurrió ir a bañarte al río con el frío que hace. Ahora tendrás que guardar cama una semana».

comer u. p. entre horas (f.). *Comer en el espacio de tiempo que hay entre las comidas:* «No me extraña que siempre te estés quejando del estómago. Siempre estás comiendo cosas dulces entre horas».

no dar u. p. ni la hora (inf.). *Ser muy tacaño o cicatero:* «No le pidas dinero a Pepe, porque no da ni la hora».

llegarle la hora a alguien/algo (f.).
A: *Llegarle a alguien el momento de morir:* «Se puso tan enfermo, que todos creían que le había llegado la hora».
B: *Llegarle a algo el momento de dejar de existir o de descomponerse, estropearse, etc.:* «Yo creo que a este coche ya le ha llegado la hora; cada dos semanas hay que llevarlo al taller mecánico».

tener u. p. (muchas) horas de vuelo (inf.). *Tener (mucha) experiencia:* «Los puestos de mayor responsabilidad no se los pueden dar a los novatos, sino a aquellos que ya tienen muchas horas de vuelo».

tener u. p. las/sus horas contadas. Ver «tener u. p. los/sus *días contados».

horma
encontrar/hallar u. p. la horma de su zapato (inf.). *Recibir u. p. el escarmiento o castigo que merece:* «Antes, con el antiguo director del colegio, los niños hacían lo que querían, pero ahora, con el nuevo, han encontrado la horma de su zapato y tienen que guardar disciplina».

hormiga
[ser u. p. trabajadora] como una hormiga (f.). *Muy trabajador:* «Esta señora es hacendosa como una hormiga, y no descansa ni un momento de los trabajos de la casa».

hormiguillo
tener u. p. el hormiguillo (inf.). *No poder estar quieto, estar sin sosiego:* «Estos niños no son capaces de quedar sentados ni un solo momento; parece que tienen el hormiguillo».

hornada
[ser u. p./u. c.] de la última hornada (inf.). [*Ser*] *de la generación joven, de la última promoción, recién producido:* «Los médicos de las últimas hornadas ya no recurren a los procedimientos naturales, que consideran muy anticuados».

horno
no estar el horno para bollos (inf.). *No ser ocasión de fiestas o bromas:* «No acudirá a la excursión porque tiene problemas con su negocio y no está el horno para bollos».

hostia
mala hostia (rest.). *Mal humor, mal carácter:* «Es una persona de carácter muy difícil; siempre está de mala hostia».

a toda hostia (rest.). *A toda velocidad:* «Cuando vimos que se acercaba la tormenta, tuvimos que dejarlo todo y buscar un refugio a toda hostia».

[ser u. c.] de la hostia (rest.). [*Locución enfática que intensifica una cualidad*]; [*ser*] *muy bueno, muy grande, muy importante, etc.:* «Acaba de comprarse un piso de la hostia que le ha costado una fortuna».

más + ADJETIVO + que la hostia (rest.). *Muy + ADJETIVO:* «Ha heredado toda la fortuna de su tío y ahora es más rico que la hostia».

VERBO + más que la hostia (rest.). *VERBO + mucho:* «Bailar le gusta más que la hostia; es capaz de pasar la noche en una pista de baile».

[ir/marcharse/venir u. p.] cagando/echando hostias (rest.). [*Ir...*] *a toda velocidad:*

«Alguien gritó ¡fuego!, y todos abandonamos la casa cagando hostias».
darse/pegarse u. p. una hostia (rest.). *Sufrir un accidente aparatoso:* «La moto derrapó al tomar la curva y me pegué una hostia considerable».
no/ni [haber/tener]... ni hostias (rest.). *[Enfático] no/ni [haber/tener]... ni nada en absoluto:* «En mis tiempos de estudiante no teníamos dinero ni hostias, y a veces teníamos que pasar sin comer para comprar libros».
¡hostias en vinagre! (rest.). *[Expresión enfática de negación, rechazo o disconformidad, exclamación de enojo]:* «Le pedí que me dejara el coche, pero parece que no tiene confianza en mí porque me dijo que hostias en vinagre».
¡qué... ni qué hostia(s)! (rest.). *[Expresión enfática de incredulidad o de rechazo violento]:* «¡Qué enfermedad ni qué hostias! Si usted no viene al trabajo es porque no quiere trabajar».
... y toda la hostia (rest.). *[Expresión que sirve para abreviar una enumeración] y el resto, y lo que sigue, y lo que es de suponer:* «Habíamos invitado a comer sólo a Carlitos, pero llegó también su padre, su madre y toda la hostia».

hoy
hasta hoy (f.). *Hasta ahora, hasta el momento presente:* «Prometió devolverme pronto el dinero, pero hasta hoy no he recibido ni un céntimo».
(hoy) por hoy (f.). *Por ahora, en la actualidad [generalmente indica idea de provisionalidad con respecto a un tiempo futuro]:* «Hoy por hoy no pienso cambiar de trabajo, pero si en el futuro no estoy contento o recibo una oferta mejor, me voy de la empresa».
hoy por ti y mañana por mí (inf.). *[Expresión con la que se exhorta a la ayuda mutua]:* «No tienes por qué darme las gracias. Fue un favor sin importancia, y además hoy por ti y mañana por mí».

hoyo
irse u. p. al hoyo (inf.). *Morir:* «Si te empeñas en seguir esa dieta de adelgazamiento tan rigurosa, cualquier día te vas a ir al hoyo».

hoz
[entrar/meterse u. p.] de hoz y (de) coz (inf.). *[Entrar/meterse u. p. en algun lugar] sin reparos ni miramientos:* «Se metió en el teatro de hoz y coz, empujando y hasta derribando al suelo a los que estaban a la puerta».

hueco
llenar u. p./u. c. un hueco (f.). *Hacer un papel útil donde se echaba en falta:* «Hasta ahora nadie había escrito sobre la vida privada de este compositor, por lo que esta biografía viene a llenar un hueco importantísimo».

hueco
ponerse u. p. hueca (inf.). *Envanecerse, engreírse:* «Se puso muy hueco cuando le dije que sus poemas habían tenido mucho éxito. Se ve que le gusta que le halaguen».

huerto
llevarse u. p. a alguien al huerto (inf.). *[Aplicado solamente al hombre] realizar el acto sexual:* «La chica está embarazada y sus papás todavía no saben quién se la ha llevado al huerto».

hueso
la sin hueso (inf.). *La lengua:* «¿Pero cómo es posible estar hablando ocho horas seguidas sin darle un sólo minuto de descanso a la sin hueso?».
[ser u. p./u. c.] un hueso (duro de roer) (inf.).
A: *Persona de carácter duro, inflexible o inexorable:* «Este profesor es un hueso duro de roer. Exige tanto, que sólo la tercera parte de los estudiantes logra aprobar con él».
B: *Cosa difícil de resolver:* «Esto de hacer la traducción sin diccionario me parece un hueso duro de roer».
[ser u. p.] un puro hueso (inf.). *Ver registro siguiente.*
[estar/ponerse/quedarse u. p.] en los huesos (f.). *[Estar...] sumamente delgado:* «No te extrañes de que el pobre hombre esté en los huesos: trabaja todo el día y no tiene apenas nada para comer».
calarse/mojarse u. p. hasta los huesos (f.). *Mojarse mucho, empaparse [generalmente con el agua de la lluvia]:* «Desde que salí del trabajo hasta que llegué a casa no ha pa-

rado de llover, de modo que debo de estar calado hasta los huesos».
dar u. p. con sus huesos en algún lugar (inf.). *Ir a parar a algún lugar, terminar u. p. su vida en algún lugar:* «Dada su inclinación por la violencia, lo más probable es que un día dé con sus huesos en la cárcel».
dar/dejar/entregar/perder u. p. los huesos. *Ver* «dar... u. p. el *pellejo».
dar/pinchar u. p. en hueso (inf.). *Intentar algo en vano.* «Pincha Vd. en hueso si cree que va a conseguir favores de una persona tan egoísta».
no dejarle u. p. un hueso sano a alguien (inf.).
A: *Criticar a alguien descubriendo todos sus defectos:* «Esta fue una de las peores películas presentadas al Festival de Cine, y los críticos, por unanimidad, no le dejaron un hueso sano al director».
B: *Golpear fuertemente a alguien:* «El muy sinvergüenza me ha engañado en el contrato; si lo cojo, no le dejo un hueso sano».
molerle/partirle/romperle u. p. un hueso/los huesos a alguien (inf.). *Golpearle fuertemente:* «Si vuelves a hablar así de mi padre, te rompo los huesos».
no poder u. p. con sus huesos (inf.). *Estar u. p. rendida de fatiga:* «Hoy he nadado cerca de dos mil metros y ahora estoy que no puedo con mis huesos».
podérsele contar los huesos a alguien (inf.). *Estar u. p. muy flaca:* «El médico le ha obligado a hacer una dieta tan estricta que al pobre hombre se le pueden contar los huesos».
tener u. p. los huesos molidos (inf.). *Estar muy fatigado por exceso de trabajo o de ejercicio:* «No es extraño que tengas los huesos molidos, porque en todo el día no has dejado de trabajar ni un solo minuto».

huevo
[ser u. p.] boba/tonta de los huevos (rest.). *Ver* «[ser u. p.] boba/tonta de *capirote».
de huevos (inf.). [*Adj. superlativo*] *muy bueno, muy grande, muy grave, etc:* «Tiene una casa de huevos, en la que no falta nada: piscina, garaje...»
de los huevos (rest.). [*Locución despectiva referida a personas o cosas*] *imposible, insoportable:* «Estoy ya cansado de este desorden de los huevos ¡En esta casa es imposible encontrar algo!».
a puro huevo (rest.). *Con gran esfuerzo:* «Yo tuve que hacer mis estudios a puro huevo, trabajando en la fábrica por la mañana y frecuentando la Universidad por la tarde».
por huevos (rest.). *A la fuerza, de modo obligado:* «En el campamento militar teníamos que ducharnos con agua fría por huevos; el que no lo hacía, era arrestado».
[costar/valer u. c.] un huevo (y la yema del otro) (inf.). [*Costar/valer*] *mucho:* «Estoy sin un céntimo, porque he tenido que hacer un cuarto de baño nuevo y ya sabes que una cosa así sale por un huevo».
chuparle u. p. un huevo/los huevos a alguien (rest.). *Resultarle u. p. indiferente o despreciable a alguien:* «Tu familia puede pensar y decir de mí lo que quiera. ¡Tu familia me chupa un huevo!».
dejar(se) u. p. los huevos en casa (inf.). [*Referido al hombre*] *mostrar una actitud sumisa:* «El representante de los obreros parecía muy valiente en el sindicato, pero hablando con el ministro se dejó los huevos en casa, y dijo a todo que sí».
echarle u. p. huevos a algo/al asunto (rest.).
A: *Mostrar decisión, valentía, coraje:* «No tuve más remedio que echarle huevos al asunto y enfrentarme yo sólo con los riesgos del negocio».
B: [*Generalmente en oración imperativa para indicar gran admiración o disgusto*]: «¡Hay que echarle huevos al asunto! El gobierno acaba de anunciar por segunda vez en un año el aumento del impuesto del tabaco».
estar u. p. hasta los (mismísimos) huevos de alguien/algo (rest.). *Estar harto de alguien/algo:* «En el cuartel estábamos todos hasta los mismísimos huevos de comer siempre lo mismo».
no haber más huevos (que...) (rest.). *No quedar otra solución (que...)* «Aquí no hay más huevos que obedecer órdenes y callar».
hinchársele los huevos a alguien (rest.). *Agotársele la paciencia a alguien:* «Se me están hinchando los huevos de ver tanta propaganda en los programas de televisión».

importarle u. p./u. c. un huevo/tres huevos a alguien (rest.). *Resultarle u. p./u. c. indiferente a alguien:* «Pienso seguir haciendo lo que quiera y me importa tres huevos lo que la gente diga de mí».

meterse u. p. hasta los huevos en algo (rest.). *Encontrarse u. p. comprometida o implicada en asunto dificultuoso:* «Nos hemos metido hasta los huevos en un lío financiero y no sabemos cómo vamos a salir de él».

parecerse u. p./u. c. a alguien/algo como un huevo a otro (huevo) (inf.). *Ser u. p./u. c. completamente igual a otra:* «Este niño se parece a su hermano como un huevo a otro. ¿Serán gemelos?».

parecerse u. p./u. c. a alguien/algo como un huevo a una castaña (inf.). *No parecerse en absoluto:* «No comprendo cómo estos niños pueden ser hermanos gemelos, porque se parecen el uno al otro como un huevo a una castaña».

partirse/romperse u. p. los huevos (rest.). *Esforzarse mucho, trabajar duramente:* «¡He tenido que partirme los huevos para hacer esta difícil traducción y ahora resulta que no quieren aceptármela en la editorial!».

pasar(se) u. p. algo por los huevos (rest.). *Despreciar o rechazar algo:* «Es un pianista que toca por el placer de tocar; el dinero se lo pasa por los huevos».

pisar u. p. sobre huevos (inf.). *Ir, andar, conducir con suma precaución y lentitud:* «En este tramo de la carretera hay que pisar sobre huevos, porque el terreno es muy resbaladizo».

ponérsele los huevos de/por corbata a alguien (rest.). *Sentir mucho miedo:* «Viendo cómo toma las curvas, se le ponen a uno los huevos de corbata».

rascarse u. p. los huevos (rest.). *Holgazanear, estar sin hacer nada:* «No es extraño que esta gente no tenga dinero ni para alimentarse, porque prefiere pasarse la vida rascándose los huevos antes que buscarse un oficio».

saber u. p. un huevo de algo (rest.). *Tener u. p. amplios o profundos conocimientos en alguna materia:* «El libro está muy bien escrito, y además el autor demuestra que sabe un huevo de esa materia».

salirle u. c. de los huevos a alguien (rest.). [*Muy enfático*] *querer algo, encapricharse en algo, darle la gana a alguien:* «Yo con mi dinero hago lo que me sale de los huevos, y a nadie tiene que importarle lo más mínimo».

tener u. p./u. c. huevos (rest.).
A: *Ser u. p. valiente* : «Aquí necesitamos gente que tenga huevos, y no cobardes como tú».
B: *Ser u. c. injusta, inoportuna o molesta:* «¡Tiene huevos el asunto! Ahora resulta que los que hemos trabajado algunos años en el extranjero no tenemos derecho a cobrar la pensión de vejez».

tener u. p. los huevos cuadrados/en su sitio (rest.). *Ser muy valiente:* «Para hacer una expedición por el Amazonas en canoa y sin acompañamiento, ya hay que tener los huevos en su sitio».

tocarle u. p. los huevos a alguien (rest.). *Fastidiar, molestar, importunar a alguien:* «Siempre que estoy durmiendo la siesta llama alguien a la puerta para tocarme los huevos».

tocarse u. p. los huevos (rest.).
A: *Holgazanear, estar sin hacer nada:* «No me parece bien que tú estés ahí tocándote los huevos mientras los demás trabajamos».
B: [*En oración imperativa indica admiración o disgusto*]: «¡Tócate los huevos! ¿Y ésta es la secretaria que tanto nos habían recomendado? ¡Pero si no sabe ni escribir a máquina!».

no valer u. p./u. c. un huevo (rest.). *No tener ningún valor o mérito:* «No creo que esta novela guste a nadie, porque no vale un huevo».

¡qué... ni qué huevos! (rest.). [*Expresión enfática de incredulidad o de rechazo violento*]: «¡Qué trabajo ni qué huevos! Lo que yo necesito en verano es descansar!».

humor

[tener u. p. un] humor de perros (inf.). *muy mal humor:* «Hoy estás de un humor de perros; no se puede tratar nada contigo sin que te pongas a gritar e insultar a la gente».

llevarle/seguirle u. p. el humor a alguien (f.). *Convenir u. p. aparentemente con las ideas e inclinaciones de alguien, para divertirse a su costa o para no exasperarle:* «Pérez se considera a sí mismo un gran cantante, y nosotros, para evitar discusiones, le llevamos el humor y aplaudimos sus conciertos improvisados».

humo

a humo de pajas (inf.). *Con ligereza o de modo irreflexivo:* «Una vez más el gobierno ha obrado a humo de pajas sin aceptar la responsabilidad del momento».
apagarle/bajarle u. p. los humos a alguien (inf.). *Domar la altivez de alguien, humillarle:* «Es demasiado presumido; algún día habrá que bajarle los humos».
cobrar u. p. humos (inf.). *Engreírse, envanecerse:* «Desde que le dijeron que tiene buena voz, ha cobrado humos como si fuese tenor de ópera».
darse u. p. (muchos) humos de algo (inf.). *Presumir o jactarse de algo:* «Aunque es un simple gerente, se da humos de director general».
quedar u. c. en humo de pajas (inf.). *No producirse aquello que se temía:* «Todos pensaban que se iba a producir una sublevación militar, pero el capitán general se impuso a la tropa y todo quedó en humo de pajas».
subírsele a alguien los humos a la cabeza (inf.). *Envanecerse o ensoberbecerse por haber obtenido algún éxito:* «Se le han subido los humos a la cabeza desde que le han nombrado director general, y ya no se puede hablar con él».
tener u. p. muchos humos (inf.). *Ser orgulloso, vanidoso, tener muchas pretensiones:* «Tiene muchos humos desde que le han concedido la medalla».

hurtadillas

a hurtadillas (f.). *Furtivamente, sin que nadie lo note:* «Parece que el niño entró a hurtadillas en la cocina y se comió el dulce que teníamos para los invitados».

I

ida
idas y venidas (f.). *Movimientos ininterrumpidos o frecuentes de un lado para otro:* «Tuve que perder toda la mañana en idas y venidas para arreglar unos documentos».

idea
idea de bombero (inf.). *Idea o proyecto descabellado, extravagante o absurdo:* «Gastar tanto dinero en un coche cuando no se tiene todavía ni un mueble en el piso, me parece una idea de bombero».
[tener u. p.] mala idea (inf.). [*Tener u. p.*] *aviesas intenciones:* «Es un tipo de mala idea y capaz de hacer cualquier barbaridad; yo no me fiaría de él».
no tener u. p. (ni) idea de algo (inf.). *No tener ni la más remota noción de algo:* «No me atrevo a arreglar yo solo el coche, porque no tengo ni idea de mecánica y temo dejarlo peor que estaba».
ni idea (inf.). [*Expresión que indica imposibilidad de contestar*]: «¿Sabes la fecha del examen de matemáticas? –Yo, ni idea. De todas maneras no pienso presentarme».

ido
estar u. p. ida (f.).
A: *Estar muy distraído o absorto:* «No sé qué negocios le preocupan tanto, que está ido y no atiende a nada de lo que le dicen».
B: *Padecer algún trastorno mental:* «Parece que está un poco ido, porque últimamente sólo dice y hace cosas extravagantes».

iglesia
casarse u. p. por detrás de la iglesia (inf.). *Empezar a vivir maritalmente sin estar casados:* «Hace cincuenta años que mis tíos se casaron por detrás de la iglesia y ahora, ya ancianos, quieren poner sus papeles en orden por problemas de herencia».
llevar u. p. a la iglesia a alguien (inf.). *Casarse con alguien:* «Yo creo que después de vivir tantos años juntos, ya va siendo hora de que lleves a Teresa a la iglesia y formalices la relación».

igual
[ser u. p./u. c.] sin/no tener igual (f.). *(Ser) singular o extraordinario:* «Su hija era una belleza sin igual; algunos acudían al baile solamente para admirarla».
[hablar/tratar u. p.] de igual a igual con/a alguien (inf.). [*Hablar con alguien/tratarle sin hacer distinción de categoría social, rango o jerarquía:* «Que un simple soldado se atreva a tratar de igual a igual a su capitán es algo intolerable en el ejército».
darle/serle u. p./u. c. igual a alguien (f.). *Serle indiferente:* «Me da igual que vengas por la mañana o por la tarde; voy a estar todo el día en casa».
igual (...) como/que (f.). [*Locución comparativa modal*]; *(...) y del mismo modo:* «Es muy hábil en la cocina; igual prepara un plato típico español, como un plato de comida china».
¡igual que si + INDICATIVO...! (inf.). [*Expresión introductoria de respuestas que indica indiferencia ante dos o más alternativas*]: «¿Quieres que te devuelva este libro el próximo domingo? –¡Igual que si me lo traes dentro de un año! No lo necesito en absoluto».

imagen
quedarse u. p. para vestir imágenes. *Ver* «quedarse u. p. para vestir *santos».

imaginación
ni por imaginación (inf.). [*Refuerzo de una negación*] *de ningún modo, bajo ninguna condición:* «No voy a comprarte más juguetes ni por imaginación; tienes ya bastantes, y además son muy caros».

pasársele u. c. por la imaginación a alguien. *Ver* «pasársele u. c. por la *cabeza a alguien».

imperio
valer u. p./u. c. un imperio (inf.). *Ser excelente o de gran mérito:* «El nuevo contable vale un imperio: es rápido y eficiente como ninguno».

importar
(a [mí/ti]) ¿qué [me/te] importa? (inf.). [*Expresión que indica indiferencia o rechazo*]: «Tienes razón, tengo una manera de vivir absurda, pero eso a ti ¿qué te importa?».

imposible
estar/ponerse u. p. imposible (inf.). *Estar o ponerse inaguantable:* «Cuando los niños están cansados se ponen imposibles; lo mejor es llevarles a la cama».

hacer u. p. lo(s) imposible(s) (f.). *Apurar todos los medios para conseguir algo:* «Apenas tengo tiempo; tendré que hacer lo imposible para terminar este trabajo antes de las vacaciones».

improviso
coger u. c. de improviso a alguien (f.). *Sorprender a alguien:* «La tormenta nos cogió de improviso durante la travesía, así es que nos empapamos de agua».

incienso
darle/echarle u. p. incienso a alguien (inf.). *Adular a alguien:* «Ya saben: al antiguo jefe bastaba con echarle incienso. Pero conmigo no valen palabras».

indio
hacer u. p. el indio (inf.). *Hacer tonterías, tontear, hacer el ridículo:* «Pasamos el día haciendo el indio: cantando por las calles, interrumpiendo la circulación y escribiendo en las paredes lo que se nos ocurría».

infierno
[estar u. p./u. c. en] el quinto infierno (inf.). [*Encontrarse en*] *lugar muy apartado:* «Si quieres pagar poco de alquiler, tienes que irte a vivir al quinto infierno».

[infinitivo]
(como) INFINITIVO, (sí) + INDICATIVO (inf.). [*Respuesta enfática para indicar que una acción ha sido realizada debidamente*]: «Parece que han trabajado Vds. con entusiasmo. –¡Como trabajar, hemos trabajado, sí señor!».

(como) INFINITIVO, no + INDICATIVO (inf.). [*Respuesta atenuante para indicar que una determinada acción no ha sido realizada correctamente*]: «¿Has terminado el trabajo que te dió la profesora? –Terminar, no lo he terminado, pero ya he hecho buena parte de él».

ingeniar
ingeniárselas u. p. (f.). *Buscar la manera de salir de un apuro o lograr algún fin:* «Siempre he tratado de ayudarte con mis consejos, pero tú nunca has querido escucharme. Ahora, ingéniatelas como puedas».

inglés
trabajar u. p. para el inglés (inf.). *Trabajar sin ser remunerado:* «En este país los sueldos de los funcionarios son realmente ridículos; uno tiene la impresión de trabajar para el inglés».

inopia
estar u. p. en la inopia (inf.). *Estar distraído, no estar al corriente, no estar enterado de algo:* «¿Sólo 200 pesetas por este libro? ¿En qué mundo vive Vd.? ¡Vd. está en la inopia!».

inri
para más/mayor inri (inf.). [*Expresión de enojo utilizada cuando a una desgracia se añade otra que la supera*]; *además de (todo) eso:* «Tuvimos que esperar por el autobús más de media hora, y, para más inri, estaba lloviendo».

instancia
    en última instancia (f.). *Si no queda otro remedio:* «En última instancia y si veo que no me alcanza el dinero, pediré un crédito para comprar el piso».

intención
    [hacer u. p. algo con/tener u. p./u. c.] segundas intenciones (f.). [*Hacer algo con/tener] intenciones disimuladas:* «Me parece que el regalo que le han hecho al jefe tiene segundas intenciones».
    de primera intención (f.). *En el primer momento:* «De primera intención queríamos comprar el piso, pero luego le encontramos algunos defectos muy graves y lo dejamos».

ir
    [ser u. p./u. c.] el no va más de/en algo (inf.). [*Ser] el/lo mejor en algún dominio:* «Manolete era en su tiempo el no va más de los toreros; no tenía rival en todo el mundo».
    ir y venir (u. p.) (f.).
    A: [*Sustantivo*] *movimiento continuo de un lugar para otro:* «Estoy cansado de las grandes ciudades y de tanto ir y venir; prefiero la vida en el campo».
    B: [*Verbo*] *hacer u. p. movimientos ininterrumpidos de un lugar para otro:* «Hoy he tenido tanto que hacer, que me he pasado toda la mañana yendo y viniendo con papeles y recados de todo tipo».
    en lo que va de [mes/siglo] (f.). *Desde el comienzo del [mes/siglo] corriente:* «Este año las temperaturas son bajísimas, y en lo que va de primavera todavía no hemos visto salir el sol».
    va para [una semana] que... (f.). *Hace ya casi [una semana] que...* «¿Cuándo vienes por mi casa? Va ya para un año que no nos vemos».
    ir u. p. a lo suyo (f.). *Obrar pensando sólo en el propio interés:* «Aquí son todos tan egoístas, que cada uno va a lo suyo sin preocuparse lo más mínimo de los demás».
    ir u. c. con/por alguien (f.). *Referirse u. c. a alguien:* «Ya sé que lo que han dicho va conmigo, pero prefiero hacer como que no he entendido la alusión».
    ir u. c. con algo (f.). *Armonizar con algo:* «Esa corbata roja no va con un traje serio; resulta muy llamativa».
    ir u. p. de algo (f.). *Vestir u. p. algo:* «Se cuida mucho. Siempre va de corbata y chaqueta».
    ir u. c. de algo (inf.). *Tratar de algo, referirse a algo:* «¡Qué libro más complicado! Lo he leído ya dos veces y todavía no sé de qué va».
    ir u. p. (a) por algo (f.). *Ir a buscar algo:* «Haz el favor de ir por mi abrigo; lo he dejado en el perchero».
    (no) irle ni venirle u. p./u. c. a alguien (f.). *(No) importarle alguien/algo:* «A mí no me va ni me viene lo que tú hagas, porque ya tengo suficientes problemas con los míos».
    a lo que iba/íbamos (inf.). [*Expresión con que se indica la vuelta al tema principal en el diálogo*]: «Bueno, deja de hablar de fútbol, y a lo que íbamos: ¿Estás dispuesto a ayudarme a hacer la traducción?».
    ¿cómo vamos? *Ver* «¿cómo *andamos?».
    [hola,] ¿cómo [te/le] va? (inf.). [*Fórmula de saludo*]: «Hola, ¿cómo te va? Hace ya mucho tiempo que no tengo noticias tuyas».
    ¡qué va! (inf.). [*Negación enfática*]: «¿Yo aficionado al vino? ¡Qué va, hombre! Apenas bebo una copa en toda la semana».
    si a eso vamos/fuéramos (inf.). *En este caso, si tuviéramos que admitir eso:* «A los que mezclan productos químicos con el vino, habría que meterlos en la cárcel». –Hombre, si vamos a eso, tendríamos que meter en la cárcel a todos los que están relacionados con las industrias alimenticias».
    SUSTANTIVO + **va,** SUSTANTIVO + **viene** (inf.). [*Con sustantivos que implican alguna acción; expresión que indica acciones repetidas*]: «Empezaron a discutir y, palabra va, palabra viene, terminaron agarrándose por el pelo».
    va/fue y + VERBO (inf.). [*Expresión que enfatiza un sentimiento de sorpresa o admiración ante lo que se dice a continuación*]: «Como no estaba de acuerdo con lo que decía el profesor, fue y se puso a explicar él mismo la lección».
    ¡vamos anda! (inf.). [*Exclamación que indica rechazo categórico o violento*]: «¡Vamos anda! No me digas que tú has terminado una carrera universitaria, porque sé muy

bien que no has hecho ni siquiera el bachillerato».

... vamos, digo yo (inf.). [*Expresión utilizada para señalar la subjetividad de una afirmación*] *según creo yo:* «¿Os quedáis sólo tres días en París? Para eso no vale la pena hacer un viaje tan largo. Vamos, digo yo».

¡vaya con...! (inf.). [*exclamación de sorpresa, disgusto o enojo*]: «¡Vaya con los trenes! ¡Ni una sola vez llegan puntuales!».

¡vaya (que) si...! (inf.). [*Expresión enfática que pondera la afirmación que sigue*]: «¿Le has dicho que una excursión a la selva es peligrosa? –¡Vaya que si se lo he dicho!».

izquierda

coger/tirar u. p. a la izquierda (inf.). *Coger un camino o dirección a la izquierda:* «Se separaron y él tiró a la izquierda, por una senda oculta entre la maleza».

J

jabón
    darle u. p. jabón a alguien (inf.). *Adular a alguien:* «Desde que sabe que depende de mí en el trabajo, no hace más que darme jabón».

jamón
    pasarlo u. p. jamón (inf.). *Divertirse mucho:* «Hoy estuvimos toda la tarde en la cervecería bailando y lo pasamos jamón».
    ¡y un jamón (serrano/con chorreras)! (inf.). [*Expresión enfática de incredulidad o rechazo*]: «¿Dices que te han dado el primer premio en el concurso? ¡Y un jamón, yo eso no me lo creo!».

jaque
    mantener/poner/tener/traer u. p. en jaque a alguien (inf.). *Amenazar o atacar a alguien inquietándole o impidiéndole hacer algo:* «Los terroristas pusieron en jaque al gobierno durante varios meses, logrando incluso paralizar la vida económica hasta conseguir sus fines».

jaqueca
    [causarle u. p./u. c.] jaqueca a alguien. *Ver* «[causarle u. p./u. c.] *dolores de cabeza a alguien».

jarabe
    jarabe de palo (inf.). *Castigo físico, paliza:* «Es un padre muy primitivo, de esos que educan a sus hijos con jarabe de palo».
    [tener u. p.] jarabe de pico (inf.).
    A: *(Decir) palabras sin sustancia:* «Este conferenciante no tiene más que jarabe de pico; en dos horas no ha dicho nada interesante».
    B: *(Hacer) promesas que no se han de cumplir:* «Me prometieron aumento de sueldo, pero fue todo jarabe de pico porque sigo ganando la misma miseria».

jarra
    [estar/poner(se) u. p.] en jarras. *Ver* «[estar/poner(se) u. p.] con los *brazos en jarras».

jarro
    echarle u. p. a alguien/recibir u. p. un jarro de agua (fría) (inf.). *Causar/experimentar una decepción, un desengaño:* «Tenía mucha ilusión por conocer a ese chico, pero después de la primera entrevista recibí un jarro de agua fría. ¡Sólo sabe hablar de coches!».

jaula
    [ser u. c. una] jaula de grillos (inf.). *Ver* «[ser u. c. una] *olla de grillos».

Jesús
    en un decir Jesús (inf.). *Rápidamente, en muy poco tiempo:* «Nada, no se preocupe Vd.; la avería se la reparamos en un decir Jesús y usted podrá continuar el viaje sin más problemas».
    ¡Jesús, María y José! (inf.). [*Exclamación que indica asombro o sorpresa*]: «¡Jesús, María y José! Sólo quedan dos semanas para los exámenes finales».

jeta
    por la jeta (inf.). *Con descaro o atrevimiento:* «Nadie le invitó a la cena de gala, pero él asistió por la jeta».
    asomar u. p. la jeta (inf.). *Aparecer, hacer acto de presencia:* «Esta mujer es muy curiosa y siempre encuentra un pretexto para

asomar la jeta en casa del vecino y enterarse de todo».

tener u. p. jeta (inf.). *Ser descarado, aprovechado, abusar de los demás:* «¡Hay que tener jeta para prometer lo que se sabe que no se puede cumplir!».

tener u. p. jeta de algo (inf.). *Tener cara de algo [cómico, ridículo]:* «Tenía jeta de borracho, con esa nariz tan roja y los ojos vidriosos».

joder

joderla u. p. (rest.). *Hacer o decir algo inoportuno o desacertado:* «Todos queríamos sorprender a mamá con un regalo, pero el niño la jodió revelando antes de tiempo en qué consistía».

¡a joderse (tocan)! (rest.). [*Exclamación que indica la satisfacción del hablante para con la desgracia ajena*]: «Cuando me perseguía para golpearme con la vara, resbaló, cayó al suelo y se hizo daño a sí mismo. ¡A joderse tocan!».

¡hay que joderse! (rest.). [*Exclamación que indica asombro, sorpresa o indignación*]: «¡Hay que joderse! Treinta años trabajando para esta empresa y ahora me despiden sin contemplaciones!».

¡no jodas! (inf.).
A: [*Expresión que indica rechazo categórico o violento*]: «¡No jodas, hombre! ¿Cómo quieres que te preste mi coche si tú no sabes conducir?».
B: [*Exclamación de sorpresa o admiración*]: «Me han dicho que este año no van a conceder vacaciones en el verano. –¡No jodas! ¡Otro verano sin poder ir a la playa!».

¡no te jode! (rest.). [*Exclamación que indica asombro, sorpresa o indignación*]: «¡No te jode! ¡Ya han vuelto a rebajarme el sueldo por cuestión de los impuestos!».

¡nos ha jodido! *Ver registro anterior.*

jorobar

¡hay que jorobarse! *Ver* «¡hay que *joderse!».

jota

[no decir/entender/saber u. p.] ni jota (inf.). [*No decir...*] *absolutamente nada:* «No me preguntes de matemáticas porque no entiendo ni jota».

Juan

[ser u. p. un] Juan Lanas (inf.). *Persona de natural tranquilo:* «Este es un verdadero Juan Lanas; puedes insultarlo y tirarle piedras, que no se inmuta».

judía

judías viudas (inf.). *Judías servidas sin ningún acompañamiento:* «Las judías viudas no saben a nada; hay que acompañarlas de patatas».

juego

[ser u. c. un] juego de chiquillos/niños (f.). *Cosa muy fácil de hacer:* «Este tipo de aviones es tan sencillo, que pilotarlos es juego de niños».

[hacer u. p.] juego limpio/sucio (f.). [*Valerse de*] *medios lícitos u honrados/ilícitos o no honrados (en un asunto o negocio):* «Aquí nadie hace trampas ni engaña a nadie, aquí se hace juego limpio».

adivinar(le)/conocer(le)/descubrir(le) u. p. el juego (a alguien) (inf.). *Adivinar o descubrir la intención oculta (de alguien):* «Quiso engañarnos con el contrato de venta, pero nuestro abogado pudo descubrirle a tiempo el juego y ahora está en la cárcel».

andar/entrar/estar u. p./u. c. en (el) juego (inf.). *Intervenir, participar, estar presente en algún asunto o negocio:* «La huelga no se ha producido solamente porque los empleados están descontentos con el sueldo; hay muchos otros factores que entran en juego».

hacer u. c. juego con algo (f.). *Convenir, adecuarse con algo:* «El color de esta corbata no hace juego con el traje; resulta demasiado llamativa».

hacerle u. p. el juego a alguien (inf.). *Secundar a alguien en la realización de algo considerado reprobable:* «Nuestro sindicato no sirve para nada; en lugar de defender al obrero, le está haciendo el juego al gobierno y a la burguesía».

poner u. p. en juego algo (f.).
A: *Hacer valer, emplear o manejar algo para un fin determinado:* «Tuve que poner en juego todos los medios posibles para lograr que sacaran a mi marido de la cárcel bajo fianza».
B: *Arriesgar o exponer algo con determinada finalidad:* «Para salvar al chico de una

muerte segura, tuve que poner en juego mi propia vida y arrojarme al agua».

jueves

[no ser u. p./u. c.] (nada) del otro jueves (inf.). *Nada extraordinario o fuera de lo corriente:* «Aunque este pianista tiene siempre muy buenas críticas, yo no creo que sea nada del otro jueves».

aprender u. p. algo (en) un jueves (inf.). [*Locución generalmente en pasado; critica una idea repetida con insistencia y pesadez*]: «Estoy ya cansado de oírte decir que este tipo de literatura es demasiado intelectual y abstracto; parece que eso lo aprendiste en un jueves».

jugada

[hacerle/gastarle/jugarle u. p.] una (mala) jugada a alguien (inf.). *Comportarse mal con alguien, cometer alguna mala acción contra alguien:* «Poner en la calle a un obrero que ha trabajado tantos años en la empresa, me parece que es gastarle una jugada imperdonable».

jugar

jugar(se) u. p. el todo por el todo (f.). *Arriesgarlo todo de una vez:* «Decidí jugarme el todo por el todo, aposté mi dinero a una sola carta, y perdí hasta el último céntimo».

jugársela u. p. (inf.). *Arriesgar la vida:* «No se te ocurra emplear el coche antes de repararle los frenos, porque te la juegas».

jugársela u. p. a alguien. *Ver* «hacérsela/jugársela *buena a alguien».

jugo

exprimirle/sacarle u. p. (el) jugo a alguien/a algo (inf.). *Aprovecharse de alguien, explotar a alguien, sacar el mayor provecho o partido de algo:* «Tengo que cambiar de coche, porque a éste ya le he sacado bastante jugo».

juicio

(a)sentar u. p. el juicio (f.). *Empezar a tener cordura o prudencia:* «Este chico antes sólo pensaba en diversiones, pero ahora parece que ha asentado el juicio y se pasa los días entre libros».

estar u. p. en su juicio (f.). *Tener en buen estado las facultades mentales:* «¿Pero cómo se te ha ocurrido hacer esa tontería? ¿Es que no estás en tu juicio?».

perder el juicio (f.). *Volverse loco:* «¿Es que has perdido el juicio? ¿Cómo se te ocurre casarte a tus pocos años y sin trabajo?».

julepe

darle u. p. julepe a alguien (inf.).
A: *Obligar a alguien a trabajar en exceso:* «Hoy el jefe nos ha dado julepe: a las ocho de la noche estábamos aún en la oficina revolviendo expedientes».
B: *Darle una paliza a alguien:* «La pobre mujer aparece de vez en cuando con un ojo morado; parece que su marido le da julepe cuando está borracho».

jurar

jurar u. p. por éstas (inf.). *Jurar solemnemente por estas cruces, por la cruz:* «Te juro por éstas que no volveré a suspender ninguna asignatura. Desde mañana empezaré a estudiar en serio».

jurársela(s) u. p. a alguien (inf.). *Prometer o jurar que se ha de vengar de alguien:* «Me las ha jurado porque cree que yo le he robado la cartera. Si me coge, me mata».

justicia

hacerse/tomarse u. p. la justicia por su (propia) mano (inf.). *Vengarse sin recurrir a la justicia oficial:* «No pienso presentar denuncia; me tomaré la justicia por mi mano, pegándole unas buenas bofetadas».

K

kilo
(ser u. p. un) cuarto (de) kilo (inf.). *Persona muy pequeña o enclenque:* «Parece mentira que este cuarto kilo se haya atrevido a pelear con un gigantón y lo haya vencido».

L

la
¡la de + SUSTANTIVO + que...! (inf.). *¡Cuánt[o] + SUSTANTIVO...!* «¿Pero cuándo vas a aprender a comportarte? ¡La de veces que te he dicho que te laves las manos antes de comer!».

labio
[ser u. c./decir u. p. algo] de labios afuera (inf.). [*Se aplica a todo lo que se dice pero no se siente; especialmente a lo que no se tiene intención de cumplir*]: «Yo creo que eso de que te va a facilitar un empleo lo dijo de labios afuera. Mejor será que busques tú mismo trabajo».
andar/estar u. p./u. c. en labios de alguien (inf.). *Ver* «andar/estar u. p./u. c. en *boca(s) de alguien».
no caérsele u. c. de los labios a alguien (f.). *Tener siempre el mismo tema de conversación:* «Sólo habla de fútbol, y los nombres de los futbolistas no se le caen de los labios».
no descoser/despegar u. p. los labios (f.). *Mantenerse callado [especialmente cuando se puede o debe hablar]*: «Estaba tan enfadado, que se metió en un rincón y no despegó los labios en toda la tarde».
morderse u. p. los labios (f.). *Esforzarse para reprimir la indignación o la risa:* «El conferenciante dijo tantas tonterías, que el numeroso público tenía que morderse los labios para no prorrumpir en carcajadas».
sellar u. p. los labios (f.). *Callar, suspender las palabras:* «Las preguntas de los periodistas eran tan necias, que decidí sellar los labios y no responder ni media palabra».

tener u. p. en los labios a alguien/algo (inf.). *Hablar continuamente de alguien/algo:* «Está tan loco por sus nietos, que siempre los tiene en los labios».

labor
labor de hormiga(s). *Ver* «*trabajo de hormiga(s)».
labor de zapa (inf.). *Actividad clandestina con que se destruye o daña:* «Los miembros de la resistencia habían hecho una eficiente labor de zapa infiltrándose entre el enemigo y desmoralizándolo con su propaganda».

lado
[ir u. p.] de un lado para otro (inf.). [*Ir*] *de un lugar a otro, sin permanecer en ninguno:* «Para conseguir un pasaporte siempre hay que pasarse el día entero yendo de un lado para otro».
por otro lado (f.). *Además:* «Hacer un viaje por estas carreteras tan malas es muy incómodo y, por otro lado, puede resultar incluso peligroso».
dar u. p. de lado a alguien (inf.). *Apartarse del trato o compañía de alguien, rehuirle:* «Es un oportunista y busca mi amistad sólo porque le conviene; pero no sé qué excusa puedo encontrar para darle de lado».
dejar u. p. a un lado/de lado a alguien/algo (inf.). *Prescindir de alguien/algo, no tener en cuenta a alguien/algo:* «Es un hombre muy despreocupado; cuando llegan las fiestas del pueblo, deja a un lado sus problemas económicos y gasta sumas fabulosas para divertirse».
echar/ir/tirar cada cual/cada uno por su

lado (inf.). *Hacer cada uno su voluntad, no estar de acuerdo:* «En aquel matrimonio cada uno tiraba por su lado, así que el divorcio fue inevitable».
echarse/hacerse u. p. a un lado (f.). *Apartarse para dejar el paso libre:* «Como los dos no cabíamos en un camino tan estrecho, tuve que hacerme a un lado».
escupir u. p. de medio lado (inf.). Ver «escupir u. p. por el *colmillo».
estar/ponerse u. p. de lado de alguien (f.). [*Generalmente referido a discusiones*] *compartir o defender la opinión de alguien:* «Los niños siempre se identifican más con su madre que con su padre y cuando discuto con mi mujer siempre se ponen de parte de ella».
hacer u. p. a un lado algo (f.). *Apartar algo (molesto):* «Haz a un lado esa mesa, para que haya más espacio y la genta pueda pasar».
ir u. p. de lado (inf.). *Empeorar progresivamente:* «Todos los que trabajamos para el Estado vamos de lado, porque cada vez ganamos menos dinero».
mirar u. p. de (medio) lado a alguien (inf.). *Mirar despectivamente a alguien:* «Mis parientes de la capital me miran de lado porque ellos son muy ricos y yo bastante pobre».
tener u. p. de su lado a alguien (f.). *Tener el apoyo, la ayuda o aprobación de alguien:* «Como los niños vieron a su papá muy enojado y sabían que tenían siempre de su lado a su madre, en seguida fueron a refugiarse en ella».
por un lado... por (el) otro (lado) (f.). *En parte... en parte:* «Por un lado resulta más cómodo comer en casa, pero por otro lado más incómodo, porque hay que hacer la comida».

lágrima
[**llorar/derramar u. p.**] **lágrimas de cocodrilo** (inf.). [*Fingir*] *dolor que no se siente:* «Cuando llegó el momento del divorcio, la mujer derramó unas cuantas lágrimas de cocodrilo para conseguir más dinero».
anegarse/deshacerse u. p. en lágrimas (f.). *Llorar mucho:* «El pobre muchacho se deshacía en lágrimas porque le habían robado un juguete».

llorar u. p. a lágrima viva (inf.). *Llorar mucho:* «Cuando supo que el novio ya no vendría más a verla, se pasó la tarde en un rincón llorando a lágrima viva».
saltársele las lágrimas a alguien (f.). *Echarse a llorar de improviso:* «Cuando le dije que probablemente ya no nos veríamos más, se le saltaron las lágrimas».

lamer
... que no se lame (inf.). *Muy grande, considerable:* «Tiene una borrachera, que no se lame: no es capaz ni de encontrar el camino de su propia casa».

lana
cardarle u. p. la lana a alguien (inf.). *Reprender a alguien con aspereza:* «Es un vendedor muy eficiente, pero de vez en cuando hay que cardarle la lana porque se dedica a hablar horas enteras por teléfono con sus amistades».
ir u. p. por lana y volver/salir trasquilado (inf.). *Sufrir una pérdida donde se creía poder obtener una ganancia:* «Pensó que podía engañarme con sus mentiras, pero supe la verdad a tiempo y lo he despedido. Así que fue por lana y volvió trasquilado».

lance
[**ser u. c.**] **de lance** (f.). [*Ser*] *barato:* «No creas que he tenido que gastar mucho para poner la casa; la mayoría de los muebles son de lance».

lanza
[**estar u. p.**] **(con la) lanza en ristre** (inf.). [*Estar*] *dispuesto o preparado para acometer una empresa:* «Aquí me tienen Vds. lanza en ristre, esperando solamente sus órdenes para empezar el trabajo».
romper u. p. lanzas por alguien/algo (f.). *Salir en defensa de alguien/algo:* «No tienes que agradecer que te haya defendido; los amigos estamos para eso, para romper lanzas por los amigos».

lapa
pegarse u. p. como una lapa (a alguien) (inf.). *Empeñarse en hacerle compañía a alguien durante mucho tiempo (hasta el punto de resultarle pesado):* «Este tío se pega como una lapa; ayer le invité a to-

mar el té y se quedó hasta las doce de la noche».

largo
a la larga (f.). *Después de cierto tiempo:* «En este restaurante se come bien, pero dan siempre lo mismo, y eso, a la larga, cansa a cualquiera».
[discutir/hablar u. p.] largo y tendido (inf.). *[Discutir/hablar] despacio, con todo detalle, minuciosamente:* «Cuando tengamos tiempo hablamos largo y tendido del asunto».
por largo (f.). *Con extensión, con detalle:* «Ahora no tengo tiempo; ya hablaremos del asunto por largo en mejor ocasión».
a lo largo de algo (f.).
A: *Paralelamente a, al borde u orilla de algo:* «A lo largo del camino había una hilera de árboles».
B: *En el transcurso de algo:* «El conferenciante fue interrumpido varias veces por los aplausos a lo largo de la conferencia».
caerse u. p. cuan larga es (f.). *Caerse tocando el cuerpo en toda su longitud el suelo:* «Iba corriendo, tropezó en una piedra y cayó cuan largo era».
darle u. p. largas a alguien/a algo (f.). *Alargar un plazo, retrasar, aplazar, entretener con dilaciones:* «Siempre que le recordaba que me tenía que devolver pronto el dinero, me respondía dando largas al asunto y dejándolo para más tarde».
ir u. c. para largo. Ver «ir la *cosa para largo».
pasar u. p. de largo (f.). *Pasar por delante de alguien/algo sin detenerse:* «Creo que tiene algo contra mí, porque siempre pasa de largo sin saludarme».

lástima
[estar u. p./u. c.] hecha una lástima (inf.).
A: *[Estar u. p.] maltrecha, malherida, gravemente enferma:* «Como no podía defenderse, le dieron tantos golpes, que lo dejaron hecho una lástima».
B: *[Estar u. c.] estropeada, destrozada:* «Mi coche tiene más de veinte años y, como puedes figurarte, está hecho una lástima».

lata
darle u. p./u. c. la lata a alguien (inf.). *Fastidiar, molestar, aburrir a alguien:* «No sé por qué te gusta tanto darme la lata llamándome por teléfono justamente a la hora de la siesta».

latín
entender u. p. de latines (inf.). *Ser culto, tener formación universitaria:* «Explíqueme Vd. eso con sencillez, que yo no entiendo de latines».
saber u. p. (mucho) latín (inf.). *Tener astucia, malicia, picardía:* «Para ir por el mundo hay que saber mucho latín; a la gente ingenua la engañan en todas partes».

laurel
descansar/dormir(se) u. p. en/sobre los laureles (f.). *Abandonarse, cejar después de haber logrado algún triunfo o éxito:* «Cuando era joven escribía casi un libro todos los años; ahora parece que se ha dormido sobre los laureles y se contenta con algún que otro artículo».

lavado
hacerle u. p. un lavado de cerebro a alguien (inf.). *Convencer a alguien de forma irresistible:* «Esta chica le ha hecho un buen lavado de cerebro a nuestro hijo, porque siempre está de acuerdo con ella y hace todo lo que le manda».

Lázaro
[estar u. p.] hecha un Lázaro (inf.). *[Estar] lleno de heridas:* «Después de la pelea, el pobre muchacho quedó hecho un Lázaro y tuvimos que llevarlo urgentemente a la Casa de Socorro».

lazo
caer u. p. en el lazo (f.). *Ser engañado con un ardid:* «Estos bombones son malísimos, pero están muy bien envueltos en papel de plata para que la gente caiga en el lazo y los compre».
echarle/tenderle u. p. un lazo a alguien (f.). *Atraer con engaño a alguien [generalmente para causarle un mal]:* «Quisieron atraerle a una reunión en un restaurante, pero él supuso que querían tenderle un lazo sus rivales y no acudió».

lección
darle u. p. una (buena) lección a alguien

(f.). *Hacerle comprender a alguien alguna falta y corregírsela con dureza:* «En mi presencia es muy amable, pero a mis espaldas anda criticándome y poniéndome defectos. Tendré que darle una buena lección».

leche

[ser u. p.] un/tener mala leche (inf.). *[Ser] persona de/tener mal carácter o mala intención:* «No te metas con él, porque es un hombre que tiene mala leche y es capaz de pegarte una bofetada».

de la leche (rest.). *[Locución despectiva referida a personas o cosas] insoportable, inaguantable:* «Tengo que aprenderme de memoria el libro este de la leche, si quiero aprobar el examen».

[ir/venir/marchar u. p.] a toda leche (inf.). *[Ir...] a toda velocidad, muy deprisa:* «Nos sorprendió la tormenta en medio de un descampado, y tuvimos que echarnos a correr a toda leche».

[ir/venir/marchar u. p.] cagando/echando leches (inf.). *[Ir...] a toda velocidad:* «Siempre conduce muy rápido, porque yo iba a 130 y él pudo adelantarme cagando leches».

darse/pegarse u. p. una leche (inf.). *Sufrir un accidente violento y aparatoso:* «Se pegó una leche por conducir a exceso de velocidad».

estar u. p. de mala leche (inf.). *Estar de mal humor:* «Está de muy mala leche porque, aunque mañana es fiesta, tiene que acudir igualmente al trabajo».

mamar u. p. algo con la leche (inf.). *Aprender algo en los primeros años de la vida:* «Sabe hablar perfectamente el ruso porque cuando era niño vivía en Moscú: lo que se mama con la leche no se olvida jamás».

poner u. p./u. c. de mala leche a alguien. *Ver* «hacerle u. p./u. c. mala *sangre a alguien».

ponerse u. p. de mala leche. *Ver* «hacerse u. p. mala *sangre».

tener u. p. leche (inf.). *Tener suerte:* «¡Ya hay que tener leche para ganar cinco veces seguidas en el juego de la ruleta!».

¡me cago en la leche (de tu/su abuela/madre/padre/suegra)! (rest.). *Ver* «¡tu/su *madre!».

¡qué leches! (rest.). *[Juramento]:* «¡Qué leches! Ya he vuelto a olvidar la llave de casa en la oficina».

¡qué... ni qué leche(s)! (inf.). *[Expresión enfática de incredulidad o de rechazo violento]:* «¡Qué retraso de trenes ni qué leches! ¡Usted lo que tiene que hacer es llegar puntual al trabajo y dejarse de disculpas!».

lechuga

[estar/quedarse/ser u. p.] más fresca que/tan fresca como una lechuga (inf.). *[Ser] muy descarado:* «Le sorprendieron robando en un supermercado, pero él se quedó más fresco que una lechuga, indignándose de que le quisieran denunciar a la policía».

legua

[verse u. c.] a la/una/cien/mil legua(s) (inf.). *[reconocerse] de forma evidente:* «Se notaba a la legua que la chica era extranjera, porque no entendía nada de español».

lejos

lejos de [hacer] algo (f.). *En vez de hacer algo (que era de suponer):* «Lejos de enojarme por lo que has hecho, me alegro mucho y te doy las gracias».

sin ir más lejos (f.). *Por ejemplo, sin necesidad de buscar más ejemplos:* «A partir de las nueve es imposible encontrar aparcamiento; ayer, sin ir más lejos, estuve intentándolo dos horas».

ir/llegar u. p. lejos (f.). *Conseguir notables adelantos o progresos:* «Este chico irá lejos; es inteligente y trabajador y no le costará mucho ocupar un cargo de alta responsabilidad».

llevar u. p. lejos algo (f.). *Exagerar:* «El director de cine quiso llevar tan lejos el realismo de la película, que para filmar un accidente de aviación hizo que se estrellara un avión auténtico».

lengua

[tener u. p. una] lengua de estropajo/trapo (inf.). *[Hablar con] dificultades de articulación, pronunciación poco clara:* «No me parece muy lógico poner en el programa informativo de televisión a un locutor que tiene una lengua de estropajo».

[ser u. p./tener una] lengua viperina/de víbora (inf.). *[Ser] persona murmuradora y* *maldiciente:* «Sólo lenguas de víbora pueden decir que yo te he engañado en el contrato de trabajo».

[ser u. p. un/tener] mala lengua (inf.).
A: *[Ser] murmurador, maldiciente:* «Aunque no se sabe nada con seguridad, malas lenguas aseguran que fue el mismo propietario del inmueble el autor del incendio para cobrar la prima de seguros».
B: *[Ser] jurador, blasfemo:* «Tiene tan mala lengua, que no puede decir dos palabras sin mezclar algún juramento».

[estar u. p.] con la lengua fuera (inf.). *[Estar] muy cansado, agotado (debido a un esfuerzo físico):* «Llegamos a la cima de la montaña con la lengua fuera».

andar u. p./u. c. en lenguas (de la fama) (f.). *Ser público o notorio:* «Anda en lenguas de la fama que su mujer le engaña con otro, pero él parece no enterarse».

atarle/sujetarle u. p. la lengua a alguien (f.). *Impedirle a alguien que diga algo:* «Como el testigo sabía muchas cosas comprometedoras, le ataron la lengua con un par de millones».

darle u. p. a la lengua (inf.). *Hablar mucho:* «Es una persona inaguantable, capaz de pasarse el día dándole a la lengua y contando mil tonterías».

hacerse u. p. lenguas de alguien/algo (f.). *Alabar a alguien/algo:* «Todos se hacían lenguas de lo inteligente que era el niño, de lo bien que sabía hablar con tan pocos años».

irse u. p. de la lengua (inf.). *Decir algo que se debiera mantener secreto:* «Habla tanto, que alguna vez va a irse de la lengua».

írsele la lengua a alguien (inf.). *Decir o revelar algo que no debía manifestarse:* «Puedes contarme tus secretos con toda confianza; ya sabes que a mí no se me va la lengua fácilmente».

meterse u. p. la lengua donde le quepa/en el culo (rest.). *[Generalmente empleada en oración imperativa] callarse:* «¡Deje usted de decir necedades y métase la lengua en el culo de una vez!».

morderse u. p. la lengua (f.). *Reprimirse para no decir algo:* «La próxima vez que me critiquen, no me morderé la lengua y les contestaré como merecen».

sacarle u. p. la lengua a alguien (f.). *Burlarse de alguien (mostrándole la lengua):* «Tendrás que corregirle a los niños esa costumbre de sacarle la lengua a todo el mundo».

tener u. p. mucha lengua (inf.).
A: *Ser muy hablador:* «Antonio tiene mucha lengua; es capaz de hablar horas enteras sin parar».
B: *Ser persona que replica, por sistema y de malos modos, a sus mayores o superiores:* «Este niño tiene mucha lengua, y le da cada contestación a sus padres, que es una vergüenza».

tener u. p. la lengua suelta (inf.). *Ser muy hablador:* «Tiene la lengua muy suelta y siempre es el animador de las tertulias».

tirarle u. p. de la lengua a alguien (f.). *Sonsacar con disimulo:* «Procuré tirarle de la lengua, pero no logré que me dijera nada nuevo».

leña

añadir/echar u. p. leña al fuego (f.).
A: *Avivar una discordia:* «Si a tu mujer, que está ya bastante enfadada contigo, le dices que te vas a pasar el fin de semana fuera, no harás sino echar leña al fuego».
B: *Agravar o acrecentar un mal:* «El gobierno, en lugar de solucionar los conflictos sociales, no hace más que echar leña al fuego congelando los salarios y suspendiendo las negociaciones sindicales».

[atizarle/sacudirle u. p.] leña a alguien. Ver «[dar/pegar u. p.] un *palo/palos a alguien».

leño

dormir u. p. como un leño (inf.). *Dormir muy bien, profundamente:* «El trabajo era tan agotador, que al llegar el domingo me pasaba el día durmiendo como un leño».

Lepe

saber u. p. más que Lepe (inf.). *Saber mucho [especialmente referido al saber práctico, a la malicia o picardía]:* «Este se conoce todos los trucos que hay para no pagar impuestos; sabe más que Lepe».

letra

[ser u. c.] letra muerta (f.). *Cosa sin vigencia, eficacia o valor:* «A principios del si-

glo XX el viejo código del honor era ya letra muerta para la nueva burguesía».
primeras letras (f.). *Primera enseñanza:* «Esta es una escuela de primeras letras; los niños aprenden aquí a leer y a escribir».
a la letra. *Ver* «al *pie de la letra».
escribirle/ponerle u. p. a alguien dos/cuatro/unas letras (inf.). *Escribir una carta o escrito muy breve:* «Hace ya más de dos meses que no le escribes a tu padre. Haz el favor de ponerle aunque sólo sea cuatro letras».
despacio/despacito y buena letra (inf.). [*Expresión con que se recomienda hacer algo con lentitud para que resulte bien*]: «Cuidado con el coche. Despacito y buena letra, que hay muchos accidentes por exceso de velocidad».

levita
tirarle u. p. de la levita a alguien (inf.). *Adular o lisonjear a alguien para conseguir favores o ventajas:* «Me ha prestado muchos servicios, pero yo creo que solamente para tirarme de la levita, porque sabe que yo tengo mucha influencia en el Ministerio».

ley
ley del embudo (inf.). *Ley que se aplica con mayor severidad a los demás que a uno mismo:* «Es muy arbitrario y se rige por la ley del embudo, exigiendo a los demás lo que él jamás cumple».
[ser u. c.] de ley (f.). [*Ser*] *obligado, pertinente:* «Como es de ley en estos casos, tuve que pagar yo las consumiciones».
[ser u. p.] de (buena) ley (inf.). [*Ser*] *honrado, cumplidor:* «Puedes prestarle el dinero con la seguridad de que te lo devolverá; es hombre de buena ley».
con todas las de la ley (f.). *Perfectamente, con todos los requisitos, con todo detalle, como debe ser:* «Reconstruyeron el viejo edificio con todas las de la ley, por lo que parecía nuevo».
cobrarle/cogerle/tenerle/tomarle u. p. ley a alguien (inf.). *Encariñarse con alguien:* «Después de convivir varios años con nosotros, la dueña de la pensión nos cogió ley como si fuéramos de su familia».

liar
liarse u. p. a [hacer] algo (inf.). *Ponerse a hacer algo con súbito interés, entusiasmo o encarnizamiento:* «Después de su viaje a España quedó tan entusiasmado, que se lió a estudiar el español».
¡(pues) la hemos liado! (inf.). [*Exclamación que indica contrariedad ante algún resultado imprevisto*]: «¡Pues la hemos liado! Ahora resulta que nos hemos dejado el dinero en casa y no tenemos ni para el taxi».

libra
entrar pocos en libra (inf.). *Ser u. p./u. c. rara o escasa:* «Hombres tan trabajadores como él entran pocos en libra».

libro
ahorcar/colgar u. p. los libros (inf.). *Abandonar los estudios:* «Si no tiene vocación para el estudio, lo mejor que puede hacer es ahorcar los libros y ponerse a trabajar».
parecer u. p. un libro abierto (f.). *Ver* «hablar u. p. como un *libro (abierto)».
hablar u. p. como un libro (abierto) (inf.). *Hablar bien, con autoridad o con afectada corrección:* «Se ve que es persona de talento y de muchos estudios, porque habla como un libro».

lid
en buena lid (f.). *Por medios lícitos, respetando las reglas del juego:* «Nuestro equipo de fútbol ha vencido en buena lid; no veo por qué nuestros rivales nos quieren mal».

liebre
agarrar/coger u. p. una liebre (inf.). *Tropezar y caerse al suelo:* «El camino estaba tan oscuro, que mi amigo agarró una liebre y se rompió el pie».
levantar u. p. la liebre (inf.). *Descubrir un secreto, revelar algo que constituye escándalo:* «Fueron los periódicos de la noche los que se encargaron de levantar la liebre y acusar al Primer Ministro de corrupción».

lienzo
ídem de lienzo (inf.). [*Suceder*] *lo mismo:* «Ayer prometiste venir y no lo hiciste. Hoy, ídem de lienzo. ¿Puede saberse cuándo vendrás?».

ligero
a la ligera (f.). *De manera irreflexiva, de prisa y sin cuidado, frívolamente:* «Antes de

responder a las preguntas que te hagan en el proceso, piensa bien lo que vas a decir y no contestes a la ligera».

lima
comer u. p. como una lima (inf.). *Comer con gran apetito:* «A este niño no es necesario empujarlo a comer, porque normalmente come como una lima».

limbo
estar u. p. en el limbo (inf.). *Estar ensimismado o distraído:* «Tú nunca te enteras de lo que te dicen porque estás siempre en el limbo».

limpio
a [...-azo] limpio (inf.). *Recurriendo únicamente a [golpes, golpazos, martillazos, picotazos]:* «Como nadie quería marcharse voluntariamente, tuve que echarlos fuera a puñetazo limpio».
estar u. c./poner u. p. algo en limpio (f.). *Estar puesto/poner (un escrito) en su forma definitiva, sin enmiendas ni tachaduras:* «Haga Vd. el favor de poner en limpio todo eso que ha escrito; apenas puedo entender su letra».
jugar u. p. limpio (inf.). *Proceder con lealtad en algún asunto o negocio:* «Yo creo que mi socio no juega limpio, porque aunque los negocios van bien, cada vez hay menos dinero en caja».
pasar u. p. a limpio algo. *Ver* «estar u. c./poner u. p. algo en *limpio».
sacar u. p. en limpio algo (f.).
A: *Enterarse de algo, obtener una idea clara de algo:* «Escuché la conversación escondido detrás de un mueble, pero hablaban tan bajo, que no saqué nada en limpio».
B: *Obtener algún beneficio de algo:* «Le pedí ayuda de mil maneras, pero no pude sacar nada en limpio».

lindo
de lo lindo (inf.). *Mucho, en gran manera:* «Celebró su cumpleaños comiendo y bebiendo de lo lindo».

línea
en líneas generales. *Ver* «a grandes *rasgos».
conservar/guardar/mantener u. p. la línea (f.). *Mantenerse delgado y esbelto:* «Si quieres guardar la línea, evita todo tipo de comidas grasas».
escribirle/ponerle u. p. a alguien unas/un par de líneas. *Ver* «escribirle/ponerle u. p. a alguien dos/cuatro/unas letras».
leer u. p. entre líneas (f.). [*Comprender un escrito cuando su sentido se halla, más que desarrollado, implicado en él*]: «Parece un libro inofensivo, pero si sabes leer entre líneas te das cuenta de que es una crítica formidable del sistema político actual».

lingotazo
atizarse/pegarse u. p. un (buen) lingotazo (inf.). *Emborracharse:* «Al principio pensamos que le había dado un desmayo, pero luego vimos que olía a vino y que se había atizado un buen lingotazo».

lío
lío de faldas (inf.). *Problemas o complicaciones amorosas con mujeres:* «Pareces un Don Juan; siempre andas metido en líos de faldas».
armarse/hacerse u. p. un lío (inf.). *Confundirse, equivocarse:* «Las explicaciones del profesor eran tan confusas, que nos hicimos un lío al tomar apuntes».

lirón
dormir u. p. como un lirón (inf.). *Dormir muy bien, profundamente:* «Despidieron al vigilante nocturno porque se pasaba la noche durmiendo como un lirón.

liso
[hablar u. p.] lisa y llanamente (f.). [*Hablar*] *sin rodeos, con sinceridad y naturalidad:* «Déjate de disimulos y dime lisa y llanamente lo que ha pasado».

lista
lista negra (f.). *Lista en que figuran personas o cosas indeseables o negativas:* «Mi abuelo fue fusilado en los primeros días de la guerra civil porque estaba en la lista negra del dictador».

listo
estar/ir u. p. lista *Ver* «ir u. p. *dada».
pasarse u. p. de lista (inf.). *Equivocarse [generalmente por exceso de malicia o por sobreestimar su inteligencia]:* «Se ha pasa-

do de listo; ha querido explicar la teoría de la relatividad, y como no entiende nada de matemáticas, ha hecho el ridículo».
... y listo. Ver «... y *bueno».

lo

lo [mío/tuyo/suyo] (f.). [*Adv.; formalmente concierta con el sujeto o la persona interesada*] *mucho, bastante:* «Aquí el sol calienta lo suyo, así que no te olvides la gorra».

¡lo que + VERBO! (inf.). [*Exclamación de admiración o indignación*] *¡cuánto + VERBO!* «Todos los días vuelve a casa borracho. ¡Lo que debe sufrir la pobre de su mujer!».

lobo

[ser u. p. un] lobo de mar (f.). *Marinero de gran experiencia:* «Mi abuelo era un verdadero lobo de mar que había dado la vuelta a la tierra en barco más de cuarenta veces».

decir/gritar u. p. que viene el lobo (inf.). *Provocar falsa alarma:* «Es tan aprensivo que se pasa la vida gritando que viene el lobo; el día en que haya peligro de verdad, nadie le va a creer».

loco

[estar/ser u. p.] loca de atar (inf.). [*Estar/ser*] *muy loco, loco sin remedio:* «Está loco de atar. ¿No se le ha ocurrido salir a la calle completamente desnudo?».

[andar/estar u. p.] loca perdida (por alguien/algo) (f.).
A: Ver «estar u. p. *loca de atar».
B: *Estar muy enamorado de alguien o muy entusiasmado por algo:* «Debe de estar loco perdido por Lolita, porque le escribe una carta todos los días».

a lo loco (f.). *Irreflexivamente, con ligereza:* «Hoy tendrías un buen capital ahorrado si no hubieras vivido a lo loco malgastando el patrimonio familiar».

ni loco (inf.). *De ninguna manera:* «No vuelvo a subir a esa montaña ni loco; es demasiado peligrosa para mí».

hacerse u. p. el loco (inf.). *Simular estar despistado o distraído:* «He visto a Anita en el baile, pero como no quería saludarla, me hice el loco».

volver u. p./u. c. loco a alguien (inf.).
A: *Marear, aturdir, desorientar a alguien:* «Esta clase de clientes que revuelven todo y al final no compran nada, vuelven loco a cualquiera».
B: *Gustarle mucho a alguien:* «Es muy goloso, y el chocolate con almendras le vuelve loco».

volverse u. p. loca (por alguien/algo) (inf.).
A: *Marearse, aturdirse, desorientarse:* «¡Todo el día en casa y con cinco niños! Es como para volverse loco».
B: *Desear intensamente o desvivirse por alguien/algo:* «Seguro que le gustarán los bombones. ¡Se vuelve loco por el chocolate!».

locura

gustarle u. p./u. c. con locura a alguien (inf.). *Gustarle mucho:* «La chica le gusta con locura; no tardará en casarse con ella».

longuis

hacerse u. p. el longuis (inf.). *Disimular, no darse por enterado:* «Eres un fresco; siempre que te recuerdan tu obligación de pagar la mensualidad, te haces el longuis y cambias de tema».

loro

[hablar u. p./repetir u. p. algo] como un loro. Ver «[hablar u. p./repetir u. p. algo] como una *cotorra».

lote

darse/pegarse u. p. el lote con alguien/algo (inf.).
A: *Magrear, sobar a alguien:* «Había una larga fila de coches con parejas de enamorados que se estaban dando el lote».
B: *Darse un hartazgo de algo:* «Fuimos al mejor restaurante de Madrid y nos dimos el lote con la comida».

Lucía

estar/quedarse u. p. en la espina de Santa Lucía (inf.). *Estar/quedarse muy delgado:* «De tanto pasar hambre, el pobre hombre se ha quedado en la espina de Santa Lucía».

luego

desde luego (f.).
A: *Naturalmente, evidentemente:* «Invertir el dinero en ese negocio ruinoso es, desde luego, una cosa absurda».
B: [*Expresión de asentimiento*]: «¿Crees que debo invitarle a la fiesta? –¡Desde luego! Está deseando conocerte».

¡hasta luego! (inf.). [*Fórmula de saludo para despedirse de alguien*]: «¡Hasta luego! Me voy al café con los amigotes. Nos veremos a la hora de la cena».
¡para que luego digan/hablen de/que...! (inf.). [*Exclamación que indica disgusto o desacuerdo ante lo que se va a decir a continuación*]: «Acaban de tirar a la basura mil toneladas de trigo, resultado de un exceso de producción. ¡Para que luego digan que en este país se pasa hambre!».
¡y luego dicen de/que...! *Ver registro anterior*.

lugar
[estar u. c.] (puesta/muy) en su lugar (f.). [*Referido a acciones o dichos*]; [*resultar*] *muy adecuado u oportuno*: «Tu respuesta estuvo muy en su lugar; dijiste lo que había que decir en casos como éste».
[estar u. c.] fuera de lugar (f.). [*Referido a acciones o dichos*]; [*ser*] *inadecuado o inoportuno*: «¡Le advierto que somos gente educada! ¡Sus expresiones soeces me parecen fuera de lugar!».
[dejar u. p. a alguien/quedar u. p.] en buen/mal lugar (inf.). [*Dejar/quedar*] *en situación airosa/en situación merecedora de crítica o reproche*: «No se te ocurra llevar unos chicos tan traviesos a la fiesta; cometerán alguna barbaridad y te dejarán en mal lugar».
en [primer/segundo] lugar (f.). [*Empleado en una enumeración de causas o razones*] *primero porque..., segundo porque...*: «Se queda en casa en primer lugar porque está enfermo, en segundo lugar porque hace mucho frío, y en tercer lugar porque no tiene ganas de ver a nadie».
[estar/ponerse u. p.] en el lugar de alguien (f.). [*Encontrarse/imaginarse estar*] *en la situación o en las circunstancias de alguien*: «Si yo me viera en tu lugar, no tendría tanta paciencia con los niños, y a las ocho de la noche los mandaría a la cama».
en lugar de (f.). *En sustitución de*: «Siempre haces lo contrario de lo que te digo, y en lugar de aprovechar el tiempo y estudiar, te vas de juerga con los amigos».
dar u. p./u. c. lugar a algo (f.). *Provocar o ser causa de algo*: «La presencia de la policía en el campus universitario ha dado lugar a numerosas protestas de los estudiantes».
no haber lugar a/para algo (f.).
A: *No haber justificación o motivos para algo*: «Lo he dicho sin mala intención; no hay lugar para que te enfades conmigo».
B: *No presentarse ocasión para algo*: «No hubo lugar a despedirlo de la empresa, porque él mismo se marchó».
poner u. p. en su lugar a alguien (f.). *Reconvenir a alguien*: «Se cree el más importante de la oficina y no es más que un simple recadero; habrá que ponerlo en su lugar».
tener u. c. lugar (f.). *Ocurrir, celebrarse, suceder*: «Creo que fue aquí donde tuvo lugar la fiesta; se ven botellas y restos de comida por todas partes».

lumbre
echar u. p. lumbre (inf.). *Ver* «echar u. p. *chispas*», *acepción* A.

luna
estar u. p. en la luna (inf.). *Estar distraído, no estar atento*: «¿Cómo me vas a entender si siempre que te hablo estás en la luna?».
ladrarle u. p. a la luna (inf.). *Manifestar inútilmente ira o enojo contra algo o alguien (a quien no se puede causar daño)*: «Eso de ponerte a desafiar a tu enemigo cuando éste ya no puede oírte es ladrarle a la luna. ¿Por qué no lo haces en su presencia?».
pedir u. p. la luna (f.). *Pedir mucho dinero, exigir cosas imposibles de conseguir*: «En los comercios de lujo piden la luna por cualquier tontería».

lunes
cada lunes y cada martes (inf.). *Con mucha frecuencia, a diario*: «Se puede faltar alguna vez al trabajo, pero encontrar cada lunes y cada martes una disculpa para no trabajar, ya me parece demasiado».

lustre
darse lustre u. p. *Ver* «darse *betún* u. p.».

luz
[dar u. p.] luz verde (f.). [*Dar*] *permiso, autorización*: «Quisiera saber cuándo el Ayuntamiento va a dar luz verde al proyecto

de retirar el tráfico de automóviles por el centro de la capital».

las primeras luces (f.). *El amanecer:* «Hoy madrugamos mucho. Salimos de casa con las primeras luces y cuando llegamos a la estación aún no era completamente de día».

[ser u. p.] de/tener pocas/cortas luces (f.). [*ser*] *persona de/tener poca inteligencia o poca cultura:* «No creo que llegue lejos, porque es una persona de cortas luces».

a la luz del día (f.). *Sin ocultar nada, de forma no clandestina:* «No entiendo por qué las actividades de nuestra firma pueden resultar sospechosas a la policía; nosotros lo hacemos todo a la luz del día».

a todas luces (f.). *Evidentemente, sin duda:* «Lo que Vd. dice es a todas luces falso: yo fui testigo y puedo declarar la verdad».

entre dos luces (f.). *Al amanecer o al anochecer:* «En invierno, si quiero llegar al trabajo en punto, tengo que levantarme entre dos luces, antes de que salga el sol».

a la luz de algo (f.). [*Generalmente referido a informes, noticias o documentos*] *juzgando por la información que proporciona u. c:* «A la luz de estos papeles está claro que tú eres el heredero universal de tu tío».

arrojar/echar u. c. luz sobre algo (f.). *Contribuir a la aclaración o explicación de algo:* «Estos informes no arrojan mucha luz sobre el problema que nos ocupa; más o menos dicen lo mismo que ya sabíamos».

dar u. p. a luz a alguien/algo (f.).
A: *Parir:* «Estaba muy preocupado porque pensaba que no iba a tener descendencia, pero su mujer acaba de dar a luz a dos niños gemelos».
B: *Publicar, escribir algo:* «Es un escritor muy prolífico; cada año da a luz dos o tres novelas».

sacar u. p. a (la) luz algo (f.).
A: *Descubrir, manifestar algo que está oculto:* «La revista fue secuestrada por haber sacado a la luz los documentos secretos del Ministerio de Defensa».
B: *Publicar una obra:* «Es un escritor bastante joven pero, a pesar de eso, este año va a sacar a luz su décima novela».

salir u. c. a (la) luz (f.).
A: *Descubrirse algo que estaba oculto:* «El juez ordenó abrir una investigación en sus cuentas bancarias, y en seguida salieron a la luz sus muchas irregularidades financieras».
B: *Publicarse una obra o un artículo:* «Es un poeta ya muy viejo; sus primeros poemas salieron a la luz hace por lo menos 50 años».

ver u. p. la luz (f.). *Nacer:* «Miguel de Cervantes vio la luz en Alcalá de Henares en el año 1547».

LL

llamar
    lo que se llama. *Ver* «lo que se *dice».
    ¡como me llamo + NOMBRE PROPIO! (inf.). [*Expresión que refuerza la veracidad de una aserción*]: «Te aseguro que, si no me dejas entrar, soy capaz de tirar abajo la puerta. ¡Como me llamo Paco!».
    NOMBRE PROPIO + o como se llame (inf.). [*Expresión que indica que no se sabe exactamente el nombre*]: «Ha venido Alberto o Roberto o como se llame; me refiero a tu compañero de trabajo, el de gafas…».

llanto
    anegarse/deshacerse u. p. en llanto. *Ver* «anegarse/deshacerse u. p. en *lágrimas».

llave
    [estar u. c.] bajo/debajo de llave (f.). [*Estar*] *bien guardado o cerrado con llave:* «Tengo todos los papeles importantes bajo llave; no hay peligro de que se pierdan».

lleno
    [afectar/coger/dar u. c.] de lleno (f.). [*Afectar…*] *por completo, totalmente:* «Ya lo creo que las nuevas disposiciones fiscales nos afectan de lleno: tendremos que pagar a Hacienda más del doble que el año pasado».

llevar
    llevar u. c. consigo algo (f.). *Ser causa inevitable de algo:* «Las lluvias persistentes llevan consigo inundaciones frecuentes».
    no llevarlas u. p. todas consigo. *Ver* «no *tenerlas u. p. todas consigo».

llover
    como quien oye llover (inf.). *Sin prestar atención alguna a lo que se dice o sucede:* «Si me escuchas como quien oye llover, no entenderás nunca mis explicaciones».
    como si oyer[as/-a] llover. *Ver registro anterior.*
    haber llovido mucho (inf.). *Haber pasado mucho tiempo:* «De mis primeros compañeros de escuela ya apenas me acuerdo; ha llovido mucho desde entonces».

M

machacar
machacársela u. p. (rest.). [*Referido al hombre*] *masturbarse:* «Estas películas pornográficas están pensadas para tímidos insatisfechos sexuales, de ésos que se contentan con machacársela».

machamartillo
a machamartillo (f.).
A: [*Hecho, construido*] *con más solidez que primor:* «La casa parecía hecha a machamartillo, con espesos muros y sin apenas ventanas ni balcones».
B: *Con gran firmeza de carácter (moral):* «En aquel pueblo todos eran católicos a machamartillo, y nadie toleraba la menor crítica a la religión oficial».

madera
[ser u. p.] de/tener buena madera (inf.). [*Ser*] *persona buena, honrada, de buenos sentimientos:* «Aunque solía regañarnos de vez en cuando, se veía que en el fondo era un hombre de buena madera».
tener u. p. madera de/para algo (f.). *Tener aptitud, disposición para algo:* «Al final descubrieron que el chico no tenía madera de santo y lo quitaron del seminario».
tocar u. p. madera (inf.). [*Locución empleada para conjurar un supuesto maleficio o algo que puede traer malas consecuencias*]: «El coche está ya muy viejo; antes de emprender un viaje tan largo habrá que tocar madera».

madre
ciento y la madre (inf.). *Mucha, demasiada gente:* «Nosotros solamente habíamos invitado al amiguito de nuestro hijo, pero el niño vino con sus papás, sus hermanos y ciento y la madre».
[estar u. p.] salida de madre (inf.).
A: [*Ser*] *demasiado exigente, pretencioso:* «Este está salido de madre: pide un aumento de sueldo del 50% y dos meses de vacaciones».
B: [*Ser*] *desobediente, indócil, desmandado:* «El niño está hoy salido de madre: cuanto más le riño, peor se porta».
[andar/estar u. p.] como su madre la echó/trajo al mundo (f.). [*Estar*] *completamente desnudo:* «Me soprendieron como mi madre me echó al mundo; estaba cambiándome de ropa».
acordarse u. p. de la madre de alguien (inf.). *Ver registro siguiente.*
mentar u. p. a la madre de alguien (f.). *Ofender a alguien insultando a su madre:* «No veo qué necesidad tiene Vd. de mentar a mi madre. Los insultos diríjamelos a mí personalmente».
no conocer a alguien ni la madre que le parió (inf.). [*Expresión utilizada para reforzar una amenaza, generalmente en futuro*]: «Si te cojo te voy a dar una paliza que no te va a conocer ni la madre que te parió».
sacar u. p./u. c. de madre a alguien (inf.). *Hacerle perder la paciencia a alguien:* «No es cierto que yo tenga mal carácter; lo que pasa es que hay cosas que me sacan de madre y me hacen reaccionar violentamente».
salirse u. p./u. c. de madre (f.).
A: *Desbordarse (un río):* «Después de las lluvias torrenciales todos los ríos de la región se salieron de madre».

B: *Extralimitarse, excederse [especialmente en lo que concierne a las pretensiones de alguien]*: «Estos quieren que trabaje gratis y aún encima protestan porque llego tarde. ¡Se han salido de madre en sus pretensiones!».
(ahí está) la madre del cordero (inf.). *(Esta es) la razón, explicación o causa principal de algo*: «El televisor no quiso funcionar más, y nos pasamos el día preguntándonos dónde estaría la madre del cordero».
¡la madre que [te/le] parió! (rest.). *[Expresión imprecatoria]*: «¡La madre que te parió! Si te cojo, te doy una paliza que te vas a acordar de mí toda tu vida!».
¡Madre de Dios! (inf.). *[Exclamación que indica admiración, sorpresa o espanto]*: «¡Madre de Dios! ¡Qué golpe se ha dado el pobre hombre! Habrá que llevarlo al hospital».
¡madre mía! o **¡mi madre!** *Ver registro anterior.*
¡me cago en tu/su madre! (rest.). *Ver registro anterior.*
¡tu/su madre! (inf.). *[Fórmula de insulto o exclamación de enojo]*: «El perro me ha hecho pipí en el pantalón. ¡Su madre!».

Magdalena
[estar u. p.] hecha una Magdalena (inf.). *[Referido a mujeres], [estar] desconsolada y llorosa*: «La chica estaba hecha una Magdalena porque en la fiesta nadie había querido bailar con ella».
llorar u. p. como una Magdalena (inf.). *Llorar mucho*: «Este niño tiene mucho teatro. Ayer se pasó todo el día llorando como una Magdalena porque yo no le había comprado el juguete que me había pedido».

magín
darle u. p. al magín (inf.). *Pensar, cavilar*: «No hay que darle tanto al magín, porque, pensando siempre en los errores del pasado, no se logra nada».
estrujarse/exprimirse u. p. el magín. *Ver* «estrujarse/exprimirse u. p. el *cerebro».
metérsele/ponérsele u. c. en el magín a alguien. *Ver* «metérsele/ponérsele u. c. en la cabeza a alguien».
pasársele u. c. por el magín a alguien. *Ver* «pasársele u. c. por la cabeza alguien».

mal
[ser u. p.] de mal vivir (f.). *[Ser] delincuente*: «En este barrio no hay más que prostitutas, ladrones y demás gente de mal vivir».
mal que bien (f.).
A: *Con o sin ganas (de hacer algo)*: «Mal que bien, tendrás que ayudarme. ¿Crees que voy a permitirte pasar el día sin hacer nada?».
B: *Sin pretender perfección alguna*: «No somos expertos en la técnica de construir casas, pero mal que bien hemos podido hacernos una pequeña villa para los fines de semana».
C: *Con ciertas dificultades*: «El sueldo no es gran cosa, pero mal que bien nos vamos defendiendo».
caerle u. p./u. c. mal a alguien. *Ver* «caerle u. p./u. c. *bien/mal a alguien».
darse u. c. mal ver. *Ver* «darse u. c. *bien/mal».
dársele u. c. mal a alguien. *Ver* «dársele u. c. *bien/mal a alguien».
dejar u. p. mal a alguien (f.). *Poner en ridículo a alguien*: «¿Qué va a decir la gente si te ve tan mal vestido en una fiesta? ¡Tú eres capaz de dejar mal a toda tu familia!».
hablar u. p. mal (f.). *Jurar o emplear palabras vulgares o soeces*: «Si no puedes reprimir esa costumbre que tienes de hablar mal, es mejor que no acudas a la fiesta. ¿Qué van a pensar de la educación que te hemos dado?».
ir u. p./u. c. de mal en peor (f.). *Empeorar*: «El negocio va de mal en peor; cada día que pasa disminuye la venta».
irle/quedarle/venirle u. c. mal a alguien (f.). *No convenirle, no resultarle provechoso*: «Lo siento, pero a esa hora de la noche me viene muy mal ir a recogerte al aeropuerto».
llevar/tomar u. p. a mal algo (f.). *Interpretar algo en mal sentido y enfadarse u ofenderse por ello*: «Yo sólo quería gastarle una broma inocente, pero él la tomó a mal y no volvió a hablarme en todo el día».
olerle u. c. mal a alguien (inf.). *Resultarle sospechoso a alguien*: «Todos los días cuando llego a la oficina todos se callan de repente y fingen trabajar en lo suyo. La cosa empieza a olerme mal».
quedar u. p. mal con alguien. *Ver* «quedar u. p. *bien/mal con alguien».

tener u. p. a mal algo (f.). *Desaprobar algo:* «Espero que no tenga Vd. a mal que no acudamos a la fiesta. Mi mujer se encuentra indispuesta».
traer u. p. a mal traer a alguien (inf.). *Maltratar o hacer sufrir a alguien:* «Esta chica me trae a mal traer; unos días está muy cariñosa conmigo y otros se muestra esquiva y arisca».
venirle u. p./u. c. mal a alguien. *Ver* «venirle u. p./u. c. *bien/mal a alguien».
¡mal haya...! (f.). [*Fórmula imprecatoria*] *¡maldito sea...!:* «Si no fuera porque está siempre borracho, sería un excelente trabajador. ¡Mal haya el vino!».
mal que [me/te] pese (f.). *Aunque [me/te] disguste:* «Mal que te pese, tienes que acompañar a tu suegra. Se lo has prometido».
menos mal (que ...) (f.). [*Expresión de alivio porque no ocurre, ha ocurrido u ocurrirá algo malo o todo lo malo que podría ocurrir*]: «¡Qué manera de llover! Menos mal que esta vez me he acordado de traer el paraguas».

maldito
maldit[o] + ARTICULO + SUSTANTIVO (inf.). [*Enfático*] *nada de* + SUSTANTIVO: «Esa bromita de echar sal en el azucarero no tiene maldita la gracia. Por tu culpa tengo que tirar el pastel a la basura».
¡maldita sea! (inf.). [*Exclamación que indica fuerte disgusto*]: «¡Maldita sea! ¡Esta es ya la tercera vez que se estropea la lavadora en un año!».

maleta
hacer/preparar u. p. la(s) maleta(s) (f.). [*Recoger sus pertenencias para*] *mudarse de vivienda o de trabajo:* «Me temo que con las nuevas medidas de ahorro de personal, dentro de poco la mayoría de nosotros tendrá que preparar las maletas y buscarse otro empleo».

malo
[ser u. p./u. c.] mala de pelar. *Ver* «[ser u. p./u. c.] *dura de pelar».
[estar/ponerse u. p.] de malas (inf.). [*Estar/ponerse*] *de mal humor:* «Cuando se pone de malas, se encierra en su cuarto y allí permanece todo el día».

por las malas (f.).
A: *Forzadamente, contra voluntad:* «Si no te presentas voluntariamente, tendrás que venir por las malas».
B: *Con malas intenciones, aviesamente:* «Quiso enfrentarse conmigo por las malas, ridiculizándome, por lo que tuve que defenderme».
malo será/-ía que no + SUBJUNTIVO (f.). [*Expresión de evaluación subjetiva*] *es poco probable que no ...:* «Con las relaciones que tiene su padre, malo sería que no pueda procurarle un puesto de trabajo».

malva
[estar u. p.] (suave) como una(s) malva(s) (inf.). [*Ser*] *dócil, sumiso:* «Desde que le he amenazado con pegarle, el pobre perro está como una malva».
criar u. p. malvas (inf.). *Estar muerto, morir:* «En la guerra civil hubo cerca de un millón de españoles que se fueron a criar malvas».

mamar
mamársela u. p. a alguien (rest.). *Ver:* «*chupársela u. p. a alguien», *acepción* A.

manco
no ser u. p. manca (inf.).
A: *Tener notable talento o habilidad para algo:* «No es manco escribiendo, y sus artículos y reportajes son muy leídos».
B: *Saber responder a las agresiones:* «Bueno, si nos atacan los policías sabremos defendernos, aunque sea a puñetazos. Nosotros tampoco somos mancos».

mancha
[extenderse u. c.] como mancha de aceite (f.). [*Extenderse*] *muy rápidamente:* «La noticia se extendió como mancha de aceite, y en pocas horas la conocía todo el vecindario».

mandíbula
menear u. p. la mandíbula (inf.). *Comer:* «Tengo un hambre impresionante; hace ya más de ocho horas que no meneo la mandíbula».
reírse u. p. a mandíbula batiente (inf.). *Reírse mucho:* «Tenía tanta gracia contando chistes, que la gente se reía a mandíbula batiente».

manera

de cualquier manera (f.).
A: [*Sin cuidado ni interés*]: «Se ve que no le interesa este tipo de trabajo, porque lo hace todo de cualquier manera y sólo piensa en terminar pronto».
B: [*Sin que lo que se expresa a continuación constituya obstáculo o impedimento para la cosa de que se trata*] *no obstante:* «Ya sé que no es fácil comprar una casa, pero, de cualquier manera, inténtalo, porque siempre es una buena inversión».
de ninguna manera (f.). [*Refuerzo de una negación*] *de ningún modo, bajo ninguna condición:* «No puedo consentir de ninguna manera que pague Vd. la consumición de los dos».
de todas maneras (f.). *En cualquier caso o cualesquiera que sean las circunstancias:* «Es inútil reñirle; de todas maneras va a hacer lo que él quiera».
de una manera o de otra. *Ver* «de cualquier *manera», acepción B.
en gran/sobre manera (f.). [*Adv.*] *mucho:* «La música le gusta sobre manera: se pasa el día escuchando discos».
de (tal) manera que. *Ver* «de (tal) forma que».
¿de manera que...? *Ver* «¿de *modo que...?».
dicho de otra manera. *Ver* «es *decir».
no haber manera de [hacer] algo (f.). [*Expresión que indica enojo*] *ser imposible hacer algo:* «No hay manera de hacer que el chico estudie; ya he intentado convencerle varias veces sin resultado alguno».

manga

[ser u. p.] de/tener la manga ancha (inf.). [*Ser*] *persona indulgente, tolerante, poco escrupulosa:* «Este joven hace lo que quiere; se ve que sus padres tienen la manga ancha y no le prohiben nada».
[andar/estar/ir u. c.] manga(s) por hombro(s) (inf.). [*Estar u. c.*] *muy desordenada:* «En esta casa no es posible encontrar nada en su sitio; todo anda mangas por hombros».
de manga (inf.). *Gratis:* «En este teatro conozco al portero y puedo entrar de manga cuando quiera».
hacer u. p. mangas y capirotes (inf.). *Resolver o ejecutar algo arbitrariamente:* «Me parece que la república ideal para vosotros los anarquistas, es aquella donde todo el mundo pueda hacer mangas y capirotes».
sacar u. p. algo de la manga (inf.). *Conseguir algo inesperadamente y por procedimientos no usuales:* «Estaba completamente arruinado, pero se sacó de la manga unos millones y pudo volver a empezar de nuevo».
ser u. p. más corta que las mangas de un chaleco (inf.). *Ser muy tímido:* «En las reuniones, Pepe nunca se atreve a decir nada. Es más corto que las mangas de un chaleco».

manifiesto

poner u. p. de manifiesto algo (f.). *Manifestar, dar a conocer algo:* «Hizo muy buen examen, poniendo de manifiesto su gran preparación y sus profundos conocimientos de la asignatura».

manita

hacer u. p. manitas (inf.). *Acariciarse las manos una pareja, magrear(se):* «Antonio y Lolita parecen estar muy enamorados, porque se pasan el día haciéndose manitas».

mano

la mano tonta (inf.). *Mano con la que de forma disimulada se soba a alguien:* «He visto por debajo de la mesa cómo tu primo dejaba caer la mano tonta sobre un muslo de Paquita».
mano de santo (inf.). *Remedio o solución muy eficaz:* «Estas pastillas son mano de santo para el dolor de cabeza; a la media hora de tomar una, ya no tienes nada».
[tener u. p.] mano dura (f.). [*Tener*] *autoridad, severidad, disciplina:* «Los políticos reaccionarios creen solucionar los problemas con un gobierno de mano dura que lo prohíba todo».
[estar u. p.] atada de (pies y) manos (inf.). [*Estar*] *privado de libertad para actuar:* «Lógicamente, durante una dictadura militar la gente está atada de manos y no puede protestar ni criticar al gobierno».
[ser u. c.] de primera mano (f.).
A: *Perteneciente al primero que la ha comprado:* «Te aconsejo que compres un coche de primera mano; los coches viejos no tienen más que problemas».

B: *Directo, sin intermediarios:* «Esta revista es estupenda. Trae información de primera mano, realizada por enviados especiales, y no por periodistas que repiten lo que dicen otros».
[ser u. c.] de segunda mano (f.).
A: *Algo que ya lo ha tenido o utilizado otra persona:* «Cuando yo era estudiante era tan pobre, que tenía que comprarme los trajes de segunda mano».
B: *No directo, a través de intermediarios:* «No sé si la noticia es muy exacta; me la comunicaron personas que, a su vez, la conocían de segunda mano».
[ser u. p.] larga de manos (inf.). [*Ser*] *ladrón:* «Ya no es la primera vez que le sorprenden robando en las tiendas, porque es un tipo un poco largo de manos».
[estar/quedar u. c.] a mano (f.). [*Estar/quedar*] *cerca:* «A mí me gusta vivir en un piso céntrico, donde todo quede a mano: la oficina, el mercado, los espectáculos».
[atacar u. p.] a mano armada (f.). [*Atacar*] *con armas:* «¡Ya lo creo que fue un atraco a mano armada! Uno de los ladrones llevaba incluso una ametralladora».
[gastar u. p.] a manos llenas (f.). *Generosamente, en gran abundancia:* «Ha recibido en herencia muchos millones, pero como gasta el dinero a manos llenas, en poco tiempo se va a quedar sin nada».
[estar u. p./u. c.] a/en (las) manos de alguien (f.).
A: [*Estar*] *en poder de alguien:* «En realidad el negocio está en manos de una empresa multinacional; nosotros somos solamente empleados asociados».
B: [*Estar*] *bajo el cuidado o la responsabilidad de alguien:* «Tengo los dientes en muy mal estado; tendré que ponerme en manos de un buen dentista».
a mano derecha/izquierda (f.). *A la derecha/izquierda:* «A mano derecha tienes la parada de autobús, a mano izquierda la parada del metro y de frente queda la estación del ferrocarril».
bajo mano (inf.). *Por medios ocultos, de manera no oficial:* «No importa que no haya entradas; se le da al portero una propina bajo mano y te deja entrar».
con las manos en la masa (inf.). *En el mismo momento de estar cometiendo un delito o acción reprensible:* «La policía sorprendió a los ladrones con las manos en la masa, justamente cuando estaban repartiendo el botín».
[irse u. p.] con las manos vacías (f.). [*Marcharse u. p.*] *sin conseguir su propósito:* «Vino a pedirme un favor, pero yo se lo negué y tuvo que marcharse con las manos vacías».
[estar u. p.] con una mano atrás y otra delante (inf.). [*Estar*] *sin ocupación, empleo ni cargo alguno:* «Ofrézcale Vd. cualquier empleo y lo aceptará, porque hace ya tiempo que el pobre está con una mano atrás y la otra delante».
[ir u. c.] de mano en mano (f.). [*Ir*] *de una persona a otra:* «Alguien mostró unas fotografías que fueron pasando de mano en mano, hasta que las vieron todos los concurrentes».
de manos a boca (inf.). *De repente:* «Hacía tiempo que no veía a tu hermano y ayer, por casualidad, me lo encontré de manos a boca al entrar en el casino».
[estar u. p./u. c.] en buenas manos (f.). [*Estar*] *bajo la responsabilidad de alguien serio y competente:* «Le van a operar dentro de unos días, pero está muy tranquilo porque sabe que está en buenas manos: el cirujano es un buen especialista y, además, gran amigo suyo».
mano a mano (inf.). *Entre dos personas, los dos juntos:* «Pedro y yo nos bebimos la botella mano a mano».
[estar u. p.] mano sobre mano (f.). [*Estar*] *sin hacer nada, inactivo:* «Hoy no hubo apenas trabajo y pasé el día mano sobre mano».
si a mano viene (inf.). *Acaso, tal vez:* «No sé qué hacer; si a mano viene, me voy al teatro, pero no estoy muy seguro».
[estar u. p.] una mano sobre otra (inf.). [*Estar*] *ocioso, sin hacer nada:* «Es la persona más perezosa que conozco. Se pasa los días una mano sobre otra».
abrir u. p. la mano (inf.). *Moderar el rigor, atenuar alguna restricción:* «El profesor de matemáticas, que es siempre tan severo, este año ha abierto mucho la mano y ha aprobado a casi todos los estudiantes».
alzar/levantar u. p. la mano a/contra alguien (inf.). *Amenazar pegarle a alguien o*

pegarle efectivamente: «¡Cómo me vas a pegar tú si ni mi propio padre me alza la mano!».

atarle u. p. las manos a alguien (inf.). *Impedirle a alguien hacer uso de su libertad:* «El gobierno ha impuesto una censura informativa rigidísima, con objeto de atarle las manos a los periodistas demasiado críticos».

caer/dar u. p./u. c. en manos de alguien (f.).
A: *Pasar a ser propiedad o conquista de alguien:* «En el atraco al banco cayeron en manos de los ladrones más de 500 millones de pesetas».
B: *Quedar sujeto a la autoridad, dependencia, cuidado o responsabilidad de alguien:* «Tenía la dentadura totalmente estropeada, pero tuve la suerte de caer en manos de un buen dentista que me la dejó como nueva».

caérsele u. c. de las manos a alguien (inf.). *Aburrirle o fastidiarle [un libro, un escrito] a alguien:* «Esta novela es tan mala, que se le cae de las manos a cualquiera».

cambiar u. c. de mano(s) (f.). *Cambiar de dueño:* «Por un coche que ha cambiado de mano tantas veces no te van a pagar prácticamente nada».

cargar u. p. la mano (inf.).
A: *Usar de un rigor excesivo con alguien:* «Este año el profesor de física ha cargado la mano en los exámenes, y de ochenta estudiantes sólo doce han podido terminar el curso».
B: *Echar algo en exceso (en comidas, medicamentos o en otra composición):* «El cocinero ha cargado la mano en la sal y la sopa está que no hay quien la trague».

chocarle/darle u. p. la mano a alguien (inf.). *Estrechar la mano a alguien:* «Al final pudieron reconciliarse y hasta se chocaron la mano como viejos amigos».

[dar/recibir] una mano de [bofetadas] (inf.). *[Dar/recibir] una buena cantidad de [bofetadas]:* «Vas a recibir una mano de tortas si sigues alborotando».

darle u. p. su mano a alguien (f.). *Prometerse (la mujer al hombre):* «Nuestra hija le ha dado su mano a un joven amigo de la familia, y se casarán dentro de poco tiempo».

darle u. p. una mnao de algo a algo (inf.). *Realizar un pequeño trabajo manual [necesario para la limpieza o presentación de algo]:* «El piso es aceptable. Bastará darle una mano de pintura».

darse u. c. la mano con algo (f.).
A: *Estar próximo, junto o contiguo a algo:* «Su terreno se da la mano con el nuestro, y a veces interrumpimos el trabajo para charlar un rato por encima del muro».
B: *Ser muy semejante a algo:* «Creo que estamos de acuerdo en lo fundamental, porque lo que Vd. dice se da la mano con lo que yo siempre he mantenido».

no dejar u. p. algo de la mano (inf.). *No abandonar o interrumpir algo, no desentenderse o despreocuparse de algo:* «Es un negocio que requiere dedicación continua; si lo dejas de la mano un par de días, haces bancarrota».

echar u. p. mano a/de alguien/algo (inf.). *Recurrir a alguien/algo, servirse de algo:* «Esa casa es muy cara; tendría que echar mano de todos mis ahorros para poder comprarla».

echarle u. p. la mano a alguien (f.). *Atrapar, detener (la policía):* «Por fin la policía logró echarle la mano al ladrón».

echarle u. p. una mano a alguien (f.). *Ayudarle:* «Échame una mano. Yo solo no puedo pintar todo el apartamento».

frotarse u. p. las manos (inf.). *Sentir satisfacción [generalmente ante el mal ajeno]:* «Si tú cierras tu negocio, tus competidores se frotarán las manos».

ganar u. p. a alguien por la mano (inf.). *Anticiparse a alguien en hacer algo:* «Quise llegar el primero para dar la noticia, pero ellos me ganaron por la mano y pudieron informar antes que yo».

hacer u. p. lo que está en su mano (f.). *Hacer lo que buenamente puede:* «Ya sé que es mucho trabajo para una sola persona, pero tú haz lo que esté en tu mano; el resto lo haré yo».

irse/llegar/venir a las manos (f.). *Pelearse, golpearse:* «La discusión se hizo tan violenta, que poco faltó para que se fueran a las manos».

írsele la mano a alguien (en algo) (inf.). *Cometer con las manos algún error o torpeza [generalmente con el sentido de «excederse»]:* «Es un pastel riquísimo, pero también muy complicado, y si se te va la mano en el azúcar, la harina o los huevos, el resultado es un desastre».

írsele u. c. a alguien de las manos (inf.). *Perder u. p. el control de algo:* «El Gobierno pensaba tener dominada la situación, pero con las huelgas el asunto se le fue de las manos».

lavarse u. p. las manos (f.). *Mostrar inocencia, (afirmar) no tener responsabilidad en un asunto:* «Yo aquí me lavo las manos; si alguna desgracia ocurre, no será por mi culpa».

llevarse u. p. las manos a la cabeza (inf.). *Asombrarse, escandalizarse:* «Las beatas se llevaban las manos a la cabeza cuando vieron que Conchita entraba en la iglesia con una minifalda cortísima».

meter u. p. mano a algo (inf.). *Coger, empezar (a usar) algo:* «Ya me gustaría meterle mano alguna vez a ese vino. Dicen que es excelente».

meterle u. p. mano a alguien (inf.).
A: *Castigar, pegar, golpear a alguien:* «La policía metió mano a los manifestantes sin piedad alguna y hubo unos cuantos heridos».
B: *Propasarse con una mujer, magrear a alguien:* «Es una chica muy seria, y no hay quien le meta mano».

pedir/solicitar u. p. la mano de alguien (f.). *Formalizar el noviazgo de una pareja solicitando oficialmente la aquiescencia de la novia:* «Mañana iremos a pedir la mano de la novia de nuestro hijo; dentro de dos meses se casan».

poner u. p. la(s) mano(s) en el fuego (inf.). [*Locución que indica la certeza moral de que lo que se dice o hace es verdadero; frecuentemente se emplea en condicional*]: «Estoy seguro de que no fue mi amigo el que robó el dinero de la caja fuerte; pondría las manos en el fuego».

poner u. p. manos a la obra (f.). *Empezar un trabajo o asunto:* «Ya hemos discutido bastante; ahora lo que hay que hacer es poner manos a la obra».

ponerle u. p. la(s) mano(s) encima a alguien (f.). *Pegar a alguien:* «Como mi hijo era el más pequeño del colegio, los primeros días tuve que acompañarlo para que los compañeros no se atrevieran a ponerle la mano encima».

no saber u. p. cuál es/dónde tiene su mano derecha (inf.). *Ser incapaz, torpe o de poco talento:* «Todos los trabajos que le hemos encargado los ha ejecutado mal; no sabe dónde tiene su mano derecha».

saber u. p. lo que se tiene/trae entre manos (f.). *Saber muy bien lo que se hace:* «Puedes confiarle los trabajos más delicados con la seguridad de que los va a hacer bien; es un hombre que sabe lo que se trae entre manos».

tener u. p. buena mano (f.). *Darse maña para hacer algo, ser mañoso:* «Tiene muy buena mano para arreglar todo tipo de aparatos electrodomésticos, y nos ha dejado la lavadora como nueva».

tener u. p. la mano muy larga. *Ver:* «[ser u. p.] larga de *manos».

tener/traer(se) u. p. entre manos algo (f.). *Manejar algo, estar ocupado en algún negocio:* «Nunca verás a Luis ocioso; siempre se trae algún negocio entre manos».

tener u. p. (mucha) mano izquierda (f.). *Tener habilidad para hacer algo con disimulo o engaño:* «Aunque este producto no es de gran calidad, si se tiene un poco de mano izquierda se puede colocar muy bien en el mercado».

untarle u. p. la(s) mano(s) a alguien (inf.). *Sobornar a alguien:* «En este pueblo fronterizo se hacía contrabando sin riesgo alguno; bastaba con untarle las manos a los funcionarios de aduanas».

venir(se)le u. c. a la(s) mano(s) a alguien (inf.). *Conseguir algo sin esfuerzo:* «Todo el dinero que tiene le vino a las manos sin que él hiciera nada por ganarlo: un tío rico de América lo hizo heredero universal».

venirle u. c. a mano a alguien (f.). *Resultarle oportuno o conveniente:* «Puedes venir a recogerme a la estación, pero sólo si te viene a mano. No quiero que te molestes por mi culpa».

¡manos a la obra! (f.). [*Expresión con que se incita o invita a emprender algún trabajo o asunto*]: «¡Deja ya de perder el tiempo y manos a la obra! Tenemos que terminar de pintar la puerta antes de que se haga de noche».

manojo

[ser u. p. un] manojo de nervios (f.). *Per-*

sona de carácter muy nervioso o intranquilo: «Este niño no se está quieto ni un momento; es un manojo de nervios».

mansalva
a mansalva (inf.).
A: *Sin ningún riesgo o peligro:* «Los enemigos parecían invulnerables, y avanzaban a mansalva por el terreno conquistado sin encontrar resistencia».
B: *En gran abundancia:* «Aquel era un país muy rico, y la gente ganaba el dinero a mansalva».

manta
manta de palos (inf.). *Paliza:* «Le dieron tal manta de palos, que una semana después todavía le dolían todos los huesos».
a manta (inf.). *Abundantemente:* «En este comercio hay lámparas a manta; puedes elegir la que más te guste».
liarse u. p. la manta a la cabeza (inf.). *Proceder de modo enérgico y resuelto:* «Los obreros se liaron la manta a la cabeza y decidieron una huelga salvaje sin detenerse a pensar en las consecuencias».
tirar u. p. de la manta (inf.). *Descubrir lo que había interés en mantener secreto:* «Nadie sabía nada del asunto hasta que un periodista tiró de la manta y lo convirtió en el mayor escándalo político de nuestros días».

mantillas
estar u. p./u. c. en mantillas (inf.).
A: *Estar u. p. muy ignorante respecto a algo:* «Hemos tenido que suspenderle porque en Matemáticas el pobre chico está en mantillas».
B: *Estar u. c. en los comienzos o poco adelantada:* «Su tesis doctoral está todavía en mantillas, pues hasta ahora solamente ha escrito la introducción y los dos primeros capítulos».
quedarse u. p./u. c. en mantillas al lado de [otra] (inf.). *No ser u. p./u. c. nada en comparación con otra:* «Nuestro equipo de fútbol no está mal, pero al lado de los extranjeros se queda en mantillas».

manzana
[ser u. p./u. c.] la manzana de la discordia (f.). *[Constituir] el motivo de la discordia:* «Nos pasamos la tarde discutiendo violentamente, y, como siempre, la manzana de la discordia fue una cuestión de dinero».
[estar u. p.] colorada como una manzana. *Ver registro siguiente.*
[estar u. p.] sana como/más sana que una manzana (inf.). *[Estar] muy sano, de aspecto saludable:* «A pesar de sus noventa años, está sano como una manzana y es tan ágil como un niño».

mapa
borrar u. p. del mapa a alguien (inf.). *Eliminar, matar a alguien:* «Se veía claramente que los alemanes estaban preparando una maquinaria bélica suficiente como para borrar del mapa a los franceses».
desaparecer u. p. del mapa (inf.). *Desaparecer sin dejar huella:* «Nadie sabe qué fue de él. Hace ya más de cinco años que desapareció del mapa».
poner u. p. hecho un mapa a alguien (inf.). *Golpearle, llenarle de heridas o cardenales:* «Como vuelvas a insultar a mi padre, te pongo hecho un mapa».

máquina
a toda máquina. *Ver* «a todo *gas».

mar
mar de fondo (f.). *Inquietud, descontento o malestar difuso que permanece latente:* «No se producían huelgas ni manifestaciones, pero había un mar de fondo que iba a ser el origen de la futura revolución».
[estar u. p.] hecha/ser un mar de lágrimas (f.). *Muy desconsolado/llorar mucho:* «Después de comunicarles la triste noticia, les dejé a todos hechos un mar de lágrimas».
[llover/sudar] a mares (inf.). *[Llover/sudar] en gran cantidad, mucho:* «Ayer hizo tanto calor, que sudábamos a mares».
en alta mar (f.). *Lejos de la costa:* «Al principio íbamos muy bien, pero al navegar en alta mar el barco empezó a zarandearse y todos se mareaban».
[estar u. p.] en un mar de confusiones/dudas (inf.). *[Encontrarse] en estado de gran confusión, perplejidad o duda:* «El pobre hombre se encuentra en un mar de confusiones y no sabe qué decisión tomar».
la mar (de) (inf.).

A: [*Adj.*] *mucho:* «La conferencia tuvo mucho éxito y vino la mar de gente».
B: [*Adv.*] *muy, mucho:* «El paisaje era la mar de bonito, así que decidimos pasar allí nuestras vacaciones».
arar/cavar u. p. en el mar (f.). *Perder el tiempo o las energías inútilmente:* «Estás arando en el mar si crees que vas a convencer a una persona tan terca como mi hermano».
¡me cago en la mar (salada)! (inf.). [*Juramento*]: «Este coche no anda ni empujándolo, ¡me cago en la mar salada!».

maravillas
que es una maravilla. *Ver* «que es un/que da *gusto».
a maravilla o a las mil maravillas (inf.). *Muy bien:* «Cuando llegó por vez primera a Alemania, apenas conocía el idioma; hoy habla el alemán a las mil maravillas, como si hubiera nacido allí».

marca
[ser u. c.] de marca (mayor) (inf.). [*Ser*] *muy grande, excesivo:* «En este pueblo son todos unos holgazanes de marca mayor; a las nueve de la mañana la gente todavía está durmiendo».

marcha
a marchas forzadas (f.). *Con mucha celeridad o prisa:* «Al regresar de la excursión tuvimos que caminar a marchas forzadas, por miedo a llegar demasiado tarde al albergue y encontrarlo cerrado».
a toda marcha (inf.). *A toda velocidad:* «Tendrás que terminar el trabajo a toda marcha si quieres dejarlo listo en tan poco tiempo».
sobre la marcha (f.).
A: *Inmediatamente, en el acto:* «Queda ya poco tiempo, así es que tenemos que despedirnos sobre la marcha».
B: *Improvisando, sin plan previo:* «Este tipo de problemas hay que resolverlos sobre la marcha, según se van presentando las dificultades».
abrir/cerrar u. p. la marcha (f.). *Desfilar en la primera/última fila, ir delante/detrás de todos los demás:* «En el desfile militar abrían la marcha los soldados voluntarios, y detrás iba la infantería regular».

dar/hacer u. p. marcha atrás (inf.). *Retroceder deliberadamente en algún asunto o desistir de él:* «Hace poco estaba muy entusiasmado por estudiar inglés, pero parece que ya ha dado marcha atrás, porque no se ha matriculado».
estar u. c. en marcha (f.). *Estar en funcionamiento, en movimiento:* «¿Cómo quieres que el negocio esté en marcha si no hay capital ni gente capacitada para ello?».
poner u. p. en marcha algo (f.).
A: *Hacer funcionar una máquina o motor:* «Con este frío resulta difícil poner en marcha un coche tan viejo».
B: *Emprender un asunto o actividad:* «Para poner en marcha este negocio necesitamos hacer una inversión de más de 50 millones».
tener u. p. marcha (inf.). *Poseer gran vitalidad [especialmente cuando se trata de divertirse]:* «Se ve que tu padre, a pesar de la edad, aún tiene marcha: ayer estuvo animando el baile hasta las dos de la mañana».

margarita
criar u. p. margaritas (inf.). *Estar muerto y enterrado:* «Los cantantes preferidos del abuelo están ya todos criando margaritas y nadie se acuerda de ellos».

margen
[estar u. p.] al margen de algo (f.). [*Estar*] *apartado, desligado de la intervención en algún asunto o negocio:* «Fue un político muy activo hace años, pero ahora es ya muy viejo y está al margen de la vida política».
darle u. p. margen a alguien para [hacer] algo (f.). *Darle ocasión, motivo u oportunidad para hacer algo:* «Nunca te he dado margen para que me trates tan mal; mi conducta creo que ha sido siempre irreprochable».

Mari(a)castaña
el año/la época/los tiempos de Maricastaña/María Castaña (inf.). *Hace muchos años:* «Roberto es tan pobre, que no tiene ni para comprarse ropa. Sus trajes son del año de Maricastaña y están ya destrozados».

marimorena
armarse la marimorena (inf.). *Producirse una riña o pendencia:* «Como estaban borrachos, empezaron a insultarse y se armó la marimorena».

marmota

dormir u. p. como una marmota (inf.). *Dormir profundamente:* «Es imposible despertarlo; cuando tiene una borrachera se pasa el día siguiente durmiendo como una marmota».

marrana

joder u. p./joderse la marrana (rest.). [*Muy enfático*] *estropear(se) un asunto o plan:* «La policía interrumpió la fiesta para decirnos que después de las diez de la noche había que guardar silencio, y se jodió la marrana».

marras

de marras (inf.). *Consabido, ya conocido en ocasión anterior:* «Ahí viene el tipo ese de marras, el que nos quiso engañar cambiando moneda».

martillo

a macha martillo. Ver «a *machamartillo».

Martín

llegarle/venirle a alguien su San Martín (inf.). *Llegarle el momento de sufrir (a quien ha procedido mal):* «Ha hecho su riqueza por medios ilícitos; algún día le llegará su San Martín, cuando se descubra todo».

más

el que más (y) el que menos (inf.). *Todo el mundo, cualquiera:* «En esta oficina el que más y el que menos tiene sus problemas con el jefe, porque es hombre de muy mal carácter».

los más (f.). *La mayoría (de las personas):* «Hacía tanto calor, que sólo algunos se quedaron al sol. Los más se pusieron a la sombra».

más de cuatro/uno (inf.). [*Enfático*] *muchas o bastantes personas:* «Rosita es una chica preciosa; seguro que tiene ya más de cuatro admiradores».

quien más, quien menos, (todos) ... (f.). *Unos más que otros, pero todos ....:* «Quien más, quien menos, todo el mundo tiene problemas».

a cual más + ADJETIVO (f.). [*Locución que se emplea para ponderar una característica existente en dos o más personas, de tal manera que no se sabe quién de ellas la tiene más acusada*]: «Vinieron unos cuantos frailes a cual más gordo y satisfecho. Daba la impresión de que en el convento no sabían hacer otra cosa que comer».

[ser u. p./u. c.] de poco más o menos (inf.). [*Ser*] *despreciable, de poca estimación o poca categoría social:* «No creo que puedas ganar ese proceso si contratas los servicios de un abogado de poco más o menos».

más + ADJETIVO + que otro poco (inf.). *Muy + ADJETIVO:* «Este chico es más tonto que otro poco; no hay manera de hacerle comprender los teoremas de matemáticas».

[ser u. p.] de lo más + ADJETIVO (que hay) (inf.). [*Ser*] *muy + ADJETIVO:* «Este niño es de lo más tonto que hay: tienes que explicarle mil veces una cosa para que la comprenda».

a cual más (f.). [*Rivalizando, intentando cada uno hacerlo más o mejor*]: «Los que habían caído al agua gritaban a cual más para que los oyesen desde el barco, pero sus esfuerzos fueron inútiles».

a lo más (inf.). *Como máximo:* «No creo que haga mucho calor en la montaña. A lo más 20 grados centígrados».

a más de (f.). *Además de:* «A más de la gente del lugar, había muchos forasteros que habían venido por las fiestas».

a más no poder. Ver «a más no *poder».

a más tardar. Ver «a más *tardar».

como el que más.

A (f.): *Tan bien como cualquier otro:* «No sé por qué tienes ese complejo de inferioridad en la oficina, porque tú haces las cosas como el que más».

B (inf.): *Mucho, más que nadie:* «Será un modesto profesor de provincias, pero en cuestiones de teatro clásico sabe como el que más».

cuando más (inf.). *Como máximo:* «No creo que este modelo sea muy caro; cuando más, te costará unas 2.000 pesetas».

cuanto más (f.). *Con más razón, con más lógica, más fácilmente:* «Si con este clima enferman los jóvenes, ¡cuanto más enfermarán los viejos!».

de más (f.). *En exceso, más de lo debido:* «Parece que ha bebido algunas copas de más, porque no sabe lo que dice».

más o menos (f.). *Aproximadamente:* «No te puedo decir exactamente su edad, pero,

más o menos, debe de tener cincuenta años».
no ... más que (f.). *Solamente:* «He preparado comida para diez personas y no han venido más que cuatro. ¿Qué hago con lo que sobra?».
más que nada (f.). *Mayormente, principalmente, esencialmente:* «¿Por qué hablas siempre de comprar y comprar? Aquí lo que hace falta más que nada es ahorrar».
[hablar/saber u. p.] más que siete (inf.). *[Hablar/saber] mucho:* «Como yo no estoy muy fuerte en matemáticas, procuraré sentarme en el examen cerca de Jaime, que sabe más que siete».
ni más ni menos (f.).
A: *Exactamente:* «Gracias por el dinero que me giraste; era ni más ni menos lo que necesitaba».
B: [*Expresión con que se critica una pretensión abusiva*]: «El muy iluso pretendía ni más ni menos que yo le prestara los millones que le hacían falta».
sin más (ni más) (f.). *Sin motivo, de manera injustificada e irreflexiva:* «Tenía un oficio envidiable y muy bien pagado, pero un buen día lo abandonó sin más ni más y hasta la fecha nadie se explica cómo pudo ocurrir esto».
VERBO + más que otro poco (inf.). [*Adv.*] *mucho, muchísimo:* «Hoy estuve todo el día entre libros; he estudiado más que otro poco».
haber/tener u. p./u. c. sus más y sus menos (inf.).
A: *Haber discusiones, diversidad de opiniones:* «En la reunión de parlamentarios hubo sus más y sus menos entre federalistas y centralistas, que nunca llegaron a entenderse bien».
B: *Tener u. p./u. c. buenas cualidades y defectos, ventajas e inconvenientes:* «Construir aquí la casa tiene sus más y sus menos, pues el terreno es muy barato y relativamente céntrico, pero el lugar es muy ruidoso».
por más que (f.). [*Locución concesiva; subraya la imposibilidad absoluta de conseguir el resultado expresado en la oración principal mediante un esfuerzo indicado en la subordinada*] *aunque ... mucho:* «Es un estudiante tan poco inteligente, que por más que estudie nunca logrará acabar la carrera».
¡ADJETIVO, + más que + ADJETIVO! (inf.). [*Invectiva utilizada con adjetivos o sustantivos adjetivados*]: «Te había explicado cómo funciona la máquina con todo detalle, y aún así me la has roto. ¡Idiota, más que idiota!».

masa
en masa (f.). *Ver* «a/en *una».

máscara
arrancarle/quitarle u. p. la máscara a alguien (inf.). *Descubrir la verdadera personalidad o intenciones de alguien:* «Nadie sabía que era él el asesino, hasta que un testigo presencial pudo quitarle la máscara demostrando su culpabilidad».
caérsele la máscara a alguien (f.). *Quedar al descubierto la verdadera naturaleza de alguien:* «Parece que al gobierno se le ha caído la máscara: lo único que perseguía con su política de precios era ganar electores para las próximas elecciones».
quitarse u. p. la máscara (inf.). *Mostrarse u. p. como realmente es, sin disimulos ni engaños:* «Ya es hora de que los políticos se quiten la máscara y digan al pueblo lo que realmente piensan».

matar
[correr u. c./u. p.] que se mata (inf.). [*Correr*] *muy deprisa:* «Este coche corre que se mata; por lo menos alcanza los 200 km. por hora».
estar u. p. a matarse con alguien (inf.). *Estar muy irritado o enemistado con alguien:* «En esta casa los vecinos están todos a matarse los unos con los otros. Cada día hay una discusión por los motivos más nimios».
matarlas u. p. callando (inf.). *Conseguir u. p. su intento secretamente y con astucia:* «Antonia es de esas chicas que las matan callando. Parecía muy modesta e inocente, pero ya ves, hasta conseguir este trabajo importante no ha quedado tranquila».

materia
entrar u. p. en materia (f.). *Empezar a tratar un asunto después de algún preliminar:* «Después de charlar un rato sobre temas intranscendentes, se decidió a entrar en materia y expuso su proyecto».

matraca
darle u. p. (la) matraca a alguien (inf.). *Molestar a alguien, molestar insistiendo en algo:* «Me fastidia que justamente cuando tengo más trabajo venga el vecino a darme matraca horas y horas».

mayor
llegar/pasar a mayores (inf.).
A: *Golpearse, pelear:* «Podéis discutir lo que queráis siempre que no paséis a mayores; ya sabéis que no quiero violencia en mi establecimiento».
B: *Realizar el acto sexual:* «Carmencita se encontraba con su novio en un descampado y parece que pasaron a mayores, porque poco tiempo después quedó embarazada».

mecha
a toda mecha (inf.). *A toda velocidad:* «Tuve que prepararme el desayuno a toda mecha porque apenas me quedaba tiempo».
aguantar u. p. mecha (inf.). *Aguantar o sufrir mucho:* «Hay que tener paciencia y aguantar mecha».

medida
en alguna/cierta medida. Ver «hasta cierto *punto».
en gran medida (f.). [*Adv.*] *mucho:* «Le gustan en gran medida todo tipo de golosinas; no es extraño que esté tan gordo».
sin medida (f.). *De forma exagerada:* «Come y bebe sin medida; un día va a reventar».
colmar u. c. la medida (f.). *Llegar u. c. a un grado intolerable:* «Ya sabía que el niño era travieso, pero lo que hizo hoy colmó la medida, porque se pasó la tarde arrojando discos por la ventana».
tomar u. p. (sus) medidas (f.). *Adoptar medidas de prevención o castigo:* «Tendremos que tomar medidas si vemos que el niño continúa llegando tan tarde a casa».
a medida que (f.). [*Locución temporal*] *al mismo tiempo que, a la vez que:* «Al principio tendrás problemas manejando el ordenador, pero los irás superando a medida que pase el tiempo».

medio
a medias (f.).
A: *La mitad (aproximadamente) cada uno:* «Ni pagas tú la consumición, ni la pago yo; pagaremos a medias».
B: *Solamente en parte, parcialmente:* «Tu trabajo está hecho a medias; hasta que termines no sales de la oficina».
[estar u. c.] a medio + INFINITIVO (f.). *No [estar] del todo + PARTICIPIO:* «Alguno de los invitados llegó antes de la hora, cuando la comida estaba todavía a medio hacer».
apartar/quitar/sacar u. p. de en medio a alguien (inf.).
A: *Retirar a alguien de algún puesto, función o actividad:* «El jefe no sabe cómo quitar de en medio a González; es un hombre muy bueno, pero totalmente ineficiente».
B: *Matar a alguien:* «Fue una víctima de la mafia. Lo quitaron de en medio porque sabía demasiadas cosas comprometedoras».
equivocarse de medio a medio (f.). *Equivocarse completamente:* «Si cree que no voy a protestar, se equivoca Vd. de medio a medio».
estar/haber/ponerse u. p./u. c. (de) por/en medio (f.). *Interponerse (para impedir la realización de algo):* «Tuve que ponerme por medio para evitar que los niños se peleasen».
[ir u. p.] a medias (con alguien en algo) (f.). *Repartir con alguien la responsabilidad y los beneficios en algún negocio:* «No es mía la tienda; voy a medias con un amigo mío que puso buena parte del capital».
quitarse u. p. de en medio (f.).
A: *Apartarse u. p. de algún asunto o negocio para evitar disgustos o compromisos:* «Prefiero que ese inútil se quite de en medio voluntariamente antes de que tenga que echarlo yo de la empresa».
B: *Suicidarse:* «Como estaba completamente arruinado, decidió quitarse de en medio arrojándose desde el puente».
en medio de todo. Ver «después de *todo».

medrado
¡medrados estamos! (inf.). [*Exclamación que indica contrariedad ante algún resultado imprevisto*]: «Todavía faltan diez días para finalizar el mes y ya no me queda dinero del sueldo. ¡Medrados estamos!».

médula
hasta la médula (de los huesos) (inf.). *To-*

talmente, por completo, en lo más íntimo: «Está enamorado de esa chica hasta la médula y no hace más que pensar en ella».

mejilla
poner u. p. la otra mejilla (f.). *Dejarse agredir:* «La próxima vez que me den una bofetada, me defenderé. Ya estoy cansado de poner la otra mejilla».

mejor
a lo mejor (f.). *Quizás:* «Tarda mucho en llegar; a lo mejor ha decidido no venir. ¿Quién puede saberlo?».
a más y mejor (inf.). *Con intensidad o abundancia:* «Ayer estuvo todo el día lloviendo a más y mejor; aquello parecía el diluvio».
como mejor [puedas/-a] (f.). *De la mejor manera posible:* «Ya sé que no eres ningún especialista en la materia; basta con que lo arregles como mejor sepas».
mejor dicho. *Ver* «es *decir».
mejor que mejor (si ...) (f.). *[Expresión que indica satisfacción o aprobación ante una de dos alternativas posibles]:* «Pensaba comprar la moto con mi propio dinero, pero si me la compra mi padre, mejor que mejor».
mejor todavía (si ...). *Ver registro anterior.*
por mejor decir. *Ver* «es *decir».
tanto mejor (si ...). *Ver* «*mejor que mejor (si...)».

mella
causar/hacer u. p./u. c. mella en alguien (f.). *Causar fuerte impresión en el ánimo de alguien:* «Viendo el policía que sus palabras no hacían mella, decidió emplear la violencia».

memoria
refrescar(le) u. p./u. c. la memoria (a alguien) (inf.). *Recordar lo olvidado:* «Este paisaje me ayuda a refrescar la memoria y a evocar escenas de mi niñez».
tener u. p. memoria de caballo/elefante (inf.). *Tener muy buena memoria:* «Tiene memoria de caballo: puede acordarse de un capítulo entero después de leerlo una sola vez».
tener u. p. una memoria feliz (inf.). *Tener muy buena memoria:* «Aunque es ya muy viejo, puede acordarse de mil detalles de su niñez. Tiene una memoria feliz».

menear
[ser u. c.] de no te menees (inf.). *[Ser] impresionante, tremendo:* «Ha sufrido un accidente de no te menees: han tenido que enyesarle todo el cuerpo».
menear(se)la u. p. (rest.). *[Referido al hombre] masturbarse:* «Este chico es un reprimido sexual que se pasa la vida viendo películas pornográficas para meneársela».
meneársela u. p. a alguien (rest.). *Resultarle u. p. indiferente a alguien:* «No me importa en absoluto lo que tu familia pueda pensar de mí; a mí tu familia me la menea».

mengua
sin mengua de (f.). *Sin perjuicio de:* «Es una persona que sabe ser afable y condescendiente con todos sin mengua de su autoridad».

meninge
estrujarse/exprimirse u. p. las meninges. *Ver* «estrujarse/exprimirse u. p. el *cerebro».

menos
[ser u. c.] lo de menos (f.). *Lo menos grave o importante [de dos o más problemas o inconvenientes]:* «En caso de enfermedad, lo importante es la salud, y lo de menos el dinero que haya que gastar para conseguirla».
al menos (f.).
A: *Como mínimo:* «¡Ya lo creo que tiene dinero en el banco! Serán al menos dos o tres millones».
B: *[Locución concesiva] en cuanto (que):* «No ha venido nadie, al menos que yo sepa».
(a) lo/por lo/cuando menos (f.). *[Enfático] como mínimo:* «Un coche como éste no está al alcance de cualquiera; cuando menos costará unos cinco millones».
nada menos (que) (f.). *[Locución frecuentemente irónica con que se enfatiza la importancia de algo]:* «¡El muy presumido quiere comprarse nada menos que un coche de lujo!».
poco menos que (f.). *Casi:* «Le dio una paliza tan grande, que lo dejó poco menos que muerto».
por menos de nada (f.). *Por cualquier futilidad, a la más mínima ocasión:* «Tu padre

es muy irascible y se enfada por menos de nada».
no ser u. c. para menos. *Ver* «no ser la *cosa para menos».
a menos que (f.). [*Locución condicional*] *excepto en el caso de que:* «Puedes quedarte con mi dinero hasta finales de año, a menos que lo necesite yo».

mente
no caberle u. c. en la mente a alguien. *Ver* «no caberle u. c. en la *cabeza a alguien».
cruzarle/pasársele u. c. por la mente a alguien. *Ver* «pasársele u. c. por la *cabeza a alguien».

mentira
¡parece mentira (que ...)! (f.). [*Expresión con que se da a entender extrañeza, sorpresa o admiración*]: «¡Parece mentira que estés tan delgado comiendo tanto!».

mentirillas
de mentirillas. *Ver registro siguiente.*

mentirijillas
de mentirijillas (inf.). *Simulando la verdad (con intención de broma):* «No tengas miedo, hombre. Eso del fantasma te lo dijimos de mentirijillas para darte un susto».

menudo
(muy) a menudo (f.). *Con (mucha) frecuencia:* «Viene a visitarme muy a menudo, casi todos los días».
por menudo (f.). *Detalladamente:* «Le contó por menudo todo lo que había pasado, sin olvidar ningún detalle».

merced
[estar u. p./u. c.] a merced de alguien/algo (f.). [*Estar*] *bajo la voluntad de alguien, bajo el poder de algo:* «Los que tenemos coche estamos a merced del precio del petróleo. Pueden subirlo cuando quieran».

merecido
[darle u. p. a alguien/llevar u. p.] su merecido (f.). [*Darle/recibir*] *el castigo merecido:* «Un día recibirá su merecido y lo meterán en la cárcel».

merengar
¡nos ha merengado! (inf.). [*Exclamación que indica asombro, sorpresa o indignación ante algo considerado negativo*]: «¡Nos ha merengado! ¡Ya vuelve a hablar de aumentar los impuestos!».

merienda
[ser u. c. una] merienda de negros (inf.). *Caos, algo mal organizado, carente de orden:* «Aquella discusión resultó una merienda de negros en que nadie se entendía».
a medias meriendas (inf.). *Ver* «a *medias», acepción B.

merluza
agarrar/coger/pescar/pillar u. p. una merluza (inf.). *Emborracharse:* «Ayer fuimos a un bar a celebrar mi cumpleaños y pescamos una merluza impresionante».
tener u. p. una merluza (inf.). *Estar borracho:* «Déjalo dormir, porque tiene una merluza sensacional».

mes
unos meses con otros (f.). *De promedio mensual:* «La pesca es bastante abundante y unos meses con otros resultan unos 2.000 kg. de pescado manufacturado».

mesa
poner u. p. la mesa (f.). *Poner en la mesa el servicio necesario para comer:* «Vete poniendo la mesa, porque los invitados llegarán dentro de unos minutos y querrán comer pronto».

metálico
[dinero] en metálico. *Ver* «[dinero] *contante y sonante».

meter
a todo meter (inf.). *A máxima velocidad, intensidad, al máximo volumen:* «Esta calle es un peligro, porque los coches circulan a todo meter».
meterla u. p. (inf.). *Equivocarse, cometer una falta, cometer una indiscreción:* «¡Ya has vuelto a meterla! ¿Cómo se te ocurre preguntarle a una dama cuántos años tiene?».
meterle u. p. una a alguien (inf.). *Golpear, pegar a alguien:* «¡Devuélveme lo que me has cogido o te meto una, ladrón!».
meterse u. p. con alguien (f.). *Insultar a alguien, provocar a alguien:* «Todo el mundo

se metía con él a causa de su vestido estrafalario».
meter(se) u. p. algo donde le quepa (inf.). [*Generalmente en oración imperativa para indicar rechazo categórico o violento*]: «No necesito para nada tu dinero; métete los millones donde te quepan».
meterse u. p. donde no la llaman (f.). *Mezclarse u. p. en asuntos que no le incumben:* «Yo quería poner paz en la pelea y he recibido más bofetadas que los demás; esto me pasa por meterme donde no me llaman».
meterse u. p. en algo (f.). *Entrometerse:* «No te metas en mis cosas y déjame vivir a mi gusto».
no saber u. p. dónde meterse (inf.). *Experimentar mucha vergüenza:* «Lo sorprendí en un restaurante de lujo comiendo con una amiga y pagando con el dinero que yo le había prestado. El hombre no sabía dónde meterse».

mí
de mí para ti (inf.). [*Expresión con que se acompaña la comunicación de algún secreto*]: «De mí para tí: estoy harto de este trabajo y lo voy a dejar próximamente. Pero no se lo digas a nadie».
para mí (que ...) (f.). [*Expresión que señala una opinión subjetiva, opuesta a la comúnmente aceptada*]: «Dicen que ha cerrado su tienda para renovarla, pero para mí que está en quiebra».
por mí (que ...) (f.). [*Expresión que indica indiferencia ante los proyectos de alguien*]: «¿Al Japón queréis ir? Pues, por mí podéis iros a la luna, porque de todos modos no os acompañaré».

mico
volverse u. p. mico para [hacer] algo (inf.). *Resultarle a alguien muy difícil realizar algo:* «Vas a volverte mico para traducir un libro tan voluminoso en sólo dos meses».

miedo
[estar u. p.] cagada/cagarse/ciscarse de miedo (inf.). *Tener mucho miedo:* «El barco parecía que podía hundirse en cualquier momento, y los pasajeros contemplaban la tormenta cagados de miedo».
de miedo. *Ver* «de *espanto».
[estar u. p.] muerta/morirse de miedo (f.). *Tener mucho miedo:* «Era una película como para morirse de miedo; no había más que vampiros, sangre y cementerios».
mearse u. p. de miedo (inf.). *Ver:* «[estar u. p.] cagada... de *miedo».
tener u. p. miedo (hasta) de su propia sombra (f.). *Tener mucho miedo, ser muy pusilánime:* «No puede ir al cine a ver una película de terror porque es una persona que tiene miedo hasta de su propia sombra».
¡no teng[as/-a] miedo! (inf.). [*Refuerzo enfático de una negación*]: «No pienso salir de vacaciones, no tengas miedo. Con tanto frío es una tontería viajar».

miel
[estar u. p.] hecha unas mieles. *Ver* «hacerse u. p. de *miel(es)».
dejar u. p. a alguien con la miel en los labios (inf.). *Privar a alguien de lo que empezaba a saborear o disfrutar:* «Cuando estábamos haciendo las maletas para salir de vacaciones, llegó orden de permanecer en el trabajo, así que nos dejaron con la miel en los labios».
hacerse u. p. de miel(es) (inf.). *Mostrarse excesiva o afectadamente amable:* «Antes no solía dirigirme la palabra, pero ahora, desde que sabe que tengo dinero, se hace de miel cuando me ve por la calle».
saberle u. c. a miel (sobre hojuelas) a alguien (inf.). *Resultar u. c. muy agradable:* «A don Esteban, que era un solterón ya sin esperanzas, la buena acogida que le dispensó Margarita le supo a miel sobre hojuelas».

mientes
parar/poner u. p. mientes en algo (f.). *Considerar, meditar y recapacitar en algo:* «Hasta ahora no había parado mientes en lo extraña que es la conducta de esta gente, que siempre quiere obsequiarme. ¿Querrán pedirme algún favor especial?».
pasar(se)le u. c. por/venir(se)le u. c. a las mientes a alguien (f.). *Ocurrírsele u. c. a alguien:* «Es una mujer un poco caprichosa, que compra lo primero que se le viene a las mientes».
traerle u. p./u. c. a las mientes algo a alguien (f.). *Recordarle algo a alguien:* «El ver la nieve me trae siempre a las mientes el paisaje de alta montaña donde me he criado».

mierda

de (la) mierda (inf.). [*Locución despectiva referida a personas o cosas*] *insoportable, inaguantable:* «Tengo ya ganas de cambiar de casa, porque en este piso de mierda no hay más que goteras y reparaciones de todo tipo».

[estar u. p./u. c.] hecha (una) mierda (inf.).
A: [*Referido a personas*] *estar enfermo o agotado:* «Llegamos a casa hechos mierda, de tanto caminar».
B: [*Referido a cosas*] *estar estropeado:* «No me extraña que el motor esté hecho mierda, porque conduces como un bruto».

agarrar/coger/pillar u. p. una mierda (inf.). *Emborracharse:* «En el bar agarramos una mierda tan impresionante, que al final no acertábamos con nuestra propia casa».

comer u. p. mierda (rest.). *No hacer nada de provecho:* «¡Déjese Vd. de comer mierda y ayúdenos a transportar este armario! ¡Aunque trabaje un poco no le va a pasar nada!».

ir(se) u. p./u. c. a la mierda (inf.).
A: *Fracasar, quebrar, resultar mal u. c.:* «Yo creo que si tenemos que pagar más impuestos, nuestro negocio se va a ir pronto a la mierda».
B: [*En oraciones imperativas u optativas indica rechazo categórico o violento de alguien/algo*]: «¡Váyase Vd. a la mierda y no vuelva a aparecer por mi casa!».

mandar u. p. a la mierda a alguien/algo (inf.). *Rechazar o despreciar a alguien/algo de forma categórica o violenta:* «Tus amigos son unos pesados y la próxima vez que vengan a mi casa los mando a la mierda».

tener u. p. mierda (inf.). *Tener suerte:* «¡Vaya mierda que tienes tú! ¡Juegas a la lotería por primera vez en tu vida y te tocan 200 millones!».

miga

[ser u. c.] de/tener (su/mucha) miga (inf.). [*Ser*] *de/tener sustancia, enjundia, mensaje moral:* «Es una película que tiene su miga: trata del problema racial en el mundo actual».

[estar u. p./u. c.] hecha migas (inf.).
A: [*Estar u. p.*] *muy cansada, agotada:* «Como puedes figurarte, después de transportar todos los muebles de la mudanza, quedamos hechos migas».
B: [*Estar u. c.*] *rota, destrozada:* «Un motor con más de 200.000 km. tiene que estar hecho migas; no merece la pena repararlo».

hacer u. p. migas a alguien/algo (inf.). *Maltratar físicamente a alguien, maltratar o estropear algo:* «No pienso dejarle el coche, porque conduce como un loco y me lo hace migas».

hacer u. p. (buenas) migas con alguien (f.). *Trabar amistad, llevarse bien, entenderse bien con alguien:* «Me resultó tan simpático, que pronto hice migas con él».

hacerse u. c. migas (inf.). *Destrozarse u. c.:* «El avión se estrelló contra un montículo y se hizo migas».

mil

mil y un(a) (inf.). *Muchos, numerosos:* «El pobre hombre está hecho una calamidad; tiene mil y una enfermedades distintas».

a las mil y quinientas (inf.). *Muy tarde:* «Su mujer está muy enfadada con él porque ayer llegó a casa a las mil y quinientas y oliendo a vino».

milagro

ni de milagro (inf.). [*Refuerzo de una negación*] *de ningún modo, bajo ninguna condición:* «Este muchacho es bastante bruto, y no entiende las explicaciones del profesor ni de milagro».

hacer u. p. milagros (f.). *Hacer o conseguir algo con muy pocos medios:* «Con un sueldo tan miserable tengo que hacer milagros para alimentar a mi familia».

mío

de mío. Ver «*de [mío/tuyo/suyo]».

lo mío. Ver «*lo [mío/tuyo/suyo]».

mira

con miras a [hacer] algo (f.). *Aspirando a hacer o conseguir algo:* «Está repasando intensivamente sus conocimientos de física con miras a poder hacer el ingreso en la Escuela Técnica Superior».

poner u. p. la mira en algo (inf.). *Aspirar a algo:* «Tiene puesta la mira en el título de ingeniero y no descansará hasta conseguirlo».

mirada

devorar u. p. con la mirada a alguien (inf.).

A: *Mirar a alguien con cólera:* «No sé por qué está enfadada conmigo, pero el caso es que cuando me ve me devora con la mirada».
B: *Mirar a alguien con deseo:* «¡Ya lo creo que estás enamorado de la chica de al lado! Te he sorprendido varias veces devorándola con la mirada».

mirar
[ser u. c.] de mírame y no me toques (inf.). [*Ser*] *delicado, frágil, endeble:* «No puede tener niños en casa, porque casi todos sus muebles son de ésos de mírame y no me toques».
mirar u. p. por alguien/algo (f.). *Cuidar o proteger a alguien/algo:* «No sé cómo quieres que te vaya bien con el negocio si no miras por él ni te preocupas lo más mínimo».
¡mir[a/-e Vd.] por dónde! (inf.). [*Exclamación que indica asombro o sorpresa*]: «¡Mire Vd. por dónde! ¡Apenas es un niño y ya está enamorado!».
¡mir[a/-Vd.] que …! (inf.).
A: [*Expresión ponderativa*]: «No vayas a comprarte un coche nuevo ahora. ¡Mira que no tenemos dinero para éso!».
B: [*Exclamación de sorpresa, admiración o indignación ante un hecho o suceso mencionado a continuación*] *¿cómo es posible …?* «No te entiendo. ¡Mira que pasar el día encerrado en casa con un sol tan espléndido afuera!».
¡mira que si …! (inf.). [*Expresión que indica esperanza o temor de que ocurra lo que se expresa a continuación*]: «¡Mira que si me toca la lotería! Lo primero que haría sería dar una vuelta alrededor del mundo».
¡y mir[a/-e Vd.] que …! (inf.). [*Exclamación con función adversativa o concesiva*] *¡y sin embargo …!:* «¡Otra vez que llego tarde a la estación! ¡Y mira que me levanté a las cinco de la mañana!».

mirlo
[ser u. p./u. c. un] mirlo blanco (inf.). *Persona o cosa de rareza extraordinaria, excepcional:* «Parece mentira que desprecies a una chica que es un verdadero mirlo blanco: guapa, seria y con mucho dinero».

misa
misa del gallo (f.). *Misa que se celebra la noche de Navidad:* «Mis padres se van a quedar poco tiempo después de la cena de Nochebuena, porque querrán ir a la misa del gallo».
como si dijeran misa (inf.). *(Actuar) sin tener en cuenta lo que se ha dicho:* «Me dijeron que fuese a recogerlos a la estación, pero yo, como si dijeran misa: estaba muy cansado para salir de casa a aquella hora».
(poder u. p.) decir misa (inf.). [*Generalmente en oraciones optativas; indica la indiferencia del que habla ante la opinión de los demás*]: «Por mi parte, ya pueden decir misa los demás; yo pienso hacer lo que me guste».
ir u. c. a misa (inf.). *Ser irrefutable, indiscutible:* «Puedes estar seguro de que lo que te ha dicho se corresponde con la verdad; sus palabras van a misa».
no saber/no conocer u. p. de la misa la media (inf.). *No saber nada:* «Tú eres todavía muy inexperto, y en estas cuestiones de dinero no sabes de la misa la media».

mismo
[ser u. p.] + ADJETIVO + como [ella] misma (inf.). [*Ser*] *muy + ADJETIVO:* «Eres terco como tú mismo: te has empeñado en aprenderte de memoria el diccionario, y hasta que lo consigas no estarás tranquilo».
lo mismo (inf.). *Quizás, posiblemente:* «¡Qué extraño que no haya llegado Carlos! –No tiene nada de extraño. Es tan despistado, que lo mismo se ha olvidado de la cita».
darle u. p./u. c. lo mismo a alguien (f.). *Serle indiferente:* «Me da lo mismo que vengas por la mañana que por la tarde, pues estaré todo el día en casa».
lo mismo (…) que (f.). [*Locución modal*]; *(…) y del mismo modo, y también:* «En este kiosco hay de todo. Lo mismo te venden chocolates, que la Guía de la Renfe, que el mapa de la ciudad».
el mismo que viste y calza (inf.). *La misma persona de la que se está hablando o tratando:* «¿Estás seguro de que era Manolo? Seguro; el mismo que viste y calza».
lo mismo ([te/le]) digo (f.). [*Fórmula cortés con que se contesta a otra fórmula de cortesía*]: «¡Que lo paséis bien en las vacaciones! –¡Lo mismo digo!».

mitad

[ser u. p.] la cara mitad de alguien (inf.). *El marido o la esposa:* «Ya le he dicho a mi cara mitad que se tome más horas libres, pero ella prefiere quedarse con los niños en casa».

[estar u. c.] a mitad de camino (f.). *[Estar] sin terminar:* «Las obras del metro se quedaron a mitad de camino; faltan muchos millones de pesetas para poder concluirlas».

partir u. p./u. c. por la mitad a alguien. *Ver* «partir/dividir u. p./u. c. a alguien por el *eje».

moco

no [ser u. c.] moco de pavo (inf.). *[Ser u. c.] de considerable importancia:* «Me hicieron un préstamo de 20 millones, que no es precisamente moco de pavo».

llorar a moco tendido (inf.). *Llorar mucho y aparatosamente:* «El pobre niño se puso a llorar a moco tendido cuando perdió de vista a sus padres en medio de la calle».

mochales

estar u. p. mochales (inf.). *Estar loco:* «El pobre hombre está mochales; se cree Napoleón Bonaparte y sale de paseo con sable y uniforme militar».

mochuelo

[estar] cada mochuelo en/a su olivo (inf.). *[Estar] cada uno en/a su sitio [generalmente en su casa]:* «Hoy ya apenas nadie trasnocha; después de las diez de la noche, cada mochuelo está ya en su olivo».

cargar u. p. con el mochuelo (inf.). *Cargar injustamente con la culpa:* «No sé por qué tengo que cargar yo siempre con el mochuelo y pagar los daños que han ocasionado otros».

cargarle/colgarle/echarle u. p. el mochuelo a alguien (inf.). *Echarle la culpa o hacer responsable injustamente a alguien:* «Si al hacer el balance de fin de año falta dinero o las cuentas no están claras, no quiero que me cuelguen a mí el mochuelo».

modo

a [mi] modo de ver (f.). *En [mi] opinión:* «Haz lo que quieras, pero, a mi modo de ver, esa corbata no combina bien con la chaqueta».

de cualquier modo. *Ver* «de cualquier *manera».

de ningún modo. *Ver* «en *modo alguno».

de todos modos (f.). *En cualquier caso o circunstancia (aunque haya obstáculos o razones en contra):* «No merece la pena reñirle; de todos modos va a hacer lo que quiere».

de un modo o de otro. *Ver registro anterior.*

en modo alguno (f.). *[Refuerzo de una negación] de ningún modo, bajo ninguna condición:* «En modo alguno le daré dinero; todavía me debe todo lo que le presté el año pasado».

no haber modo de [hacer] algo. *Ver* «no haber *manera de [hacer] algo».

de (tal) modo que. *Ver* «de (tal) *forma que».

¿de modo que ...? (f.). *[Expresión que introduce preguntas en las que se pide aclaración con respecto a algo que se supone o deduce]:* «¿De modo que el niño no quiere venir con nosotros de vacaciones? Bueno, no me extraña, porque ya quiere divertirse con sus amigotes».

mogollón

de mogollón (inf.). *Sin pagar:* «Siempre va al teatro de mogollón; jamás le he visto comprar una entrada».

mojado

llover sobre mojado (f.). *Repetirse o almacenarse las molestias o dificultades que ya se estaban padeciendo:* «Cuando llegó el recorte salarial llovía sobre mojado, porque un par de meses antes nos habían reducido la jornada de trabajo en un 20 %».

molde

romper u. p. moldes (f.). *Innovar, experimentar nuevos métodos:* «Es un periodista dispuesto a romper moldes y a encontrar nuevas formas de expresión».

venirle u. c. a alguien (como/que ni) de molde (inf.). *Resultarle muy a propósito o muy oportuno:* «Este libro me viene que ni de molde para hacer el examen de química: contiene todas las fórmulas que exige el profesor».

mollera

[ser u. p.] cerrada de mollera (inf.). *[Ser] poco inteligente:* «El pobrecito es tan cerra-

do de mollera que hay que explicarle las cosas diez veces para que las comprenda».
[ser u.p] dura de mollera (inf.). [*Ser*] *terco, porfiado:* «Ya te dije mil veces que era peligroso conducir con los neumáticos tan gastados, pero como tú eres tan duro de mollera, no los cambiarás hasta que sufras un accidente».
no caberle u. c. en la mollera a alguien. *Ver* «no caberle u. c. en la *cabeza a alguien».
calentarse/romperse u. p. la mollera. *Ver* «calentarse/romperse u. p. la *cabeza».
estrujarse/exprimirse u. p. la mollera. *Ver* «estrujarse/exprimirse u. p. el *cerebro».
meterle u. p. algo en la mollera a alguien. *Ver* «meterle u. p. algo en la *cabeza a alguien».
metérsele/ponérsele u. c. en la mollera a alguien. *Ver* «metérsele/ponérsele u. c. en la cabeza a alguien».

momento
de/por el momento (f.). *Provisionalmente:* «No sé cuánto tiempo trabajaré en esta empresa, pero de momento estoy muy contento».
de un momento a otro (f.). *Pronto, en cualquier momento a partir del momento presente:* «Procura que esté todo listo; los invitados pueden llegar de un momento a otro».
[aumentar/disminuir u. p./u. c.] por momentos (f.). [*Aumentar/disminuir*] *de forma progresiva, cada vez más/menos:* «La escasez de alimentos aumenta por momentos; dentro de poco tiempo vamos a quedarnos sin comer».

mona
[estar u. p.] corrida como una mona (inf.). [*Estar*] *muy avergonzado:* «Quiso demostrar delante de las chicas que sabía bailar mejor que nadie, pero quedó corrido como una mona: a los primeros compases resbaló y cayó al suelo».
agarrar/coger/pescar/pillar u. p. una mona (inf.). *Emborracharse:* «Aunque no sea un vino de mucha graduación, si sigues bebiendo vas a pescar una buena mona».
dormir u. p. la mona (inf.). *Dormir mientras dura la borrachera:* «Después de beber estuvieron veinticuatro horas durmiendo la mona».

ir(se) u. p. a freír monas (inf.). [*Generalmente en oración imperativa u optativa para indicar rechazo categórico o violento*]: «Si lo que quiere es aprovecharse de mí, que se vaya a freír monas y me deje en paz».
mandar u. p. a alguien a freír monas (inf.). *Rechazar a alguien de forma categórica o violenta:* «He tenido que mandarle a freír monas, porque no hacía otra cosa que molestar».
pensar u. p. en la mona de Pascua (inf.). *Estar distraído:* «Nunca te enteras de lo que te dicen, porque siempre estás pensando en la mona de Pascua».
pintar u. p. la mona (inf.). *No hacer nada, perder el tiempo:* «¿No te da vergüenza pasar el día pintando la mona mientras los demás trabajan?».

monada
¡de eso nada, monada! (inf.). [*Negación enfática*]: «¿Que yo tengo que encargarme de fregar los platos? ¡De éso nada, monada! Los friegas tú, que no tienes nada que hacer en todo el día».

monda
ser u. c. la monda (inf.).
A: *Ser algo fuera de lo corriente:* «Aquello fue la monda: una pelea de barrio como no se ve todos los días y en la que participaron hasta las amas de casa».
B: [*Expresión enfática*] *ser ridículo:* «Más que una discusión parlamentaria parecía un número de circo en que el orador hacía de payaso. ¡Fue la monda!».

mondo
[ser u. c.] mondo y lirondo (inf.). [*Ser u. c.*] *limpia, neta, sin añadiduras, descarnada:* «A mí me gusta decir siempre la verdad monda y lironda».

moneda
contestarle/corresponderle/pagarle u. p. con/en la misma moneda a alguien (inf.). *Corresponder a una buena o mala acción con otra semejante:* «Me ha hecho sufrir mucho; que no se extrañe si yo le pago con la misma moneda y tomo venganza».
ser u. c. moneda corriente (f.). *Ser cosa normal o habitual:* «La criminalidad ha aumentado de tal forma, que los atracos son hoy moneda corriente».

mono

[ser u. p.] el último mono (inf.). *Persona insignificante, cualquiera:* «En seguida comprendí que yo en aquella reunión era el último mono, porque nadie prestaba atención a mis palabras».
[ser u. p. un] mono de imitación/repetición (inf.). [*Ser*] *persona que imita o repite todo lo que hacen los demás:* «No tiene originalidad alguna; sólo hace lo que ve hacer a los demás. Parece un mono de imitación».
estar u. p. con el mono (inf.). *Estar bajo el síndrome de abstinencia:* «Suprimió la droga radicalmente y sin transición alguna, y ahora está con el mono».
estar u. p. de monos (inf.). *Estar ligeramente enfadado:* «Está de monos porque no le he comprado el juguete».
tener u. p. monos en la cara (inf.). *Tener u. p. aspecto ridículo o llamativo:* «¿Por qué me miras así? ¿Es que tengo monos en la cara?».

monta

[ser u. c.] de poca monta (f.). *De poco valor o importancia:* «Es muy tacaño, y todos sus regalos son cosas de poca monta, verdaderas baratijas».

montar

(saber u. p.) montárselo [bien] (inf.). *(Saber) organizar bien su vida, (saber) vivir bien:* «Mi tío sí que ha sabido montárselo bien; se ha casado con una mujer rica y no tiene que trabajar».
tanto monta (que …) (f.). *No importa, es igual (que …):* «Tanto monta que vayas tú a ayudarles o que vaya yo; lo importante es que vaya alguien».

monte

echarse/tirarse u. p. al monte (inf.). *Adoptar una actitud expeditiva o violenta:* «Es un hombre de carácter tranquilo, pero cuando se siente acorralado es capaz de echarse al monte y de hacer cualquier barbaridad».
creer u. p. que todo el monte es orégano (inf.). *Considerarlo todo fácil y placentero:* «Vosotros los jóvenes sin experiencia de la vida creéis que todo el monte es orégano y sólo pensáis en divertiros».

montera

ponerse u. p. por montera algo (inf.). *Despreciar, desdeñar algo:* «Este chico no va a hacer carrera; se pone por montera todo lo que implique trabajo metódico o disciplina».
tomar(se) u. p. por montera algo (inf.). *Burlarse de algo, faltarle al respeto:* «Este señor es el cacique del pueblo y suele tomarse por montera la autoridad del alcalde».

montón

[ser u. p./u. c.] del montón (f.). [*Ser*] *corriente, mediano, mediocre:* «Como estudiante no es ni bueno ni malo; simplemente, es del montón».
a montones (f.). *En mucha cantidad o en gran número:* «No creo que tenga problemas económicos, porque gana dinero a montones».

moña

[agarrar u. p.] una moña (inf.). *Ver* «agarrar… una *mona».

moño

estar u. p. hasta el moño de alguien/algo (inf.). *Estar harto de alguien/algo:* «¡Estoy hasta el moño de comer siempre lo mismo!».
ponérsele u. c. en el moño a alguien (inf.). [*Muy enfático*] *querer (una mujer) algo, encapricharse por algo:* «Doña Paca es muy terca, y como se le ponga una cosa en el moño, no descansa hasta conseguirla».

mor

por mor de (f.). *A causa de:* «Tuvo que ser hospitalizado por mor de una caída con fractura de huesos».

morado

pasarlas u. p. moradas (inf.). *Verse en situación muy difícil, apurada o arriesgada:* «Este año tenemos que pagar los plazos del coche, de los muebles y de la compra del piso. ¡Vamos a pasarlas moradas para poder comer!».
ponerse u. p. morada (inf.). *Disfrutar hasta la saciedad de la comida, el sexo o algún otro placer:* «Nos pusimos morados con aquella comida suculenta y con los vinos que nos sirvieron».

morcilla

darle u. p. morcilla a alguien (inf.).
A: *Matar a alguien:* «A don Anselmo lo ma-

taron en la guerra; le dieron morcilla los republicanos porque él era fascista».

B: [*En oración imperativa u optativa indica rechazo o desprecio categórico o violento de alguien*]: «Lo único que quieren los políticos actuales es enriquecerse a costa del pueblo. ¡Que les den morcilla a todos!».

morder
estar u. p. que muerde (inf.). *Rabiar, estar muy enfadado:* «Está que muerde; ha perdido la cartera con más de 50.000 pesetas dentro».

morir
morirse u. p. por alguien (inf.). *Estar muy enamorado de alguien:* «Juan se muere por su novia; no deja pasar un día sin verla».
morirse u. p. por ([hacer]) algo (inf.). *Tener muchas ganas de (hacer) algo:* «No comprendo por qué no le hablas a Lolita; sé que te mueres por salir con ella».

moro
haber moros en la costa (inf.). *Haber motivos o indicios para adoptar medidas de precaución o cautela:* «El general envió soldados de reconocimiento para ver si había moros en la costa».

morro
[estar u. p.] de morros (inf.). [*Estar*] *enfadado:* «Se puso de morros porque no le traje ningún regalo».
[decir u. p. algo] en los (propios) morros de alguien (inf.). [*Decir algo*] *en presencia de alguien y sin tenerle respeto:* «La mujer estaba tan harta de su marido, que le dijo en sus propios morros que se iba a marchar con otro hombre».
arrugar/torcer u. p. el morro. *Ver* «arrugar/torcer u. p. el *hocico*».
beber u. p. a morro (inf.). *Beber sin recipiente intermediario entre el líquido y los labios:* «Cuando lleguemos a la fuente tendremos que beber a morro, porque me he olvidado los vasos».
caer(se) u. p. de morros. *Ver* «caer(se) u. p. de *hocicos*».
darle u. p. en el morro/en los morros a alguien (inf.). *Pegar, golpear a alguien:* «Si te vuelvo a sorprender robando fruta, te doy en los morros».

dar(se) u. p. de morros con/contra alguien/algo. *Ver* «dar(se) u. p. de *hocicos* con/contra alguien/algo».
estar/ponerse u. p. de morros. *Ver* «estar/ponerse u. p. de *hocicos*».
hincar u. p./u. c. el morro (inf.). *Caer violentamente hasta el punto de incrustarse o clavarse en el suelo:* «El satélite artificial, después de recorrer miles de kilómetros por el espacio, terminó hincando el morro en la superficie de la luna».
hincharle/partirle u. p. los morros a alguien (inf.). *Pegarle a alguien en la boca o en la cara:* «Si vuelve usted a hablar mal de mi padre, le parto los morros».
meterle/pasarle/restregarle u. p. por el morro/los morros algo a alguien. *Ver* «meterle … u. p. por los *hocicos* algo a alguien».
ponerle u. p. el morro/(los) morros a alguien. *Ver* «ponerle u. p. (el) *hocico*/(los) hocicos a alguien».
tener u. p. morro (inf.). *Ver* «tener u. p. (la) *cara* (dura) (de/para algo)».
tener u. p. un morro que se lo pisa (inf.). *Tener muy mala educación:* «¡Tienes un morro que te lo pisas! ¿Te parece bonito haberte marchado sin decir ni adiós?».

mosca
[ser u. p. una] mosca muerta. *Ver* «[ser u. p. una] *mosquita* muerta».
por si las moscas (pican) (inf.). *Como medida de precaución:* «Hoy es posible que llueva; llévate el paraguas por si las moscas».
aflojar/soltar u. p. la mosca (inf.). *Dar o gastar dinero a disgusto:* «Cuando me pasaron la factura, no tuve más remedio que aflojar la mosca».
andar/estar/ponerse u. p. mosca (inf.). *Abrigar sospechas, recelar:* «Desde que falta dinero en la caja, el administrador está un poco mosca conmigo».
caer u. p./morir como las moscas (inf.). *Morir en grandes cantidades:* «Si se atreven a emplear armas químicas, los soldados van a caer como moscas».
estar u. p. con la mosca/tener u. p. la mosca detrás de/en la oreja (inf.). *Abrigar sospechas, recelar:* «Hace algunos días que estoy con la mosca detrás de la oreja porque la directora no quiere ni saludarme».

no haber u. p. matado/no ser u. p. capaz de matar una mosca (inf.). *Ser inofensivo o incapaz de cometer agresión o fechoría alguna:* «Es imposible que haya sido mi hijo el que ha golpeado al suyo; es incapaz de matar una mosca».
papar u. p. moscas (inf.). *Estar absorto con la boca abierta, estar distraído, no hacer nada:* «Mientras yo trabajo como un negro, él se pasa el día papando moscas».
picarle la mosca a alguien (inf.). *Empezar a inquietar, causar inquietud o nerviosismo:* «Su conducta es muy misteriosa, y a veces me pica la mosca de que quiere hacerme algún daño».
¿qué mosca [te] ha picado? (inf.). [*Expresión de asombro ante el comportamiento de alguien*] *¿qué [te] pasa?:* «No sé qué mosca le ha picado, que no ha vuelto a pasar por mi casa».

mosquita
[ser u. p. una] mosquita muerta (inf.). [*Ser persona que encubre mala intención bajo una apariencia mansa o inofensiva*]: «Ahí tienes a la mosquita muerta de tu hermanito, que parecía tan bueno y formal y acaban de echarlo del colegio por mala conducta».

moza
moza del partido (inf.). Ver «*mujer de la vida».
[ser u. p. una] real moza (inf.). [*Ser una] mujer joven de muy buena presencia:* «Estás hecha una real moza; seguro que los hombres te dedican buenos piropos por la calle».

mu
sin/no decir u. p. ni mu(s) (inf.). *Sin/no decir absolutamente nada:* «Don Mauricio, que no estaba de acuerdo con lo que se discutía en la reunión, se metió en un rincón y no dijo ni mu».

mucho
con mucho (f.). [*Locución usada en comparaciones para realzar una cualidad superlativa*]: «Este piso es, con mucho, el más económico de todos. Pagamos casi la mitad que por cualquiera de los otros».
cuando mucho. Ver «cuando *más».
ni con mucho (f.). [*Locución que enfatiza un juicio de valor negativo*]: «La novela premiada no es ni con mucho la mejor; he leído algunas más dignas de recibir el primer premio».
por mucho que. Ver «por *más que».
cuidarse u. p. mucho de [hacer] algo. Ver «*cuidarse u. p. mucho/muy bien de [hacer] algo».

muela
echar u. p. las muelas (inf.). *Estar muy enfadado, furioso:* «Después de perder el tren, doña Rosa estaba que echaba las muelas».
reírse u. p. las muelas (inf.). *Reírse mucho:* «El chiste era tan bueno, que tuve que reírme las muelas».
romperle/saltarle u. p. las muelas a alguien. Ver «romperle/saltarle u. p. los *dientes a alguien».

muermo
estar u. p. con el muermo (inf.). *Sentirse apático, sin ganas de hacer nada:* «Sal tú si quieres; yo estoy con el muermo y prefiero quedarme en casa».

muerte
disgusto/susto de muerte (inf.). *Disgusto/susto muy grande:* «Me dieron un susto de muerte cuando me comunicaron que el banco donde tengo mis ahorros había quebrado».
[estar u. p.] amarilla/blanca/pálida como la muerte (inf.). *Muy pálido:* «El trueno lo asustó tanto, que se puso pálido como la muerte».
[ser u. p./u. c.] de mala muerte (inf.). *Persona de ínfima categoría social, cosa carente de valor:* «Tiene un empleo de mala muerte con el que apenas puede alimentar a su familia».

muerto
[ser u. p. un] muerto de hambre (f.). [*Ser persona muy pobre o que ocupa un ínfimo rango social:* «La madre de Pilar está muy preocupada porque su hija quiere casarse con un muerto de hambre».
[estar/quedar u. p.] más muerta que viva (inf.). [*Estar/quedar] muy asustado, con mucho miedo:* «La tempestad fue tan violenta, que todos salimos del barco más muertos que vivos».
[estar u. p.] medio muerta (inf.). [*Estar] muy cansado o maltrecho:* «Después de pa-

sar todo el día caminando por el bosque, quedamos medio muertos».
callar u. p. como un muerto (inf.). *Permanecer completamente callado, guardar un secreto*: «Le preguntamos insistentemente quién le había dado tanto dinero, porque sospechábamos que lo había robado, pero él callaba como un muerto».
cargar u. p. con el muerto. *Ver* «cargar u. p. con el *mochuelo».
cargarle/colgarle/echarle u. p. el muerto a alguien (inf.). *Echarle la culpa o hacer responsable injustamente a alguien*: «Yo no hice nada malo; no comprendo por qué me cargan a mí el muerto».
hacer u. p. el muerto (f.). *[En natación] quedarse inmóvil flotando de espaldas*: «Siempre que quiere hacer el muerto no lo consigue, porque la cabeza se le hunde en el agua».
quitarse/sacudirse u. p. el muerto de encima (inf.). *Eludir la culpa o la responsabilidad*: «Le habían acusado de malversación de fondos, y como no sabía cómo sacudirse el muerto de encima, se fugó a América».
no tener u. p. dónde caerse muerta. *No disponer de medios económicos*: «No es posible que se haya comprado un piso sin ayuda de nadie, porque no tiene dónde caerse muerto».

mujer
mujer de la vida (inf.). *Prostituta*: «Es tan conservador y anticuado, que todavía cree que una chica que se dedica al teatro es una mujer de la vida».
mujer de mala vida. *Ver registro anterior*.
mujer de mal vivir (f.). *Ver* «*mujer de la vida».
mujer de vida alegre. *Ver registro anterior*.
[ser u. p.] mujer de una pieza. *Ver* «[ser u. p.] hombre/mujer de una *pieza».

mula
[ser u. p.] terca como una mula (inf.). *Muy terco*: «Ya le han advertido muchas veces que el tabaco va a acabarle con la salud, pero es terco como una mula y seguirá fumando hasta arruinarse los pulmones».
trabajar u. p. como una mula. *Ver* «trabajar u. p. como un *burro».

mulo
[estar/ponerse u. p.] hecho un mulo (inf.). *Muy fuerte*: «Ya verá Vd. cómo el chico se pone hecho un mulo con el aire de la sierra y una buena alimentación».
[ser u. p.] terca como un mulo. *Ver* «[ser u. p.] terca como una *mula».

mundo
el otro mundo (f.). *La vida después de la muerte o el sitio donde tiene lugar*: «Antonio tiene ya más de setenta años; su padre seguro que ya está en el otro mundo».
medio mundo (inf.). *Mucha gente*: «A este tipo de conciertos al aire libre acude medio mundo, y es un problema encontrar un parque lo suficientemente grande».
todo el mundo (f.). *Generalidad de personas de un ambiente determinado*: «¡Haz el favor de bajar la voz, si no quieres que se entere todo el mundo de nuestros problemas domésticos!».
como vino al mundo (f.). *Totalmente desnudo*: «Lo sorprendieron bañándose como vino al mundo. No llevaba encima ni siquiera un taparrabos».
[ser u. p.] de/tener (mucho/poco) mundo (f.). *[Ser] persona (muy/poco) experimentada y desenvuelta en el trato con la gente*: «Está un poco nervioso porque va a acudir a un baile de la alta sociedad; se ve que no es hombre de mundo».
[no ser u. p./u. c.] nada del otro mundo. *Ver* «[no ser u. p./u. c.] una *cosa del otro mundo».
desde que el mundo es mundo (inf.). *Desde siempre*: «Desde que el mundo es mundo, la tortilla se hace como yo la hago, y así es como tienes que hacerla tú también y dejarte de originalidades».
[andar/ir u. p.] por esos mundos. *Ver* «[andar/ir u. p.] por esos mundos de *Dios».
(ni) por nada del/en el mundo (f.). *[Refuerzo de una negación] de ningún modo, bajo ninguna condición*: «Por nada del mundo te presto mi coche; eres capaz de destrozarlo en el primer viaje que hagas».
caérsele/venírsele el mundo abajo/encima a alguien (f.). *Sentirse abrumado ante el peso de alguna desgracia*: «Cuando me comunicaron que no me iban a renovar el contrato de trabajo, se me vino el mundo encima».

correr/rodar/ver u. p. mundo (f.). *Caminar por muchas tierras sin hacer morada en ninguna:* «Cansado de rodar mundo, ha decidido establecerse en nuestra ciudad para vivir tranquilamente sus últimos años».
echar/traer u. p. al mundo a alguien (f.). *Parir:* «Ya éramos cinco hermanos cuando nuestra madre trajo al mundo a una sexta criatura».
irse u. p. de este mundo (f.). *Morirse:* «Hace ya tiempo que es viuda; su marido se fue de este mundo hace unos veinte años».
ponerse u. p. el mundo por montera (inf.). *No tener en cuenta la opinión de la gente, reírse de la opinión pública:* «Tu primo no tiene miedo alguno a hacer el ridículo poniéndose vestidos estrafalarios; se ve que se pone el mundo por montera».
querer u. p. comerse el mundo (inf.). *Alardear, aparentar, jactarse:* «Está lleno de contradicciones, porque por un lado parece que quiere comerse el mundo, y por el otro sabemos que no puede ni comprarse un reloj».
venir u. p. al mundo (f.). *Nacer:* «Si continúa siendo mayor el número de los que se mueren que el de los que vienen al mundo, en poco tiempo este país se va a quedar sin habitantes».

murga
darle u. p. la murga a alguien (inf.). *Molestar o fastidiar a alguien:* «Hoy ha estado un representante de comercio dándome la murga para que le comprase sus tonterías.

musaraña
mirar u. p. a/pensar u. p. en las musarañas (inf.). *Estar distraído:* «¿Cómo quieres comprender lo que dice el profesor si te pasas la clase mirando a las musarañas?».

música
música celestial (inf.).
A: *Palabras que se escuchan sin hacer caso de ellas:* «A este niño parece que no le afectan ya las reprimendas; los discursos de su padre son para él música celestial».
B: *Palabras que se escuchan sin entenderlas:* «Como yo no entiendo nada de física, para mí una conferencia sobre la Teoría de la Relatividad es música celestial».
música ratonera (inf.). *Música mala o compuesta con malas voces o malos instrumentos:* «La orquesta es de tan ínfima categoría, que sólo puede tocar música ratonera».
[ir(se)/marchar(se) u. p.] con la música a otra parte (inf.). [*Generalmente en oración imperativa u optativa para despedir o amonestar a alguien que molesta*]: «Dile a tu amigo que se vaya con la música a otra parte, porque a la hora de la siesta no pierdo el tiempo con visitas».

muy
achantar u. p. la muy (inf.). *Callar:* «Viendo que sus palabras eran recibidas con cierto desdén, prefirió achantar la muy y no volvió a hablar en toda la tarde».
cuidarse u. p. muy bien de [hacer] algo. Ver «*cuidarse u. p. mucho/muy bien de [hacer] algo».
darle u. p. a la muy (inf.). *Hablar mucho o demasiado:* «No puedo ya acordarme de todo lo que ha contado, porque es una persona capaz de pasarse el día entero dándole a la muy».
irse u. p. de la muy (inf.). *Decir algo que se debiera mantener secreto:* «Parece ser que uno de los ladrones se fue de la muy estando bebido y reveló el lugar donde habían escondido el dinero».

muy
[el/la] muy + ADJETIVO (inf.). [*Locución que enfatiza alguna cualidad de una persona que merece admiración o reprobación*]: «Después de estudiar medicina cinco años, el muy bruto todavía no sabe que esta substancia es venenosa».
¡pero que muy + ADJETIVO/ADVERBIO! (inf.). [*Expresión ponderativa*]: «¡Pero que muy mal hecho, Juanito! ¡No se debe contestar así a las personas mayores!».

N

nacer
  [ser u. p. un] mal nacido (inf.). [*Ser*] *persona malvada:* «No te fíes de ese mal nacido. Es capaz de robar a su propia madre».
  volver u. p. a nacer (inf.). *Salir indemne de un gran peligro:* «Este niño ha vuelto a nacer: se ha caído desde un cuarto piso y no le ha pasado nada».

nada
  como si nada (f.).
  A: *Sin tener en cuenta lo ocurrido o lo dicho:* «Este muchacho es muy terco; le he reñido por haber tirado agua al suelo y sigue jugando con agua como si nada».
  B: *Con gran facilidad:* «Es un gran deportista. Esa valla de dos metros se la salta como si nada».
  de nada (f.).
  A: *De muy poca importancia, valor, calidad, etc.:* «El coche tiene un motorcillo de nada con el que apenas se puede subir una cuesta».
  B: [*Fórmula que se emplea para responder a quien da las gracias*]: «Muchísimas gracias por los libros que me ha prestado. –De nada. Ha sido un placer poder ayudarle».
  dentro de nada (inf.). *Dentro de poco tiempo, inmediatamente:* «Date prisa, que el tren sale dentro de nada».
  nada más (inf.). *Solamente:* «¡Cuéntanos otro chiste, papi! –Uno nada más, porque ya va siendo hora de acostarse, niños».
  nada más + INFINITIVO (f.). *Inmediatamente después de + INFINITIVO:* «Nada más llegar, lo primero que hizo fue telefonear a sus padres».
  nada mas que. Ver «*sólo que».
  ¡de eso/algo nada! o **¡nada de eso/algo!** (inf.). [*Expresión enfática de negación, rechazo o prohibición*]: «El pobre chico parece algo tonto. –¡De tonto, nada! Lo que pasa es que no hace el más mínimo esfuerzo».
  ¡… ni nada! (inf.). [*Expresión con que se enfatiza una negación irónica*] *en absoluto:* «¡Pues no tiene fuerza el niño ni nada! ¡El solito puede levantar más de 80 kg. sin ayuda de nadie!».
  para nada (f.). [*Refuerzo enfático de una negación*]: «Era un hombre muy liberal y no se mezclaba para nada en las opiniones de los demás».

nadie
  [ser u. p. un] don nadie (f.). *Persona socialmente insignificante o sin medios económicos:* «Le molesta que su hija esté enamorada de un modesto empleado de comercio, de un don nadie».

naipe
  cambiar/volverse el naipe (inf.). *Cambiar la suerte:* «Espero que en el futuro cambie el naipe y vaya todo mejor».
  darle a alguien el naipe por [hacer] algo (inf.). *Tomar afición o manía por hacer algo:* «Parece que a tu hermano no le da el naipe por escribir. Me debe la contestación a tres cartas mías».

naja
  salir u. p. de naja (inf.). *Salir corriendo, huir:* «De repente sonó la alarma y los ladrones tuvieron que salir de naja por miedo a la policía».

nana
[ser u. c.] **más vieja que la nana** (inf.). [Ser] muy viejo o antiguo: «Parece un pordiosero; lleva siempre un traje más viejo que la *Nana».

naranja
[ser u. p.] **la media naranja de alguien** (inf.). La esposa o novia: «Está visto que con hombres casados es imposible trasnochar; sus medias naranjas les riñen si llegan tarde a casa».
¡naranjas chinas! Ver «¡naranjas de la *China!».

nariz
[estar u. p./u. c.] **ante/delante de las narices de alguien** (inf.). [Estar] delante o en presencia de alguien: «¿Por qué preguntas dónde he dejado el martillo? ¿Es que no lo ves ahí, delante de tus narices?».
[decir u. p. algo] **en las (mismas/propias) narices (de alguien)** (inf.). [Decir algo] en presencia de alguien y sin tenerle respeto: «No comprendo cómo el niño ha tenido el atrevimiento de mentir tan descaradamente en mis propias narices».
por narices (inf.). A la fuerza, obligatoriamente, sin pedir explicaciones: «Tuve que hacerlo por narices; no me quedaba otra solución».
no alcanzar/ver u. p. más allá de sus narices (inf.). Ser de cortos alcances, tener poca inteligencia: «Tú no eres capaz de comprender la gravedad de la situación porque no ves más allá de tus narices».
asomar u. p. la nariz/las narices (inf.). Aparecer, hacer acto de presencia: «La discusión era tan violenta que algunos vecinos, pensando que iba a haber pelea, asomaron las narices dispuestos a intervenir».
caer(se) u. p. de narices. Ver «caer(se) u. p. de *hocicos».
dar(se) u. p. de narices con/contra alguien/algo (inf.).
A: Encontrarse inesperadamente con alguien: «Hoy he tenido verdadera mala suerte. Apenas salgo a la calle y me doy de narices con un amigo al que le debo una fuerte suma de dinero».
B: Tropezar con algo recibiendo el golpe en la cara: «Estaba tan oscuro, que no pude evitar darme de narices contra la esquina de la puerta».
darle u. p. en las narices a alguien (inf.). Desairar a alguien, rechazar una pretensión de alguien: «Ya nos ha vuelto a dar en las narices el famoso cantante. Acaba de suspender por segunda vez un concierto pretextando una indisposición».
darle u. c. en la nariz a alguien (inf.). Sospechar o barruntar algo: «Me da en la nariz que este tipo tiene malas intenciones porque, siempre que me ve, se esconde».
estar u. p. hasta la nariz/las narices de alguien/algo (inf.). Estar harto o cansado de alguien o de algo: «Estoy hasta las narices de aguantar la música del vecino a altas horas de la noche».
no haber más narices (que ...) (inf.). No quedar otra solución (que ...): «Si quieres comer, no hay más narices que trabajar».
hincharle u. p./u. c. a alguien/hinchársele a alguien la nariz/las narices (inf.). Hacerle perder a alguien/perder u. p. la paciencia: «¡Ya se me están hinchando las narices de aguantar a mi suegra! ¡Un día la echo fuera de casa!».
meter u. p. la nariz/las narices en algo (inf.). Entrometerse: «Preocúpate de tus cosas y no metas las narices en mis asuntos, que nada te importan».
meterle/pasarle/restregarle u. p. por las narices algo a alguien. Ver «meterle ... u. p. por los *hocicos algo a alguien».
metérsele/ponérsele u. c. en las narices a alguien (inf.). Obstinarse, empeñarse, encapricharse en algo: «Eres muy terco, y cuando se te mete algo en las narices, no descansas hasta conseguirlo».
partirle/romperle u. p. las narices a alguien (inf.). Golpear a alguien [generalmente se emplea sólo como amenaza]: «Si sigues hablando mal de mi familia, te rompo las narices».
refregarle/restregarle u. p. por las narices algo a alguien (inf.). Insistir en algo para molestar a alguien: «Parece que quiere darnos envidia; no hace más que restregarnos por las narices el dinero que tiene y lo bien que vive».
romperse u. p. las narices (inf.). Lastimarse, hacerse daño en un accidente: «Esta bi-

cicleta no frena muy bien. Ten cuidado y no te rompas las narices».
salirle u. c. de las narices a alguien (inf.). [*Muy enfático*] *querer algo, encapricharse en algo, darle la gana a alguien:* «Yo hago lo que me sale de las narices y no tengo que darle explicaciones a nadie».
tener u. p./u. c. narices (inf.). [*Indica indignación ante alguien o algo*] *ser u. p. muy descarada:* «¡Tiene narices el nuevo ministro de Hacienda! ¿Pues no quiere ahora subir los impuestos en un 15%?».
tocarle u. p. las narices a alguien (inf.). *Molestar, incordiar, importunar:* «Estoy ya harto de que vengan a mi casa tantos vendedores ambulantes a tocarme las narices».
tocarse u. p. las narices (inf.). *Holgazanear, estar sin hacer nada:* «En verano apenas tenemos trabajo y nos pasamos el tiempo tocándonos las narices».
¡qué ... ni qué narices! (inf.). [*Expresión enfática de incredulidad o rechazo violento*]: «¡Qué medicinas ni qué narices! Lo que Vd. necesita es hacer vida sana».

nata
[ser u. p. un/tener u. p.] mala nata. Ver «[ser u. p. un/tener u. p.] mala * leche».

nave
llevar u. p. la nave a (buen) puerto (f.). *Acabar con éxito alguna empresa difícil o arriesgada:* «Aunque se presenten algunos problemas en el negocio, si todos nos mantenemos unidos, podremos llevar la nave a buen puerto».
quemar u. p. las naves (f.). *Tomar una decisión extrema e irrevocable:* «Por fin se ha decidido a quemar las naves: desde hoy no habrá para él más vida de bohemia».

nazareno
dejar/poner u. p. a alguien hecho/como un nazareno. Ver «dejar/poner u. p. a alguien hecho/como un *cristo».

necesidad
hacer u. p. sus necesidades (f.). *Orinar y/o defecar:* «Hicimos los 1.000 km. de autopista sin detenernos ni una sola vez, a excepción de las paradas para repostar gasolina o para hacer nuestras necesidades».

negocio
[hacer u. p. un] negocio redondo (f.). *Muy buen negocio:* «Se ha puesto a vender flores a la entrada del cementerio y ha hecho un negocio redondo».

negro
caerle/tocarle a alguien/tener u. p. la negra (inf.). *Salirle a alguien todo mal, tener muy mala suerte:* «Hemos echado a suertes quién tenía que lavar los platos y, como de costumbre, me ha tocado a mí la negra».
pasarlas/vérselas u. p. negras (para [hacer] algo) (inf.). *Experimentar grandes dificultades (para hacer algo):* «Me las voy a ver negras para adelgazar 20 kg. en sólo dos semanas».
poner u. p. negro a alguien (inf.).
A: *Enojar o enfadar a alguien:* «Estos niños me ponen negro con sus gritos».
B: *Excitar sexualmente a alguien:* «María procuraba vestirse de manera provocativa para poner negro a su novio».
ponerse u. p. negra (inf.).
A: *Enfadarse, encolerizarse:* «Cuando vi que no querían darme la plaza que había solicitado, me puse negro».
B: *Ponerse muy excitado sexualmente:* «Era tal la atracción sexual que ejercía María, que su novio se ponía negro sólo con verla en bañador».
trabajar u. p. como un negro (inf.). *Trabajar mucho:* «Se ha pasado la vida trabajando como un negro; justo es que en la vejez piense en descansar rodeado de comodidades».
ver u. p. negro algo (inf.). *Considerar algo como difícil o improbable:* «Veo muy negro eso de que puedas terminar tus estudios en tan poco tiempo».
verse/volverse u. p. negra (para [hacer] algo). Ver «pasarlas/vérselas u. p. *negras (para [hacer] algo)».

nervio
crisparle u. p. a alguien/crispársele a alguien los nervios (f.). *Ponerle a alguien/ponerse nervioso:* «Estos niños me crispan los nervios con sus gritos».
estar u. p. con/tener/ponerle a alguien los nervios de punta (inf.). *Sufrir exitación nerviosa/poner nervioso a alguien:* «Hoy

hemos estado todo el día con los nervios de punta esperando el resultado de la operación de mamá».
tener u. p. (los) nervios de acero (f.). *Tener carácter tranquilo, temple, valor:* «Para ser piloto de pruebas y subir a esos aviones experimentales hay que tener los nervios de acero».

neurona
derraparle/patinarle las neuronas a alguien (inf.). *Sufrir confusión mental, decir tonterías:* «A mí me parece que a ti te patinan las neuronas. ¿Cómo puedes decir tantos absurdos en tan poco tiempo?».

ni
¡ni aunque + IMPERFECTO DE SUBJUNTIVO! *Ver registro siguiente; acepción* A.
¡ni que + IMPERFECTO DE SUBJUNTIVO! (inf.).
A: [*Exclamación que rechaza una propuesta inadmisible*]: «¿Subir a un avión yo? ¡Ni que me dieran un millón!».
B: [*Exclamación de contrariedad*] *¡como si + IMPERFECTO DE SUBJUNTIVO:* «Apenas habla con sus compañeros de trabajo. ¡Ni que fuera un aristócrata!».

niña
[querer u. p. a alguien/algo] como/más que a la niña/las niñas de sus ojos (inf.). [*Querer a alguien/algo*] *más que ninguna otra cosa en el mundo:* «Este está siempre limpiando y embelleciendo su coche; debe quererle más que a la niña de sus ojos».

niño
[ser u. p. un] niño bien (inf.). *Joven de familia adinerada, mimado y acostumbrado a la vida muelle:* «Este colegio es carísimo y sólo acuden a él los niños bien de la ciudad».
[ser u. p. un] niño de pecho/teta (f.). *Lactante:* «Todavía es un niño de pecho; apenas tiene siete meses».
[ser u. p. un] niño pera (inf.). *Hijo de familia acomodada:* «Este es un niño pera; cada día un traje distinto y siempre a la moda».
[estar u. p.] (tan contenta) como/más contenta que un niño con zapatos nuevos (inf.). [*Estar*] *muy contento:* «Hoy estrena coche, y está más contento que un niño con zapatos nuevos».

¡qué ... ni qué niño muerto! (inf.). [*Expresión de incredulidad o de rechazo violento*]: «Mañana no puedo venir porque tengo que cuidar a mi abuelo –¡Qué abuelo ni qué niño muerto! ¡Lo que ocurre es que quiere Vd. poner un pretexto!».

no
no + VERBO + sino (f.). *No + VERBO + otra cosa que, solamente + VERBO:* «Es muy estricto con su dieta alimenticia; no come sino vegetales».

noche
noche en blanco (f.). *Noche en que no se puede dormir:* «Lo que más perjudica a la salud son las noches en blanco. Tendrás que tomarte algún somnífero».
de la noche a la mañana (f.). *En muy corto espacio de tiempo:* «Un negocio no se puede montar de la noche a la mañana; requiere muchos preparativos».
darle u. p. la noche a alguien (inf.). *No dejarle dormir a alguien:* «Ya ha vuelto a darme la noche el niño pequeño; esta vez he tenido que levantarme tres veces para tranquilizarlo».
hacer u. p. noche en algún lugar (f.). *Dormir o pasar la noche en algún lugar:* «Como estábamos muy cansados de tanto coche y todavía faltaban muchos kilómetros para llegar, hicimos noche en un hotel de la autopista».
pasar u. p. la(s) noche(s) en blanco/(de claro) en claro (f.). *Pasar la noche sin dormir:* «Tengo tantos problemas económicos, que a veces me paso las noches en blanco pensando en cómo resolverlos».
¡buenas noches! (f.). [*Fórmula de saludo que se usa por la noche*]: «¡Buenas noches, don Antonio! ¡Cuánto celebro verle por aquí!».

nombre
no tener u. c. nombre (f.). *Ser una cosa tan vituperable que no se encuentra un calificativo adecuado:* «No solamente lo han desterrado, sino que han prohibido publicar sus libros. Lo que el gobierno ha hecho con este escritor es algo que no tiene nombre».

norte
perder u. p. el norte (f.). *Perder la orienta-*

ción, perderse: «El caballo cambiaba frecuentemente la dirección de su carrera, como si hubiera perdido el norte y no supiera adónde dirigirse».

nota

dar la nota (discordante) (inf.). *Dar causa de escándalo o murmuración*: «Hay que acudir vestido de etiqueta, porque es una fiesta de alta sociedaD: espero que no se te ocurra dar la nota con tus vestidos extravagantes».

exagerar u. p. la nota (inf.). *Exagerar mucho*: «No creo que la situación política actual sea tan grave; ya sabes que los periódicos sensacionalistas exageran la nota».

tomar u. p. (buena) nota de algo (f.). *Fijarse en algo para tenerlo en cuenta en su conducta*: «A Carlitos puedes tomarlo como modelo. Toma buena nota de lo que hace y procura imitarlo».

noticia

noticia bomba/cañón (inf.). *Noticia sensacional*: «¡Noticia bomba: el profesor de matemáticas está enfermo y tenemos la hora libre!».

novillo

hacer u. p. novillos (inf.). *Faltar a la escuela*: «En el colegio estaba sólo el profesor, porque los chicos habían hecho novillos».

novio

dejar aderezado/compuesto y sin novio a alguien (inf.). *Frustrarle los propósitos a alguien*: «Me pasé la tarde preparando la cena y luego los invitados no comparecieron, por lo que me dejaron compuesto y sin novia».

quedarse u. p. aderezada/compuesta y sin novio (inf.). *No lograr lo que se deseaba después de haber hecho todos los preparativos*: «Carmen se ha sacrificado durante tres años de estudios intensos para hacer las oposiciones a Notarías, pero se ha quedado compuesta y sin novio, porque no le han dado la plaza y sigue cesante».

nube

alzar/levantar u. p. hasta/poner u. p. por las nubes a alguien/algo (inf.). *Alabar a alguien, encarecer la excelencia de algo*: «Es un director de orquesta formidable; la crítica siempre lo pone por las nubes».

andar u. p. por/estar u. p. en las nubes (inf.). *Estar distraído, no estar atento*: «No comprendí bien las explicaciones de la maestra porque en aquel momento estaba en las nubes».

andar/estar u. c. por las nubes (inf.). *Ser muy caro*: «Con las últimas subidas de precios, la carne está por las nubes».

bajar/caer u. p. de las nubes (inf.). *Volver a la realidad*: «Baja ya de las nubes, hombre. ¿Cómo puedes a tu edad seguir siendo un soñador y un idealista?».

ponerse u. p. por las nubes (inf.). *Enfadarse, encolerizarse*: «Se puso por las nubes cuando vio que a él no le habían invitado».

vivir u. p. en las nubes (inf.). *Vivir ausente de la realidad*: «¿Pero es que no sabes que con la inflación los precios han subido más del 30%? ¡Tú vives en las nubes!

nudo

[atravesársele/hacérsele un] nudo en la garganta a alguien (f.). [*Sentir impedimento para tragar saliva o hablar, generalmente debido a una fuerte emoción*]: «Cuando vio a su madre después de tan prolongada ausencia, se le hizo un nudo en la garganta y permaneció un buen rato silencioso».

nuevo

de nuevo (f.). *Otra vez (más)*: «De nuevo ha sufrido Vd. un accidente de coche, y ya es el tercero en un año. Habrá que sacarle el carnet de conducir».

cogerle/pillarle u. c. de nuevas a alguien (f.). *Saber algo inopinadamente*: «No sabía que la factura estaba sin pagar; le aseguro que esto me ha pillado de nuevas».

hacerse u. p. de nuevas (f.). *Dar a entender con disimulo que no se tenía noticia de algo, cuando en realidad ya se sabía*: «Usted sabe perfectamente que su deuda no está saldada; no se haga de nuevas y admita los hechos».

[sentirse u. p.] como nueva (f.). [*Sentirse*] *muy bien de salud*: «Desde que tomo estas vitaminas me siento como nuevo».

número

número redondo (f.). *Número en que se*

prescinde de las unidades de orden inferior: «En lugar de 12.540 pesetas, le cobraré solamente 12.000 para dejarle la cifra en un número redondo».

en números redondos (f.). *Aproximadamente* [*referido a números en que se prescinde de las unidades de orden inferior*]: «No sé exactamente cuánto costará un terreno en esta zona, pero serán en números redondos unos 15 millones de pesetas».

dar/hacer/montar u. p. un número (inf.). *Hacer algo extravagante o escandaloso:* «No veo por qué tienes que reñirme siempre delante de todo el mundo. ¿Es que te gusta montar un número?».

hacer u. p. número (inf.). *Hacer acto de presencia para alcanzar cierto número de asistentes a un acto público:* «Hoy día las conferencias no tienen éxito alguno, y los pocos que asisten lo hacen sólo para hacer número».

hacer u. p. números (f.). *Calcular el dinero que se necesita para administrar un hogar, negocio, etc.:* «Tendremos que hacer números para saber si podremos permitirnos irnos de vacaciones».

O

objeto
 con el objeto de que (f.). *[Locución final] para que:* «He traído todas las pruebas con el objeto de que viera Vd. que no miento».

obra
 por obra (y gracia) de alguien/algo (f.). *Debido a la acción o intervención de alguien/algo:* «Todo el sistema de canalización del río fue realizado por obra y gracia de un político muy influyente que consiguió el dinero necesario».
 por obra y gracia del Espíritu Santo (inf.). *Sin esfuerzo alguno, como por magia o encantamiento:* «¿Qué crees, que una casa se hace por obra y gracia del Espíritu Santo? Por lo menos necesitas dos o tres años de trabajo intensivo en las horas libres».
 poner u. p. en/por obra algo (f.). *Emprender, dar principio a algo:* «Tiene grandes proyectos, pero le falta decisión y constancia para ponerlos en obra».
 ser u. c. obra de romanos (inf.).
 A: *Costar mucho trabajo y tiempo:* «El niño estaba tan profundamente dormido, que fue obra de romanos despertarle».
 B: *Ser grandioso, perfecto, acabado:* «Vive en un palacio que es obra de romanos; el más suntuoso de toda la ciudad».

obstante
 no obstante (f.). [*Sin que lo que se expresa a continuación constituya obstáculo o impedimento para la cosa de que se trata*] *a pesar de:* «No obstante la escasez de medios económicos, se decidió a comprar una casa de campo. No sé cómo va a pagarla».

ocasión
 [ser u. c.] de ocasión (f.). [*Ser*] *usado:* «Me compré un coche de ocasión que tenía tantos kilómetros, que a los dos meses tuve que venderlo al chatarrero».

oficio
 [gracias a los] buenos oficios de alguien (f.). [*Por*] *mediación de alguien:* «Estaba condenado a dos años de cárcel, pero gracias a los buenos oficios del gobernador, que es amigo de su familia, le rebajaron un año de pena».
 [estar] sin/no tener u. p. oficio ni beneficio (inf.). [*Estar*] *ocioso, sin carrera ni ocupación:* «No se dedica a nada. Está sin oficio ni beneficio y come y duerme en casa de sus padres».
 ser u. p. del oficio (inf.).
 A: [*Referido a hombres*] *ser homosexual:* «Seguro que es del oficio; jamás se le ha visto acompañado de una chica».
 B: [*Referido a mujeres*] *ser prostituta:* «En este bar no hay ninguna mujer decente. Son todas del oficio».

oído
 [ser u. p.] duro de oído (f.).
 A: [*Ser*] *algo sordo:* «Grítale más, que no te oye. Ya sabes que es duro de oído».
 B: [*Ser*] *poco sensible a los sonidos musicales:* «Va a ser un poco difícil enseñarle solfeo a este niño, porque es un poco duro de oído».
 de oídas (f.). [*Se dice de lo que se conoce únicamente por haber oído hablar de ello*]: «Aunque no he estudiado todavía el nuevo

proyecto de ley, lo conozco de oídas y creo que es muy positivo».
afilar/afinar/aguzar/alargar u. p. el oído/los oídos (f.). *Escuchar atentamente*: «Aunque agucé el oído, no pude entender nada de lo que hablaban, porque se encontraban un poco distantes».
aparcar u. p. de oído (inf.). *Aparcar sin mirar, [prestando atención solamente al ruido producido por los parachoques]*: «No me extraña que tengas el coche tan abollado si siempre aparcas de oído».
aplicar u. p. el oído a algo (inf.). *Prestar atención a una conversación o algún ruido o sonido*: «Procura aplicar el oído a lo que se diga de mí en la reunión».
cantar/tocar u. p. de oído (f.). *Cantar/tocar un instrumento sin (poder) leer la partitura*: «Es asombroso que pueda tocar el piano de oído con tanta perfección; si quisiera estudiar música se convertiría en un pianista famoso».
dar/prestar u. p. oídos a alguien/a algo (f.). *Creer a alguien/algo*: «La chica tiene tan alta idea de su padre, que no da oídos a esos rumores que circulan sobre sus negocios sucios».
entrarle u. c. a alguien por un oído y salirle por el otro (inf.). *No prestar atención a lo que se dice, desatender algún aviso*: «Hace ya tiempo que vengo diciéndote que tienes que dejar esa vida de ocio y dedicarte a algo provechoso, pero mis palabras te entran por un oído y te salen por el otro».
hacer u. p. oídos sordos/de mercader (inf.). *Hacerse u. p. el sordo y no querer oír lo que le dicen*: «Mi jefe hace siempre oídos de mercader cuando le recuerdo que hace cinco años que tengo el mismo sueldo».
pegársele u. c. a alguien al oído (inf.). *Quedar en la memoria, retener fácilmente*: «Todas aquellas viejas canciones se me pegaron al oído y puedo recordarlas perfectamente».
regalarle u. p. el oído/los oídos a alguien (f.). *Lisonjear a alguien*: «Hay que regalarle los oídos al jefe, a ver si se ablanda un poco y nos aumenta el sueldo».
ser u. p. todo oídos (inf.). *Escuchar con mucha atención*: «Descuide Vd., que no perderé ni una palabra de cuanto se diga en la reunión; seré todo oídos».

tener u. p. el oído duro (f.). *Oír mal*: «Tienes que gritarle, porque tiene el oído un poco duro y no te oye».
¡oído al parche! (inf.). *¡Atención!*: «¡Oído al parche con los ladrones!».

oír
(así) como lo/me oy[es/-e] (inf.). [*Expresión exlamativa utilizada para subrayar la veracidad de lo dicho, aunque parezca extraño*]: «Así como lo oyes: ¡50 km. a pie en un sólo día!».
lo que oy[es/-e]. *Ver registro anterior.*
¿¡me/lo oy[es/-e]!? (inf.). [*Refuerzo expresivo con que se acompaña generalmente una orden o una reprobación*]: «No puedo trabajar con tanto ruido. Deja de tocar el tambor, ¿me oyes?».

ojito
[ser u. p. el] ojito derecho de alguien. *Ver* «[ser u. p. el] *ojo derecho de alguien».
¡ojito con …! *Ver* «¡(mucho) *cuidado con …!».

ojo
[ser u. p.] el ojo derecho de alguien (f.). *El preferido o favorito de alguien*: «Teresa es el ojo derecho de su padre. No te extrañe que esté un poco mimada».
[ser u. p. un] cuatro ojos (inf.). *Persona que usa gafas*: «Lo primero que tiene que hacer un cuatro ojos como tú para ver bien a las chicas guapas es limpiarse bien las gafas».
[tener u. p. un] ojo a la funerala (inf.). [*Tener el*] *ojo hinchado o con un moratón*: «Hoy el chico se ha peleado con los muchachos del barrio y trae un ojo a la funerala».
[tener u. p.] ojo clínico (inf.). [*Tener*] *inteligencia instintiva, sagacidad*: «Será muy inteligente, no lo dudo, pero para los negocios le falta ojo clínico».
[tener u. p.] ojos de lince (f.). [*Tener*] *muy buena vista*: «Para ser piloto de aviación hay que tener ojos de lince; una persona que necesita gafas, como tú, no tiene nada que hacer en aviación».
a cierra ojos o a ojos cerrados (inf.).
A: *Sin reflexionar, con precipitación*: «Una decisión tan importante como ésta no se puede tomar a cierra ojos».
B: *Con toda confianza, sin sombra de duda*:

«Puedes seguir mis consejos a ojos cerrados; tengo mucha experiencia y sé lo que te conviene».
a ojo (de buen cubero) (inf.). *Sin pretensión de exactitud, aproximadamente:* «Por aquel tiempo los edificios se construían de cualquier manera, sin cálculos matemáticos, a ojo de buen cubero».
a ojos vistas (f.). *Visible, clara, evidentemente:* «El contraste entre ricos y pobres ha aumentado a ojos vistas en los últimos años; no es necesario ser un experto para darse cuenta del problema».
[estar u. p./u. c.] ante/delante de los ojos de alguien. *Ver* «[estar u. p./u. c.] ante/delante de las *narices de alguien».
con los ojos cerrados. *Ver* «a cierra *ojos».
en un abrir y cerrar de ojos (inf.). *En un instante:* «Me llamaron del hospital, de la sección de urgencias, y tuve que vestirme y afeitarme en un abrir y cerrar de ojos para llegar a tiempo».
[andar/estar u. p.] ojo avizor (f.). *Estar alerta:* «Con tanto riesgo de ataques terroristas, los policías tienen que andar más ojo avizor que nunca».
abrir u. p./abrirle u. p. a alguien los ojos (inf.). *Conocer u. p./hacerle ver u. p. a alguien las cosas o la vida tal y como realmente son:* «Un día el pueblo abrirá los ojos y comprenderá la injusticia que los gobiernos cometen en su nombre».
andar(se) u. p. con ojo (inf.). *Tener cuidado, prestar atención:* «Andate con ojo y deja el coche siempre en el garaje, porque se producen últimamente muchos robos».
cerrar u. p. los ojos (f.).
A: *[Generalmente con negación] dormir:* «Ayer tomé tanto café, que no pude cerrar los ojos en toda la noche».
B: *Morir:* «El día en que tu padre cierre los ojos, tendrás que aprender a ganarte el sustento por ti mismo».
C: *Lanzarse a hacer algo sin reparar en riesgos o inconvenientes:* «Aunque el río estaba casi helado, cerré los ojos y me arrojé al agua dispuesto a ganar la otra orilla».
cerrarle u. p. los ojos a alguien (f.). *No apartarse de un moribundo hasta que expire:* «Murió abandonado de su familia y sin tener a nadie que le cerrara los ojos».

clavar u. p. los ojos en alguien/algo (f.). *Mirar a alguien/algo intensa y prolongadamente:* «Yo creo que el pobre hombre debe estar hambriento, porque al pasar por delante de la tienda de comestibles clavó los ojos en el escaparate».
comer u. p. con/por los ojos (inf.). *Apetecer los manjares solamente cuando están bien presentados:* «Rechazó el plato antes de probarlo; se conoce que come con los ojos y no le ha gustado el aspecto que ofrece».
comer(se)/devorar u. p. a alguien/algo con los ojos (f.). *Mirar a alguien/algo muy fijamente y con enojo, curiosidad o deseo:* «Parece que te gusta esa chica, porque te he sorprendido devorándola con los ojos».
[costar/valer u. c.] un ojo de la cara a alguien (inf.). *[Costar/valer] demasiado:* «El recibo del gas nos va a costar un ojo de la cara».
dar u. p. un ojo de la cara por algo (inf.). *[Generalmente en oraciones optativas; locución con que se enfatiza el deseo de conseguir algo imposible]:* «Daría un ojo de la cara por poder viajar con vosotros a América, pero me lo impide el trabajo».
[dormir u. p.] con los ojos abiertos. *Ver registro siguiente.*
[dormir u. p.] con un ojo abierto y el otro cerrado (inf.). *[Dormir] con mucha precaución:* «Hemos pasado la noche con un ojo abierto y el otro cerrado, a causa de los ladrones».
echarle u. p. el ojo a alguien/a algo (inf.). *Fijarse en alguien o algo con la intención de conseguir algo:* «Nada más empezar la fiesta, le eché el ojo a la Anita y luego la invité a bailar».
encandilársele los ojos a alguien (f.). *Animársele los ojos con la expresión del deseo:* «Es muy glotón, y no puede impedir que se le encandilen los ojos viendo los escaparates de una dulcería».
entrarle u. p./u. c. a alguien por el ojo derecho (inf.). *Encontrar mucho gusto o placer en algo o alguien:* «Esa motocicleta de nuevo modelo le ha entrado por el ojo derecho y no hace más que pensar en comprarla».
írsele a alguien los ojos por/tras alguien/algo (inf.). *Desear a alguien/algo con vehemencia:* «A don Baldomero, a pesar de tener

los sesenta años cumplidos, se le van los ojos tras las jovencitas del barrio».

llenarle u. c. el ojo a alguien (inf.). *Contentarle, satisfacerle por completo:* «Es muy exigente en cuestión de comidas, así es que no sé qué servirle que le pueda llenar el ojo».

meterle u. p. algo por los ojos a alguien (inf.). *Encarecer algo con insistencia para lograr venderlo o que sea aceptado:* «Yo creo que la propaganda excesiva de nuestros días solamente sirve para meterle por los ojos a la gente los productos inútiles y de mala calidad».

mirar u. p. con buenos/malos ojos a alguien/algo (f.). *Mirar/considerar a alguien/algo con simpatía/antipatía:* «Si ves que la chica no te mira con malos ojos, ¿por qué no le propones que se case contigo?».

nublársele los ojos a alguien (f.).
A: *Enturbiársele la vista a alguien:* «Sólo sentí un fuerte dolor de cabeza, después se me nublaron los ojos y por fin perdí el conocimiento».
B: *Humedecérsele los ojos a alguien (como para empezar a llorar):* «Cuando le dije que su novio probablemente no regresaría más, se le nublaron los ojos y se volvió para que no se viese su tristeza».

no pegar u. p. ojo/los ojos (inf.). *No dormir:* «Con tanto ruido no he podido pegar ojo en toda la noche».

poner u. p. el ojo/los ojos en alguien/algo (f.).
A: *Apuntar (con un arma) a alguien o algo:* «Tiene muy buena puntería, y donde pone el ojo pone la bala».
B: *Mirar, desear, fijarse en alguien o algo con la intención de conseguirlo:* «Hace ya tiempo que mi hijo ha puesto los ojos en esa chica; cualquier día tenemos boda».

poner u. p. los ojos bizcos/en blanco (f.).
A: *Asombrarse de algo:* «Puso los ojos bizcos cuando vio que en toda la cadena de montaje no había más que robots».
B: *Entusiasmarse por algo:* «Todos ponían los ojos en blanco cuando vieron lo bonita que quedó la casa después de renovarla».

no quitarle u. p. ojo (de encima) a alguien/a algo (f.). *No dejar de mirar u observar a alguien/algo:* «Mientras un policía examinaba sus papeles, el otro no le quitaba ojo de encima, como si fuera un sospechoso».

saltar u. c. a los ojos (f.). *Ser muy claro o evidente:* «Salta a los ojos que esa chica te quiere conquistar: No hace más que seguirte a todas partes».

saltársele los ojos a alguien (inf.). *Mirar con deseo:* «No diga Vd. que ya no le gustan las mujeres, porque cuando pasa una chica guapa por delante, se le saltan los ojos como a un jovencito».

ser u. p. todo ojos (inf.). *Ver, observar con la máxima atención:* «A este niño le fascina la repostería, y es todo ojos cuando su madre hace dulces».

tener u. p. mucho ojo (inf.). *Ser persona viva y astuta a quien nada se le escapa:* «Para dirigir un negocio tan arriesgado como éste hace falta gente que tenga mucho ojo y no se deje engañar fácilmente».

tener u. p. (mucho) ojo con alguien/algo (inf.). *Tener cuidado, poner atención:* «Tenga Vd. ojo con los ladrones, y procure dejar la puerta bien cerrada».

ver u. p. con buenos/malos ojos a alguien/algo (inf.). *Estar de acuerdo/en desacuerdo con alguien/algo:* «Parece que el Ayuntamiento no ve con malos ojos el nuevo proyecto arquitectónico; posiblemente se aprobará en los próximos días».

no ver u. p. más que por los ojos de alguien (inf.). *Amar a alguien de forma exclusiva:* «La abuela no ve más que por los ojos de su nieta, y es capaz de cumplirle todos los caprichos y aguantar todo tipo de molestias para tenerla contenta».

vidriársele los ojos a alguien. Ver «nublársele los *ojos a alguien; acepción B».

volver u. p. los ojos a alguien (f.). *Recurrir a alguien solicitando ayuda:* «Su situación era tan desesperada, que ni siquiera tenía a quien volver los ojos».

¡benditos/dichosos los ojos (que [te/le] ven)! (f.). [*Exclamación de alegría que se emplea al encontrar a alguien a quien no se veía desde hace tiempo*]: «¡Dichosos los ojos que te ven, Marcelino! ¿Dónde has estado, que hace tanto tiempo que no sé nada de ti?».

¡(mucho) ojo con ...! Ver «¡(mucho) *cuidado con ...!».

¡ojo al parche! Ver «¡*oído al parche!».

oler
oler u. p./u. c. que apesta (f.). *Oler muy mal:* «En el sótano huele que apesta; debe de haber algún ratón muerto».
olérsela u. p. *Ver* «oler(se) la *tostada».

olor
estar u. p./u. c. en olor de santidad (inf.). *Tener buena fama o reputación:* «No parece ser un político que esté en olor de santidad; todo el mundo le critica y hasta se ríen de él».

olvido
caer u. p./u. c. en el olvido (f.). *Ser olvidado:* «Hoy ya nadie lee a este escritor; sus libros han caído en el olvido».
dar u. p. al/echar en olvido algo (f.). *Olvidar algo intencionadamente:* «¿De qué sirve darte consejos si los echas pronto en olvido y haces lo que se te antoja?».
sepultar u. p. a alguien/algo en el olvido (inf.). *Olvidar a alguien/algo intencionadamente y con mucho empeño:* «Hace ya mucho tiempo que el problema yace sepultado en el olvido. ¿Quién se acuerda ahora de aquello?».

olla
[ser u. c. una] olla de grillos (inf.). *Gran desorden o caos:* «La reunión fue una olla de grillos: todos hablaban al mismo tiempo».

ombligo
[ser u. p./u. c.] el ombligo del mundo.
A: (f.) [*Ser un lugar*] *el centro espiritual del mundo:* «En el siglo XVIII todo el mundo hablaba de París; la gran capital era el ombligo del mundo».
B: (inf.) [*irónico*]: [*Ser u. p./u. c.*] *lo más importante que hay:* «Se cree el ombligo del mundo porque le han dado una medalla en no sé qué competición deportiva».
arrugársele/encogérsele a alguien el ombligo (inf.). *Sentir miedo, desanimarse:* «Cuando el avión empezó a temblar y a dar sacudidas, se me encogió el ombligo».
contemplarse/mirarse u. p. el ombligo (inf.). *No hacer nada:* «Es tan perezoso, que se pasa la vida contemplándose el ombligo».

onda
estar u. p. en la onda (inf.). *Estar integrado en un ambiente o entorno social determinado:* «Pepe no entiende muchas de las palabras que empleamos en el barrio, porque hace poco que vive aquí y todavía no está en la onda».

opinión
abundar u. p. en la (misma) opinión (de alguien) (f.). *Estar de acuerdo (con alguien):* «Abundo en su misma opinión; en su lugar haría exactamente lo mismo que Vd. está haciendo».

órbita
estar u. p. en la órbita (de algo) (inf.). *Estar enterado (de algo):* «Tendrás que contarme muchas cosas; ya sabes que no estoy en la órbita de lo que pasa en este pueblo».

órdago
de órdago (inf.).
A: [*Adj.*] *muy grande, muy grave, muy importante, etc.:* «Ayer se produjo un accidente de órdago: tres muertos y más de veinte heridos».
B: [*Adv.*] *muy, mucho:* «Aquí trabajan de órdago. En menos de dos meses el chalet puede estar listo».

orden
estar u. c. a la orden del día (f.). *Ser frecuente en determinado tiempo o lugar, estar de moda:* «En algunos países latinoamericanos las dictaduras militares parecen estar a la orden del día: todos los años se produce un golpe de estado».

orden
[ser u. p./u. c.] de primer/segundo orden (f.). [*Ser*] *óptimo/mediocre:* «Sin duda es un atleta de primer orden, pues en las Olimpíadas ha ganado tres medallas».
del orden de + NUMERAL (f.). *Aproximadamente + NUMERAL:* «No estoy muy seguro, pero debe de ganar del orden de los 4.000 dólares mensuales».
sin orden ni concierto (f.). *Sin orden, regla, medida o plan:* «Cantaban sin orden ni concierto, porque nadie sabía llevar los tiempos».
llamar u. p. al orden a alguien (f.). *Reprender o advertir a alguien para que se enmiende:* «Habrá que llamar al orden a los vecinos; ayer pusieron el tocadiscos a todo volumen hasta las dos de la mañana».

oreja

[estar u. p.] con las orejas caídas/gachas (inf.). [*Estar*] *triste, avergonzado o humillado y sin haber conseguido lo que se pretendía:* «Hizo todo lo posible para que le reconocieran la utilidad de su invento, pero todo fue inútil, y tuvo que abandonar la oficina de patentes con las orejas gachas».

agachar/bajar u. p. las orejas (inf.). *Humillarse, ceder, obedecer:* «Deberías mostrar mayor firmeza de carácter. ¿Qué sentido tiene que te rebeles al principio si al final terminas agachando las orejas?».

aguzar/alargar u. p. las orejas (inf.). *Poner mucha atención en lo que se oye:* «Aunque agucé las orejas lo más que pude, no entendí nada de lo que allí se hablaba».

apearse u.p por las orejas (inf.). *Caerse de la cabalgadura:* «Quiso hacer una demostración de que sabía dominar el caballo y ... terminó apeándose por las orejas».

asomar u. p. la oreja (inf.). *Comparecer, hacer acto de presencia:* «Ha hecho tantas deudas en el juego, que ya no se atreve a asomar la oreja en el Casino».

calentarle u. p. las orejas a alguien (inf.). *Reprender severamente a alguien, pegarle a alguien:* «Si ese niño no deja de hacer ruido, voy a tener que calentarle las orejas».

descubrir/enseñar u. p. la oreja (inf.). *Dejar ver sus malas intenciones, traicionarse a sí mismo:* «Todos le tenían por un cura ejemplar, hasta que descubrió la oreja en ocasión del escándalo de la inmobiliaria, cuando su nombre salió en todos los periódicos».

hacer(se) u. p. orejas de mercader (inf.). *Darse por desentendido, hacerse el sordo:* «Quise decirle que me debía ya dos meses de alquiler, pero el muy sinvergüenza se hizo orejas de mercader».

pegar u. p. la oreja (inf.). *Espiar una conversación a través de una pared:* «Para enterarse de las disputas matrimoniales de nuestros vecinos no hace falta pegar la oreja: se les puede oír desde la calle».

ponerle u. p. las orejas coloradas a alguien (inf.). *Reprender severamente a alguien, pegarle a alguien:* «Tú, tranquilo en tu rincón. Si no, te pongo las orejas coloradas».

ser u. p. toda orejas. *Ver* «ser u. p. toda *oídos».

verle u. p. las orejas al lobo (inf.). *Darse cuenta de la inminencia de un peligro:* «Siempre te has burlado de mis precauciones, pero ahora que le has visto las orejas al lobo tienes más miedo que yo».

orgulloso

[estar/ser u. p.] más orgullosa que un ocho (inf.). *Muy orgulloso:* «Después de recibir el premio, estaba más orgulloso que un ocho».

oro

[ser u. c.] oro molido (f.). [*Ser*] *excelente:* «Jamás he visto mueble tan bien trabajado; aquello era oro molido».

[estar u. p./u. c.] como un oro (inf.). [*Estar*] *muy hermoso, limpio o aseado:* «Tenemos una chica de la limpieza muy eficiente, que en poco tiempo deja la casa como un oro».

[cuidar/guardar u. p.] como oro en paño (f.). [*Conservar*] *con gran cuidado y estimación:* «Tengo una vieja edición del Quijote que conservo como oro en paño».

hacerse u. p. de oro (inf.). *Enriquecerse mucho:* «Tiene una suerte increíble: gastó todo su dinero en jugar a la lotería, le tocó el primer premio, y se ha hecho de oro».

nadar u. p. en oro (inf.). *Ser muy rico:* «Se ve que está nadando en oro, porque hasta los desplazamientos de fin de semana los hace en avión privado».

ofrecer/prometer u. p. el oro y el moro (inf.). *Ofrecer o prometer cosas ilusorias:* «Para lograr atraerme me prometieron el oro y el moro: un sueldo fabuloso, dos meses de vacaciones, casa de campo ... Pero luego no hubo nada de eso».

valer u. p./u. c. en oro lo que pesa (inf.). *Ser de gran valor, poseer excelentes cualidades:* «Tenemos un jefe de contabilidad que vale en oro lo que pesa. Es de una eficiencia ejemplar».

osa

¡anda la osa! (inf.). [*Expresión que indica sorpresa*]: «¡Anda la osa! ¡Me he dejado la cartera en casa! ¿Y cómo pago yo ahora la consumición?».

oscuro

[estar u. p.] a oscuras (inf.). [*Estar*] *sin la más ligera noción de algo, sin comprender lo* *que se oye o lee:* «Las teorías que defiende este autor son tan complicadas, que después de leer sus libros se queda uno a oscuras».

oso
hacer u. p. el oso (inf.). *Hacer o decir tonterías (con o sin intención):* «Habíamos bebido bastante, y nos pusimos a hacer el oso en mitad de la calle imitando a los payasos del circo».

oste
no decir u. p. ni oste ni moste. *Ver* «no decir u. p. ni oxte ni moxte».

ostra
aburrirse u. p. como una ostra (inf.). *Aburrirse mucho:* «La película era tan mala, que me aburrí como una ostra».

otro
otro tanto (f.).
A: *Lo mismo, la misma cantidad:* «No debes reñir tanto a tu hijo por las notas que ha recibido en el colegio; tú hiciste otro tanto cuando tenías su edad».
B: *El doble:* «Si por un piso en las afueras pagas 40.000 de alquiler, por un piso en el centro pagarás como mínimo otro tanto, es decir, 80.000».
¡hasta otra! (inf.). [*Fórmula de despedida*]: «Bueno, yo me marcho, que ya es muy tarde; hasta otra, señores».
[ser u. p.] otra que tal (inf.). [*Expresión o exclamación con que se critica a alguien o algo que tiene un defecto semejante a otro ya conocido*]: «Tu hermana, ¡otra que tal!, tampoco quiere ayudarme».

ovario
estar u. p. hasta los ovarios de algo (rest.). *Estar (una mujer) harta de algo:* «Estoy hasta los ovarios de que me digan que las mujeres no sabemos conducir bien».
salirle u. c. de los ovarios a alguien (rest.). [*Muy enfático y referido sólo a mujeres*] *querer algo, encapricharse en algo, darle la gana:* «Yo no me caso porque no me sale de los ovarios eso de tener que aguantar un hombre y todos sus complejos machistas».

oveja
[ser u. p. una] oveja descarriada/la oveja negra (f.). *Persona cuya conducta se distingue negativamente de las demás de su familia o grupo social:* «Este chico es la oveja descarriada de la familia; cuenta sólo 16 años y ya ha sido denunciado dos veces por robo e intento de homicidio».

ovillo
hacerse u. p. un ovillo (f.). *Encogerse, acurrucarse:* «Después de comerse unos mendrugos de pan que le ofrecieron, el mendigo se hizo un ovillo en un rincón de la taberna y se echó a dormir».

oxte
no decir u. p. ni oxte ni moxte (inf.). *No decir absolutamente nada:* «Estaba muy triste, porque permaneció todo el día en un rincón sin decir ni oxte ni moxte».

P

paciencia
armarse/cargarse/revestirse u. p. de paciencia (f.). *Disponerse a aguantar lo que en condiciones normales no se aguantaría:* «Si los niños vuelven a romper algo de valor, tienes que armarte de paciencia. ¿O es que quieres matarlos a golpes?».
comerle u. p./u. c. la paciencia a alguien (f.). *Hacer perder la paciencia a alguien:* «Este niño me come la paciencia con sus gritos».
probar/tentar u. p. la paciencia de alguien (f.). *Darle a alguien continuos motivos para que se irrite o enoje:* «Parece que los niños quieren tentar mi paciencia; ayer me rompieron un disco y hoy el tocadiscos».
paciencia y barajar (inf.). [*Expresión que recomienda tener paciencia*]: «Contra el dolor de muelas no hay nada. Paciencia y barajar».

Paco
venir el tío Paco con la rebaja (inf.). [*Expresión usada cuando se produce alguna disminución en una situación satisfactoria*]: «Al principio te parece el sueldo más que suficiente, pero luego hay mil gastos y viene el tío Paco con la rebaja».

padre
[ser u. p./u. c.] de padre y muy señor mío (inf.). [*Adj. superlativo*]; [*ser*] *muy grande, muy importante, muy grave, etc.:* «Ha tenido que ser ingresado en el hospital, porque tuvo un accidente de padre y muy señor mío».
¡(me cago en) tu/su padre! (rest.). *Ver* «¡tu/ su *madre!*».

¡tu/su padre!*Ver* «¡tu/su *madre!*».

padrenuestro
[saber u. p. algo] como/mejor que el padrenuestro (inf.). [*Saber algo*] *de memoria, muy bien:* «Si quieres salir, tendrás que aprenderte la lección de inglés como el padrenuestro».

padrino
tener u. p. (buen(os)) padrino(s) (inf.). *Contar con la protección de alguien influyente:* «No es muy inteligente, pero ha obtenido buenas notas porque tiene buenos padrinos en la Universidad».

pagado
[estar/ser u. p.] pagada de sí misma (f.). [*Estar/ser*] *muy ufano o satisfecho de sí mismo:* «Es un hombre muy pagado de sí mismo y cuando habla cree que dice cosas geniales».

pagar
pagarlas u. p. (todas juntas) (inf.). *Sufrir el castigo o las consecuencias por haber obrado mal:* «Me has causado mucho daño, pero un día podré vengarme y entonces me las pagarás todas juntas».

paja
en (un) daca las/esas pajas (inf.). *En un instante, en seguida:* «Tiene ya tanta práctica redactando reportajes, que es capaz de escribir un artículo en un daca las pajas».
en un quítame allá esas pajas (inf.). *En un momento, en seguida:* «Con esta olla a presión se puede preparar la comida en un quítame allá esas pajas».

[reñir u. p.] **por un quítame allá esas pajas** (inf.). [*Reñir*] *por una futilidad, nimiedad:* «Son personas muy irritables, capaces de pelearse por un quítame allá esas pajas».
hacer(se) u. p. una paja/pajas (rest.). [*Referido al hombre*] *masturbarse:* «Es un reprimido sexual. Se compra revistas pornográficas para hacerse pajas».
ver u. p. la paja en el ojo ajeno (y no ver la viga en el suyo/propio) (inf.). *Ver los defectos de los demás, sin tener en cuenta los propios:* «Tu eres muy crítico y siempre ves la paja en el ojo ajeno. ¿Por qué no te criticas a ti mismo?».

pajarito
comer u. p. como un pajarito (inf.). *Comer muy poco:* «Este niño come como un pajarito; con unas patatas fritas ya tiene bastante para la cena».
quedarse u. p. como un pajarito (inf.). *Morirse apaciblemente, sin sufrimiento:* «Cuando llegó el doctor, ya era tarde: el anciano se había quedado como un pajarito, sin una queja de dolor».

pájaro
[ser u. p. un] buen pájaro (inf.). *Persona poco de fiar:* «Tu socio es un buen pájaro: ayer le sorprendí haciendo trampas en la contabilidad».
[ser u. p. un] pájaro de cuenta (inf.). *Persona peligrosa:* «Hay que denuciar a este pájaro de cuenta a la policía».
[ser u. p. un] pájaro de cuidado. *Ver* «[ser u. p. un] buen *pájaro*».
[ser u. p. un] pájaro de mal agüero (inf.). *Persona que presagia sucesos desfavorables:* «Tu siempre crees que todo va a salir mal; eres un pájaro de mal agüero».
asarse/cocerse los pájaros (inf.). *Hacer mucho calor:* «Hoy se cuecen los pájaros: el termómetro marca 42 grados a la sombra».
matar u. p. dos pájaros de una sola piedra/ de un tiro (f.). *Conseguir realizar dos cosas al mismo tiempo:* «Si tienes que salir para ir al supermercado, aprovecha la ocasión y trae las medicinas de la farmacia. Así matarás dos pájaros de un tiro».
tener u. p. pájaros en la cabeza (inf.). *Tener poco juicio, no tener madurez:* «Esta chica se pasa el día pensando en bailes y amoríos; no tiene más que pájaros en la cabeza».

pala
a punta (de) pala (inf.). *Ver* «a *punta (de) pala*».

palabra
[decir u. p.] la última palabra (f.). [*Tomar una*] *decisión considerada como definitiva o inalterable:* «No tiene sentido seguir discutiendo; la directora ha dicho ya la última palabra sobre el asunto».
[decir u. p.] medias palabras (f.). [*Hacer una*] *insinuación embozada y reticente:* «A mí no me gustan las medias palabras; prefiero que me critique Vd. directamente».
[decir u. p.] palabras mayores (f.). [*Decir*] *palabras imperiosas:* «¡Caballero! ¡Eso que Vd. ha dicho son ya palabras mayores, y no puedo consentirlo!».
[ser u. p.] de palabra (f.). [*Ser persona*] *que cumple sus promesas:* «Puedes estar tranquilo, porque es hombre de palabra, y si ha dicho que te ayuda, te ayudará».
en una/dos/cuatro palabras (f.). *En resumen, en pocas palabras:* «Te lo voy a contar en dos palabras, porque tengo prisa y no puedo entrar en detalles».
arrancarle u. p. las palabras a alguien (f.). *Obligarle a alguien a hablar:* «Es tan tímido cuando tiene que hablar en público, que hay que arrancarle las palabras si se quiere oír su opinión».
atragantársele las palabras a alguien (f.). *Tartamudear (a causa de alguna impresión muy fuerte):* «Como era la primera vez que daba una conferencia, estaba muy nervioso y se le atragantaban las palabras».
beber(se)/sorber(se) u. p. las palabras de alguien (inf.). *Escucharle a alguien con gran atención y admiración:* «Era tan buen orador, que sus admiradores se bebían sus palabras cuando pronunciaba una conferencia».
[cambiar/decir/tener u. p.] dos/cuatro palabras con alguien (inf.). [*Mantener una*] *pequeña conversación con alguien:* «Estaba prohibido entrar, pero Mariano tuvo dos palabras con el portero y nos abrieron la puerta».
cederle u. p. a alguien la palabra (f.). *Ce-*

derle a alguien el turno para que hable en una reunión o asamblea: «Primero pronunció unas palabras de saludo el presidente de la sociedad, y después le cedió la palabra al conferenciante».

comerse u. p. las palabras (inf.). *Hablar o escribir confusa o precipitadamente, omitiendo sílabas o letras:* «Habla tan rápido, que se come las palabras y no se puede entender lo que dice».

concederle/otorgarle u. p. la palabra a alguien (f.). *Permitirle hablar a alguien en una reunión o asamblea:* «Nunca le conceden la palabra, porque saben que al hablar en público se pone nervioso».

cortarle u. p. la palabra a alguien (f.). *Interrumpir a alguien cuando habla:* «Aunque esté diciendo tonterías, debes escucharlo hasta el final y no cortarle la palabra».

cumplir/mantener u. p. su palabra (f.). *Cumplir lo prometido:* «Prometió estar a las nueve en punto y, efectivamente, mantuvo su palabra con una puntualidad admirable».

darle u. p. (su) palabra (de honor) a alguien (f.). *Prometer o asegurar (solemnemente):* «Te doy mi palabra de honor de que todo lo que te dije es verdad».

decir/pronunciar u. p. una palabra más alta que otra (inf.). [*Generalmente en forma negativa*] *gritar, hablar gritando:* «En casa de mis padres reinaba una gran disciplina: nadie se atrevía a decir una palabra más alta que otra».

dejar u. p. con la palabra en la boca a alguien (f.). *Volverle la espalda sin quererle escuchar:* «Quiso pedirme disculpas por lo sucedido, pero yo me di media vuelta y le dejé con la palabra en la boca».

no entender/saber u. p. (ni) (una) (media) palabra de algo (f.). *No entender/saber absolutamente nada de algo:* «No deberías encargarle a tu hijo el asunto ese del contrato de venta; ya sabes que él de negocios no entiende ni palabra».

faltar u. p. a su palabra (f.). *No cumplir lo prometido:* «Me prometiste venir a la fiesta de mi cumpleaños y espero que no faltes a tu palabra».

gastar u. p. palabras (en balde/en vano) (inf.). *Hablar inútilmente, dar consejos que no son escuchados:* «Gastas palabras, si crees que vas a poder convencerlo; es muy terco y nunca te dará la razón».

medir u. p. las/sus palabras (f.). *Hablar con sumo cuidado para evitar decir algo inconveniente:* «Mida Vd. sus palabras, que está Vd. hablando con alguien que puede llevarle a prisión».

pedir/solicitar u. p. la palabra (f.). *Pedir permiso para hablar en una reunión o asamblea:* «¡Qué manera de abusar! Pidió la palabra para pronunciar un pequeño discurso y habló más de dos horas».

quitarle u. p. la(s) palabra(s) de la boca a alguien (f.). *Decir lo mismo que el interlocutor iba a decir:* «Yo quería contar lo sucedido, pero Herminia, que es muy nerviosa, me quitó la palabra de la boca y habló por mí».

retirarle u. p. la palabra a alguien (f.). *Dejar de hablar con alguien, romper toda relación amistosa con alguien:* «Le retiré la palabra hace ya algún tiempo y ni siquiera lo saludo al cruzarme con él».

tener u. p. palabra (f.). *Cumplir lo que se promete:* «No me hago muchas ilusiones sobre los aumentos de sueldo que nos han prometido; los empresarios no tienen palabra».

tener u. p. unas palabras con alguien (f.). *Discutir, tener un altercado con alguien:* «He tenido unas palabras con la portera por lo mal que limpia la escalera».

tratar u. p. mal de palabra a alguien (f.). *Insultar u ofender con palabras a alguien:* «No me ha pegado, pero me ha tratado mal de palabra, llamándome mil cosas desagradables».

palanca

tener u. p. palanca (en algo) (inf.). *Tener influencia o valimiento para lograr algo:* «Quisiera solicitar ese puesto en el Ayuntamiento, pero antes me gustaría tener una carta de recomendación de tu padre, que es una persona que tiene mucha palanca y puede hacer algo por mí».

paletada

en dos paletadas (inf.). *En un instante:* «Tenemos un pequeño problema en el motor, pero no te preocupes, porque esto yo lo arreglo en dos paletadas».

palinodia
cantar u. p. la palinodia (f.). *Retractarse, volverse atrás, reconocer un yerro:* «Dijo que nunca se presentaría a las elecciones, pero los de su partido le obligaron a cantar la palinodia y se presentó».

palique
dar u. p. palique a alguien (inf.). *Dar conversación a alguien:* «Me estuvo dando palique todo el día para congraciarse conmigo».
estar u. p. de palique con alguien (inf.). *Charlar, conversar:* «Ayer estuvimos de palique hasta muy tarde».

paliza
darle/meterle la paliza a alguien (inf.).
A: *Ponerse pesado con alguien, insistir machaconamente molestando:* «El niño me estuvo dando la paliza de que quería un juguete y yo, por no aguantarlo más, tuve que comprárselo».
B: *Hablar sin parar:* «Manolo es capaz de meterle a uno la paliza hablando sobre fútbol durante horas. ¡No conozco a nadie más aficionado a este deporte!».
darle u. p. una paliza a alguien (inf.). *Vencer o derrotar a alguien en una disputa o competición:* «Nuestro equipo de baloncesto es tan bueno, que le puede dar una paliza a los mejores equipos nacionales y extranjeros».
darse u. p. la/una paliza [haciendo] algo (inf.). *Esforzarse mucho:* «Hoy me he dado la paliza preparando el examen: he permanecido ocho horas seguidas entre libros».

palma
arrebatarle/quitarle u. p. la palma a alguien (f.). *Superar, vencer a alguien:* «Actualmente es el mejor tenor dramático, y difícilmente podrá venir otro y quitarle la palma».
conocer u. p. como la palma de la mano a alguien/algo (f.). *Conocer muy bien a alguien/algo:* «No hay peligro de que nos perdamos por estas carreteras; conozco la región como la palma de la mano».
ganar/llevar(se)/obtener u. p. la palma (f.). *Sobresalir, llevar el primer premio, vencer:* «En el concurso de disfraces fuimos nosotros los que llevamos la palma, por la originalidad y oportunidad de nuestros vestidos».
[llevar/traer u. p.] en palmas a alguien (inf.). *Tratar a alguien con muchas consideraciones:* «A este señor lo traen en palmas porque es el mejor cliente de la casa y conviene tenerlo siempre contento».

palmado
[andar/estar u. p.] palmada (inf.). *[Estar] sin dinero:* «Hoy estoy palmado; no tengo dinero ni para ir al cine».

palmar
palmarla(s) u. p. (inf.). *Morir:* «Si sigues fumando tanto, vas a palmarla pronto».

palmita
[llevar/traer u. p.] en palmitas a alguien. *Ver* «[llevar/traer u. p.] en *palmas a alguien».

palmo
palmo a palmo (f.).
A: *Con gran lentitud o grandes dificultades:* «Teníamos que avanzar palmo a palmo, porque reinaba total oscuridad y el suelo era irregular».
B: *Minuciosamente, detalladamente:* «El problema es bastante complicado, así que si no me lo explicas palmo a palmo y sin que falte cosa alguna, no podré entenderlo».
dejar u. p. a alguien/quedarse u. p. con un palmo/dos palmos de narices (inf.). *Dejar/quedar desconcertado, burlado, chasqueado:* «Una vez más los ladrones han conseguido escapar dejando a los policías con un palmo de narices».
no levantar u. p. un/medio palmo/tres palmos del suelo (inf.). *Ser muy bajito:* «Esta niña ya tiene trece años y todavía no levanta un palmo del suelo. Se va a quedar enana».

palo
palo y tentetieso (inf.). *Dureza, severidad o violencia en el trato con alguien:* «A estos chicos los educaron con el método de palo y tentetieso y ahora que son mayores se rebelan contra sus padres».
[dar u. p.] palos de ciego (inf.). *[Causar] daños o injurias (por irreflexión o ignorancia):* «Los críticos musicales son todos unos ignorantes, y en sus crónicas ne-

gativas no suele haber más que palos de ciego».

[estar u. p.] como un palo/como el palo de una escoba (inf.). [*Estar*] *muy delgado:* «Con esta manía que tienen ahora las chicas de adelgazar, Lolita se está poniendo como el palo de una escoba».

a palo seco (inf.). *Sin el complemento o complementos habituales:* «Habíamos olvidado las botellas en casa, por lo que tuvimos que comer el jamón a palo seco».

andar u. p. a palos con alguien (inf.). *Pelearse continua o frecuentemente con alguien:* «¿Cómo puedes decir que te llevas bien con tu mujer cuando todos sabemos que andas a palos con ella?».

[dar/pegar u. p.] un palo/palos a alguien (inf.). *Pegar o golpear a alguien, vencer a alguien en alguna contienda:* «Nuestro equipo está en gran forma y le puede pegar un buen palo al campeón de liga».

doblar/moler u. p. a palos a alguien (inf.). *Dar una gran paliza a alguien:* «No vuelva Vd. a insultarme, si no quiere exponerse a que le muela a palos».

echarle u. p. un palo a alguien (rest.). [*Referido al hombre*] *realizar el acto sexual:* «¡Pero qué buena está la niña! ¡Ya me gustaría echarle un palo, ya!».

palotada

en dos palotadas (inf.). *En un momento:* «Los del gobierno creen que se pueden disolver las huelgas en dos palotadas haciendo uso de las fuerzas armadas».

no [comprender/saber u. p.] ni palotada (de algo) (inf.). *No [comprender/saber] absolutamente nada (de algo):* «No entendió ni palotada de lo que le dije; tendré que explicárselo otra vez».

pálpito

darle el pálpito a alguien (inf.). *Tener u. p. un presentimiento:* «Me da el pálpito de que esta vez ganaré en las quinielas».

pan

[ser u. c.] el pan (nuestro) de cada día (f.). *Cosa muy frecuente o muy corriente:* «En una guerra civil, los fusilamientos son, por desgracia, el pan nuestro de cada día».

[ser u. c.] pan comido (inf.). *Cosa muy fácil:* «Este examen es pan comido y lo puede aprobar cualquiera».

[estar u. p.] a pan pedir (inf.). [*Ser*] *muy pobre:* «Quebró el banco donde tenía todo su dinero y el pobre hombre se quedó a pan pedir».

[ser u. p.] buena como/más buena que el pan (f.). [*Ser*] *muy bondadoso:* «Puedes pedirle el favor que quieras, porque es más bueno que el pan».

no cocérsele el pan a alguien (inf.). *Mostrarse inquieto, nervioso o impaciente:* «Al futuro papá no se le cocía el pan y, mientras aguardaba el nacimiento del niño, fumaba un cigarrillo tras otro».

comer u. p. el pan de alguien (f.). *Recibir el sustento de alguien, como familiar o empleado:* «¿Cómo quieres que los propios trabajadores de la fábrica se pongan a criticar abiertamente a su patrono si están comiendo su pan y en todo dependen de él?».

decirle/llamarle u. p. al pan, pan, y al vino, vino (inf.). *Hablar sin subterfugios ni rodeos:* «A mí me gusta decirle al pan, pan, y al vino, vino, y el que se sienta escandalizado o molesto, que se tape los oídos».

ganar(se) u. p. el pan (f.). *Ganar lo necesario para vivir:* «No me gusta este oficio, pero tuve que aceptarlo para poder ganarme el pan de alguna manera».

negarle u. p. el pan y la sal a alguien (f.). *Negar todo mérito a alguien:* «Ha cometido algún fallo, pero también tiene sus méritos, y no se le debe negar el pan y la sal».

(que) con su pan se lo coma (inf.). [*Expresión que indica que alguien se desentiende de lo que a otro le ocurra como consecuencia de su conducta*]: «Mi hijo se considera ya un hombre y quiere vivir en casa propia. Bueno, no puedo impedírselo. Que con su pan se lo coma».

pancho

estar/quedarse u. p. tan pancha (inf.). *Quedarse tranquilo, no inmutarse:* «Como yo ya sabía que me iban a suspender en el examen, cuando me comunicaron la noticia me quedé tan pancho».

pandereta

zumbarle u. p. la pandereta a alguien (inf.). *Golpear, pegar a alguien:* «Parece que en esta escuela emplean todavía métodos muy tradicionales, e imponen la disciplina zumbándole la pandereta a los niños».

pánico
de pánico (inf.).
A: [*Adj.*] *muy malo:* «Este libro es de pánico; no hay quien logre llegar a la página cinco».
B: [*Adv.*] *muy mal:* «Conduce de pánico, no comprendo cómo le han contratado como chófer de taxi».

pantalón
bajar(se) u. p. los pantalones (inf.). *Ceder o someterse en condiciones deshonrosas:* «Los obreros en huelga pedían un 20% de aumento salarial, pero ante las presiones del gobierno terminaron por bajarse los pantalones y aceptaron un 10%».
(no) caérsele los pantalones a alguien (inf.). *(No) ser o estar muy viejo:* «Se conserva muy bien; a sus ochenta años todavía no se le caen los pantalones».
Llevar/ponerse/tener u. p. (bien puestos) los pantalones. Ver «llevar ... u. p. (bien puestos) los *calzones».

panza
[estar/ponerse u. p.] panza arriba/abajo (inf.). [*Estar*] *tendido de espaldas/con la cara hacia el suelo:* «En la playa solía tumbarse panza arriba para que le diera bien el sol en el pecho».

pañal
estar u. c. en pañales (inf.). *Estar en los comienzos, en la primera fase:* «Estamos construyendo una casa en el campo, pero las obras están aún en pañales, y no creo que podamos gozar de ella antes de dos años».

paño
[ser u. p. un] paño de lágrimas (de/para alguien) (inf.). *Persona en quien se encuentra consuelo o protección:* «Mi amigo se encuentra solo y desorientado en esta ciudad; no tiene nada de extraño que yo tenga que ser para él un paño de lágrimas».
paños calientes (inf.).
A: *Atenuantes que suavizan o disminuyen el rigor con que se ha de proceder:* «Déjate de paños calientes y castiga al niño como se merece, porque realmente se ha portado muy mal».
B: *Remedios o paliativos ineficaces:* «La actual situación política y económica no se arregla con paños calientes, sino con medidas enérgicas y efectivas».
[ser u. p./u. c.] del mismo paño (inf.). [*Ser*] *igual o semejante:* «El profesor que teníamos el año pasado era malísimo, y el que tenemos ahora parece ser del mismo paño, porque no se le entiende nada de lo que dice».
[estar u. p.] en paños menores (inf.). [*Estar solamente*] *vestido con la ropa interior:* «Vinieron a buscarme antes de la hora convenida, por lo que me sorprendieron en paños menores».
conocer u. p. el paño (inf.). [*Generalmente referido a aspectos negativos*] *conocer bien a alguien, estar bien enterado de algo:* «No me digas más acerca de tus vecinos y sus malas costumbres; ya conozco el paño».

papa
no [comprender/decir/saber u. p.] ni papa (de algo) (inf.). *No [comprender ...] absolutamente nada (de algo):* «O yo soy muy tonto, o el libro es verdaderamente muy complicado; el caso es que no entendí ni papa».

Papa
ser u. p. más papista que el Papa (inf.). *Ser muy dogmático, pretender ser infalible:* «Si el médico te ha dicho que tomes la medicina, debes tomarla. ¿O es que quieres ser más papista que el Papa y entender más que él?».

papagayo
[hablar u. p./repetir u. p. algo] como un papagayo. Ver «[hablar u. p./repetir u. p. algo] como una *cotorra».

papel
[ser u. c.] papel mojado (f.). [*Documento*] *sin valor ni vigencia alguna:* «Ese documento es papel mojado si no lleva el sello de la autoridad competente».
[estar u. p.] blanca como el papel (inf.). [*Estar*] *muy pálido:* «Cuando le dieron la mala noticia, se puso blanco como el papel».
hacer u. p. buen/mal papel (f.). *Salir lucida o deslucidamente en algún asunto o negocio:*

«Creo que voy a hacer muy mal papel si acudo a la invitación sin llevar un buen regalo».

papilla

[estar u. p./u. c.] hecha papilla (inf.). *Muy cansado, abatido o deshecho:* «Tengo el culo hecho papilla de estar tantas horas sentado».

echar u. p. la papilla (inf.). *Vomitar:* «Es una suerte que hayas podido echar la papilla, porque la comida que tomaste contenía productos altamente tóxicos».

hacer u. p. papilla a alguien/algo (inf.). *Dejar maltrecho a alguien, destruir algo:* «No se te ocurra insultarle, porque es más fuerte que tú y de un puñetazo te puede hacer papilla».

paquete

caerle/meterle u. p. un (buen) paquete a alguien (inf.). *Recibir/imponer un castigo o sanción:* «Si le descubren en la aduana todo el contrabando que lleva en la maleta, le meten un buen paquete».

dejar u. p. a alguien con el/hacerle un paquete (inf.). *Dejar preñada a una mujer [generalmente abandonándola]:* «El novio la dejó con el paquete y ahora la pobre chica tiene que ganarse la vida como pueda para alimentar a la criatura».

soltar u. p. el paquete (inf.). *Parir:* «Al fin soltó mi hermana el paquete y tuvo una niña guapísima».

par

de [tres/cinco] pares de huevos/cojones. *Ver* «de *cojones».

sin par (f.). *Incomparablemente bueno:* «Aquí se cultiva un vino sin par; según algunos expertos, es el mejor del país».

a la par (f.).
A: *Al mismo tiempo, simultáneamente:* «Compró los dos pisos a la par; se conoce que tiene mucho dinero».
B: *Además:* «Es una chica muy inteligente y a la par agradable. No me extraña que todos la admiren».

a pares (inf.). *En gran cantidad:* «No entiendo por qué se ha quedado soltera; cuando era joven tenía pretendientes a pares».

a la par de (f.). [*Locución que indica paralelismo espacial*] *al lado de:* «Se fue caminando a la par de su amigo y charlando con él de cosas intranscendentes».

(abrir u. p. algo) de par en par (f.). [*Referido a puertas y ventanas*]; *(abrir) completamente:* «Se produjo un viento huracanado que abrió de par en par las ventanas y dejó entrar la lluvia en el salón».

decirle u. p. un par de cosas a alguien (inf.). *Reñir, amonestar a alguien:* «Ya es la tercera vez que el vecino no nos deja dormir por causa de sus fiestas nocturnas; tendré que decirle un par de cosas».

[estarle/sentarle/venirle u. c. a alguien] como un par de pistolas a un santo (inf.). *Resultarle u. c. muy inadecuada o impropia a alguien:* «¡Pero qué vestido más horrible te has puesto! Te queda como un par de pistolas a un santo».

para

¡(como) para + INFINITIVO ...! (inf.). [*Expresión irónica de resignación o indignación ante un esfuerzo inútil*]: «¡Vaya película más mala! ¡Como para aguantar horas haciendo cola!».

¡(como) para que + SUBJUNTIVO ...! *Ver registro anterior.*

¡para [el/los] + SUSTANTIVO + que ...! (inf.). [*Exclamación de resignación ante la inutilidad de algo*]: «He decidido viajar sin guías de turismo. ¡Para los datos que aportan!».

¡para lo que + VERBO! *Ver registro anterior.*

parado

[quedar/salir u. p.] bien/mal parada (f.). [*Quedar*] *en buen/mal estado o situación:* «Quedó muy mal parado del golpe que sufrió y tuvo que pasar algunos días en el hospital».

parar

ir/venir u. p./u. c. a parar a [algún lugar] (f.).
A: *Establecerse o aparecer u. p. en algún lugar poco previsible, alcanzar un estado inesperado:* «No puedo entender cómo un cantante tan malo ha podido venir a parar al mejor teatro de ópera del mundo».
B: *Detenerse u. c. en un lugar [generalmente imprevisto] después de efectuar cierto reco-*

rrido: «Le pegó una patada tan fuerte, que la pelota fue a parar a un tejado».
parar u. p. en algo (inf.). *Resultar, convertirse, resolverse en algo:* «Todos queríamos saber en qué había parado la discusión y si habían llegado a un acuerdo».
no parar u. p. en/por [algún lugar] (inf.). *No aparecer frecuentemente por un lugar:* «No para en casa; le he llamado muchas veces por teléfono y nunca he podido hablar con el».
venir u. c. a parar en algo (inf.). *Reducirse a algo, convertirse en algo:* «Todas aquellas amenazas de guerra vinieron a parar en nada, las dos naciones firmaron un tratado de paz».
¡(a)dónde [vas/va Vd.] a parar! (inf.).
A: [*Exclamación que indica reprobación ante alguna opinión errónea*]: «No, hombre, en el norte de España no hace tanto calor como dices. ¡Adónde vas a parar! Como máximo, 25 grados de media».
B: [*Exclamación que indica reprobación ante algo considerado abusivo*]: «La carne ha vuelto a subir un 15% en los últimos meses. ¡Adónde vamos a parar!».

parecer
a lo que parece o **al parecer** (f.). *Aparentemente, según parece:* «Hace ya tres semanas que estoy sin noticias de él. Se ha olvidado de mí, a lo que parece».

parecido
[ser u. p.] bien/mal parecida (f.). [*Ser*] *guapo/feo:* «Una chica agradable y bien parecida debe de tener muchos admiradores».

pared
[estar u. p.] blanca como la pared (inf.). [*Estar*] *muy pálido:* «Le dieron un susto tan grande, que durante un buen rato se quedó blanco como la pared».
[estar u. p.] entre cuatro paredes (f.). [*Estar*] *siempre en casa y apartado del trato con las gentes:* «Este se pasa la vida encerrado entre cuatro paredes y luego no se entera de nada de lo que pasa en el mundo».
hablar u. p. con/a la pared (f.). *Hablar sin ser escuchado:* «Creo que ya te he explicado mil veces cómo hay que redactar los informes, pero parece que hablar contigo es lo mismo que hablar con la pared».
subirse u. p. por la(s) pared(es) (inf.). *Enfadarse sobremanera:* «Cuando le dijeron que le negaban el aumento de sueldo, el pobre hombre se subía por las paredes».

paredón
llevar/mandar u. p. al paredón a alguien (inf.). *Llevar/mandar fusilar a alguien:* «El dictador se deshizo de sus oponentes mandándolos al paredón».

pareja
correr u. p./u. c. parejas con alguien/algo (f.).
A: *Semejarse u. p. a alguien/algo:* «Este chico corre parejas con su hermano en inteligencia y aplicación. Los dos obtienen siempre las mejores notas en el colegio».
B: *Ocurrir, existir u. c. simultáneamente con otra:* «El dinero y la felicidad no corren parejas necesariamente».
hacer u. p. buena pareja con alguien (f.).
A: *Ser semejante a alguien:* «En esto de gastar bromas Daniel hace buena pareja con su hermano, que también es un gran bromista».
B: *Entenderse bien con alguien:* «Carlitos hace muy buena pareja con su amiguito. Nunca se pelean ni discuten».

parejo
ir u. p./u. c. pareja con alguien/algo (f.). *Semejarse a alguien/algo:* «Se me rompió un vaso de la serie y no hay manera de encontrar otro que vaya parejo con él».

parida
parida mental (f.). *Gran necedad o tontería:* «Eso de que también se encuentran pingüinos en los trópicos es una verdadera parida mental».

paripé
hacer u. p. el paripé (inf.). *Simular, fingir [generalmente un afecto o sentimiento por alguien para lograr algo]:* «Yo creo que la familia del anciano enfermo está haciendo el paripé con todas esas atenciones y cariños. Lo que de verdad quieren es la herencia».

parir
poner u. p. a parir a alguien (inf.). *Reñir,*

reprender o criticar muy ásperamente a alguien: «Hoy parece que el director de orquesta no estaba muy inspirado; temo que mañana en todos los periódicos lo van a poner a parir».

parra
subirse u. p. a la parra (inf.). *Enfadarse, encolerizarse*: «Se subió a la parra cuando le dije que no podía pagarle el alquiler».

párrafo
echar u. p. un párrafo con alguien (f.). *Conversar amigablemente con alguien*: «Como Manolo es un gran conversador, aprovecha los momentos en que no tiene mucho trabajo para echar un párrafo con los clientes».

parte
en salva sea la parte (inf.). [*Eufemístico*] *en las nalgas u otra parte pudenda*: «Le dieron un puntapié en salva sea la parte, y salió corriendo con las manos en el trasero».
[llevarse u. p./quedarse u. p. con] la parte del león (inf.). [*Llevarse/quedarse con*] *la parte (de una presa o botín) que le corresponde al más fuerte*: «Cuando repartieron el producto del robo, el jefe de la banda se llevó, lógicamente, la parte del león».
de algunos/unos [días] a esta parte (f.). *Desde hace algunos [días]*: «De algunos días a esta parte noto ciertos ruidos sospechosos en el motor; tendré que llevar el coche al taller antes de que sea demasiado tarde».
[atravesar/recorrer u. p./u. c.] de parte a parte a alguien/algo (f.). [*Atravesar/recorrer*] *de un lado al otro, de un extremo al otro*: «Arrojó la lanza con tanta fuerza, que atravesó el león de parte a parte».
[ir u. p.] de una parte para otra (inf.). [*Ir*] *de un lugar a otro, sin permanecer en ninguno*: «He pasado toda la mañana corriendo de una parte para otra, pero no he logrado que me arreglen los papeles de la herencia».
por [mi/tu] parte (f.). *En lo que a [mí me/ti te] concierne*: «Si queréis, salimos de madrugada. Por mi parte no hay problemas».
por otra parte. Ver «por otro *lado».
por partes (f.). *Gradual y separadamente*: «No nos precipitemos y tratemos el problema por partes; mientras no acabemos un tema, no debemos empezar otro».

de parte de alguien (f.). *Por encargo de alguien*: «Cuando veas a tu madre, le das recuerdos de mi parte».
dar u. p. parte de algo a alguien (f.). *Comunicar oficialmente algo a alguien [generalmente a la autoridad]*: «Me han robado el coche; tendré que dar parte del robo a la policía».
echar/tomar u. p. algo a mala parte (inf.). *Interpretar algo en sentido ofensivo*: «No lo eches a mala parte si te digo que deberías preocuparte un poco más de tu aseo personal».
estar/ponerse u. p. de parte de alguien (f.). *Adherirse a la opinión o sentir de alguien*: «Estos niños parece que se entienden muy bien con su madre, porque siempre que yo discuto con mi mujer, ellos se ponen de parte de su madre».
hacer/poner u. p. algo de su parte (f.). *Contribuir en la medida de sus posibilidades con alguna aportación*: «Ya sé que construir una casa no es fácil, pero si cada uno pone un poco de su parte y trabaja con los demás, no habrá problemas».
hacer u. p. las partes (de algo) (f.). *Dividir, distribuir (algo entre varias personas)*: «Hicieron las partes de la herencia y a mí me correspondió un pequeño terreno».
ir u. p. a buena parte (inf.). [*Irónico*] *decir o pretender algo falso o irrealizable*: «¡A buena parte va usted si cree que aquí le van a reconocer sus méritos y pagarle como es debido!».
tener u. p. de su parte a alguien (f.). *Tener asegurado el apoyo o la adhesión de alguien*: «Si alguien te acusa de negligencia, ya sabes que me tienes de tu parte y que te defenderé».
tener u. p. parte en algo (f.). *Tener participación en algo*: «Aunque tengo parte en el negocio, no creo que me vaya a hacer rico, pues se trata solamente de un 5%».
tomar u. p. parte en algo (f.). *Intervenir, participar en algo*: «Para ganar algún dinero extra, solíamos tomar parte en las labores de la vendimia».
por una parte ... por otra (parte). Ver «por un *lado ... por (el) otro (lado)».

partida
[hacerle/gastarle/jugarle u. p.] una mala

partida a alguien. *Ver* «[hacerle/...] u. p. una (mala) *jugada a alguien».

partido
[ser u. p. un] buen partido (f.). *Persona casadera que aportará ciertas ventajas económicas al matrimonio:* «Quiere casarse con Pepita sólo porque es un buen partido. Su papá tiene muchos millones».
darse u. p. a partido (f.). *Ceder en su empeño, rendirse:* «Imposible convencerlo de que sus proyectos son absurdos; es un hombre que jamás se da a partido».
extraer/sacar u. p. partido a/de alguien/algo (f.). *Obtener algún provecho de alguien/algo:* «No tires nada a la basura; hemos de sacar partido incluso de las cosas que parezcan más inútiles».
tomar u. p. partido (por alguien/algo) (f.). *Adoptar una decisión, decidirse por alguien/algo:* «Casi todos los candidatos a la presidencia del gobierno eran tan insignificantes y anodinos, que resultaba difícil tomar partido por alguno de ellos».

pasa
[estar hecha/quedarse] como una pasa (inf.). *[Estar/quedarse] muy seco de cuerpo y arrugado de cara:* «A sus 75 años ha adelgazo tanto, que se ha quedado como una pasa».

pasada
(como) de pasada (f.). *Sin dedicarle mucha atención a algo, superficialmente:* «Me explicó el contenido de la conversación, pero sólo de pasada, sin aclarar detalles concretos».
[hacerle/gastarle/jugarle u. p.] una mala pasada a alguien. *Ver* «[hacerle/...] u. p. una (mala) *jugada a alguien».

pasaporte
darle u. p. el pasaporte a alguien (inf.). *Despedir o echar a alguien de un empleo, romper relaciones con alguien:* «Su mujer le ha dado el pasaporte y se ha ido a vivir con otra».

pasar
[disfrutar de/tener u. p. un] buen pasar (f.). *[Gozar de un] bienestar relativo:* «No es rico, pero entre su sueldo, el de su mujer y la pequeña herencia que ha recibido, tiene un buen pasar».
pasar u. p. de alguien/algo (inf.). *No importarle, no interesarse por alguien/algo:* «Esta nueva generación de jóvenes pasa de política y de problemas sociales y sólo piensa en divertirse».
pasar u. p. las [suyas] (inf.). *Aguantar mucho, sufrir:* «Yo también he pasado las mías en el frente, ¿o crees que a la guerra va uno a divertirse?».
(no) pasar u. p. por algo (f.). *(No) tolerar algo:* «No me importa que uses mi propia toalla, pero que uses mi cepillo de dientes ... ¡Vamos, por eso no paso!».
pasarlo u. p. [bien/mal] (inf.). *Divertirse mucho/aburrirse o sufrir:* «Hoy lo he pasado de pena; todo el día con un dolor de muelas insufrible».
pasarse u. p. de algo (f.). *Poseer en exceso determinada cualidad:* «Tú te pasas de generoso. ¿Cómo se te ocurre dar una propina tan espléndida por un café?».
lo que pasa es que ... *Ver* «*es que ...».

pascua
[estar u. p.] (alegre/contenta) como una(s) pascua(s) (inf.). *[Estar] alegre y regocijado:* «Después de tomar su biberón, el niño se quedó como unas pascuas».
de pascuas a/en ramos (inf.). *Muy de vez en cuando, rarísima vez, con largos intervalos de tiempo:* «Apenas voy al cine, sólo de pascuas a ramos».
hacerle u. p./u. c. la pascua a alguien (inf.). *Fastidiar, perjudicar a alguien:* «Si no me entregan el coche antes del sábado, me van a hacer la pascua».
¡felices pascuas! (f.). *[Fórmula con que se felicita a alguien durante las fiestas navideñas]:* «Si no nos vemos en las próximas vacaciones de Navidad, ¡felices pascuas!».
... (y) santas pascuas (inf.). *[Expresión que recomienda tener paciencia]:* «Aunque yo esperaba una gratificación, él me pagó el mínimo estipulado y santas pascuas».

paseo
darle u. p. el paseo a alguien (inf.). *[Locución referida a la Guerra Civil española] matar, ajusticiar a alguien llevándole en coche a las afueras de la ciudad:* «A mi padre

le dieron el paseo en la Guerra Civil; le obligaron a subir a un coche, lo llevaron a un descampado y lo fusilaron».
enviar/mandar u. p. a paseo a alguien (inf.). *Despedir a alguien con enojo o de mala manera:* «Si tanto te molesta este tipo, ¿por qué no lo mandas a paseo?».
ir(se) u. p./u. c. a paseo (inf.).
A: *Fracasar un asunto o negocio:* «Nuestro proyecto de fundar una empresa mercantil se fue a paseo por falta de interés entre los socios».
B: [*En oraciones imperativas u optativas indica rechazo categórico o violento de alguien/algo*]: «Estoy cansado de oírle siempre las mismas quejas. ¡Váyase Vd. a paseo y déjeme tranquilo!».

paso
[**tener u. p. un**] **mal paso** (f.). [*Cometer un*] *yerro, desliz:* «Hay que saber perdonar; un mal paso lo tiene cualquiera».
[**dar u. p./u. c. un**] **paso adelante** (f.). [*Hacer/experimentar*] *progreso o mejora:* «No debe de ser un abogado muy inteligente, porque hace ya un año que le confié mi caso y aún no ha dado un paso adelante».
paso (de) cebra (f.). *Paso de peatones:* «Debes atravesar la calle siempre por el paso de cebra. El tráfico es muy peligroso».
[**dar u. p. un**] **paso en falso** (inf.). [*Hacer algo*] *contraproducente:* «Has dado un paso en falso comprando unas acciones que difícilmente van a poder sostenerse un par de meses».
paso del ecuador (inf.). *Mitad de la carrera universitaria, que suele celebrarse con fiestas, viajes, etc.:* «Ya sólo me quedan dos años para terminar la carrera, y este año celebraré el paso del ecuador con una excursión a Londres».
[**andar u. p.**] **a buen paso** (f.). [*Ir*] *de prisa:* «Como ellos iban delante y nosotros queríamos alcanzarles, tuvimos que ir a buen paso».
a cada paso (f.). *Repetidamente, continuadamente:* «Es incapaz de escuchar con paciencia lo que se le dice; a cada paso interrumpe a su interlocutor con cualquier tontería».
[**andar u. p.**] **a/con paso ligero** (f.). [*Ir*] *de prisa:* «Si hubieras caminado a paso ligero habrías podido llegar a tiempo a la reunión».
[**salir u. p.**] **a paso de carga** (f.). *Precipitadamente:* «Cuando Roberto recibió la noticia de su despido, abandonó la oficina a paso de carga y dispuesto a pelearse con todo el mundo».
[**andar u. p./u. c.**] **a paso de tortuga** (inf.). [*Ir*] *muy despacio, lentamente:* «Los trenes españoles van a paso de tortuga y se tarda muchísimo en llegar al punto de destino».
[**estar u. p./u. c.**] **a un paso de algo** (f.). [*Estar*] *muy cerca de algo:* «Si quieres, voy a buscarte algo para comer; el supermercado está a un paso de casa y no se tarda nada».
[**estar u. p./u. c.**] **a [dos/pocos] pasos de algo.** *Ver registro anterior.*
de paso (f.). *Al mismo tiempo (y aprovechando la ocasión):* «Voy a salir de compras, así que, si quieres, te traigo de paso el periódico».
[**estar/encontrarse u. p.**] **de paso** (f.). [*Encontrarse*] *en algún lugar por haber hecho una interrupción en un viaje:* «Quisiera que me viese el dentista, pero tendría que ser hoy mismo, pues estoy de paso en esta ciudad y mañana continúo viaje».
paso a/por paso (f.). *Lenta y metódicamente, sin saltarse ningún estadio intermedio:* «No tiene sentido estudiar de repente diez horas seguidas y luego olvidarlo todo al día siguiente; mejor es que procedas paso a paso, un poco cada día».
abrir(se) u. p./u. c. paso (f.).
A: *Quitar o eliminar los obstáculos para pasar por un sitio:* «Era difícil abrirse paso con tanta gente como había por la calle».
B: *Imponerse, triunfar, situarse en la vida social y/o profesional:* «No temas por su futuro; es chico estudioso y trabajador y sabrá abrirse paso sin ayuda de nadie».
acortar el paso (f.). *Disminuir la velocidad de la marcha:* «Si te sientes fatigado, podemos acortar el paso; no tenemos ninguna prisa».
alargar/aligerar/apretar/avivar/doblar u. p. el paso (f.). *Acelerar la marcha:* «¡Aligera el paso, que no vamos a llegar a tiempo!».
andar u. p. en malos pasos (inf.). *Observar mala conducta:* «Le prometí a mi sobrino

que le compraría la bicicleta si no volvía a andar en malos pasos».

cederle el paso a alguien (f.). *Dejar, por cortesía, que alguien pase antes:* «A las damas hay que cederles el paso y entrar después que ellas. ¿Cúando vas a aprender a comportarte?».

dar/dejar u. c. paso a algo (f.). *Ceder su puesto a algo, transformarse en algo:* «La música de piano con que comienza el programa habitualmente dio paso a la voz del locutor, que empezó a leer el boletín de noticias».

no ([poder/saber]) dar un paso (sin ...) (f.). *Ser incapaz de actuar sin ...:* «En lo referente a negocios, mi padre es un desastre. No es capaz de dar un paso sin consultar al jefe de ventas».

enderezar el paso/los pasos hacia alguien/algún [lugar] (f.). *Dirigirse, encaminarse hacia alguien/algún lugar:* «Tan pronto como vio a su amigo, enderezó los pasos hacia él para comunicarle la noticia».

llevar el paso (f.). *Acomodar el ritmo de los pasos a un compás o medida, o al ritmo de otra persona:* «Los soldados llevaban el paso al son del himno nacional».

salir u. p. del paso (f.). *Desembarazarse de cualquier manera de un asunto, solucionar algo provisionalmente:* «Un pequeño crédito puede ayudarte a salir del paso, pero las verdaderas dificultades económicas tienes que solucionarlas de otra manera».

salirle u. p. al paso a alguien (f.).
A: *Encontrar a alguien deliberadamente y detenerlo:* «La policía le salió al paso al ladrón justo en la encrucijada de los dos caminos, y pudo apresarlo sin dificultades».
B: *Adelantarse a alguien en lo que quiere decir o hacer:* «Afortunadamente mi amigo Jaime les salió al paso a los periodistas y pudo con su defensa detener la campaña difamatoria que habían emprendido contra mí».

seguir u. p. los pasos a/de alguien (f.). *Espiarle, vigilarle:* «La policía le siguió los pasos durante algún tiempo, hasta que lo sorprendió en el momento mismo de cometer el robo».

volver u. p. sobre sus pasos (f.).
A: *Retroceder o regresar por el mismo camino por donde se ha venido:* «Se dio cuenta de que el niño no le seguía y tuvo que volver sobre sus pasos hasta encontrarle».
B: *Desdecirse, rectificar su dictamen o su conducta:* «Afortunadamente, se dio cuenta de su error, volvió sobre sus pasos y pidió excusas públicamente por lo que había hecho».

al paso que (f.). [*Locución temporal*] *al mismo tiempo que:* «Es una secretaria eficientísima; es capaz de contestar al teléfono al paso que escribe a máquina».

a ese/este paso (f.). [*Expresión crítica*] *de esa/esta manera:* «Siempre está gastando el dinero en viajes costosísimos; a ese paso no va a tener nunca capital propio».

dicho sea de paso (f.). [*Expresión con que se advierte que se hace una observación secundaria aprovechando la ocasión de que se habla de un tema relacionado con ella*]: «Ayer vino a visitarnos tu hija Julita que, dicho sea de paso, cada día está más guapa».

pasta

[ser u. p.] de/tener buena pasta (inf.). [*Ser*] *de/tener buen corazón, carácter compasivo:* «Suele reñir mucho a sus empleados, pero en el fondo es hombre de buena pasta».

untarle u. p. la pasta a alguien (inf.). *Sobornar a alguien:* «Aquí está prohibido hacer casas con más de cuatro pisos; pero ya se sabe que untándoles la pasta a las autoridades municipales se pueden construir con cinco y aún más».

pastel

descubrir u. p. el pastel (inf.). *Descubrir algo que se quería mantener oculto:* «Pasamos la aduana con alcohol y tabaco de contrabando, y teníamos bastante miedo a que los aduaneros descubriesen el pastel».

pastilla

a toda pastilla. Ver «a todo *gas».

echar u. p. la pastilla (inf.). *Vomitar:* «Me sentó tan mal la comida, que a la media hora tuve que echar la pastilla».

pasto

a (todo) pasto (f.). *En gran abundancia, sin tasa:* «En el menú incluyen vino, que se puede beber a todo pasto y sin tener que pagarlo extra».

ser u. c. pasto [del fuego/de las llamas] (f.). *Ser u. c. destruida completamente por el fuego:* «El incendio fue tan violento, que la casa fue en pocos minutos pasto de las llamas».

pata

[tener u. p.] mala pata (inf.). *[Tener] mala suerte:* «El pobre hombre tiene muy mala pata. Ha vuelto a quedar viudo por tercera vez».

pata chula (inf.). *Pierna coja:* «No puede caminar muy rápido porque tiene una pata chula».

patas de gallo (inf.). *Arrugas o surcos en los ángulos externos de los ojos:* «A pesar de las patas de gallo, sus ojos siguen siendo muy bonitos».

a la pata (la) llana (inf.). *Sin cumplidos, sin etiqueta, con sencillez y espontaneidad:* «Quedamos muy sorprendidos cuando vimos que en casa del conde se vivía a la pata llana y no había etiqueta alguna».

[andar u. p.] a cuatro patas (inf.). *[Andar] con pies y manos:* «La puerta de entrada era bajísima y había que entrar a cuatro patas».

[ir u. p.] a pata(s) (inf.). *[Ir] a pie, andando:* «Estos días tengo el coche estropeado, así que tendré que ir a la oficina a patas».

[estar u. c.] patas arriba (inf.). *[Estar] en desorden:* «Después de la fiesta es natural que esté toda la casa patas arriba».

bailar u. p. en una pata (inf.). *Estar muy contento:* «Cuando le dijeron que le habían ascendido, se puso a bailar en una pata».

buscarle u. p. las tres/cinco patas al gato. *Ver* «buscarle u. p. los tres/cinco *pies al gato».

dejar u. p. con las patas colgando a alguien (inf.). *Despertar gran asombro, sorpresa o admiración en alguien:* «Este niño tiene respuestas tan inesperadas, que le dejan a uno con las patas colgando».

echarle u. p. la pata a alguien (inf.). *Aventajar, vencer a alguien:* «Es un buen mecánico, y en cuestión de motores no hay quién le eche la pata».

estirar la pata (inf.). *Morir [locución usada en sentido neutro solamente con animales; aplicada a las personas reviste carácter peyorativo]:* «El perro estiró la pata porque se había comido el veneno de los ratones».

meter u. p. la pata (en algo) (inf.). *Cometer un error, fallo o indiscreción:* «Ya he vuelto a meter la pata: he confundido el azúcar con la sal y ahora la sopa está dulce».

quedar(se) u. p. con las patas colgando (inf.). *Quedar muy sorprendido o admirado:* «Cuando le vieron regresar al pueblo millonario, todos se quedaron con las patas colgando».

patada

a patadas (inf.). *En gran cantidad:* «Seguro que aquí no vas a aburrirte; chicas guapas en este pueblo las hay a patadas».

en dos patadas (inf.). *En un momento, inmediatamente:* «Si yo fuese ministro de Trabajo, acabaría en dos patadas con el problema del paro obrero».

caerle/sentarle u. c. a alguien como una patada en los cojones/huevos (rest.). *Desagradarle profundamente a alguien, parecerle muy mal:* «Yo fui el único de sus amigos que no fue invitado a la boda, y esto me sentó como una patada en los huevos».

darle u. c. cien patadas (en la barriga) a alguien (inf.). *Molestar, fastidiar, disgustar:* «Apenas enciendo la tele, porque la mayoría de los programas me dan cien patadas en la barriga».

tratar u. p. a patadas a alguien (inf.). *Tratar violenta o desconsideradamente a alguien:* «No me extraña que todos le odien en la oficina, porque trata a patadas a sus empleados».

patata

patatas viudas (inf.). *Patatas servidas sin ningún otro acompañamiento:* «Algo más tendrás que echar en la olla, porque sólo patatas viudas no saben a nada».

no [comprender/decir/saber u. p.] ni patata (de algo). *Ver* «no [comprender ... u. p.] ni *papa (de algo)».

patatín

(que/si/y) patatín, (que/si/y) patatán (inf.). *[Expresión que resume disculpas vagas e imprecisas; generalmente se refiere a excusas o argucias]:* «Me dijo que no podía venir al trabajo porque su abuela estaba muy enferma y patatín y patatán, pero yo no le creo ni una palabra».

patena
[estar u. c.] (limpia) como una patena (inf.). [*Estar*] *muy limpio:* «Ayer me pasé el día fregando el suelo hasta dejarlo limpio como una patena».

patio
¡cómo está el patio! (inf.). [*Exclamación con que se pondera el deterioro de las relaciones entre los miembros de una familia o grupo social determinado*]: «Mi mujer me recibió sin una sonrisa, y sus padres apenas me dirigieron la palabra. ¡Cómo está el patio!».

patita
dejar/plantar/poner u. p. de patitas en/a la calle a alguien. *Ver* «dejar ... u. p. en/a la *calle a alguien».
[ir u. p.] a patita(s) (inf.). [*Ir*] *a pie, andando:* «Como no teníamos coche, tuvimos que irnos a patitas».

pato
pagar u. p. el pato (inf.). *Padecer un castigo no merecido, o que ha merecido otro:* «Me echaron a mí la culpa de lo sucedido, aunque yo no había hecho nada. ¡Siempre tengo que pagar yo el pato!».

patrón
estar u. p./u. c. cortada por el mismo patrón (f.). *Ser igual o muy semejante:* «No entiendo por qué te ríes de las faltas que comete tu marido, porque tú estás cortada por el mismo patrón».

pava
pelar la pava (inf.). *Conversar los enamorados:* «Los novios solían acudir a este parque a pelar la pava hasta que se hacía tarde».

pavo
la edad del pavo (inf.). *La adolescencia:* «No le hagas mucho caso al muchacho; está en la edad del pavo y tiene algunos caprichos que hay que disculpar».
[estar/ser u. p.] orgullosa como un pavo (inf.). *Muy orgulloso:* «¡Qué hombre más ridículo! ¡Está orgulloso como un pavo porque le han dado no sé qué medalla!».
[estar u. p.] (colorada/encarnada/roja) como un pavo (inf.). [*Estar*] *rojo de vergüenza:* «Le sorprendí robando en un supermercado y se puso como un pavo».
hincharse/inflarse u. p. como un pavo (f.). *Ponerse orgulloso, volverse presumido:* «Cuando le dijeron que había ganado el primer premio, se infló como un pavo».
subírsele el pavo a alguien (inf.).
A: [*Enorgullecerse*]: «Cuando hablaba de los éxitos de su hijo en el colegio, se le subía el pavo».
B: [*Ruborizarse*]: «No puede evitar que se le suba el pavo cuando habla ante mucha gente».

payaso
hacer u. p. el payaso (inf.). *Ver* «hacer u. p. el *indio».

paz
que descanse en paz o que en paz descanse (f.). [*Fórmulas piadosas utilizadas al mencionar algún pariente muerto*]: «Mi marido, que en paz descanse, no hubiera permitido esto si viviera».
... (y) aquí paz y después gloria (inf.). [*Expresión con la que se da por acabado un asunto o discusión*]: «Si usted está de acuerdo con las condiciones del contrato, aquí paz y después gloria. No merece la pena seguir discutiendo».
... y en paz (inf.). [*Expresión con la que se da por acabado un asunto o discusión*]; *... y no hablemos más del asunto:* «Si tiene tanta prisa por el dinero, págale ahora, y en paz».

pe
de pe a pa (inf.). *Desde el principio hasta el fin:* «Aunque es un libro muy grande, me lo leí entero de pe a pa sin dejar una sola hoja».

pecado
NOMBRE PROPIO + de mis pecados (inf.). [*Exclamación de enfado o impaciencia frente al comportamiento de la persona nombrada*]: «¡Carmen de mis pecados! ¿Cómo tengo que decirte que te des prisa si no quieres que lleguemos tarde?».

pécora
[ser u. p. una] mala pécora (inf.). [*Despectivo*] *mujer astuta y maligna:* «Se casó con una mala pécora que lo único que quería de él era el dinero».

pecho
a pecho descubierto (f.). *Sin armas:* «Mientras que el enemigo estaba equipado con las mejores armas, los nuestros tuvieron que pelear a pecho descubierto. No es extraño que fueran vencidos».
[tener u. p. algo] entre pecho y espalda (inf.). [*Referido a comidas o bebidas*]; [*tener algo*] *en el estómago:* «¿Pero cómo te atreves a conducir el coche con dos litros de vino entre pecho y espalda?».
abrirle/descubrirle u. p. su pecho a alguien (f.). *Confiarle a alguien algún secreto o intimidad:* «Al principio no quería decir nada, pero después terminó por abrirme su pecho y me contó la historia de su familia».
no caberle u. c. a alguien en el pecho (f.). *Sentir ansia de manifestar algo [generalmente un sentimiento]:* «No le cabía la alegría en el pecho y tenía que contarle a todo el mundo la buena noticia».
darle u. p. el pecho a alguien (f.). *Dar de mamar:* «El niño se despertó con hambre porque su madre se había olvidado de darle el pecho».
echarse/meterse u. p. algo entre pecho y espalda (inf.). *Comer o beber algo:* «No me extraña que estés borracho. ¡Te has echado media botella de coñac entre pecho y espalda!».
hacerle u. p. pecho a algo (f.). *Enfrentarse a algo con ánimo resuelto:* «Hay que hacerle pecho a las adversidades de la vida y no dejarse llevar por el pesimismo».
tomar u. p. a pecho(s) algo (f.).
A: *Emprender algo con mucho empeño o interés:* «Se ha tomado tan a pechos sus estudios, que se pasa la noche entre libros y se olvida de dormir».
B: *Ofenderse o molestarse por algo:* «Le dije que no me gustaban sus últimos cuadros, y él se lo tomó tan a pecho, que ahora no quiere hablarme».
tomar u. p. el pecho (f.). *Mamar:* «Para el bebé es mejor tomar el pecho que recibir leche preparada en los laboratorios».

pedal
pisar u. p. el pedal (inf.). *Acelerar u. p. un automóvil:* «¡Pisa el pedal si no quieres que lleguemos tarde!».

pedazo
[ser u. p. un] pedazo de alcornoque/animal/atún (inf.). [*Despectivo*] *persona muy bruta o muy tonta:* «Hay que ser un pedazo de animal para encontrar aburrida la lectura de un libro tan interesante».
[ser u. p. un] pedazo de bestia/bruto/tonto. *Ver registro anterior.*
[ser u. p. un] pedazo de pan (inf.). *Muy bondadoso:* «Todo el mundo le quiere porque es un pedazo de pan».
[estar u. p./u. c.] hecha pedazos (inf.).
A: [*Estar u. p.*] *muy cansada, agotada o moralmente destrozada:* «Estoy hecho pedazos, porque me he pasado el fin de semana pintando y arreglando la casa».
B: [*Quedar u. c.*] *rota, destrozada, golpeada:* «Si sigues forzando así el motor, se va a quedar hecho pedazos».
a cambio de/por un pedazo de pan (inf.). *Por una remuneración miserable:* «El pobre hombre vive peor que un esclavo; trabaja diez horas diarias y todo por un pedazo de pan».
caerse u. p./u. c. a/en pedazos (inf.).
A: *Estar u. p. muy cansada, agotada:* «Al regresar de la excursión estábamos todos que parecía que nos íbamos a caer en pedazos, por lo que nos fuimos en seguida a la cama».
B: *Estar/ser u. c. muy vieja o deteriorada:* «La casa de mis abuelos está cayéndose a pedazos. Convendría repararla urgentemente».
hacer u. p. pedazos a alguien/algo (inf.).
A: *Destrozar u. p. moralmente a alguien:* «La muerte de su hijo la ha hecho pedazos. No tiene ni ganas de vivir».
B: *Romper, destrozar, golpear u. p. a alguien/algo:* «Es una tontería comprarle juguetes a este niño, porque en seguida los hace pedazos y no le duran nada».
morirse u. p. por los pedazos de alguien (inf.). *Estar locamente enamorado de alguien:* «Juanito se muere por los pedazos de Elvira; pronto tendremos boda».

pedo
estar u. p. pedo (inf.). *Estar borracho:* «Anoche me encontré a tu primo en el bar, pero seguro que no se acuerda porque estaba pedo».

tirar(se) u. p. un pedo/los pedos más alto(s) que el culo (inf.). *Presumir, darse importancia a sí mismo:* «Apenas ha podido cantar un par de veces en teatros de segunda fila y se considera ya un futuro Caruso. A esto llamo yo tirar los pedos más altos que el culo».

Pedro
como Pedro por su casa (inf.). *Con entera libertad o llaneza:* «Mis vecinos entran sin llamar, como Pedro por su casa».

pega
[ser u. p./u. c.] de pega (inf.). [*Ser*] *falso, de mala calidad, ineficiente:* «Me vendieron un coche de pega: a los 5.000 km. ya estaba averiado».

pegaojos
[leer u. p.] a pegaojos (inf.). [*Leer*] *acercando mucho los ojos:* «Es muy miope y tiene que leer a pegaojos para poder entender algo».

pegar
pegársela u. p. (inf.). *Sufrir un accidente violento y aparatoso:* «Si sigues conduciendo a esa velocidad, un día vas a pegártela».
pegársela u. p. a alguien (inf.). *Engañar o burlar a alguien:* «Parece un marido modelo, pero sus íntimos saben que se la pega a su mujer con una de las compañeras de trabajo».
pegársele u. c. a alguien. Ver «pegársele u. c. a alguien al *oído».

pego
darle u. p./u. c. el pego a alguien (inf.). *Engañar a alguien* [*especialmente mediante ostentación de apariencias*]: «Aunque es ya una mujer un poco mayor, con tanta cosmética todavía puede darle el pego a muchos incautos».

pelar
que se las pela (inf.). [*Enfático*] *mucho, en gran manera, muy bien:* «Es un coche muy potente; corre que se las pela».
pelársela u. p. Ver «*menear(se)la u. p.».

película
[ser u. p./u. c.] de película (inf.). [*Ser*] *hermoso, lujoso, fastuoso:* «Me he comprado un piso de película: ¡figúrate cómo será, que hasta tiene sauna!».

pelillo
echar pelillos a la mar (inf.). *Reconciliarse dos o más personas olvidando el motivo de su enfado o disputa:* «Estuvieron mucho tiempo sin hablarse, hasta que un día decidieron echar pelillos a la mar y volvieron a reanudar la amistad».

pelma
ponerse u. p. pelma (inf.). *Ponerse pesado:* «El representante se puso tan pelma insistiendo en la excelencia de sus productos, que acabé comprándoselos».

pelo
el pelo de la dehesa (inf.). *Rusticidad, tosquedad:* «Como había nacido y se había criado en la montaña, se le notaba el pelo de la dehesa incluso después de terminar sus estudios universitarios».
[ser u. p./u. c.] de medio pelo (inf.). [*Ser*] *de poca categoría o mediana calidad:* «Los Martínez son gente de medio pelo. te invitan a comer y te ponen un vino de lo más barato que hay».
[ser u. p.] de pelo en pecho (inf.). [*Ser*] *fuerte, valiente, viril:* «Aquí se necesita gente de pelo en pecho, dispuesta a arriesgar la vida si fuese necesario».
[ir u. p.] a pelo (inf.).
A: [*Ir*] *con la cabeza descubierta:* «Es mala cosa pasearse con este frío y a pelo. Ponte un sombrero».
B: [*Cabalgar*] *sin silla de montar:* «El muchacho había aprendido a cabalgar a pelo, sin silla de montar».
con pelos y señales (inf.). *Con todo género de detalles:* «Me acuerdo perfectamente de su cara, y hasta puedo describirla con pelos y señales».
por un pelo/por los pelos (inf.). *Por poco tiempo o espacio, a duras penas, con grandes dificultades, escasamente:* «Ayer llegué a la estación en el último minuto, y cogí el tren por un pelo».
agarrarse/asirse u. p. de un pelo para [lograr] algo (inf.). *Aprovecharse u. p. de cualquier pretexto (para conseguir sus deseos):* «Este niño es capaz de agarrarse de un pelo

para librarse de ir al colegio. Hoy dice que se queda en casa porque todavía le duele la barriguita».
caerle el pelo a alguien (inf.). *Recibir una reprimenda, sanción o castigo:* «Si un día te pillan conduciendo sin carnet de conducir, te va a caer el pelo».
cortar u. p. un pelo en el aire (inf.). *Ser u. p. muy lista o despejada:* «Este chico corta un pelo en el aire, y será sin duda el primero en su clase».
criar/echar u. p. buen pelo (inf.). [*Irónico*] *no prosperar, no tener fortuna:* «¡Buen pelo vas a echar, si sigues derrochando el dinero así!».
darle u. p. para el pelo a alguien (inf.). *Hacer escarmentar, dar un escarmiento a alguien:* «Si te vuelvo a sorprender escamoteándome dinero, te doy para el pelo».
dejarse u. p. ver el pelo (inf.). *Dejarse ver, frecuentar determinados círculos sociales:* «Ultimamente parece que haces vida de convento y no te dejas ver el pelo. ¿Dónde te metes, si puede saberse?».
erizársele los pelos a alguien. Ver «erizársele el *cabello/los cabellos a alguien».
estar u. p. hasta los pelos de alguien/algo (inf.). *Estar muy harto:* «Estoy hasta los pelos de oír tus quejas; si no te gusta como cocino, te vas a un restaurante».
faltarle un pelo a alguien/a algo para [hacer/suceder] algo (inf.). *Casi [hacer/ocurrir] algo (por falta de tiempo, espacio o suerte):* «En el examen me pusieron un problema tan difícil que faltó un pelo para que lo suspendiera».
no fiarse u. p. un pelo de alguien (inf.). *No fiarse en absoluto:* «Yo de estos comerciantes que no tienen precios fijos no me fío un pelo. Siempre pienso que me van a engañar en el precio».
irle/venirle u. p./u. c. al pelo a alguien (inf.). *Venirle muy bien o muy oportunamente:* «Esta paga extraordinaria me viene al pelo, porque me estaba quedando ya sin dinero».
joder u. p. a pelo (rest.). *Realizar el acto sexual sin preservativo:* «Este ha contraído una grave enfermedad venérea por tonto, por joder a pelo y no tomar ninguna precaución».

lucirle el pelo a alguien (inf.). [*Generalmente usado en sentido irónico*] *prosperar, gozar de buena situación económica:* «¡Pues sí que te luce el pelo! Llevas diez años trabajando como un esclavo y todavía no has podido comprarte coche!».
ponerle u. p./ponérsele a alguien los pelos de punta (inf.). *Causar/sentir u. p. mucho miedo:* «Ayer fuimos al cine a ver una de esas típicas películas de miedo en las que a todo el mundo se le ponen los pelos de punta».
no tener u. p. pelos en la lengua (inf.). *Decir las cosas sin paliativos y sin temor a herir la susceptibilidad:* «Se atrevió a llamarle explotador a su jefe, porque es una persona que no tiene pelos en la lengua».
no tener u. p. un pelo de tonto (f.). *Ser listo:* «Respondió rápido y bien a todas las preguntas porque no tenía un pelo de tonto».
tirarse u. p. de los pelos (inf.).
A: *Arrepentirse u. p.:* «Cuando Luisa se dio cuenta de que se había equivocado, estuvo mucho tiempo tirándose de los pelos».
B: *Estar/ponerse u. p. furiosa:* «Juan se tiraba de los pelos porque le pusieron una multa por mal aparcamiento».
(no) tocarle u. p. un pelo de la ropa a alguien (inf.). [*Frecuentemente empleado en tono de amenaza*]; *(no) hacerle el más mínimo daño a alguien, no decir nada que pueda perjudicarle:* «Aquí todos tenemos un gran respeto y admiración por usted, y nadie se atreverá a tocarle un pelo de la ropa».
tomarle u. p. el pelo a alguien (f.).
A: *Burlarse de alguien con disimulo:* «No hagas caso de éso que te dicen de que te han robado el coche. Sólo querían tomarte el pelo».
B: *Engañar a alguien:* «¿Es que quiere Vd. tomarme el pelo? ¡Yo he pedido costilleta y lo que Vd. me trae es sólo hueso!».
traer u. p. algo por los pelos (f.). *Decir o citar algo que no guarda relación con lo tratado:* «Escribió una interpretación del Quijote que no explica nada, pues todas sus ideas están traídas por los pelos».
no verle u. p. el pelo a alguien (inf.). *No ver a alguien (desde algún tiempo atrás):* «¿Dónde te has metido? Hace tiempo que no te veo el pelo».

... y así [te/le] crece el pelo (inf.). [*Expresión irónica que indica que algo le va cada vez peor a alguien*]: «En vuestra casa nadie quiere trabajar, y así os crece el pelo, que dentro de poco vais a tener que pedir limosna».

pelota

de pelotas (rest.). Ver «de *campeonato», acepciones A y B.

[estar u. p.] en pelota(s) (viva(s)) (rest.).
A: [*Estar*] *desnudo*: «Sorprendidos a medianoche por el fuego, salieron todos del hotel en pelotas vivas».
B: [*Estar*] *sin dinero*: «En el casino he perdido todo lo que tenía; me han dejado en pelotas vivas».
C: [*Estar*] *desprevenido*: «¿Puedes prestarme algún dinero? Acaba de venir el cobrador del gas y me ha cogido en pelotas».

por pelotas (rest.).
A: *A la fuerza, sin pedir/dar explicaciones*: «En el ejército tienes que obedecer por pelotas, de lo contrario te meten en el calabozo».
B: *Por osadía o propio atrevimiento*: «Los soldados insurgentes, aunque eran muy pocos y estaban mal armados, lograron conquistar la ciudad por pelotas».

devolverle/rechazarle/volverle u. p. la pelota a alguien (inf.). *Rebatirle a alguien lo que dice empleando sus mismas razones*: «Quiso demostrarme que, según las leyes de la física moderna, su experimento era correcto, pero yo le devolví la pelota convenciéndole de que, según esas mismas leyes, el experimento era absurdo».

estar (todavía) la pelota en el tejado (inf.). *Estar (todavía) sin resolver un asunto*: «Hace años que los vecinos de este pueblo han solicitado líneas telefónicas, pero parece que la pelota todavía está en el tejado, pues nada les han contestado».

hacerle u. p. la pelota a alguien. Ver «hacerle u. p. la *pelotilla a alguien».

salirle u. c. de las pelotas a alguien (rest.). [*Muy enfático*] *querer algo, encapricharse en algo*: «No hay justificación alguna para que suban los impuestos; si lo hacen así es solamente porque le sale de las pelotas al ministro de Hacienda».

tener u. p. pelotas (rest.). *Tener valor*: «¡Hay que tener pelotas para atravesar el Atlántico en un barco tan pequeño!».

tocarle u. p. las pelotas a alguien (rest.). *Fastidiar, molestar, importunar a alguien*: «Todos los días a la hora de acostarme viene el vecino a tocarme las pelotas con sus charlas interminables sobre las más diversas tonterías».

tocarse u. p. las pelotas (rest.). *Holgazanear, no hacer nada*: «No es extraño que se haya muerto sin un céntimo en el bolsillo, porque se ha pasado toda su vida tocándose las pelotas».

pelotilla

hacerle u. p. la pelotilla a alguien (inf.). *Adular a alguien para conseguir algo*: «No le resulta simpático su jefe, pero lo ha invitado a comer para hacerle la pelotilla».

peluquín

ni hablar del peluquín (inf.). [*Negación enfática*]: «Me preguntó si quería acompañarle y le dije que ni hablar del peluquín, que yo estaba ya muy cansado».

pellejo

[estar u. p.] en el pellejo de alguien (inf.). [*Estar*] *en la misma situación o condiciones de otra persona*: «No quisiera hallarme en el pellejo de Matías. acaban de acusarle de malversación de fondos».

arrancarle/quitarle/sacarle u. p. el pellejo a alguien (inf.). *Criticar a alguien*: «Las dos mujeres aprovecharon que se habían quedado solas para poder sacarle el pellejo a sus maridos sin que nadie las oyese».

arriesgar/exponer/jugarse u. p. el pellejo (inf.). *Arriesgar la vida*: «Me parece tonto conducir a esas velocidades sólo por el placer de arriesgar el pellejo».

no caber u. p./estar u. p. que no cabe en su pellejo (inf.).
A: *Estar muy grueso*: «De tanto comer, el pobre hombre está que no cabe en su pellejo».
B: *Estar muy contento, envanecido o indignado*: «Acaban de concederle una medalla por no sé qué méritos, y el hombre está que no cabe en su pellejo».

dar/dejar/entregar/perder u. p. el pellejo (inf.). *Morir*: «¡A ver si conduces más des-

pacio, que no me gustaría dejar el pellejo por llegar unos minutos antes!».
quedarse u. p. en el pellejo. *Ver* «[estar ... u. p.] en los *huesos».
salvar u. p. el pellejo (inf.). *Salvar la vida de un peligro:* «Estuvimos más de cinco horas sepultados por un alud de nieve, y pudimos salvar el pellejo de verdadero milagro».
sobarle u. p. el pellejo a alguien (inf.). *Pegar o golpear a alguien:* «Nadie en todo el barrio se atrevía a sobarle el pellejo, porque era el más fuerte de los chicos de su edad».
no tener u. p. más que el pellejo. *Ver* «[estar ... u. p.] en los *huesos».

pena
[pasar/sufrir u. p.] la pena negra (inf.). [*Pasar*] *grandes sufrimientos:* «He pasado la pena negra en el dentista: ¡casi media hora con el torno y sin anestesia!».
[pasar/sufrir u. p.] las penas del purgatorio (f.). [*Pasar*] *grandes trabajos, sufrimientos o penalidades:* «Con este calor y sin aire acondicionado, vamos a pasar las penas del purgatorio en la oficina».
a duras penas (f.). *Con gran dificultad o trabajo:* «Hice la traducción a duras penas, porque me faltaba el diccionario».
de pena (inf.).
A: [*Adj.*] *muy malo:* «El orador pronunció un discurso de pena; al final, en lugar de aplausos hubo pitos y murmullos de desaprobación».
B: [*Adv.*] *muy mal:* «Manolo conduce de pena, y cuando él va al volante, los demás pasamos mucho miedo».
sin pena ni gloria (f.). *Ni bien ni mal:* «Ha cantado sin pena ni gloria, como corresponde a un artista mediocre».
ahogar u. p. las penas (inf.). *Olvidar las penas recurriendo a la bebida:* «Aunque no le gusta el vino, bebe por ahogar las penas. hace cinco meses que está sin trabajo».
merecer/valer u. c. la pena (f.). *Ser importante o valioso (y justificar así el tiempo o el trabajo que se le dedica):* «No merece la pena que leas ese libro; es bastante malo».

penalty
casarse u. p. de penalty (inf.). *Casarse por quedar embarazada la mujer:* «Parece que la chica se casó de penalty, porque a los cuatro meses de la boda tuvo un niño».

pensamiento
en un pensamiento (inf.). *En un instante:* «Pensé que Conchita iba a tardar, pero regresó en un pensamiento».
¡ni por pensamiento! *Ver* «¡ni *pensarlo!».

pensar
sin pensarlo (f.). *Inesperadamente:* «Su tío el millonario se murió de repente y Pepita se encontró, sin pensarlo, con una herencia muy grande».
darle u. p./u. c. que pensar a alguien (f.). *Ofrecer ocasión o motivo para preocuparse o sospechar:* «Le he sorprendido varias veces mirando para la caja fuerte; evidentemente, esto me ha dado que pensar».
pensarlas u. p. (inf.). *Pensar en las consecuencias negativas que pueden derivarse de una acción:* «¡Pero cómo vas a casarte tan joven y sin haber terminado aún los estudios! ¡Tú no las piensas!».
¡ni pensarlo! o **¡ni por pienso!** (inf.). [*Negación enfática*]: «¡No estoy dispuesto a pasar otro fin de semana encerrada en casa! ¡Ni pensarlo!».

peor
peor que peor o **peor todavía** (f.). [*Expresión que indica descontento o desaprobación ante una alternativa aún menos satisfactoria que otra*]: «Creo que hablaron de un aumento de precios del dos por ciento. Si entendí mal y resulta que eran doce por ciento, peor que peor».
tanto peor. *Ver registro anterior.*

Pepa
¡viva la Pepa! (inf.).
A: [*Expresión con que se censura la despreocupación o ligereza de alguien*]: «Ha abandonado el trabajo dos horas antes de lo debido y ni siquiera se ha disculpado. ¡Viva la Pepa!».
B: [*Exclamación de alegría*]: «¡Viva la Pepa! Hoy no tenemos clase porque es fiesta».

pepe
[ponerse u. p.] como un pepe (inf.). *Gozar hasta hartarse [generalmente con la*

comida]: «Me sirvieron mariscos de entrante, merluza a la romana de primero y carne mechada de segundo plato. ¡Me puse como un pepe!».

pepita
no tener u. p. pepitas en la lengua (inf.). *Hablar sin rodeos y libremente:* «Le diré lo que pienso de Vd., pues pepitas en la lengua no tengo».

pera
hacerse u. p. una pera. *Ver* «hacerse u. p. una *paja/pajas*».
partir u. p. peras con alguien (inf.). [*Generalmente usado en oraciones negativas*] *tratarle u. p. a alguien con familiaridad y llaneza:* «Creo que es una persona muy antipática y orgullosa; ni siquiera los miembros de su familia se atreven a partir peras con él».
pedirle u. p. peras al olmo (inf.). *Pretender algo imposible:* «Eso de querer encontrar en seguida un trabajo agradable y bien remunerado es pedirle peras al olmo».
ponerle u. p. las peras a cuarto a alguien (inf.). *Reñir a alguien:* «Un día me voy a cansar de oír sus disculpas y le voy poner las peras a cuarto».
tocarse u. p. la pera (inf.). *Holgazanear, no hacer nada:* «No es extraño que tengas problemas con los exámenes si te pasas el curso tocándote la pera».

percal
conocer u. p. el percal (inf.). *(Generalmente referido a aspectos negativos) conocer bien a alguien, estar bien enterado de algo:* «No le preste Vd. dinero a Gutiérrez porque no se lo va a devolver nunca. Se lo digo yo, que hace años que lo trato y conozco el percal».

perder
echar u. p. a perder a alguien (f.). *Malear, pervertir a alguien:* «Vas a echar a perder a este niño enseñándole cosas que no debe aprender».
echar u. p. algo/echarla a perder (f.). *Malograr un asunto o negocio:* «Nuestros planes pueden tener éxito solamente si sabemos guardar el secreto; si nuestros competidores se enteran de algo, la echamos a perder».
echarse u. p./u. c. a perder (f.).
A: *Malearse, malograrse u. p., decaer de las virtudes que se tenía:* «Hace años era un buen pianista, pero parece que ya no quiere estudiar y ejercitarse como antes, y se ha echado a perder».
B: *Estropearse, pudrirse, corromperse u. c:* «He tenido el pescado tanto tiempo fuera de la nevera, que se ha echado a perder».
llevar/tener u. p. todas las de perder (inf.). *Encontrarse en situación desventajosa (en un juego, concurso, etc.):* «Lleva todas las de perder. no tiene ni un solo triunfo entre sus cartas».
no perdérsele nada a alguien [en algún lugar] (inf.). *No tener nada importante que hacer [en determinado lugar]:* «¿Por qué te empeñas en hacer el viaje a Madrid? No se te ha perdido nada en la capital, creo yo».
perdérselo u. p. (inf.). *Desaprovechar una buena ocasión:* «Hoy hemos preparado un banquete espléndido; si no quieres venir, tú te lo pierdes».
no tener u. p. nada que perder (inf.). *No poder ser/estar peor:* «Esta chica nunca tuvo nada que perder físicamente, porque siempre fue bastante fea».
¿qué se [te/le] ha perdido [en algún lugar]? (inf.). *¿Qué tien[e/-es] que hacer de importante [en algún lugar]?* «Por qué te empeñas en viajar precisamente a Logroño? ¿Qué se te ha perdido en esta ciudad?».

pérdida
no tener u. c. pérdida (f.). *Ser fácil de encontrar:* «El café de Levante no tiene pérdida, está en el centro mismo de la ciudad, en la Plaza Mayor».

perdido
poner u. p. perdido a alguien/algo (inf.). *Manchar o ensuciar a alguien/algo:* «Me tiró un tintero y me puso perdida la camisa».
ponerse u. p./u. c. perdida (f.). *Mancharse, ensuciarse:* «Los niños se pusieron perdidos jugando con la tierra».

Perico
Perico (el) de los palotes (inf.). *Cualquiera, quienquiera que sea:* «Alguien tendrá que ayudarme; si no lo haces tú, que venga tu padre, o tu hermano o Perico de los palotes».
como Perico por su casa. *Ver* «como *Pedro por su casa*».

perilla
irle/venirle u. c. de perillas a alguien (inf.). *Resultarle u. c. a propósito, muy conveniente y oportuna a alguien*: «Hoy tengo el coche en el taller; si pudieras llevarme en el tuyo, me vendría de perillas».

periquete
en un periquete (inf.). *En un momento, en seguida*: «Mi primo es electricista y puede arreglarte la lámpara en un periquete».

perita
[estar hecha/ser u. p. una] perita en dulce (inf.). *Muchacha atractiva*: «Su hija está hecha una perita en dulce y es la admiración de todo el barrio».

perjuicio
sin perjuicio de (que) (f.). *Sin que sea obstáculo para hacer algo*: «Usted deberá hacer todo lo que le manden, sin perjuicio de pensar en su fuero interno lo que mejor le parezca».

perla
[ser u. c.] de perlas (inf.). *Muy bien, estupendo*: «Tu plan de comer hoy fuera me parece de perlas. Estoy harta de trabajar en la cocina».

permiso
con ([tu/su]) permiso (f.).
A: [*Fórmula de cortesía con que se solicita permiso para examinar de cerca algo del oyente*]: «¡Qué reloj más bonito! ¿Con su permiso? Siempre he tenido mucha curiosidad por los relojes».
B: [*Fórmula de cortesía con que se solicita permiso para entrar en algún lugar o salir de él*]: «Ahora tengo que dejarle solo. Seguiremos hablando otro día. Con su permiso».

permitir
¿me permit[es/-e]? *Ver* «con ([tu/su]) *permiso.

pero
ponerle u. p. peros a alguien/algo (f.). *Ponerle reparos a alguien/algo*: «Al principio estaba de acuerdo en comprar la casa, pero luego le puso algunos peros a las condiciones de pago y desistió de hacerlo».

tener u. p./u. c. (un) pero (f.). *Tener algún defecto o inconveniente*: «Como comprenderás, antes de gastar tanto dinero en una casa vieja, hay que estar convencido de que no tiene ningún pero».
no hay pero que valga (inf.). [*Expresión con la que se rechaza toda posible objeción*]: «No hay pero que valga; te quedarás en mi casa a comer y dormir los días que sean necesarios. ¿Para qué están los amigos?».
¡pero si ...! (inf.). [*Expresión de contrariedad que enfatiza réplicas*]: «¡Y tú, como siempre, sin hacer nada! –¡Pero si he barrido y fregado durante ocho horas!».

Perogrullo
[ser u. c. una] verdad de Perogrullo (f.). [*Ser una*] *verdad tan evidente y sabida que es necedad enunciarla*: «Dijo, como siempre, una verdad de Perogrullo: que con los años nos vamos haciendo viejos».

perra
perra chica (inf.). *Moneda de 5 céntimos*: «Cuando era niño solían darme una peseta los domingos, cantidad muy pequeña pero que, convertida en 20 perras chicas, parecía un capital».
perra gorda (inf.). *Moneda de 10 céntimos*: «Diez perras gordas hacían una peseta. Pero esta moneda ya ha desaparecido».
tres/cuatro perras (inf.). *Muy poco dinero, una cantidad ridícula*: «En algunos pueblos de España no explotados por el turismo todavía es posible comer por tres perras».
[estar u. p. sin/no tener u. p.] una perra gorda (inf.). [*No tener*] *ningún dinero*: «No puedo salir de vacaciones, porque no tengo ni una perra gorda».
coger u. p. la perra con alguien/algo (inf.). *Empeñarse, encapricharse en alguien/algo, insistir en algo*: «Ayer cogió la perra con bañarse en el mar, y tuvimos que hacer el viaje a la costa sólo para complacerle».
¡para ti la perra gorda! (inf.). [*Expresión con que irónicamente se acaba una discusión, dándole la razón, sin tenerla, a quien porfía*]: «¡Está bien, hombre! ¡Para ti la perra gorda! El pueblo donde naciste es el más bonito del mundo...».

perro

[ser u. p./u. c.] el/los mismo(s) perro(s) con distinto(s) collar(es) (inf.). [*Ser*] *prácticamente lo mismo:* «Ha cambiado el gobierno y parte de la administración, esto es verdad, pero el que realmente gobierna es el gran capital y, por lo tanto, siguen los mismos perros con distintos collares».

el perro del hortelano (inf.). *Persona que no se aprovecha de algo ni deja que otros se aprovechen de ello:* «Tú me parece que eres como el perro del hortelano: tienes un hermoso yate y no lo utilizas nunca ni dejas que los amigos disfruten de él».

perro caliente (f.). *Bocadillo de salchichas hecho a la parrilla:* «Como no tengo mucho apetito, tomaré un perro caliente en lugar de comer en restaurante».

[ser u. p. un] perro viejo (inf.). *Persona escarmentada:* «A mí ya no se me engaña tan fácilmente, que soy perro viejo y me sobra experiencia de la vida».

[ser u. p./u. c. tan necesaria] como los perros en misa (inf.). [*Ser*] *inútil o innecesario:* «Llévate de aquí a Carlitos; los niños en la cocina son tan necesarios como los perros en misa».

[tiempo] de perros (inf.). [*Tiempo*] *muy malo:* «Hacía una noche de perros, por lo que decidimos irnos a la cama temprano».

(no) atarse los perros con longanizas (f.). [*Locución generalmente negativa que indica que la prosperidad material no es tan grande como se imagina*]: «En la España de la posguerra había que trabajar muy duro para poder comer; no se ataban los perros con longanizas».

[andar/estar] como el perro y el gato (inf.). *Pelearse continuamente:* «Estos niños andan siempre como el perro y el gato; se pelean por cualquier tontería».

echarle u. p. los perros a alguien (inf.). *Reprender severamente a alguien:* «A mí en esta casa no me quieren bien, porque a la más pequeña falta me echan los perros».

meter u. p. los perros en danza (inf.). *Buscar pendencia, reñir o pelear con alguien:* «Cuando yo era niño, mis padres siempre se peleaban por cualquier cosa, y yo, para no meter los perros en danza, procuraba desaparecer sin ser visto».

¡a otro perro con ese hueso! (inf.). [*Expresión con que se rechaza algo por increíble*]: «¿Y dice Vd. que trabajando aquí de vendedor ambulante se puede uno hacer rico? ¡A otro perro con ese hueso!».

persiana

enrollarse u. p. más que/como una persiana (inf.). *Hablar demasiado:* «Este tío se enrolla como una persiana. Ayer me lo encontré casualmente por la calle y poco faltó para que me contase la historia de su vida».

persona

en persona (f.). *Personalmente, estando presente real o físicamente:* «He oído hablar mucho de él, pero todavía no he tenido el gusto de conocerlo en persona».

Perú

valer u. p./u. c. un Perú (f.).
A: *Tener u. p. grandes virtudes o valía personal:* «Tenemos un joven empleado que vale un Perú; en una hora hace el trabajo que otros en toda la jornada».
B: *Poseer u. c. gran valor:* «He comprado en una librería de viejo una edición del Quijote del siglo XVIII que vale un Perú».

pésame

darle u. p. el pésame a alguien (f.). *Expresar su condolencia por la muerte de alguien:* «Se ha muerto uno de mis mejores amigos. Tendré que mandarle un telegrama a la viuda para darle el pésame».

(reciba usted) mi más sincero pésame (f.). [*Fórmula empleada para expresar condolencia por la muerte de alguien*]: «Mi más sincero pésame por la muerte de su marido, doña Asunción».

pesar

a pesar de alguien/algo o pese a alguien/algo (f.). [*Sin que lo que se expresa a continuación constituya obstáculo o impedimento para la cosa de que se trata*] *no obstante:* «Pese a la gran penuria económica que está pasando, se ha comprado un automóvil nuevo».

(pero) a pesar de los pesares (f.). *No obstante toda clase de problemas o inconvenientes:* «Ella le había abandonado y se había ido con otro, pero a pesar de los pesares él estaba dispuesto a perdonárselo todo».

pese a quien pese (f.). *Aunque alguien o algo se oponga, aunque haya toda clase de dificultades:* «Tiene gran fuerza de voluntad, y alcanzará sus objetivos pese a quien pese».
a pesar de que o pese a que (f.). [*Locución concesiva*] *aunque:* «Estoy dispuesto a ayudarte, a pesar de que no lo mereces».

pesca
... y toda la pesca (inf.). [*Expresión que sirve para abreviar una larga enumeración*]: «Hay que meter en el coche las maletas, las bolsas y toda la pesca».

peso
[persona/argumento] de peso (f.). [*Persona*] *importante,* [*argumento*] *bien fundado:* «Si quieres rebatirle sus teorías, tendrás que emplear argumentos de peso, porque él es persona muy culta».
a peso de oro (f.). *A precio muy alto:* «Necesito urgentemente un piso y tengo que conseguirlo aunque tenga que comprarlo a peso de oro».
caerse u. c. de/por su (propio) peso (inf.). *Ser lógico, obvio o evidente:* «Se cae por su propio peso que es el extranjero el que cometió el crimen. además de otros indicios, era el único que poseía armas».
[levantar/llevar u. p.] en peso a alguien/ algo (f.). [*Levantar*] *en el aire a alguien/ algo:* «El niño era tan robusto que ya a los cuatro años era capaz de levantar en peso un televisor».
quitarle/sacarle u. p. un peso de encima a alguien (f.). *Liberar a alguien de alguna preocupación:* «Cuando me comunicaron que ya había pagado el último plazo, me quitaron un gran peso de encima».
quitársele/sacársele un peso de encima a alguien (f.). *Verse u. p. libre de una preocupación:* «Cuando me dijeron que la policía había encontrado mi cartera con todos los documentos, se me quitó un gran peso de encima».

pesquis
tener u. p. pesquis (inf.). *Tener agudeza o perspicacia:* «Tienes que contarle el chiste tres o cuatro veces, porque el pobre hombre no tiene pesquis».

pestaña
sin/no mover u. p. pestaña (inf.). *(Estar) muy atento:* «Había tanto ruido, que pasamos la noche sin poder pegar pestaña».
sin/no pegar u. p. (la) pestaña (inf.). *Sin/no dormir:* «Con tanto ruido pasé la noche sin poder pegar pestaña».
mojar u. p. la pestaña (inf.). *Llorar:* «Es una película sentimental, de ésas que están hechas para que la gente moje la pestaña».
quemarse u. p. las pestañas (inf.). *Esforzarse en el estudio o en la lectura:* «Me he pasado todo el fin de semana quemándome las pestañas para descifrar el contenido del libro».
tener u. p. pestaña (inf.). *Tener perspicacia, sagacidad:* «En estos comercios de antigüedades hay que tener mucha pestaña para que no le engañen a uno con alguna falsificación».

pestañear
no/sin pestañear (inf.).
A: *(Actuar) resueltamente:* «Me decidí por esta casa sin pestañear, porque tanto el precio como la situación son inmejorables».
B: *(Actuar) sumisamente:* «Lo mejor es que obedezcas sin pestañear; quejarte no te serviría de nada».

peste
decir/echar/hablar u. p. pestes de/contra alguien/algo (f.). *Maldecir o criticar ásperamente a alguien/algo:* «Yo sé que tú vas echando pestes de mí adonde quiera que vayas, pero me gustaría saber en qué te he ofendido».
huir a/de alguien como a/de la peste (inf.). *Evitar por todos los medios el contacto con alguien:* «No entiendo por qué, pero siempre huye de mí como de la peste y se esconde tan pronto como me ve».

petaca
hacerle u. p. la petaca a alguien (inf.). *Hacer una broma que consiste en doblar la sábana superior de la cama, de forma que no se puedan estirar las piernas al entrar en ella:* «Entró en la cama con gran ímpetu y casi rompió la sábana, porque habíamos entrado en su habitación y le habíamos hecho la petaca».

petate
liar u. p. el petate (f.). *Mudarse de vivienda*

o de trabajo: «En esta oficina no queremos vagos; de modo que si no está Vd. dispuesto a trabajar en firme, ya puede ir liando el petate».

petenera
salir u. p. por peteneras (inf.).
A: *Dar una respuesta evasiva:* «Le pregunté cuándo me iba a devolver mi dinero y me salió por peteneras hablándome de lo mal que están los tiempos».
B: *Hacer o decir algo inoportuno:* «Parece que el abuelo ayer salió por peteneras y quiso acompañar a una jovencita por la calle».

pez
[ser u. p. un] pez gordo (inf.). *Persona que ejerce un cargo importante o de gran responsabilidad, persona muy influyente:* «No me extraña que Pérez perciba un gran sueldo, porque es uno de los peces más gordos de las Naciones Unidas».
[estar u. p.] como (el) pez en el agua (inf.). *[Estar] contento y feliz:* «Siempre que puedo me voy a mi casa de campo; allí estoy como pez en el agua».
estar u. p. pez en algo (inf.). *No saber nada de algún asunto o materia:* «¿Cómo es posible que te equivoques siempre haciendo las cuentas? ¡Tú estás pez en matemáticas!».

pezuña
meter u. p. la pezuña (en algo). *Ver* «meter u. p. la *pata (en algo)».

piano
pian piano (inf.).
A: *Ver* «*poco a poco».
B: *Despacio:* «Mientras no sepas conducir mejor, tendrás que ir pian piano y con mucha prudencia».

piano
[ser u. c.] como un piano (inf.). *Muy grande, considerable:* «Ayer me contaste una mentira como un piano; me dijiste que no habías salido a la calle y yo te ví paseando por el parque».

picadillo
andar/estar de picadillo (con alguien) (inf.). *Estar ligeramente enfadado:* «Hace ya algunos días que no salgo con mi amiga porque andamos de picadillo».

hacer u. p. picadillo a/de alguien (inf.). *Matar, triturar, despedazar a alguien:* «¡Si descubro al sinvergüenza que me ha robado la cartera lo hago picadillo!».

pico
[ser u. p./tener un] pico de oro (f.). *[Ser] persona muy elocuente; dominar el arte de la elocuencia:* «Era un político que tenía un pico de oro, y sus discursos parlamentarios producían gran efecto».
[ser u. c.] de pico (inf.). *[Ser una] exageración intencionada para impresionar:* «Todo eso que te ha contado es de pico. lo conozco muy bien y sé que es incapaz de llevarlo a la práctica».
no abrir/callarse/cerrar u. p. el pico (inf.). *Callarse:* «Cierra el pico, que nadie te ha pedido tu opinión».
[andar/irse u. p.] de picos pardos (inf.). *Divertirse despreocupadamente (en lugar de trabajar o hacer algo de provecho):* «Mientras su mujer atendía a los niños y la casa, el muy sinvergüenza se iba todos los días de picos pardos con sus amigotes».
[costar/valer u. c.] un (buen) pico (inf.). *[Costar/valer] mucho dinero:* «Se compró una casa estupenda que debe de haberle costado un buen pico».
irse u. p. del pico (inf.). *Decir algo que se debiera mantener en secreto:* «Después de tomar unas copas se fue del pico y lo contó todo».

picota
poner u. p. a alguien/estar u. p. en la picota (inf.). *Exponer/estar expuesto a la denuncia pública a causa de defectos o faltas:* «La oposición está poniendo en la picota al jefe de gobierno, criticando continuamente sus promesas incumplidas».

picha
hacerse u. p. la picha un lío (rest.). *Embrollarse, confundirse:* «Hoy el profesor de química se hizo la picha un lío con las fórmulas y tuvo que borrar todo y empezar de nuevo».

Pichote
[ser u. p.] más tonta que Pichote (inf.). *[Ser] muy tonto:* «A Joselito le engaña cualquiera, porque es más tonto que Pichote».

pie

[ser u. c.] más antigua/vieja que andar a pie (inf.). [*Ser*] *muy viejo:* «No veo en qué puede consistir la novedad de este invento; me parece que es más viejo que andar a pie».

[estar u. p.] con un pie/tener un pie en el estribo (f.).
A: (*Estar*) *a punto de partir:* «Tendremos que dejar nuestra cita para mejor ocasión. Estoy ya con un pie en el estribo y aún tengo que hacer las maletas».
B: (*Estar*) *a punto de morir:* «El abuelo dictó su testamento con un pie en el estribo y pocas horas después se murió».

[estar u. p.] con un pie/tener un pie en la fosa/el hoyo/la sepultura (inf.). (*Encontrarse*) *ya cercano a la muerte por enfermedad o vejez:* «No entiendo para qué quiere este viejo seguir ahorrando dinero si está ya con un pie en el hoyo y cualquier día se muere».

[estar u. p./u. c.] de pie (f.). [*Estar*] *en posición vertical:* «Has tirado la lámpara sin darte cuenta; haz el favor de ponerla de pie».

[ser u. p.] de a pie. Ver «[ser u. p.] un *ciudadano de a pie».

[estar u. c.] en pie (f.).
A: [*Quedar*] *indemne:* «Esta es la única parte de la iglesia que quedó en pie después del terremoto».
B: [*Estar*] *en vigor, vigente:* «Si la oferta está aún en pie, me animaría a comprar la casa».
C: [*Estar*] *pendiente de decisión o de resolución:* «Discutieron mucho sin resolver nada, porque el problema todavía sigue en pie».

a pie firme (f.).
A: *Sin moverse del sitio que se ocupaba:* «Los soldados, formados en la esplanada, tuvieron que esperar a pie firme más de tres horas a que llegara el general».
B: *Con constancia y firmeza:* «A pesar de la violencia del temporal, supimos aguantar a pie firme y evitar que el barco naufragara».

[creer u. p. algo] a pies juntillas (inf.). [*Creer*] *firmemente, sin sombra de duda:* «Aunque le cuentes las mayores mentiras, te creerá todo a pies juntillas».

al pie de la letra (f.). *Literalmente, según el sentido literal de las palabras:* «Tu padre es el mejor consejero; debes seguir sus consejos al pie de la letra».

[estar u. p.] al pie del cañón (inf.). *En el puesto de trabajo, en el cargo o misión encomendados:* «Aquí me tiene Vd. trabajando todo el día al pie del cañón y sin salir ni para tomar una copa».

con buen/mal pie (f.). *Con/sin suerte:* «Hemos empezado el curso con mal pie. a los pocos días el profesor se enfermó y las clases se interrumpieron un mes entero».

con el pie izquierdo (inf.). *Con mala suerte y desacierto:* «En poco tiempo este profesor se ha hecho antipático a todos los estudiantes; parece que ha entrado con el pie izquierdo en esta Universidad».

[salir u. p.] con los pies hacia/para/por delante (inf.). [*Salir*] *muerto:* «Tenemos un piso estupendo y en unas condiciones económicas magníficas; no pensamos dejarlo más que con los pies por delante».

[andar/ir u. p.] con pies de plomo (f.). [*Proceder*] *con mucha prudencia o cautela:* «Creo que los frenos están un poco defectuosos. Debe Vd. conducir con pies de plomo si no quiere sufrir un accidente».

[mojarse u. p.] de pies a cabeza (f.). [*Mojarse*] *por completo, totalmente:* «Llovía tanto, que en sólo unos minutos nos mojamos de pies a cabeza».

[escapar/irse/salir u.p] por pies. Ver «[escapar ... u. p.] por *piernas».

[estar u. p./u. c.] al pie de algo (f.). *Cerca de algo [montañas, árboles, edificios]:* «La casa está al pie de la montaña; en sólo cinco minutos de camino te encuentras ya en medio del bosque».

arrojarse/echarse u. p. a los pies de alguien (f.). *Suplicar o pedirle algo a alguien muy humildemente:* «Está arrepentido y dispuesto a arrojarse a tus pies para que le perdones».

atar u. p. de pies y manos a alguien (inf.). *Impedirle a alguien que obre o actúe:* «La censura era tan rígida, que ataba de pies y manos a los ciudadanos y nadie se atrevía a criticar al gobierno».

buscarle u. p. los tres/cinco pies al gato (inf.). *Buscar complicaciones, hacer una cosa más complicada de lo que es:* «Nunca está satisfecho con explicaciones sencillas; siempre ha de buscarle los cinco pies al gato».

cojear u. p. del mismo pie que alguien

(inf.). *Tener el mismo defecto de alguien:* «El hijo cojea del mismo pie que su padre. es igualmente mentiroso e irresponsable».
comer u. p./u. c. por un pie/los pies a alguien (inf.). *Arruinar a alguien, acabar con el dinero de alguien:* «En este hotel los gastos extras le comen a uno por un pie».
dar u. p./u. c. pie a/para algo (f.). *Ofrecer ocasión o motivo para algo:* «Las declaraciones del Primer Ministro dieron pie a los más diversos comentarios en la prensa».
no dar u. p. pie con bola (inf.). *Equivocarse repetidamente:* «Este locutor no da pie con bola cuando pronuncia palabras en una lengua extranjera».
discurrir/pensar u. p. con los pies (inf.). *No discurrir o pensar, discurrir de forma absurda:* «No me extraña que todo te salga mal, porque tú piensas con los pies».
echar u. p. pie a tierra (f.). *Descabalgarse o bajarse de un vehículo:* «Después de viajar tantos kilómetros sin parar, está uno deseando echar pie a tierra para descansar o refrescar un poco».
estar/poner(se) en pie de guerra (f.). *Estar preparado/ preparar(se) para entrar en batalla:* «Cuando el Gobierno vió que el país estaba seriamente amenazado, puso su ejército en pie de guerra».
hacer u. p. algo con los pies (inf.). *Hacer mal algo:* «A esta mujer no se le puede confiar nada importante, porque todo lo hace con los pies».
hacer u. p. pie (f.). *Llegar con los pies al suelo cuando se está en el agua:* «Esta playa es muy segura; puedes hacer pie aunque te alejes cien metros de la orilla».
levantarse u. p. con el pie izquierdo (inf.). *Tener un día de fortuna adversa:* «Hoy todo me sale mal; parece que me he levantado con el pie izquierdo».
nacer u. p. de pie (inf.). *[Sólo en pasado] ser muy afortunado:* «Ya es la quinta vez consecutiva que ganas en el casino. ¡Tú has nacido de pie!».
pararle u. p. los pies a alguien (inf.). *Atajar o detener a alguien en sus pretensiones:* «Tuve que pararle los pies a mi ayudante, porque no solamente quería aumento de sueldo, sino también salir todos los días una hora antes del trabajo».

perder u. p. pie (f.). *No encontrar el fondo con el pie cuando se está en el agua:* «Me llevé un buen susto, porque, al alejarme nadando de la orilla, perdí pie y casi me ahogo».
poner u. p. pies en polvorosa (inf.). *Escapar/huir a toda prisa:* «Al sonar la alarma, los atracadores pusieron pies en polvorosa».
poner u. p. los pies en casa de alguien (f.). *Presentarse en casa de alguien:* «Si tanto te molestan sus visitas, ¿por qué no le dices que no vuelva a poner los pies en tu casa?».
saber/ver u. p. de qué pie cojea alguien (f.). *Saber dónde residen los defectos de alguien:* «No he vuelto a prestarle dinero porque sé que no me lo devolverá; sé muy bien de qué pie cojea».
sacar u. p. los pies de las alforjas/del plato/del tiesto (inf.). *Insolentarse, insubordinarse, perder la timidez o el comedimiento habituales:* «Aunque mi padre no era demasiado autoritario, todos le respetábamos y nadie se atrevía a sacar los pies de las alforjas en su presencia».
no tener u. c. pies ni cabeza (f.). *No tener sentido:* «No tiene pies ni cabeza comprarse un coche para tenerlo siempre en el garaje».
no (poder) (sos)tenerse u. p. de/en pie (f.). *Encontrarse muy débil por enfermedad o cansancio:* «Cuando llegué a casa me desplomé en una butaca porque ya no podía tenerme en pie. Había recorrido treinta kilómetros».
tomar u. p. pie de algo (f.). *Tomar ocasión y pretexto de algo (para hacer algo):* «Al entrar la criada se interrumpió la conversación, y yo tomé pie de ello para despedirme y marcharme».
pies, ¿para qué os quiero? (inf.). *[Expresión con que uno mismo se exhorta a huir o salir corriendo]:* «Cuando vi que se acercaba mi acreedor, me dije 'pies, ¿para qué os quiero?', y desaparecí de allí en un momento».

piedra

[ser u. p./u. c.] piedra de escándalo (f.). *Persona o suceso que da lugar a que la gente se escandalice:* «Aquel hijo ilegítimo fue piedra de escándalo en familia tan conservadora y tradicionalista».
no ser u. p. de piedra (inf.). *No ser insensi-

ble a los estímulos sexuales: «¡Tápate esas piernas, chica, que los hombres no somos de piedra!».

ablandar u. p./u. c. las piedras (f.). *Incitar a la compasión:* «Ver esos niños hambrientos es un espectáculo que ablanda las piedras».

arrojar/tirar u. p. la primera piedra (f.). [*Generalmente en forma negativa o interrogativa*] *ser u. p. la primera en acusar a alguien:* «¿Quién se atreve a tirar la primera piedra si todos somos culpables de lo sucedido?».

arrojar/tirar u. p. piedras contra su (propio) tejado (inf.). *Criticarse a sí mismo sin ser consciente de ello:* «Si dices que en tu empresa no hay cosa que funcione bien y tú eres el director responsable, entonces tiras piedras contra tu propio tejado».

colocar/echar/poner u. p. la primera piedra (f.). *Dar principio a una empresa:* «Yo me he limitado a poner la primera piedra de esta industria; mis hijos sabrán continuar y ampliar el negocio».

dejar u. p. a alguien/quedarse u. p. de piedra (inf.). *Dejar/quedarse perplejo, atónito, estupefacto:* «La noticia me dejó de piedrA: mis vecinos aparecieron muertos, víctimas de un escape de gas».

no dejar u. p./u. c./no quedar piedra sobre piedra (f.). *Destruir algo/quedar destruida u. c. por completo:* «El incendio fue tan grande, que en el centro de la ciudad no dejó piedra sobre piedra».

dormir como una piedra (inf.). *Dormir profundamente:* «A mí nunca me molestan los ruidos de la calle porque yo siempre duermo como una piedra».

pasar(se) u. p. por la piedra a alguien (rest.). *Poseer sexualmente a una mujer:* «No creo que estés muy enamorado de esa chica; lo único que tú quieres es pasarla un par de veces por la piedra y después dejarla».

tirar u. p. la piedra y esconder la mano (f.). *Causar daño y esconderse:* «Pedro se pasa la vida intrigando contra mí en la oficina y luego en la calle me saluda como si fuera mi mejor amigo. Parece que le gusta tirar la piedra y esconder la mano».

menos da una piedra (inf.). [*Expresión con la que se exhorta a conformarse con poco*]: «Yo en tu lugar aceptaría ese dinero, aunque sea poco; menos da una piedra. Piensa que tu situación no es como para rechazar ofertas».

piel

[ser u. p.] (de) la piel del demonio/diablo (inf.). [*Ser*] *persona muy traviesa y enredadora:* «Estos niños son de la piel del diablo; si uno se descuida cinco minutos, son capaces de destruir la casa».

[estar u. p.] en la piel de alguien. *Ver* «[estar u. p.] en el *pellejo de alguien».

arrancarle/sacarle u. p. la piel a tiras a alguien (inf.). *Criticar o murmurar muy malamente de alguien:* «No comprendo qué placer encuentra mi vecina en sacarme la piel a tiras, pero siempre que puede habla mal de mí».

arriesgar/exponer/jugarse u. p. la piel. *Ver* «arriesgar ... u. p. el *pellejo».

no caber u. p./estar u. p. que no cabe en su piel (inf.). *Estar muy contento, envanecido, satisfecho:* «Está que no cabe en su piel desde que la han ascendido a jefa del departamento de ventas».

curtirle u. p. la piel a alguien (inf.). *Pegar, golpear a alguien:* «Como vuelvas a utilizar mi coche sin pedirme permiso, soy capaz de curtirte la piel».

dar/dejar/entregar/perder u. p. la piel. *Ver* «dar ... u. p. el *pellejo».

salvar u. p. la piel. *Ver* «salvar u. p. el *pellejo».

pierna

[escapar/irse/salir u.p] por piernas (inf.). [*Escapar ...*] *corriendo:* «La tormenta se presentó de improviso, así que tuvimos que irnos por piernas y dejar la merienda en el campo».

abrirse u. p. de piernas (a alguien) (rest.). [*Referido a mujeres*] *acceder a la cópula sexual:* «Cuando llegó el ejército de ocupación, las mujeres del pueblo no tuvieron más remedio que abrirse de piernas a los soldados para salvar sus vidas».

dejar u. p. con las piernas colgando a alguien. *Ver* «dejar u. p. con las *patas colgando a alguien».

dormir u. p. a pierna suelta (inf.). *Dormir con tranquilidad o con absoluta despreocupación:* «No os he sentido llegar porque estaba durmiendo a pierna suelta».

estirar u. p. las piernas (f.). *Pasear:* «A

mediodía haremos una pausa para comer y estirar las piernas».
hacer u. p. piernas (inf.). *Caminar, mover las piernas (como ejercicio gimnástico):* «El médico le recomendó que hiciese piernas y no pasara tanto tiempo sentado».
pasar(se) u. p. a alguien/algo por debajo de la pierna (inf.). *Considerar u. p. insignificante o despreciable a alguien/algo:* «Este tipo de problemas me los paso por debajo de la pierna, y no comprendo por qué otros se preocupan tanto por ellos».
quedarse u. p. con las piernas colgando. *Ver* «quedarse u. p. con las *patas colgando».

pieza
[ser u. p. un(a)] buena pieza (inf.). *Pícaro, pillo, sinvergüenza:* «El buena pieza de tu primo me debe dinero desde hace tiempo y no tiene intenciones de devolvérmelo».
[ser u. p.] hombre/mujer de una pieza (inf.). *Hombre/mujer de carácter e integridad moral:* «Es hombre de una pieza y durante su mandato no tolerará más escándalos ni sobornos».
dejar u. p. a alguien/quedarse u. p. de una pieza (inf.). *Dejar/quedarse atónito, estupefacto, perplejo:* «Me dejó de una pieza cuando me contó lo de la muerte repentina de su marido».

píldora
dorarle u. p. la píldora a alguien (inf.). *Mitigar o disimular a alguien una mala noticia o cosa desagradable:* «El trabajo que me ofrecían era pesado y mal pagado, pero para dorarme la píldora me hablaron de las largas vacaciones que permitía».
tragar(se) u. p. la píldora (inf.). *Dejarse engañar:* «De nuevo el dictador volvió a anunciar elecciones democráticas, pero esta vez ya nadie se tragó la píldora».

pimiento
no entender/saber u. p. un pimiento de algo. *Ver* «no entender/saber u. p. un *pito de algo».
importarle u. c. pimiento a alguien. *Ver* «importarle u. c. un *bledo a alguien».

pincelada
darle u. p. la(s) última(s) pincelada(s) a algo (f.). *Perfeccionar o concluir una obra:* «Ya sólo me falta darle las últimas pinceladas a un libro que estoy escribiendo sobre poesía moderna».

pinchar
no pinchar ni cortar u. p. en algo (inf.). *Tener poco o ningún valimiento o influjo en algo:* «Es muy presumido y dice que le han dado un cargo muy importante en el ministerio, pero yo creo que en realidad ni pincha ni corta».

pingo
[andar/estar/ir u. p.] hecha un pingo (inf.). *[Andar ...] muy mal vestido:* «Tengo que comprarme ropa nueva, porque ya casi me da vergüenza salir así a la calle, hecho un pingo».
poner u. p. como un pingo a alguien (inf.). *Criticar muy ásperamente a alguien:* «A la criada la pusieron como un pingo por haberse equivocado y servir la carne antes del pescado».

pinito
hacer u. p. sus (primeros) pinitos en algo (inf.). *Probar fortuna en alguna actividad:* «Apenas acaba de finalizar sus estudios y ya quiere hacer sus pinitos en literatura escribiendo para los periódicos».

pino
[estar u. p./u. c. en] el quinto pino (inf.). *[Encontrarse en] lugar muy apartado:* «La casa será muy bonita y muy barata, pero está en el quinto pino, y éso para mí representa una gran desventaja».
hacer u. p. el pino (f.). *Ponerse cabeza abajo sosteniéndose con las manos y manteniendo los pies en alto:* «No sé qué placer encuentras en hacer el pino. ¿No ves que se te viene toda la sangre a la cabeza?».

pintado
el más pintado (inf.). *El mejor, más valiente, más fuerte o más atrevido:* «Este río es bastante peligroso, y no lo atraviesa ni el más pintado».
[estarle/quedarle/venirle u. c. a alguien] como/que ni pintada (inf.). *Resultar muy adecuado o a propósito:* «La chaqueta de mi hermano me queda que ni pintada, porque los dos tenemos la misma talla».

no poder u. p. ver a alguien ni pintado. *Ver* «no poder u. p. ver a alguien ni en *pintura».

pintar
no pintar u. p. nada [en alguna fiesta, reunión] (inf.). *No desempeñar función alguna o no coincidir con el ambiente (de una fiesta, reunión, etc.):* «Mi mujer se reúne hoy con sus amigas, pero yo no voy porque allí no pinto nada».
pintarse(las) u. p. (sola) para hacer algo (inf.). *Tener habilidad suficiente para hacer algo sin ayuda de nadie:* «No hace falta que vengas; para arreglar la cocina me las pinto yo solo».

pintiparado
[estarle/quedarle/venirle u. c. a alguien] como/que ni pintiparada. *Ver* «[estarle ... u. c. a alguien] como/que ni *pintada».

Pinto
[estar u. p./u. c.] entre Pinto y Valdemoro (inf.). *Vacilar entre dos cosas u opiniones o adoptar una actitud ecléctica:* «Políticamente está entre Pinto y Valdemoro; a veces simpatiza con las derechas y a veces con las izquierdas».

pintor
pintor de brocha gorda (inf.). *[Despectivo] pintor no artístico:* «No creo que tenga mucho dinero, porque es pintor de brocha gorda, de los que emplean el pincel en puertas y ventanas».

pintura
no poder u. p. ver a alguien ni en pintura (inf.). *Tenerle antipatía o aversión a alguien:* «Después de todo el daño que me ha hecho, ya comprenderás que no puedo verla ni en pintura».

pinza
haber/tener que coger algo con pinzas. *Ver registro siguiente.*
no poder coger u. p. algo ni con pinzas (inf.). *[Expresión que pondera el mal estado en que se encuentra algo o la repugnancia que inspira algo]:* «El accidente fue tan aparatoso, que cuando llegaron los bomberos no pudieron coger el coche ni con pinzas».

piñón
estar u. p. a partir un piñón con alguien (inf.). *Entenderse o avenirse muy bien con alguien:* «No solamente ya no soy su enemigo, sino que desde hace algún tiempo estoy a partir un piñón con él».

pío
no/sin decir u. p. ni pío (inf.). *No/sin decir absolutamente nada:* «No se atrevió a contestar y se marchó sin decir ni pío».

pipa
[estar u. p./u. c.] más chupada que la pipa de un indio (inf.).
A: *[Estar u. p.] muy delgada:* «Roberto ha salido de su larga enfermedad más chupado que la pipa de un indio».
B: *[Ser u. c.] fácil de hacer o lograr:* «Esto de poner azulejos lo puede hacer cualquiera. Está más chupado que la pipa de un indio».
pasar(se)lo u. p. pipa (inf.). *Divertirse mucho:* «Por la mañana íbamos a la playa, por las tardes al campo y por las noches a las salas de fiestas. Total, que nos lo pasábamos pipa en vacaciones».

pique
[estar u. p./u. c.] a pique de [suceder/hacer algo] (inf.). *[Estar] próximo a realizar(se) algo:* «Estuve a pique de decirle que abandonase inmediatamente mi casa, pero al final me contuve».
echar u. p./irse a pique algo (f.). *Hundir/hundirse (un barco); destruir algo/fracasar o arruinarse u. c:* «Si no se preocupa Vd. un poco más de la contabilidad, va a echar a pique el negocio».

pirar
pirárselas u. p. (inf.). *Salir corriendo o huyendo:* «Cuando vimos que la discusión se iba haciendo más y más violenta, nos las piramos antes de que se produjese algún altercado».

piro
darse u. p. al/el piro. *Ver* «*pirárselas u. p.».

pisar
saber u. p. dónde pisa (inf.). *Saber bien lo que hace:* «Puedes confiarle el negocio a Angel; es un hombre que sabe dónde pisa».

pisto
darse u. p. pisto (inf.). *Presumir, jactarse o mostrarse orgulloso:* «Claro que no lo necesita. El coche de lujo se lo ha comprado sólo para darse pisto».

pistola
ponerle u. p. una pistola en el pecho a alguien (inf.). *Obligar a alguien a hacer algo contra su voluntad:* «Es una mujer tan fea, que no me casaría con ella ni aunque me pusieran una pistola en el pecho».

pistón
de (mucho) pistón (inf.).
A: [*Adj.*] *muy bueno, excelente:* «Tiene unos muebles de mucho pistón; por lo menos ha invertido tres millones en amueblar su casa».
B: [*Adv.*] *muy bien:* «Mi tío conduce de pistón; en cincuenta años de experiencia automovilística no ha tenido ni el más pequeño accidente».

pitar
[ir/venir/salir u. p.] pitando (inf.). [*Ir* ...] *precipitadamente, a toda velocidad:* «Tan pronto como me enteré del accidente, me vine pitando para ayudar a los heridos».

pito
no entender/saber un pito de algo (inf.). *No entender nada de algo:* «Me extraña que haya obtenido tan buena nota en matemáticas, porque de números no entiende un pito».
importarle u. c. un pito a alguien. *Ver* «importarle u. c. un *bledo a alguien».
salirle u. c. del pito a alguien (rest.). [*Muy enfático*] *querer algo, encapricharse en algo:* «A nadie le contó el motivo por el que dejaba nuestro club; simplemente, se marchó porque le salió del pito marcharse».
tocar u. p. el pito en algo (inf.). *Tener parte en alguna cosa o negocio, tener autoridad o influencia en algo:* «No sé quién le ha permitido a Vd. expresar su opinión ni qué pito toca en este asunto. Lo mejor que puede hacer es marcharse».
tocarse u. p. el pito (rest.). *Holgazanear, no hacer nada:* «¿No te da vergüenza ver cómo nosotros trabajamos mientras tú te estás tocando el pito?».
tomar u. p. a alguien por el pito de un sereno (inf.). *No tomar en serio a alguien, no prestarle atención:* «De nada ha servido mi reprimenda: me han tomado por el pito de un sereno».
no valer u. p./u. c. un pito (inf.). *No tener ningún valor:* «Se compró una casa que no vale un pito, porque amenaza ruina».
cuando no son pitos, son flautas. *Ver registro siguiente.*
(cuando) por pitos o (cuando) por flautas (inf.). [*Expresión que indica enojo*] *por un motivo o por otro (pero al revés de lo esperado):* «Siempre he insistido en la necesidad de comenzar la clase en punto, pero, por pitos o por flautas, la mayoría de los estudiantes llegan tarde».

pitoche
importarle u. p./u. c. un pitoche a alguien. *Ver* «importarle u. p./u. c. un *bledo a alguien».
no valer u. p./u. c. un pitoche. *Ver* «no valer u. p./u. c. un *pito».

pizarrín
mojar u. p. el pizarrín (rest.). [*Referido al hombre*] *realizar el acto sexual:* «Tú estás obsesionado por el sexo. Basta que pase una chica guapa por tu lado para que te pongas a pensar en mojar el pizarrín».

pizca
ni (una) pizca (de algo) (inf.). [*Negación enfática*] *nada (de algo):* «No tienes ni pizca de educación. ¿Cómo se te ocurre marcharte sin despedirte de nadie?».

placer
que es un/que da placer. *Ver* «que es un/que da *gusto».

plan
[estar u. p.] en plan de (f.). [*Estar*] *dispuesto a, en actitud de:* «Este niño últimamente es muy caprichoso y está en plan de decir a todo que no».
en buen/mal plan (inf.). *Con buenas/malas intenciones, sin/con malicia:* «Le puse la mano en el hombro en buen plan, pero la chica, que era muy desconfiada, pensó que yo quería llevármela a la cama».
en plan chulo (inf.). *Con orgullo y/o insolencia:* «Al chico que teníamos en la oficina

lo despedimos porque siempre contestaba en plan chulo y como si fuera un personaje importante».

tener u. p. un plan con alguien (inf.). *Mantener una relación amistoso-sexual con alguien:* «Hoy no acudirá Pepe a la tertulia, porque tiene un plan con una chica que conoció ayer».

plana

corregirle/enmendarle u. p. la plana a alguien (inf.). *Poner defectos a lo que ha ejecutado alguien y procurar mejorarlo o corregirlo:* «Estoy ya muy harto de que quieran corregirme la plana en todo lo que hago, como si yo fuese un inútil».

plancha

hacer/tirarse u. p. una plancha (inf.). *Hacer el ridículo por haber cometido algún desacierto:* «¡Menuda plancha que te has tirado preguntándole la edad a una dama!».

plano

de plano (f.).
A: [*Referido a armas o instrumentos*] *con la parte plana:* «Tuvo suerte que le golpeó de plano con la espada, de lo contrario la herida habría sido mortal».
B: [*Referido al sol*] *perpendicularmente:* «Hace un calor inaguantable; se conoce que el sol está dando de plano».
C: [*Referido a confesiones*] *claramente, con todo detalle:* «Al principio quería negarse a decirlo, pero al final vino la policía y tuvo que cantar de plano».
D: [*Referido a negaciones o rechazos*] *manifiestamente, categóricamente:* «¿Cómo va a estar contento si su proyecto arquitectónico fue rechazado de plano y ni siquiera le dijeron por qué?».

planta

[ser u. p.] de/tener buena planta (f.). [*Ser de*]/*tener buena figura o presencia:* «Yo creo que una vendedora de buena planta en el comercio debe de atraer muchos clientes».

plantado

[ser u. p.] bien plantada (f.). [*Ser*] *de buena presencia:* «Como es un hombre bien plantado, se cree que puede conquistar fácilmente a las mujeres».

dejar u. p. plantado a alguien (inf.).
A: *No acudir a una cita:* «Le esperé más de una hora, hasta que me di cuenta de que me había dejado plantada».
B: *Romper relaciones con alguien:* «Creo que se ha cansado de su novia y la ha dejado plantada para buscarse otra».

plantón

[estar u. p.] de plantón (inf.). [*Permanecer*] *parado y fijo en alguna parte y por mucho tiempo* [*generalmente esperando a alguien*]: «Estuve más de dos horas de plantón esperando a que saliese Conchita de la peluquería».

darle u. p. (un) plantón a alguien (inf.). *Hacer esperar a alguien mucho tiempo (bien por acudir muy tarde o bien por no acudir a una cita):* «Parece que la chica le ha dado plantón: hace una hora que está esperándola en esa esquina con un ramo de flores».

plata

[estar u. c.] (tan limpia) como/más limpia que una plata (inf.). *Muy limpio, hermoso, reluciente:* «Es una criada muy eficiente; en cuatro horas te deja la casa como una plata».

hablar u. p. en plata (inf.). [*Locución generalmente usada en gerundio*] *hablar directamente, sin rodeos, en pocas palabras:* «Mire Vd. su hijo es, hablando en plata, un sinvergüenza a quien no podemos aguantar más tiempo en este colegio».

plato

[sentirse u. p./ser u. p./u. c.] plato de segunda mesa (inf.). [*Sentirse/ser*] *postergado:* «Ya no me interesa esa mujer; ha tenido ya no sé cuántos amantes, y no quiero ser plato de segunda mesa».

comer u. p. del/en el mismo plato (inf.). *Tener gran confianza dos personas:* «Pero hombre, ¿cómo no voy a conocer a Jaime si los dos comemos del mismo plato?».

no haber roto/quebrado u. p. un plato (inf.). [*Generalmente irónico*] *no haber cometido nunca una falta, ser inocente de toda culpa:* «A tu amigo, ese que parece que nunca ha roto un plato, le acaba de detener la policía por tenencia ilícita de armas».

pagar u. p. los platos rotos (inf.). *Pagar o sufrir las consecuencias de algún daño:* «Al nene se le ocurrió tirar el televisor del vecino al suelo y yo ... pues tuve que pagar los platos rotos, como es lógico».
(no) ser u. p./u. c. plato de gusto de alguien (inf.). *(No) resultar agradable a alguien:* «Hombre, a ver si te das prisa, porque tener que esperar con este frío no es plato de mi gusto».
nada entre dos platos (inf.). [*Expresión que indica que no pasa absolutamente nada, en contra de lo que era de esperar o temer*]: «En estas discusiones siempre parece que va a haber heridos, pero al final, nada entre dos platos, y todos regresan tranquilos a sus casas».

pleno
en pleno (f.). [*Referido a grupos o colectividades*] *íntegro, con todos sus miembros:* «El parlamento en pleno decidió solidarizarse con los participantes en las protestas contra el gobierno».

plin
¡a mí plin! (inf.). [*Expresión que indica indiferencia*]: «Van a subir el impuesto de tabacos en un 50%, pero a mí plin, porque he dejado de fumar».

plomo
[ser u. p.] más pesada que/tan pesada como el plomo (inf.). [*Ser*] *muy pesado, molesto o impertinente:* «Tu amigo es pesado como el plomo; ayer estuvo casi cinco horas hablando sin parar».
caer u. p./u. c. a plomo (inf.).
A: *Caer verticalmente o perpendicularmente al suelo:* «Los rayos del sol caían a plomo sobre la plaza, y no se podía aguantar el calor».
B: *Caer pesadamente:* «Le dio un desmayo y cayó a plomo sobre la acera».

pluma
[escribir u. p.] a vuela pluma (f.). *Ver registro siguiente.*
[escribir u. p.] al correr de la pluma (f.). [*Escribir*] *sin detenerse mucho a pensar, a merced de la inspiración:* «Este escritor tiene un estilo un tanto descuidado; se ve que escribe al correr de la pluma».
dejar u. p. correr la pluma (f.). *Escribir espontáneamente, sin meditarlo:* «Se ha limitado a dejar correr la pluma y le ha salido una obra maestra. ¡Eso se llama inspiración!».
mojar u. p. la pluma (rest.). [*Referido al hombre*] *realizar el acto sexual:* «Este chico es un Don Juan que sólo se interesa por las chicas para mojar la pluma».
tener u. p. (buena) pluma (f.). [*Referido a escritos literarios*] *escribir muy bien:* «Es un escritor que tiene muy buena pluma y al que ya le han otorgado varios premios literarios».

plumazo
de un plumazo (inf.). *De forma expeditiva:* «El gobierno ha rebajado de un plumazo en más de un 20% las ayudas a los obreros en paro».

plumero
enseñar u. p./verle u. p. a alguien el plumero (inf.). *Dejar traslucir/adivinar las verdaderas intenciones:* «Hay que llevar este asunto con mucha precaución para no enseñar el plumero; si adivinan lo que queremos, estamos perdidos».

poco
ADJETIVO + como pocos (inf.). [*Locución que indica en grado superlativo alguna cualidad mencionada*]: «Es eficiente como pocos; en sólo dos horas es capaz de despachar la correspondencia de toda la semana».
a los pocos (inf.). *En veces, con interrupciones (debido a dificultades o tropiezos):* «No es capaz de concentrarse en la lectura por mucho tiempo; una novela, por ejemplo, tiene que leerla a los pocos. A veces necesita dos meses para terminarla».
a poco de + INFINITIVO (f.). *Poco después de +* INFINITIVO: «Me sentó tan mal la comida, que a poco de salir del restaurante empezó a dolerme el estómago».
dentro de poco (f.). *Pronto:* «Ya casi todos los árboles han perdido la hoja; dentro de poco viene el invierno».
poco a poco (f.). *Gradual o lentamente:* «Poco a poco, y con un continuado esfuerzo que duró unos veinte años, el país fue saliendo de la miseria».

poco más o menos. *Ver* «*más o menos».
por poco (no) (f.). *Casi:* «Por poco le atropello; pude detener el coche en el último momento».
a/con/por poco que (f.). [*Locución concesiva; subraya la facilidad de conseguir el resultado expresado en la oración principal aunque el esfuerzo indicado en la subordinada sea mínimo*] *aunque ... poco:* «Es un estudiante tan inteligente, que por poco que estudie obtendrá siempre notas brillantes».
por si (esto) fuera poco (inf.). [*Expresión de contrariedad o enojo utilizada al evocar una desgracia superior a la que se acaba de mencionar*] *además de (todo) eso:* «Me voy a arruinar. Acabo de pagar la factura del fontanero, la del chapista y, por si esto fuera poco, el impuesto de Hacienda».

poder
a más no poder (f.). *Al máximo grado posible:* «Aunque corrí a más no poder, no pude llegar a tiempo a la estación».
puede (ser) que (f.). *Quizás, tal vez:* «¿Volverán a Tenerife en verano? –Puede que en septiembre; todavía no lo sabemos».
(no) poder u. p. con alguien/algo (f.).
A: *(No) tener suficiente fuerza física para levantar/vencer a alguien/algo:* «No sé si voy a poder con tanta carga; son más de 30 kilos y no estoy acostumbrado a llevar peso».
B: *(No) poder educar o someter a alguien/algo:* «Se ve que el gobierno no puede con la inflación; hace ya años que se enfrenta con el problema sin resultados positivos».
C: *(No) poder aguantar o sufrir a alguien/algo:* «No puedo con la gente vanidosa. Siento verdadera aversión por ella».
no poder u. p. consigo (misma) (f.). *Estar muy cansado o agotado:* «El pobre hombre no puede ya consigo mismo: ha subido él solo más de veinte sacos de cemento de 50 kilos cada uno».
no poder u. p. más (f.).
A: *Estar muy cansado o agotado, no poder aguantar o resistir más:* «No puedo más de hambre; llevo más de veinticuatro horas sin comer y mis piernas se me doblan de debilidad».
B: *Estar muy harto [de alguien o de comer algo que se expresa a continuación]:* «Estoy que ya no puedo más. He comido en un solo día lo que no como en toda la semana».
no poder u. p. (por) menos de/que (f.). *No poder evitar o resistir (hacer algo):* «Si te invitan a cenar, no puedes menos de aceptar la invitación, aunque no tengas ganas de ir».
no hay quien pueda (f.). [*Expresión con que se indica la imposibilidad de hacer o conseguir algo*]: «¡Así no hay quien pueda! ¡Os pasáis la vida haraganeando y luego queréis cobrar como los que más han trabajado!».

polca
armar u. p. la/una polca (inf.). *Armar un lío, un escándalo:* «No quise responderle como se merecía por no armar una polca».

polvareda
armar/levantar/mover u. c. una polvareda (inf.). *Promover agitación o escándalo:* «El artículo en el que se demostraba que el Primer Ministro era homosexual levantó una gran polvareda».

polvo
polvos de pica-pica (inf.). *Polvo que provoca el estornudo; se usa para gastarle una broma a alguien:* «Alguien que tenía ganas de divertirse en el claustro de profesores, soltó polvos de pica-pica y todos empezaron a estornudar ruidosamente».
[dinero] limpio de polvo y paja (inf.). *Ganancia líquida, cantidad neta a percibir (una vez descontados gravámenes fiscales o descuentos de cualquier tipo):* «Gana unas 250.000 pesetas limpias de polvo y paja, que no está nada mal».
echarle u. p. un polvo a alguien (rest.). [*Referido al hombre*] *realizar el acto sexual:* «Yo creo que estos turistas que se interesan más por la vida nocturna que por las playas, a lo único que vienen es a echar un polvo a las nativas, y nada más».
hacer u. p. polvo a alguien/algo (f.). *Agotar a alguien, causarle un grave daño a alguien, destruir algo:* «Estos niños son muy traviesos y, cuando están solos, todo lo hacen polvo».
morder/tragar u. p. el polvo (inf.). *Ser vencido:* «Seguro que los nuestros morderán el polvo, porque tienen un ejército mal abastecido y dirigido por oficiales ineptos».

sacudirle u. p. el polvo a alguien (inf.). *Golpear a alguien:* «Si te vuelvo a sorprender cogiendo mis cigarrillos, te sacudo el polvo».
tener u. p. (un) polvo (rest.). *Tener gran atractivo sexual:* «¡Vaya polvo que tiene la niña! Siempre que va de paseo la van siguiendo todos con la mirada».

pólvora
descubrir/inventar u. p. la pólvora (inf.). [*Locución irónica, generalmente en pasado, aplicada a quien dice o hace algo vulgar o sin importancia con la pretensión de haber dicho o hecho algo genial*]: «¿Ahora te das cuenta de que los rayos del sol tienen mayor inclinación en los países nórdicos? ¡Pues te felicito, porque acabas de inventar la pólvora!».

polla
con la polla. *Ver* «con la *punta de la polla».
chuparle/tocarle u. p. la polla a alguien (rest.). [*Expresión frecuentemente usada en oración imperativa para indicar rechazo categórico o violento de alguien/algo*]: «La policía de carreteras me chupa la polla; no pienso obedecerles si intentan detenerme».
salirle u. c. de la polla a alguien (rest.). [*Muy enfático*] *querer algo, encapricharse en algo, darle la gana a alguien:* «Ya sé que es una obra de teatro excelente, pero hoy no voy al teatro porque no me sale de la polla, y no tengo por qué dar más explicaciones».
tocarse u. p. la polla (rest.). *Ver* «tocarse u. p. el *pito».
¡qué ... ni qué pollas! (rest.). [*Expresión enfática de incredulidad o de rechazo violento*]: «¡Qué elecciones presidenciales ni qué pollas! En este país no hay auténticas elecciones, porque no hay más que un único candidato».

pollo
[ser u. p. un] pollo pera (inf.). *Hombre joven de familia adinerada, pretensioso e insustancial:* «Pepito es el típico pollo pera que sólo se preocupa de sus corbatas».

poner
poner u. p. a cien a alguien (inf.).
A: *Enojar, enfurecer a alguien:* «Estos niños me ponen a cien con sus gritos; un día les voy a dar un buen escarmiento».
B: *Excitar a alguien sexualmente:* «La chica se vestía de manera tan provocativa, que ponía a cien a los hombres que se la encontraban por la calle».
poner u. p. a alguien al tanto de algo (f.). *Informar a alguien de algo:* «Tengo que ponerte al tanto de lo que ocurre, para que sepas a qué atenerte».

por
por sí o por no (f.). *En previsión de lo que pueda ocurrir:* «Por sí o por no, con este clima lo mejor es llevar siempre paraguas».

pormenor
entrar en pormenores. *Ver* «entrar en *detalles».

porque
porque no/sí (f.). [*Expresión con que se enfatiza una negación/afirmación sin querer dar más explicaciones*]: «No salgo porque no; ¿es que no puedo hacer lo que quiero?».

porra
de la porra (inf.). *Ver* «de la *puñeta».
ir(se) u. p./u. c. a la porra (inf.).
A: *Fracasar, quebrar, resultar mal:* «La amistad con Julita se fue a la porra, y si ahora nos vemos por la calle apenas nos saludamos».
B: [*En oraciones imperativas u optativas indica rechazo categórico o violento de alguien/algo*]: «Los Martínez siempre quieren que les vaya a cuidar a los niños precisamente los domingos. ¡Que se vayan a la porra!».
mandar u. p. a la porra a alguien (inf.). *Rechazar a alguien/algo de forma categórica o violenta:* «Tuve que mandarlo a la porra porque se ponía muy pesado y quería a toda costa venderme cosas que a mí no me interesaban lo más mínimo».
¡qué ... ni qué porras! (inf.). [*Expresión enfática de incredulidad o de rechazo violento*]: «¡Pero qué indisposición momentánea ni qué porras! Si el tenor ha cantado mal es, simplemente, porque es malo».

porreta
[estar u. p.] en porreta (inf.). [*Estar*] *des-*

nudo: «Esta es una playa de nudistas; aquí todo el mundo está en porreta».

porrillo
a porrillo (inf.). *En gran cantidad:* «Era una de las personas más ricas del pueblo; tenía dinero a porrillo».

portante
coger/tomar u. p. el portante (inf.). *Irse, marcharse:* «Se sintió tan ofendido, que cogió el portante sin despedirse siquiera».

pos
en pos de (f.). *Detrás de:* «El perro galgo salió corriendo en pos de la liebre, pero no pudo alcanzarla».

posesión
entrar u. p. en posesión de algo (f.). *Adueñarse, posesionarse de algo:* «El día en que se muera su tío el millonario, Carlos entrará en posesión de una enorme fortuna».

posible
hacer u. p. todos los posibles (f.). *No escatimar esfuerzo alguno para lograr lo que se propone:* «Voy a estar muy ocupado esta semana, pero haré todos los posibles para pasar un rato contigo».

posteridad
pasar u. p. a la posteridad (f.). *Hacerse famoso:* «Ha inventado una máquina para pelar patatas y se cree que con eso va a pasar a la posteridad».

postín
[ser u. c.] de (mucho) postín (f.). *[Ser] de mucho lujo, de mucho boato:* «Hicieron una fiesta de postín y no escatimaron botellas de champán».
darse u. p. postín (de algo) (inf.). *Presumir (de algo), darse importancia a sí mismo:* «Siempre está despreciando a todo el mundo y dándose mucho postín, como si fuese superior a todos».

postre
a la postre (f.). *Al final:* «No sé para qué le das tantos consejos; a la postre hará lo que él quiera, como siempre».
para postre (inf.). [*Expresión de contrariedad o enojo utilizada al evocar una desgracia superior a la que se acaba de mencionar*]; *además de (todo) eso:* «Tuvimos un pinchazo justo cuando atravesábamos el puerto, y, para postre, se echó a llover, de manera que tuvimos que esperar a que escampase».

pote
darse u. p. pote (inf.). *Presumir, jactarse:* «Yo creo que mi tío José María nunca estuvo en la guerra, pero siempre cuenta historias de armas para darse pote y para que lo tomen por héroe».

Potosí
valer u. p./u. c. un Potosí. Ver «valer u. p./u. c. un *Perú», acepción B.

pozo
[ser u. p. un] pozo de ciencia/sabiduría (inf.). *Persona muy sabia:* «Ha publicado más de treinta libros; es un pozo de ciencia».
[ser u. p./u. c. un] pozo sin fondo (inf.). *Insaciable:* «La ambición es un pozo sin fondo, porque cuanto más se tiene, más se desea».

precio
no tener u. p./u. c. precio (f.). *Valer mucho:* «Como secretaria esta chica no tiene precio. en un solo día resuelve más papeles que otras en toda una semana».

pregunta
[andar/estar u. p.] a la cuarta pregunta (inf.). [*Estar*] *escaso o desprovisto de dinero:* «Le invité a comer en un buen restaurante porque sabía que el pobre andaba a la cuarta pregunta y pasaba hambre».
acribillar/asediar/marear/moler u. p. a preguntas a alguien (f.). *Abrumar a alguien haciéndole preguntas:* «Los periodistas rodearon al único superviviente del naufragio y le acribillaron a preguntas».

prenda
no dolerle prendas a alguien (f.).
A: *Cumplir fielmente sus obligaciones:* «Tratándose de trabajar, a Carlos no le duelen prendas, y ha logrado convertirse en empleado modelo».
B: *No escatimar esfuerzos para lograr un propósito:* «Es un hombre al que no le duelen prendas, y acabará consiguiendo lo que se propone, cueste lo que cueste».

C: *Saber reconocer la superioridad de otro, o admitir un error propio:* «Ya sabes que a mí no me duelen prendas, así es que si el que está equivocado soy yo, lo reconoceré sin problemas».
(no) soltar u. p. prenda (inf.). *(No) revelar un secreto o algo comprometedor:* «Le pregunté repetidamente por el motivo de su estancia en Madrid, pero no quiso soltar prenda».

prensa
prensa amarilla (inf.). *Prensa sensacionalista:* «En el periódico se decía que el terremoto había causado más de un millón de víctimas, pero ya sabes cómo exagera la prensa amarilla».
tener u. p. buena/mala prensa (inf.). *Tener buena/mala fama:* «Es difícil que esta empresa consiga un crédito para salir de la crisis; después de tantos escándalos financieros, tiene muy mala prensa».

presa
hacer u. c. presa en alguien/algo (f.). *Coger, apresar, dominar a alguien/algo:* «El fuego hizo presa en el edificio y, en poco tiempo, lo redujo a un montón de escombros».

presente
hacerle u. p. presente algo a alguien (f.). *Recordarle algo a alguien:* «Es conveniente hacerle presente a nuestros clientes que el negocio cierra los sábados por la mañana».
tener u. p. presente a alguien/algo (f.).
A: *Recordar a alguien/algo:* «Aunque salga de viaje y pase mucho tiempo fuera de casa, tiene siempre presente a sus niños. No puede dejar de pensar en ellos».
B: *Tener en cuenta algo, considerar algo:* «Ten presente que aquí se viene a trabajar y no a charlar con los compañeros de trabajo».
mejorando lo presente (f.). [*Fórmula de cortesía que se emplea cuando se alaba a alguien en presencia de otra persona*]: «Su amigo de usted es la persona más buena que existe, mejorando lo presente».

primero
[ser u. p./u. c.] de primera (inf.). [*Ser*] *de primera calidad, óptimo:* «Este comercio es un poco caro, pero a cambio de eso te venden productos de primera».
como el primero (inf.). *Tan(to), tan bien como o mejor que cualquier otro:* «No comprendo por qué te critican en la oficina. Tú trabajas y rindes como el primero».

primo
coger/tomar u. p. de/por primo a alguien (inf.). *Abusar de alguien por considerarlo muy ingenuo o tonto:* «¿Por qué os empeñáis en que tengo que invitaros a pasar las vacaciones en mi casa de campo? ¿Es que me habéis tomado por primo?».
hacer u. p. el primo (inf.). *Dejarse engañar, dejarse explotar, hacer el tonto:* «Ayer hiciste el primo empeñándote en pagar la consumición de todos; total, no conocías a ninguno de los presentes».

primor
que [es] un primor (inf.). *Muy bien, mucho, en gran manera:* «Con tantos gastos de médicos y farmacias, los ahorros de la familia disminuían que era un primor».

pringar
pringarla u. p. (inf.). [*Generalmente en pasado*];
A: *Hacer o decir algo inoportuno o desacertado:* «El niño la ha pringado; les ha dicho a nuestros huéspedes que nosotros les llamamos 'los pesados'».
B: *Malograr, echar a perder un asunto:* «Por conducir tan rápido nos sigue la policía. ¡La has pringado!».
C: *Morir:* «De resultas de los golpes y contusiones que sufrió en la cabeza, la pringó al día siguiente».

prisa
de prisa y corriendo (inf.). *Con precipitación, atropelladamente:* «Hay bastantes errores en este libro; se ve que está escrito de prisa y corriendo».
correr(le) u. c. prisa (a alguien) (f.). *Ser(le) urgente:* «Deja todo lo que estás haciendo y termina la carta, que corre más prisa que todo lo demás».
darse u. p. prisa (f.). *Apresurarse:* «Tienes que darte prisa, si no quieres llegar tarde al concierto».
darle/meterle u. p. prisa a alguien (f.). *Ins-*

tarle u obligarle a hacer algo con prontitud: «Es un poco perezoso; tienes que meterle prisa para que no se eternice despachando la correspondencia».
llevar/tener u. p. prisa (f.). *Tener que hacer algo con urgencia, no disponer de tiempo libre:* «Otro día hablaremos con más calma; hoy no puedo detenerme porque llevo prisa».

pro
[pesar/sopesar u. p.] el pro y el contra (de algo) (f.). [*Evaluar*] *lo favorable y lo desfavorable, lo positivo y lo negativo (de algo):* «Antes de tomar una decisión tan importante, debes pesar el pro y el contra, para que no tengas que arrepentirte después».

proa
ponerle u. p. la proa a alguien/a algo (inf.). *Oponerse a alguien/algo:* «No se pudo realizar mi proyecto porque el director de la empresa le puso la proa».

procesión
andarle/irle la procesión por dentro a alguien (inf.). *Aparentar serenidad cuando se siente pena, cólera, etc.:* «Parecía no haberse inmutado cuando le comunicaron que se había arruinado, pero en realidad la procesión le andaba por dentro».

pronóstico
[ser u. c.] de pronóstico (inf.). [*Ser*] *muy grave, de mucho peligro:* «Ha sufrido un accidente de pronóstico; no creo que salga del hospital antes de dos meses».

pronto
al pronto (f.). *En el primer momento:* «Estaba tan cambiado después de su enfermedad, que al pronto no le conocí».
por de/lo pronto (f.). *Por el momento, provisionalmente:* «Tengo un hambre tremenda; tráeme por lo pronto cualquier cosa para empezar. Ya veremos después».
tener u. p. sus prontos (f.). *Ser irritable de carácter:* «Tienes que perdonarle si ha estado un poco violento contigo; ya sabes que tiene sus prontos, pero no es mala persona».
tan pronto como (f.). [*Locución temporal*] *inmediatamente después del momento en que:* «Llámame tan pronto como llegues; estoy deseando verte».

¡hasta pronto! *Ver* «¡hasta *luego!».

propósito
a propósito (de) ... (f.). [*Expresión con que se introduce la presentación de una idea o pregunta espontánea en el diálogo*]: «Me alegro de que te hayan salido bien los exámenes. Y, a propósito de exámenes, ¿puedes decirme cómo le fue en los exámenes a Isabel?».

provecho
¡buen provecho ([le] haga])! *Ver* «¡que *aproveche!».

prueba
a prueba de algo (f.). *Capaz de resistir algo:* «Les compré a los niños unos relojes a prueba de golpes; espero que les durarán por lo menos un par de años».
a prueba de bomba(s) (inf.). *Muy fuerte y sólido:* «Antes se construían las casas a prueba de bomba, con unas paredes de medio metro de ancho y unos materiales eternos».
a toda prueba. *Ver registro anterior.*
poner u. p./u. c. a prueba a alguien/algo (f.). *Someter a alguien/algo a algunas verificaciones que permiten conocer sus cualidades o aptitudes:* «La carretera tenía tantas curvas peligrosas, que ponía a prueba los nervios de cualquiera».
poner u. p. a prueba la paciencia de alguien (f.). *Abusar de la paciencia de alguien molestándole mucho:* «Estos niños ponen a prueba la paciencia de sus padres: todo el día se lo pasan haciendo ruido».

puchero
hacer u. p. pucheros (inf.). *Hacer (un niño) el gesto que precede al lloro:* «El niño se puso a hacer pucheros y tuve que darle una chocolatina para que no llorase».
volcar u. p. el puchero (inf.). *Cometer un fraude o falsificación electoral (computando votos no emitidos):* «Ya han vuelto a volcar el puchero los conservadores: en un pueblo de diez mil electores aparecieron once mil votos a su favor».

puente
hacer u. p. puente (f.). *Saltar un día laborable que se encuentra entre dos festivos:*

«Como el martes es festivo, haremos puente el lunes y reanudaremos el trabajo el miércoles».
tenderle u. p. el/un puente a alguien (inf.). *Hacer todo lo posible para reconciliarse con alguien:* «Hace ya tiempo que le he tendido un puente, pero él continúa enfadado conmigo».

puerta

[estar u. p.] a las puertas de la muerte (f.). *[Estar] muy enfermo o próximo a morir:* «La enfermedad fue tan seria, que pasó algunos días a las puertas de la muerte».
[estar u. p./u. c.] a las puertas (f.). *[Estar] muy cerca, [ser] inminente:* «Los exámenes están a las puertas y tú todavía no te has decidido a coger un libro. ¿A qué esperas?».
a puerta cerrada (f.). *De manera no pública, en secreto:* «Ayer celebraron una reunión a puerta cerrada y nadie sabe qué se ha tratado en ella».
de puertas (para) adentro (f.). *En privado, privadamente:* «La noticia de la quiebra del banco circuló de puertas adentro; oficialmente no se comunicó nada para no alarmar a los inversores».
de puertas (para) afuera (f.). *En público, públicamente:* «De puertas afuera parece el hombre más liberal del mundo, pero en su casa es un auténtico tirano».
abrirle u. p. la puerta a algo (f.). *Hacer posible algo, dar ocasión a que ocurra u. c:* «Esta nueva ley es tan tolerante con los malhechores, que abre la puerta a toda clase de delitos».
cerrársele todas las puertas a alguien (f.). *Ser rechazada u. p. por todos aquellos a quienes pide auxilio:* «Ni los bancos le conceden más créditos, ni sus amigos le socorren con pequeños préstamos, así que se le cerraron todas las puertas».
coger/tomar u. p. la puerta (inf.). *Marcharse [generalmente malhumorado]:* «Llegó un momento en que ya no pude aguantar una conversación tan estúpida, me levanté y cogí la puerta sin despedirme».
darle u. p. con la puerta en la boca/cara/los hocicos/las narices a alguien (inf.). *Cerrarle la puerta a alguien en su misma presencia:* «Como se atreva a volver a interrumpirme la siesta, soy capaz de darle con la puerta en la boca».
echar u. p. las puertas abajo (inf.). *Llamar a la puerta muy fuerte o violentamente:* «La próxima vez que llegues tan tarde procura no echar las puertas abajo, que hay gente durmiendo».
[entrar/salir u. p.] por la puerta grande (inf.). *Ser recibido con toda consideración o con todos los honores:* «Es un escritor muy famoso y entrará en la Academia por la puerta grande».
franquearle u. p. las puertas a alguien (f.). *Acoger a alguien:* «No me explico cómo una familia tan educada puede franquearles las puertas a estos sinvergüenzas e invitarles a cenar».
llamar u. p. a la(s) puerta(s) de alguien (f.). *Pedirle ayuda a alguien:* «Es muy caritativo y está dispuesto a socorrer a todo el que llame a su puerta».
poner u. p. en la puerta de la calle a alguien (f.). *Despedir a alguien de su puesto de trabajo o de su vivienda:* «Si sigues llegando tarde al trabajo, te van a poner en la puerta de la calle, por irresponsable».
tener u. p. todas las puertas abiertas (inf.). *Ser bien acogido en todas partes:* «Su futuro profesional no puede ser mejor, pues tiene todas las puertas abiertas y goza de inmejorable reputación entre la gente de negocios».

puerto

llegar u. p. a puerto (f.). *Superar una situación difícil o peligrosa:* «Cuando empezamos a construir la casa estábamos convencidos de que, ante la magnitud de los problemas, nunca íbamos a llegar a puerto».

pues

pues entonces ... (inf.). *[Respuesta elíptica para alentar a alguien] ¿por qué preocuparse, entonces?:* «No entiendo por qué estás tan preocupado por el dinero. ¿No te han dicho en el banco que te van a conceder un crédito? –Sí. –¡Pues entonces ...!».
pues nada (inf.).
A: *[Expresión que indica indiferencia] no/tampoco importa:* «Le dirás al director de la empresa que te he mandado yo, y si no te da trabajo, pues nada, buscaremos en otra parte».

B: [*Expresión que indica el deseo de terminar un diálogo o una breve digresión en él*]: «Bueno, pues nada, amigo, nos veremos mañana para discutir las cuestiones que quedan por resolver».
¡pues no/tampoco ...! (inf.). [*Expresión irónica de disgusto o admiración que afirma lo que aparentemente se niega a continuación*]: «¿Dices que eres el director general? ¡Pues no has hecho carrera tú!».
¡pues sí! (inf.). [*Expresión de disgusto o fastidio ante lo que se dice a continuación*]: «¡Pues sí! ¡Parece que el gobierno no estaba satisfecho con la tasa de impuestos y se ha decidido a aumentarla».
¡pues sí que ...! (inf.). [*Expresión irónica de disgusto o fastidio que niega lo que aparentemente se afirma a continuación*]: «¡Pues sí que estamos bien! Tenemos una avería en el coche y ahora anuncian que hay huelga de trenes!».

puesto
tenerlos u. p. bien puestos (inf.). *Tener valor o atrevimiento:* «A ese no es fácil asustarle; los tiene muy bien puestos».
puesto que (f.). [*Locución causal*] *como, porque:* «Puesto que ha preparado una documentación completa, ya no queda mucho por discutir».

pulga
[ser u. p.] de/gastar/tener malas pulgas (inf.). [*Ser*] *de/tener mal genio, carácter irritable:* «No discutas con él porque es persona de malas pulgas y terminaríais a bofetadas».
buscarle u. p. las pulgas a alguien (inf.). *Buscar el modo de irritar o provocar a alguien:* «Te aconsejo que no me busques las pulgas, porque tengo muy mal genio».
sacudirse u. p. las pulgas (inf.). *Evadir las responsabilidades:* «No parece muy solidario con sus compañeros, porque cuando hay verdaderos problemas se sacude las pulgas ausentándose del trabajo».

pulmón
[gritar u. p.] a pleno/todo pulmón (f.). [*Gritar*] *al máximo volumen de voz:* «El pobre viejo está tan sordo, que tienes que gritarle a pleno pulmón si quieres que te oiga».

pulpo
[estar u. p.] más despistada que un pulpo en un garaje (inf.). [*Estar*] *muy despistado:* «Mi hermano está más despistado que un pulpo en un garaje; ayer se confundió de piso y entró en el del vecino».

pulso
a pulso;
A: (f.). *Haciendo fuerza con la muñeca y la mano sin apoyar el brazo en ninguna parte:* «Quiso hacer una demostración de fuerza y cogió a su amiga con una sola mano y la levantó a pulso».
B: (inf.). *Sin ayuda de nadie y a fuerza de perseverancia:* «Su fortuna, que es considerable, se la ha hecho a pulso día a día, trabajando como un esclavo».
echarle u. p. un pulso a alguien (f.).
A: *Rivalizar en fuerza una persona con otra mediante la prueba de derribar el brazo del contrario:* «Mi abuelo había sido el mozo más fuerte del pueblo; siempre que le echaba un pulso a alguien lograba vencerlo».
B: *Rivalizar, competir con alguien:* «Los sindicatos acaban de echarle un pulso al gobierno. si no aumentan los salarios en un 20%, convocarán una huelga general».
tener u. p. buen pulso (f.). *No temblarle la mano a alguien:* «Yo no sirvo para participar en el concurso de tiro, porque no tengo buen pulso y la mayor parte de los disparos quedarían a gran distancia del blanco».
tomarle u. p. el pulso a alguien/a algo (inf.). *Tantear un asunto o la opinión de alguien:* «Habrá que tomarle el pulso a Manuel para saber si está con nosotros o contra nosotros».

pun
[no decir/saber] ni pun [de algo] (inf.). [*Enfático*]; [*no decir/saber*] *absolutamente nada:* «Me habló de lo que iba a ser mi nuevo trabajo y de sus grandes ventajas, pero de dinero ni pun, no dijo nada».

punta
[ser u. c.] (sólo) la punta del iceberg (f.). *Solamente el aspecto más aparente o lo primero que se ve de algo más grande, grave o importante:* «Parece que este escándalo es sólo la punta del iceberg, y que si se sigue

investigando aparecerán involucrados en él incluso algunos ministros y senadores».
a punta de lanza (inf.). *Con dureza, con todo rigor:* «Más que capataz, parece dictador; trata a sus obreros a punta de lanza».
a punta (de) pala (inf.). *En abundancia, en gran cantidad:* «Este año la cosecha de cereales fue magnífica, y hay trigo a punta pala».
a punta de pistola (inf.). *Amenazando con una pistola:* «Los ladrones nos obligaron a punta de pistola a entregarles todo el dinero que había en la caja».
con la punta de la gaita. *Ver registro siguiente.*
con la punta de la polla (rest.). *Con gran facilidad o maestría:* «Este es uno de nuestros mejores prosistas. Escribe con la punta de la polla».
de punta a cabo (f.).
A: [*En el espacio*] *de un extremo al otro:* «Se ha recorrido América de punta a cabo. desde el norte de Canadá hasta el sur de Chile».
B: [*En el tiempo*] *de principios a fin:* «Toda esa historia tan larga que me has contado es inverosímil de punta a cabo».
de punta a punta (inf.). *De un extremo a otro (en el espacio):* «Será mejor que nos veamos en un lugar céntrico; vives muy lejos, y para ir a recogerte tendría que recorrer la ciudad de punta a punta».
[estar u. p.] de punta en blanco (f.). [*Estar*] *muy acicalado, elegante, vestido de gala:* «No hace falta que te pongas de punta en blanco para venir a mi casa; nosotros no somos partidarios de la etiqueta».
sacarle u. p. punta a algo (f.). *Atribuirle a una cosa malicia o un significado que habitualmente no tiene:* «Pepe nos hace reír mucho cuando le saca punta a los discursos de los parlamentarios».
tener u. p. algo en la punta de la lengua (inf.). *Estar próximo a decir algo o a acordarse de algo sin lograrlo:* «En este momento no me acuerdo exactamente del nombre del autor del libro, pero aguarda sólo un momento y te lo diré, porque lo tengo en la punta de la lengua».

puntada
echarle/soltarle/tirarle u. p. una puntada a alguien (inf.). *Decirle una indirecta a alguien:* «Si no se acuerda de que tiene que devolverte el dinero, le sueltas una puntada hablando de lo cara que está la vida».

puntilla
[andar/caminar/ir u. p.] de puntillas (f.). [*Andar ...*] *en la punta de los pies:* «Se acercó al niño de puntillas por miedo a que se despertase».
darle u. p. la puntilla a alguien/a algo (inf.). *Terminar con alguien/algo, rematar algo:* «Después del primer disparo, el animal cayó al suelo y el cazador volvió a dispararle por segunda vez para darle la puntilla».

punto
[ser u. c.] el punto débil/flaco/vulnerable de alguien/algo (inf.). *Defecto o cualidad negativa de alguien/algo:* «El punto débil de esta teoría es que no hay manera de verificarla por medio de un experimento en la práctica».
[ser u. p. un] punto de cuidado (inf.). *Ver registro siguiente.*
[ser u. p. un] punto filipino (inf.). *Tunante, persona poco de fiar:* «Habrá que vigilar a ese punto filipino. No me fío nada de lo que hace».
punto de vista (f.). *Criterio, opinión:* «Era imposible que nos entendiésemos; nuestros respectivos puntos de vista eran completamente diversos».
punto muerto (f.). *Momento en que ya no se realiza progreso alguno en el desarrollo o transcurso de algo:* «Las negociaciones de paz parece que han llegado a un punto muerto, porque ya nadie cree posible un acuerdo».
[estar u. c.] a punto (f.). [*Estar*] *preparado, listo, en buenas condiciones:* «Parece que el coche todavía no está a punto; hay que apretar todavía un par de tornillos».
[estar u. c.] a punto de caramelo (inf.). [*Estar*] *perfectamente preparado para algún fin:* «Mi tesis doctoral está ya a punto de caramelo, y puedo presentarla cuando quiera».
[estar] a punto de [hacer/suceder] (f.). [*Estar u. p.*] *próxima a hacer algo;* [*estar u. c.*] *próxima a suceder:* «Cuando le oí decir tantas mentiras, estuve a punto de levantarme y marcharme sin despedirme, pero me contuve».

[saber u. p.] a punto fijo (f.). [*Saber*] *exactamente, con precisión, con certeza:* «El buen hombre no sabía a punto fijo qué era un director general, pero se imaginaba que debía de ser un puesto muy importante».
al punto (f.). *En seguida:* «Es muy dócil y servicial; le das un encargo cualquiera y al punto te obedece».
con puntos y comas (inf.). *Detalladamente:* «El profesor de historia describe las batallas con puntos y comas, como si hubiera sido testigo presencial de ellas».
de todo punto (f.). [*Seguido siempre de un adj. de sentido negativo*] *del todo, completamente:* «Lo siento, pero me resulta de todo punto imposible acudir hoy a la recepción».
en punto (f.). *Exactamente* [*empleado solamente con horarios*]: «Eran las siete en punto de la tarde, ni un minuto más ni un minuto menos».
en punto a algo (f.). *En lo que concierne a algo:* «En punto a música estamos siempre de acuerdo; a los dos nos gusta el rock».
[estar u. c.] en su punto (f.). *En el momento, en la fase o de la manera que mejor puede estar:* «La sopa no está en su punto; le falta sal».
hasta cierto punto (f.). *En cierta manera, en parte:* «Tienes razón hasta cierto punto, pero no puedo estar del todo conforme contigo».
punto menos que (f.). *Poco menos que, casi:* «Después de tantos años resulta punto menos que imposible acordarse de cómo había ocurrido todo».
punto por punto (f.). *Detalladamente:* «Le dije que me contara punto por punto lo que había ocurrido, porque quería saber toda la verdad».
calzar u. p. muchos/pocos puntos en algo (f.). *Ser persona aventajada/no aventajada en alguna materia:* «No creo que este individuo calce muchos puntos en el mundo de la literatura. Su prosa es más bien vulgar».
dar u. p. en el punto (f.). *Dar o acertar en la dificultad:* «Hace algún tiempo que intento hacer paellas al estilo de Valencia, pero todavía no he dado en el punto y siempre quedan mal».
poner u. p. los puntos sobre las íes (inf.). *Puntualizar, aclarar meticulosamente un concepto para no dejar dudas:* «En aquel internado no había apenas disciplina, por lo que un día el director tuvo que poner los puntos sobre las íes redactando un reglamento».
poner u. p. punto en boca (inf.). *Callarse:* «¡A ver si ponéis punto en boca, que los niños están durmiendo!».
ponerle u. p. punto (final) a/en algo (f.). *Finalizar algo:* «Ya es hora de que pongáis punto a esa enojosa discusión; lleváis tres horas disputando sobre lo mismo».
subir u. c. de punto (f.). *Aumentar un estado de ánimo, impresión o afecto:* «Mi aversión por esta maestra subió de punto cuando vi con mis propios ojos cómo maltrataba a sus alumnos».
a/hasta tal punto que (f.). [*Locución consecutiva-modal*] *tan/tanto ... que:* «Hasta tal punto está enfadado con nosotros, que ya no nos habla».

puñado
a puñados (f.). *En gran abundancia:* «No sabe ya qué comprarse porque lo tiene todo; gana el dinero a puñados».

puñal
ponerle u. p. el puñal en el pecho a alguien (inf.). *Obligar a alguien a tomar una decisión:* «El casero me ha puesto un puñal en el pecho: o pago los tres meses de alquiler que le debo, o dejo el piso inmediatamente».

puñalada
[ser u. c. una] puñalada por la espalda en el pecho a alguien (f.). *Mala acción cometida a traición:* «Aquello fue una verdadera puñalada por la espalda; le despidieron sin avisarle y sin darle tiempo a prepararse».

puñeta
[estar u. p./u. c. en] la quinta puñeta (inf.). *Ver* «[estar u. p./u. c. en] el quinto *pino».
de la puñeta (rest.). [*Locución despectiva referida a personas o cosas*] *insoportable, inaguantable:* «Empiezo a cansarme de esta comida de la puñeta. ¿Es que no puedes preparar platos más variados?».
más [...] que la puñeta (rest.). A: [*Con adj.*] *muy:* «Es más tacaño que la puñeta. No es posible convencerle para que nos invite a unos vasos».

B: [*Con verbos*] *mucho:* «Fuma más que la puñeta; hay días que consume tres cajetillas».
hacerle u. p./u. c. la puñeta a alguien (rest.). *Causarle algún daño o perjuicio a alguien:* «Me van a hacer la puñeta si no me pagan a tiempo la extraordinaria de verano, porque tengo que pagar las vacaciones por adelantado».
ir(se) u. p./u. c. a freír/hacer puñetas (rest.).
A: *Perecer u. p.; fracasar, quebrar u. c:* «Cuando vimos que el bote hacía agua y que en pocos minutos se iría a hacer puñetas, nos arrojamos por la borda».
B: [*Expresión generalmente usada en oración imperativa u optativa para indicar rechazo categórico o violento de alguien/algo*]: «¡Que se vayan a freír puñetas los negocios y el dinero! Yo lo que necesito ahora es descansar».
mandar u. p. a freír/hacer puñetas a alguien/algo (rest.). *Rechazar a alguien/algo de forma categórica o violenta:* «Estoy ya cansado de trabajar como un esclavo sin obtener ningún beneficio. Un día voy a mandar el negocio a hacer puñetas».
¡qué puñetas! (rest.). [*Juramento*]: «Bueno, si no queda otra solución, habrá que pedir dinero prestado, ¡qué puñetas!».
¡qué ... ni qué puñetas! (rest.). [*Expresión enfática de incredulidad o de rechazo violento*]: «¡Qué bicicleta ni qué puñetas! ¡Yo no te compro ya más juguetes mientras no apruebes todas las asignaturas!».
... y toda la puñeta (rest.). [*Expresión que sirve para abreviar una enumeración*] *y todo lo que es de suponer, y todo lo demás, etc.:* «Yo les dije que les invitaba solamente a ir de excursión en mi coche, pero al final tuve que pagar también las comidas, el hotel y toda la puñeta».

puño
[escrito] del puño y letra de alguien (f.). [*Escrito*] *a mano por alguien:* «Está feliz porque acaba de recibir una carta de su cantante favorito escrita de su puño y letra».
meter/tener u. p. en un puño a alguien (inf.). *Atemorizar, dominar, avasallar a alguien:* «Más que director de la empresa parecía un dictador que había logrado meter en un puño a todos los obreros e incluso al sindicato».

pupila
[ser u. p.] de/tener (mucha) pupila (inf.). *(Ser) astuto e ingenioso:* «En estos negocios de compraventa los comerciantes tienen que tener mucha pupila si no quieren que se les hunda el negocio».

puré
[estar u. p.] hecha puré (inf.). [*Estar*] *muy cansado o abatido:* «La pobre chica se gana la vida limpiando y fregando, así que por la noche debe de quedar hecha puré de tanto trabajar».
hacer u. p./u. c. puré a alguien (inf.). *Causar un grave daño físico o moral a alguien:* «Ten mucho cuidado cuando atravieses la calle, no sea que venga un coche a gran velocidad y te haga puré».

puro
meterle u. p. un puro a alguien (inf.). *Sancionar, imponer un castigo a alguien:* «Un día te van a meter un puro por pasar contrabando».

puro
De puro + ADJETIVO (f.). [*Locución causal que enfatiza lo que indica el adjetivo*] *por* [*ser*] *tan + ADJETIVO:* «De puro tacaño se negó a hacer las inversiones necesarias, y ahora está en quiebra».

puta
de puta madre (rest.).
A: [*Adj.*] *muy bueno, excelente:* «La casa tiene un cuarto de baño de puta madre, de esos que salen en las películas de Hollywood».
B: [*Adv.*] *muy bien:* «Es un novelista que escribe de puta madre; no me extrañaría que lo propusieran para el Nobel de literatura».
[ser u. p.] más puta que las gallinas (rest.). [*Despectivo*]; [*ser una*] *mujer que acepta con facilidad tener relaciones sexuales:* «Esta mujer es más puta que las gallinas; cada día se va a la cama con un hombre diferente».
pasarlas u. p. putas (rest.). *Sufrir contrarie-*

dades, pasar grandes trabajos: «El pobre las está pasando putas, porque su novia lo ha dejado para marcharse con otro».
no tener u. p. (ni) puta idea de algo (rest.). *Ver* «no tener u. p. (ni) *idea de algo».

¡me cago en la puta (leche)! (rest.). [*Juramento*]: «¡Me cago en la puta leche! Me he olvidado de cerrar el grifo del baño y la casa debe de estar inundada».
ni puta idea (rest.). *Ver* «ni *idea».

Q

que

... que para qué (inf.). [*Locución enfática usada para intensificar una cualidad o un estado*]: «Me ha reñido y tratado mal delante de todo el mundo. Tiene un mal carácter que para qué».

[estar u. p.] + VERBO + que (te/le) + VERBO (inf.). [*Expresión utilizada con ambos verbos en imperativo, o con el segundo verbo en futuro, 2ª persona; enfatiza reiteración o intensidad de una acción verbal considerada importuna*]: «Aunque se lo he prohibido mil veces, el niño sigue golpea que te golpea las puertas de la casa. No comprende que se está cayendo la pintura de las paredes».

¡[el/los] + SUSTANTIVO + que ...! (inf.). [*Exclamación de admiración, sorpresa o disgusto*] *¡qué/cuánt[os] + SUSTANTIVO ...!* «Ayer estuve en la exposición de la Feria del Campo. ¡Los toros que muestran allí!».

¡la/que de + SUSTANTIVO + que ...! (inf.). [*Exclamación de admiración, sorpresa o disgusto*] *¡cuánt[o]s + SUSTANTIVO ...!* «Hace meses que no le he visto. ¡La de cosas que tendré que contarle cuando volvamos a encontrarnos!».

¿que si ...? (inf.). [*Expresión antepuesta a la reiteración de una pregunta mal entendida*]: «¿Usted me ha dicho la verdad? –¿Cómo dice Vd.? –¿Que si me ha dicho la verdad?».

¡¿que si ...?! (inf.). [*Expresión enfática de asentimiento que repite una parte de la pregunta o afirmación*]: «¿Verdad que te gusta esa chica? –!Que si me gusta! ¡Me vuelve loco!».

que si ... que si (inf.). [*Expresión con la que se resume una enumeración de críticas o reproches considerados infundados*]: «Desde que trabajo en esta empresa sólo recibo críticas de la dirección: que si rindo poco, que si llego tarde al trabajo…»

qué

¡qué [asco/miseria] de ...! (inf.). [*Expresión utilizada para ponderar una evaluación negativa*]: «¡Qué asco de piso! ¡Parece que no lo habéis limpiado durante diez años!».

¡qué ... ni (qué) ...! (inf.). [*Expresión enfática de negación o rechazo*]: «Si no te apuras, no vamos a llegar a tiempo a la oficina. –¡Qué oficina ni qué oficina! ¡Corre tú solo y déjame a mí ir a mi paso!».

quebradero

[causarle u. p./u. c. a alguien] quebradero(s) de cabeza (f.). [*Causar*] *preocupaciones, inquietudes:* «El negocio era tan malo, que lo único que producía eran quebraderos de cabeza».

quedar

en lo que queda de [mes] (f.). *Hasta que termine [el mes] actual:* «Si no nos hemos visto hasta ahora, tampoco nos veremos en lo que queda de año. Los dos estamos muy ocupados».

quedar u. p. con alguien (f.). *Estar citado con alguien:* «Hoy no puedo ir a tu casa; he quedado con Mónica a las cinco y no puedo faltar».

quedar u. p. con alguien en [hacer] algo (f.). *Convenir o acordar con alguien hacer algo:* «Como no habrá taxis a esta hora, he-

mos quedado con Manuel en que iría a buscarlo en coche al aeropuerto».
no quedar u. c. por alguien/algo (inf.). *No dejar de realizarse u. c. por culpa de alguien o algo:* «No te preocupes, tenemos suficiente dinero para viajar. Por falta de dinero no quedará el viaje».
quedarse u. p. con alguien (inf.). *Burlarse de alguien:* «¡Imagínate que ayer me llama la reina de Inglaterra! –¿Qué pasa? ¿Es que te quieres quedar conmigo?».
¿en qué quedamos? (inf.). [*Expresión con que se invita a alguien a aclarar una contradicción o a poner término a una indecisión*]: «¿En qué quedamos? ¿Piensas acudir a la fiesta o no?».
¡por ... que no quede! (inf.). [*Expresión con la que se desea que u. c. no deje de realizarse por falta de alguien o algo*]: «He sacado una buena suma del banco para nuestro viaje a América. ¡Por dinero que no quede!».

quemarropa
a quemarropa (f.).
A: *(Disparar un arma) desde muy cerca:* «El policía se tropezó con el asesino y le disparó a quemarropa».
B: *(Decir algo) sin rodeos ni miramientos:* «Le preguntó a su mujer por qué hacía las maletas y ésta le soltó a quemarropa que estaba harta y que dejaba la casa».

queo
dar u. p. el queo (inf.). *Avisar de algún peligro:* «Mientras robamos la fruta del árbol, tú te quedas a la puerta. Si viene alguien, das el queo».
darse u. p. el queo (inf.). *Huir:* «Los niños jugaban a la pelota en lugar prohibido, y cuando vieron aparecer un policía se dieron el queo rápidamente».

querer
[ser u. p. un] quiero y no puedo (inf.). *Persona que aspira a más de lo que realmente puede:* «Solamente quiere aparentar y presumir de lo que no es; parece un quiero y no puedo».
estar u. p. como quiere (inf.).
A: *Encontrarse en una situación ideal:* «Estás como quieres; te pagan bien y apenas tienes que trabajar».
B: *Poseer gran atractivo sexual:* «La chica no puede ser más guapa: realmente está como quiere».
quieras que no (inf.).
A: *A la fuerza, contra la voluntad de alguien:* «Quieras que no, tendré que quedarme todo el verano en la ciudad para cuidar de la salud de la abuela».
B: *Aunque parezca o se pretenda otra cosa:* «Quieras que no, tienes que creerme. Todo sucedió como te he contado».
como quiera que + INDICATIVO (f.). [*Locución causal*] *como, puesto que:* «Como quiera que el país es caro, en todas partes vas a tener que gastar una fortuna».
como quiera que + SUBJUNTIVO (f.). [*Locución concesiva; subraya la imposibilidad absoluta de conseguir el resultado expresado en la oración principal mediante un esfuerzo indicado en la subordinada*] *aunque ... con mucho empeño:* «Como quiera que lo hagas, siempre lo harás mal, porque no pones atención en el trabajo».
¿cómo quier[es/-e] que ...? (f.). [*Exclamación que denota contrariedad ante preguntas o hechos considerados absurdos*]: «¿No sabes cuándo llega el tren? –¿Cómo quieres que lo sepa yo si no lo saben ni en la estación?».
¡por lo que más quieras! (f.). [*Fórmula suplicatoria*]: «¡Por lo que más quieras, Antonio! Cúidame mucho de los niños mientras yo esté ausente».
¡qué más quisier[a yo] que ...! (f.). [*Expresión de resignación ante un deseo inalcanzable*]: «¡Qué más quisiera yo que ganar 500.000 pesetas al mes! Tengo que conformarme con menos de la mitad».
(pero) ¡que si quieres! Ver «(pero) ¡que si quieres arroz *Catalina!»

queso
dársela(s) u. p. a alguien con queso (inf.). *Engañar a alguien:* «Quiere venderme esa porquería de televisor como si fuese nuevo, pero a mí no me las da con queso».
estar u. p. mal/tocada del queso (inf.). *No estar u. p. en su sano juicio:* «Yo creo que está tocado del queso: es capaz de pasarse el día arrojando piedras al río».
olerle u. c. a queso a alguien (inf.). *Encon-

trar u. p. algo sospechoso: «Cuando vio que su mujer se interesaba tanto por aquel hombre, empezó la cosa a olerle a queso».

Quica
el año de la Quica. *Ver* «el *año de la pera...».

quicio
estar u. c. fuera de quicio (f.). *Estar fuera del orden o estado regular:* «En esta oficina todo está fuera de quicio, y no es posible encontrar ni un solo papel en su sitio».
sacar u. p. de quicio a alguien (f.). *Excitar a alguien, ponerle nervioso, hacerle perder la paciencia:* «Este niño me saca de quicio con sus gritos».
sacar u. p. de quicio a algo (f.). *Exagerar algo, sacar algo de su curso o lugar natural:* «Tú eres tan exagerado, que todo lo sacas de quicio».

Quico
ponerse u. p. como el Quico (inf.). *Comer hasta hartarse:* «Como la comida era abundante y totalmente gratuita, me puse como el Quico».

quid
dar u. p. con/en el quid (de algo) (inf.). *Acertar la razón, esencia o causa principal (de algo):* «El asunto es muy complicado, y me he pasado el día entero reflexionando sin haber dado con el quid del problema».

quilo
echar u. p. el quilo (inf.). *Cansarse hasta el agotamiento, derrengarse:* «Vive en un séptimo piso y no tiene ascensor, así que para visitarlo hay que echar el quilo».
sudar el quilo (inf.). *Sudar mucho, pasar grandes trabajos:* «Para construir una casa uno mismo, sin más ayudas que la familia, hay que sudar el quilo».

quina
[ser u. p.] más mala que la quina (inf.). [*Ser*] *persona muy mala:* «Este niño es más malo que la quina; ha tirado el jarrón al suelo y le ha echado la culpa a su hermano».
tragar u. p. quina (inf.). *Sufrir con paciencia alguna cosa desagradable o vejatoria:* «No puedo responderle a mi jefe como quisiera; tengo que tragar quina y aguantar».

quinqué
tener u. p. quinqué (inf.). *Tener perspicacia, ingenio, agudeza:* «Hay que tener quinqué para saber en qué momento se deben comprar o vender acciones en la Bolsa».

Quintín
[armar(se)/haber] la de San Quintín (inf.). [*Promover/haber*] *alboroto, escándalo o pelea:* «Al principio discutían con calma, pero después empezaron a insultarse y se armó la de San Quintín».

quisque
cada quisque (inf.). *Cada cual, cada uno:* «Que cada quisque se preocupe de sus propios problemas; yo no puedo estar en todo».
todo quisque (inf.). *Cualquiera, todo el mundo:* «Los turistas creen que en España todo quisque entiende de toros».

quitar
[ser u. c.] de quita y pon (f.). [*Ser pieza o parte de algo*] *que puede quitar y ponerse o sustituirse con facilidad:* «Antiguamente las camisas tenían cuellos de quita y pon, y cuando estaban muy viejos y rozados, se compraban otros sin tener que tirar la camisa».
ni quitar ni poner u. p. (inf.). *Mantenerse imparcial o desinteresado:* «Yo en este delicado tema ni quito ni pongo: a vosotros os toca resolverlo lo mejor que podáis».

quite
[andar/estar u. p.] al quite (inf.). [*Estar*] *preparado para una contingencia o algo que se supone va a ocurrir:* «Venía a pedirme dinero, pero yo ya estaba al quite y tenía preparada una buena disculpa».

R

rábano
coger/tomar u. p. el rábano por las hojas (inf.). *Interpretar de forma completamente errónea algo:* «El profesor explicó correctamente el tema, pero los estudiantes tomaron el rábano por las hojas y confundieron y embarullaron todo».
importarle u. c. rábano a alguien. Ver «importarle u. c. un *bledo a alguien».

rabiar
[gustar u. p./u. c.] a rabiar (inf.). *[Gustar] mucho, con exceso:* «A mí el cine me gusta a rabiar; hay días en que veo hasta tres películas seguidas en la tele».
estar u. p. a rabiar (con alguien) (inf.). *Estar muy enfadado (con alguien):* «Pedro está a rabiar con Antonio a causa de la gran rivalidad que existe entre ellos en el negocio».

rabillo
[mirar u. p.] de rabillo/con el rabillo del ojo a alguien (f.). *[Mirar] hacia un lado sin volver la cabeza, disimuladamente:* «Don Antonio parece una persona muy seria, pero ya le he sorprendido varias veces mirando con el rabillo del ojo a las chicas».

rabo
con el rabo entre (las) piernas (inf.). *Vencido, humillado, avergonzado:* «Al final tuvo que reconocer que estaba en un error y se marchó con el rabo entre las piernas».
faltar/quedar (aún/todavía) el rabo por desollar (inf.). *Faltar mucho, y precisamente lo más difícil, para terminar algo:* «En total son cuatro las habitaciones que hay que pintar y solamente hicimos las dos primeras, que son las más pequeñas; aún queda el rabo por desollar».

racha
[tener u. p. una] buena/mala racha (inf.). *[Tener un] breve período de buena/mala suerte:* «Todo iba bien en el negocio hasta que tuvimos una mala racha y empezamos a perder dinero».

raíz
a raíz de algo (f.). *A consecuencia de algo (e inmediatamente después):* «A raíz de aquella discusión tan violenta dejamos de ser amigos».
[acabar u. p. con algo] de raíz (f.). *[Solucionar un problema] radicalmente:* «El gobierno está dispuesto a acabar de raíz con el problema del paro obrero, cueste lo que cueste».
echar u. p. raíces (f.). *Fijarse o asentarse u. p. en un lugar:* «Este ya ni se acuerda de España: hace por lo menos veinte años que se ha ido para América y allí ha echado raíces».
tener u. p./u. c. raíces (f.). *Experimentar u. p./u. c. cierta resistencia a ser apartada del lugar en que habitualmente está:* «Va a ser difícil convencerlo para que se venga a vivir a la ciudad, porque él tiene raíces en el pueblo donde nació».

rajatabla
a rajatabla (inf.). *Con todo rigor, de manera absoluta:* «En el ejército las órdenes hay que cumplirlas a rajatabla; no se admiten disculpas».

rama
andar(se) u. p. por las ramas (inf.). *No ir*

directamente al fondo de la cuestión, emplear rodeos: «Es un hombre muy sincero y directo, de los que no se andan por las ramas».

ramo
[ser u. p.] del ramo (inf.). [*Referido al hombre*]; [*ser*] *homosexual:* «Yo creo que este chico es del ramo; jamás le he visto en compañía de mujeres».

rana
cuando las ranas se afeiten/críen/tengan pelo(s) (inf.). *Nunca:* «Es un sinvergüenza completo, y le devolverá a usted el dinero que le ha prestado cuando las ranas críen pelos».
hasta que las ranas se afeiten (inf.). *Para siempre:* «En todos los tiempos ha habido gente envidiosa, y la seguirá habiendo hasta que las ranas se afeiten».
salirle u. p./u. c. rana a alguien (inf.).
A: *Resultar u. p. mala, traidora, infiel, etc:.* «Parece que la mujer le ha salido rana, porque cuando él se ausenta ella recibe visitas nocturnas».
B: *Dar u. c. mal resultado, salir mal:* «Este coche me ha salido rana, porque en dos años he tenido que llevarlo al taller mecánico seis veces».

rancho
hacer u. p. rancho aparte (f.). *Separarse de las demás personas en actos que pudieran ser comunes a todos:* «Ya cuando era niño era un poco raro, y en los parques y demás lugares de diversión solía hacer rancho aparte».

ras
a/al ras de algo (f.). *Casi al mismo nivel o altura de algo:* «El avión descendió tanto, que pasó volando al ras de los tejados».

rasero
medir u. p. con/por un (mismo) rasero a alguien (f.). *Darles a varias personas el mismo trato sin hacer diferencias entre ellas:* «No te entusiasmes demasiado con este chico; es un Don Juan que mide a todas las mujeres por un mismo rasero».

rasgo
a grandes rasgos (f.). *Sin detalles concretos:* «Voy a describirte a grandes rasgos en qué consistirá tu trabajo, porque no tengo tiempo ahora para tratar de cada uno de los aspectos del mismo».

raso
[dormir u. p.] al raso (f.). [*Dormir*] *al aire libre, sin techo donde guarecerse:* «Si no dejamos entrar al mendigo, tendrá que pasar la noche al raso».

rastra
a rastras (f.). *De mala gana, por la fuerza:* «Si los niños no quieren ir al médico, habrá que llevarlos a rastras».

rata
[ser u. p. una] rata de biblioteca. *Ver* «[ser u. p. un] *ratón de biblioteca».
[ser u. p. una] rata de sacristía (inf.). *Mujer beata:* «La pobre Inés es una rata de sacristía que no tiene nada mejor que hacer que pasarse las horas rezando en la iglesia».
[ser/estar u. p.] pobre como/más pobre que una rata (inf.). [*Ser*] *muy pobre:* «Era pobre como una rata; se consideraba feliz cuando podía comer algún mendrugo de pan».
[estar u. p.] sola como/más sola que una rata/las ratas (inf.). [*Estar*] *completamente solo:* «Está solo como una rata; su mujer ya ha muerto, sus hijos viven lejos y no tiene amigos».
no moverse una rata (inf.). [*Locución que indica que los miembros de una colectividad se encuentran sometidos a una autoridad y son incapaces de atentar contra el orden establecido*]: «Durante la dictadura de los generales el país entero estaba intimidado y no se movía una rata».

rato
un rato + ADJETIVO/ADVERBIO (inf.). *Muy, bastante + ADJETIVO/ADVERBIO:* «No me puedes mentir porque te conozco un rato bien».
a cada rato. *Ver* «cada dos por tre».
a ratos (inf.). *A veces:* «Su equilibrio psíquico parece bastante precario; a ratos se echa a reír sin motivo, y a ratos se echa a llorar».
a/en los ratos perdidos (inf.). *Aprovechando cortos intervalos de tiempo libre:* «Aunque tiene siempre mucho que hacer, ha estudiado inglés por correspondencia en los ratos perdidos».

al (poco) rato (f.). *Poco tiempo después:* «Me puse a hablar con él y me resultó tan simpático, que al rato ya éramos amigos».
(un) buen rato (inf.). *Mucho tiempo:* «Perdona mi tardanza, pero estuve un buen rato esperando por el autobús, que llegó con retraso».
de rato en rato (f.). *Algunas veces (dejando pasar algún tiempo entre unas veces y otras):* «Antes nos veíamos todos los días, pero como ahora trabajamos en dos departamentos distintos, nos encontramos sólo de rato en rato».
[saber u. p.] un rato (largo) (inf.). *[Saber] mucho:* «De medicina sabe un rato largo. Hace ya muchos años que ejerce de médico».
haber/tener u. p. para rato (inf.). *Haber/tener u. p. que esperar todavía mucho tiempo:* «El tren viene con retraso, y creo que hay para rato».
pasar u. p. un buen/mal rato (inf.). *Distraerse/sufrir durante algún tiempo:* «En el hospital me hicieron pasar un mal rato esperando por el resultado de los análisis».

ratón
[ser u. p. un] ratón de biblioteca (inf.). *Erudito que se pasa la vida entre libros:* «Yo contigo ya no hago planes para salir, porque veo que, como buen ratón de biblioteca, eres capaz de pasarte todo el domingo entre libros».

ratonera
caer u. p. en la ratonera (inf.). *Ser engañado con un ardid:* «He caído en la ratonera; el coche que me vendieron tenía muy buen aspecto por fuera, pero mecánicamente estaba hecho un desastre».

raudal
a raudales (f.). *En gran abundancia [referido a cosas que se acumulan o surgen de repente]:* «El vino corría a raudales, y todos se embriagaron en poco tiempo».

raya
darle u. p./u. c. quince/ciento y raya a alguien/a algo (inf.). *Ser incomparablemente mejor que alguien/algo:* «Los vinos de esta región le dan ciento y raya a los mejores vinos de importación».

pasar(se) u. p./u. c. de la raya (inf.). *Excederse, exagerar, ir más allá de lo prudente:* «Llevar en verano camiseta de invierno es pasarse de la raya».
poner/(man)tener u. p. a raya a alguien (f.). *No consentir que alguien se exceda o propase, dominar a alguien:* «Se casó con una mujer muy mandona, que lo tiene a raya y no le permite llegar tarde».

rayo
[rápido] como el/un rayo (f.). *Muy [rápido], muy [rápidamente]:* «Cuando el niño vio que le ofrecíamos unas chocolatinas, vino rápido como un rayo».
echar u. p. rayos (y centellas/truenos) (inf.). *Manifestar grande ira con acciones o palabras:* «Cuando le comunicaron que había perdido el proceso, parecía que echaba rayos y centellas».
[mirar u. p.] algo con rayos X (inf.). *Estudiar algo detallada y detenidamente:* «Habrá que observar el contrato con rayos X; tengo la impresión de que contiene algún engaño escondido…».
oler/saber u. p./u. c. a rayos (inf.). *Oler/saber muy mal:* «Hoy la comida sabe a rayos y no hay quien trague bocado».
no partir un rayo a alguien (inf.). *Gozar de excelente salud, no estar expuesto a ningún peligro o contingencia desfavorable:* «A pesar de sus muchos años, está que no le parte un rayo y hace la misma vida que un joven».
¡mal rayo [te/le] parta! (inf.). *[Fórmula con que se maldice a alguien]:* «¡No quiero saber nada más de vosotros! ¡Que mal rayo os parta!».

razón
[estar u. c.] puesta en razón (f.). *[Ser] razonable, justificado:* «Lo que piden los trabajadores está muy puesto en razón: los sueldos deben adaptarse a la inflación todos los años».
a razón de (f.). *En la relación o proporción de, correspondiendo a:* «Repartimos el dinero que teníamos a razón de mil pesetas para cada uno».
en/por razón a/de algo (f.). *Por causa de algo:* «Le perdonaron en razón de sus pocos años; a un adolescente no se le puede meter en la cárcel».

(no) atender/avenirse u. p. a razones (f.). *(No) dejarse convencer u. p. por argumentos o consejos:* «Es inútil hablar con él; seguirá empeñado en hacer su voluntad sin atender a razones».

cargarse/llenarse u. p. de razón (f.). *Llegar a acumular pruebas suficientes que justifiquen sobradamente una decisión o actitud:* «Sospechaba que el cajero cometía irregularidades con las cuentas, pero hice como que no veía para poder cargarme de razón más adelante y despedirlo con toda tranquilidad».

dar u. p. razón (de alguien/algo) (f.). *Informar (de alguien/algo):* «Parece que en la reunión de ayer se trataron solamente asuntos secretos, porque nadie sabe darme razón de lo que allí se habló».

darle u. p. la razón a alguien (f.). *Reconocer que ha dicho la verdad o que ha obrado justamente:* «Efectivamente, el clima es aquí mucho más húmedo; en éso le doy a Vd. la razón».

entrar/ponerse u. p. en razón (f.). *Desistir de una actitud irrazonable:* «Al principio pedía una cantidad astronómica por el piso, pero poco a poco fue poniéndose en razón y al final aceptó lo que yo le ofrecía».

estar la razón de parte de alguien (f.). *Tener u. p. razón:* «Confieso mi error, estimado amigo. La razón, como siempre, está de su parte».

meter u. p. en razón a alguien (f.). *Obligarle a obrar razonablemente:* «Hay que meter en razón a este chico; ya es la tercera vez que suspende las matemáticas en el colegio».

tener u. p. razón (f.). *Estar en lo cierto:* «Perdona, me había equivocado. Tienes razón: las llaves estaban encima de la mesa».

reacción

entrar u. p. en reacción (f.). *Entrar en calor (mediante bebidas calientes, masajes, ejercicio físico, etc.):* «Hace un frío tremendo; voy a correr un poco, a ver si entro en reacción».

real

[estar u. p./quedarse u. p.] sin un real (inf.). *[Estar/quedarse] sin dinero:* «Lo siento, chico, pero estoy sin un real y no puedo prestarte nada; otra vez será».

reaños

tener u. p. muchos reaños. *Ver* «[Ser u. p.] de/tener *riñones».

rebote

de rebote (inf.). *Como consecuencia accidental:* «Me operaron de apendicitis y de rebote cogí una infección intestinal en el hospital».

rebozo

[hablar u. p.] sin rebozo(s) (f.). *[Hablar] abiertamente, con claridad, sin rodeos o disimulos:* «Si no te gusta mi cocina, dímelo sin rebozos. Tenemos confianza suficiente para encajar una crítica sin enfadarnos».

recaudo

poner u. p. a buen recaudo a alguien/algo (f.). *Encerrar a alguien en lugar seguro:* «Ya que no quieres tener el dinero en el banco, sino en tu propia casa, ponlo al menos a buen recaudo».

recibo

[ser u. c.] de recibo (f.). *[Ser] usual o admisible (según costumbre, ley o contrato):* «No me parece de recibo asistir a una fiesta vestido de cualquier manera».

pasarle u. p. recibo a alguien (inf.). *Solicitar de alguien un favor a cambio de otro que se le había hecho anteriormente:* «Ellos han estado una semana viviendo en nuestra casa de campo; podemos pasarles recibo e ir a pasar una semana a su casa de la playa».

recordar

que [yo] recuerd[e] (f.). *En [mi] recuerdo:* «No te proporcionaré ningún trabajo porque nunca te he prometido proporcionártelo, que yo recuerde.

rechupete

[estar/ser u. c.] de rechupete (inf.). *[Estar/ser] muy bueno, muy bien, de superior calidad:* «Nos hemos tomado unas gambas a la plancha que estaban de rechupete. Todos repetimos la ración».

red

caer u. p. en la(s) red(es) (de alguien/algo) (inf.). *Ser engañado (por alguien/algo) con un ardid:* «Por mucho que se empeñen en alabar las ventajas de este producto, yo no

voy a caer en las redes de la propaganda. No pienso comprarlo».
echarle/tenderle u. p. una(s)/la(s) red(es) a alguien (inf.). *Atraer con engaño a alguien [generalmente para causarle un mal]*: «No acudió a la cita, porque suponía que le iban a tender una red para extorsionarlo».

redaño
tener u. p. muchos redaños. *Ver* «[ser u. p.] de/tener *riñones».

redil
volver u. p. al redil (f.). *Volver al buen camino, enmendarse:* «Antes era un vago y ahora se ha vuelto trabajador. Parece que ha vuelto al redil».

redondo
a la redonda (f.). *En torno, alrededor:* «La casa se encuentra en un paraje casi desierto: no hay un alma en veinte kilómetros a la redonda».
[negarse u. p.] en redondo (f.). *[Negarse] clara y rotundamente:* «Me pidieron que hiciese un par de horas extras, pero yo estaba muy cansado y me negué en redondo».
caer(se) u. p. redonda (inf.). *Caerse al suelo sin vida, sin conocimiento o sin poder valerse:* «Le dio un ataque de apoplejía y se cayó redondo».

refanfinflar
refanfinflársela u. p./u. c. a alguien (inf.). *Resultarle indiferente o despreciable a alguien:* «No pienso acudir a la reunión de hoy; a mí toda esa gente me la refanfinfla».

refilón
de refilón (f.). *Oblicuamente o viniendo de un lado:* «Tuve que mirarle de refilón para que no advirtiera que lo estaba observando».

regadera
[estar u. p.] como una regadera (inf.). *[Estar] loco, trastornado:* «No tomes en serio lo que te dice porque el pobre está como una regadera y cualquier día lo internan en un hospital de locos».

regañadientes
a regañadientes (f.). *De mala gana:* «No es extraño que los niños se vayan a la cama a regañadientes, porque los obligas a acostarse muy temprano».

registrar
¡a mí que me registren! (inf.). *[Expresión con la que u. p. se declara inocente o libre de alguna culpa o responsabilidad]:* «Cuando se cometió el robo, yo me encontraba a más de 500 km. de distancia del suceso. ¡A mí que me registren!».

regla
[estar u. p./u. c.] en (toda) regla (f.). *[Estar] conforme a las prescripciones legales, en forma debida:* «No puedo salir al extranjero porque mi pasaporte no está en regla».
por regla general (f.). *En la mayoría de los casos, casi siempre:* «Por regla general, en esta clase de fiestas de la vendimia todos suelen terminar borrachos».
poner u. p. en regla algo (f.). *Poner en orden, normalizar algo:* «Si quieres casarte dentro de un mes, tendrás que darte prisa en poner en regla todos los documentos personales».
por qué regla de tres (inf.). *Por qué razón:* «Me gustaría saber por qué regla de tres tengo que pagar yo siempre las consumiciones».

reguero
[expandirse u. c.] como (un) reguero de pólvora (inf.). *[Expandirse un rumor, una noticia] con mucha rapidez:* «La noticia se propagó como un reguero de pólvora; a las dos horas ya la sabían todos en el pueblo».

reír
... que me río yo/ríete tú/ríase Vd. de algo (inf.). *[Locución que indica cualidad en grado superlativo] incomparablemente mejor que algo:* «En casa de mi madre se comen unos pasteles, que ríete tú de los que hacen en la mejor pastelería».

relación
entrar u. p. en relaciones con alguien (f.). *Iniciar relaciones amistosas o amorosas con alguien:* «Hace ya más de cuatro años que Paquita entró en relaciones con Antonio y todavía no se han casado. No sé a qué esperan».

relámpago
(rápido) como el/un relámpago (inf.). *Muy rápido, muy rápidamente:* «Hizo el viaje como un relámpago: apenas una hora para recorrer 150 kilómetros».

relieve
poner u. p. de relieve algo (f.). *Señalar o destacar la importancia de algo:* «El famoso político puso de relieve en su discurso que ya no hay obstáculos para una paz duradera».

reloj
como un reloj (f.).
A: [*Referido a personas*] *con gran puntualidad:* «Procura no llegar tarde; nuestro amigo es como un reloj y no le gusta que los demás se retrasen».
B: [*Referido a personas o cosas*] *con perfecta regularidad y sin problemas:* «Este coche ha funcionado siempre como un reloj. En seis años no he tenido ni una sola avería».

relucir
sacar/traer u. p. a relucir algo (f.). *Mencionar algo de manera inesperada o inoportuna:* «No sé por qué sacaste a relucir lo de la muerte de papá. ¿No comprendes que mamá está todavía muy afectada?».
salir u. c. a relucir (f.). *Surgir o presentarse u. c. de manera casual en una conversación:* «No puede oír hablar de fútbol; siempre que sale a relucir este deporte, se retira de la conversación».

remate
[estar u. p.] (loca) de remate (f.). [*Estar*] *completamente loco:* «No hagas caso a lo que dice porque está de remate».
para rematar/remate (inf.). [*Expresión de contrariedad o enojo utilizada al evocar una desgracia superior a la que se acaba de mencionar*] *además de todo eso:* «Hoy he perdido las llaves del coche, luego me he equivocado de tranvía y, para remate, he dejado mi cartera en casa».

remedio
no [haber/tener u. p.] (ni) para un remedio (inf.). [*Enfático*]; *no [haber/tener] absolutamente nada de algo:* «¡Qué pobreza la de esta familia! No le queda dinero ni para un remedio».

no quedarle a alguien más/otro remedio que (f.). *No quedarle más solución que:* «No me gusta nada hacer régimen, pero no me queda otro remedio; tengo que adelgazar».
no tener u. p./u. c. remedio (f.).
A: *Ser u. p. incorregible:* «Este chico no tiene remedio; aunque le regañes y castigues, seguirá portándose mal».
B: *Ser u. c. inevitable:* «No tiene remedio la cosa: o aceptas mi regalo, o no vuelvo a hablarte nunca más».

remolque
a remolque (de alguien) (inf.). *Contra la voluntad de alguien, sin ganas, por excitación o impulso de otra persona:* «Los niños estaban tan entusiasmados jugando en el parque, que tuve que sacarlos de allí a remolque».

remoto
ni remotamente/por lo más remoto (inf.). [*Refuerzo de una negación*] *de ningún modo, bajo ninguna condición:* «Yo tengo tan mala suerte jugando a la lotería, que no acierto un número ni por lo más remoto».

renglón
a renglón seguido (f.). *Seguidamente, a continuación:* «Saludó brevemente al público que le escuchaba, y a renglón seguido comenzó a exponer el tema de su disertación».
leer u. p. entre renglones. *Ver* «leer u. p. entre líneas».

reojo
[ver/mirar] de reojo (f.).
A: *Disimuladamente, sin volver la cabeza:* «Le estuve observando de reojo, para que no se diese cuenta».
B: *Con prevención:* «Ultimamente me mira de reojo, como si tuviera algo contra mí».

repaso
darle u. p. un (buen) repaso a alguien/algo (inf.).
A: *Darle una paliza a alguien:* «Salió de la taberna sangrando por las narices y con un ojo morado. ¡Buen repaso le han dado!».
B: *Beber mucho (alcohol):* «He vuelto a sorprenderte dándole un buen repaso a la botella de coñac. ¿Es que quieres acabar alcoholizado».

DICCIONARIO FRASEOLÓGICO. — 17

resollar
sin resollar (inf.).
A: *Sin pausas o interrupciones, de una vez:* «Está tan acostumbrado a tomar alcohol, que es capaz de beberse una botella de coñac sin resollar».
B: *Sin hablar, sin contestar, sin replicar:* «Se ve que el director de personal tiene gran autoridad, porque los empleados aguantan sus filípicas sin resollar».
no dejar u. p./u. c. (ni) resollar a alguien (inf.). *No dejar ni un momento tranquilo a alguien:* «Necesito unas buenas vacaciones, porque además de las horas de oficina, tengo una familia numerosa que no me deja ni resollar».

resorte
mover/tocar u. p. (todos) los resortes (inf.). *Poner todos los medios o recurrir a toda clase de influencias para conseguir algo:* «Es muy difícil entrar a trabajar en esta empresa; tendrás que tocar toda clase de resortes para ser admitido».
no quedarle a alguien resorte que mover/tocar (inf.). *Haber agotado todos los recursos sin conseguir algo:* «Pregunté por la máquina fotográfica en el comisariado, en objetos perdidos y en la compañía aérea. Todo en vano. Ya no me queda resorte que tocar».

respeto
campar u. p. por su(s) respeto(s) (f.). *Obrar a su antojo, sin sujeción a ninguna disciplina o consideración:* «Este niño, aunque es todavía muy joven, quiere ya campar por sus respetos e independizarse de sus padres».
¡un respeto! (inf.). [*Expresión imperativa*] *¡más respeto!:* «Está Vd. delante de personas decentes, así que ¡un respeto!».

responso
echarle u. p. un responso a alguien (inf.). *Reñir a alguien:* «Pon más atención en lo que haces, si no quieres que tus superiores te echen un responso».

restar
en lo que resta de [mes]. *Ver* «en lo que *queda de [mes]».

resto
echar u. p. el resto (inf.). *Hacer todo lo posible para conseguir algo:* «El chico no era muy inteligente, así que tuvo que echar el resto para poder aprobar el examen».

resuello
[estar u. p.] sin resuello (inf.). [*Estar*] *muy fatigado, agotado:* «Subimos a pie hasta el octavo piso porque el ascensor estaba estropeado, y quedamos sin resuello».
meterle u. p. el resuello en el cuerpo a alguien (inf.). *Intimidar a alguien:* «Durante los años de la dictadura la policía secreta había metido el resuello en el cuerpo a la población, que ya no se atrevía ni a protestar».

resulta
de resultas de algo (f.). *Como resultado o consecuencia de algo:* «De resultas del accidente, quedó cojo de una pierna».
resulta que ... *Ver* «*es que».

resumen
en resumen. *Ver* «en *resumidas cuentas».

retirada
batirse u. p. en retirada (f.). *Declararse o sentirse vencido (en una discusión):* «Los argumentos de Manolo eran tan concluyentes, que todos los demás tuvieron que batirse en retirada y terminar la enojosa discusión».

retrato
[ser u. p.] el (vivo) retrato de alguien (f.). *Muy parecido a alguien:* «Esta niña es el retrato de su madre; incluso la expresión de los ojos es la misma».
hacer u. p. un retrato a alguien (inf.). *Mostrar una mujer, por habérsele alzado la ropa, la parte superior de los muslos:* «María tropezó en una piedra, cayó al suelo y nos hizo un retrato, por lo que se puso roja de vergüenza».

reventar
reventar u. p. por [hacer] algo (inf.). *Sentir deseos incontenibles de hacer algo:* «Reventaba por hablarle a la chica, pero su timidez se lo impedía».

reverso
[ser u. p./u. c.] el reverso de la medalla (f.). *La antítesis, lo contrario de alguien/algo con*

que se compara: «Ella es muy simpática, pero su marido es el reverso de la medalla: tipo más antipático no he visto en mi vida».

revista
pasar u. p. revista a alguien/a algo (f.). *Inspeccionar, examinar detenidamente:* «El general pasó revista a las tropas alineadas en el cuartel».

rey
ni rey ni roque (inf.). *[Enfático] nadie:* «Le doy a usted mi palabra de honor de mantener el secreto y de no hablar de esto ni a rey ni a roque».
no quitar ni poner u. p. rey (inf.). *No inmiscuirse, no entrometerse:* «El asunto no me interesa en absoluto; yo ni quito ni pongo rey».

rienda
a rienda suelta (f.). *Sin contención, sin freno ni regla:* «Le estaba golpeando a rienda suelta, y si no hubiéramos llegado a tiempo de separarlos, se habría producido una desgracia».
aflojar u. p. las riendas (f.). *Aliviar el trabajo, la fatiga o el cuidado en la ejecución de una cosa:* «Cuando el médico le dijo que era peligroso trabajar tanto, tuvo que aflojar un tanto las riendas».
coger/empuñar/llevar/tener/tomar u. p. las riendas de algo (inf.). *Encargarse de la dirección o del gobierno de algo:* «Como él es un verdadero inútil, es su mujer la que lleva las riendas del negocio».
dar u. p. rienda suelta a algo (f.). *Dar libre curso a algo:* «En aquel momento sentí que ya no podía contenerme y di rienda suelta a mi indignación insultándole de mil maneras».
volver u. p. (las) riendas;
A: (f.). *Volver atrás:* «Al comprobar que la ciudad enemiga estaba desierta, el general ordenó volver riendas y alejarse a toda velocidad».
B: (inf.). *Desdecirse:* «Cuando se dio cuenta de que estaba diciendo verdaderas tonterías, quiso volver las riendas, pero ya no pudo».

rigor
[ser u. c.] de rigor (f.). *[Ser] habitual, obligado:* «En este tipo de fiestas académicas es de rigor llevar chaqueta y corbata».

en rigor (f.). *Realmente, estrictamente:* «En rigor, no debiera permitirse que los trenes rápidos lleguen con retraso. ¿Para qué se paga entonces el suplemento de velocidad?».

riñón
[ser u. p.] de/tener riñones (inf.). *[Ser] valiente/tener valor:* «¡Hay que tener riñones para volar en un aparato tan viejo y desencuadernado!».
por riñones (inf.). *A la fuerza, obligatoriamente, sin dar o pedir explicaciones:* «En el servicio militar tienes que obedecer por cojones, tengan o no tengan sentido las órdenes».
cubrir(se) u. p. el riñón (inf.). *Enriquecerse:* «Muchos emigraron a América pensando cubrirse el riñón en poco tiempo, pero regresaron más pobres que estaban».
tener u. p. el riñón/los riñones bien cubierto(s) (inf.). *Ser rico:* «Ya lo creo que este señor tiene los riñones bien cubiertos; además del negocio y la fábrica, tiene acciones en no sé cuántos bancos».
[costar/valer u. c.] un riñón (inf.). *[Costar/valer] mucho dinero:* «Comprar hoy en día un piso sale por un riñón, especialmente en la capital, que es donde la vida está más cara».

río
correr ríos de tinta (inf.). *Producirse gran cantidad de noticias o comentarios en la prensa:* «Este va a resultar el escándalo político mayor de nuestra historia; van a correr ríos de tinta».
pescar u. p. en río revuelto (inf.). *Aprovecharse de un desorden o confusión para obtener algún beneficio:* «Cuando se produce una guerra civil, hay mucha gente que pesca en río revuelto robando o saqueando lo que puede».

ripio
no perder u. p. ripio (inf.). *Estar muy atento a lo que se oye sin perder palabra:* «La gente no perdía ripio, y más de uno se aprendió de memoria su brillante discurso».

risa
[reírse u. p. con] risa de conejo (f.). *[Reírse con] risa forzada, risa fingida:* «Sabía que no podían haberle gustado mis palabras,

pero supo disimular, como siempre, con su típica risa de conejo».
descojonarse/descoyuntarse/despatarrarse u. p. de risa (inf.). *Reírse mucho:* «Carlitos tiene mucha gracia, y cuando cuenta un chiste la gente se descoyunta de risa».
desternillarse/mearse/mondarse/morirse u. p. de risa. *Ver registro anterior.*
estar u. c. muerta de risa (inf.). *Permanecer u. c. sin ser usada:* «Mi coche está siempre muerto de risa en el garaje; apenas lo uso».
partirse/revolcarse/tirarse/troncharse u. p. de risa. *Ver* «*descojonarse ... u. p. de risa».

Rita
¡que [lo haga] Rita! (inf.). [*Expresión enfática con que u. p. se niega a hacer lo que se le pide*]: «A ver cuándo me arreglas el calentador de agua. –No tengo ganas. ¡Que lo arregle Rita!».

ritual
de ritual (f.). *De costumbre:* «Al terminar de comer tiene que fumarse su puro de ritual; lleva haciendo lo mismo desde siempre».

rizo
rizar u. p. el rizo (f.). *Llevar algo al colmo de la perfección haciendo alardes de ello:* «Este es capaz de conducir con una mano atada a la espalda y poner el coche en dos ruedas; a esto se llama rizar el rizo de la habilidad al volante».

roble
[ser/estar u. p.] fuerte como un roble (f.). [*Ser/estar*] *muy fuerte, de constitución robusta:* «En la montaña el niño comía con mucho apetito y se puso fuerte como un roble».

roca
[ser u. p.] (duro/firme) como una roca (f.). [*Ser*] *muy duro/firme:* «El juez se mantuvo firme como una roca y no rebajó los años de la condena, a pesar de habérselo pedido tanta gente influyente».
ablandar u. p./u. c. una roca (inf.). *Conmover o enternecer incluso al más duro de corazón:* «Ver llorar a un niño es algo que ablanda una roca».

rodado
presentarse/venir u. c. rodada (inf.). *Ocurrir algo o presentarse la oportunidad de hacer algo sin buscarla o prepararla:* «La cosa viene rodada para hablar con la chica: recoge el pañuelo que se le acaba de caer y dáselo».

rodar
echar u. p./u. c. a rodar algo (inf.). *Deshacer, destruir, dañar:* «Cuando el viejo muera, sus hijos van a echar a rodar el negocio, porque tienen pocas ganas de trabajar».
echarlo u. p. todo a rodar (f.).
A: *Desbaratar, arruinar un asunto o negocio:* «Si continúas sin preocuparte de la contabilidad, vas a echarlo todo a rodar».
B: *Desbaratar, arruinar un asunto o negocio (por dejarse llevar por la ira):* «Un día voy a perder la paciencia y lo voy a echar todo a rodar».

rodilla
caer u. p. de rodillas (f.). *Ponerse en actitud de sumisión o acatamiento:* «Cayó de rodillas para pedirle perdón por la injusticia que le había hecho».
doblar/hincar u. p. la rodilla (f.). *Someterse a alguien, acatar algo:* «Al principio quería oponerme a sus planes, pero después, viendo que él era más fuerte que yo, tuve que hincar la rodilla y obedecerle».

Rodríguez
estar u. p. de Rodríguez (inf.). *Quedarse (el marido) en la ciudad trabajando y, a menudo divirtiéndose, mientras la familia está de vacaciones:* «Pepe aprovecha que está de Rodríguez para salir por las noches sin tener que pedirle permiso a su mujer».

rogar
hacerse u. p. de rogar (f.). *Resistirse a hacer algo por el placer de que se lo pidan insistentemente:* «Si quieres que mi primo te ayude a pintar las paredes, tendrás que decírselo más de una vez; le gusta mucho hacerse de rogar».

rojo
[estar u. c.] al rojo (vivo) (inf.). [*Referido a estados de ánimo*]; [*encontrarse*] *en estado de gran excitación:* «Los ánimos estaban al rojo vivo, y en cualquier momento podía surgir una pelea».

rollo
montarse u. p. el rollo (inf.). *Organizarse el tipo de vida, actividad o afición que se desea:* «Margarita se ha adaptado muy bien a su nueva vida: entre las amistades, el club y el trabajo se ha montado muy bien el rollo».

Roma
revolver u. p. Roma con Santiago (inf.). *Hacer todas las diligencias o trámites posibles para conseguir algo:* «Estuvo más de dos años revolviendo Roma con Santiago para que le anulasen su matrimonio, pero no consiguió nada».
¡hablando del rey de Roma (por la puerta se asoma)! (inf.). [*Expresión con que se indica que ha llegado aquella persona de la que precisamente se habla*]: «¡Hablando del rey de Roma...! Celebro que hayas venido. Precisamente estábamos hablando de ti y de tu posible colaboración en un negocio que estamos planeando».

romper
[ser u. p.] de rompe y rasga/raja (inf.). [*Ser*] *de ánimo resuelto y desembarazado:* «Una persona de rompe y rasga no se pone nerviosa ni se azora por cualquier pequeño contratiempo».

roncha
levantar u. p. ronchas (inf.). *Ofender, herir la susceptibilidad:* «Sus artículos de crítica literaria son tan violentos, que siempre levantan ronchas entre los escritores».

ronda
echar/hacer u. p. la ronda (inf.). *Ir de taberna en taberna:* «¿Qué os parece si echamos la ronda en el barrio nuevo, donde hay todavía dos o tres bares que nunca hemos visitado?».

rondón
[colarse/meterse u. p.] de rondón (inf.). [*Colarse/introducirse*] *sin ser llamado, sin pedir permiso:* «Es muy mal educado y tiene la fea costumbre de colarse de rondón en cualquier casa en los momentos menos oportunos».

ropa
haber ropa tendida (inf.). *Haber gente que no debe entender u oír lo que se dice:* «Bueno, ya está bien de hablar de perversiones sexuales, que hay ropa tendida. ¿No veis que los niños pueden oírlo todo?».
[saber u. p.] nadar y guardar la ropa (f.). *Aprovecharse de algo sin arriesgarse demasiado:* «Habló sólo generalidades sin comprometerse en nada concreto; se ve que es de los que saben nadar y guardar la ropa».
no tocarle u. p. la ropa a alguien. *Ver* «no tocarle u. p. un *pelo de la ropa a alguien».

Roque
[ser u. c.] la casa de tócame roque. *Ver* «[ser u. c.] la *casa de tócame roque».
[estar/quedarse u. p.] roque (inf.). [*Estar/quedarse*] *dormido:* «Tan pronto como apagué la luz, me quedé roque».
ni rey ni roque. *Ver* «ni *rey ni roque».

rosa
[estar/encontrarse u. p.] como las propias rosas (inf.). [*Estar/encontrarse*] *muy bien, perfectamente:* «Si tienes dolor de cabeza, tómate estas pastillas y te sentirás como las propias rosas».
[estar u. p.] como una rosa (inf.).
A: [*Ser*] *saludable, de buen ver:* «Se conserva muy bien; a pesar de sus 86 años está como una rosa».
B: [*Estar*] *fresco,* [*encontrarse*] *a gusto:* «Estaba muy fatigado de la caminata, pero después de darme una buena ducha me quedé como una rosa».

rosario
acabar u. p. como el rosario de la aurora (inf.). *Acabar en riña violenta, acabar a golpes:* «Juan y Mercedes empezaron a discutir con buenas palabras, pero al final terminaron como el rosario de la aurora».

rosca
[estar u. p.] hecha una rosca (f.). [*Estar*] *acostado con el cuerpo enrollado:* «El mendigo estaba hecho una rosca cerca de la lumbre; parecía un gato dormitando».
no comerse/jamar u. p. una rosca (inf.). *No conseguir ligar:* «Pedro tiene aspecto de no haber jamado una rosca en su vida. ¿Has visto qué poco arte tiene para hablar con las chicas?».
hacerle u. p. la rosca a alguien (inf.). *Li-*

sonjear, adular a alguien: «En esta empresa todos le hacen la rosca al jefe para conseguir aumentos de sueldo».

pasarse u. p. de rosca (inf.). *Excederse, exagerar, ir más allá de lo prudente:* «No te pases de rosca; a un niño tan pequeño no puedes exigirle que permanezca una hora seguida al piano».

rosita

de rositas (inf.). *Gratis, sin esfuerzo o compensación alguna:* «No creas que, después de haberte invitado a comer, te van a dejar salir de rositas. Seguro que te van a pedir que les ayudes a pintar la escalera».

rostro

cruzarle u. p. el rostro a alguien. Ver «cruzarle u. p. la *cara a alguien».

echarle u. p. en rostro algo a alguien (f.). *Reprochar algo a alguien:* «Debido al alto cargo que ejercía en aquella provincia, nadie se atrevía a echarle en rostro su conducta inmoral».

echarle u. p. rostro a alguien/a algo (inf.). *Mostrar desvergüenza, descaro o cinismo en relación a alguien o algo:* «Si te sorprende el inspector viajando sin billete, no te pongas nervioso y échale rostro al asunto: dile tranquilamente que eres extranjero, que no entiendes lo que te dice».

tener u. p. rostro (inf.). *Tener desfachatez, descaro, frescura:* «¡Hay que tener rostro para pedir dos mil pesetas por un kilo de sardinas de las pequeñitas! En el puerto las venden a mitad de precio».

rúbrica

[ser u. c.] de rúbrica (f.). *[Ser] habitual, de costumbre:* «Todos los días, a la misma hora, había que dar el paseíto de rúbrica».

rueda

[ir/marchar u. c.] sobre ruedas (inf.). *[Funcionar] perfectamente:* «Desde que vendo este producto tan bueno, el negocio marcha sobre ruedas».

comulgar u. p. con ruedas de molino (inf.). *Ser excesivamente crédulo:* «Puedes contarle la mayor mentira y te la creerá; es un hombre que comulga con ruedas de molino».

chupar u. p. rueda (inf.). *Seguir a otro vehículo a muy corta distancia [generalmente con la intención de adelantarlo]:* «Un día vas a sufrir un accidente por ir todo el tiempo chupando rueda y a tanta velocidad».

ruido

ser más el ruido que las nueces (inf.). *Ser insignificante una cosa que aparece como grande, grave o importante:* «Anunciaron unas subidas muy drásticas en el precio de los transportes, pero fue más el ruido que las nueces, porque se conformaron con un 10%».

S

sábana
media sábana (inf.). *Billete de quinientas pesetas:* «¿Puedes cambiarme esta media sábana en cinco billetes de cien pesetas?».
sábana verde (inf.). *Billete de mil pesetas:* «¿Me cambias estos dos billetes de quinientas pesetas por una sábana verde?».
pegársele a alguien las sábanas (inf.). *No poder levantarse de sueño:* «Disculpa mi retraso: me acosté muy tarde y se me han pegado las sábanas».

sabañón
comer u. p. como un sabañón (inf.). *Comer con gran apetito:* «Después del baño en la playa, los niños suelen comer como sabañones».

saber
[tener u. p./u. c.] un no sé qué (f.). [*Poseer*] *alguna calidad difícil de definir:* «Es difícil explicar dónde radican las virtudes de este libro, pero el caso es que tiene un no sé qué que le hace muy atractivo».
[el señor] no sé cuántos (inf.). [*Sustituye el nombre de persona, generalmente el apellido, que no se recuerda*]: «Ha preguntado por Vd. el señor no sé cuántos, ese que tiene un apellido alemán tan largo y difícil de pronunciar».
... que no quieras/-a saber (inf.). [*Locución que indica cualidad en grado superlativo*] *muy bueno, malo, muy desagradable, etc.:* «Dame cualquier cosa de comer, pero rápido, porque tengo un hambre que no quieras saber».
a sabiendas (f.). *Con conocimiento e intencionadamente:* «Es un maleducado; por la noche pone el televisor al máximo volumen a sabiendas de que no deja dormir a los vecinos».
no/sin saber cómo ni cómo (inf.). [*Muy enfático*] *no/sin tener la más mínima idea de cómo:* «El iba paseando tranquilamente por la calle cuando, de repente, sin saber cómo ni cómo, se encontró en medio de una manifestación política».
no saber u. p. cuántas son cinco (inf.). *Ser muy simple e ignorante:* «Con esta gente no merece la pena discutir, porque no saben cuántas son cinco».
saber(se)las u. p. todas (inf.). *Conocer todos los trucos, malicias, etc., de que pueden hacer uso los demás:* «Han querido engañarme con el contrato de venta, pero como yo me las sé todas, descubrí dónde estaba la trampa».
saberle u. c. a poco a alguien (f.). *Resultarle u. c. escasa o incompleta a alguien:* «Las vacaciones fueron maravillosas, pero me supieron a poco: en sólo una semana es imposible descansar de verdad».
a saber ... (f.).
A: [*Expresión aclarativa con que se introduce la explicación de algo que se acaba de mencionar*]: «Acudieron todos los miembros de la directiva, a saber: la presidenta, el vicepresidente y el secretario».
B: [*Exclamación de enojo frente a la imposibilidad de averiguar algo*] *¡falta saber ...!* «He estado todo el día buscando las llaves y no las he encontrado. ¡A saber dónde estarán!».

cualquiera/quién sabe (si ...) (inf.). [*Expresión de duda*] **no se sabe (si ...), falta saber (si ...):** «Me ha prometido devolverme pronto el dinero, pero quién sabe si realmente puede o quiere hacerlo».

¡para que lo sep[as/-a]! Ver «¡para que [te/se] *enter[es/-e]!»

que [yo] sep[a] (f.). *Según [mis] informaciones:* «No creo que fuera ella la que has visto por la calle. Que yo sepa, todavía no ha regresado de Italia».

¡no quier[as/-a] saber (...)! (inf.). [*Expresión que enfatiza lo afirmado*]: «Tiene un puesto de gran responsabilidad en un banco. ¡No quieras saber lo que gana!».

¡si lo sabré yo! (inf.).
A: [*Expresión enfática de asentimiento*]: «Efectivamente, en aquél país la vida es mucho más dura. ¡Si lo sabré yo, que estuve allí diez años!».
B: [*Expresión enfática con que se rechaza una opinión*]: «¡Que no, hombre, que no! Que el clima de Castilla puede ser muy duro! ¡Si lo sabré yo, que pasé allí muchos inviernos!».

¿... si se puede saber? (f.). [*Expresión añadida a preguntas para indicar contrariedad*]: «¡No te gusta ni la carne ni el pescado! ¿Y cómo quieres que cocine entonces, si se puede saber?».

¡vete/vaya Vd. a saber! (inf.). [*Exclamación de contrariedad ante la imposibilidad de averiguar algo*]: «Con este desorden que tienes en tus papeles, vete a saber dónde estarán los recibos que buscamos».

¡yo qué sé! o **¡qué sé yo!** Ver «ni *idea».

sable
vivir u. p. del sable (inf.). *Dedicarse a sacar dinero a la gente con habilidad:* «Este vive del sable; anda contando historias tristes para ablandar a la gente y recibir algún dinero».

sacacorchos
sacarle u. p. algo a alguien con sacacorchos (inf.). *Obtener con grandes dificultades que alguien diga algo:* «Es un chico muy tímido; hay que sacarle las palabras con sacacorchos».

sacamuelas
hablar/charlar u. p. más que/como un sacamuelas. Ver «hablar/charlar u. p. por los *codos».

sacar
de dos sacar u. p. cuatro (inf.). *Proceder con espíritu ahorrativo:* «Aunque no gana mucho, nunca se ha quedado sin dinero, porque es de estas personas que de dos sacan cuatro».

saco
[ser u. p. un] saco roto/sin fondo (inf.). *Persona que tiene un apetito insaciable:* «Este niño es un saco sin fondo; se ha comido su merienda y la de su hermano, y todavía quiere más».

caer u. c. en saco roto (inf.). *No ser tenida en cuenta, no ser aprovechada u. c.:* «Veo que todos los consejos que le he dado al chico han caído en saco roto y sigue sin decidirse a estudiar».

darle u. p. por (el) saco a alguien. Ver «darle u. p. por (el) *culo a alguien».

echar u. p. algo en saco roto (f.). *Olvidar algo, no tener algo en cuenta:* «Si te doy estos consejos es para que los pongas en práctica, no para que los eches en saco roto».

irse u. p./u. c. a tomar por (el) saco. Ver «irse u. p./u. c. a tomar por (el) *culo».

mandar u. p. a tomar por (el) saco a alguien/algo. Ver «mandar u. p. a tomar por (el) *culo a alguien/algo».

tener u. p. en el saco a alguien/algo (inf.).
A: *Haber conquistado la voluntad de alguien:* «Parece que Anita tiene en el saco a Jaime, porque a todas horas se les ve andar juntos».
B: *Haber conseguido algo:* «Al principio pensé que no me iban a conceder el crédito, pero ahora ya estoy tranquilo porque ya lo tengo en el saco».

sacudir
sacudírsela u. p. Ver «hacerse u. p. una *paja/pajas».

salida
salida de tono (f.). *Despropósito, cosa importuna que se dice o hace:* «Decir esa palabrota en presencia de gente educada me parece una salida de tono imperdonable».

salir
salir u. p. con algo/ésas (inf.). *Decir algo*

intempestiva o inesperadamente: «¡Ahora sales con ésas! ¡Una semana después de salir de vacaciones se te ocurre decirme que el grifo del agua lo has dejado abierto!».
no salir u. p. de una para entrar/meterse en otra (inf.). *Sufrir continuos contratiempos:* «Mi hijo, desde que va a la guardería infantil, no sale de una para meterse en otra: la semana pasada le contagiaron la gripe, esta semana tiene pulmonía».
salirse u. p. con la suya (f.). *Imponerse, imponer la propia voluntad:* «Es un hombre tan dominante, que siempre se sale con la suya».
tener u. p. a quien salir (f.). *Parecerse a alguien de la familia:* «En eso de ser terco, el chico tiene a quien salir, porque su padre es la persona más terca que conozco».

saliva
gastar u. p. saliva (en balde/en vano) (f.). *Hablar inútilmente:* «Dar consejos a niños pequeños es gastar saliva en balde».
tragar u. p. saliva (inf.). *Soportar en silencio algo desagradable, contenerse:* «Tuvimos que aguantar los reproches que nos hacía el capitán con toda la paciencia del mundo. Un buen soldado debe tragar saliva y aguantar».

salsa
[encontrarse/estar u. p.] en su (propia) salsa (inf.). [*Estar u. p.*] *en el ambiente que más realza su personalidad o que mejor la define:* «Deja tranquilos a los niños en su habitación; rodeados de juguetes están en su propia salsa».

saltar
[andar/estar u. p.] a lo/la que salta/salte (inf.).
A: [*Estar*] *dispuesto a aprovechar cualquier oportunidad que se presente:* «Antonio, claro está, anda a lo que salta y consigue siempre ser invitado en todas partes».
B: [*Estar*] *sin trabajo fijo:* «Desde que ya no está en la fábrica, anda a lo que salta: hoy repara un mueble, mañana una cañería».
saltar u. p. con algo/ésas. *Ver* «*salir u. p. con algo/ésas».

salto
a salto de mata (inf.).
A: *De forma improvisada, sin plan ni método:* «A doña Matilde no le gustaba que su hija se casase con un bohemio que tenía que ganarse la vida a salto de mata».
B: *Huyendo o escapando de un peligro:* «El ladrón logró atravesar el país a salto de mata, durmiendo en el monte y alimentándose de lo que cazaba ocasionalmente».
a saltos (f.). *De forma discontinua, omitiendo trozos o espacios intermedios:* «No pude entender el libro, porque como no tenía tiempo, tuve que leerlo a saltos, dejando muchos capítulos sin leer».
en un salto (inf.). *En un momento:* «No te muevas de aquí; voy a casa y en un salto vuelvo a estar contigo».
dar u. p. el salto (inf.). *Lograr o alcanzar repentinamente éxito, fama o notoriedad:* «Era un industrial casi desconocido hasta que, con la fabricación de este producto, dio el salto y se convirtió en uno de los más famosos».

salud
curarse u. p. en salud (f.). *Precaverse de un daño ante la más leve amenaza:* «Hay que dejar el negocio antes de que se hunda; tenemos que curarnos en salud».
¡a [tu/su] salud! (f.). [*Fórmula utilizada como brindis*]: «¿Me permites otro vaso de Jerez? ¡A tu salud!».

salvo
[estar u. p.] a salvo (f.). [*Estar*] *fuera de peligro:* «Cuando divisamos la costa cercana, empezamos a sentirnos a salvo».

sambenito
cargarle/echarle u. p. el sambenito a alguien (inf.). *Echarle a alguien la culpa de algo que no ha cometido:* «No sé quién tiró el televisor al suelo, pero como yo soy el más joven, me echaron a mí el sambenito».

sangre
[ser u. p. un/tener] mala sangre (inf.). [*Ser*] *mala persona,* [*tener*] *malas intenciones o carácter perverso:* «Debes tener mucho cuidado con él, porque tiene muy mala sangre y te puede hacer mucho daño».
[tener u. p. la] sangre caliente (inf.). [*Tener un*] *temperamento muy vivo o apasionado:* «Parece que tiene la sangre caliente. Se enfada por cualquier cosa».

[tener u. p.] sangre fría (f.). *Serenidad, entereza de ánimo:* «Hay que tener mucha sangre fría para pilotar un barco viejo y desvencijado como éste».
a sangre fría (f.). *Con premeditación y sin conmoverse o alterarse:* «Lo asesinaron a sangre fría, de acuerdo con un plan concebido de antemano y sin pensar que la víctima dejaba mujer y cuatro niños».
a sangre y fuego (f.). *Con todo rigor y destruyéndolo todo:* «El ejército enemigo entró en la ciudad a sangre y fuego, y a las pocas horas no quedó ni un edificio sano».
alterarle u. p./alterársele la sangre a alguien (inf.). *Impacientar(se) o enfurecer(se):* «Estos niños están alterándome la sangre todo el día con sus gritos. Un día voy a darles un castigo ejemplar».
arrebatar(se)le/calentar(se)le/comer(se)le la sangre a alguien. *Ver registro anterior.*
bullirle/hervirle la sangre a alguien (inf.). A: *Tener el vigor y la inquietud propios de la juventud:* «A estos niños les bulle de tal manera la sangre, que no consigo que estén quietos ni cinco minutos». B: *Estar furioso:* «A don Joaquín le hervía la sangre. ¿Cómo era posible que su propio hijo se atreviera a darle una contestación así?».
correr sangre (f.). *Producirse heridas (en una riña):* «Parece que el enfrentamiento entre manifestantes y policías fue bastante violento y que incluso corrió sangre».
chuparle u. p. la sangre a alguien (inf.). *Explotar a alguien, abusar de alguien:* «Este es el típico hombre de negocios sin escrúpulos que ha hecho su fortuna a base de chuparle la sangre a sus obreros».
echar u. p. sangre por los ojos (inf.). *Estar enfurecido:* «No sé cómo pudo contenerse y mantenerse ajeno a la pelea, porque echaba sangre por los ojos y cerraba los puños con ira».
encender(se)le/pudrir(se)le/quemarse(le) la sangre a alguien. *Ver* «alterarle u. p./alterársele la *sangre a alguien».
hacerle u. p./u. c. mala sangre a alguien (inf.). *Enfadar, irritar a alguien:* «¿Por qué llegas siempre tan tarde a las citas? ¿Qué necesidad tienes de hacerme mala sangre?».
hacerse u. p. mala sangre (inf.). *Enfadarse,*

irritarse: «Es mejor evitar este tipo de discusiones tan violentas; se hace uno mala sangre sin necesidad».
helársele la sangre (en las venas) a alguien (f.). *Asustarse, horrorizarse:* «En esta película de terror se le hiela a uno la sangre en las venas».
lavar u. p. algo con sangre (f.). *Vengarse de alguna afrenta por medio de la violencia:* «Esta gente no es muy amiga de acudir a la justicia, y prefiere lavar con sangre su honor».
no llegar la sangre al río (inf.). [*Locución que indica que una disputa o altercado no tendrá consecuencias graves*]: «No te preocupes porque te hayan amenazado con pegarte; los conozco muy bien y sé que no llegará la sangre al río».
ponerle u. p./u. c. la sangre negra a alguien (inf.). *Exasperar a alguien, hacerle perder la paciencia:* «Estos niños me ponen la sangre negra con sus gritos».
pudrirle/quemarle u. p./u. c. la sangre a alguien (inf.). *Poner furioso a alguien:* «Aguanté a mi suegra algún tiempo, pero llegó un momento en que me quemó la sangre con sus críticas y tuve que echarla de casa».
subírsele a alguien la sangre a la cabeza (f.). *Encolerizarse:* «Cuando oí que me llamaba mentiroso y ladrón, se me subió la sangre a la cabeza y le propiné unas buenas bofetadas».
tener u. p. sangre de horchata (inf.). *Ser calmoso, no inmutarse por nada:* «Ni aunque le insultes vas a conseguir que acelere su ritmo de trabajo; tiene sangre de horchata».
no tener sangre en las venas (inf.). *Ser calmoso, no inmutarse por nada:* «Este no tiene sangre en las venas; le han dicho que le van a echar del trabajo y sigue tan tranquilo».
¡maldita sea [tu/su] sangre! (inf.). [*Fórmula imprecatoria*]: «Mi vecino, maldita sea su sangre, se pasa el día contando mentiras sobre nuestra vida familiar».

sano

cortar u. p. por lo sano (inf.). *Poner fin decididamente a una situación o discusión:* «No sabía qué modelo debía comprar, hasta que, cortando por lo sano, se llevó el primero que encontró».

sanseacabó
  ... **y sanseacabó.** *Ver* «... y se acabó».

santiamén
  en un santiamén (inf.). *Rápidamente, en muy poco tiempo:* «Estas pastillas son muy buenas; en un santiamén se te va el dolor de cabeza».

santísimo
  hacerle u. p. la santísima a alguien (inf.). *Hacerle a alguien la vida imposible, causarle grandes dificultades:* «Me robaron los documentos y todo el dinero que llevaba encima: me hicieron la santísima».

santo
  santo y seña (f.). *Contraseña:* «No es fácil entrar en la guarida de los ladrones si no se conoce el santo y seña».
  a santo de qué o **a qué santo** (inf.). *Por qué razón o motivo:* «No sé a santo de qué me han rebajado el sueldo este mes».
  dormir u. p. como un santo (inf.). *Dormir profundamente:* «No sé si es debido al ejercicio o al aire de la montaña, el caso es que últimamente duermo toda la noche como un santo».
  írsele a alguien el santo al cielo (inf.). *Olvidarse u. p. de lo que iba a decir o iba a hacer:* «Al orador se le fue de repente el santo al cielo y empezó a fantasear».
  ponérsele/volvérsele/tener u. p. el santo de cara/espaldas (inf.). *Tener buena/mala suerte:* «Hoy he perdido la cartera al salir de casa, y en la oficina no he podido encontrar mis papeles. Hoy parece que tengo el santo de espaldas».
  quedarse u. p. para vestir santos (inf.). [*Referido a mujeres*] *quedarse soltera toda la vida:* «Si no te preocupas de buscar novio, vas a quedarte para vestir santos».
  no saber u. p. a qué santo encomendarse (inf.). *Encontrarse en una situación difícil y no saber qué hacer:* «Me encargaron que sustituyese al profesor de física por un mes, y como yo no tenía ni idea de la asignatura, no sabía a qué santo encomendarme».
  no ser u. p. santo de la devoción de alguien (inf.). *No ser persona a quien se tenga amistad o simpatía:* «Ya comprenderás que ese político reaccionario no es precisamente santo de mi devoción».
  santo y bueno (inf.). [*Expresión de aprobación o asentimiento*] *de acuerdo:* «Si no quieres salir de vacaciones, santo y bueno; pero no me vengas después con reproches diciendo que yo te lo he impedido».

sapo
  echar/soltar u. p. sapos y culebras (por la boca) (inf.). *Decir palabrotas, blasfemar, maldecir:* «Se marchó muy enfadado echando sapos y culebras».
  echar/soltar u. p. sapos y culebras contra alguien (inf.). *Criticar muy duramente a alguien:* «No comprendo cómo se atreven a echar sapos y culebras contra una persona tan buena».

saque
  tener u. p. buen saque (inf.). *Comer mucho o con mucho apetito:* «El chico tiene buen saque y es capaz de acabar él solo con todas las provisiones».

sardina
  [estar/ir] como sardinas (en lata/banasta) (inf.). [*En plural*]; [*encontrarse*] *muy apretado debido a la gran concurrencia de gente:* «El tren iba tan lleno, que hicimos el viaje como sardinas en lata».

sartén
  tener u. p. la sartén por el mango (inf.). *Tener autoridad, estar facultado para tomar decisiones, encontrarse en situación ventajosa:* «No merece la pena que discutas con el policía; tiene la sartén por el mango y te puede llevar detenido».

saque
  [ser u. p.] de/tener buen saque (inf.). *(Ser) capaz de comer o beber grandes cantidades de una vez:* «Le has puesto a Carlitos una ración de empanada verdaderamente miserable. Piensa que es un niño de buen saque y se come el doble».

Satanás
  [ser u. p. (de)] la piel de Satanás. *Ver* «[ser u. p. (de)] la *piel del demonio/diablo».

sayo
  decir(se) u. p. algo para su sayo (inf.). *De-*

cirse algo a sí mismo, pensar algo sin comunicarlo a los demás:* «No quise responderle nada, pero me dije para mi sayo que ésta era la última vez que tenía una cita con una persona tan antipática».

sazón
a la sazón (f.). *Entonces, en aquel tiempo:* «A la sazón, cuando yo era un niño, había en nuestra ciudad menos de la mitad de habitantes que hay ahora».

seco
a secas (f.). *Solamente, simplemente, sin más:* «No me llame Vd. 'señor profesor'; tenemos confianza suficiente para que me diga 'Don Antonio' a secas».
afeitar u. p. en seco a alguien (inf.). *Matar a alguien:* «Ten cuidado, porque está muy enojado contigo y es más fuerte que tú; si te coge, te afeita en seco».
dejar u. p. seco a alguien (inf.). *Dejar muerto en el acto a alguien:* «Sacó la pistola y lo dejó seco de un tiro».
detener(se)/frenar/parar(se) u. p./u. c. en seco (f.). *Detener(se) ... súbita o bruscamente:* «El autobús frenó en seco y la gente que iba de pie cayó al suelo».
quedarse u. p. seca (inf.). *Morir:* «No te extrañes de que se haya quedado seco de una pulmonía; tenía 98 años y estaba ya muy delicado de salud».

secreto
[ser u. c. un] secreto a voces (inf.). *Noticia que debería permanecer secreta y se ha hecho pública:* «No querían que se enterase nadie de su próximo divorcio, pero la cosa es ya un secreto a voces, pues todo el mundo lo sabe».

sed
apagar la sed (f.). *Calmar, aplacar la sed:* «Hacía tanto calor, que ya no sabíamos qué podíamos beber para apagar la sed».

seda
[andar/ir u. c.] como la/una seda (f.). *Funcionar a la perfección, a medida de lo deseado:* «Desde que tenemos tan hábiles colaboradores, todo va como la seda».
[dejar u. p./u. c. a alguien/estar u. p.] como la/una seda (f.). *[Poner/estar] tranquilo, sosegado, dócil:* «Como el niño no hacía más que llorar y patalear sin motivo, le puse un disco que lo dejó como una seda».

según
según y cómo (f.). [*Locución condicional*] *según (alguna eventualidad):* «El médico ha dicho que le operará según y cómo le encuentre: si ve que la operación puede resultar arriesgada, no la practicará».

segundo
[hacer u. p. algo con/tener u. p./u. c.] segundas. *Ver* «[hacer u. p. algo con/tener u. p./u. c.] segundas *intenciones».

seguro
a buen seguro (que) o **de seguro (que)** (f.). *Seguramente, con seguridad:* «Este chico no conoce el valor del dinero; a buen seguro que ya no le queda nada de todo lo que le diste ayer».
sobre seguro (f.). *Sin aventurarse a sufrir ningún daño, riesgo o equivocación:* «Hay que hacer el experimento sobre seguro; cualquier error podría resultar fatal».

semana
entre semana (f.). *En cualquier día entre martes y viernes (inclusive):* «Entre semana las carreteras están casi vacías. Las retenciones se producen sobre todo los fines de semana o los lunes por la mañana».
unas semanas con otras (f.). *De promedio semanal:* «No tiene el mismo trabajo todas las semanas, pero unas semanas con otras trabajará unas 35 horas»

senda
buena/mala senda. *Ver* «buen/mal *camino».

sentado
dar u. p. por/dejar sentado algo (f.). *Considerarlo fuera de duda o discusión:* «No sé por qué todos dan por sentado que voy a acudir a la fiesta. ¡No saben lo cansado que estoy!».
(poder) esperar u. p. sentada (inf.). [*Expresión con la que se le hace saber a otra persona que espera en vano*]: «Es un hombre muy egoísta, y si crees que va a hacer algo por ayudarte, puedes esperar sentado».

sentido

sexto sentido (f.). *Capacidad de intuición:* «Mi sexto sentido me decía que tú ibas a venir hoy, y no me ha engañado».

[costar/valer u. c.] un sentido (inf.). *[Costar/valer] mucho dinero:* «No sé de dónde saca el dinero, porque se compra vestidos que cuestan un sentido».

hacerle perder/quitarle u. p. el sentido a alguien (inf.). *[Generalmente referido al lenguaje amoroso] causar gran admiración a alguien:* «Ahora sale con una chica preciosa, de ésas que le quitan a uno el sentido».

perder u. p. el sentido. *Ver* «perder u. p. el *conocimiento».

[poner u. p.] los cinco sentidos en alguien/algo (f.). *Actuar con extremada atención y cuidado:* «Aquí la carretera es peligrosísima, y tienes que poner los cinco sentidos para evitar un accidente».

sentimiento

[te/le] acompaño en el sentimiento (f.). *[Fórmula para dar el pésame]:* «Te acompaño en el sentimiento por la muerte de tu padre. Ya sabes que éramos amigos íntimos».

seña

para/por más señas (f.). *[Locución que enfatiza una precisión] para dar un dato complementario:* «Es alto y delgado, y tiene una cicatriz en la frente, por más señas».

señal

(no) dar señales de vida (f.). *(No) dejarse ver, (no) establecer contacto con alguien:* «Desde que tu hermano se fue a América ya han pasado dos años y todavía no ha dado señales de vida. Dile que mande al menos una tarjeta postal».

no [haber] ni señal(es) (de algo/alguien) (inf.). *No [haber] ni la más pequeña huella (de algo/alguien):* «Hace ya más de un año que la policía investiga el crimen, pero hasta ahora no hay ni señales del criminal».

sepultura

cavar u. p. su propia sepultura (f.). *Buscar inadvertidamente su propio mal:* «Con esas declaraciones tan poco oportunas a la prensa, el partido conservador ha cavado su propia sepultura».

ser

un sí es no es + ADJETIVO (inf.). *Algo/un poco + ADJETIVO:* «La película resultó un sí es no es aburrida; le faltaba un poco de suspense».

a no ser (que) (f.). *Excepto en el caso de (que):* «Puedes quedarte con el coche hasta el sábado, a no ser que lo necesite mi madre».

comoquiera que sea (f.). *De cualquier manera, cualesquiera que sean las circunstancias:* «No te preocupes, porque, comoquiera que sea, encontraremos alguna solución».

no sea que. *Ver* «no sea *cosa que».

no vaya a ser que. *Ver* «no sea *cosa que».

o sea que (inf.).
A: *[Locución consecutiva] así que, de manera que:* «No están mis padres en casa, o sea que podemos hacer lo que queramos».
B: *Ver* «o *sea».

es que ... (inf.).
A: *[Expresión con que se introduce un argumento o detalle considerado importante]:* «No creas que quiero molestarte, pero es que realmente necesito tu ayuda».
B: *[Expresión con que se indica contrariedad o se refuerza una réplica]:* «Por mucho que insistas, no te acompañaré al cine. Es que no quiero ir hoy».

¿es que ...? (inf.). *[Expresión que introduce preguntas que indican sorpresa o reprobación]:* «¡Qué delgada estás! ¿Es que no te dan de comer en casa?».

lo que es ... (inf.). *[Expresión que refuerza una parte de la oración puesta de relieve] en lo que concierne ..:* «Puede que a tí te interese. Pero, lo que es a los demás, les dará completamente igual».

o sea (f.). *[Expresión con la que se introduce una aclaración o una precisión] es decir, equivale a decir:* «El coche es de su cuñado, o sea, del hermano de su mujer».

sereno

[dormir u. p.] al sereno (f.). *[Dormir] al aire libre, sin techo donde guarecerse:* «Si no encontramos hotel, tendremos que pasar la noche al sereno».

serie

[ser u. p./u. c. un] fuera de serie (f.). *Cosa o persona extraordinaria:* «Como futbolista hay que reconocer que es un fuera de serie: en un solo partido ha sido capaz de meter cinco goles».

serio
[estar/ser u. p.] más seria que un ocho (inf.). [*Estar/ser*] *muy serio:* «Cuando oyó la noticia del accidente, Ricardo se quedó más serio que un ocho».

servicio
hacerle u. p. un flaco servicio a alguien (f.). *Perjudicar a alguien:* «Ella quería ayudarme a transportar la vajilla, pero me ha hecho un flaco servicio, porque me ha roto dos piezas de la mejor porcelana».

servido
estar/ir u. p. servida. *Ver* «ir u. p. *dada».

servidor
servidor de Vd. (f.). [*Fórmula de cortesía con que se acepta hacer un favor*] *encantado de ayudarle:* «¿Puede Vd. subirme la maleta, don Francisco? –Servidor de Vd., señora. Ahora mismo se la traigo».

servir
... para servirle o ... para servir a Vd. (f.). [*Fórmula de cortesía con que u. p. se pone a disposición de alguien; se usa solamente en respuestas alusivas a la identidad personal*]: «¿Es usted el nuevo contable de la empresa? –Sí señor, yo soy, para servirle».

sesera
beberle/hacerle perder/sorberle u. p. la sesera a alguien (inf.). *Ejercer sobre alguien un influjo irresistible:* «De nada sirve hablarle de los inconvenientes que trae consigo el matrimonio a su edad, porque la novia le ha sorbido la sesera y sólo piensa en casarse».
no caberle u. c. en la sesera a alguien. *Ver* «no caberle u. c. en la *cabeza a alguien».
calentarle u. p. la sesera a alguien. *Ver* «calentarle u. p. la *cabeza a alguien».
calentarse/romperse u. p. la sesera. *Ver* «calentarse/romperse u. p. la *cabeza».
meterle u. p. algo en la sesera a alguien. *Ver* «meterle u. p. algo en la* cabeza a alguien».
quitarle/sacarle u. p. de la sesera algo a alguien (inf.). *Disuadir a alguien de algo:* «El niño se ha empeñado en que le compremos una motocicleta, pero tenemos que sacarle esa idea de la sesera».

seso
beberle/hacerle perder/sorberle u. p. el seso/los sesos a alguien. *Ver* «beberle ... u. p. la *sesera a alguien».
calentarse/devanarse u. p. los sesos (inf.). *Fatigarse mucho meditando en exceso:* «No merece la pena que te calientes los sesos pensando en eso. El problema se resolverá por sí solo».
estrujarse/exprimirse u. p. los sesos. *Ver* «estrujarse/exprimirse u. p. el *cerebro».
levantarle/saltarle/volarle u. p. a alguien los sesos. *Ver* «levantarle ... u. p. a alguien la *tapa de los sesos».
levantarse/saltarse/volarse u. p. los sesos. *Ver* «levantarse ... u. p. la *tapa de los sesos».
perder u. p. el seso (f.). *Volverse loco:* «Es soltero y cuarentón; no me extraña que haya perdido el seso con esa chica».
tener u. p. menos seso que un mosquito (inf.). *Tener poco o ningún juicio, ser inconsciente o irresponsable:* «No deberías encargarle la custodia de los niños, porque tiene menos seso que un mosquito».
tener u. p. poco/no tener seso (f.). *Ver registro anterior.*

siempre
siempre que. *Ver registro siguiente.*
siempre y cuando (f.). [*Locución condicional*] *si:* «Bueno, iremos en coche siempre y cuando tú estés de acuerdo en pagar la gasolina».
¡hasta siempre! (f.). [*Fórmula de saludo empleada al despedirse por mucho tiempo*]: «¡Hasta siempre, Doña Elvira! Espero que alguna vez nos veremos a mi regreso de la Argentina».

siete
[hablar] por siete. *Ver* «[hablar/saber u. p.] *más que siete».
tener/hacer(se) u. p. un siete (inf.). *Tener/hacerse un roto (en forma de ángulo en un vestido o tela):* «El niño tiene un siete en el pantalón; seguro que ya ha vuelto a caerse de la bicicleta».

silla
pegársele la silla a alguien. *Ver* «pegársele el *asiento a alguien».

simplemente
simplemente que. *Ver* «*sólo que».

sin
¡sin + INFINITIVO! (inf.). [*Expresión imperativa negativa*]: «Sin gritar, os he dicho que sin gritar, chicos. Hay gente que duerme todavía»

sindicato
casarse u. p. por el sindicato de las prisas (inf.). *Casarse por haber quedado la mujer embarazada:* «Parece que se han casado por el sindicato de las prisas; un par de meses después de la ceremonia tuvieron el primer niño».

sistema
por sistema (f.). *Por empeño no razonado o justificado* [*referido a acciones que se repiten con frecuencia y que merecen reprobación*]: «Mis estudiantes no saben qué significa la palabra disciplina; todos los días llegan tarde por sistema».

sitio
[ir u. p.] de un sitio para otro. *Ver* «[ir u. p.] de un *lado para otro».
dejar u. p. a alguien/quedarse u. p. en el sitio (inf.). *Matar u. p. a alguien/morir u. p. de forma violenta o repentinamente:* «Ten cuidado con ése, porque va armado y si saca la pistola te puede dejar en el sitio».
tenerlos u. p. en su sitio (inf.). *Tener valor o atrevimiento:* «Era un militar que los tenía en su sitio, porque ni siquiera se inmutaba al comenzar las batallas».

situación
[estar/ponerse u. p.] en la situación de alguien (f.). [*Estar/imaginarse estar*] *en la situación de alguien:* «Procura ponerte en mi situación y comprenderás mi comportamiento».
capear u. p. la situación. *Ver* «capear u. p. el *temporal».

sobrar
de sobra (f.). *En abundancia, en cantidad más que suficiente:* «Tiene dinero de sobra, pero no quiere gastarlo porque es un avaro».
estar u. p./u. c. de sobra (f.). *No ser necesario, ser superfluo:* «Ya lo sabes: aquí estás de sobra, no te necesitamos para nada».

soga
darle u. p. soga a alguien. *Ver* «darle u. p. *cuerda a alguien».
echar u. p. la soga detrás del/tras el caldero (inf.). *Perder o dejar perder lo accesorio después de perder lo principal:* «Cuando vio que le robaron la cartera, echó la soga tras el caldero y tiró al suelo las pocas monedas que le quedaban».
[estar u. p.] con la soga al cuello/a la garganta (inf.). [*Encontrarse*] *en grave riesgo o en una situación muy apurada:* «Antes tenía mucho dinero, pero ahora está con la soga al cuello y ya ha tenido que vender hasta el coche».
[hablar de/mencionar] la soga en casa del ahorcado (f.). *Suscitar la memoria de algo que avergüence o moleste a alguien que está presente:* «Casi todos los miembros de esta familia han tenido algo que ver con el fascismo; hablarles de totalitarismo es mentar la soga en casa del ahorcado».

sol
[hacer un] sol de justicia (inf.). *Sol muy fuerte:* «Hoy hace un sol de justicia; ponte a la sombra si no quieres sufrir una insolación».
al caer el sol. *Ver* «a la *caída del sol/de la tarde».
[ser u. p.] (guapa) como un sol (inf.). [*Generalmente referido a niños*]; [*ser*] *muy guapo:* «Tiene una niña guapa como un sol. Todos se quedan mirándola».
de sol a sol (f.). *Desde que sale el sol hasta que se pone, todo el día:* «El pobre hombre tiene que trabajar de sol a sol para poder mantener a su numerosa familia».
arrimarse/estar u. p. al sol que más calienta (inf.). *Servir o adular al más fuerte o influyente:* «Se ve que le gusta arrimarse al sol que más calienta; sólo acompaña a gente de mucho dinero».
coger el sol a alguien (f.). *Hacerle daño el sol a alguien (en la piel):* «El primer día de playa me cogió el sol y la piel se me llenó de ampollas».
coger/tomar u. p. el sol (f.). *Broncearse al*

sol: «Tomar el sol durante tanto tiempo y sin protección alguna para la piel, puede resultar muy peligroso».
no dejar u. p. a alguien ni a sol ni a sombra (f.). *Seguir o acompañar a alguien a todas horas y a todas partes:* «La pobre mujer está tan locamente enamorada, que no le deja ni a sol ni a sombra».

solamente
con solamente que. *Ver* «con *sólo que».
solamente que. *Ver* «*sólo que».

solemnidad
[ser u. p.] pobre de solemnidad (f.). *[Ser] muy pobre:* «En aquellos tiempos los estudiantes eran pobres de solemnidad e iban a mendigar la sopa a los conventos».

soleta
darle u. p. soleta a alguien (inf.). *Echar o despedir a alguien:* «A estas visitas inoportunas lo mejor es darles soleta tan pronto como se pueda».
tomar u. p. soleta (inf.). *Irse, marcharse, huir:* «Si vuelve por aquí ese pesado a estropearnos la tertulia, lo mejor sería tomar soleta y reunirnos otro día».

solfa
poner u. p. en solfa a alguien/algo (inf.). *Ridiculizar a alguien/algo:* «No sé para qué quieres que te dé consejos si todo lo que digo lo vas a poner en solfa después diciendo que tengo ideas muy anticuadas».

solo
como [él/tú] solo (inf.).
A: *[Con adj.] muy:* «Tiene muchos pretendientes porque es una chica guapa como ella sola».
B: *[Con verbos] mucho:* «Trabaja como él solo: en menos de una semana terminó una traducción de más de cien páginas».
[estar u. p.] más sola que la una (inf.). *[Estar] completamente solo:* «Los invitados se fueron marchando poco a poco, y a las diez de la noche me quedé más solo que la una».
a solas (f.). *Sin compañía, ayuda o intervención de otra persona:* «Este niño es muy raro; es capaz de pasar horas enteras a solas, sin hablar ni jugar con nadie».
quedarse u. p. sola en algo/[haciendo] algo (inf.). *No tener competidor en algo/haciendo algo:* «Jugando a las cartas se queda solo; nunca ha podido ganarle nadie».

sólo
con sólo que (f.). *[Locución concesiva; subraya la facilidad de conseguir el resultado expresado en la oración principal aunque el esfuerzo indicado en la subordinada sea mínimo] aunque ... sólo:* «Esta asignatura es bastante fácil; con sólo que estudies un par de horas a la semana, puedes aprobarla sin problemas».
sólo que (f.). *[Locución adversativa] pero:* «Claro que me gustaría ir a la fiesta, sólo que no tengo tiempo y tendré que quedarme trabajando».

sombra
[ser u. p. un] mala sombra (inf.). *Persona malvada:* «Este hombre es un mala sombra que no piensa más que en hacer daño a los demás».
[ser u. p.] de/tener mala sombra (inf.). *[Ser] de/tener mala suerte:* «Ha tenido tan mala sombra que, nada más estrenar su nuevo coche, lo convirtió en un montón de chatarra al colisionar con un camión».
[estar u. p./u. c.] sin/no tener (ni) sombra de algo (inf.). *[Estar] desprovisto/carecer absolutamente de algo:* «¿Cómo es posible que a tu edad todavía tengas que depender de tus padres? ¡No tienes ni sombra de vergüenza!».
[estar u. p.] a la sombra (inf.). *[Estar] en la cárcel:* «A éste lo han sorprendido haciendo contrabando y ha tenido que pasar un par de años a la sombra».
[estar u. p.] a la sombra de alguien (inf.). *[Estar] bajo la protección de alguien:* «Hizo carrera política a la sombra de su tío, a quien le debe prácticamente todo».
burlarse/reírse (hasta) de su propia sombra (inf.). *Ser muy bromista o burlón:* «Federico, que es capaz de burlarse hasta de su propia sombra, se puso a bailar por entre las tumbas del cementerio».
desconfiar/no fiarse u. p. (ni) de su (propia) sombra (inf.). *Ser muy desconfiado:* «Nunca podrás ganarte la confianza de tu suegra. Es una mujer que no se fía ni de su propia sombra».

hacerle u. p. sombra a alguien (f.). *Impedirle a alguien prosperar o sobresalir por superarle en mérito, habilidad, etc.:* «Juanito quería ser el primero de la clase, pero Paco era más inteligente y le hacía sombra».
no ser u. p./u. c. (ni) la sombra de lo que era (f.). *Haber degenerado o decaído en extremo:* «En mis buenos tiempos fui campeón de natación, pero ahora no soy la sombra de lo que era».

sombrero
quitarse u. p. el sombrero (ante alguien/algo) (f.). *Admirar a alguien/algo, aplaudir a alguien:* «Como poeta no es gran cosa, pero como escritor en prosa hay que quitarse el sombrero ante su inimitable estilo».

son
en son de algo (f.). *En actitud de, con ánimo de algo:* «Espero que hayas dicho eso en son de paz y que no volvamos a pelearnos más».
bailar/danzar u. p. al son que le tocan (f.). *Acomodar la conducta propia a las circunstancias:* «Aquí tenemos que bailar al son que nos toquen; y si el director nos dice que tenemos que trabajar en domingo, tenemos que hacerlo sin protestar».
¿a qué son? o **¿a son de qué?** (inf.). [*Expresión generalmente usada con «venir»*] *¿por qué motivo?:* «No comprendo a qué son viene esto de llamarme 'el Americano', porque yo nunca estuve en América».

sonado
hacer u. p. una (que es) sonada (inf.). *Dar mucho que hablar o promover un escándalo:* «Si no me devuelve Vd. el dinero que me debe, soy capaz de hacer una que sea sonada y ponerle en ridículo delante de todo el mundo».

sonar
como suena. *Ver* «*así como suena».
lo que sea sonará (inf.). *Sea lo que sea, ya se manifestará con el tiempo:* «He solicitado un puesto de trabajo en el Ministerio y todavía no me han contestado. En fin, lo que sea sonará».

soñar
¡ni soñarlo! (inf.). [*Negación enfática*]: «No hagas planes para este verano, porque no nos queda apenas dinero. De viajar, ni soñarlo».

sopa
[estar u. p.] hecha/ponerse como una sopa (inf.). [*Estar*] *completamente mojado o empapado/mojarse completamente:* «Me sorprendió la tormenta a medio camino de casa y, como no tenía paraguas, me puse como una sopa».
andar/comer/ir u. p. a la sopa boba (inf.). *Vivir comiendo a costa de los demás:* «Aunque ya tiene edad para trabajar, se pasa el día divirtiéndose con sus amigos y luego, a la noche, viene a casa de sus padres a comer la sopa boba».
[encontrar u. p.] a alguien hasta en la sopa (inf.). [*Encontrar*] *a alguien importunamente en todas partes:* «No sé qué pasa que últimamente veo a este tipo antipático hasta en la sopa».

sopetón
de sopetón (inf.). *Brusca, improvisada o repentinamente:* «Ya puedes imaginar qué impresión me produjo oír de sopetón la noticia de la muerte de mi amigo».

soplo
en un soplo (inf.). *En un instante o espacio brevísimo de tiempo:* «No tendrás que esperar mucho; la avería la reparo en un soplo y en seguida vuelvo contigo».
irle/venirle u. p. con el soplo a alguien. *Ver* «irle/venirle u. p. con el *cuento a alguien».

soslayo
[mirar u. p.] de soslayo (f.). [*Mirar*] *oblicuamente:* «Cuando le sorprendí mirándome de soslayo, dirigió la vista hacia otra parte».

substancia
en substancia (f.). *En lo fundamental, esencial:* «Aunque el Primer Ministro habló tres horas, no dijo nada nuevo en substancia».

sucio
[estar u. c./poner u. p. algo] en sucio (f.). [*Estar/poner*] *en borrador:* «Será mejor que primero hagas las cuentas en sucio y luego pases el resultado al cuaderno que tienes que enseñarle al profesor».
jugar u. p. sucio (f.). *Proceder sin lealtad u honradez en algún asunto o negocio:* «Hace

mucho tiempo que lo conozco y sé que es hombre serio e incapaz de jugar sucio».

sudor
con el sudor de la frente (f.). *Con mucho trabajo:* «Mis padres eran muy pobres, y toda mi fortuna me la he ganado con el sudor de la frente».

sueco
hacerse u. p. el sueco (inf.). *Simular no haber visto, oído o entendido:* «Hoy vi a mi sastre en la calle, pero me hice el sueco porque le debo todavía diez mil pesetas».

suegra
¡me cago en tu/su suegra! (rest.). *Ver* «¡tu/su *madre!»
¡tu/su suegra! *Ver* «¡tu/su *madre!»

suela
de siete suelas (inf.). [*Adj. superlativo referido a cualidades morales negativas*] *muy:* «Eres un vago de siete suelas, y nunca vas a hacer nada de provecho en la vida».
no llegarle u. p. (ni) a la suela del zapato a alguien (inf.). *Ser muy inferior a alguien:* «El nuevo cocinero no le llega ni a la suela del zapato del que teníamos antes: sus platos eran verdaderas obras de arte».

suelo
[andar/estar u. c.] por el suelo/los suelos (inf.).
A: *Ser cosa de poco valor o poco apreciada:* «Antes, comer carne era cosa de ricos; hoy está por los suelos y puede permitírsela cualquiera».
B: *Encontrarse u. c. en estado de gran decadencia o abatimiento:* «No me extraña que hayan perdido el campeonato de fútbol este año, porque la moral de los jugadores estaba por el suelo».
arrastrarse u. p. por el suelo/los suelos (f.). *Humillarse:* «Si quieres que tu jefe olvide su enojo, tendrás que arrastarte por el suelo un par de veces, porque él es muy orgulloso».
besar el suelo (inf.). *Caerse al suelo:* «El niño iba corriendo por un camino lleno de piedras y besó el suelo un par de veces».
dar u. p. con algo en el suelo. *Ver* «dar u. p. con algo en *tierra».

dar u. p. (consigo) en el suelo. *Ver* «dar u. p. (consigo) en *tierra».
echar u. p. por el suelo algo. *Ver* «echar u. p. por *tierra algo».
faltarle a alguien el suelo (f.). *Tropezar o caer al suelo:* «No sé si fue porque iba un poco despistado, el caso es que me faltó el suelo y me di un buen golpe contra el bordillo de la acera».
medir u. p. el suelo (f.). *Caer horizontalmente en el suelo:* «Le pegaron un puñetazo tan fuerte, que le obligaron a medir el suelo».
poner u. p. por el/los suelo(s) a alguien/algo (inf.). *Desacreditar a alguien/algo:* «Parece que ahora se dedica a hablar mal de nosotros poniendo por los suelos a nuestra familia».
venir(se) u. c. al suelo. *Ver* «venir(se) u. c. a *tierra».

sueño
sueño dorado (f.). *Deseo vehemente, ilusión halagüeña:* «Su sueño dorado fue siempre pilotar aviones; el día que pueda realizarlo será el hombre más feliz del mundo».
[ser u. c.] de sueño. *Ver* «[ser u. c.] de *ensueño».
ni en/por sueño(s) (inf.). [*Refuerzo de una negación*] *de ningún modo, bajo ninguna condición:* «Este no va a casarse ni por sueño; le gusta mucho la vida independiente».
descabezar u. p. un sueño (f.). *Dormirse por unos instantes:* «La película era tan aburrida y yo estaba tan cansado, que incluso llegué a descabezar un sueño».
perder u. p./quitarle u. c./u. p. a alguien el sueño (f.). *Preocuparse/preocuparle a alguien:* «No creo que sea un problema tan grave como para quitarnos el sueño. Con un poco de habilidad lo solucionaremos».

suerte
[tener u. p. una] suerte negra (inf.). [*Tener*] *mala suerte:* «Hoy he tenido una suerte negra con los naipes. Prácticamente he perdido todo lo que tenía».
de todas suertes. *Ver* «de todas *formas».
por suerte (f.). *Afortunadamente:* «Por suerte, nos ayudaron los amigos cuando nos quedamos sin dinero».
caberle/caerle/tocarle u. c. en suerte a alguien (f.).

A: *Corresponderle por sorteo:* «En la tómbola benéfica me tocó en suerte un oso gigante».
B: *Suceder por azar:* «No creo que haya aprobado el examen; me cayó en suerte un tema dificilísimo».
echar/sacar/tirar u. p. a suerte(s) algo (f.). *Decidir la suerte por medio de un sorteo o juego de azar:* «La próxima vez echamos a suertes quién va a fregar los platos, para que nadie se queje».
estar la suerte (de alguien) echada (f.). *Estar el destino de alguien determinado necesariamente:* «La suerte está echada: has decidido retirarte del negocio y ya es demasiado tarde para arrepentirte de tu decisión».
tener u. p. la suerte de espaldas (f.). *Tener suerte desfavorable:* «Hoy todo me sale mal; parece que tengo la suerte de espaldas».
de (tal) suerte que. *Ver* «de (tal) *forma que».
¿de suerte que ...? *Ver* «¿de *modo que ...?»
¡suerte y al toro! (inf.). [*Fórmula utilizada para desearle suerte y animar a alguien*]: «Me han dicho que mañana vas a hacer el examen de conducir. ¡Suerte y al toro!».

suma
en suma (f.). *En resumen, resumiendo:* «Tiene problemas en su trabajo, está un poco enfermo y además va a separarse de su mujer; en suma, que el pobre tiene bastantes preocupaciones».

sumo
a lo sumo (f.). *Como máximo:* «No creo que sea muy viejo su padre; a lo sumo tendrá 60 años».

suponer
por supuesto (f.).
A: *Ciertamente, naturalmente:* «Por supuesto, nadie quiere pagar el doble por un producto que normalmente cuesta la mitad».
B: [*Expresión de asentimiento*]: «¿Vienes mañana al cumpleaños de Roberto? –¡Por supuesto! ¿Cómo voy a perderme algo así?».
supuesto que (f.). *Si (ya), admitiendo que:* «Supuesto que lo sabías, ¿por qué no has dicho nada?».

sursum
ni el sursum corda (inf.). *Absolutamente nadie:* «Pasamos por unos pueblos de montaña donde parece que ya no vive ni el sursum corda».

suspenso
[dejar u. p. a alguien/algo] en suspenso (f.).
A: [*Dejar u. p. a alguien*] *admirado, perplejo:* «Era un gran orador, de los que saben mantener en suspenso al auditorio».
B: [*Ser u. c.*] *aplazada o interrumpida:* «Como faltaban todavía pruebas definitivas, el juez decidió dejar en suspenso el juicio por algún tiempo».

susto
susto de muerte. *Ver* «disgusto/susto de *muerte».
estar u. p. curada de susto. *Ver* «estar u. p. curada de *espanto».
no ganar u. p. para sustos (inf.). *Sufrir continuamente experiencias desagradables:* «Últimamente no gana para sustos la pobre mujer: una moto atropella a su hijo, el marido es internado en el hospital, y su padre acaba de fallecer».

suyo
de suyo. *Ver* «*de [mío/tuyo/suyo]».
lo suyo. *Ver* «*lo [mío/tuyo/suyo]».
ser u. p. muy suya (f.). *Poseer un carácter muy reservado o egoísta:* «Papá es muy suyo, y cuesta trabajo convencerle de que está en un error».

T

tabarra
darle u. p. la tabarra a alguien (inf.). *Aburrir, fastidiar a alguien:* «Lárgate ya y deja de darme la tabarra».
tabla
[ser u. p./u. c.] la tabla de salvación de alguien/algo (f.). *La salvación de alguien/algo:* «González es nuestra tabla de salvación: sin sus conocimientos de contabilidad, el negocio habría tenido que cerrar sus puertas hace tiempo».
[estar u. p.] como una tabla (inf.). *[Referido a mujeres] tener el pecho y/o las caderas poco abundantes:* «Esta chica no le gusta porque está como una tabla y a él lo que le gustan son las chicas con pecho abundante».
hacer/quedar u. p. en tablas (f.). *Empatar (en un juego):* «Los dos equipos rivales tendrán que jugar un segundo partido, porque en el primero hicieron tablas».
hacer u. p. tabla rasa de algo (inf.). *Eliminar algo, prescindir de algo:* «Aunque de origen noble, invitaba a su mesa a todo tipo de gentes, haciendo tabla rasa de diferencias sociales».
tener u. p. (muchas) tablas (inf.). *Desenvolverse con soltura en un escenario o en cualquier actuación ante el público:* «Es un gran actor; tiene muchas tablas y puede desempeñar cualquier papel a la perfección».
tacita
[estar u. c.] (tan limpia) como/más limpia que una tacita de plata. *Ver* «[estar u. c.] (tan limpia) como/más limpia que una *plata».

taco
armar(se)/hacerse u. p. un taco (inf.). *Crear confusión/confundirse, equivocarse u. p:* «Era un problema de matemáticas complicadísimo, de manera que todos los estudiantes se armaban un taco».
tacho
irse u. c. al tacho (inf.). *Fracasar, frustrarse una pretensión o un proyecto:* «Nuestro proyecto de vacaciones parece que se va a ir al tacho, porque hay huelga en los aeropuertos».
tajada
sacar u. p. tajada de algo (inf.). *Obtener ventaja en algún asunto o negocio:* «Todos los miembros de la familia procuraban tratar bien al abuelo para poder sacar tajada el día en que éste hiciese el testamento».
tal
[ser u. p.] una tal (inf.). *Prostituta:* «Estaba tan enfadado con su mujer, que empezó a insultarla y hasta le llamó una tal».
tal cual (f.).
A: *Algún, muy poco, escaso:* «La calle estaba casi siempre desierta, y muy raramente se paseaba por ella tal cual transeúnte despistado».
B: *[Locución comparativa de igualdad] como, lo mismo que:* «No comprendo por qué me critican; yo me he limitado a actuar tal cual me ordenaron».
[ser u. p.] tal para cual (inf.). *[Referido generalmente a cualidades morales negativas] igual o semejante a otra persona:* «Carlitos es muy travieso, y su hermano menor, aunque muy pequeño todavía, tal para cual; en-

tre los dos pueden destrozar la casa en pocos minutos».
con tal de + INFINITIVO. *Ver registro siguiente.*
con tal (de) que + SUBJUNTIVO (f.). *[Locución condicional] si:* «Te compraré un tren eléctrico con tal de que no lo destroces. Es un juguete muy caro».
[decir u. p.] que si tal y que si cual (inf.). *[Expresión que indica disgusto ante chismes, habladurías, monsergas]:* «En una ciudad pequeña no puedes evitar que la gente haga comentarios sobre la vida privada de los demás y ande diciendo que si tal y que si cual».
no (hay/había) tal (f.). *[Expresión enfática con que se rechaza alguna afirmación]:* «Todos creen que me gusta mucho el vino, pero no hay tal: como máximo dos vasos al día».
¿qué tal (...)? (inf.).
A: *¿Cómo, qué ...?* «Hablando de otra cosa, ¿qué tal os parece ir a la playa este fin de semana?»
B: *[Fórmula de saludo]:* «Hola, ¿qué tal, muchachos? ¿Cómo os ha ido en la excursión?».
ser u. p. un tal y un cual (inf.). *Poseer determinadas cualidades morales negativas (a las que no se alude explícitamente):* «Siempre que puede me critica y anda diciendo que yo soy un tal y un cual».
sí tal (inf.). *[Afirmación enérgica empleada para rechazar una negación]:* «Ayer no estuviste en la reunión. –Sí tal; lo que pasa es que tú no me viste».
tal como suena. *Ver «*así como suena».*

talón
no llegarle a los talones a alguien (f.). *No poder competir con alguien:* «Sin duda es Vicente el mejor de todos. No hay quien le llegue a los talones».
pegarse a/pisarle u. p. los talones de/a alguien (f.). *Seguir o perseguir a alguien muy de cerca:* «Es cierto que no ganó en la carrera de ayer, pero quedó de segundo, pisándole los talones al primero».

talla
(no) dar u. p. la talla (f.).
A: *(No) Tener la estatura mínima requerida para ser soldado:* «Si este muchacho no crece más, no va a poder dar la talla para ir al servicio militar».
B: *Ver registro siguiente.*
(no) tener u. p. (bastante) talla para [hacer] algo (inf.). *(No) reunir ciertas cualidades o rendir ciertas prestaciones mímimas requeridas para algo:* «Jugando al fútbol es muy mediocre; no creo que tenga bastante talla para pertenecer a la selección nacional».

tamañito
dejar u. p./u. c. tamañito a alguien/algo (inf.). *Superar a alguien/algo:* «Este es el mejor jugador del equipo; deja tamañitos a todos sus compañeros».

tan
tan (...) que. *Ver «*tanto (...) que».*
y tan + ADJETIVO/ADVERBIO (inf.). *[Expresión enfática de asentimiento que repite una parte de la pregunta precedente]:* «¿Será posible continuar viaje con la cantidad de nieve que está cayendo? –¡Y tan posible! Llevo cadenas en el coche».
¡(y) tan + ADJETIVO/ADVERBIO + que/como ...! (inf.). *[Exclamación con función concesiva] Y sin embargo, ¡qué/ cuán ...!:* «¡Qué idea, levantarse a las cuatro para ir de excursión! ¡Tan bien que estaba yo en mi cama!».

tana
hacerle u. p. la tana a alguien (inf.). *Fastidiar, molestar a alguien, causarle algún grave inconveniente:* «Este niño me ha hecho la tana: acaba de estropearme el televisor justamente cuando quería ver un partido de fútbol».

tangente
escapar(se)/irse/salir(se) u. p. por la tangente (f.). *Valerse de un subterfugio o evasiva para salir de un apuro:* «Le pregunté cuándo me iba a pagar lo que me debía y salió por la tangente hablándome de su enfermedad y de lo que había gastado en medicina».

tanto
[ser u. p.] uno de tantos (f.). *[Ser] normal y corriente, mediano:* «Esperábamos que el

cantante iba a ser una revelación, pero resultó ser uno de tantos, y nos dejó bastante decepcionados».

a cada tanto (f.). *A cada momento, muy frecuentemente:* «Aquí no puedo concentrarme en mi trabajo; a cada tanto entra y sale gente hablando y gritando».

a las tantas (inf.). *A una hora muy avanzada (de la noche o madrugada):* «Parece que su mujer se ha separado de él porque siempre llegaba a casa a las tantas y oliendo a vino».

de tanto en tanto (f.).
A: *Algunas veces (dejando pasar algún tiempo entre unas veces y otras):* «Como no tenemos mucho dinero, sólo comemos muy de tanto en tanto en el restaurante».
B: *Ver* «*aquí ... y allá/allí».

en/entre tanto (que) (f.). *Mientras (que):* «En tanto que yo voy comprando la comida, encárgate tú de las bebidas».

[estar u. p.] al tanto (de algo) (f.).
A: *[Estar] al corriente (de algo), estar enterado:* «No me cuentes más: ya estoy al tanto de eso».
B: *Tener a su cargo algo:* «Le dije que él tenía que estar al tanto de la cocina».

por (lo) tanto (f.). [*Locución consecutiva*] *como consecuencia, por el motivo o las razones ya expuestas:* «El tiene más experiencia que nosotros, y por lo tanto debemos seguir sus consejos».

tanto (...) cuanto (f.). [*Locución comparativa de cantidad*]: «No me trates de tacaño, porque siempre te he dado tanto cuanto me has pedido».

tanto (...) que (f.). [*Locución comparativo-consecutiva*]: «Trabaja tanto de día, que de noche apenas le queda tiempo para descansar».

no [haber/ser] para tanto (inf.). [*Expresión con que se indica que hay exageración en lo afirmado por otro*]: «Dicen que allí hace tanto frío, que la gente no sale de casa en todo el invierno; pero yo, francamente, no creo que sea para tanto».

¡(y) tanto como ...! (inf.). [*Exclamación con función concesiva*], *(y) sin embargo, ¡cuánto ...!:* «¡El médico me dijo que tenía diabetes! ¡Y tanto como me gustan los chocolates!»

¡tanto como [eso]! (inf.). [*Expresión con que se indica que hay exageración en lo afirmado por otro*]: «Tú eres capaz de quedarte sin comer por pagar una entrada para el fútbol. –¡Hombre, tanto como éso! La comida es lo primero».

¡y tanto (que ...)! (inf.). [*Expresión enfática con la que se asiente a lo afirmado o preguntado*]: «¿Te gusta el teatro? –¡Y tanto que me gusta! No puedo pasar un fin de semana sin ir al teatro».

tapa

levantarle/saltarle/volarle u. p. a alguien la tapa de los sesos (inf.). *Matar a alguien:* «Ten cuidado con él, porque va siempre armado y puede levantarte la tapa de los sesos por cualquier motivo».

levantarse/saltarse/volarse u. p. la tapa de los sesos (inf.). *Pegarse un tiro en la cabeza:* «Viendo que no había solución posible a su fracaso total, cogió un revólver y se saltó la tapa de los sesos».

tapadillo

de tapadillo (inf.). *A escondidas, en secreto, con disimulo:* «En esta taberna tan modesta solía cenar de tapadillo el rey cuando quería olvidar la etiqueta de la corte».

tapete

poner u. p. algo sobre el tapete (f.). *Proponer algún tema a consideración o debate:* «Todos parecían estar de acuerdo en todo, hasta que alguien puso sobre el tapete la delicada cuestión de quién y cómo había que pagar los numerosos recibos atrasados».

tapia

[estar/ser u. p.] (sorda) como/más sorda que una tapia (inf.). [*Estar/ser*] *muy sordo:* «El abuelo pone siempre el televisor al máximo volumen porque está sordo como una tapia».

tardar

a más tardar (f.). [*Locución que indica plazo máximo de tiempo*]: «No tendrás que esperar mucho por mí; a más tardar regresaré en dos horas».

tarde

al caer la tarde. *Ver* «a la *caída del sol/de la tarde».

(muy) de tarde en tarde (f.). *Dejando pasar mucho tiempo entre una vez y otra:* «Aunque somos muy amigos, tenemos tantas ocupaciones, que nos vemos solamente muy de tarde en tarde».
¡buenas tardes! (f.). [*Fórmula de saludo que se usa por la tarde*]: «¡Buenas tardes, don José! ¿Café, como siempre?».
taza
[estar u. c.] (tan limpia) como/más limpia que una taza de plata. *Ver* «[estar u. c.] (tan limpia) como/más limpia que una *plata».
teatro
tener u. p. (mucho) teatro (inf.). *Aparentar sentir lo que en realidad no se siente:* «Este niño tiene mucho teatro: siempre que desea evitar el colegio, finge tener dolores de vientre».
tebeo
estar u. p./u. c. más vista que el tebeo (inf.). *Estar muy visto, no constituir ya novedad alguna:* «Tendré que comprarme otro modelito de sombrero, porque el que tengo está ya más visto que el tebeo».
tecla
dar u. p. en la tecla (inf.). *Acertar en la manera de hacer algo:* «Le has comprado al niño un rompecabezas tan difícil, que el pobrecito se pasa las horas sin poder dar en la tecla».
fallarle una tecla a algo (inf.). *Tener algún problema o avería:* «No sé qué pasa últimamente con este coche; debe fallarle alguna tecla».
tocar u. p. [una] tecla (inf.).
A: *Referirse a un tema o asunto:* «Estoy ya cansado de oírle tocar siempre la misma tecla. Solamente sabe hablar de dinero».
B: *Utilizar un determinado recurso para lograr algo:* «El pobre está tan mal de dinero, que ya no sabe qué tecla tocar ni a quién dirigirse para encontrar trabajo».
techo
tocar u. p. techo (f.). *No poder alcanzar un nivel mayor (de popularidad, aceptación o éxito):* «No creo que ese partido tenga más éxito que el conseguido en las actuales elecciones; con el 20% de los votos ya han tocado techo».

teja
[pagar u. p.] a toca teja (inf.). [*Pagar*] *al contado e inmediatamente:* «No me permitieron pagar a plazos, así que tuve que soltar el dinero a toca teja».
de tejas abajo/arriba (inf.). *De este mundo, de esta vida/del cielo, de la vida sobrenatural:* «Era muy sensible y respetuoso con las cosas de tejas arriba, pero en la vida cotidiana era el mayor sinvergüenza que he conocido».
tejer
tejer y destejer u. p. (inf.). *Cambiar de resolución, haciendo y deshaciendo o adelantando y retrocediendo en alguna actividad:* «No sé quién le ha dado permiso al presidente del club para tejer y destejer a su voluntad sin consultar a nadie».
tela
tela marinera (inf.).
A: [*Adjetivo superlativo*] *muy bueno, sensacional:* «Este producto es tela marinera. No lo hay mejor en el mercado».
B: [*Adverbio*] *en gran manera, mucho:* «Corría tela marinera, y no pudimos alcanzarlo».
tela marinera de (inf.). *Gran cantidad de:* «Había tela marinera de gente, porque habían acudido todos los del pueblo».
estar u. c./poner u. p. algo en tela de juicio (f.). *Estar/poner en duda la certeza o el éxito de una cosa:* «Todos pusieron en tela de juicio sus palabras, porque sabían que era una persona que mentía con frecuencia».
haber (mucha) tela que cortar (inf.). *Haber materia abundante de qué hablar:* «Hay mucha tela que cortar con respecto a las declaraciones que hizo el Primer Ministro a la prensa. El sindicato exigirá explicaciones».
sacudir/soltar u. p. la tela (inf.). *Entregar dinero, pagar:* «A ti te gusta mucho ir a los restaurantes, pero cuando el camarero te presenta la cuenta, parece que te cuesta grandes esfuerzos soltar la tela».
telaraña
mirar u. p. las telarañas (inf.). *Estar distraído, no atender a lo que se hace o dice:* «¡Durante la clase te pasas el tiempo mirando las telarañas, y luego dices que no has comprendido lo que dice el profesor!».

tener u. p. telarañas en los ojos (inf.). *No percibir bien la realidad por ofuscación o prevención:* «Ya sabía yo que ese matrimonio no iba a durar mucho. ¡Habría que tener telarañas en los ojos para no ver algo tan evidente!».

teléfono
pinchar u. p. el teléfono (f.). *Intervenir el teléfono, escuchar las conversaciones telefónicas sin permiso del titular:* «La policía estaba enterada de todos sus planes, porque había pinchado su teléfono».

tempestad
[ser u. c. una] tempestad en un vaso de agua (f.). [*Se dice de todo aquello que parece que va a traer malas consecuencias o disgustos, cuando en la práctica no tiene importancia alguna*]: «Pensamos que iba a producirse una pelea terrible y llamamos a la policía, pero en realidad no fue más que una tempestad en un vaso de agua».

temporal
capear u. p. el temporal (f.). *Resolver lo mejor posible una situación apurada:* «Le di diez mil duros, que aunque no es una fortuna, le ayudará a ir capeando el temporal».

tener
ten con ten (inf.). *Tiento, moderación, contemporización:* «Tanto el comer mucho como el comer demasiado poco pueden ser contraproducentes: lo mejor es mantener un ten con ten».
no saber u. p. lo que tiene (f.). *Ser muy rico:* «Gana tanto dinero con su despacho de abogado, que ya no sabe lo que tiene».
tener u. p. en menos a alguien/algo (f.). *Menospreciar a alguien/algo:* «Tenía en menos la cocina de su pueblo, porque estaba acostumbrado a los grandes restaurantes».
tener u. p. en mucho a alguien/algo (f.). *Estimar mucho a alguien/algo:* «Le tienen en mucho y hasta le consideran un genio, porque ha escrito más de diez libros».
tener u. p. en poco a alguien/algo (f.). *Desestimar, considerar indigno de aprecio o atención a alguien/algo:* «No comprendo por qué le tienen en poco en la oficina; es un empleado inteligente, serio y trabajador».

no tener u. p. ni cinco (inf.). *No tener ningún dinero:* «Hoy pagas tú los vasos; no tengo ni cinco».
tener u. p. un siete. *Ver* «tener/hacer(se) u. p. un *siete».
no tenerlas u. p. todas consigo (inf.). *No estar u. p. segura o cierta de algo:* «No me había preparado para el discurso, así que cuando tomé la palabra no las tenía todas conmigo».
no (poder) tenerse u. p. *Ver* «no (poder) (sos)tenerse u. p. de/en *pie».
¡(conque) ésas tenemos! (inf.). [*Exclamación de sorpresa, asombro o indignación*]: «¡Conque ésas tenemos! Yo pensaba que te habías quedado en casa el fin de semana para estudiar, y ahora resulta que te han visto en la playa!».

tentar
a tientas (f.).
A: *Guiándose por el tacto por no poder ver:* «Se produjo un apagón justo cuando íbamos a preparar la cena, así es que tuvimos que cocinar a tientas y quedó todo muy mal».
B: *Con inseguridad e incertidumbre:* «Se ve que la policía está actuando a tientas, sin un plan determinado. Le falta la más mínima huella de los ladrones».

término
en último término (f.). *Si no queda otra solución:* «Claro que me gustaría hacer el viaje en avión, pero como tengo tan poco dinero, en último término lo haría también gustoso en automóvil».
por término medio (f.). *De promedio:* «Allí la vida es muy barata; unos días gastarás más y otros menos, pero por término medio serán solamente unas 1.500 pesetas diarias».
llevar u. p. a (buen) término algo. *Ver* «llevar u. p. a *cabo algo».
poner u. p./u. c. término a algo (f.). *Hacer que cese u. c:* «Es necesaria una legislación más severa que ponga término a la corrupción de los políticos».

terreno
terreno abonado (f.). *Cosa o circunstancia en que se dan condiciones óptimas para que se produzca u ocurra algo determinado:* «La

miseria es terreno abonado para todo tipo de desórdenes sociales».

sobre el terreno (f.).

A: *En el lugar en que se ha de desarrollar o resolver lo que se trata:* «Iré personalmente a ver la casa, y si me decido a comprarla será sobre el terreno, y no ahora que ni siquiera sé cómo es».

B: *Improvisando, sin plan previo:* «Todavía no sé si vender el comercio o continuar con él; me decidiré sobre el terreno, según vaya el negocio».

allanarle u. p. el terreno a alguien. Ver «allanarle u. p. el *camino a alguien».

conocer/saber u. p. el terreno que pisa (f.). *Conocer bien un determinado asunto o las personas con quienes se trata:* «Puede Vd. confiar plenamente en González, porque es un hombre que sabe el terreno que pisa».

dejarle u. p. el terreno libre a alguien. Ver «dejarle u. p. el *campo libre a alguien».

explorar/medir/tantear u. p. el terreno (f.). *Tantear las dificultades de un asunto para poner medios para superarlas:* «Me han ofrecido un trabajo en América y, como yo no conozco aquello, me pasaré allí un mes para ir explorando el terreno».

ganar/perder u. p. terreno en algo (f.). *Prosperar/decaer en algún asunto o negocio:* «Si se quiere ganar terreno en el mundo de la competitividad industrial, hay que renovar la maquinaria».

minarle/socavarle u. p. el terreno a alguien (f.). *Trabajar solapadamente para desbaratarle los planes a alguien:* «La oposición política intenta, por todos los medios, minarle el terreno al partido gubernamental, publicando en los periódicos ciertos rumores sobre la vida privada de los ministros».

pisar u. p. terreno firme (f.). *Conocer bien el asunto de que se trata o las personas con quienes se trata:* «Con ese abogado no pueden perder el pleito; es un hombre que pisa terreno firme».

teta

darle u. p. la teta a alguien (inf.). *Dar de mamar:* «¿No oyes cómo grita el bebé? ¡Dale ya la teta porque tendrá hambre!».

pasarlo u. p. teta (inf.). *Divertirse mucho:* «Hoy lo pasamos teta porque no tuvimos clase y nos fuimos al parque de atracciones».

tía

tía cañón (inf.). *Mujer de gran atractivo sexual:* «De protagonista actúa una tía cañón que tiene un tipo sensacional».

contarle/decirle u. p. algo a su tía. Ver «contarle/decirle u. p. algo a su *abuela».

no hay tu tía (inf.). [*Expresión con que se enfatiza la imposibilidad de conseguir algo*]: «He intentado varias veces convencerlo para que venga con nosotros, pero no hay tu tía, dice que no va a venir».

tiberio

armar u. p. un tiberio (inf.). *Hacer ruido, jaleo, promover alboroto o confusión:* «Estos chicos son bastante revoltosos, y si los dejas solos van a armar un tiberio».

tibio

dejar/poner u. p. tibio a alguien (inf.). *Criticar muy ásperamente a alguien:* «Cuando vea a ese sinvergüenza que se ha atrevido a pegar a mi hijo, le voy a poner tibio».

tiempo

a tiempo (f.). *Antes de que se cumpla un determinado plazo de tiempo:* «Si vas tan despacio, no vas a llegar a tiempo a la estación y vas a perder el tren».

a/en su (debido) tiempo (f.). *En ocasión oportuna, cuando debe ser:* «La fruta tendrás que probarla a su tiempo, y no cuando está todavía verde».

a un/al mismo tiempo (f.). *Juntamente o conjuntamente* [*con unidad o concurrencia de dos o más cosas en un mismo sujeto o lugar*]: «Esta navaja es muy práctica, porque sirve, al mismo tiempo, de abrelatas y de sacacorchos».

al/con el correr del tiempo (f.). *Después de cierto tiempo:* «Todos empiezan a estudiar con mucho entusiasmo, pero con el correr del tiempo son muchos los que pierden el interés».

andando el tiempo (f.). *Después de cierto tiempo:* «El primer día te parecerá muy complicado manejar esta nueva máquina de escribir, pero andando el tiempo te acostumbrarás».

de tiempo en tiempo (f.). *Algunas veces*

(dejando pasar algún tiempo entre unas veces y otras): «Vive alejado de todo contacto humano, y sólo de tiempo en tiempo abandona la sierra para hacer algunas compras en la ciudad».

el/los tiempo(s) de la nana (inf.). *Hace muchos años:* «La pobre es muy anticuada y va siempre vestida a la moda de los tiempos de la nana».

darle u. p. tiempo al tiempo (f.). *(Saber) esperar sin impacientarse:* «No tiene sentido que te precipites en terminar tus estudios si no estás maduro ni preparado para ello. Tienes que darle tiempo al tiempo».

faltarle tiempo a alguien para [hacer] algo (inf.). *Apresurarse en hacer algo:* «Es un hombre muy chismoso y, tan pronto como se enteró de la noticia, le faltó tiempo para ir a contársela a todo el mundo».

hacer u. p. tiempo (f.). *Entretenerse aguardando que llegue el tiempo oportuno:* «Llegamos casi una hora antes de lo convenido y, para hacer tiempo, nos metimos en un café».

matar/pasar u. p. el tiempo (f.). *Ocuparse en algo para que el tiempo se haga más corto:* «Vd. dirá que esto de coleccionar sellos es una tontería, pero en algo tiene que matar uno el tiempo».

meterse el tiempo en agua(s) (f.). *[Generalmente usado en el pasado] llover persistentemente:* «Apenas pudimos gozar de la excursión, porque el tiempo se había metido en agua y las calles estaban inundadas».

ponerle u. p. al mal tiempo buena cara (inf.). *Sobreponerse a las desgracias o disgustos:* «No te aflijas por éso y ponle al mal tiempo buena cara; ya verás qué pronto vuelves a encontrar trabajo».

(y si no), al tiempo (inf.). *[Expresión con que se remite al tiempo futuro la confirmación o demostración de lo que se afirma]:* «Beber tanto perjudica la salud. Y si no, al tiempo. Cuando te veas con el hígado destrozado, me darás la razón».

tienta

a tientas (f.). *Valiéndose del tacto (por no poder utilizar el sentido de la vista):* «Nos quedamos sin luz y tuvimos que bajar las escaleras a tientas, con gran riesgo de rompernos un hueso».

tiento

darle/pegarle/tirarle u. p. un tiento a algo (f.). *Echar un trago, probar el sabor de algo; [generalmente empleado con 'botella', 'jarro', 'vaso', etc.]:* «Era tan borracho, que no podía hablar dos minutos sin darle un tiento a la botella de tinto».

tierra

en cualquier/toda tierra de garbanzos (inf.). *En todas partes o países:* «Aquí, como en toda tierra de garbanzos, cobra el que trabaja, y el que no, se queda sin empleo».

caer(se) u. c. por tierra (inf.). *Destruirse, arruinarse, fracasar:* «Parece que todos aquellos proyectos tan ambiciosos que tenía cayeron por tierra en poco tiempo: el hombre tenía mucho menos dinero del que era necesario».

dar u. p. con algo en tierra (f.). *Tirar, derribar algo:* «Cuando traía la bandeja, tropezó en una silla y dio con los vasos y botellas en tierra».

dar u. p. (consigo) en tierra (f.). *Caerse:* «Iba tan cargado, que no podía ver por dónde caminaba; así es que tropezó y dio consigo en tierra».

darle u. p. tierra a alguien (f.). *Enterrar a alguien:* «Murió ayer y hoy le dieron tierra en el Cementerio del Sur».

echar u. p. por tierra algo (f.). *[Referido a proyectos o esperanzas] frustrar o malograr algo:* «¡Ya viene el pesimista de Manolo a echar por tierra nuestros proyectos y decir que son tonterías!».

echar u. p. tierra a/sobre algo (f.). *Ocultar algo, olvidar intencionadamente algo:* «Parece ser que el mismo gobierno estaba implicado en la muerte del diputado comunista, por lo que la prensa oficial decidió echar tierra sobre el asunto».

estar u. p. bajo tierra (f.). *Estar muerto y enterrado:* «Volví a mi pueblo natal para ver a mis amigos de juventud, pero no encontré a nadie: todos estaban ya bajo tierra».

faltarle a alguien (la) tierra debajo de los pies (inf.). *Sentirse inseguro:* «Cuando vio que mis argumentos eran más convincentes que los suyos, empezó a divagar. Se veía que le faltaba tierra».

poner u. p. tierra por medio (f.). *Marchar-*

se, largarse, huir: «Cuando se sintió descubierto, no pensó en otra cosa que en poner tierra por medio».

tragarse la tierra a alguien (f.). [*Se dice de quien no se ha dejado ver en mucho tiempo*]: «Hace ya mucho tiempo que no veo a tu hermano. Parece que se lo ha tragado la tierra».

quedarse u. p. en tierra (f.). *No poder/conseguir viajar:* «Si no te das prisa, vas a llegar tarde a la estación y te vas a quedar en tierra».

venir(se) u. c. a tierra (f.). [*Referido a proyectos o esperanzas*] *destruirse, arruinarse, fracasar:* «Desde luego, si el niño se pone malo se vienen a tierra nuestros proyectos de viaje».

¡trágame tierra! (inf.). [*Exclamación con que se manifiesta que se siente una gran vergüenza*]: «Hoy me han visto borracho los padres de mi prometida. ¡Trágame tierra!».

tieso

dejar u. p. tieso a alguien (inf.). *Matar, asesinar a alguien:* «Todo ocurrió como en las películas: el policía disparó un solo tiro y dejó tieso al ladrón».

ponérsele tiesa a alguien (rest.). *Ponérsele a alguien el miembro viril en erección:* «Estos viejecitos van a ver películas pornográficas para comprobar si aún se les pone tiesa».

quedarse u. p. tiesa (inf.).

A: *Morir:* «El pobre viejo recibió un golpe tan fuerte en la cabeza, que se quedó tieso en el momento».

B: *Sentir mucho frío:* «Ya ha empezado el invierno y la calefacción está estropeada. ¡Vamos a quedarnos tiesos!».

tiesto

mear u. p. fuera del tiesto (inf.). *Salirse de la cuestión, decir algo que no viene al caso:* «Como yo no entiendo nada de física, prefiero callarme en este tipo de discusiones para no mear fuera del tiesto».

salirse u. p. del tiesto. *Ver* «sacar u. p. los *pies de las alforjas...*».

tigre

oler a/haber tigre (inf.). [*Generalmente referido a lugares*] *haber mal olor:* «Abre las ventanas para ventilar, porque en una habitación donde han dormido cuatro personas es lógico que haya tigre».

tijera

estar u. p./u. c. cortada por la misma tijera (f.). *Ver* «estar u. p./u. c. cortada por el mismo *patrón*».

tilín

hacerle u. p./u. c. tilín a alguien (inf.). *Hacerle gracia, gustarle, agradarle a alguien:* «Este nuevo modelo de sombrero no me hace ningún tilín; me parece muy extravagante».

tener u. p./u. c. (su) tilín (inf.). *Tener algún encanto o atractivo especial:* «Aunque te parezca poco hermosa, esta chica debe tener su tilín, de lo contrario no tendría tantos admiradores».

timón

llevar u. p. el timón (f.). *Dirigir un asunto o negocio:* «El padre es ya muy viejo, de manera que el que lleva el timón de la empresa es su hijo».

tino

sacar u. p./u. c. de tino a alguien (f.). *Aturdir, confundir o irritar a alguien:* «A mí estas discusiones interminables sobre política me sacan de tino».

tinta

medias tintas (inf.). *Hechos o dichos ambiguos que revelan precaución y recelo:* «¡A mí me gusta la gente que habla claro, y no los que siempre andan con medias tintas, como tú!».

cargar/recargar u. p. las tintas (f.). *Exagerar mucho* [*generalmente en sentido negativo*]: «Los periódicos, siempre tan sensacionalistas, cargaron las tintas y dijeron que se habían producido varias muertes, pero no fue así».

correr [mucha] tinta (f.). *Producirse gran cantidad de comentarios o polémicas (por algún acontecimiento sensacional):* «Hoy en el Parlamento, un diputado del partido del Gobierno le ha pegado una bofetada a un diputado de la oposición; el escándalo va a hacer correr mucha tinta».

saber u. p. algo de buena tinta (inf.). *Saber algo de fuente fidedigna:* «Mañana se producirá una fuerte devaluación de la moneda. Lo sé de buena tinta: tengo amigos bien informados en la bolsa».

sudar u. p. tinta (inf.). *Realizar un trabajo con mucho esfuerzo:* «Para aprender de memoria los casi cien temas del examen hay que sudar tinta».

tintero
dejarse u. p. algo/quedársele u. c. a alguien en el tintero (inf.). *Olvidarse de escribir o mencionar algo:* «Siempre que hago la lista de la compra, me dejo alguna cosa importante en el tintero y luego tengo que volver a salir a por ella».

tío
[ser u. p. un] tío bueno/[una] tía buena (inf.). *Hombre/mujer de gran atractivo sexual:* «Aunque normalmente no lleva gafas, se las pone cuando pasa por delante una tía buena».
[ser u. p. un] tío cachas (inf.). *[Ser un] hombre cuyo atractivo sexual reside en su musculatura:* «Se pasa el día ejercitando su musculatura para ponerse hecho un tío cachas e impresionar a las mujeres».

tipo
jugarse u. p. el tipo (inf.). *Arriesgar la vida:* «Este es el barrio del hampa; pasearse por aquí a altas horas de la noche es jugarse el tipo.

tira
la tira de (inf.). *Muchísimo:* «Le han robado el coche, pero no le importa. Tiene la tira de dinero».

tirada
de/en una tirada (f.). *Sin pausa o interrupción:* «Estoy fatigadísimo; hice 90 km. en bicicleta de una tirada».

tirado
[ser u. p.] (muy) tirada para adelante. *Ver* «[ser u. p.] (muy) *echada para adelante».
andar/estar u. c. tirada (inf.).
A: *Ser muy barato:* «La vida aquí está tirada; incluso la gente más pobre puede permitirse una casa de campo».
B: *Ser muy fácil:* «No sé por qué necesitas tanto tiempo para estudiar una lección que está tirada».

tirar
[ser u. c. un] tira y afloja (inf.). *Manera de llevar un asunto con prudencia y tino, o alternando el rigor con la suavidad:* «Entre el vendedor, que quería cobrar mucho, y el comprador, que quería pagar poco, se produjo un tira y afloja que duró más de una hora».
a mucho/todo tirar (inf.). *[Referido a cálculos] como máximo, máxime:* «No ha sido muy caro el viaje; entre más cosas y otras habrá salido en 5.000 pesetas a mucho tirar».
ir u. p./u. c. tirando (f.).
A: *Sobrellevar u. p. las adversidades o trabajos:* «No es un gran sueldo el que tengo; sólo llega para ir tirando».
B: *Prestar servicio precariamente u. c.:* «El coche está ya muy viejo y con esta reparación que le hiciste, lo más que conseguirás es que vaya tirando una temporadita».
tirar u. p. a algo (f.). *Acercarse o aproximarse mucho a algo:* «Tiene una chaqueta azul muy oscura, tirando a negra».
tirar u. p. a matar (inf.). *Hacer o decir algo con muy mala intención con respecto a alguien:* «Las críticas teatrales de este periodista son terribles, porque tira a matar y ha arruinado ya la carrera de muchos actores».
tirar u. p. por algo (inf.). *Sentir inclinación por algo:* «Manolo tira por la vida cómoda y se pasa el día tumbado en cama sin hacer nada».
tirar u. p. por [un camino] (f.). *Coger [un camino]:* «Al llegar al cruce nos despedimos y él cogió por el camino del pueblo».

tiro
[ponerse/vestirse u. p.] de tiros largos (inf.). *Vestirse de gala o de lujo:* «Encontré a María vestida de tiros largos, como si fuera a ir a la Opera».
a tiro hecho (inf.). *Con propósito deliberado y bien definido:* «No creo que este encuentro haya sido casual; él venía hacia mí a tiro hecho».
[estar u. p./u. c.] a tiro (f.). *[Estar] al alcance de un arma arrojadiza o al alcance de las manos (para ser agredido):* «Si no quieres gastar munición inútilmente, espera a que la fiera se te ponga a tiro y dispara sólo entonces».
[estar u. c.] a tiro de piedra (inf.). *[Estar] muy cerca:* «Mi piso es muy céntrico; está a tiro de piedra de la Plaza Mayor».

ni a tiros (inf.). [*Refuerzo de una negación*] *de ningún modo, bajo ninguna condición:* «El chico no se toma esta medicina ni a tiros; sabe a huevos podridos».
(no) saber u. p. por dónde van/de dónde vienen los tiros (inf.). *(No) conocer la verdadera intención de un dicho o un hecho:* «Empezó hablando de sus problemas de dinero, pero yo, que ya sabía por dónde iban los tiros, le dije que no pensaba prestarle ni un céntimo».
salirle el tiro por la culata a alguien (inf.). *Recibir un daño pensando obtener un beneficio:* «Quiso estafarme con el contrato de venta, pero le salió el tiro por la culata: denuncié el caso y ahora tiene que pagar una multa».
sentarle u. c. como un tiro a alguien (inf.). *Parecerle u. c. mal a alguien, dolerle o causarle algún daño:* «Me sentó como un tiro que no me invitases a tu boda».

tirón
de un tirón (f.). *Sin interrupciones, de una vez:* «Es una novela un poco larga, pero tan interesante, que la lees de un tirón».

títere
no dejar u. p. títere sano/con cabeza (inf.). A: *Romper, destruir, desbaratar:* «Estos niños son el demonio; apenas quedaron quince minutos solos y no dejaron títere con cabeza».
B: *Hacer crítica destructiva:* «Acaba de publicar un artículo contra la política social del gobierno en el que no deja títere sano».
no quedar títere sano/con cabeza (inf.). *Quedar todo completamente roto o destruido:* «Mis dos sobrinos son muy revoltosos; les he invitado a pasar un fin de semana en mi casa de campaña y no ha quedado títere con cabeza».

título
a título de algo (f.). *En calidad de algo, con el carácter de algo:* «No creo que le pertenezca el dinero que maneja; seguramente lo consiguió a título de préstamo».
a título de qué o **a qué título**. *Ver* «a *santo de qué».

toalla
arrojar/echar/lanzar u. p. la toalla (inf.). *Abandonar o claudicar ante la dificultad de alguna empresa:* «Le dió la impresión de que no iba a poder terminar sus estudios, y arrojó la toalla cuando sólo le faltaba un año para terminar».

tocado
estar u. p. tocada. *Ver* «[estar u. p.] tocada de la *cabeza».

tocar
a + INFINITIVO + tocan (inf.). *Hay que + INFINITIVO:* «Bueno, ahora que hemos terminado de comer, a pagar tocan».

tocateja
[pagar u. p.] a tocateja. *Ver* «[pagar u. p.] a toca *teja».

tocino
confundir u. p. el tocino con la velocidad (inf.). *Confundir por completo los conceptos:* «Esta vez el conferenciante se equivocó en varias ocasiones, confundiendo el tocino con la velocidad y logrando que el público se fuese a casa sin haber comprendido nada».

todo
ante/por encima de/sobre todo (f.). *Mayormente, principalmente, más que otra cosa:* «La música le gusta por encima de todo; es capaz de pasar sin comer por ir a un concierto».
de todas todas (inf.). *Inevitablemente:* «Nada pude hacer por impedir una bancarrota económica que se iba a producir de todas todas».
del todo (f.). *Por completo, totalmente:* «No pude entender bien del todo; algunas partes del libro me resultaron un poco complicadas».
todo lo más (f.). *Como máximo:* «Todo lo más estaré ausente un par de días; a partir del tercero podemos vernos».
a todas éstas o **a todo ésto** (inf.). [*Locución adversativa enfática*] *sin embargo, a pesar de todo:* «Le ofrecimos ganar más del doble y sin esfuerzo alguno, y a todas éstas él siguió diciendo que no».
con todo (y con eso) (f.). [*Locución concesiva enfática; sin tener en cuenta circunstancias mencionadas o implícitas*] inde-

pendientemente de todo eso: «Aunque me duele bastante la cabeza, con todo y con éso prefiero no tomar ninguna tableta».
a todo esto, ... (f.). [*Expresión con que se introduce la presentación de una idea o pregunta espontánea en el diálogo*]: «Puedes quedarte tranquila: me ocuparé yo de los trámites de inscripción. A todo esto, ¿aprobaste los cursos del año pasado?».
¡con todo lo + ADJETIVO/ADVERBIO + que ...! Ver «¡*con lo + ADJETIVO/ADVERBIO + que ...!».
¡con todo lo que + VERBO! Ver «¡con lo que + VERBO!».
después de todo (f.). [*Expresión utilizada para subrayar la veracidad o legitimidad de algún hecho o dicho*] *bien considerado, en resumidas cuentas*: «No entiendo por qué se queja de ganar tan poco dinero; después de todo, otros más listos que él están ganando mucho menos».
... y todo (inf.). *También, incluso*: «El pobre hombre se sentía tan contento, que me invitó a comer y todo».

tomado
tenerla u. p. tomada con alguien/algo. Ver «*tomarla u. p. con alguien/algo».

tomadura
[ser u. c. una] tomadura de pelo (inf.). *Burla, broma, engaño*: «Eso que dices de que me ha tocado la lotería debe de ser una tomadura de pelo, porque he visto la lista de números premiados y no estaba el mío».

tomar
el toma y (el) daca (inf.). [*Despectivo*] *la acción de dar o tomar a cambio de algo*: «No se le conoce ningún rasgo generoso. Solamente conoce y respeta la ley del toma y daca».
tomarla u. p. con alguien/algo (inf.). [*Frecuentemente en pasado*]:
A: *Insistir, empeñarse en algo*: «Cuando la tomáis con la ópera sois capaces de pasaros el día entero discutiendo sobre canto».
B: *Hacer u. p. a alguien/algo víctima de su ira o mal humor*: «Hoy no has hecho más que criticarme: que si llegué tarde, que si preparé mal la comida ... ¡Parece que la has tomado conmigo!».
tomar u. p. sobre sí algo (f.). *Asumir algo*: «Está abrumado de trabajo, porque ha tomado sobre sí todas las responsabilidades de la empresa».

Tomás
una y no más, Santo Tomás (inf.). [*Expresión con que se indica la firme resolución de no volver a incurrir en algo considerado negativo*]: «Una y no más, Santo Tomás. En este comercio de ladrones no vuelvo a entrar».

tomate
[estar u. p.] (colorada/encarnada/roja) como un tomate (inf.). [*Estar*] *rojo de vergüenza*: «El chico se puso como un tomate cuando su padre lo sorprendió paseando tranquilamente por la calle en hora de clases».

tomo
[ser u. p./u. c.] de tomo y lomo (inf.). [*Ser*] *muy importante, poderoso o de gran tamaño*: «En el acto inaugural el rector de la universidad pronunció un discurso de tomo y lomo».

ton
sin ton ni son (f.). *Sin motivo ni fundamento*: «Se puso a criticarme sin ton ni son, sólo por el placer de criticar o de desfogar con alguien sus frustraciones».

tonel
[estar u. p.] como un tonel (inf.). [*Estar*] *muy gordo*: «Si sigues comiendo tantos dulces, te vas a poner como un tonel».

tono
[estar u. p.]/poner u. p. algo a tono (con algo) (f.).
A: [*Estar*] *conforme con/adaptar a las circunstancias*: «Como aquí todo el mundo tiene coche, yo, para ponerme a tono con las circunstancias, me he comprado también uno, aunque no me hace falta».
B: [*Estar*] *animado, animarse*: «Me sentía un poco deprimido y tuve que tomar unas copas para ponerme a tono».
[ser u. c.] de buen tono (f.). [*Ser*] *fino, educado o propio de gente fina y educada*: «No me parece de buen tono que te pongas a comer el pollo con los dedos cuando tenemos invitados».

[ser u. c.] de mal tono/fuera de tono (f.). [*Ser*] *desacertado, inoportuno, propio de gente inculta y sin educación:* «Aunque estemos en familia, me parece de muy mal tono eso de soltar eructos durante la comida».
bajar/cambiar/mudar u. p. el/de tono (f.). *Comedirse, hablar con más moderación (después de haberlo hecho con arrogancia o enfado):* «Baja el tono, niño, que eres aún muy pequeño para hablar con tanta insolencia a los mayores».
darse u. p. tono (f.). *Presumir, jactarse, engreírse:* «Naturalmente que no le hace ninguna falta comprarse un coche de lujo; en realidad, no le hace falta ningún coche. Si lo compra es, simplemente, para darse tono».
subir u. p. el/subirse de tono (f.). *Mostrar orgullo o arrogancia en el trato:* «Cuidado, muchacho, no te propases ni te subas de tono, que estás hablando con una persona de experiencia de la que puedes aprender mucho».

tonto
a tontas y a locas (inf.). *Irreflexivamente, sin orden ni medida:* «Todo lo haces a tontas y a locas, sin poner atención ni cuidado».
hacer u. p. el tonto. *Ver* «hacer u. p. el *indio».
hacerse u. p. el tonto (f.). *Ver* «hacerse u. p. el *sueco».
ponerse u. p. tonta (inf.).
A: *Obstinarse, ponerse terco:* «Nada, que como se ponga tonto e insista en una cosa, no descansa hasta conseguirla».
B: *Volverse vanidoso, darse importancia:* «Desde que tiene dinero, se ha puesto un poco tonto y ya no quiere saludar a los amigos de antes».

tope
[estar u. c.] hasta los topes (f.). [*Estar*] *completamente lleno:* «En el autobús no cabía ni un viajero más; estaba hasta los topes».
a tope (f.). *Al máximo, en grado máximo:* «Aquí el único que trabaja a tope soy yo; a veces hago más de doce horas diarias de trabajo sin descanso».

toque
[darle u. p. a alguien un] toque de atención (f.). *Llamamiento, indicación o advertencia:* «Habrá que darle un toque de atención al muchacho; está llegando a casa demasiado tarde, y además huele a vino».
dar u. p. el/los primero(s)/último(s) toque(s) a algo (f.). *Comenzar/perfeccionar algo:* «Prácticamente el cuadro está ya terminado; falta solamente darle los últimos toques, pero éso es cuestión de un par de días».
darle u. p. un toque a alguien (f.). *Sondear a alguien para averiguar algo, recordarle algo a alguien:* «Sería conveniente que le dieras un toque a Enrique, para que no se olvide de cumplir lo que nos ha prometido».

torcido
salirle u. c. torcida a alguien (f.). *Salirle una cosa mal a alguien:* «Hoy fue un día de mala suerte: todo me ha salido torcido».

torera
saltar(se) u. p. algo a la torera (inf.). *No respetar algo, hacer caso omiso de algo* [*generalmente referido a leyes*]: «Conducía tan rápido, que se saltaba a la torera los semáforos y los pasos de peatones».

torero
que no se [lo] salta un torero (inf.). *Muy grande, muy importante, impresionante:* «Me sirvieron un bistec de ésos que no se los salta un torero, y casi no pude acabar de comer tanta cantidad de carne».

tormenta
[ser u. c. una] tormenta en un vaso de agua. *Ver* «[ser u. c. una] *tempestad en un vaso de agua».

torna
cambiarse/volverse las tornas (f.). *Cambiarse en sentido opuesto el curso o marcha de un asunto:* «Antes tenía que recibir órdenes de don Leandro, pero ahora se han cambiado las tornas y es él el que las recibe de mí».

tornillo
faltarle un tornillo a alguien (inf.). *Estar ligeramente trastornado, decir o hacer insensateces:* «No le hagas mucho caso a lo que dice, porque le falta un tornillo».
habérsele aflojado un tornillo a alguien. *Ver registro anterior.*

tener u. p. un tornillo flojo. *Ver registro anterior.*

toro

agarrar/coger u. p. el toro por las astas/los cuernos (inf.). *Decidirse sin rodeos por algo, adoptar una resolución enérgica:* «Si tienes tantos dolores de muelas, lo mejor es que cojas el toro por los cuernos y vayas al dentista».

cogerle/pillarle el toro a alguien (inf.). [*Locución que indica que alguien se siente acorralado o apurado ante una situación que no ofrece solución*]: «Hoy nos ha pillado el toro; por mucho que nos demos prisa, no vamos a poder llegar a tiempo».

contemplar/mirar/ver u. p. los toros desde la barrera (inf.). *Presenciar una cosa o tratar de ella estando a salvo de todo peligro:* «Siempre criticas mi forma de conducir, pero tú no te atreves a sentarte al volante ¡Qué fácil es ver los toros desde la barrera!».

echarle/soltarle u. p. el toro a alguien (inf.).
A: *Reprender ásperamente a alguien:* «No comprendo qué motivos pudo tener para echarme el toro. Yo no había hecho absolutamente nada malo».
B: *Decirle a alguien algo desagradable sin contemplaciones:* «No sé cómo ha tenido valor para echarle el toro a su mujer y decirle sin ningún género de disimulos que se iba a vivir con su amiga».

estar u. p. hecha/como un toro (inf.). *Gozar de muy buena salud:* «Desde que el chico vive en la montaña y come con apetito, está hecho un toro».

¡ciertos son los toros! (inf.). [*Exclamación utilizada al confirmarse algo que se temía*]: «¡De modo que ciertos son los toros! ¡Mi mujer me engaña con el vecino!».

torta

[ser u. c.] tortas y pan pintado (inf.).
A: [*Ser*] *mucho menor* [*que otro trabajo, infortunio, disgusto con que se compara*]: «Las dificultades que tiene la juventud actual para encontrar trabajo son tortas y pan pintado comparadas con las que tuvimos nosotros hace 30 años».
B: [*Ser*] *fácil de hacer:* «Para un detective de su categoría, resolver el crimen debe de ser tortas y pan pintado».

no [comprender u. p.] ni torta (inf.). *No* [*comprender*] *absolutamente nada:* «Este libro está escrito en un estilo tan complicado, que no entiendo ni torta».

darse/pegarse u. p. la/una torta. *Ver registro siguiente.*

tortazo

darse/pegarse u. p. el/un tortazo (inf.). *Sufrir un accidente de circulación, lastimarse en una caída:* «No pudo controlar el coche, derrapó y se pegó el tortazo contra un árbol».

tortilla

hacer(se) u. p./u. c. tortilla (inf.). [*Generalmente en sentido figurado*] *aplastar(se), quebrar(se) en trozos menudos:* «Ten cuidado, porque si resbalas y te caes al abismo, te haces tortilla».

toser

no haber quién le tosa a alguien (en algo) (inf.).
A: *No haber nadie capaz de competir con alguien:* «A mi padre no hay quién le tosa en cuestiones de contabilidad; se ha pasado la vida haciendo números».
B: *No ser nadie capaz de reprender o censurar a alguien:* «A este señor no hay quién le tosa; tiene un genio que infunde miedo».

no toserle nadie a alguien (en algo). *Ver registro anterior.*

tostada

oler(se) u. p. la tostada (inf.). *Recelar algo:* «La policía tendió una trampa a los ladrones, pero éstos se olieron la tostada y no acudieron».

total

total, que (inf.). [*Locución consecutiva*] *por consiguiente:* «He cerrado las puertas con llave. Total, que no nos va a estorbar nadie».

trabajo

trabajo de chinos (inf.). *Trabajo laborioso y difícil:* «Tejer a mano un jersey con tantos dibujos me parece un trabajo de chinos».

trabajo de hormiga(s) (inf.). *Trabajo muy minucioso:* «Rellenar las aceitunas con pimiento sin tener una máquina adecuada, me parece un trabajo de hormigas».

trabajo de zapa. *Ver* «labor de *zapa».

costarle u. c. trabajo a alguien (f.). *Resultarle difícil, penoso o molesto:* «Con este frío me cuesta mucho trabajo levantarme de cama a las seis de la mañana».
llevarse/tomarse u. p. el trabajo de [hacer] algo (f.). *Aplicarse a la ejecución de algo que requiere esfuerzo [especialmente para ayudar a otra persona]:* «Ya que los profesores del colegio no son capaces de enseñarle matemáticas al niño, tendré que tomarme yo el trabajo de hacerlo por ellos».

traer
traer u. c. consigo algo (f.). *Causar, ocasionar, determinar algo:* «El crecimiento del tráfico de automóviles trae consigo una contaminación ambiental».
traérselas u. p./u. c. (inf.).
A: *Ser persona o cosa peligrosa o de cuidado:* «Parece que es un individuo que se las trae: ya es la segunda vez que es detenido por la policía por traficar con armas».
B: *Ser cosa de gran dificultad:* «Aprender bien la lengua rusa en un año, es cosa que se las trae».

tragaderas
tener u. p. (buenas/muchas) tragaderas (inf.).
A: *Ser poco escrupuloso o demasiado tolerante:* «El pobre hombre, además de modesto, es un buenazo y tiene buenas tragaderas para aguantar continuamente humillaciones de sus superiores».
B: *Ser excesivamente crédulo:* «¡Ya hay que tener buenas tragaderas para creer que es verdad todo lo que tú cuentas!».
tener u. p. tragaderas de burro (inf.). *Ser excesivamente crédulo:* «¡Verdaderamente, hay que tener tragaderas de burro para tener fe en lo que dicen los políticos!».

trago
mal trago (inf.). *Adversidad, infortunio, contratiempo:* «Hoy me sorprendió sin billete el revisor del tranvía y pasé un mal trago».
trago amargo. *Ver registro anterior.*

trampa
sin/no [haber] ni trampa ni cartón (inf.). *Sin/no [haber] ninguna clase de trucos o engaños:* «He leído atentamente el contrato de alquiler y creo que está redactado honradamente, sin trampa ni cartón».
caer u. p. en la trampa (inf.). *Ser engañado por medio de un ardid:* «Anuncian un producto para hacer crecer el pelo que es un verdadero engaño, pero la gente cae en la trampa con toda ingenuidad y se lo compra».

trampear
ir u. p./u. c. trampeando. *Ver* «ir u. p./u. c. *tirando».

tranca
a trancas y barrancas (inf.). *Con dificultades y tropiezos:* «Muy inteligente no es, desde luego, y sus estudios universitarios los terminó a trancas y barrancas».

trance
a todo trance (f.). *Resueltamente, sin reparar en riesgos o inconvenientes, sin concesiones ni paliativos:* «Yo no sé qué le ha encontrado de bueno a esta casa, pero el caso es que quiere comprarla a todo trance y nadie puede convencerle de lo contrario».

tranco
a trancos y barrancos. *Ver* «a *trancas y barrancas».

tranquillo
cogerle u. p. el tranquillo a algo (inf.). *Adquirir la habilidad necesaria para hacer algo sin dificultad:* «El cambio de marchas en este coche es un poco complicado; tienes que practicar un poco hasta cogerle el tranquillo».

trapillo
[andar/estar/ir u. p.] de trapillo (inf.). *Llevar vestido modesto, casero o de confianza:* «Avísame cuando vengan los invitados, pues estoy de trapillo y aún tengo que cambiarme».

trapito
trapitos de cristianar (inf.). *Ropa de gala:* «No puedo asistir a un baile vestido de cualquier manera, así que tendré que ponerme los trapitos de cristianar».

trapo
a todo trapo (inf.).
A: *A toda velocidad:* «Como se había hecho

DICCIONARIO FRASEOLÓGICO. — 19

muy tarde, tuve que marcharme a casa a todo trapo para llegar a tiempo».
B: *Con mucho lujo:* «Hicieron una fiesta a todo trapo para impresionar a los invitados».
poner u. p. como un trapo a alguien (inf.). *Criticar o reñir muy duramente a alguien:* «Si se entera mi jefe de que leo el periódico en las horas de oficina, me pone como un trapo».
sacarle u. p. a alguien (a relucir) los trapos (sucios) (inf.). *Mencionar, con ánimo de reproche, vicios o defectos que habitualmente permanecen ocultos:* «Siempre que llega a casa borracho, golpea a su mujer y le saca a relucir los trapos sucios sólo por el placer de mortificarla».
salir (a relucir) los trapos (sucios) de alguien (inf.). *Hacerse públicos (en una riña) vicios o defectos de alguien que habitualmente permanecen ocultos:* «Empezaron a discutir tan acaloradamente, que en seguida salieron a relucir los trapos sucios de cada uno de los contendientes».
soltar u. p. el trapo (inf.).
A: *Echarse a llorar:* «Al enterarse de la gravedad de la enfermedad de su amigo, soltó el trapo».
B: *Echarse a reír:* «Contó un chiste tan gracioso, que todos soltamos el trapo».

tras
andar/ir u. p. tras de alguien/algo. *Andar/ir u. p. detrás de alguien/algo.*

trasmano
[estar u. c.] a trasmano (f.).
A: *[Estar] fuera del alcance o del manejo habitual de la mano:* «En mi opinión, la palanca de cambios está demasiado lejos del volante y queda un poco a trasmano».
B: *[Encontrarse] en lugar apartado:* «El pueblo está muy a trasmano: hay que dejar la carretera y caminar unos cuantos kilómetros por el monte para llegar a él».

traste
dar u. p. al traste con algo (inf.). *Destruir, malograr o frustrar algo:* «La enfermedad del niño dio al traste con nuestros proyectos veraniegos, porque nos tuvimos que quedar en casa cuidándolo».

irse u. c. al traste (inf.). *Destruirse, malograrse, frustrarse u. c.:* «Hicimos muchos proyectos y preparativos para poder celebrar el concierto en la fecha deseada, pero a última hora falló el solista y el concierto se fue al traste».

trastienda
tener u. p. (mucha) trastienda (inf.). *Proceder con mucho disimulo:* «Es una persona que tiene mucha trastienda, pues aparenta cumplir lo que se le ordena y luego hace lo que realmente le conviene».

trasto
arrojarse/tirarse los trastos a la cabeza (inf.). *Discutir violentamente, tener un altercado:* «Comprendo que hayan decidido divorciarse, porque últimamente no hacían más que tirarse los trastos a la cabeza».
ponerle u. p. los trastos en la calle a alguien (inf.). *Obligar a alguien a desalojar su vivienda:* «Si no me paga puntualmente el alquiler, tendré que ponerle los trastos en la calle».

tratamiento
apearle u. p. el tratamiento a alguien (inf.). *Suprimir la fórmula de tratamiento que le corresponde a alguien:* «El señor duque es muy sencillo y campechano, y me dijo que podía apearle el tratamiento y llamarle 'don Pedro' sin más etiquetas».

través
dar u. p. al través con algo. *Ver* «dar u. p. al *traste con algo».
mirar u. p. de través a alguien (f.). *Mirar volviendo los ojos pero sin mover la cabeza [se emplea generalmente para expresar desprecio u odio hacia alguien]:* «No sé por qué está enfadado conmigo, porque se limitó a mirarme de través y siguió su camino sin saludarme».

traza
por/según la(s) traza(s) (f.). *Por el aspecto, por lo que parece:* «Por las trazas, no creo que tengan intención de quedarse muchos días en el hotel. Sólo traen una maleta pequeña».
darse u. p. traza(s) (de/para [hacer] algo) (f.). *Mostrar habilidad (para hacer algo):*

«Dile a mi hermano que te ayude y verás cómo se da trazas para componerlo y arreglarlo todo».
llevar/tener u. p./u. c. traza(s) de algo (f.). *Tener aspecto/dar la impresión de algo:* «El caballo estaba tan flaco y tenía tan mal color, que llevaba trazas de morirse pronto».

trece
[mantenerse/permanecer/seguir u. p.] en sus trece (inf.). *Persistir obstinadamente en algo:* «Ya sé que es muy terco y que se mantendrá en sus trece aunque todo el mundo quiera disuadirle».

trecho
a trechos o **de trecho en trecho** (f.). *Con intervalos de lugar o tiempo:* «Viajar en coche con niños resulta muy pesado; hay que hacer paradas de trecho en trecho para dejarles descansar».

tremendo
echar u. p. por la tremenda (inf.). *Descomedirse, llevar un asunto o discusión a términos violentos:* «Es muy desagradable tener que discutir con mi hermano, porque suele echar por la tremenda y terminar a gritos».

tren
tren de vida (f.). *Lujo, comodidades:* «No comprendo cómo puede mantener ese tren de vida ganando una miseria de sueldo».
a todo tren (f.). *Sin reparar en gastos, con todo el lujo:* «Hicieron la fiesta a todo tren y sin que faltase detalle. El problema fue al día siguiente, cuando tuvieron que pagar la cuenta».
como (para parar) un tren (inf.).
A: *[Generalmente referido a mujeres] con mucho atractivo sexual:* «No me extraña que todos los hombres se vuelvan para requebrarla, porque la chica está como un tren».
B: *[Referido a cosas] en abundancia, en grandes cantidades:* «Nos sirvieron comida como para parar un tren, y todos tuvimos que dejar algo en el plato, porque no podíamos con todo».

trepe
armar u. p. un trepe (inf.). *Armar un lío o un escándalo:* «No le pegué una bofetada por no armar un trepe».

tres
como tres y dos son cinco. *Ver* «como *dos y dos son cuatro».
ni a la de tres (inf.). *[Refuerzo de una negación] de ningún modo, bajo ninguna condición:* «Los que se habían equivocado eran ellos, pero no había manera de convencerlos ni a la de tres».

trigo
no ser u. p./u. c. trigo limpio (f.). *No ser honrado, honesto:* «Me parece que ese negocio no es trigo limpio; tiene algo que ver con el contrabando de droga».

trinar
estar u. p. que trina (inf.). *Rabiar, impacientarse, enfurecerse:* «El pobre hombre está que trina, porque ya es la segunda vez en un año que le roban el coche».

tripa
echar u. p. tripa (inf.). *Engordar:* «No comas tantos dulces, que vas a echar tripa».
echar u. p. las tripas (inf.). *Vomitar:* «Nos sirvieron una comida tan mala, que a más de uno le dieron ganas de echar las tripas».
hacer u. p. de tripas corazón (f.). *Disimular miedo o disgusto:* «El empleado tuvo que hacer de tripas corazón y soportar pacientemente los insultos de su jefe».
patearle/pisarle u. p. las tripas a alguien (inf.). *Golpearle fuertemente:* «Si vuelves a hablar así de mi madre te piso las tripas».
reírse u. p. las tripas (inf.). *Reírse mucho:* «Con aquellos chistes nos reímos las tripas».
revolverle u. p./u. c. las tripas a alguien (f.). *Causarle gran repugnancia física o moral:* «A mí estas personas intrigantes me revuelven las tripas».
¿qué tripa se [te] ha roto? (inf.). *[Expresión que indica contrariedad] ¿qué [te] pasa?* «Hace más de dos horas que no dices palabra. ¿Puede saberse qué tripa se te ha roto?».

tris
estar u. p./u. c. en un tris de [hacer algo/suceder] (inf.). *Estar u. p. próximo a hacer algo/estar u. c. proxima a suceder:* «Estuve en un tris de visitar a Manolo, pero al final no lo hice porque era muy tarde».

triste
no/ni ... un triste + SUSTANTIVO (f.). [*Enfático*] *ni un solo + SUSTANTIVO:* «Se ha quedado completamente solo. No le queda ni un triste amigo».

triza
hacer u. p. trizas a alguien/algo (inf.).
A: *Golpear fuertemente a alguien hiriéndolo:* «Ten cuidado con Antonio, que es más fuerte que tú y si te coge te hace trizas».
B: *Hundir moralmente, humillar, derrotar a alguien:* «La decisión de su novia de romper sus relaciones amorosas lo ha hecho trizas al pobre hombre».
C: *Romper, destrozar algo:* «Este niño es tan destrozón, que en pocos minutos puede hacer trizas el juguete más duro».

troche
a troche (y) moche (inf.). *Disparatada e irreflexivamente:* «Este libro es malísimo: el autor no ha hecho más que amontonar datos a troche y moche pero sin darles unidad de sentido».

tromba
[Entrar/salir/venir u. p.] como una tromba (inf.). [*Entrar* ...] *con violencia y rapidez:* «Los niños entraron como una tromba en la cocina pidiendo insistentemente de comer».

trompa
tener u. p. una/estar u. p. trompa (inf.). *Estar borracho:* «No es capaz de caminar derecho y sin agarrarse a las paredes. Seguro que tiene una buena trompa».

trompo
[andar u. p.] como un trompo. Ver «dar u. p. *vueltas como/más vueltas que un trompo».

tronco
dormir/estar/quedarse u. p. como un tronco (inf.). *Estar profundamente dormido:* «No me extraña que después de tanto ejercicio duerma como un tronco».

trompicón
a trompicones (inf.). *Con tardanza y de forma discontinua (a causa de impedimentos o dificultades):* «Ha tenido que hacer sus estudios universitarios a tropezones, porque tenía que trabajar por las noches; casi nueve años ha tenido que pasar en la universidad».

tropezón
a tropezones. Ver «a *trompicones».

trote
[ser u. c.] de mucho trote (inf.). [*Ser*] *muy fuerte, muy resistente:* «Es una chaqueta de mucho trote; hace ya seis años que la uso y todavía está como nueva».
[ser u. c.] de/para (todo) trote (inf.). [*Ser*] *de/para uso diario y continuo:* «Espera un momento, que tengo que cambiarme; tengo puestos los pantalones de trote».
[ir u. p.] al trote (inf.). [*Ir*] *muy deprisa o sin descanso:* «Tuve que salir de casa al trote para poder llegar a tiempo a la oficina».
no [estar u. p.] para (andar en) esos/estos trotes (inf.). *No poder realizar determinados esfuerzos físicos o faenas fatigosas:* «¿Y tú pretendes que el abuelo a sus setenta años te acompañe en bicicleta en la excursión a la sierra? ¿No te das cuenta de que ya no está para esos trotes?».

Troya
arder Troya. Ver «[armar(se)/haber] la de San *Quintín».
[aquí/allí] fue Troya (inf.). [*Expresión con que se alude al momento en que estalla un conflicto o problema*]: «Justo cuando se disponía a darle un beso a su amante, apareció el marido y allí fue Troya».
(que) arda Troya (inf.). [*Expresión con que se muestra la determinación de hacer algo sin preocuparse por las consecuencias negativas que de ello puedan derivarse*]: «Siempre están peleándose como brutos, pero por mí que arda Troya; no pienso separarlos ni aunque se hagan daño».

truco
cogerle u. p. el truco a algo. Ver «cogerle u. p. el *tranquillo a algo».

tubo
por un tubo (inf.). *En gran abundancia:* «Debe de ser millonario, porque gana dinero por un tubo».

tuétano
hasta los tuétanos (inf.). *Totalmente, por*

completo, en lo más íntimo: «Es incapaz de encontrarle defectos a esa chica; se ve que está enamorado hasta los tuétanos».

tumba

[lanzarse u. p.] a/en tumba abierta (f.). *Descender a toda velocidad una pendiente muy pronunciada y con el consiguiente riesgo:* «Como nuestro coche no era muy potente, teníamos que aprovechar las pendientes al máximo, lanzándonos a tumba abierta para acortar la distancia que nos separaba de los coches que iban en cabeza».

cavar u. p. su propia tumba. *Ver* «cavar u. p. su propia *sepultura».

tuntún

al (buen) tuntún (inf.). *De cualquier manera, sin reflexionar ni tener conocimientos del asunto:* «Esta traducción está hecha al buen tuntún; se conoce que el traductor no tiene ni idea de inglés».

tupé

tener u. p. tupé (inf.). *Ser atrevido y sinvergüenza:* «¡Ya hay que tener tupé para robar a plena luz y en presencia de tanta gente!».

turco

agarrar/coger u. p. una turca (inf.). *Emborracharse:* «Dos botellas de tinto son ya suficientes para que cojas una buena turca».

tus

sin/no decir u. p. ni tus ni mu(s). *Ver* «sin/no decir u. p. ni *mu(s)».

tute

darse/pegarse u. p. un (buen) tute (inf.). *Trabajar mucho, realizar un gran esfuerzo:* «Ayer nos dimos un buen tute repasando el libro de matemáticas hasta las cuatro de la mañana».

tutiplén

a tutiplén (inf.). *En abundancia, en gran cantidad:* «Había todo tipo de manjares y comimos a tutiplén hasta hartarnos».

tuyo

de tuyo. *Ver* «*de [mío/tuyo/suyo]».
lo tuyo. *Ver* «*lo [mío/tuyo/suyo]».

U

Úbeda
echar/irse/salir(se) u. p. por los cerros de Úbeda (inf.). *Hablar fuera de propósito o disparatadamente:* «El profesor le preguntó algo y el alumno, que no parecía estar muy enterado, se fue por los cerros de Úbeda».

último
por último. *Ver* «en *fin».
[estar u. p./u. c.] en las últimas (inf.).
A: [*Estar u. p.*] *a punto de morir:* «No me parece muy oportuno, ahora que el enfermo está en las últimas, discutir sobre problemas de herencia en su presencia».
B: [*Estar u. c.*] *arruinada:* «Antes era una de las firmas más importantes, pero ahora está en las últimas, y ya ha cerrado la mitad de los negocios y sucursales».

ultranza
a ultranza (f.). *Resueltamente, sin reparar en riesgos o inconvenientes, sin concesiones ni paliativos:* «Es muy reaccionario y un defensor a ultranza de todo lo viejo y caduco».

uno
uno que otro. *Ver* «*algún(o) que otro».
a/en una (f.). *Al mismo tiempo, simultáneamente:* «La unanimidad no pudo ser mayor; todos respondieron a una que querían otro presidente para el club».
de uno en uno o **uno a/por uno** (f.). *Cada uno por separado o cada uno a su tiempo:* «Procura que los niños entren en el colegio de uno en uno, y no todos al mismo tiempo».
[meterle/pegarle u. p.] una a alguien (inf.). *Golpear a alguien:* «¿Quieres que te meta una para que aprendas a comportarte?».

¡una de ...! (inf.). [*Expresión de admiración o sorpresa*] *¡tantos/tan grandes ...!* «¡El conferenciante dijo una de tonterías! La gente se reía como en el circo».
una de dos. *Ver* «o una *cosa o la otra».
una y no más. *Ver* «una y no más, Santo *Tomás».

uña
[andar/estar u. p.] de uñas (con alguien) (inf.). *Estar enfadado o reñido (con alguien):* «Hace tiempo que andan de uñas y ni siquiera se saludan».
[ser u. p.] larga de uñas (inf.). *Inclinado al robo, ladrón, ratero:* «En la fiesta de ayer alguien robó los cubiertos de plata, y se sospecha de Juan, que es un poco largo de uñas».
[escapar/huir u. p.] a uña de caballo (f.). [*Escapar/huir*] *a todo correr del caballo:* «En aquellos tiempos era frecuente tener que huir a uña de caballo de los muchos bandoleros que se apostaban en las afueras de la ciudad».
[encontrarse/verse u. p.] en/entre las uñas del lobo (inf.). [*Estar*] *en grave peligro:* «El fugitivo estaba rodeado por todas partes por unidades de la policía, y, sintiéndose entre las uñas del lobo, decidió entregarse sin más resistencia».
defender u. p. con uñas y dientes a alguien/algo (inf.). *Defender con gran tenacidad y empeño:* «Su abogado le defendió con uñas y dientes, y sólo gracias a esto pudo ganar el proceso».
enseñarle/mostrarle/sacarle u. p. las uñas a alguien (inf.). *Amenazar a alguien:* «Mala cosa: acaban de casarse hace poco, y el ma-

rido le saca las uñas a la mujer por cualquier motivo».
ser uña y carne (inf.). *Ser muy buenos amigos:* «Alberto y yo somos uña y carne y jamás discutimos ni nos enfadamos».
tener u. p. las uñas de luto (inf.). *Tener las uñas muy sucias:* «Estos niños siempre tienen las uñas de luto de tanto jugar con la tierra».
tener u. p. las uñas largas/afiladas (inf.). *Ser ladrón o persona ejercitada en el robo:* «Ten cuidado en el tranvía a esta hora en que va lleno; siempre hay alguno que tiene las uñas largas y puede aprovechar un descuido».

uso
[estar u. c.] **en buen uso** (f.). [*Haberse conservado*] *en buen estado:* «Mi máquina de escribir, aunque tiene ya quince años, está todavía en buen uso y funciona como el primer día».
cederle u. p. a alguien el uso de la palabra. *Ver* «cederle u. p. a alguien la *palabra».
pedir/solicitar u. p. el uso de la palabra. *Ver* «pedir/solicitar u. p. la *palabra».

uva
[estar u. p.] **como una uva** (inf.). [*Estar*] *completamente borracho:* «Ayer cuando salí del bar estaba como una uva; por lo menos me había bebido tres litros de vino».
[ser u. p.] **de/tener u. p. mala uva** (inf.). [*Ser*] *de/tener mal carácter, mal humor:* «Mi jefe tiene muy mala uva; se pasa el día riñéndonos por cualquier pequeñez».
de uvas a peras (inf.). *Muy de vez en cuando, rara vez, con largos intervalos:* «No tiene importancia tomar unas copas de vino de uvas a peras».

V

vaca

[ser u. p. una] vaca sagrada (inf.). [*Humorístico o despectivo*] *persona venerada y contra quien no se admiten críticas:* «Ya han pasado los tiempos en que los profesores universitarios eran vacas sagradas que podían hacer lo que querían en sus clases».
[época/tiempos] de las vacas flacas (f.). [*Época/tiempos*] *de escasez, pobreza:* «En los primeros años de la posguerra, en aquellos tiempos de las vacas flacas, raro era el que podía comer caliente dos veces al día».
[época/tiempos] de las vacas gordas (f.). [*Época/tiempos*] *de abundancia, riqueza:* «Después de haber pasado los horrores de la guerra, a todos nos parecía que había llegado la época de las vacas gordas».
[estar u. p.] como una vaca (inf.). [*Estar*] *muy gordo:* «En quince días he engordado tres kilos; como siga así voy a ponerme como una vaca».
[estar u. p.] más despistada que una vaca en un garaje. *Ver* «[estar u. p.] más despistada que un *pulpo en un garaje.

vacío

[irse/volverse u. p.] de vacío (inf.). [*Irse/volver*] *sin conseguir lo deseado:* «Fui al banco a solicitar un crédito, pero fueron tantas las dificultades que me pusieron, que tuve que regresar de vacío».
caer u. c. en el vacío (f.). *No tener acogida, no ser atendido (un consejo, una idea):* «Veo que todos mis consejos han caído en el vacío y que el muchacho sigue llevando mala vida».
hacerle u. p. el vacío a alguien (f.). *Aislar o rehuir a alguien en señal de desprecio:* «Antonio no ha querido secundar la huelga, y ahora todos sus compañeros de trabajo le hacen el vacío».
llenar u. p./u. c. un vacío. *Ver* «llenar u. p./u. c. un *hueco».

Valencia

dejar u. p. a alguien/quedarse u. p. a la luna de Valencia (inf.). *Frustrar/frustrarse las esperanzas o deseos de alguien:* «Había doble número de solicitantes que de plazas libres, por lo que la mitad de la gente se quedó a la luna de Valencia».

valer

valer u. p./u. c. lo que pesa (inf.). *Valer mucho, poseer cualidades inestimables:* «Es persona servicial y trabajadora, que vale lo que pesa y sin la cual difícilmente podría llevar yo solo el negocio».
no [haber] ... que valg[a/-an] (inf.). [*Expresión enfática con que se rechaza alguna disculpa o atenuante*]: «No hay cansancio que valga; o te pones a estudiar la lección o mañana te quedas sin cine».

valor

armarse u. p. de valor (f.). *Prepararse para afrontar una situación difícil:* «Tendrás que armarte de valor y plantearle a tu jefe tus reivindicaciones económicas».

vano

en vano (f.).
A: *Inútil:* «Todos nuestros esfuerzos por convencerle fueron en vano: persiste en su determinación».

B: *Inútilmente, sin resultados positivos:* «En vano intentamos convencerle; es un persona muy terca».

vara
[tener u. p.] vara alta (inf.). *[Tener] autoridad o influencia:* «Si no puedes hablar con el alcalde, habla con su secretario, que tiene vara alta en el asunto y es casi tan importante como el alcalde mismo».
[andar/ir u. p.] (derecha/tiesa) como una vara (inf.). *[Andar/ir] muy derecho:* «A pesar de sus ochenta años, se conserva muy bien y anda todavía derecho como una vara».
(no) dar u. p. su vara a torcer. *Ver* «(no) dar u. p. el/su *brazo a torcer».
ponerle u. p. varas a alguien (inf.). *Requerir de amores a una mujer:* «Hace tiempo que le pone varas a la chica, pero ella parece que todavía no se ha decidido a ser su novia».
tomar u. p. varas con alguien (inf.). *Aceptar una mujer la solicitud amorosa de alguien:* «El escándalo no pudo ser mayor: la mujer de don José tomaba varas con el mejor amigo de su esposo».

vaso
ahogarse u. p. en un vaso de agua (inf.). *Preocuparse en exceso o ponerse nervioso ante un problema o peligro insignificante:* «Ayer vio una grieta en la pared y ya pensó que se iba a caer la casa. ¡Este hombre se ahoga en un vaso de agua!».

vela
pasar u. p. [la noche] en vela (f.). *Pasar [la noche] despierto o con falta de sueño:* «Hoy hemos tenido que pasar la noche en vela para vigilar la fiebre del niño, que era bastante elevada».

vela
andar/estar u. p. a dos velas (inf.). *Estar sin dinero:* «Le presté algún dinero, porque el pobre hombre andaba a dos velas».
dar u. p. vela en/para ese/este/aquel entierro a alguien (inf.). *[En oraciones interrogativas o negativas] conceder permiso a alguien para participar o intervenir en algo:* «¿Por qué está Vd. en esta reunión? ¿Quién le ha dado vela en este entierro?».

quedarse u. p. a dos velas (inf.).
A: *Quedarse sin dinero, arruinarse:* «Después de la quiebra del banco, mi padre se quedó a dos velas».
B: *Quedarse sin entender nada:* «La conferencia fue tan complicada, que todos nos quedamos a dos velas».

vela
a toda vela.
A: (f.). *Con todas las velas desplegadas:* «Como soplaba buen viento, el pequeño yate pudo zarpar a toda vela».
B: (inf.). *Con toda la diligencia necesaria (para ejecutar o conseguir algo):* «Fui a toda vela a cumplir sus encargos, porque es una persona que no admite demoras».
arriar/recoger u. p. velas (inf.).
A: *Reprimirse, contenerse, retroceder:* «Vino hacia mí con intenciones de agredirme, pero cuando vio que yo estaba armado, recogió velas y se quedó a distancia».
B: *Desdecirse de algo, desistir de un propósito:* «Cuando comprendió que en la discusión era yo el que tenía la razón, arrió velas y fue bajando el tono de la voz».

veleta
[ser/estar u. p.] como una veleta (inf.). *[Ser] persona inconstante y mudable:* «No te fíes mucho de lo que diga mi primo, porque es como una veleta y cada día dice una cosa distinta».

velo
correr/echar u. p. un (tupido) velo sobre algo (f.). *[Generalmente en oración imperativa] evitar hablar sobre algo desagradable:* «Bueno, corramos un velo sobre esa historia tan triste y tan reciente para todos nosotros».

vena
darle/entrarle a alguien la vena de/por [hacer] algo (inf.). *Sentirse repentinamente inclinado a hacer algo no previsible:* «Estuvo toda la tarde tranquilo jugando a los naipes con nosotros. De repente, y sin que nadie pudiese saber por qué, le dio la vena de gritar y gesticular como un demente, y tuvimos que abandonar su casa».
estar u. p. de/en vena (f.). *Estar inspirado [para componer versos, música, etc., o para*

llevar algo a feliz realización]: «Hoy no estaba en vena y no pude escribir ni una línea de mi nueva novela».

vencido
a la tercera va la vencida (inf.). [*Expresión con la que se indica que a la tercera tentativa se logra el fin deseado*]: «Ya me he presentado dos veces a las oposiciones y las dos he suspendido. Espero tener más suerte la próxima vez. ¡A la tercera va la vencida!».

venda
llevar/tener u. p. una venda en/ante los ojos (f.). *Desconocer la verdad por ofuscación del entendimiento:* «Debe tener una venda en los ojos, porque su mujer le engaña con todo el mundo y él cree que es una santa».
ponerle u. p. una venda en los ojos a alguien (f.). *Influir en alguien para que viva engañado:* «No sé quién te ha puesto una venda en los ojos para que tú creas que en este país se puede vivir sin trabajar».
quitarle u. p./quitársele/caérsele a alguien la venda de los ojos (f.). *Desengañar/desengañarse, sacar/salir del estado de ofuscación en que se encontraba:* «Todos pensábamos que era una gran persona, hasta que vimos cómo maltrataba a sus subordinados. Entonces se nos cayó la venda de los ojos».

venir
estar u. p. a verlas venir (inf.). *Estar en la miseria:* «Está a verlas venir: no tiene dinero ni para pagar la calefacción».
venir u. p./u. c. a menos (f.). *Descender de posición económica o social, decaer:* «Parece una familia que ha venido a menos; antes tenían criados y hasta chófer, y ahora tienen que hacerlo todo ellos mismos».
venir u. p. (a) por algo. Ver «*ir u. p. (a) por algo».
verlas u. p. venir. *Ver registro siguiente.*
ver u. p. venir a alguien/algo (inf.).
A: *Percatarse a tiempo de la mala intención de alguien:* «Ellos querían engañarme, pero yo les vi venir y pude defenderme a tiempo».
B: *Poder predecir lo que se prepara:* «No me ha sorprendido nada la quiebra del banco; era cosa que se veía venir».

¿a qué viene [hacer] algo? (f.). [*Expresión con que se critica algo por no tener sentido*]: «¿A qué viene prometerle al niño una motocicleta si sabes que son tan peligrosas?».
¡y venga (con alguien/algo)! Ver «¡y *dale (con alguien/algo)!».
¡(y) venga de + INFINITIVO! (inf.). [*Expresión que critica cosas o acciones excesivas*]: «¡Y venga de hablar siempre de lo mismo! Pero ¿es que no tenéis otro tema de conversación?».
¡(y) venga + SUSTANTIVO! *Ver registro anterior.*

ventilar
ventilárselas u. p. (inf.). *Buscar la manera de salir de un apuro o de lograr algún fin:* «Creo que ya eres mayor de edad y puedes ventilártelas sin necesidad de que tus padres tengan que ayudarte en todo».

ventolera
darle la ventolera a alguien de [hacer] algo (f.). *Decidir hacer algo de manera espontánea e irreflexiva:* «Le dio la ventolera de vender la casa; espero que no se arrepienta».

ventura
a la ventura (f.). *Sin dirección ni plan preconcebido:* «Viajaremos a la ventura, sin mirar el mapa de carreteras, y nos detendremos donde más nos guste».
por ventura (f.).
A: *Afortunadamente:* «Por ventura, el mar estará en calma y podremos hacer una buena travesía».
B: *Acaso, quizás:* «¿Tu crees, por ventura, que no tengo nada más que hacer que oír tus quejas continuamente?».

ver
[ser u. p.] de/tener buen ver (f.). [*Ser de/tener aspecto sano, joven o agradable (sin poseer verdadera belleza)*]: «Es una mujer todavía de buen ver, aunque tiene ya más de 50 años».
... que no ve[as/-a] (inf.). [*Adj. superlativo*] *muy bueno, malo, muy desagradable, etc.:* «Nunca más haré mis compras en esta tienda. El personal tiene unos modales que no veas».

a lo que se ve. *Ver registro siguiente.*
por lo visto (inf.). *Aparentemente, según parece:* «Por lo visto anda muy mal de dinero; a mediados de mes suele pedir un anticipo del sueldo».
dejarse ver u. p. (f.). *No querer pasar inadvertido, mostrarse para ser conocido:* «Es una chica muy presumida y le gusta mucho dejarse ver en el paseo cuando estrena algún modelito de moda».
echar u. p. de ver algo (f.). *Notar, prestar atención a algo:* «Estuvo tan poco tiempo, que no echó de ver el gran desorden que reinaba en la habitación».
estar u. c. por ver(se) (f.). *No ser u. c. tan segura o cierta como se pretende, estar u. c. pendiente de demostración o comprobación:* «Está por ver éso de que eres capaz de nadar 10 km. sin hacer pausa; me parece una distancia excesiva para ti».
ser u. c. de ver (f.). *Ser digno de admiración:* «Es de ver cómo un pájaro tan pequeño puede volar tantos kilómetros sin interrupción».
tener u. c./u. p. algo que ver con alguien/ algo (f.).
A: *Tener relación o interés común con alguien/algo:* «Yo no trabajo aquí ni tengo nada que ver con este negocio».
B: *Mantener relación amorosa ilícita con alguien:* «Algunas personas mal intencionadas suponían que el director de la empresa había tenido algo que ver con su secretaria».
verse(las) y desearse(las) u. p. para [hacer] algo (inf.). *Costarle a alguien mucho trabajo, fatiga o afán el logro de algo:* «Vas a vértelas y deseártelas para preparar un examen tan difícil en solamente dos semanas».
vérselas con alguien (inf.). *Enfrentarse con alguien:* «Tendremos que vérnoslas con el casero, porque ha vuelto a anunciar subida de alquiler para el próximo año».
a mi ver (f.). *En mi opinión:* «A mi ver, has hecho mal en invitar a esa chica. Claro que esto que te digo es una simple opinión personal».
¡a ver!
A: (f.). [*Expresión introductoria para captar la atención*]: «¡A ver! ¿Quién de ustedes está dispuesto a acompañarme a la excursión a la sierra?».
B: (f.). [*Expresión que indica que no hay alternativa*]: «Naturalmente que no estamos dispuestos a pagar el doble de impuestos. ¡A ver!».
C: (inf.). [*Expresión enfática de asentimiento*]: «¿Te gustaría pasar alguna vez las vacaciones en Honolulú? –¡A ver! El problema es que no tengo dinero».
¿a ver? (f.). [*Expresión de curiosidad o expectación*]: «¿Puede Vd. mostrarme sus papeles? ¿A ver? Bien, está todo en orden».
está visto (que ...) (f.). [*Expresión que indica que ha quedado confirmado o comprobado lo que se afirma a continuación*]: «Está visto que los fines de semana el tiempo siempre se estropea: ayer domingo estuvo lloviendo todo el día».
¡habráse visto! *Ver* «¡habráse visto *cosa igual!*».
¡hasta más ver! *Ver* «¡hasta *luego!*».
¡hay que ver! *Ver* «¡habráse visto *cosa igual!*».
¡no ve[as/-a] ...! (inf.). [*Expresión que indica sorpresa o admiración*]: «¡No veas la cantidad de gente que va a acudir a la fiesta! Van a participar los mejores cantantes».
¡para que ve[as/-a]! (inf.). [*Expresión empleada para provocar envidia*]: «¿Otro modelito nuevo, eh? –¡Para que veas! ¿Es que sólo tú tienes derecho a presumir?».
¡quién te ha visto y quién te ve! (inf.). [*Expresión con que se enfatizan los progresos experimentados por alguien*]: «¡Quién te ha visto y quién te ve! ¡Una persona que empezó vendiendo ropa vieja y ahora es dueña del mayor comercio de la capital!».
¡si te he visto, no me acuerdo! (inf.). [*Expresión con que se critica el comportamiento desagradecido de quien olvida favores recibidos y no se siente obligado a continuar la amistad*]: «Se puede decir que nosotros lo hemos educado y hasta alimentado, y ahora, cuando se cruza con nosotros por la calle, apenas nos saluda. ¡Si te he visto no me acuerdo!».
te pones a ver (y) ... (inf.). *Si se piensa bien...:* «El viaje en tren parece muy barato, pero te pones a ver y resulta más caro que en avión».
¡ver para creer! (inf.). [*Exclamación que indica asombro*]: «¡Ver para creer! ¡El que

fue el alumno más torpe de mi colegio convertido en Premio Nacional de Literatura!».
¡y usted que lo vea! (f.). [*Fórmula con que se contesta al recibir la enhorabuena*]: «¡Que cumpla usted cien años, don Marcial! –¡Y usted que lo vea, mi querido amigo!».

vera
a la vera de alguien/algo (f.). *Al lado de alguien/algo:* «El perro me había cogido cariño y siempre estaba a mi vera».

veras
de veras. *Ver* «de *verdad».

verbo
en un verbo (inf.). *En un instante, en seguida:* «No vas a tener que esperar mucho; esto lo arreglo en un verbo».

verdad
[ser u. c.] **verdad como una casa/una catedral** (inf.). [*Ser una*] *verdad evidente o innegable:* «Estoy seguro de que el testigo no ha mentido y de que todo lo que ha dicho es una verdad como una catedral».
[ser u. c. una] **verdad como la copa de un pino/templo.** *Ver registro anterior.*
[ser u. c. una] **verdad de a/como un puño.** *Ver registro anterior.*
[ser u. c. la] **verdad lisa y llana** (f.). *Verdad sin rodeos, alteraciones ni exageraciones:* «No debes dudar ni lo más mínimo de sus palabras; lo que te ha dicho es la verdad lisa y llana».
[ser u. c. la] **verdad monda y lironda** (inf). *Ver registro anterior.*
de verdad (f.).
A: [Adj.] *Auténtico, como debe ser:* «Este cuadro no parece pintado por un pintor de verdad, sino por un simple aficionado».
B: [*Expresión con que se enfatiza la autenticidad de lo afirmado*] *realmente, sinceramente, en serio:* «De verdad te ofrezco mi casa para cuando pases por aquí. No creas que es una frase de cortesía».
cantarle/decirle u. p. cuatro verdades a alguien (inf.). *Reprender o regañar a alguien:* «Tuve que decirle cuatro verdades al carnicero porque quería venderme carne en mal estado».
cantarle/decirle u. p. la(s) verdades al lucero del alba (inf.). *Decir lo que se piensa sin reparos ni miramientos:* «Es un hombre tan independiente y sincero, que es capaz de cantarla la verdad al lucero del alba».
(si) bien es verdad que (f.) [*Locución concesiva*] *aunque:* «Acaso sea éste el piloto más rápido del momento, si bien es verdad que su coche le ha ayudado mucho».
a decir verdad o **(a) la verdad** (f.).
A: [*Expresión con que se enfatiza la certeza o realidad de algo*]: «A decir verdad, lo que a mí más me gusta de este país es la cocina».
B: [*Expresión con que se rectifica o desvirtúa algo que ya se sabe*]: «A decir verdad, todo eso que me cuentas me parecen exageraciones tuyas».

verde
darse/pegarse u. p. un verde (de algo) (inf.). *Disfrutar de algún placer hasta hartarse:* «Me di un verde de mariscos; estaban tan ricos, que pedí tres raciones para mí solo».
poner u. p. verde a alguien (inf.). *Reprender o criticar a alguien con acritud:* «Mi jefe me puso verde por haber llegado tan tarde».

vereda
entrar u. p. en vereda (inf.). *Cumplir sus deberes, regularizar su vida:* «Antes era un Don Juan y un calavera, pero ahora parece que ha entrado en vereda y es un modelo de formalidad».
hacer entrar/meter/poner u. p. en vereda a alguien (inf.). *Obligar a alguien a cumplir sus deberes:* «Si no acostumbramos ahora al chico a hacer una vida ordenada, cuando sea mayor ya no habrá quien lo meta en vereda».

vergüenza
[ser u. p. un] **tener poca vergüenza** (inf.). *(Ser) persona insolente, descarada, desvergonzada:* «El poca vergüenza de tu hermano se ha atrevido a robarme unas monedas para comprarse golosinas».
perder u. p. la vergüenza (inf.). *Descararse, insolentarse:* «¿Pero es que has perdido la vergüenza? ¿Cómo te atreves a darle esas contestaciones a tu madre?».

vestidura
rasgarse u. p. las vestiduras (f.). *Mostrarse escandalizado u ofendido:* «De acuerdo, la

crítica musical en los periódicos resulta a veces demasiado violenta, pero no hay que sentirse aludido, ni mucho menos rasgarse las vestiduras por ello».

vez

a la vez (que) (f.). *Simultáneamente, al mismo tiempo (que):* «Si sigues empeñado en hablar por teléfono a la vez que redactas tus cartas, vas a conseguir que todo te salga mal».

a [mi/tu] vez (f.). [*Locución que indica correspondencia de acciones*]: «Yo le ayudo en su trabajo y él, a su vez, me ayuda a mí en el mío».

a (las) veces (f.). *Algunas veces (dejando pasar algún tiempo entre unas veces y otras):* «Sólo estudia a veces, cuando tiene ganas. Si lo hiciera todos los días, sería el primero de la clase».

alguna/una que otra vez o **alguna/una vez que otra** (f.). *Algunas veces (dejando pasar algún tiempo entre unas veces y otras):* «Ya no pasan trenes regulares por aquí. Sólo trenes de mercancías alguna que otra vez».

cada vez [más] (f.). [*Locución que indica progreso en una acción o proceso*] *siempre [más]:* «Cada vez me gusta más este clima; si pudiera, me vendría a vivir aquí».

de una vez (f.).

A: *Seguido, sin interrupciones o en una sola acción:* «Si queréis llegar a tiempo tenéis que hacer el viaje de una vez, sin parar en ningún sitio».

B: *Definitivamente:* «Quisiera acabar de una vez este trabajo para descansar una buena temporadita».

C: [*Refuerzo expresivo que acompaña un imperativo y denota impaciencia*]: «Ya te he dicho mil veces que fumar daña la salud. ¡Deja el tabaco de una vez!».

de una vez para siempre (f.). *Definitivamente:* «Terminé comprándole el producto que me ofrecía con tanta insistencia para desembarazarme de él de una vez para siempre».

de vez en cuando/vez (f.). *Algunas veces (dejando pasar algún tiempo entre unas veces y otras):* «Aquí sólo llueve de vez en vez, y es imposible que crezca hierba».

en veces (f.). *Con discontinuidad, en distintas ocasiones:* «El café estaba tan caliente, que había que beberlo en veces para no quemarse la lengua».

en vez de (f.).

A: *En sustitución de algo/alguien:* «¿Pero cómo quieres adelgazar si en vez de carne y vegetales comes sólo grasas y dulces?».

B: *Al contrario de (hacer) algo:* «Puedes dejar la tarea. En vez de ayudarme, lo único que haces es estorbarme».

por enésima vez (inf.). [*Locución generalmente empleada en tono de crítica o reproche que indica que algo se repite innecesariamente un número indeterminado de veces*]: «Te ruego por enésima vez que te calles y me dejes tranquilo. ¿Hasta cuándo tendré que repetírtelo?».

rara vez o **raras veces** (f.). *Raramente, muy pocas veces:* «Nos vemos rara vez; solamente cuando por casualidad coincidimos en alguna reunión».

tal cual vez. *Ver* «a (las) *veces».

tal vez (f.). *Posiblemente, quizás:* «Tal vez vaya mañana a visitaros, pero aún no lo sé con seguridad».

una vez por todas (inf.). *Ver* «de una *vez para siempre».

una y otra vez (f.). *Repetidamente:* «Como es muy despistado, tienes que decirle una y otra vez que no se olvide de pagar el recibo».

hacer u. p./u. c. las veces de alguien/algo (f.). *Sustituir a alguien/algo:* «Como se quedó huérfano a los 7 años, su tío hizo las veces de padre».

no pensarlo u. p. dos veces (f.). *Actuar rápida y decididamente:* «Me ofrecieron el piso a tan buen precio, que no lo pensé dos veces y lo compré inmediatamente».

cada vez que (f.). [*Locución temporal*] *siempre que:* «La vida es carísima. Cada vez que voy de compras, regreso sin un céntimo a casa».

toda vez que (f.). [*Locución condicional*] *si, supuesto que:* «Toda vez que no ha dicho nada de venir a la fiesta, es que no piensa venir».

una vez (que) + SUBJUNTIVO/PARTICIPIO (f.). [*Locución temporal*] *después que/de:* «Una vez que termines tus estudios podrás pensar en casarte; ahora es todavía muy precipitado».

una vez que + INDICATIVO (inf.). [*Locución causal*] *puesto que, como:* «No había pensado que vinieras. Pero una vez que estás, me podrás ayudar a pintar esta puerta».
¡(y) muchas veces! (inf.). [*Fórmula cortés de quien recibe las gracias*]: «Te doy las gracias por la invitación de ayer. –¡Muchas veces!».

vía
vía libre (f.). *Libertad, permiso:* «Tienes vía libre; puedes hacer todo lo que quieras».
[entrar u. c.] en vía muerta (inf.). *Detenerse, interrumpirse, no progresar:* «Parece que las negociaciones sobre aumentos salariales han entrado en vía muerta, porque allí nadie se pone de acuerdo».
[estar u. c.] en vías de algo (f.). [*Estar*] *en curso, en trámite o en camino de algo:* «Tenemos que ser optimistas; nuestros problemas están en vías de solución».

vicio
quejarse u. p. de vicio (inf.). *Quejarse sin causa justificada:* «Siempre está diciendo que gana muy poco, pero yo creo que se queja de vicio, pues su sueldo es el doble del sueldo promedio».

victoria
cantar u. p. victoria (f.). *Enorgullecerse o jactarse de haber triunfado o conseguido algo:* «Aún es pronto para cantar victoria: nuestros competidores pueden recuperarse e infringirnos alguna sorpresa desagradable».

vida
la otra vida o **la vida futura** (f.). *La vida después de la muerte o el sitio donde tiene lugar:* «Aunque es muy viejo, sigue atesorando riquezas, acaso porque cree que las va a conservar en la otra vida».
[contar u. p.] la vida y milagro de alguien (inf.). [*Generalmente irónico*]; [*contar*] *la vida, historia y conducta detallada de alguien:* «Esta mujer chismosa se sabe de memoria la vida y milagros de todo el mundo».
[llevar u. p. una] vida arrastrada (inf.). [*Llevar una*] *vida llena de sufrimientos y penalidades:* «La pobre viuda lleva una vida arrastrada: tiene que trabajar para mantener ella sola a cinco niños».
[llevar u. p. una] vida perra/de perro(s). *Ver registro anterior.*

de por vida (f.). *Para toda la vida:* «Le han declarado inválido, porque el accidente le ha dejado paralítico de por vida».
de toda la vida (f.). *De siempre:* «No hace falta que me lo presentes. Nos conocemos de toda la vida».
en la/[mi/tu] vida (f.). [*Enfático*] *nunca:* «En mi vida he visto temporal semejante. ¡Dos semanas seguidas lloviendo!».
amargarle/consumirle u. p./u. c. la vida a alguien (f.). *Hacerle sufrir:* «No haces más que darles disgustos a tus padres. ¿Es que te has empeñado en amargarles la vida?».
buscar(se) u. p. la vida (f.). *Buscar la manera de ganarse el sustento:* «El chico tiene ya edad para buscarse la vida y emanciparse de sus padres».
complicarle u. p. la vida a alguien (inf.). *Hacer sufrir a alguien:* «El profesor es exigente solamente para complicarle la vida a los estudiantes, por puro sadismo».
complicarse u. p. la vida (inf.). *Actuar con poco o ningún sentido práctico:* «No sé para qué quieres comprarte una casa de campo si sabes que no puedes pagarla. Eso es complicarte la vida».
darle u. c. la vida a alguien (f.). *Animar, sanar o aliviar, fortalecer a alguien:* «Estos aires puros le dan a uno la vida. En dos semanas, como nuevo».
darse/pegarse u. p. la gran vida (inf.). *Vivir con ran comodidad y regalo, vivir sin trabajar*: «Este lo que quiere es casarse con una mujer rica, para poder pegarse la gran vida».
darse/pegarse u. p. (una) buena vida/la vida padre. *Ver registro anterior.*
echarse u. p. a la vida (inf.). [*Referido sólo a mujeres*] *dedicarse a la prostitución:* «La culpa de que la chica se haya echado a la vida la tiene el ambiente de miseria en que se crió».
enterrarse u. p. en vida (inf.). *Retirarse del comercio mundano, dedicarse a la vida retirada:* «Nadie quiere aceptar el puesto de médico en este pueblo de montaña, porque nadie tiene ganas de enterrarse en vida».
ganar(se) u. p. la vida (f.). *Ganarse o conseguir el sustento:* «No sé por qué vive todavía con sus padres; ya tiene suficiente edad para ganarse la vida».

hacer u. p. (algo) por la vida (inf.). [*Humorístico*] *comer:* «¡Pásame ese jamón, que hay que hacer algo por la vida!».
hacerle u. p. la vida imposible a alguien (f.). *Perseguir o atormentar a alguien de cualquier manera:* «Estos vecinos me hacen la vida imposible. ¡Todo el día gritando sin parar!».
irle la vida a alguien en algo (inf.). [*Generalmente usado en comparaciones hiperbólicas*] *resultarle u. c. de importancia vital a alguien:* «Siempre discute con gran acaloramiento, como si le fuese la vida en ello».
pasar u. p. a mejor vida (f.). *Morir:* «Cuando llegaron las tropas de liberación al campo de concentración, ya era demasiado tarde: la mitad de los internados ya habían pasado a mejor vida».
pasarse u. p. la vida en/[haciendo] algo (f.). *Dedicarse intensivamente a (hacer) algo:* «Son hermanos, pero no se parecen en nada: el uno trabaja muchísimo, el otro se pasa la vida holgazaneando».
tener u. p. siete vidas (como los gatos) (inf.). *Salir incólume de graves riesgos o peligros de muerte:* «Ha tomado parte en cuatro guerras y nunca le ha pasado nada; parece que tiene siete vidas».
vender u. p. cara su vida (f.). *Defenderse hasta la muerte, causando el máximo daño posible al enemigo:* «Los invasores venderán, pero se arrepentirán de habernos atacado, porque sabremos vender caras nuestras vidas».
[hola,] ¿qué es de tu/su vida? (inf.) [*Fórmula de saludo*]: «¿Cómo está usted? ¿Qué es de su vida? Hace por lo menos un año que no sé nada de usted».

vidrio
pagar u. p. los vidrios rotos (inf.). *Padecer pena o castigo no merecido o que ha merecido otra persona:* «Como siempre, Pepito es el que hace las travesuras, pero su hermano menor es el que paga los vidrios rotos».

viejo
[ser u. p. un] viejo verde (inf.). *Persona que conserva inclinaciones galantes impropias de su edad:* «Es un viejo verde; a los ochenta años todavía se vuelve para contemplar a las chicas guapas».
ir u. p./u. c. para vieja (f.). *Estar próximo a la vejez:* «Voy para viejo; ya no puedo subir las escaleras de mi casa sin hacer pausas».

viento
[anunciar/gritar/pregonar/publicar u. p. algo] a los cuatro vientos (inf.). *Propagar alguna noticia en todas direcciones, por todas partes:* «Todavía no ha escrito una línea y ya anda pregonando a los cuatro vientos que va a salir próximamente su nuevo libro».
contra viento y marea (f.). *Arrostrando inconvenientes y dificultades:* «He tenido que salvar mi negocio contra viento y marea, en una época en que todo eran problemas económicos».
beber(se) u. p. los vientos por alguien/algo (inf.). *Estar enamorado de alguien, desear con ansia algo:* «La pobre Micaela bebe los vientos por don José, pero éste ni siquiera le hace el menor caso, porque está enamorado de Carmen».
correr malos vientos (f.). *Ser las circunstancias desfavorables o perjudiciales:* «En épocas así en que corren malos vientos para el negocio, lo mejor es proceder con cautela y no arriesgar».
irse/marcharse u. p./u. c. a tomar/con viento fresco (inf.).
A: *irse/marcharse con enfado o con desprecio:* «Como vi que no podía conseguir nada de aquella gente, me despedí con viento fresco».
B: [*En oraciones imperativas u optativas indica rechazo categórico o violento de alguien/algo*]: «¡Váyase Vd. con viento fresco y no vuelva a molestarme en mis horas de descanso!».
ir/marchar u. c. con viento en popa (inf.). *Tener buena suerte, prosperar:* «Desde que tengo este excelente cocinero, el restaurante va viento en popa».
mandar u. p. a tomar viento (fresco) a alguien/algo (inf.). *Rechazar a alguien/algo de forma categórica o violenta:* «Como ya estaba cansado de mantener una dieta tan estricta, mandé a mi médico a tomar viento y comí lo que me apetecía».

vientre
hacer/ir u. p. de vientre (f.). *Defecar:* «Tuve que detener el coche para que se bajara el niño a hacer de vientre».

viernes
haber aprendido/oído u. p. algo en (un) viernes (inf.). [*Expresión que indica fastidio o protesta porque alguien repite continuamente algo sin fundamento o de manera inoportuna*]: «Siempre andas diciendo que trabajas mucho y ganas poco. Parece que lo has aprendido en viernes».

vilo
[estar u. p./u. c.] en vilo (f.).
A: [*Estar u. p./u. c.*] *suspendida en el aire, sin apoyo o sin tocar el suelo:* «Levantó en vilo al niño para darle un beso».
B: [*Estar u. p.*] *inquieta o indecisa:* «Estamos en vilo por saber qué le ha pasado, si la herida es grave o tiene fácil curación».

Villadiego
coger/tomar u. p. las de Villadiego (inf.). *Huir por escaparse de un riesgo o compromiso:* «Cuando me anunciaron la visita de doña Paca, lo primero que hice fue tomar las de Villadiego para no aguantar sus interminables discursos».

vino
bautizar u. p. el vino (inf.). *Mezclar el vino con agua para obtener mayores ganancias:* «Se ve que el vino está bautizado. Sabe más a agua que a vino».
tener u. p. buen/mal vino (inf.). *Ser pacífico/provocativo y pendenciero a causa de la embriaguez:* «Paco se emborrachó como casi todos los sábados, y como tiene mal vino, acabó peleando con todo el mundo».

viña
la viña del señor (inf.). *El mundo, la sociedad:* «Tienes que aprender a desconfiar de la gente, porque hay muchos pícaros en la viña del señor».

virgen
[ser u. p. un] viva la virgen (inf.). *Persona indolente, despreocupada:* «No creo que tu hermano valga para este oficio, porque es un viva la virgen y aquí se necesita una cierta disciplina de trabajo».
[ser u. p.] devota de/como la virgen del puño (inf.). [*Ser*] *mezquino o muy tacaño:* «Enrique no da nunca propina; es como la virgen del puño».

virtud
en/por virtud de algo (f.). *Como consecuencia, por causa de algo:* «En virtud de la nueva ley laboral, todo trabajador tiene derecho a cinco semanas de vacaciones pagadas».

virulé
a la virulé (inf.). *Herido o en mal estado:* «Le pegó un puñetazo y le puso un ojo a la virulé».

visión
ver u. p. visiones (inf.). *Dejarse llevar por la imaginación creyendo lo que no hay:* «¿Quién te ha dicho que vamos a comprarte una moto por tu cumpleaños? ¡Tú ves visiones!».

visita
devolverle/pagarle u. p. la visita a alguien (f.). *Corresponder a una visita con otra visita:* «Hace ya un año que estuvieron en casa los Pérez y todavía no les hemos devuelto la visita».

vista
[tener u. p.] vista de águila (f.).
A: [*Tener*] *vista muy aguda:* «Tiene vista de águila; es capaz de distinguir el número del tranvía desde 300 metros de distancia.»
B: [*Tener*] *inteligencia muy aguda* [*generalmente para la vida práctica*]: «Este hombre tiene una vista de águila para los negocios; se ha hecho millonario en unos pocos años.»
[tener u. p.] vista de lince. *Ver registro anterior, acepción* A.
[tener u. p. la] vista larga (inf.). [*Poseer la*] *facultad de prever las medidas necesarias para anticiparse a acontecimientos futuros:* «Un buen hombre de negocios tiene que tener la vista larga para no dejarse sorprender por la mala marcha del negocio».
[ser u. p.] corto de vista (f.).
A: [*ser*] *miope:* «Es bastante corto de vista y le cuesta mucho reconocer a la gente desde lejos».
B: [*ser*] *poco perspicaz:* «Siempre pensé que González era muy corto de vista para dirigir una empresa tan complicada. No me extraña que le hayan sustituido por otro».
[estar u. c.] a la vista (f.).
A: [*Encontrarse*] *en lugar visible, presente:* «Debes tener todos los papeles importantes a

la vista, de lo contrario nunca vas a encontrar nada».
B: [*Encontrarse*] *en perspectiva previsible:* «Para el próximo mes no tengo ningún trabajo a la vista, y podré hacer la proyectada excursión».
a primera/simple vista (f.). *Considerando algo por vez primera y sin detenerse en ello:* «A primera vista la casa parecía estar en buen estado, pero examinándola detenidamente se podían observar grandes desperfectos».
a vista de pájaro (f.). *Desde lo alto, desde el aire:* «Debes aprovechar que el avión sobrevuela la ciudad para hacerle una foto a vista de pájaro».
con vistas a [hacer] algo. Ver «con *miras a [hacer] algo».
en vista de (f.). *En consideración a, en atención a:* «En vista del mal tiempo decidimos suspender la excursión».
clavar u. p. la vista en alguien/algo. Ver «clavar u. p. los *ojos en alguien/algo».
comer(se) /devorar u. p. a alguien algo con la vista. Ver «comer(se)/devorar u. p. a alguien/algo con los *ojos».
conocer u. p. de vista a alguien (f.). *Conocerle por haberle visto alguna vez, sin haber tenido trato con él:* «Apenas sé cómo es ni cómo piensa; le conozco sólo de vista».
echarle u. p. la vista a alguien/a algo. Ver «echarle u. p. el *ojo a alguien/a algo».
hacer u. p. la vista gorda (inf.). *Fingir no haber visto algo con el propósito de disimularlo o disculparlo:* «El bibliotecario pudo ver cómo Manuel se metía el libro en su bolsillo, pero como era amigo suyo, hizo la vista gorda y no presentó denuncia».
írsele a alguien la vista por/tras alguien/algo (inf.). *Desear a alguien/algo con vehemencia:* «Es una chica muy golosa, y siempre que pasa por delante de una pastelería se le va la vista tras los dulces».
nublársele la vista a alguien. Ver «nublársele los *ojos a alguien».
perder u. p. de vista a alguien/algo (f.).
A: *Dejar de ver a alguien o algo por haberse alejado:* «Es un barco tan rápido, que después de cinco minutos ya habíamos perdido de vista la costa».
B: *Perder el contacto o trato con algo o alguien:* «A tu hermano ya lo he perdido de vista. Hace por lo menos cinco años que no hablo con él».
poner u. p. la vista en alguien/algo (f.). *Mirar, fijarse en alguien o algo con la intención de conseguirlo:* «Hace rato que he puesto la vista en este piso. Ojalá logre conseguirlo».
no quitarle u. p. la vista (de encima) a alguien/a algo. Ver «no quitarle u. p. *ojo (de encima) a alguien/a algo».
saltar u. c. a la vista (f.). *Ser evidente, notarse:* «La superioridad de nuestro equipo salta a la vista: en solamente veinte minutos de juego hizo tres goles».
tener u. p. vista (inf.). *Ser vivo y astuto, no dejar que se le escape nada a uno:* «Hay que tener mucha vista cuando se firma un contrato; a veces hay detalles que pasan inadvertidos y que pueden resultar muy desventajosos».
vidriársele la vista a alguien. Ver «nublársele los *ojos a alguien; acepción B».
volver u. p. la vista atrás (f.). *Recordar o meditar sobre algo ya pasado [generalmente triste o doloroso]:* «Después de esta desgracia familiar, es preciso que reconstruyas tu vida sin volver la vista atrás ni entregarte a la desesperación».
¡hasta la vista! (inf.). [*Fórmula de saludo utilizada al despedirse por tiempo indefinido*]: «¡Hasta la vista, muchachos! Espero que nos encontremos alguna vez para recordar viejos tiempos».

visto
[dar u. p. el] visto bueno (f.). [*Dar] autorización, permiso:* «El proyecto de construir un nuevo colegio me parece bien, pero todavía no sabemos si el Ministerio le dará el visto bueno».

Vito
[tener u. p.] el baile/mal de San Vito (inf.). *(Enfermedad que consiste en) no poder estar quieto un momento:* «Estos niños no se están nunca tranquilos ni un segundo; parece que tienen el baile de San Vito».

vivir
¡vivir para ver! (inf.). [*Exclamación de asombro*]: «¡Vivir para ver! Conocí a Fernández cuando vivía en una choza inmunda,

y ahora es uno de los hombres más ricos de la ciudad».
vivito
estar u. p. vivita y coleando (inf.). *Estar vivo realmente (contra la suposición o sospecha de lo contrario):* «Ahí lo tienes: tres operaciones en el corazón y un trasplante de riñón, y a pesar de todo eso está vivito y coleando».

vivo
[contar/narrar u. p.] a lo/al vivo (f.). [*Contar algo*] *con mucho realismo:* «Nos contó tan a lo vivo cómo se perpetró el crimen, que algunos de los oyentes sintieron miedo».
[herir/tocar/llegar u. c./u. p.] a/en lo vivo (f.). [*Herir* ...] *en lo más sensible y doloroso de un afecto o asunto:* «Está muy triste; la crítica que le ha hecho su propio hijo le ha llegado a lo vivo».
follar/joder vivo a alguien (rest.). *Causar un gran daño o perjuicio a alguien:* «Acaban de joderme vivo; tenía ya todo preparado para salir mañana de vacaciones, cuando llegó una orden del jefe obligándome a permanecer en mi puesto de trabajo».

volado
andar/estar u. p. volada (inf.). *Estar muy preocupado:* «La pobre mujer está volada: dentro de un mes expira el plazo para amortizar su deuda, y no tiene un céntimo».

volandas
en volandas (f.).
A: *Por el aire, sin tocar el suelo:* «Tan grande fue el triunfo del torero, que el público lo sacó en volandas de la plaza».
B: *Muy rápidamente:* «Ahora mismo te traigo lo que has pedido. Voy en volandas».

voleo
[elegir/repartir u. p. algo] a/al voleo (inf.). [*Elegir/repartir*] *arbitrariamente, sin criterio:* «Repartieron premios a voleo, sin fijarse en quiénes los merecían».

voluntad
[ser u. p.] tan grande como/más grande que la voluntad del Señor (inf.). *Muy alto y fuerte:* «Solía llevar de guardaespaldas un tipo más grande que la voluntad del Señor».

hacer u. p. su santa voluntad (inf.). *Actuar con entera libertad y capricho:* «Este niño hace su santa voluntad y no hay nadie que se atreva a prohibirle nada».

volver
volver u. p. en sí (f.). *Recuperar el conocimiento (después de un desmayo):* «Le dieron a oler un frasco de esencias para lograr que volviera en sí».

voto
hacer u. p. votos por algo (f.). *Desearle algo bueno a alguien:* «Me parece muy bien que te cases con esa chica; haré votos por vuestra felicidad».

voz
la voz de la conciencia (f.). *Remordimiento(s):* «No puede prestarse a esas intrigas, porque la voz de la conciencia se lo impide».
voz aguardentosa (f.). *Voz áspera, bronca:* «Con esa voz aguardentosa que tiene no puede hacernos creer que es tenor en los teatros de ópera».
[tener u. p. la] voz empañada (f.). [*Tener*] *voz opaca por la emoción:* «Me dijo, con la voz empañada, que probablemente ya no nos veríamos más».
a (grandes) voces (f.). *En voz muy alta, gritando:* «Como estábamos ya un poco lejos, tuve que decírselo a voces, y todos se enteraron».
a voz en cuello/grito (f.). *Gritando:* «Como está casi sordo, tuve que llamarle casi a voz en cuello, para que me oyese».
de viva voz (f.). *Hablando (y no escribiendo):* «No se lo digas por carta; le hará más impresión si se lo dices de viva voz».
aclarar(se) u. p. la voz (f.). *Quitar el impedimento que había para pronunciar con claridad:* «Antes de hablar carraspeó un poco, no sé si para aclararse la voz o porque no sabía qué iba a decir».
ahuecar u. p. la voz (f.). *Hacer que la voz parezca más grave e imponente:* «Le gusta ahuecar la voz y hablar en tono doctoral cuando pronuncia discursos».
alzarle/levantarle u. p. la voz a alguien (f.). *Hablarle con insolencia o faltándole al respeto:* «No comprendo cómo puedes atreverte a levantarle la voz a tu propio padre».

circular/correr la voz (f.). *Correr el rumor:* «No hay todavía nada cierto, pero en todo el pueblo corre la voz de que el boticario ha envenenado a su mujer».

dar u. p. una voz más alta que otra o dar u. p. voces (inf.). *Gritar, hablar gritando:* «Entró en el hospital dando voces como si estuviera en el café, y tuvimos que decirle que hablara más bajo».

darle u. p. una voz /unas voces a alguien (f.). *Llamar a alguien en voz alta y desde lejos:* «Si quieres tomar algo, dale unas voces al camarero para que te oiga».

empañársele la voz a alguien (f.). *Hacérsele la voz opaca a causa de la emoción:* «Cuando me dijo adiós, se le empañó la voz y creo que le faltó poco para echarse a llorar».

llevar u. p. la voz cantante (inf.). *Ser la persona que por algún motivo se impone a los demás:* «Era mi primo el que, como hombre más experto en conflictos laborales, llevaba la voz cantante, sea reuniendo a los obreros en los mítines, sea organizando las huelgas y manifestaciones».

pedir u. c. a voces algo. *Ver* «pedir u. c. a *gritos algo».

vuelco

darle un vuelco el corazón a alguien (f.). *Experimentar repentinamente un sobresalto, un susto o una emoción fuerte:* «Cuando vi a Jorge vestido de negro, me dio un vuelco el corazón, porque adiviné que su padre había muerto».

vuelo

de/en un vuelo (f.). *Con mucha rapidez:* «Fue a la farmacia y regresó en un vuelo; no tardó ni cinco minutos».

[ser u. p./u. c.] de alto(s) vuelo(s) (inf.). *[Ser] de mucha importancia, de elevadas pretensiones:* «Por aquel tiempo se celebraban veladas literarias de altos vuelos, y se invitaba a unos cuantos escritores de los más famosos».

[ser u. p./u. c.] de bajo(s) vuelo(s) (f.). *[Ser] de poca categoría:* «Fue una fiesta de bajo vuelo, como es habitual en un casino de provincias».

alzar/emprender/levantar u. p. (el) vuelo (inf.).

A: *Marcharse [generalmente huyendo]:* «Cuando los policías llegaron al lugar del robo, ya los ladrones habían emprendido vuelo».

B: *Independizarse (los hijos de los padres):* «Nuestros hijos son ya mayores. Pronto levantarán el vuelo y nos quedaremos solos».

cazar(las)/coger(las)/pescar(las)/pillar(las) u. p. al vuelo (inf.). *Entender o percatarse de algo con gran rapidez por una ligera indicación o señal:* «Es un chico muy listo; no hace falta darle muchas explicaciones porque las caza al vuelo».

cortarle u. p. los vuelos a alguien (inf.). *Ponerle trabas y limitaciones a los propósitos o pretensiones de alguien:* «Hay que cortarle los vuelos al chico; apenas tiene catorce años y ya quiere trasnochar».

(poder) oírse el vuelo de una mosca (inf.). *Reinar un gran silencio:* «Cuando el juez iba a pronunciar la sentencia, había tanta expectación en la sala, que podía oírse el vuelo de una mosca».

vuelta

[dar u. p. una] vuelta carnera/de carnero (inf.). *[Media voltereta que se hace apoyando la cabeza en el suelo y haciendo pasar el cuerpo sobre ella hasta quedar tendido de espaldas sobre el suelo]:* «Un día te vas a romper la nunca de tanto practicar la vuelta carnera».

a la vuelta de (f.).

A: *[Con sentido espacial] detrás de:* «La casa está muy cerca; queda a la vuelta de la iglesia».

B: *[Con sentido temporal] dentro de, después de:* «Ahora están todos muy preocupados con las elecciones, pero a la vuelta de unos meses ya nadie se acordará de ellas».

a la vuelta de la esquina (inf.).

A: *Muy cerca:* «No vale la pena ir a la oficina en coche, porque está a la vuelta de la esquina».

B: *Dentro de poco tiempo:* «Es arriesgado invertir todo el dinero en acciones; la Bolsa puede hundirse a la vuelta de la esquina y te quedas de repente sin un céntimo».

a vuelta de (f.). *Insistiendo en:* «A vuelta de razonamientos logré convencerle».

[contestar u. p.] a vuelta de correo (f.). *Por*

el correo inmediatamente siguiente (sin dejar pasar ni un día): «Me comunicó por carta que le hacían mucha falta los documentos, de modo que tuve que mandárselos a vuelta de correo para que le llegaran al día siguiente».

andar u. p. a vueltas con alguien/algo (f.). *Ocuparse de algo con gran interés e insistencia:* «El pobre hombre anda a vueltas con su tesis doctoral y no tiene tiempo ni para tomar un vaso con los amigos».

buscarle u. p. las vueltas a alguien/algo (inf.). *Buscarle a alguien o algo el punto débil para ponerle algún reparo o criticarlo:* «Ahora están todos los diputados de la oposición buscándole las vueltas al discurso del Primer Ministro para poder criticarlo».

dar(se) u. p. media vuelta (f.).
A: *Volver la cabeza:* «Cuando se dio cuenta de que la sorprendí mirando para mí, se puso encarnada y dio media vuelta».
B: *Emprender el camino de vuelta:* «La subida era tan pendiente, que la mitad de los expedicionarios dieron media vuelta antes de llegar a la cima».

dar u. p. una vuelta (f.). *Dar un (pequeño) paseo:* «Voy a dar una vuelta; ya estoy cansado de estar encerrado».

dar u. p. vueltas a la almohada (inf.). *No poder conciliar el sueño, desvelarse:* «Me pasé la noche dando vueltas a la almohada. Las preocupaciones no me dejaron dormir».

dar u. p. vueltas como/más vueltas que un trompo (inf.). *Ir de un sitio para otro (para resolver algún asunto):* «Hoy he tenido que dar más vueltas que un trompo para formalizar los trámites de la herencia; he pasado toda la mañana yendo de una oficina para otra».

dar la vuelta/darle u. p. la vuelta a la tortilla (inf.). *Cambiar/cambiar u. p. por completo una situación:* «Cuando era rico tenía muchos amigos, pero ahora que ha dado la vuelta la tortilla y es pobre, parece que ya nadie quiere su amistad».

darle u. p. [cien/mil] vueltas a alguien en algo (inf.). *Ser muy superior a alguien en algo:* «En cuestión de matemáticas es un verdadero sabio, y le da cien vueltas a cualquiera».

darle u. p. vueltas (en la cabeza) a algo (f.). *Cavilar, reflexionar, meditar en algo:* «Ya sé que no quieres vender la casa por motivos puramente sentimentales. Pero si te hacen una buena oferta, véndela y no le des vueltas al asunto».

darle u. p. vueltas a la noria (inf.). *Tratar o discutir algo de forma insistente sin lograr aclaración o consenso:* «Fue una discusión inútil; estuvimos varias horas dándole vueltas a la noria y al final no logramos ponernos de acuerdo».

estar u. p. de vuelta de algo (f.). *Estar desengañado por la experiencia, haber perdido los ideales o la ingenuidad propios de la juventud:* «En política parece ser muy conservador y estar de vuelta de todo reformismo social».

poner u. p. de vuelta y media a alguien (inf.). *Llenar a alguien de improperios:* «Es un maestro al viejo estilo que se dedica a pegar a los niños en la escuela, así que tuve que ponerlo de vuelta y media».

no tener u. c. vuelta de hoja (inf.). *Resultar evidente, indiscutible:* «Debes hacer lo que te aconseja tu padre; sus argumentos no tienen vuelta de hoja».

¡y vuelta (y dale) (con alguien/algo)! *Ver* «¡(y) *dale (con alguien/algo)!»

Y

y
  ¿y qué? *Ver «¿y *eso qué?».*
  ¡y que no ...! *Ver «¡y que no ... que *digamos!».*

ya
  ya que (f.). [*Locución causal*] *como, puesto que:* «Ya que no quieres comer con nosotros, quédate al menos para hacernos compañía».
  ¡anda/venga ya! (inf.). [*Expresión enfática de rechazo categórico o violento*]: «Déjame cinco mil pesetas. Te las devolveré mañana. –¡Venga ya, hombre! No tengo prisa. Devuélvemelas cuando quieras».
  ... que ya, ya (inf.). [*Expresión para intensificar una cualidad o un estado considerado como negativo*]: «Este profesor me ha reñido y golpeado delante de todos mis colegas. Es un bruto que ya, ya».
  ¡toma ya! (inf.). [*Exclamación que indica asombro o sorpresa*]: «¡Toma ya! Esta sí que es una buena noticia: ¡Don Camilo decide casarse a sus 82 años!».
  ... y ya está. *Ver «... y *bueno».*
  ¡ya está bien (de ...!) (inf.). [*Exclamación que indica impaciencia, disgusto o prohibición*]: «¡Ya está bien de ejemplos! Creo que hemos comprendido todos».
  ¡ya lo creo! (inf.). [*Expresión enfática de asentimiento*]: «¡Ya lo creo que me gustan los dulces! El único problema es que estoy un poco gordo».
  ... ya me contar[ás/-á Vd.]/dir[ás/-á Vd.] (inf.). [*Locución utilizada para expresar admiración ante un hecho considerado inhabitual*]: «El abuelo todavía se acuerda de los nombres de todos sus compañeros de colegio. Si esto no es memoria, ya me contarás».
  ya será (para) menos. *Ver «no [habrá/será] para *tanto».*

yo
  yo que tú/Vd. (inf.). *Yo en tu/su lugar:* «No entiendo cómo aguantas el ruido de los aviones. Yo que tú hace tiempo me iría a vivir a otro barrio más tranquilo».

Z

zaga
no irle u. p./u. c. a la zaga a alguien/algo (f.). *No ser inferior a alguien/algo:* «No tenemos ningún miedo a la competencia: nuestros artículos no le van a la zaga a los mejores productos internacionales».

zancada
de una zancada o **en una/dos zancada(s)** (inf.). *Con gran rapidez:* «Atravesó la calle de una zancada y se reunió en seguida con nosotras».

zancadilla
echarle/hacerle u. p./ponerle la(s) zancadilla(s) a alguien (inf.). *Utilizar algún engaño, trampa o ardid para perjudicar a alguien:* «La última pregunta del examen era intencionadamente difícil. Sin duda el profesor quería ponerme la zancadilla para poder suspenderme».

zapato
saber u. p. dónde le aprieta el zapato a alguien (inf.). *Conocer un determinado defecto o cualidad negativa de alguien:* «Quiso invitarme a comer para ganarse mi amistad y mis influencias, pero yo, que sabía dónde le apretaba el zapato, rehusé con un pretexto».

zarandillo
[estar u. p.] hecha/como un zarandillo (inf.). *[Verse] obligado a ir continuamente de un lugar para otro:* «Hoy estuve todo el día hecho un zarandillo, arreglando papeles de una oficina en otra».
traer u. p. a alguien hecho/como un zarandillo (inf.). *Obligar a alguien a ir continuamente de un lugar para otro:* «Trae a su hijo como un zarandillo, encargándole infinitos recados en los lugares más apartados de la ciudad».

zarpa
echarle u. p. la(s) zarpa(s) a alguien/algo (inf.).
A: *Agarrar a alguien con las manos o las uñas y de manera violenta:* «Le echó las zarpas y lo estuvo zarandeando un buen rato hasta que el otro cayó al suelo extenuado».
B: *Apoderarse de algo por medio de la violencia o el engaño:* «Ten mucho cuidado con el bolso, no sea que un ladrón le eche la zarpa».

zombi
[estar u. p.] (como un) zombi (inf.). *[Estar] como un sonámbulo, aturdido, atontado:* «Perdona si no estoy muy atento a lo que dices, pero ayer sólo dormí dos horas y ahora estoy como un zombi».

zorra
no tener u. p. (ni) zorra idea de algo (rest.). *Ver* «no tener u. p. (ni) *idea de algo».
ni zorra idea (rest.). *Ver* «ni *idea».

zorro
[ser u. p. (un) zorro viejo] (inf.). *Persona de mucha experiencia y astucia:* «A mí no hay quien me engañe; soy zorro viejo».

zurcir
¡que te/lo zurzan! o **¡que se zurza!** (inf.). *[Expresión de rechazo categórico o violento]:* «¡Que te zurzan, hombre! ¡Todavía no me has devuelto el dinero que te he dejado y ya estás pidiéndome otro préstamo!».

zurdo
no ser u. p. zurda. *Ver* «no ser u. p. *manca».